Mélanges en l'honneur de Stéphane Pierré-Caps

Droit comparé

Collection dirigée par Arnaud Martin

Parce que le droit ne peut plus être considéré dans sa seule dimension nationale et que son étude doit s'ouvrir aux droits étrangers, que l'analyse comparative permet de s'échapper des déterminismes qui faussent l'étude des systèmes juridiques et que l'étude des systèmes normatifs étrangers peut faciliter la recherche de réponses aux questions juridiques, la collection Droit comparé met à la disposition des chercheurs et des praticiens du droit un ensemble de travaux destinés à alimenter leur réflexion tout en donnant aux objectifs, aux méthodes et à l'utilité de l'analyse comparative une plus grande visibilité.
Elle publie des recherches en droit comparé ou accordant une place importante au comparatisme juridique, que ce soit en droit public ou en droit privé, en droit français ou en droit étranger, que celles-ci prennent la forme d'essais, d'actes de colloques ou de séminaires ou de thèses.
Elle est naturellement ouverte à toutes les écoles de pensée juridique, ainsi qu'aux recherches pluridisciplinaires dès lors qu'elles présentent une dominante juridique.

Déjà parus

Daniel POLVERELLI, *Le rayonnement des institutions napoléoniennes à travers le monde*, 2022
Benjamin DABOSVILLE (dir.), *Comment juger en matière de rémunération ?*2022
Florian SAVONITTO (dir.), *« Dictatures » et consultations électorales en Europe et aux Amériques,* 2021.
Memduh Cemil SIRIN, *L'administration de la protection de l'enfance*, 2021.
Arnaud MARTIN (dir.), *L'enfance et le droit en Amérique latine*, 2020.
Philippe CLARET et Florian SAVONITTO, *La réforme constitutionnelle sous le quinquennat d'Emmanuel Macron. Les projets de loi pour une démocratie plus représentative, responsable et efficace*, 2020.
Mohamed Ibrahim HASSAN, *Le constitutionnalisme en Europe de l'Est et dans le monde arabe,* 2019.

Sous la coordination d'Arthur Braun

Mélanges en l'honneur de Stéphane Pierré-Caps

Constitution, États et peuples

L'Harmattan

5-7, rue de l'Ecole-Polytechnique, 75005 Paris
http://www.editions-harmattan.fr
ISBN : 978-2-336-43182-6
EAN : 9782336431826

STÉPHANE PIERRÉ-CAPS

Né à Raon l'Étape (Vosges), le 24 novembre 1954.
Marié, deux enfants.

ÉTUDES ET DIPLÔMES

- 1994 : Agrégation de droit public (classé 3e).
- 1986 : Doctorat d'État en droit public, *Nation et Peuples dans les Constitutions modernes*, prix Gabriel Arnoud — meilleure thèse de droit public *ex aequo* —, sous la direction du Professeur François BORELLA, Université Nancy 2.
- 1978 : Diplôme d'études approfondies de droit public, option « droit international public », Université Nancy 2.
- 1978 : Diplôme d'études supérieures européennes, Université Nancy 2.
- 1977 : Diplôme d'études approfondies d'études politiques, mention bien, Université Nancy 2.
- 1976 : maîtrise de droit public mention assez bien, Université Nancy 2.

FONCTIONS

- 1994-2021 : Professeur agrégé de droit public, classe exceptionnelle deuxième échelon (2013), Université de Lorraine, Faculté de Droit, Économie, Gestion, Nancy.
- 2018-2020 : Professeur associé au Centre universitaire franco-allemand de l'Université de la Sarre, Sarrebruck.
- 1997-2007 : Professeur associé à l'Université du Luxembourg.
- 1986-1994 : Maître de conférences de droit public, Université de Metz.
- 1980-1986 : Assistant de droit public, Université de Metz.
- 1978-1980 : Chargé de travaux dirigés en droit public, Universités de Metz et Nancy 2.

Responsabilités de recherche et associations scientifiques

- Membre du Conseil consultatif international de la revue *Teoría y Realidad Constitucional*, revue semestrielle de la Universidad Nacional de Educación a Distancia, Madrid.
- Co-directeur scientifique de la revue *La Cittadinanza europea*, Centro Altiero Spinelli, Università Roma Tre.
- 2005-2018 : Directeur de l'Institut de Recherches sur l'Évolution de la Nation Et de l'État (IRENEE) – EA Droit public-Science politique Université de Lorraine.
- 2003-2013 : Membre du Conseil scientifique de l'Académie internationale de droit constitutionnel (Tunis).
- 1999-2023 : Membre du Conseil d'Administration de l'Association française de droit constitutionnel.
- 1998-2018 : Fondateur et directeur de la Revue *Civitas Europa* – revue scientifique de l'IRENEE.
- 1995-2005 : Directeur du Groupe de Recherches et d'Études politiques (GREP) - EA Université Nancy 2.
- 1995-2015 : Membre de la Société française pour le droit international.
- 1993 et 2007 : Missions d'expertise pour le Conseil de l'Europe (Commission européenne pour la Démocratie par le Droit et Commission des Affaires juridiques et des droits de l'homme de l'Assemblée parlementaire).

Activités administratives

- 2012-2017 : Membre élu du Conseil d'administration de l'Université de Lorraine.
- 2008-2020 : Membre du Groupe d'expertise scientifique n° 6 (sciences humaines et sociales) de la DGRI du MESR, constitué fin 2008.
- 2006-2012 : Membre élu du Conseil scientifique de l'Université Nancy 2
- 2001-2015 : Président de la section de droit public - science politique de l'UFR Droit, Économie, Gestion.
- 2000-2021 : Directeur du Master 2 recherche Droit public - Science politique, puis du Master 2 Droit public interne et international.
- 1999-2009 : Membre élu du Conseil de l'UFR Droit, Économie, Gestion
- 1998-1999 : Vice-président du Conseil scientifique de l'Université Nancy 2
- 1995-2000 : Directeur de l'École doctorale Sciences juridiques, économiques, politiques et de gestion de l'Université Nancy 2.
- Membre titulaire de la Commission de spécialistes de droit public - science politique de l'Université Nancy 2 (jusqu'en 2008).

- Membre titulaire de la Commission de spécialistes de droit public de l'Université Robert-Schuman de Strasbourg (jusqu'en 2008).
- Membre suppléant de la Commission de spécialistes de droit public de l'Université Paul-Verlaine de Metz (jusqu'en 2008).
- Expert auprès de l'ANR et de la MSTP-DS7 du MESR (jusqu'en 2008).
- Expert pour la Section CNU 02 et membre du jury d'attribution des PEDR, Sections CNU 01, 02, 03, en 2004 et 2008.
- Membre des groupes d'expert de l'AERES (jusqu'en 2019).

DISTINCTIONS

Officier dans l'Ordre des Palmes académiques.

ACTIVITÉS D'ENSEIGNEMENT

FACULTÉ DE DROIT DE METZ

- Droit constitutionnel, L1 AES.
- Droit international public, L3 Droit.
- Droit constitutionnel comparé, L3 Droit.
- Institutions internationales, L1 Droit.

FACULTÉ DE DROIT DE NANCY

- Droit constitutionnel, L1, L2 droit
- Droit constitutionnel approfondi, M1 Droit public et Science politique
- Droit constitutionnel, M2 Droit public interne et international.
- Droit européen des droits de l'homme, L3 Droit.
- Institutions internationales et européennes, L1 Droit.
- Séminaires Actualité constitutionnelle, M2 Droit public interne et international.

FACULTÉ DE DROIT DE LUXEMBOURG

- Droit constitutionnel, L1.
- Libertés publiques, L3.

CENTRE UNIVERSITAIRE FRANCO-ALLEMAND, UNIVERSITÉ DE LA SARRE

Droit constitutionnel, L1.

COLLOQUES ET MANIFESTATIONS SCIENTIFIQUES, CONFÉRENCES

Organisation d'une quinzaine de colloques et journées d'études, dont :

- 2011 : VIIIe Congrès national de l'Association française de droit constitutionnel (AFDC) à Nancy.
- 2000-2003 : Responsable de l'organisation de la session annuelle d'été (juillet) du Collège universitaire d'Études fédéralistes, Aoste, Italie.
- 1997 : Colloque *Les mutations de l'État-nation en Europe à l'aube du XXIe siècle*, séminaire UNIDEM du Conseil de l'Europe (Commission de Venise), éd. du Conseil de l'Europe, Strasbourg, 1998, parution en anglais et en français.

Participation en tant qu'intervenant à des colloques nationaux (Aix-Marseille, Angers, Bordeaux, Dijon, Fort-de-France, Lille, Lyon, Montpellier, Paris 1, Paris 2, Paris 4, Reims, Rennes, Strasbourg, Toulouse, Assemblée nationale, Sénat, Conseil constitutionnel) et internationaux (Aoste, Barcelone, Berlin, Bologne, Budapest, Cosenza, Grenade, Moncton, Montréal, Naples, Pampelune, Paris 1, Sarrebruck, Tunis, Venise, Zagreb).

Conférences sur invitation : Gênes, Naples, Paris 1, Cosenza, Montpellier, Pampelune, Tunis, Turin.

TRAVAUX, OUVRAGES, ARTICLES, RÉALISATIONS

A. Ouvrages

9. *Droit constitutionnel*, en collaboration avec le Professeur Vlad Constantinesco, Paris, PUF, coll. « Thémis », 7e éd., 2016, 549 p. (1e éd., 2004)
Traduction roumaine, Bucarest, Éditions Eunomia, 2022, 659 p.

8. *Droits constitutionnels étrangers*, Paris, PUF, coll. « Quadrige » 2015, 309 p.

7. *Droits constitutionnels étrangers*, Paris, PUF, coll. « Licence, 2010 », 251 p.

6. *Droit constitutionnel français*, en collaboration avec le Professeur Vlad Constantinesco, Paris, PUF, coll. « Licence », 2010, 283 p.

5. *La Costituzione demotica*, Lecce, Pensa Editore, 2007, 64 p.

4. Traduction en langue française (en collaboration avec Claude Tixador) de Karl Renner, *La Nation, Mythe et Réalité*, Nancy, Presses universitaires de Nancy, 1998, 134 p. ; rédaction de la préface, p. 5-16.

3. *Droit des minorités et des peuples autochtones*, en collaboration avec les Professeurs Norbert Rouland (dir.) et Jacques Poumarède, Paris, PUF, collection « Droit fondamental », 1996, 581 p.
Traduction espagnole (Mexique), Éditions Veintiuno Siglo, 1999, 467 p.
Traduction portugaise (Brésil), Editora Universidade de Brasilia, 2004, 614 p.

2. *La Multination. L'avenir des minorités en Europe centrale et orientale*, Paris, Odile Jacob, 1995, 337 p.
Traduction hongroise, Budapest, Éditions Kossuth, 1997, 218 p.
Traduction portugaise, Lisbonne, Instituto Piaget, 1997, 379 p.

1. *Nation et Peuples dans les Constitutions modernes*, Nancy, Presses Universitaires de Nancy, 1987, 2 vol., 948 p., préface du Professeur François Borella.

B. Articles

2023

113. « Minorités nationales et peuples autochtones », *in* P. Jensel-Monge, A. de Montis (dir.), *Dictionnaire encyclopédique du Parlement*, Bruxelles, Bruylant, p. 697-700

112. « La responsabilité gouvernementale sous la Ve République à l'épreuve de la "verticalité" présidentielle », *in Mélanges Bertrand Mathieu*, Paris, LGDJ, 2023.

111. « Propos introductifs », *in* H. Bita Heyeghe et P. Lasmothey (dir), *La « Rébellion » en droit public et science politique*, Paris, L'Harmattan, 2023, p. 11-19.

110. « La Constitution, vecteur de « politique mémorielle », *Civitas Europa*, n° 48-2022, Dossier spécial « Mémoires et identités » (dir. E. Derdaele et M. Dubuy), p. 65-82.

2022

109. « Constitution, sécession et collectivités infra-étatiques », *in Mélanges André Roux*, Paris, Dalloz, 2022, p. 401-411.

108. « L'unité gouvernementale par le biais du Conseil des ministres ? », *in* V. Boyer et R. Reneau (dir), *Pour un droit gouvernemental ?*, Paris, Institut francophone pour la Justice et la Démocratie-LGDJ, 2022, p. 229-240.

107. « Le concept de nation entre Est et Ouest : vraies ou fausses divergences ? », *in* Y. Petit (dir), *Europe de l'Est et Union européenne*, Bruxelles, Bruylant, 2022, p. 67-79.

2021

106. « La protection de la Constitution à l'heure de la démocratie illibérale », *La Cittadinanza europea on line*, n° 0, 2021, p. 61-69.

105. « Constitución francesa y derecho de excepción », *Teoría y Realidad constitucional*, n° 48-2021, p. 103-124.

2020

104. « Un Rocher dans le Brexit ou le dilemme de Gibraltar », *in Mélanges Jean-Denis Mouton*, Paris, Pedone, 2020, p. 493-507.

103. « Le démos contre la démocratie ? », *in Mélanges Dominique Rousseau*, Paris, LGDJ, 2020, p. 515-525.

2019

102. « Avant-propos », *in* Jochen Sohnle (dir.), *Le constitutionnalisme environnemental. Quel impact sur les systèmes juridiques ?*, Lausanne, Peter Lang, 2019, p. 19-21.

101. « L'État de droit dans l'Union européenne », *in* Guerino D'Ignazio Giovanni Moschella (dir.), *Costituzione Diritti Europa Giornate in onore di Silvio Gambino*, Napoli, Editoriale Scientifica, 2019, p. 407-425.

2018

100. « La dégénérescence de l'État-nation », *Civitas Europa*, 20 ans de la revue *Civitas Europa*, n° 40, 2018, p. 7-20.

2017

99. « Crise des valeurs de l'UE ou crise des valeurs nationales ? », *Revue de l'Union européenne*, n° 610, p. 402-407.

98. « Le droit constitutionnel et les nations sans État : le constitutionnalisme face à l'historicisme », *Civitas Europa*, n° 38-2017, p. 43-57.

2016

97. « Problématique du peuple européen », *Revue de l'Union européenne*, n° 595-2016, p. 111-113.

96. « Constitutionnaliser l'état d'urgence ? », *Civitas Europa*, n° 36-2016, p. 143-154.

95. « L'Écosse face au « Brexit », *Revue de l'Union européenne*, n° 602, n° spécial Brexit coordonné par S. Torcol et C. Maubernard, octobre-novembre 2016, p. 548-550.

94. « El Fracaso del proyecto de ley constitucional « de protección de la nación » para incluir en la Constitución francesa el estado de urgencia y la privación de la nacionalidad », *Teoría y Realidad constitucional*, n° 38-2016, p. 507-528.

2015

93. « Nations sans État et Union européenne », *in Liber Amicorum Vlad Constantinesco*, Bruxelles, Bruylant, 2015, p. 787-800.

92. « La Constitution de Saint-Paul et la question nationale allemande », *in Mélanges Jean-Pierre Machelon*, Paris, LexisNexis, 2015, p. 905-916.

91. « Droit constitutionnel européen : une notion ambivalente », *Définir le droit européen*, *Revue de l'Union européenne*, n° 594-2015, p. 461-462.

2014

90. « Prima della primavera arabe : un costituzionalismo "trompe l'œil" », *in* G. D'ignazio, N. Fiorita, S. Gambino, F. Raniolo, A. Ventura (dir.), *Tranzinioni e democrazia nei Paesi del Mediterraneo e del vicino Oriente*, Cosenza, Periferia, 2014, p. 135-147.

89. « Le peuple à l'interface du droit constitutionnel et du droit international », *Civitas Europa*, n° 32-2014, p. 9-20.

88. « Albert Camus, le fédéralisme et l'Algérie », *Civitas* Europa, n° 32-2014, p. 199-212.

87. « La Ve République : changement constitutionnel et permanence des constitutions passées », *in Mélanges Henry Roussillon*, Toulouse, Presses de l'Université de Toulouse 1 Capitole, 2014, t. I, p. 575-588.

86. « État multinational » ; « État-nation », *in* P. Mbongo, F. Hervouët, C. Santulli (dir.), *Dictionnaire encyclopédique de l'État* (dir.), Paris, Berger-Levrault, 2014 p. 374-381.

2013

85. « Le Conseil constitutionnel et la stabilité économico-financière », *Civitas Europa*, n° 30-2013, p. 145-160.

84. « La construcción política de Europa y el problema del demos », *Teoría y Realidad constitucional*, n° 32-2013, p. 279-293.

83. « La mondialisation et la crise de l'État national », SFDI, Colloque de Nancy, *L'État dans la mondialisation*, Paris, Pedone, 2013, p. 39-50.

2012

82. « La Questione prioritaria de Costituzionalità et l'articulazione del controllo de Costituzionalità e del controllo di convenzionalità nelle protezione dei diritti fondamentali in Francia », *in* S. Gambino (dir.), *Diritti fondamentali e Giustizia costituzionale. Esperienze europee e nordamericana*, Milano, Giuffré Editore, 2012, p. 233-260.

81. *Les Institutions du Royaume-Uni, Documents d'études*, n° 1-03, Paris, La documentation Française, 2012, 40 p.

80. « La reforma constitucional francesa de 2008 o el cambio en la continuidad », *Teoría y Realidad constitucional*, n° 29-2012, p. 91-130.

79. « Droits des Minorités », *in* M. Troper et D. Chagnollaud (dir.), *Traité international de Droit constitutionnel*, vol. 3, « Suprématie de la Constitution », Titre 3, « Garantie des Droits », Chapitre 3, « Droits des Minorités », p. 271-295.

78. « La fragmentation de l'État et la notion de Constitution », *in* J.-D. Mouton et S. Pierré-Caps (dir.), *États fragmentés*, Nancy, Éditions universitaires de Lorraine, 2012, p. 237-245.

77. « La Constitution de Cadix et le Droit constitutionnel européen », *Civitas Europa*, n° 29, 2012, p. 7-21.

2011

76. « La République, figure constitutionnelle française de l'État-nation ou « tout change pour que rien ne change », *Diritto pubblico comparato ed europeo*, n° III, 2011, Giapichelli, Torino, p. 899-924.

2010

75. « L'immigrazione nel cuore delle contraddizioni del diritto internazionale e del diritto costituzionale nazionale », *in* S. Gambino e G. D'Ignazio (dir.), *Immigrazione e Diritti fondamentali*, Milano, Giuffrè Editore, 2010, p. 11-22

74. « L'État-nation : un modèle en voie de déconstruction ou reconstruction ? », *in* F. Lemaire (dir.), *De l'unité de l'État*, Paris, Cujas, 2010, p. 65-71.

2009

73. « Une révision constitutionnelle en trompe-l'œil ou la constitutionnalisation du présidentialisme majoritaire », Politeia, n° 15, 2009, p. 305-320.

72. « La République française et les minorités : état des lieux », *Percorsi costituzionali*, n° 2-3, 2008, p. 185-193.

71. « État-nation et État régional : compatibilité ou antinomie ? », *in* J. Fougerouse (dir.), *L'État régional, une nouvelle forme d'État ? Un exemple de recomposition territoriale en Europe et en France*, Bruxelles, Bruylant, 2008, p. 135-144.

70. « L'Union européenne peut-elle être comparée à un empire ? À propos d'une déclaration du Président de la Commission » *in Mélanges Jean Charpentier*, Paris, Pedone, 2009, p. 435-446.

69. « Généalogie de la participation de tous aux affaires communes », *Revue du Droit public*, n° 1, 2009, p. 151-170.

2008

68. « Constitutional non-recognition of minorities in the context of unitary states: an insurmountable obstacle ? » *The participation of minorities in public life*, Venice Commision, coll. « Science and Technique of Democracy », n° 45, Council of Europe Publishing, Strasbourg, 2008, p. 11-22.

67. « Retour sur une controverse constitutionnelle : la naissance de la Troisième République, l'assemblée de Bordeaux (12 février 1871) et la question du pouvoir constituant », *in Droit, Histoire et Société, Mélanges Christian Dugas de la Boissony*, Nancy, Presses universitaires de Nancy, 2008, p. 323-333.

66. « Représenter la société civile ? », *in* A.-M. Le Pourhiet, B. Mathieu, F. Mélin-Soucramanien, D. Rousseau (dir.), *Représentation et représentativité*, Paris, Dalloz, 2008, p. 27-36.

65. « La souveraineté, expression de la singularité de la République », *in* B. Mathieu (dir.), *1958-2008. Cinquantième anniversaire de la Constitution française*, Paris, Dalloz, 2008, p. 161-170.

64. « La dimension constitutionnelle du contrôle de l'État sur les actes des collectivités territoriales », *in* P. Combeau (dir.), *Les contrôles de l'État sur*

les collectivités territoriales aujourd'hui, Paris L'Harmattan, 2007, p. 137-145.

63. « L'autonomie culturelle des nations et des peuples », *L'Observateur des Nations Unies*, n° 2, 2007, p. 119-131.

62. « À propos de "l'identité constitutionnelle de la France", *Les Annales de droit* (Rouen), 2008, p. 181-190.

2007

61. « Le droit constitutionnel entre universalisme et particularisme », *in Mélanges Slobodan Milacic*, Bruxelles, Bruylant, 2007, p. 205-218.

60. « La réception de la théorie de l'État multinational de Karl Renner en France et dans l'espace francophone : entre élusion et séduction », *Austriaca*, n° 63, 2006, p. 181-194.

59. « Les minorités et la notion de représentation », *Les Cahiers du Conseil constitutionnel*, n° 23-2007, p. 72-76.

58. « Le Conseil constitutionnel et la question du démos », *in Mélanges Louis Favoreu*, Paris, Dalloz, 2007, p. 387-397.

57. « La questione della revisione costituzionale in Francia : la sovranita' del potere costituente alla prova del metodo », *in* S. Gambino e G. D'Ignazio (dir.), *La revisione costituzionale e i suoi limiti. Fra teoria costituzionale ; diritto interno; esperienze straniere*, Milano, Giuffrè Editore, 2007, p. 309-327.

56. « La VIème République et la notion de constitution démotique », *in* H. Roussillon, *Demain la VIème République ?*, Toulouse, Presses de l'Université des Sciences sociales de Toulouse, 2007, p. 127-135.

2006

55. « Avant-propos », *in* P.-A. Collot, *Le principe de non-discrimination au regard de l'appartenance nationale dans le droit constitutionnel des États tchèque, slovène et hongrois*, Paris, LGDJ-Fondation Varenne, 2006, p. XI-XIII.

54. « France: The Quest for Political Responsability of the President in the Fifth Republic », en collaboration avec Vlad Constantinesco, *European constitutional Law Review*, 2006, volume 2, Issue 3, p. 341-357.

2005

53. « La Constitution française et le traité établissant une Constitution pour l'Europe », *Civitas Europa*, n° 14-2005, p. 127-154 ; cet article est également paru en italien : « La Costituzione francese e il Trattato costituzionale

europeo », *in* S. Gambino (dir.), *Trattato che adotta una Costituzionale per l'Europa, Costituzioni nazionali, Diritti fondamentali*, Milano, Giuffrè Editore 2005.

52. « Nationalisme ethnique et constitutionnalisme libéral : l'exemple basque », *Politeia*, n° 6-2004, p. 291-302.

51. « Flux et reflux du réformisme institutionnel de la Cinquième République », *in Mélanges Abdelfattah Amor*, Tunis, Centre de publications universitaires, 2005, p. 885-894.

50. « La Constitution comme ordre de valeurs », *in La Constitution et les valeurs, Mélanges Dmitri Georges Lavroff*, Paris, Dalloz, 2005, p. 283-296.

2004

49. « Quel mode d'organisation politique pour une Europe élargie ? », *in* J.-D. Mouton (dir.), *L'Union européenne en débat. Visions d'Europe centrale et orientale*, Nancy, Presses universitaires de Nancy, 2004, p. 187-203.

48. « Deuxième Chambre et représentation », *Recueil des Cours de l'Académie internationale de Droit constitutionnel*, vol. XIII, Tunis, 2004, p. 357-403.

47. « Le statut constitutionnel de la langue nationale et/ou officielle : étude de droit comparé », *in* A.-M. Le Pourhiet (dir.), Langue(s) et Constitution(s), Paris–Aix-en-Provence, Economica-Presses universitaires d'Aix-Marseille, 2004, p. 93-102.

46. « Le principe de l'autonomie personnelle : une solution d'avenir ? », *in* A. Dieckhoff (dir.), *La constellation des appartenances*, Paris, Presses de Sciences Po, 2004, p. 371-402 ; cet article est également publié en anglais : « The principle of personal autonomy: a solution for the future? », *in* A. Dieckhoff (dir.), *The Politics of Belonging. Nationalism, liberalism and pluralism*, Lanham (USA), Lexington Books, 2004, p. 259-282.

2003

45. « Identité, citoyenneté et territoire en droit public français », *in Identité, citoyenneté et territoire, Visita della Corte costituzionale in Valle d'Aosta*,

Conseil régional de la Vallée d'Aoste et Université de la Vallée d'Aoste, 2003, p. 51-57.

44. « Minorités », *in* Dictionnaire de la culture juridique, *in* D. Alland et S. Rials (dir.), Paris, Lamy-PUF, 2003, p. 1028-1031.

43. « Constitution, nation et minorités : exemples européens et asiatiques », *Recueil des Cours de l'Académie internationale de Droit constitutionnel*, vol. XII, Tunis, 2003, p. 377-451.

42. « L'esprit des Constitutions », *in Mélanges Pierre Pactet. L'esprit des institutions, l'équilibre des pouvoirs*, Paris, Dalloz, 2003, p. 375-390.

41. « L'État postcommuniste entre identité nationale et intégration supranationale », *in* S. Milacic (dir.), *La réinvention de l'État. Démocratie politique et ordre juridique en Europe centrale et orientale*, Bruxelles, Bruylant, 2003, p. 37-53.

2002

40. « Égalité et territoire en droit constitutionnel », *in* D. Maillard Desgrées du Loû (dir.), *Territoires et État*, Angers, 26 et 27 avril 2002, *Revue Générale des Collectivités Territoriales*, n° spécial 2002, p. 64-69.

39. « La question nationale hongroise et le droit constitutionnel : à propos de la loi du 19 juin 2001 sur les Hongrois de l'étranger », *Politeia*, 2002, p. 101-114.

38. « L'État autonomique espagnol et la question des "faits différentiels" », *in* N. Rouland (dir.), *Le droit à la différence*, Aix-en-Provence, Presses universitaires d'Aix-Marseille, 2002, p. 109-126.

37. « Du paradoxe de l'État-nation au paradigme de la multination : propos sur la légitimité de la société politique », *in* M. Seymour (dir.), *États-nations, multinations et organisations supranationales*, Montréal, éd. Liber, 2002, p. 239-252.

36. « L'Europe et les relations centre-périphérie », *in* H. Roussillon, *Les relations centre-périphérie dans les démocraties modernes*, Toulouse, Presses de l'Université des Sciences sociales de Toulouse, 2002, p. 227-238.

2001

35. « Le statut constitutionnel du préfet », *in* F.Borella (dir.), *Le préfet, 1800-2000, gouverneur, administrateur, animateur*, Nancy, Presses universitaires de Nancy, 2001, p. 35-42.

34. « Les mutations de la notion de constitution et le droit constitutionnel », *Civitas Europa*, n° 6-2001, p. 39-52 . Cet article a également été publié dans *Cuestiones constitucionales, Revista mexicana de derecho constitucional*, n° 10-2004, p. 169-180.

33. « Le constitutionnalisme et la nation », *in Le nouveau constitutionnalisme, Mélanges Gérard Conac*, Paris, Economica, 2001, p. 67-86.

32. « Stato-Nazione e Stato multinazione : quale modelo statale per l'Europa del XXI secolo ? », *in* S.Gambino (dir.), *Europa e Balcani. Stati, culture, nazioni*, Padova, CEDAM, 2001, p. 33-49.

31. « Minorités et Autodétermination », Terminogramme (Québec) n° 95-96, hiver 2001, *La protection internationale des minorités linguistiques* (dir. J. Woerhling) p. 217-235.

30. « Les minorités, de la guerre à la paix », *in* Redéfinir la paix à l'aube du XXIe siècle, Actes du colloque de l'Université de la Paix, Verdun 2, 3 et 4 décembre 1999, *Les Cahiers de la Paix*, n° 8, 2001, Presses universitaires de Nancy, p. 359-366.

2000

29. « La problématique de la Constitution européenne », *Civitas Europa*, n° 5, 2000, p. 125-142.

28. « Estado, Nación y Soberania: la realidad francesa », *in* A. Pérez Calvo (dir.), *Estado, Nación y Soberania (Problemas actuales en Europa)*, Madrid, Senado, 2000, p. 313-342.

27. « La Bosnie-Herzégovine : un État virtuel ? », *Civitas Europa*, n° 4, 2000, p. 35-50.

26. « Le droit hongrois des minorités comme ressource stratégique et propagandiste », *in* L.-P. Laprévote (dir.), *Ethnographie et propagandes*, Nancy, Presses universitaires de Nancy, 2000, p. 171-186.

1999

25. « Devenir de l'État, État fédéral, État complexe. Présentation de l'Atelier n° 2 du IVe Congrès français de Droit constitutionnel, Aix-en-Provence, 10, 11, 12 juin 1999 », *Civitas Europa*, n° 3-1999, p. 7-13.

24. « La Constitution démotique ou les mutations de la notion de Constitution au seuil du XXIe siècle », *in Mélanges François Borella, L'État, Société et pouvoir à l'aube du XXe siècle*, Nancy, Presses universitaires de Nancy, 1999, p. 403-422. Cet article a été publié en espagnol sous le titre : « La Constitución demótica o las mutaciones de la Constitución en el umbral del siglo XXI », *Teoría y Realidad Constitucional*, n° 5-2000, p. 143-160.

23. « L'ordre juridique français et les situations minoritaires locales », *in* A.-M. Le Pourhiet (dir.), Droit constitutionnel local, Paris–Aix-en-Provence, Economica et Presses universitaires d'Aix-Marseille, 1999, p. 97-117.

1998

22. « Les figures constitutionnelles de l'État-nation », Actes du séminaire Unidem organisé à Nancy du 6 au 8 novembre 1997 par la Commission européenne pour la Démocratie par le Droit en collaboration avec l'Institut de Recherches sur l'Évolution de la Nation et de l'État en Europe (IRENEE), *Les mutations de l'État-nation en Europe à l'aube du XXIe siècle*, Strasbourg,

Éditions du Conseil de l'Europe, 1998, p. 19-42 ; cet article est publié simultanément en anglais.

21. « Des minorités en Europe de l'Est », *in* N. Levrat (dir.), *Minorités et organisation de l'État*, Bruxelles, Bruylant, 1998, p. 93-129.

20. « La Cinquième République et la souveraineté », débat avec Bertrand Badie, *Revue du Droit public, Les 40 ans de la Cinquième République*, n° 5-6, 1998, p. 1474-1484.

19. « L'Union européenne, demos et légitimité : de l'État-nation à la Multination », *Civitas Europa*, n° 1, 1998, p. 35-54.

18. « La construction constitutionnelle de la nation et de l'État en Europe centrale et orientale. Réflexions de droit constitutionnel démotique », *in* S. Milacic (dir.), *La démocratie constitutionnelle en Europe centrale et orientale. Bilans et perspectives*, Bruxelles, Bruylant, 1998, p. 251-283.

17. « Les révisions de la Constitution du 4 octobre 1958 : Temps, Conflits et Stratégies », *Revue du Droit public*, n° 2, 1998, p. 419-431.

1997

16. « Des conditions d'un patrimoine étatique commun : l'État multinational et l'Europe », *Le Patrimoine constitutionnel européen*, Actes du séminaire Unidem organisé à Montpellier les 22-23 novembre 1996 par la Commission européenne pour la Démocratie par le Droit en collaboration avec le Centre d'Études et de Recherches constitutionnelles et politiques (CERCOP), Faculté de Droit de Montpellier, Strasbourg, Éditions du Conseil de l'Europe, coll. « Sciences et Techniques de la Démocratie », n° 18, p. 111-135 ; cet article est publié simultanément en anglais.

15. « L'autodétermination : d'un principe de création de l'État à un principe de constitution de l'État » et « Conclusion du colloque », *in* O. Audéoud, J.-D. Mouton et S. Pierré-Caps (dir.), *L'État multinational et l'Europe*, Nancy, Presses Universitaires de Nancy, 1997, p. 13-51 et p. 215-218.

14. « La protection des minorités et l'ordre juridique français », *in États, Régions et Droits locaux*, Paris-Strasbourg, Publications de l'Institut de Droit local alsacien-mosellan et Economica, 1997, p. 103-111.

13. « Minorités et Constitutions », *in Le Livre de l'Année (1996)*, Paris, Larousse, 1997, p. 303-305.

1996

12. « Les aspects anthropologiques des droits culturels », Actes du 8e Colloque international sur la Convention européenne des Droits de

l'Homme, Budapest, 20-23 septembre 1995, *Annuaire de la Convention européenne des droits de l'homme*, 38 A, 1995, p. 39-49.

11. « Karl Renner, de l'État des nationalités à l'État mondial », Actes de la journée d'études du 10 mars 1995. L'Autriche dans l'Europe. Contribution d'une culture constitutionnelle à une construction multinationale (dir. S. Pierré-Caps) organisée par le Groupe de Recherches et d'Études politique de l'Université de Nancy 2 (Faculté de Droit de Nancy), *Revue d'Allemagne et des Pays de langue allemande*, 28 (2), avril-juin 1996 p. 187-200.

1995

10. « Peut-on parler actuellement d'un droit européen des minorités ? », *Annuaire Français de Droit international*, 1994, p. 72-105.

9. « Minorités nationales, Démocratie et participation politique », *Droits et Cultures*, n° 29, 1995, p. 225-241.

1994

8. « Karl Renner et l'État multinational. Contribution juridique à la solution d'imbroglios politiques contemporains », *Droit et Société*, 1994, n° 27, p. 421-441.

7. « Le principe de l'autonomie personnelle et l'aménagement constitutionnel du pluralisme national : l'exemple hongrois », *Revue du Droit public*, 1994, n° 2, p. 401-428.

1991

6. « L'adaptation du Parlement français au système communautaire », *Revue française de Droit constitutionnel*, 1991, n° 6, p. 233-273.

5. « Le Conseil constitutionnel, gardien de l'identité française ; commentaire de la décision n° 91-290 DC du 9 mai 1991 relative à la loi portant statut de la collectivité territoriale de Corse », *Revue de Science administrative de la Méditerranée occidentale*, 1990, n° 31, p. 141-151.

1990

4. « Les nouveaux cultes et le droit public », *Revue du Droit public*, 1990, n° 4, p. 1073-1119.

3. « La nouvelle Constitution algérienne ; Continuité et discontinuité », *Revue de Science administrative de la Méditerranée occidentale*, 1989, n° 26-27, p. 129-151.

1988

2. « La notion d'ouvrage public ; Tendances de la jurisprudence récente », *Revue du Droit public*, 1988, n° 6, p. 1671-1720.

1987

1. « Aspects juridiques des relations commerciales de la Communauté Économique Européenne avec les États d'Amérique Latine », *Revue trimestrielle de Droit européen*, 1987, n° 3, p. 421-456.

C. Préfaces

2022

Arthur Braun, *Le pouvoir régulateur du régime politique*, Paris, L'Harmattan, 2022, p. 13-16.

2010

Félicien Lemaire, *Le principe d'indivisibilité de la République. Mythe et réalité*, Rennes, Presses universitaires de Rennes, 2010, p. 7-9.

2009

Raphaëlle Lirou, *La Russie entre fédération et empire. Contribution à la définition constitutionnelle de l'État russe*, Clermont-Ferrand, Fondation Varenne-LGDJ, 2009, p. XIII-XV.

2006

Pierre-Alain Collot, *Le principe de non-discrimination au regard de l'appartenance nationale dans le droit constitutionnel des États tchèque, slovène et hongrois*, Clermont-Ferrand, Fondation Varenne-LGDJ, 2006, p. XI-XIII.

D. Comptes-rendus d'ouvrages

2022

Antoine Pantélis, *Droit constitutionnel hellénique*, L'Harmattan, 2018, *Revue française de droit constitutionnel*, n° 130-2022, p. 519-524.

1997

Norbert Rouland, *L'État français et le pluralisme ; Histoire politique des institutions publiques de 476 à 1792*, Paris, Odile Jacob, 1995, 377 p., *Revue du Droit public*, 1997, p. 269-271.

1991

Pierre Kalck, *Tribunaux administratifs et Cours administratives d'appel*, Paris, Berger-Levrault, 1990, 423 p., *Revue du Droit public*, 1991, p. 921-922.

E. Presse et médias

2020

« Faut-il craindre la mondialisation ? », *Le 1 des écrivains*, n° Hors-série décembre 2020, « Ce que nous dit Camus ».

Interview radio locale Déclic sur l'élection présidentielle américaine (ainsi qu'en 2016), novembre.

2014

« Palestine : reconnaître un nouvel État, comment ça marche », Interview, Europe 1, 26 novembre.

2009

« La diversité en droit européen comparé », 19 janvier, France-Culture, Interview dans le cadre de l'émission *Les enjeux internationaux*.

2003

« L'État espagnol : unité, autonomie et solidarité », *La Quinzaine européenne*, n° 29, 16 décembre 2002-5 janvier 2003.

DIRECTIONS DE THÈSES ET D'HDR, PARTICIPATION À DES JURYS DE THÈSE ET D'HDR

- 1998-2021 : 23 thèses soutenues, dont 5 en cotutelle (Espagne, Hongrie, Italie) ; 1 référent HDR
- 2011 : Membre et rapporteur du jury du prix de thèse du Conseil constitutionnel
- 1995-2021 35 participations à des jurys de thèse, dont 18 en tant que rapporteur et 6 en tant que président ; 5 participations à des jurys d'HDR

2021

Carlos Odjaga, *Essai sur la fonction constituante des cours constitutionnelles d'Afrique noire francophone : les exemples du Bénin, de la Côte d'Ivoire, du Gabon, du Niger et du Sénégal.*

Jérémy Brenzczek, *L'historicisme dans le droit constitutionnel écrit contemporain.*

2019

Arthur Braun, *Le pouvoir régulateur du régime politique. Étude d'une notion de droit constitutionnel institutionnel.*

2016

Aubain Didier Mbousngok, *La protection constitutionnelle des droits de l'homme dans l'Afrique noire francophone.*

2015

Ali Issa, *Islam et droit constitutionnel en Égypte, Syrie et au Maroc.*

Daniel Stricher, *La durée des mandats politiques. Analyse institutionnelle et comparative.*

2014

Krittika Yuvanatemiya, *Le concept de nation et les aménagements institutionnels et juridiques de l'État au regard de la pluralité nationale : l'exemple de la France, Belgique, Hongrie et Roumanie.*

2013

Marion Polidori, *Pouvoir politique et société dans le constitutionnalisme italien contemporain*, co-direction Enrico Grosso.

2009

Yann Laurans, *Recherches sur la catégorie juridique de constitution et son adaptation aux mutations du droit contemporain.*

Diane Coissard, *Nationalité et citoyenneté en droit constitutionnel européen.*

2008

Raphaëlle Lirou, *La Russie entre fédération et empire. Contribution à la définition constitutionnelle de l'État russe.*

2007

Delphine Pincemaille, *Droit constitutionnel européen et pouvoir constituant.*

Geneviève Mossler, *Problématique constitutionnelle du bicamérisme en Europe.*

2006

Pierre-Alain Collot, *Le principe de non-discrimination au regard de l'appartenance nationale dans le droit constitutionnel des États tchèque, slovène et hongrois*, codirection Péter Kovacs.

Hafida Chabou, *Le Roi et le pouvoir législatif dans le système politique et constitutionnel marocain.*

Marianne Vervin, *La question démotique dans la constitutionnalisme espagnol*, codirection Alberto Pérez Calvo.

2005

Katia Blairon, *Le régionalisme et le fédéralisme dans les réformes de l'État italien. Contribution à la définition de la forme d'État italienne*, codirection Silvio Gambino.

2003

Zahra Anseur, *Laïcité et pluralisme religieux en droit public français.*

José Sanchez, *La Couronne dans le régime constitutionnel espagnol contemporain*, codirection Alberto Pérez Calvo.

2002

Virginie Noblecourt, *L'État-nation et la supranationalité européenne en droit constitutionnel français.*

2001

Mélina Fath-Kurkdjian, *La pensée constitutionnelle du Doyen Maurice Hauriou et la Ve République.*

2000

Frédérique Claudot, *Éléments de construction d'un droit bioéthique.*

1998

Élodie Derdaele, *La construction constitutionnelle de la Nation et de l'État en Afrique du Sud : l'unité dans la diversité.*

TABLE DES MATIÈRES

AVANT-PROPOS

Le professeur Stéphane Pierré-Caps a passé une grande partie de sa carrière universitaire à la Faculté de Droit, Sciences économiques et Gestion de Nancy (Université Nancy 2 puis Université de Lorraine). À l'enseignant apprécié qui a gardé un enseignement difficile en première année jusqu'à sa retraite, à l'auteur d'une production doctrinale abondante et variée, au juriste constitutionnaliste reconnu autant en France qu'à l'étranger, ses amis, collègues et anciens élèves tiennent à rendre un hommage mérité en publiant en son honneur un ouvrage collectif ayant, à l'image de ses nombreuses recherches, un thème fédérateur : « Constitution, États et peuples ».

Depuis plusieurs décennies, Stéphane Pierré-Caps porte haut les couleurs du droit constitutionnel comme en témoignent ses nombreux ouvrages, manuels et articles. Cette production scientifique dense exprime l'intense activité et les préoccupations de son auteur. Aussi apparaît-il naturel que son œuvre soit célébrée.

Ce recueil de contributions, organisé autour de thématiques chères à Stéphane Pierré-Caps, met en évidence que toute Constitution, avant même d'organiser le pouvoir politique autour de la forme de l'État qu'elle fonde, des institutions et de la production de normes, repose sur des bases proprement sociologiques : les nations et les peuples qui constituent le substrat d'une collectivité humaine circonscrite dans leur singularité.

Ces Mélanges constituent un miroir tendu à leur dédicataire par ses collègues et amis. En effet, les contributions, pour très diverses qu'elles soient, sont riches à la mesure de la personnalité qu'elles honorent et des différents versants de sa pensée. Au fond, ils célèbrent l'œuvre accomplie, mais esquissent aussi les chemins qui restent à imaginer, tracer, approfondir et écrire.

Qu'il soit permis au comité d'organisation de remercier ici toutes les personnes sans le concours desquelles ces Mélanges n'auraient pas pu voir le jour, à commencer par l'ensemble des contributeurs de cet ouvrage. Celui-ci a été publié grâce au soutien financier de l'Institut de Recherches sur l'Évolution de la Nation et de l'État (IRENEE) – laboratoire de droit public de l'Université de Lorraine dont le professeur Stéphane Pierré-Caps fut cofondateur et premier directeur. Nos remerciements vont donc à son directeur, le professeur Christophe Fardet, et aux membres du Conseil de laboratoire, qui ont sans réserve soutenu ce projet. Nous tenons également à exprimer notre profonde reconnaissance à Monsieur Arnaud Martin, directeur de la collection « Droit comparé » aux éditions L'Harmattan, pour avoir accepté la publication de cet ouvrage. Son appui logistique et ses conseils précieux furent déterminants pour mener à bien cette entreprise. Une large partie des contributions de ces Mélanges a été relue par Guillaume Pressé et Noëllie Van Hoorde, doctorants contractuels à la Faculté de droit de Nancy. Qu'ils soient ici vivement remerciés pour leur aide. Enfin, merci à tous ceux, amis, collègues et anciens élèves de Stéphane Pierré-Caps, qui ont exprimé leur intérêt pour ce projet et nous ont témoigné de leur sympathie au cours de sa finalisation.

Le comité d'organisation :
Arthur Braun, Pierre-Alain Collot, Élodie Derdaele, Léonard Matala-Tala, Batyah Sierpinski et Marie-France Verdier

CONTRIBUTEURS

Jordane ARLETTAZ, Professeur de droit public à l'Université de Montpellier, membre du CERCOP

Marie-Élisabeth BAUDOIN, professeur de droit public à l'Université Clermont Auvergne, membre du Centre Michel de l'Hospital (UR 4232)

Julien BOUDON, professeur de droit public à l'Université Paris-Saclay, doyen honoraire de la Faculté de droit et de science politique de Reims, membre de l'Institut d'études de droit public (IEDP)

Arthur BRAUN, maître de conférences de l'Institut catholique de Lyon, membre de l'UR Confluence Sciences & Humanités (EA1598)

Jérémy BRZENCZEK, docteur en droit public, membre associé de l'IRENEE (EA 7303)

Carolina CERDA-GUZMAN, maître de conférences à l'université de Bordeaux, membre du CERCCLE (EA 7436)

Pierre-Alain COLLOT, maître de conférences de droit public à l'Institut National Universitaire Champollion, Université de Toulouse, membre de l'Institut Maurice Hauriou de l'Université de Toulouse (EA 4657)

Vlad CONSTANTINESCO, professeur émérite de l'Université de Strasbourg, ancien — et éphémère — professeur à l'Université Saint-Joseph de Beyrouth

Étienne CRIQUI, professeur de Science politique à l'Université de Lorraine, doyen honoraire de la Faculté de Droit, Sciences Économiques et Gestion de Nancy, membre de l'IRENEE (EA 7303)

Élodie DERDAELE, maître de conférences de droit public à l'Université de Lorraine, membre de l'IRENEE (EA 7303)

Mélanie DUBUY, maître de conférences HDR en droit public à l'Université de Lorraine, membre de l'IRENEE (EA 7303)

Benjamin FARGEAUD, professeur de droit public à l'Université de Lorraine, membre de l'IRENEE (EA 7303)

Lauréline FONTAINE, professeure de droit public à l'Université de la Sorbonne Nouvelle, autrice du blog www.ledroitdelafontaine.fr

Jean FOUGEROUSE, maître de conférences HDR à l'Université d'Angers, membre du Centre Jean Bodin, directeur de la Structure fédérative de recherches « Confluences », directeur adjoint de la MSH Ange Guépin

Silvio GAMBINO, professeur de droit constitutionnel italien et comparé à l'Université de Calabre (Italie)

Thibault GUILLUY, professeur de droit public à l'Université de Lorraine, membre de l'IRENEE (EA 7303)

Léa HAVARD, maître de conférences en droit public, membre du CERCCLE (EA 7436)

Péter KOVÁCS, juge à la Cour pénale internationale (2015-2024), ancien juge à la Cour constitutionnelle hongroise (2005-2014), professeur à la faculté juridique de l'Université Catholique Péter-Pázmány (Budapest)

Anne-Marie LE POURHIET, professeur émérite de droit public à l'Université de Rennes

Félicien LEMAIRE, professeur de droit public à l'Université d'Angers, directeur du Centre Jean Bodin, membre de la Structure fédérative de recherches « Confluences »

Anne LEVADE, professeur à l'École de droit de la Sorbonne (Université Paris I Panthéon-Sorbonne), membre de l'ISJPS UMR 8103 (Université Paris 1-CNRS), président émérite de l'Association française de droit constitutionnel

Roberto LOUVIN, professeur de droit public comparé de l'Université de Trieste (Italie)

Bernard LUISIN, maître de conférences HDR en droit public à l'Université de Lorrain, membre de l'IRENEE (EA 7303)

Arnaud MARTIN, maître de conférences HDR en droit public à l'Université de Bordeaux, membre du CERCCLE (EA 7436), directeur des collections « Droit comparé » et « Pensée politique » aux éditions L'Harmattan

Elia MARZAL, professeur de droit constitutionnel à l'Université de Barcelone

Léonard MATALA TALA, maître de conférences HDR en droit public à l'Université de Lorraine, membre de l'IRENEE (EA 7303)

Bertrand MATHIEU, professeur à l'École de droit de la Sorbonne, Université Paris 1, ancien Conseiller d'État (S.E.)

Didier MAUS, ancien conseiller d'État, Président émérite de l'Association française de droit constitutionnel, Président de la Société d'histoire de la Ve République

Jean-Denis MOUTON, professeur émérite de droit public à l'Université de Lorraine, membre de l'IRENEE (EA 7303)

Johanna NOËL, maîtresse de conférences en droit public à Université de Lorraine, membre de l'IRENEE (UR 7303)

Carlos ODJAGA, docteur en droit public, ATER à l'Université de Lorraine, membre de l'IRENEE (UR 7303)

Antoine PANTÉLIS, professeur émérite à la Faculté de droit de l'Université d'Athènes

Alberto PÉREZ CALVO, professeur de droit constitutionnel (Université de Navarre), docteur Honoris Causa de l'Université Nancy 2

Yves PETIT, professeur à la Faculté de droit de Nancy, directeur du Centre européen universitaire de Nancy, membre de l'IRENEE (UR 7303)

Norbert ROULAND, professeur émérite à la Faculté de droit et de science politique d'Aix-en-Provence, ancien membre de l'Institut universitaire de France

Dominique ROUSSEAU, professeur émérite à l'Université Paris 1 Panthéon Sorbonne, membre honoraire de l'Institut universitaire de France

André ROUX, professeur émérite à l'Institut d'études politiques d'Aix-en-Provence

Jérôme ROUX, agrégé des facultés de droit, professeur de droit public à l'Université de Montpellier (IDEDH)

Laurent SEUROT, professeur de droit public à l'Université de Lorraine, membre de l'IRENEE (EA 7303)

Batyah SIERPINSKI, maître de conférences HDR émérite en droit public à l'Université de Lorraine, membre de l'IRENEE (EA 7303)

Alejandro TORRES GUTIÉRREZ, professeur de droit constitutionnel à la Faculté des sciences juridiques de l'Université publique de Navarre

Marie-France VERDIER, maître de conférences HDR à l'université de Bordeaux, membre du CRDEI (EA 4193), directrice de la revue Politeia

Alexandre VIALA, professeur de droit public à l'Université de Montpellier, membre du (CERCOP)

PREMIÈRE PARTIE

CONSTITUTION DÉMOTIQUE

L'ÉTAT PLURINATIONAL EST-IL UNE MULTINATION ?

Jordane ARLETTAZ

Sur le continent sud-américain, à l'issue d'un XIXe siècle ayant connu une vague de décolonisation, puis au cours d'un XXe siècle politiquement tumultueux, les États se sont majoritairement construits sur le modèle de l'État-nation. Ce dernier se caractérise, originairement, par la définition d'un sujet politique unique, la Nation, entendue comme une collectivité souveraine, abstraite, homogène et uniforme, capable de représenter l'ensemble des citoyens[1]. Invention en tous points révolutionnaire, la Nation s'est cependant transformée sous l'effet d'un constitutionnalisme lui-même démocratisé. Au sein des textes constitutionnels contemporains, la Nation peut donc se voir redéfinie pour offrir une conciliation entre le modèle d'État-nation et la reconnaissance juridique de la diversité sociologique[2], comme l'illustre par exemple l'article 2 de la Constitution espagnole aux termes duquel, si la norme fondamentale « a pour fondement l'unité indissoluble de la Nation », elle « reconnaît et garantit [par ailleurs] le droit à l'autonomie des nationalités ». La Nation peut aussi reculer pour laisser place à une autre collectivité souveraine, figure démocratique qu'institue le peuple, quand son rapport à l'État, de son côté, peut se trouver concurrencé par la notion de République, porteuse d'une citoyenneté libérale et, en cela, universelle. En France, où fut inventé le modèle au XVIIIe siècle avant de s'exporter, l'État-nation connaît aujourd'hui ses plus explicites traductions juridiques moins dans l'idée nationale que dans l'appréhension universelle de la citoyenneté, universalité qui empêche, notamment, que puisse être consacré en droit un « peuple corse, composante du peuple français[3] ». Ainsi, si Jacques Chevallier pouvait encore écrire en 1980, dans un article de référence sur la question, que « tout comme l'État suppose la Nation, la Nation appelle l'État[4] », les notions constitutionnelles construites en droit sont, à l'instar de la Nation, mouvantes et, en cela, précaires.

---

[1] S. Pierré-Caps, *Nation et peuples dans les Constitutions modernes*, Nancy, Presses Universitaires de Nancy, 1987.

[2] J. Arlettaz, *L'État-Nation à l'épreuve de la constitutionnalisation des langues régionales. Étude comparée : Belgique, Espagne, Italie, Suisse*, Paris, Mare et Martin, 2014.

[3] Conseil constitutionnel, décision n° 91-290 DC du 9 mai 1991, *Loi portant statut de la collectivité territoriale de Corse*.

[4] J. Chevallier, « L'État-Nation », *RDP*, 1980, p. 1272.

Cette précarité juridique ne serait néanmoins rien sans la précarité idéologique qui émerge également au cours du XXe siècle à l'égard d'un modèle d'État-nation désormais politiquement contesté comme doctrinalement concurrencé. Si donc le XIXe siècle fut le siècle de la diffusion tant idéologique que constitutionnelle du modèle d'État-nation, le XXe siècle a porté un certain nombre de courants prônant un contre-modèle étatique comme réponse à une problématique, qui occupaient jusque-là et presque exclusivement, les réflexions et les doctrines relatives au fédéralisme : comment rester unis dans la diversité ? Comment traduire en droit la réalité sociologique sans fragiliser l'institution État ? Au cœur des pensées soutenant un projet politique en opposition radicale avec le modèle d'État-nation, les écrits de Karl Renner, auxquels le dédicataire de ces lignes a consacré une partie de ses travaux, notamment la traduction de *La Nation, Mythe et réalité*[5], occupent une place centrale.

Penseur de l'État multinational ou de la Multination, Karl Renner fut aussi chancelier fédéral de la Première République d'Autriche en 1918, puis premier président fédéral de la Deuxième République en 1945. Il fut ainsi, à la fois, l'homme d'un jeune État et celui d'une époque que fut l'ère du droit des nationalités et de la protection internationale des minorités. Le projet politique défendu par Karl Renner peut se résumer dans l'établissement de « Nation[s] désétatisée[s] » dans un « État dénationalisé[6] ». La Nation, initialement construite comme un groupement spontané de personnes partageant une même culture, doit en effet, pour Karl Renner, se constituer en tant qu'institution distincte de l'État. Séparer la Nation de l'État, voilà la grande idée du penseur autrichien. Pour cela, il est dès lors indispensable d'élaborer un concept juridique de Nation selon une approche strictement personnelle et nullement territoriale[7] : la Nation doit demeurer une communauté de personnes. L'exclusion de tout élément d'ordre territorial semble même représenter une condition indépassable dès lors qu'est recherchée une appréhension juridique de la Nation qui se veut distincte de celle de l'État. Pour cela, il convient de reconnaître un droit individuel d'appartenance nationale, constitutif d'une pluralité de nations juridiquement instituées au sein d'un même État. L'État devient multinational ou Multination.

Appelant la redéfinition des notions constitutionnelles comme de leur rapport à l'institution État, la Multination est l'une des propositions juridiques les plus abouties théoriquement. Presque un siècle plus tard, en Amérique du Sud, le temps est moins aux théories politiques qu'aux révolutions constitutionnelles qui voient émerger, au sein des normes fondamentales, la

---

[5] K. Renner, *La Nation, mythe et réalité*, Nancy, Presses Universitaires de Nancy, 1998.
[6] S. Pierré-Caps, « Karl Renner et l'État multinational. Contribution juridique à la solution d'imbroglios politiques contemporains », *Droit et Société*, n° 27, 1994, p. 433.
[7] J. Arlettaz, *op. cit.*

figure de l'État plurinational. Présenté comme traduisant un changement de paradigme, l'État plurinational s'affirme en effet dans les Constitutions des années 2000. S'agit-il d'un modèle de Multination réinventée ou d'une nouvelle contre-proposition à celui d'État-nation ? En quoi l'État plurinational est-il plurinational ?

I. L'émergence constitutionnelle de l'État plurinational

Avant que ne se réalise la révolution constitutionnelle de l'État plurinational, les États d'Amérique latine avaient opéré, dès les années quatre-vingt-dix, des changements constitutionnels relevant du multiculturalisme. Ce dernier entendait répondre aux aspirations portées par les peuples autochtones en s'inspirant moins de Karl Renner, l'Européen, que de Will Kymlicka, le Canadien, théoricien du multiculturalisme. Le courant philosophique multiculturaliste repose néanmoins pareillement sur une critique du modèle politique de l'État-nation : si ce dernier entend défendre un espace public neutre en vue de garantir l'égalité de tous devant la loi, la réalité commande au contraire, selon les tenants du multiculturalisme, à voir dans cette neutralité un postulat idéologique qui cache l'hégémonie culturelle d'un groupe majoritaire. Il conviendrait donc de dépasser le cadre homogénéisant de l'État-nation pour reconnaître, dans la sphère publique, des droits culturels spécifiques au profit de minorités.

L'État multiculturel se caractérise par la reconnaissance de minorités culturelles à l'égard desquelles sont élaborées des politiques spécifiques tendant à la préservation de leurs spécificités culturelles. Ses membres ne sont dès lors plus des citoyens abstraits comme dans l'État-nation, mais deviennent des individus situés par leur appartenance à un groupe minoritaire ; à ce titre, ils doivent bénéficier d'une consécration juridique au travers de l'établissement, à leur profit, de droits spéciaux. Issus d'une politique volontariste de reconnaissance[8], ces droits spéciaux se traduisent par des droits collectifs dans le champ culturel, éducatif ou encore territorial. Durant les années quatre-vingt-dix, pas moins de douze États latino-américains ont procédé à une révision constitutionnelle ou à un changement de Constitution en vue de consacrer le caractère « pluriculturel » de l'État comme en Bolivie (1994) et en Équateur (1998) ou la « pluralité » ou « diversité » « ethnique et culturelle de la Nation » comme en Colombie (1991) et au Pérou (1993)[9].

---

[8] Sur la notion de reconnaissance, voir A. Honneth, *La lutte pour la reconnaissance*, Paris, Cerf, 2002. Voir également A. Honneth, « La reconnaissance : une piste pour la théorie sociale contemporaine », *in* R. Le Coadic (dir.), *Identités et démocratie*, Rennes, Presses Universitaires de Rennes, 2003, p. 205.

[9] P. Boulanger, « L'État plurinational de Bolivie », *Problèmes d'Amérique latine*, n° 108, 2018, p. 123-141 ; L. Lacroix, « État plurinational et redéfinition du multiculturalisme en Bolivie », *in* C. Gros et D. Dumoulin Kervran (dir.), *Le multiculturalisme au concret. Un modèle latino-américain ?*, Paris, Presses de la sorbonne Nouvelle, 2011, p. 135-146.

> L'adoption du multiculturalisme libéral en Amérique latine constitue sans conteste un moment de rupture historique avec l'abandon du modèle national populaire en vigueur depuis le début du XXe siècle dans de nombreux pays d'Amérique latine. Ce dernier reposait sur un projet de nation culturellement homogène fondée sur le métissage biologique puis culturel des populations amérindiennes devant mettre définitivement fin, mais en vain, au « problème indien » persistant depuis la colonisation, et instaurer un régime égalitaire de type universel[10].

Pourtant, la conversion au multiculturalisme libéral apparaît vite comme insatisfaisante parce qu'insuffisante ; en Bolivie comme en Équateur notamment, les faits constitutionnels témoignent de ce que la greffe n'a pas pris. Politiquement, les peuples autochtones aspirent à ne plus être de — simples — minorités culturelles au sein de l'État, mais de — véritables — communautés politiques qui font l'État. Au mitan des années deux mille, la revendication autochtone s'organise donc autour de la proposition de construction d'un État plurinational. Ce dernier

> propose une triple rupture : [...] avec la forme classique d'État-nation et le régime de citoyenneté historique inspiré du modèle républicain européen ; avec les politiques multiculturalistes libérales considérées comme importées et inadaptées ; avec le capitalisme qui constituerait une nouvelle forme de colonialisme et de pillage des ressources des pays du Sud[11].

Cette triple rupture explique l'adoption de nouvelles Constitutions, en Équateur (2008) comme en Bolivie (2009), qui affirment, dès les premiers articles, la nature plurinationale de l'État. Il s'agit alors de construire, par la Constitution, tout à la fois une nouvelle distribution du pouvoir, une conception décolonisée des droits fondamentaux, une alternative au libéralisme économique, une légitimité étatique refondée ainsi qu'un pluralisme juridique inédit. S'il n'émerge pas complètement lors des moments constituants de 2008 et 2009, dès lors que ses fondements théorique et philosophique apparaissent dès les années soixante-dix, le modèle d'État plurinational s'exprime dans une certaine forme de radicalité lors des mouvements sociaux des années deux mille : il porte alors en lui le rejet tant du multiculturalisme libéral que du libéralisme économique ayant dominé les années quatre-vingt-dix.

La plurinationalité émane originairement du katarisme,

> un mouvement syndical paysan de type indianiste qui se forme en Bolivie au début des années 1970 et qui fonde la Confédération syndicale unique des travailleurs paysans de Bolivie (CSUTCB) en 1979, la première organisation paysanne nationale indépendante dans l'histoire du pays, dont la thèse politique présentée en 1983 tente de définir le sens de l'instauration d'un État plurinational. Par la suite, cette proposition circulera sur tout

[10] L. Lacroix, « Un multiculturalisme sans minorités ? Quelques réflexions sur l'Etat plurinational en Bolivie et en Équateur », *Belgeo* [En ligne], n° 3, 2013, mis en ligne le 24 mai 2014.
[11] *Ibid.*

le continent au sein des mouvements sociaux et intègre [...] les plateformes revendicatives d'un grand nombre d'organisations autochtones latino-américaines[12].

En 1991, la publication, en Bolivie, de l'ouvrage *Por una Bolivia diferente. Aportes para un proyecto histórico popular*, par le Centro de investigación y promoción del Campesinado, assurera la diffusion du modèle d'État plurinational[13]. En Équateur, les termes de « plurinational » comme de « société interculturelle » apparaissent dans le projet politique de la Confédération des Nationalités Indigènes de l'Équateur (CONAIE) lors de son Congrès de 1993[14]. Mais si le modèle d'État plurinational parvient à franchir la barrière constitutionnelle, c'est surtout à la faveur de l'arrivée au pouvoir du Président bolivien Evo Morales en 2005 et du Président équatorien Rafael Correa en 2006, tous deux ayant initié un processus constituant inédit qui a abouti à l'adoption de nouvelles Constitutions. Présidents de gauche, hostiles aux politiques du FMI comme de la Banque mondiale, ils sont également engagés en faveur de la reconnaissance des populations autochtones selon une approche décoloniale que doit réaliser l'État plurinational.

II. La traduction constitutionnelle de l'État plurinational

Le caractère plurinational des États bolivien et équatorien s'affirme dès les premiers articles de leur Constitution. Ainsi, selon l'article 1er de la Constitution de Bolivie de 2009, « la Bolivie se constitue en un État unitaire social de droit plurinational communautaire », quand l'article 1er de la Constitution d'Équateur de 2008 dispose que « l'Équateur est un État constitutionnel de droits [...] plurinational ». Il faut cependant poursuivre la lecture des textes constitutionnels pour saisir l'émergence de nouveaux sujets de droit que sous-tend cette plurinationalité. L'article 3 de la Constitution bolivienne consacre en effet une « nation » formée « de la totalité des Boliviens et des Boliviennes, des nations et peuples indigènes originaires paysans, et des communautés interculturelles et afroboliviennes qui constituent ensemble le peuple bolivien » ; en Équateur, l'article 56 de la Constitution reconnaît notamment les « peuples et nationalités indigènes » qui « forment » l'État équatorien. En ce sens, la Nation se voit redéfinie par un principe de reconnaissance qui emporte l'intégration en son sein d'une pluralité de nations indigènes originaires — Bolivie — ou de nationalités indigènes — Équateur. La plurination suppose ainsi un pluralisme généralisé dont les différentes composantes forment, ensemble, l'État. Le nouveau sujet de droit bolivien est par ailleurs défini par le texte constitutionnel lui-même ; aux termes de l'article 30 en effet, « est nation et

---

12 *Ibid.*
13 S. Cordero Ponce, « Estados plurinacionales en Bolivia y Ecuador », *Nueva Sociedad*, n° 240, 2012, p. 140.
14 *Ibid.*, p. 138.

peuple indigène originaire paysan toute collectivité humaine qui partage une identité culturelle, une langue, une tradition historique, des institutions, une territorialité et une cosmovision, dont l'existence est antérieure à l'invasion coloniale espagnole ».

Aux fins d'assurer l'effectivité de cette reconnaissance et de donner à la plurinationalité les vertus dont ne disposait pas l'État multiculturel tourné vers la seule reconnaissance de droits spécifiques pour les minorités indigènes, les Constitutions consacrent deux principes fondamentaux devant guider tant l'action étatique que les interprétations normatives : l'interculturalité[15] et le pluralisme juridique[16]. La constitutionnalisation du pluralisme juridique conduit à un traitement doctrinal du phénomène de la plurinationalité dans la littérature latino-américaine accompagné de la citation quasi constante des écrits du sociologue du droit portugais Boaventura de Sousa Santos[17], ce dernier ayant notamment théorisé les « zones de contact » entre les systèmes juridiques que le pluralisme juridique suppose nécessairement. Boaventura de Sousa Santos est en effet le penseur d'un pluralisme juridique postmoderne dont les auteurs latino-américains reprennent les principales réflexions dans une optique décoloniale ou « contre hégémonique, dans la mesure où cela contribue à réduire l'inégalité dans les rapports de pouvoir et, pour cela, à réduire l'exclusion sociale ou à améliorer l'inclusion sociale[18] ». Selon Boaventura de Sousa Santos, il existerait « un autre concept, un concept communautaire non libéral de nation qui n'implique pas nécessairement l'État[19] ». Pour saisir en quoi l'État plurinational est un État singulier de reconnaissance, il faut préciser que le pluralisme juridique consacré dans les Constitutions ne vise pas seulement à conférer un brevet de juridicité aux différents systèmes normatifs propres aux populations autochtones et cohabitant avec le système étatique. Il s'agit plus fondamentalement de construire des « hybrides juridiques » par « la réinterprétation du droit à partir de la fusion de systèmes juridiques distincts[20] ». En droit, cette hybridation se réalise grâce au second principe fondamental constitutionnalisé qu'est l'interculturalité.

---

15 Article 1er de la Constitution de Bolivie : « La Bolivie se constitue en un Etat unitaire social de Droit Plurinational Communautaire, libre, indépendant, souverain, démocratique, interculturel, décentralisé et avec des autonomies [...]. » Article 1er de la Constitution d'Équateur : « L'Équateur est un État constitutionnel de droits et de justice, social, démocratique, souverain, indépendant, unitaire, interculturel, plurinational et laïque [...]. »

16 Article 1er de la Constitution de Bolivie : « [...] La Bolivie se fonde sur la pluralité et le pluralisme politique, économique, juridique, culturel et linguistique, dans le cadre du processus intégrateur du pays. »

17 Boaventura de Sousa Santos, *La Reinvención del Estado y el Estadc Plurinacional*, Santa Cruz de la Sierra, Alianza Interinstitucional Cenda, Cejis, Cedib, 2007.

18 D. Montalván Zambrano, « El pluralismo jurídico y la interpretación intercultural en la jurisprudencia constitucional de ecuador y bolivia », *Revista Ratio Juris*, 14 (29), 2019, p. 153.

19 Boaventura de Sousa Santos, *op. cit.*

20 D. Montalván Zambrano, *op. cit.*, p. 149.

> L'interculturalité propose la déconstruction des concepts traditionnels de chaque système juridique, avec l'objectif de les doter d'une nouvelle signification à partir de leur fusion, créant un « universalisme de reconnaissance réciproque », dans lequel est reconnue et acceptée la validité morale et politique des différences et des pluralismes culturels[21].

En ce sens, l'État plurinational repose sur un binôme inséparable que forme le pluralisme juridique ordonné par l'interculturalité. Selon la Cour constitutionnelle d'Équateur, « pour que la plurinationalité se développe positivement, l'interculturalité est nécessaire[22] ».

Une fois affirmé le modèle d'État plurinational et consacrés les principes de pluralisme et d'interculturalité, les Constitutions bolivienne et équatorienne déclinent les droits comme les transformations institutionnelles que sous-tend l'État plurinational. De manière synthétique, trois champs principaux permettent de caractériser la redéfinition de l'État. D'abord, les textes constitutionnels garantissent un ensemble de droits collectifs et/ou culturels[23] aux nations ou nationalités indigènes, droits qui parsèment le document juridique au titre par exemple de la politique sur l'officialité des langues[24], le système éducatif, la santé[25], les politiques environnementales, les modalités de consultation ou encore l'exploitation des ressources naturelles. Ensuite, les Constitutions reconnaissent une autonomie territoriale consistant en un autogouvernement « comme exercice de la libre détermination des nations et peuples indigènes originaires paysans[26] » — Bolivie — ou en la création de circonscriptions territoriales où s'applique « la propriété collective de la terre, comme forme ancestrale d'organisation territoriale[27] » — Équateur. Cette autonomie territoriale est complète en ce sens que, au sein du territoire autochtone, les nouveaux sujets constitutionnels — nations, peuples, nationalités — peuvent librement définir leurs propres institutions comme leurs modes de gouvernement qui se trouvent intégrés à l'organisation territoriale de l'État. Singularité de l'État plurinational, cette autonomie

---

21 *Ibid.*, p. 156.

22 Cour constitutionnelle de l'Équateur, sentence n° 113-14-SEP-CC, 30 juillet 2014.

23 Voir notamment article 30 de la Constitution de Bolivie et article 56 de la Constitution d'Équateur.

24 À titre d'illustration, l'article 5 de la Constitution bolivienne dispose que « sont langues officielles de l'État le castillan et toutes les langues des nations et peuples indigènes originaires paysans, que sont l'aymara, araona, baure, bésiro, canichana, cavineño, cayubaba, chácobo, chimán, ese ejja, guaraní, guarasu'we, guarayu, itonama, leco, machajuyaikallawaya, machineri, maropa, mojeño-trinitario, mojeño-ignaciano, moré, mosetén, movima, pacawara, puquina, quechua, sirionó, tacana, tapiete, toromona, uru-chipaya, weenhayek, yaminawa, yuki, yuracaré y zamuco ».

25 Article 35-II de la Constitution de Bolivie : « Le système de santé est unique et inclut la médecine traditionnelle des nations et peuples indigènes originaires paysans. »

26 Voir les articles 289 et suivants de la Constitution bolivienne.

27 Article 60 de la Constitution équatorienne.

territoriale est reconnue en même temps qu'est affirmé le caractère unitaire de l'État, ce qui différencie la plurinationalité de l'État fédéral multiculturel[28].

> Cette notion [d'unité], prise dans un sens plus large et non uniquement entendu comme centre politique unique de décision, renvoie aussi à l'existence d'une seule et même souveraineté, unique et indivisible, et en conséquence à un pouvoir constituant unique dans la révision partielle ou totale de la Constitution ainsi qu'un ensemble de pouvoirs constitués qui régulent les activités de l'État[29].

Enfin, l'État plurinational constitutionnalisé en Équateur et en Bolivie est aussi plurijuridictionnel en raison de la reconnaissance d'une justice indigène[30]. Cette dernière bénéficie du même statut que la justice ordinaire, s'impose à l'ensemble des pouvoirs publics, s'organise de manière autonome et applique les normes et sanctions propres aux conceptions de justice et de procès portées par les nations et peuples indigènes.

Ainsi sommairement présenté, l'État plurinational se dévoile par l'émergence de nouveaux sujets constitutionnels de droit, la généralisation du pluralisme normatif, institutionnel et juridictionnel ou encore la redéfinition du partage du pouvoir. Pour autant, l'État plurinational doit composer, au sein du texte constitutionnel, tant avec le principe d'unité qu'avec la large diffusion d'outils de démocratie directe et participative. En ce sens, les Constitutions bolivienne et équatorienne associent ce pluralisme généralisé au principe de la souveraineté du peuple et l'encadrent par l'exigence du respect des dispositions constitutionnelles par l'ensemble des systèmes juridiques égalitairement reconnus. Ainsi, le pluralisme n'a nullement affecté la souveraineté qui demeure celle du peuple dans son universalité. Par ailleurs, les justices indigènes sont soumises au contrôle du Tribunal constitutionnel plurinational (TCP) bolivien comme à la Cour constitutionnelle équatorienne. L'étude de leur jurisprudence permet dès lors de mesurer si le renversement de paradigme dans le texte constitutionnel reçoit un écho effectif dans le champ du droit positif. Or, sur ce thème, l'étude réalisée par Digno Montalván Zambrano[31] démontre qu'à une plurinationalité « forte » construite par le Tribunal constitutionnel bolivien s'oppose une plurinationalité « faible » sous la plume du juge constitutionnel équatorien. Les textes constitutionnels dévoilaient déjà une différence de degré. En effet, l'Assemblée législative se compose en Bolivie de représentants des nations et peuples indigènes originaires, opérant par cela une fragmentation de la représentation nationale. De même le Tribunal constitutionnel est composé de membres issus des

---

[28] H. Dumont et M. El Berhoumi, « L'État fédéral plurinational : tentative de définition juridique », *in Les visages de l'État. Liber Amicorum Yves Lejeune*, Bruxelles, Bruylant, 2017, p. 293-320.

[29] V. Audubert, *Contribution à l'étude du paradigme juridique de la plurinationalité : le cas de l'Etat plurinational de Bolivie*, th. dactyl., 2018, p. 209.

[30] Articles 190 et s. de la Constitution de la Bolivie et article 171 et s. de la Constitution de l'Équateur.

[31] D. Montalván Zambrano, *op. cit.*

peuples ou nations originaires, donnant à ce Tribunal un caractère également plurinational[32]. En Équateur, au contraire, ni le pouvoir législatif ni le pouvoir juridictionnel ne s'organisent selon le principe de la plurinationalité. Ce cadre constitutionnel explique sans doute pourquoi la Cour constitutionnelle a tenu à affirmer que l'Équateur ne connaît qu'une « nation civique » qui reconnaît « différentes nations culturelles ou peuples ethniquement distincts[33] », confirmant que « la plurinationalité consiste [surtout] à combiner [...] différentes significations de la nation en un seul et même État[34] ». Sur ce point, l'État plurinational, tout en séparant Nation et État, s'éloigne donc de la Multination de Karl Renner qui ne reconnaît qu'une catégorie juridique de nation. L'État plurinational n'est donc pas l'État multinational et émerge comme un modèle nouveau d'État. Sans doute, la pensée de Karl Renner n'a pas fructifié en Amérique latine parce que la déterritorialisation des nations que défendait l'auteur autrichien ne pouvait recevoir un écho politique dans le cadre de luttes pour la réappropriation des terres et la défense de la propriété collective des peuples autochtones[35].

---

32 Article 197-I de la Constitution bolivienne.

33 Cour constitutionnelle d'Équateur, sentence n° 113-14-SEP-CC, 30 juillet 2014.

34 L. Lacroix, *op. cit.*

35 Z. Brémond, *Le territoire autochtone dans l'État post-colonial. Étude comparée des États issus des colonisations britannique et hispanique*, Paris, Institut Francophone pour la Justice et Démocratie, 2021.

La fabrication constitutionnelle d'une « identité nationale » en Hongrie et en Russie

Marie-Élisabeth Baudoin

Observant les enjeux auxquels étaient confrontées les minorités en Europe centrale et orientale, le Professeur Stéphane Pierré-Caps a offert à la science juridique une analyse précieuse et très stimulante proposant un nouveau modèle, celui de la multination[1]. En réponse aux limites de l'État-nation, ce modèle invite à repenser les relations entre l'État et la nation et apporte ainsi des clés de lecture permettant de se saisir du cas complexe des sociétés politiques qui comprennent plusieurs communautés nationales. Ce sont ses travaux sur l'État, la nation et le droit constitutionnel[2] qui nous ont inspiré cette modeste réflexion sur une dynamique nouvelle survenue récemment dans deux États situés à l'Est de l'Europe : la Hongrie et la Russie.

En effet, respectivement en 2012 et 2020, les Constitutions hongroise et russe ont donné à voir une transformation du projet politique étatique, révélant un nouveau rapport à la nation et à ce qui pourrait être qualifié d'« identité nationale ». Cette dernière, on en convient, reste une notion floue et fait toujours débat aujourd'hui, notamment en France, où elle a fait l'objet de nombreuses récupérations et détournements par les acteurs et partis politiques[3]. L'objet du propos n'est ni de la définir, ni de la réhabiliter. Le terme renvoie à une réalité et un défi auxquels tous les États d'Europe de l'Est, par-delà leur diversité, se sont heurtés dans le contexte du changement de régime des années 1980-1990 : comment construire ou reconstruire l'État

---

[1] Spécialiste de la question nationale, dès sa thèse intitulée *Nation et peuples dans les Constitutions modernes* (Nancy, 1986), le Professeur Pierré-Caps propose ce nouveau modèle dans son ouvrage *La Multination. L'avenir des minorités en Europe centrale et orientale*, Paris, Odile Jacob, 1995, 337 pages.

[2] *Droit constitutionnel*, en collaboration avec le Professeur Vlad Constantinesco, Paris, PUF, coll. « Thémis », 7e éd., 2016, 560 p. (1e éd. 2004).

[3] On pense, notamment, à la création en 2007 d'un ministère de l'Immigration, de l'Intégration, de l'Identité nationale et du Développement solidaire, sous la présidence de Nicolas Sarkozy, ou encore à la récupération de la notion par les partis d'extrême droite qui la rattachent aux enjeux de sécurité. Les amalgames avec les enjeux d'immigration et de nationalisme ont conduit à vider le terme de toute signification claire, conduisant ainsi à le discréditer voire à le disqualifier. Mais si la notion est quasiment taboue en France, elle ne l'est pas du tout dans d'autres pays, qu'il s'agisse des États-Unis ou des États à l'Est de l'Europe.

après la chute du socialisme en Hongrie et après l'effondrement de l'Union soviétique en Russie ? La « question nationale » s'est imposée dans le débat de la reconstruction étatique. Le schéma classique de l'État-nation n'était ainsi pertinent ni dans le contexte hongrois marqué par un éclatement et une dispersion de la nation hongroise au-delà des frontières du territoire étatique, né du traité de Trianon[4], ni dans le contexte de la Russie se caractérisant par une mosaïque de 193 groupes ethniques (selon le dernier recensement de 2020-2021) et distinguant, dans la tradition soviétique, la nationalité (au sens de l'appartenance ethnique) de la citoyenneté (au sens de l'appartenance à la communauté politique).

Les chemins de la réflexion ont été différents en Hongrie et en Russie en raison de contextes étatiques historiques propres, mais ils ont eu pour point commun de refléter les dilemmes engendrés par la disparition d'un empire, austro-hongrois dans un cas, soviétique dans l'autre.

Ainsi, en Hongrie, comme le souligne Laure Neumayer, « la question nationale a été l'une des bases de l'alliance de l'opposition au parti unique à la fin des années 1980, autour d'une conception "culturelle" de la nation[5] ». L'un des premiers amendements constitutionnels introduits en 1989 dans la Constitution Rákosi[6] adoptée en 1949 inscrit à l'article 6 § 3 : « La République de Hongrie se considère comme responsable du sort des Hongrois vivant hors de ses frontières et encourage le maintien de leurs relations avec la Hongrie »[7]. Il s'agissait alors d'une réaction contre la politique menée par le régime communiste qui avait ignoré et en quelque sorte « abandonné » les minorités hongroises de l'étranger, cause considérée comme peu importante au regard du patriotisme socialiste officiellement prôné[8]. Dans les premières années de la transition, le Forum Démocrate hongrois et son leader, József Antall, contribuent à la réflexion sur la recherche d'une nouvelle identité nationale hongroise, mettant notamment l'accent sur la protection des minorités hongroises de l'étranger qui sont considérées comme faisant partie de la nation hongroise. Mais le retour au pouvoir des socialistes en 1994

---

[4] Le Traité de Trianon, signé le 4 juin 1920, entérine la dislocation de l'Empire austro-hongrois à la fin de 1918. Il emporte pour conséquence que 3,3 millions de Hongrois se retrouvent séparés de leur patrie. Cette blessure historique reste intacte jusqu'à aujourd'hui, le 4 juin étant devenu, depuis 2010, la journée de l'unité nationale.

[5] L. Neumayer, « Dépasser Trianon. Les transformations du nationalisme hongrois, de la "politique de la nation" à la protection des minorités dans l'UE », *Politique européenne*, n° 37, 2012, p. 107.

[6] Du nom de Mátyás Rákosi, alors Secrétaire général du Parti communiste hongrois (ensuite appelé Parti des travailleurs hongrois) qui s'emploie à « soviétiser » la Hongrie et fait régner la terreur d'État. La Constitution hongroise « d'inspiration stalinienne » est adoptée le 18 août 1949.

[7] En hongrois : « *(3) A Magyar Köztársaság felelősséget érez a határain kívül élő magyarok sorsáért, és előmozdítja a Magyarországgal való kapcsolatuk ápolását.* »

[8] Laszlo Deme, « Perceptions and Problems of Hungarian Nationality and National Identity in the Early 1990s », *International Journal of Politics, Culture, and Society*, 12 (2), Winter 1998, p. 308.

traduit la perte d'intérêt pour la question nationale[9]. Selon Brigid Fowler, le contexte postcommuniste a finalement tracé un cadre spécifique opposant d'un côté un camp politique « de droite » qui s'est qualifié de « national » et de l'autre, le camp des libéraux et des socialistes qui sont considérés comme « non nationaux[10] ». Le premier gouvernement dirigé par le Fidesz de Viktor Orbán en 1998 est ainsi à l'origine, en l'an 2000, des fêtes de la commémoration du millénaire de la fondation de la Hongrie avec le couronnement solennel du roi Étienne Ier. Initialement, il s'agit de réparer les dommages que le communisme a causés à l'État et à la nation hongrois. Par la suite, le « réveil national » et la mise en valeur du passé et des symboles historiques de la fondation de l'État tels que la Sainte Couronne deviennent des instruments au service d'un projet politique porté notamment par le Fidesz.

En Russie, le chemin a été plus sinueux, avec des évolutions notoires de la rhétorique politique depuis Boris Eltsine jusqu'à Vladimir Poutine, en passant par Dmitri Medvedev. Dans les années quatre-vingt-dix, comme le rappelle André Filler, plusieurs visions de l'identité nationale se dégagent, mais la « cause russe » n'est pas présente dans le discours libéral entre 1991 et 1993[11]. Durant ces années, le gouvernement russe écarte de la politique de reconstruction étatique toute dimension ethnique et cherche à soutenir une identité citoyenne indépendamment de l'appartenance ethnique[12]. La Constitution russe du 12 décembre 1993 définit ainsi le peuple russien (*rossijskij narod*) comme une communauté de citoyens[13]. Ce n'est qu'à partir de 1995, à la fin du premier mandat de Boris Eltsine, que la question nationale va être rendue visible dans les médias d'abord, puis dans le discours politique, principalement en réponse aux critiques faites par l'opposition parlementaire[14]. En 1995, la chaîne de télévision publique ORT projette une

---

9 *Ibid.* p. 322.

10 Br. Fowler, « Nation, State, Europe and National Revival in Hungarian Party Politics: The Case of the Millenial Commemorations », *Europe-Asia Studies*, 56 (1), January 2004, p. 58.

11 A. Filler, « L'identité nationale russe : anatomie d'une représentation », *Hérodote*, n° 138, 2010, p. 99-100.

12 Cela se vérifie, de manière très frappante, dans la nouvelle législation sur la citoyenneté de la Fédération de Russie du 28 novembre 1991 qui accorde, à toute personne vivant sur le territoire de la Fédération de Russie au moment de l'adoption de la loi, la citoyenneté russienne (*rossijanin*) et non pas la citoyenneté russe (*russkij*, au sens ethnique).

13 Cette conception de la nation et son inscription dans la Constitution russe sont dues notamment aux travaux d'un chercheur, historien, directeur de l'Institut d'anthropologie et d'ethnologie de l'Académie des Sciences, Valery Tichkov qui a été pendant une courte période conseiller de Boris Eltsine pour les relations inter-ethniques et a même intégré le gouvernement en tant que ministre des Nationalités en 1992.

14 La vision défendue par Eltsine et son gouvernement d'une nation reposant sur une communauté de citoyens est, à l'époque, en butte aux critiques de l'opposition parlementaire. Pour Guennadi Ziouganov, chef du Parti communiste, l'Empire russe et l'URSS constituaient une « civilisation russe unique », dont les membres avaient en partage une identité commune. Mais en 1995, il considère que l'identité russe est slave. Il inclut dès lors les Ukrainiens et les

série de spots publicitaires sous le titre « Projet russe » (*Russkij projekt*) qui tentent d'allier l'identité nationale russe aux valeurs humanistes universelles[15]. Alors que Boris Eltsine vient d'être réélu pour un deuxième mandat, il prononce le 12 juillet 1996 une allocution dans laquelle il constate que la nouvelle Russie manque d'une « idée nationale » ou « d'une idéologie nationale » et « c'est à déplorer[16] ». Un de ses conseillers ajoute ultérieurement que cette idée nationale ne peut pas être imposée par l'État, elle doit venir « d'en bas[17] ». Dès le 30 juillet 1996, le journal *Rossijskaja Gazeta* lance un concours pour trouver une « idée pour la Russie » et titre : « Qui sommes-nous ? Où allons-nous ?[18] » Sous l'ère eltsinienne, différents termes sont utilisés dans les discours (« peuple », « peuples de Russie », « Patrie ») ; différents éléments qui pourraient être au fondement de l'identité de la nation sont avancés (la religion orthodoxe, la langue, le territoire), mais le flou perdure — volontairement — sur ce qu'est la nation russe. L'arrivée au pouvoir de Vladimir Poutine en 2000 donne à voir une radicalisation du discours et la formalisation d'une « doctrine nationale » qui est instaurée par l'État. Le discours de Munich de 2007[19] est l'occasion de dévoiler certains éléments que l'on retrouve très fréquemment par la suite dans les allocutions présidentielles : la grandeur de la Russie, « forte d'une histoire millénaire, qui a presque toujours eu le privilège de mener une politique étrangère

Bélarussiens dans la nation russe, en s'appuyant sur les historiens russes du XIXe siècle. Il considère également que tous les Russes ethniques et les locuteurs de langue russe de l'étranger, quelle que soit leur citoyenneté, font partie intégrante de la nation russe. Il déclare en 1995 que « sans la réunification du peuple russe éclaté, notre État ne se relèvera jamais » (cité par V. Tolz, « Forging the Nation: National Identity and Nation Building in Post-Communist Russia », *Europe-Asia Studies*, 50 (6), 1998, p. 1011. Un tel positionnement permet de comprendre pourquoi dans les années 1990, nombreux étaient les Communistes à faire de la religion orthodoxe un des éléments clés de l'identité nationale russe. Quant aux ultra-nationalistes, avec à leur tête Vladimir Jirinovski, ils défendaient une position de l'identité nationale assez similaire, empruntant à différentes influences et mêlant trois conceptions : l'une liée à une Union large, l'autre sur la dimension slave et sur la langue russe comme marqueur identitaire.

[15] Il s'agit de deux saisons de 21 courts métrages (d'une à trois minutes) diffusés entre 1995 et 1997 et dans lesquels jouent des acteurs célèbres, tels que par exemple Nikita Mikhalkov qui joue le rôle d'un cosmonaute dans quatre épisodes (« Voici mon pays », « Ensemble », « C'est mieux à la maison », « Ensemble 2 »).

[16] Cité par Timothy Colton dans sa biographie sur Boris Eltsine. Колтон, Тимоти. « Ельцин ». « КоЛибри », 2013.

[17] Степан КИСЕЛЕВ (Stepan KISSELEV), « Георгий Сатаров: Национальная идея – это не больно » (« Georgij Saratov : L'idée nationale, cela ne fait pas de mal »), Известия (*Izvestia*), 19 juillet 1996.

[18] « Конкурс 'Идея для России'» (« Concours "Une idée pour la Russie"), *Российская Газета (Rossijskaja Gazeta)*, 30 juillet 1996. À la suite de la présentation du concours, figure en première page du journal un encart intitulé « Il y a des prophètes dans notre Patrie » et présentant les visions de l'« idée nationale » de quatre penseurs « contemporains » (Vladimir Soloviev [1853-1900], Ivan Ilyin [1883-1954], Alexandre Soljenitsyne [1918-2008] et André Sakharov [1921-1989]).

[19] Discours de Vladimir Poutine lors de la Conférence sur la sécurité, Munich, 10 février 2007. http://kremlin.ru/events/president/transcripts/24034.

indépendante », qui refuse un monde unipolaire dirigé par les États-Unis et qui dénonce l'élargissement de l'OTAN à ses frontières. C'est ainsi que progressivement Vladimir Poutine « offre », selon les termes de Anna Geifman et Yuri Teper, au peuple russe une identité : « ce qui unit tous ceux qui vivent sur le sol russe est la grandeur de leur État[20] ». Sous son troisième mandat (2012-2018), la rhétorique change encore, empruntant partiellement et ponctuellement aux thèses des nationalistes et des impérialistes, tout en s'en défendant officiellement, et elle place de nouveau au premier plan la dimension ethnique de la nation. Le message présidentiel du 12 décembre 2012 adressé à l'Assemblée fédérale est particulièrement instructif, l'accent étant mis sur le patriotisme[21], le renforcement des valeurs morales et des traditions des peuples de la Fédération de Russie, la renaissance de la conscience nationale[22], le poids d'une histoire millénaire, une définition de la Russie comme « État-civilisation[23] », le rôle de la langue et de la culture russes, la défense de l'appartenance ethnique pleinement compatible avec l'unité du peuple[24].

L'identité nationale ou plutôt les traits d'une « certaine » identité nationale sont ainsi devenus un élément central de la rhétorique politique tant en Hongrie qu'en Russie, avec des mots-clés similaires malgré la différence de contexte historique et politique : l'État, le territoire, le passé et l'avenir, l'unité nationale. Ces éléments du discours ont été transposés dans des textes législatifs ou réglementaires divers, notamment liés à la citoyenneté ou encore aux droits des minorités ou des nationalités. Mais jusqu'en 2012 en Hongrie et 2020 en Russie, ces enjeux n'avaient pratiquement pas affecté la Norme fondamentale de chacun des deux États. Un tournant s'opère avec l'entrée en vigueur de la nouvelle Constitution hongroise en 2012 et la réforme constitutionnelle russe de 2020. Ces deux textes — fondements symboliques

---

20 A. Geifman, Y. Teper, « Russia's New National Identity under Putin's Regime », *BESA Center Perspectives Paper* n° 279, December 29, 2014, p. 2.

21 À cet égard, Vladimir Poutine cite alors Soljenitsyne : « Le patriotisme est un sentiment organique et naturel. Et de même qu'une société ne peut exister si la responsabilité civile n'a pas été assimilée, de même un pays, surtout s'il est multinational, ne peut exister si la responsabilité nationale a été perdue ». Voir le message du 12 décembre 2012, https://www.prlib.ru/item/359175.

22 Il établit un lien avec l'histoire de la Russie : « La Russie n'a pas commencé en 1917 ni même en 1991, nous avons une histoire unique, inébranlable et millénaire, sur la base de laquelle nous trouvons la force intérieure et le sens du développement national. »

23 Vladimir Poutine s'exprime en ces termes : « Nous devons chérir l'expérience unique que nos ancêtres nous ont transmise. La Russie se développe depuis des siècles en tant qu'État multinational (il en a été ainsi dès le début), un État-civilisation lié par le peuple russe, la langue russe et la culture russe, qui sont pour nous tous maternelles, qui nous unissent et ne conduisent pas à notre division dans ce monde diversifié. »

24 Dans son discours, il fait référence, de manière surprenante, à un vétéran de la Grande Guerre patriotique non russe de nationalité qui lui aurait dit : « Pour le monde entier, nous sommes un seul peuple, nous sommes des Russes. » Il laisse ainsi sous-entendre que même des Ukrainiens, des Géorgiens, des Tatars se sentent russes (« *Russkie* », au sens ethnique du terme).

par excellence de l'État — sont transformés sous l'effet de l'identité nationale. Cela conduit à s'interroger sur les raisons d'une telle rupture constitutionnelle et ses conséquences.

Soulignons à titre liminaire que le présent propos n'entend nullement comparer entre eux ou placer sur un pied d'égalité le cas russe et le cas hongrois, ni sous-entendre un processus d'interaction ou de mimétisme. Les deux contextes étatiques sont assurément très différents. Nul n'est besoin de préciser que la Hongrie est un État membre de l'Union européenne, la Russie ne l'est pas ; le régime politique hongrois, bien qu'étant aujourd'hui placé dans la catégorie des démocraties illibérales, relève d'un régime de type parlementaire et reste fort éloigné du schéma constitutionnel russe marqué par la supériorité de l'institution présidentielle sur l'ensemble des autres institutions. En revanche, les deux « moments constitutionnels » au cœur de l'étude donnent à voir des dynamiques similaires engendrant des conséquences identiques sur la Constitution. La question qui se pose est alors de savoir pourquoi avoir donné une onction constitutionnelle à la logorrhée politique ? L'hypothèse que nous formulons est que cela sert un agenda politique, mais que les effets peuvent être fort dangereux sur le long terme. Ainsi, la volonté de graver une certaine vision de l'identité nationale dans la Constitution répond à une logique instrumentale (I) qui pourrait porter préjudice à la Loi fondamentale et mettre à mal son autorité (II).

I. La (re)configuration de l'identité nationale dans la Constitution au service d'un agenda politique

Les dispositions à caractère identitaire qui sont insérées dans la nouvelle Loi fondamentale hongroise de 2012 et dans la Constitution russe révisée en 2020 reflètent les discours politiques portés par les gouvernants respectifs des deux États. Ce n'est pas l'identité nationale qui est dévoilée, mais elle fait l'objet d'un récit qui est transcrit dans la Constitution.

Confrontés à des contestations internes (l'opposition politique) et externes (l'Union européenne, le Conseil de l'Europe), tant Viktor Orbán que Vladimir Poutine sont en quête de légitimation de leur projet politique. Ainsi, le recours à la Constitution n'est pas neutre ni anodin, car celle-ci « aide à créer un sentiment d'identité nationale et à le renforcer[25] ». Dès lors, afin d'obtenir l'adhésion du peuple et pouvoir se targuer d'une unité nationale, chacun dans son style met en avant la grandeur de son État (*nagysága* en hongrois, *velitchie* en russe). La fabrication constitutionnelle de l'identité nationale passe en

---

[25] Cette fonction symbolique de la Constitution a été expressément soulignée par un des membres du comité constitutionnel chargé de la rédaction du projet de Loi fondamentale hongroise en 2011, Gergely Gulyás, *in* B. Ablonczy, *Sur les traces de la Constitution hongroise, Entretiens avec József Szájer et Gergely Gulyás*, Elektromedia, 2012, p. 29.

conséquence par la mise en lumière d'un passé glorieux commun (A) et d'un destin collectif « radieux[26] » (B).

A. La grandeur de la nation en héritage

Afin de générer un sentiment d'appartenance nationale, la rhétorique politique en Hongrie et en Russie a trouvé un ingrédient imparable : la nation peut s'enorgueillir d'une histoire millénaire, laquelle lui a légué un riche héritage culturel et politique.

L'identité de la nation nécessite en effet des racines solides. C'est donc au passé qu'il est fait appel en Hongrie comme en Russie. L'histoire est présentée comme inscrite dans un temps long et qualifiée de « millénaire ». De surcroît, elle est étroitement associée à l'unité de la nation (en Hongrie) et de l'État (en Russie).

En Hongrie, il est ainsi fait référence à l'histoire des Magyars dès le Préambule de la Loi fondamentale de 2012 appelé de manière atypique, mais emblématique « Profession de foi nationale » (*Nemzeti hitvallas*)[27]. Le texte mentionne expressément le fondateur de l'État hongrois, le roi Étienne Ier (996-1038), qui fut également à l'origine de l'évangélisation de son pays[28]. Deux autres éléments clés sont évoqués : la « Sainte Couronne », qui aurait coiffé saint Étienne, premier roi de Hongrie et saint de l'Église catholique, symbole de la souveraineté de la nation et de la continuité constitutionnelle de l'État hongrois et la « Constitution historique ». Le renvoi aux « acquis » de cette dernière a fait couler beaucoup d'encre, notamment pour dénoncer le caractère flou de l'expression. En effet, avant la Constitution de 1949, la Hongrie n'avait pas de Constitution formelle, mais une série de lois importantes, dont notamment la Bulle d'Or de 1222, considérée comme l'équivalent de la *Magna Carta* pour l'Angleterre, ou encore la doctrine de la Sainte Couronne datant du XVIe siècle[29]. Au fil des siècles, la Sainte Couronne a représenté l'unité du roi et de la nation et la Constitution historique, bien que

[26] Pour reprendre le titre d'un roman célèbre d'A. Zinoviev, *L'avenir radieux*, Prix Médicis étranger 1978.

[27] Pour la traduction officielle en français, nous renvoyons à celle proposée sur le site du ministère de la Justice : https://njt.hu/jogszabaly/fr/2011-4301-02-00.

[28] Elle commence par ces termes : « Nous, membres de la Nation hongroise (magyare), en ce début de nouveau millénaire, conscients de notre responsabilité pour tous les Hongrois, déclarons ce qui suit :
« Nous sommes fiers que notre Roi, Saint Étienne, il y a 1 000 ans, ait bâti l'État hongrois sur des fondations solides et qu'il ait fait entrer notre patrie dans l'Europe chrétienne ; [...] Nous respectons les acquis de notre Constitution historique et nous honorons la Sainte-Couronne, qui incarne la continuité constitutionnelle de l'État hongrois et l'unité de la nation. »

[29] Selon cette doctrine, le pouvoir n'était pas issu du roi mais de la Sainte Couronne, de même que le territoire du Royaume était la propriété de la Sainte Couronne. Voir sur ce sujet : A. Jakab, P. Sonnevend, « Une continuité imparfaite : la nouvelle Constitution hongroise », *Jus Politicum*, n° 8 [https://juspoliticum.com/article/Une-continuite-imparfaite-la-nouvelle-Constitution-hongroise-558.html].

fragmentée, s'est révélée être flexible. Même dans des situations comme l'occupation turque ou sous le règne des Habsbourg, c'est-à-dire en l'absence de véritable souveraineté, il était toujours possible de s'appuyer sur cet héritage constitutionnel. Mais ainsi que cela a pu être fort justement souligné, cette notion de Constitution historique présuppose la continuité. Si cette dernière est brisée, il est impossible de restaurer la Constitution historique[30]. Dès lors, dans le contexte de 2012, la question se pose de savoir quelles règles juridiques sont englobées dans l'expression « Constitution historique ». La seule certitude juridique est le choix qui a été fait d'écarter la période communiste de l'héritage historique au fondement de l'identité nationale[31].

En Russie, en 2020, le Préambule de la Constitution de 1993 n'a fait l'objet d'aucune modification. C'est le corps même de la Constitution qui a été parsemé de dispositions destinées à renforcer l'adhésion du peuple. Un nouvel article 67[1] — introduit de manière surprenante dans le chapitre III sur l'organisation fédérale — a ainsi été ajouté, qui établit un lien entre histoire, mémoire, religion, continuité et unité de l'État. Les termes restent assez imprécis en évoquant les « ancêtres qui nous ont transmis la foi en Dieu » (alinéa 2) ; la religion orthodoxe n'est pas expressément mentionnée. Si la date de la fondation de l'État russe n'est pas précisée, à l'exception de la mention d'une histoire millénaire, la filiation et le rôle d'État successeur de l'URSS sont en revanche consacrés au premier alinéa de l'article 67[1]. De même, l'alinéa 3 évoque de manière assez laconique le respect de la mémoire des « défenseurs de la Patrie » et la garantie de la « défense de la vérité historique ». Il exalte par ailleurs la grandeur du peuple en interdisant « toute minimisation de l'importance de l'exploit du peuple dans la défense de la patrie ». Ainsi, le peuple (la nation) est invité à être fier de son histoire depuis la période des Tsars jusqu'à celle du régime communiste, incluant la période stalinienne.

Ces ancêtres héroïques ont, en outre, transmis un héritage culturel et étatique qui se traduit par des valeurs et des traditions à protéger. En Hongrie comme en Russie, c'est dès lors un programme conservateur aux accents patriotiques et parfois nationalistes qui transparaît dans le texte constitutionnel. Ses éléments constitutifs font écho aux discours des deux dirigeants qui n'hésitent pas à opposer leur modèle de civilisation à l'Occident décadent[32]. Au cœur de ce « modèle », on retrouve notamment les éléments

---

[30] Sur cette argumentation, voir P. Sonnevend, A. Jakab, et L. Csink, « The Constitution as an Instrument of Everyday Party Politics: The Basic Law of Hungary », *in* A. Von Bogdandy and P. Sonnevend (ed.), *Constitutional Crisis in the European Constitutional Area*, C. H. Beck - Hart - Nomos, 2015, p. 36-37.

[31] La disposition suivante est également mentionnée dans la profession de foi nationale : « Nous ne reconnaissons pas la Constitution communiste de 1949, puisqu'elle fut la base d'un régime tyrannique ; par conséquent, nous la proclamons nulle et non avenue. »

[32] En 2013, dans le cadre du Club de Valdaï, Vladimir Poutine prévenait déjà :

liés à la famille, dans sa conception traditionnelle, qui s'entremêlent parfois avec ou découlent d'un certain poids donné à la culture chrétienne. C'est aussi une voie spécifique qui est tracée et qui permet à chacun des deux peuples de s'identifier à un « nous » glorieux opposé à un « eux » honni et fustigé.

Le projet axiologique hongrois se lit dès la Profession de foi nationale[33], mais a été également gravé dans le corps[34] de la Loi fondamentale dès son adoption ou à la suite d'amendements ultérieurs, lesquels reflètent clairement l'évolution et la radicalisation de la rhétorique de Viktor Orbán. Ainsi, en 2012, l'article L définit la famille comme « le fondement de la survie de la nation ». Le IVe amendement ajoute en 2013 que « les liens familiaux reposent sur le mariage ou la relation entre parents et enfants » et en 2020, le IXe amendement précise : « La mère est une femme, le père est un homme », ce qui conduit à interdire expressément les adoptions par des couples de même sexe. « La protection de la culture chrétienne et de l'identité constitutionnelle de la Hongrie » est devenue, en 2018, par l'adoption du VIIe amendement « un devoir pour chacun des organes de l'État » (article R alinéa 4). Et l'article XVI alinéa 1er relatif à l'éducation des enfants reprenait la même formulation pour souligner que « la Hongrie leur assure une éducation conforme aux valeurs fondées sur la culture chrétienne et l'identité constitutionnelle de la Hongrie ». Ce même article a de nouveau fait l'objet d'un ajout en 2020 lors de l'adoption du IXe amendement qui précise désormais que « la Hongrie protège le droit des enfants à une identité correspondant à leur sexe à la naissance ». Pour les autorités hongroises, le sexe à la naissance est « un don ou un facteur qui ne peut être modifié ». Une telle lecture biologique emporte l'impossibilité de reconnaître juridiquement le changement de genre.

En Russie, de manière similaire, le modèle familial traditionnel a été constitutionnalisé en 2020, en précisant que « le mariage est l'union d'un homme et d'une femme » (article 72 alinéa 1g) et en assignant au Gouvernement le devoir de mettre en œuvre une « politique de soutien et de défense de la famille » ainsi que de « préservation des valeurs familiales traditionnelles » (article 114 alinéa 1c). Le nouvel article 67¹ confirme son rôle

---

« Nous voyons que beaucoup de pays euro-atlantiques ont tourné le dos à leurs racines, en particulier à leurs racines chrétiennes qui constituent le fondement de la civilisation occidentale. On refuse les principes moraux et toute identité traditionnelle : qu'elle soit nationale, culturelle, religieuse ou même sexuelle. On met en place des politiques qui mettent au même niveau les familles nombreuses et les couples homosexuels, la foi en Dieu et la foi en Satan. » Discours du Club de Valdaï, 19 septembre 2013, http://kremlin.ru/events/president/news/19243.

33 Celle-ci indique entre autres : « Nous croyons que la famille et la nation sont les cadres essentiels de notre vie sociale, et que la loyauté, la foi et l'amour sont des valeurs fondamentales de cohésion. » Mais d'autres dispositions sont instructives : « Nous croyons qu'un renouveau intellectuel et moral est absolument nécessaire, après les décennies du vingtième siècle qui ont conduit à la décadence morale. »

34 Soit dans la première partie sur les fondements (articles A à U), soit dans la deuxième partie intitulée « Liberté et responsabilité » (articles I à XXXI).

de vitrine identitaire en mêlant de manière assez confuse, dans son alinéa 4[35], le rôle de l'État dans le développement moral et intellectuel des enfants, dans l'inculcation du patriotisme, dans l'apprentissage de la citoyenneté et du respect des anciens. Au-delà de la structuration quelque peu « fourre-tout » de l'article 67[1], on voit finalement se dessiner le rôle central de l'État, garant d'une cohésion de la nation autour de valeurs communes, aussi bien culturelles que civiques.

B. Le destin collectif d'une nation au-delà des frontières

Si le rapport au passé est envisagé en des termes finalement assez proches en Hongrie et en Russie, de même, la manière dont est envisagé l'avenir rejoint une problématique commune : la question du territoire. La Hongrie en 1920 avec le traité de Trianon et la Russie en 1991 avec l'effondrement de l'URSS ont vu leur territoire respectif substantiellement amoindri : la Hongrie a perdu les deux tiers de son territoire et la Russie près d'un quart de sa superficie par rapport à l'Empire russe de la fin du XIXe siècle. En outre, au-delà de l'affaiblissement de la puissance liée à l'amputation du territoire, se pose la question complexe des populations qui se sont retrouvées en dehors des frontières étatiques. En effet, près de 3,3 millions de Hongrois sont passés sous domination étrangère en 1920 tandis que 25 millions de Russes (ethniques) sont devenus des étrangers sur le territoire d'une ancienne République de l'URSS (le fameux « étranger proche », « *blijnee zarubeje* ») en 1991. Le sort des Hongrois ou des Russes « de l'étranger » a soulevé des défis juridiques et humains très importants dans les années quatre-vingt-dix. Il est devenu également un enjeu crucial dans une perspective politique de restauration de la grandeur déchue et de reconstruction d'une identité nationale. Les choix constitutionnels hongrois et russes traduisent toutefois deux voies différentes.

La Constitution socialiste hongroise amendée en 1989 contenait déjà des dispositions sur la responsabilité de la Hongrie vis-à-vis des Magyars vivant en dehors de ses frontières[36], mais elle ne contenait pas le terme « nation » (*nemzet*). En 2012, une rupture s'opère avec la constitutionnalisation du concept de « nation hongroise unie » (*egységes magyar nemzet*), qui apparaît dans la disposition relative aux Hongrois de l'étranger. L'article D (dans la partie I sur les fondements) correspond à une reformulation de l'ancien

---

[35] Selon ce nouvel alinéa qui est très long, « les enfants sont la priorité la plus importante de la politique de l'État russe. L'État crée les conditions propices à un développement spirituel, moral, intellectuel et physique complet des enfants et à l'éducation de ces derniers au patriotisme, à la citoyenneté et au respect de leurs aînés. L'État, tout en garantissant la priorité de l'éducation familiale, assume les responsabilités des parents à l'égard des enfants privés de protection parentale ».

[36] L'article 6 § 3 déjà mentionné en introduction disposait : « La République de Hongrie se considère responsable du sort des Hongrois vivant hors de ses frontières et encourage le maintien de leurs relations avec la Hongrie. »

article 6 § 3 qui comprend également un ajout (souligné par nous) : « *Guidée par la cohésion de la nation hongroise unie*, la Hongrie *porte la responsabilité* du destin des Hongrois vivant en dehors de ses frontières ». On peut lire, en filigrane, tout à la fois le traumatisme lié au passé (la Profession de foi nationale mentionne une « nation brisée par les tourments du siècle dernier ») et la reconfiguration à venir d'une grande nation hongroise, par-delà les frontières. De fait, l'article D énumère différentes actions que la Hongrie en tant qu'État-parent pourra mener vis-à-vis des membres de cette nation hongroise, à savoir aider ses communautés à se maintenir, soutenir les efforts déployés pour maintenir leur magyarité, mettre en œuvre leurs droits individuels et collectifs, créer des organes collectifs d'autogestion, permettre leur épanouissement sur leur terre natale et promouvoir la coopération entre eux et avec la Hongrie. Cette nouvelle formulation a suscité de nombreuses inquiétudes, notamment des États voisins sur le territoire desquels se trouvent de fortes minorités hongroises (en Slovaquie, Roumanie, Serbie). La Commission de Venise a également considéré que la formulation relativement générale et imprécise de l'article D était problématique au regard du principe de la souveraineté des États. En effet, elle avait déjà précisé, dans un rapport de 2001 sur l'État-parent, que s'il « est légitime pour un État de protéger ses ressortissants séjournant à l'étranger, il incombe avant tout à l'État dont les personnes concernées sont ressortissantes de protéger ses minorités nationales[37] ». L'extra-territorialité de mesures de protection apportées à des Hongrois de souche, mais citoyens d'un autre État a ainsi été analysée comme réfléchissant une stratégie irrédentiste de la part de la Hongrie. Selon Priscilla Jensel Monge, « les références à l'"unité de la nation hongroise", aux "Hongrois du passé" ou encore à la "grandeur future de la Hongrie" laissent penser que la réunification de la nation hongroise a pour finalité la remise en cause des frontières établies après le Traité de Trianon[38] ». En réalité, cette conception d'une « nation au-delà des frontières » n'a rien de nouveau en Hongrie. Elle s'inscrit dans le prolongement de la conception « culturelle » ou « ethno-nationaliste » qui s'est développée à partir du XIXe siècle, selon laquelle la nation hongroise s'étend au-delà des frontières étatiques pour englober tous les territoires où l'ethnie hongroise est fortement présente[39]. En 2001, d'ailleurs, le Parlement hongrois avait déjà adopté à la quasi-unanimité[40] la loi LXII sur « les Hongrois vivant dans les pays voisins » qui accordait à ces derniers des droits spécifiques à la fois en Hongrie et dans leurs pays de résidence. Cette loi a ensuite été réécrite à la suite de l'intervention

[37] Avis n° 621/2011 sur la nouvelle Constitution de la Hongrie, Commission de Venise, CDL-AD (2011)-16, p. 10.

[38] P. J. Monge, « L'identité nationale par-delà les frontières : l'exemple de la Hongrie », *in La frontière revisitée : un concept à l'épreuve de la globalisation*, Bruxelles, Bruylant, 2016.

[39] L. Neumayer *op. cit.*, p. 106.

[40] La loi de 2001 est adoptée à 92 % des voix, incluant les voix de droite et du centre-droit mais aussi celles du Parti socialiste (le MSZP de Gyula Horn).

des autorités roumaines et slovaques qui ont sollicité le Conseil de l'Europe et l'Union européenne pour évaluer cette loi[41]. On peut donc considérer que la « Constitution de Viktor Orbán » de 2012 n'innove en rien. La notion de « nation hongroise unie » et les actions de soutien envers les Hongrois d'outre-frontière avaient déjà été envisagées antérieurement par le législateur hongrois. En revanche, en étant de nouveau mise en avant et inscrite dans la norme juridique la plus élevée de la hiérarchie, l'idée d'une réunification de la nation hongroise acquiert une dimension symbolique très forte. Comme l'écrit très justement Pierre-Alain Collot, la loi fondamentale de 2012 « est venue modifier substantiellement l'équilibre gouvernant la question nationale hongroise[42] ». Ses termes donnent ainsi à voir deux communautés différentes et donc séparées : d'un côté, la communauté nationale magyare (qui inclut les Hongrois de l'étranger) et qui est également une communauté politique[43] et d'autre part, la communauté civique multinationale (qui inclut les minorités nationales vivant en Hongrie et qui sont citoyens de Hongrie, mais qui n'appartiennent pas à la « grande nation unie » magyare). Les nombreuses références à la nation hongroise font peser une suspicion sur l'équilibre entre les communautés ou plutôt invitent à penser qu'en termes d'importance et de grandeur, la balance penche plus fortement du côté de la communauté nationale.

En Russie, la situation des Russes habitant l'étranger proche a soulevé des défis différents de ceux existant en Hongrie. En effet, ce sont successivement deux empires qui ont disparu — l'empire tsariste et l'empire soviétique qui avaient mené l'un comme l'autre des politiques de conquête territoriale et de russification même si la diversité ethnique était officiellement reconnue par les gouvernants. L'*Homo Sovieticus* se caractérisait notamment par le fait qu'il parlait russe, langue dite de la « communication interethnique » (*jazyk mejnatsionalnogo obchtchenia*). À la suite de la disparition de l'URSS, la situation des Russes de l'étranger est très variable selon les États en fonction

---

[41] Laure Neumayer montre de manière très intéressante comment la médiation européenne va certes conduire à l'abandon de la loi-cadre telle qu'initialement rédigée, mais surtout comment la pression du gouvernement hongrois va contraindre les autorités européennes à élaborer un cadre de protection pour les minorités nationales. C'est d'ailleurs dans son avis sur la loi hongroise de 2001 que la Commission de Venise va forger les notions de kin-state ou État-parent. En réalité, elle ne condamne pas au fond le contenu de la loi, mais avance des garde-fous tels qu'une restriction des privilèges accordés aux minorités à certains domaines comme l'éducation et la culture ou encore la nécessité de se concerter avec les pays voisins concernés. Voir L. Neumayer, *op. cit.*, p. 102-131.

[42] P.-A. Collot, « La Loi fondamentale de Hongrie comme acte de volonté et volonté d'identité de la nation hongroise », *Civitas Europa*, n° 48, 2002, p. 57.

[43] En 2010, peu de temps après l'arrivée au pouvoir de la coalition Fidesz-KDNP, la loi XLIV a modifié la loi LV sur la nationalité hongroise de 1993, permettant la naturalisation préférentielle de toute personne ayant ou un de ses ascendants la nationalité hongroise ou une origine hongroise présumée avec vraisemblance et justifiant de la connaissance de la langue hongroise, sans condition de résidence.

de leur importance numérique[44] et également des législations qui ont été adoptées à propos de la citoyenneté[45] dans les nouveaux États devenus indépendants. De plus, les réglementations ont évolué à mesure que les États ont cherché à affirmer leur identité d'État indépendant et un certain nombre de Russes sont rentrés dans la Mère Patrie[46]. La prise en compte par les autorités russes des populations russes restées dans les États post-soviétiques a ainsi évolué dans le temps passant d'une certaine forme de tabou sous l'ère Eltsine à une forme de considération destinée à contrer la pression de l'opposition politique. En 1994, la Douma vote une première déclaration officielle sur les « compatriotes »[47]. À son arrivée au pouvoir, en 2000, Vladimir Poutine met en avant le danger démographique et parmi les mesures envisagées pour lutter contre, il envisage « le retour des compatriotes de l'étranger[48] ». Mais précisément ce terme de « compatriotes » est source de nombreuses difficultés. En effet, une loi sur la politique de la Fédération de Russie dans ses relations avec les compatriotes de l'étranger a été adoptée le 24 mai 1999 (n° 99-FZ). Mais la définition qu'elle a donnée du terme compatriote a entraîné des réactions très critiques tant du ministère de la Justice russe que des associations de défense des Russes de l'étranger proche. En effet, par « compatriotes », elle entendait : 1) les ressortissants (citoyens) de la Fédération de Russie vivant de manière permanente à l'étranger, 2) les citoyens anciennement soviétiques ayant obtenu la citoyenneté d'un État postsoviétique ou qui sont devenus apatrides, et 3) les personnes et leurs descendants résidant en dehors du territoire de la Fédération de Russie et appartenant, en règle générale, aux peuples résidant historiquement sur le territoire de la Fédération de Russie, ainsi que les personnes qui ont choisi

[44] Selon le recensement de 1989, le Kazakhstan accueillait 37,8 % de Russes (6 227 000 personnes), la Lettonie 34 % de Russes (904 300 personnes), l'Estonie 30,3 % de Russes (474 834 personnes), l'Ukraine 22,1 % (11 355 000 personnes), la Biélorussie 13,2 % (1 342 000 personnes) et l'Ouzbékistan 8,3 % (1 653 000 personnes).

[45] Certains États ont choisi une politique beaucoup plus rigide et hostile à l'égard des populations russes. Cela a été le cas dans deux des États baltes qui accueillaient les plus fortes minorités nationales russes. Ainsi, par exemple, en Lettonie, la réglementation adoptée en 1991 reconnut citoyens lettons ceux qui l'étaient avant le 17 juin 1940 ainsi que leurs descendants. Quant aux immigrés russophones arrivés après la Seconde Guerre mondiale, ils devaient, pour être naturalisés, avoir résidé depuis au moins 16 ans en Lettonie et réussir un test d'aptitude en letton. Ces conditions ne pouvant pas *de facto* être remplies, la plupart devinrent des apatrides et des étrangers dans le pays qui les avait vu naître. Au Kirghizstan et au Kazakhstan, les législations étaient beaucoup plus « favorables » au maintien de populations russes sur leur territoire.

[46] Les Russes qui sont rentrés d'Asie centrale ont été appelés les Pieds Rouges.

[47] M. Laruelle, « La question des Russes du proche-étranger en Russie (1991-2006) », *Les Études du CERI*, n° 126, juin 2006, p. 9.

[48] Il l'envisage à l'occasion de son discours du 11 octobre 2001 lors du Premier Congrès mondial des compatriotes russes (Выступление Президента России Владимира Путина на Первом Всемирном конгрессе российских соотечественников) [https://vksrs.com/publications/ vystuplenie-prezidenta-rossii-vladimira].

librement d'entretenir des liens spirituels, culturels et juridiques avec la Fédération de Russie et dont les ascendants directs résidaient auparavant sur le territoire de la Fédération de Russie. Ainsi, cette loi a soulevé plus de questions qu'elle n'en a résolu, puisqu'il est précisément impossible juridiquement qu'un État accorde des droits spécifiques à des citoyens d'un autre État. En 2001, Vladimir Poutine lui-même affirme que le « compatriote est loin d'être seulement une catégorie juridique. Il ne s'agit certainement pas d'une question de statut ou d'avantages. C'est avant toute chose une question de choix personnel, une question d'autoidentification. Je dirais même, plus précisément, une question d'autodéfinition spirituelle[49] ». Comme le souligne Marlène Laruelle, « la volonté officielle d'insister sur le caractère subjectif de la définition de soi » permet ainsi de s'extraire d'une définition juridique précise du compatriote qui serait difficilement tenable vis-à-vis de la communauté internationale et surtout des États post-soviétiques indépendants[50]. À la même période, est apparue dans les discours de Vladimir Poutine une autre expression, qui entend, elle aussi, par son caractère vague, prévenir toute accusation de stratégie irrédentiste ou coloniale : celle de « monde russe » (*russkij mir*). Cette notion permet d'englober tout à la fois les émigrants historiques qui ont fui la Russie soviétique et les Russes qui se sont retrouvés involontairement en dehors des frontières de la Russie en 1991. Elle permet aussi de dépasser le critère de l'ethnicité puisque le monde est pensé comme un phénomène ethnoculturel qui unit des personnes de différentes nationalités et confessions.

Dans ce cadre, la réforme constitutionnelle de 2020 est par conséquent très novatrice en ce qu'elle se saisit expressément de l'enjeu des compatriotes de l'étranger. En effet, un nouvel alinéa 3 est ajouté à l'article 69 selon lequel : « La Fédération de Russie apporte son soutien aux compatriotes vivant à l'étranger dans l'exercice de leurs droits, la défense de leurs intérêts et la préservation de l'identité culturelle panrusse[51] ». En réalité, cette nouvelle disposition ne fait que refléter l'évolution de la rhétorique politique et de la situation géopolitique au cours des années 2000-2010 et également l'influence des différentes instances et associations de défense des compatriotes. Il est vrai qu'une autre proposition avait été faite d'introduire dans le Préambule une disposition consacrant le rôle du peuple russe dans la formation de l'État en Russie. Cet amendement n'a pas été retenu par crainte qu'il soit trop excluant vis-à-vis des autres groupes ethniques. Mais la grandeur du peuple russe ressurgit néanmoins à l'article 68 alinéa 1er qui précise désormais que la

[49] *Ibid.*
[50] M. Laruelle, *op. cit.*, p. 33.
[51] C'est Zakhar Prilepine qui est à l'origine de l'amendement. Écrivain et journaliste, il est également un homme politique, membre de l'Autre Russie puis de Russie juste. Il est connu pour ses actions militaires, lors de la première guerre en Tchétchénie mais aussi lors de la guerre dans le Donbass. Il a été de 2015 à 2018 conseiller du chef de la république populaire de Donetsk, Alexandre Zakhartchenko.

langue russe est « la langue du peuple qui a formé l'État (*gosudarstvoobrazoujuchtchij narod*) et fait partie de l'union multinationale des peuples égaux de la Fédération de Russie ». Les nouveaux amendements font dès lors une sorte de grand écart entre des visions difficilement conciliables et cherchent tout à la fois à satisfaire les nationalistes qui voulaient constitutionnaliser la « russité » dans sa dimension ethnique et à préserver la susceptibilité des autres nationalités très nombreuses en Russie. Loin de clarifier le débat sur l'identité nationale, la réforme constitutionnelle gomme les distinctions entre approche ethnique et politique de la nation, voire, dans une certaine mesure, gomme les frontières entre la Russie et son étranger proche puisque le « monde russe » s'étend au-delà des frontières de la Russie. Selon la lecture même de Vladimir Poutine, « la "russité" ne se réduit pas à l'ethnicité au sens étroit du terme, mais elle a une dimension civilisationnelle, culturelle et, à cet égard, intégrative pour l'État russe et pour le monde russe extérieur[52] ».

Que déduire de ces évolutions constitutionnelles en Hongrie et en Russie ? Le même constat peut être formulé aujourd'hui s'agissant tant de Viktor Orbán que de Vladimir Poutine. Ces nouvelles dispositions qui tracent les contours de l'identité nationale servent un agenda politique et sont déterminées par des luttes liées à des enjeux de légitimité politique. La grandeur de l'État et de la nation ainsi reconfigurée permet d'envoyer un signal fort à sa propre population, mais aussi au monde extérieur. Elle met fin, de manière très symbolique, aux blessures nées du traité de Trianon en Hongrie et au traumatisme subi lors de l'effondrement de l'URSS en Russie. Mais un tel usage de la Constitution à des fins stratégiques risque — et c'est là le revers de la médaille — de mettre à mal de manière durable la Loi fondamentale.

II. La défiguration de la Constitution libérale par l'identité nationale

Toute Constitution porte un projet politique et notamment les valeurs et les symboles de l'État auxquels la Nation est censée adhérer. La Constitution est « un ordre de valeurs » selon l'expression du Professeur Pierré-Caps[53]. L'identité nationale peut dès lors trouver une — voire « sa » — place dans la Constitution. Mais encore faut-il que cette identité nationale corresponde bien à la nation ou au peuple concerné afin que la Constitution joue son rôle de ciment de la Nation. Dans le cas de la Hongrie et de la Russie, le projet qui a été gravé respectivement en 2012 et 2020 l'a été à des fins de légitimation

[52] C'est l'analyse qu'a faite le Président russe lors des échanges avec le groupe de travail chargé de la réforme constitutionnelle. Cité par S. Panteleev « Соотечественники в Конституции : как это было » (« Les compatriotes dans la Constitution : comment cela s'est passé »), 15 juillet 2021, [https://russkie.org/articles/sootechestvenniki-v-konstitutsii-kak-eto-bylo].

[53] S. Pierré-Caps, « La Constitution comme ordre de valeurs », *Mélanges en l'honneur de Dmitri Georges Lavroff. La Constitution et les valeurs*, Paris, Dalloz, 2005, p. 283-296.

politique, ce qui passe par la dénonciation d'un autre modèle de valeurs : le modèle occidental. La rhétorique mobilisée aussi bien par le Premier ministre hongrois que par le Président russe fait régulièrement état de la grandeur de leur nation et de leur État contre l'Occident décadent. Aussi, sous l'effet de l'identité nationale, la Constitution, dans sa conception libérale, se trouve affaiblie, formellement et matériellement. L'usage instrumentalisé de l'histoire présente un risque de fragilisation de la valeur fondamentale et suprême de la Constitution (A). En outre, sous les traits d'une identité nationale « à protéger » ou à « défendre », se cache une forme d'intolérance constitutionnelle, incompatible avec la démocratie libérale (B).

A. La dévalorisation de la Constitution par la réécriture de l'histoire

Le changement de Constitution survenu en Hongrie et le changement constitutionnel survenu en Russie se sont traduits par une sélection, par le pouvoir politique, des pages de l'histoire nationale et étatique. La Constitution est ainsi devenue le lieu d'un récit imaginaire, une ode à la grandeur de la Hongrie et de la Russie afin de conforter la légitimité des dirigeants. Il en résulte un double risque : celui de fragiliser la Constitution dans sa dimension normative et dans sa dimension fondamentale.

La nouvelle Loi fondamentale hongroise se veut nostalgique du passé, mais il s'agit d'une nostalgie à éclipses. Ainsi, la Profession de foi nationale fait table rase d'une certaine partie du passé et efface notamment du récit historique la période communiste. La Constitution de 1949 du fait qu'elle a été « le fondement d'un pouvoir tyrannique » est déclarée « invalide ». La dénonciation des crimes commis sous la période communiste peut aisément s'entendre politiquement. En revanche, gommer juridiquement la Constitution Rákosi soulève en réalité des difficultés substantielles, puisque c'est cette même Constitution — certes amendée en 1989 — qui a servi à mettre en place les institutions chargées de mener à bien la transition démocratique et qui ont été en action jusqu'à l'entrée en vigueur de la nouvelle Constitution en 2012. Il s'agit là d'une première difficulté normative qui n'est pas sans conséquences. Bien plus, le nouveau projet constitutionnel s'est avéré être un instrument commode pour le gouvernement Fidesz-KDNP pour disqualifier son premier opposant, le Parti socialiste (le MSZP). Les mentions présentes tant dans la Profession de foi nationale que dans la première partie de la Constitution sur les fondements[54] révèlent une manipulation de la Constitution pour écarter de la scène politique le Parti socialiste, qui est présenté par l'article U 1) comme « successeur en droit » du Parti socialiste ouvrier hongrois et, à ce titre, partage la responsabilité de cette « organisation

[54] Certaines de ces dispositions étaient initialement présentes dans les dispositions transitoires, mais après que la Cour constitutionnelle a été saisie par le commissaire pour les Droits fondamentaux pour qu'elle les déclare inconstitutionnelles, le Parlement les a intégrées dans la Constitution elle-même par le biais de l'adoption du Ier amendement, le 8 juin 2012.

criminelle » et est également « l'héritier d'un patrimoine illégalement accumulé ». Enfin, un autre article a soulevé beaucoup d'inquiétude : l'article R qui prévoit que la Profession de foi nationale et les acquis de la Constitution historique servent de guides pour l'interprétation des dispositions de la Loi fondamentale. Comment en effet ériger en référentiel d'interprétation des dispositions qui *a priori* ont une valeur symbolique (puisqu'incluses dans le Préambule) et qui pour certaines d'entre elles ne sont pas clairement identifiées (la Constitution historique).

En Russie, la nouvelle rédaction de la Constitution, à l'inverse du cas hongrois qui consacre la rupture avec le régime communiste, met l'accent sur la continuité de l'État[55]. Ce faisant, elle ne fait que refléter là encore la rhétorique de réconciliation autour d'un passé commun que l'on retrouve dans les discours de Vladimir Poutine. Ainsi que le souligne Emilia Koustova, en insistant sur la continuité de l'histoire nationale, on met en avant la pérennité de la patrie, quel que ce soit son nom (Moscovie, Empire russe, Union soviétique, Russie)[56] et par ricochet on souligne sa grandeur. Et cette grandeur passée est gage de la cohésion future. C'est en effet le syncrétisme qui prédomine dans le storytelling, avec notamment un rapport ambigu à la période communiste. Or l'histoire continue de faire débat en Russie et notamment celle qui tend à réhabiliter Staline, même indirectement, en tant que vainqueur de la « Grande Guerre patriotique ». Par ailleurs, quel est le caractère contraignant d'une disposition selon laquelle « Il est interdit de minimiser l'importance de l'exploit du peuple dans la défense de la patrie » (article 67 alinéa 3) ? Il s'agit plus d'un message adressé aux chefs d'États occidentaux qui, en 2015 soit un an après l'annexion de la Crimée, ont refusé de participer aux commémorations du 9 mai à Moscou que d'une norme juridique. En effet, leur absence a été vécue comme un véritable affront par le pouvoir russe. C'est ce que laissait entendre Vladimir Poutine lui-même dans son discours du 15 janvier 2020[57] au cours duquel il avait annoncé sa décision de procéder à une réforme constitutionnelle :

> Cette année, nous célébrerons le 75e anniversaire de la victoire de la Grande Guerre patriotique. Pour la Russie, le 9 mai est la fête la plus importante et la plus sacrée. Nous sommes fiers de la génération des vainqueurs, nous honorons leur exploit et notre mémoire n'est pas seulement un hommage au passé héroïque — elle sert notre avenir, nous inspire, renforce notre unité. Nous devons protéger la vérité sur la Victoire, sinon que dirons-nous à nos enfants si le mensonge, comme une contagion, se répand dans le

---

[55] L'article 67 alinéa 2 dispose : « La Fédération de Russie, unie par son histoire millénaire, préservant la mémoire des ancêtres qui nous ont transmis les idéaux et la foi en Dieu, ainsi que la continuité du développement de l'État russe, reconnaît l'unité de l'État historiquement établie. »

[56] E. Koustova, « La Russie en quête d'une histoire nationale », *Revue internationale et stratégique*, 92 4), 2013, p. 65.

[57] *Послание Президента Федеральному Собранию,* 15 января 2020 года (Message du Président de la Fédération de Russie à l'Assemblée fédérale, 15 janvier 2020), disponible sur http://kremlin.ru/events/president/news/62582.

monde ? Face aux mensonges impudents et aux tentatives de déformer l'histoire, nous devons opposer les faits.

Le saupoudrage dans le corps de la Constitution de dispositions idéologiques contribue ainsi à affaiblir la normativité de la Loi fondamentale.

La suprématie de la Constitution est également mise à mal. Au-delà de sa garantie juridictionnelle, l'idée de norme suprême ou fondamentale implique son respect par le peuple. Or la falsification de l'histoire et la construction du roman national risquent d'engendrer un trop grand décalage entre la société et son pacte fondateur. De fait, cette histoire constitutionnalisée ne fait pas consensus. En Hongrie, la Sainte Couronne, présentée comme un élément fédérateur de la nation, en réalité divise. Ainsi que le Professeur Pierré-Caps le rappelait dans sa thèse, la Constitution « appareil normatif suprême, a pour fonction première de sécréter l'unité sociale du groupe qu'exprime le concept juridique de nation, par référence à une unité préalablement amorcée au niveau sociologique ». Or, en Hongrie, le texte de la Constitution de 2012 n'est pas le résultat d'un compromis. Bien au contraire, les socialistes ont vu dans certaines dispositions des agressions directes contre eux. Les éléments de moralisation de la société sont, de fait, clivants. Une large partie de la profession juridique s'est sentie insultée et a pointé du doigt les erreurs introduites dans la Constitution. Lors du gala organisé à l'Opéra national de Hongrie pour célébrer l'adoption de la nouvelle Constitution, les membres du gouvernement ont dû sortir par les portes de derrière en raison des milliers de manifestants qui protestaient dans la rue contre la nouvelle Constitution[58].

En Russie, la réforme constitutionnelle de 2020 rappelle la période soviétique, lorsque la Constitution n'avait rien de suprême, mais se pliait aux volontés du parti communiste dont le rôle dirigeant était consacré à l'article 6 de la Constitution de 1977. Le patriotisme, la grandeur de la Russie sont devenus la nouvelle idéologie gravée dans la Constitution. Oleg Roumiantsev parle ainsi d'une « désacralisation de la Constitution » notamment pour ceux qui refusent de voir en elle un simple instrument de l'opportunisme politique. Il craint que la réforme constitutionnelle de 2020 aggrave la perte de confiance de la société envers le pouvoir politique[59]. Comme en Hongrie, l'introduction des valeurs traditionnelles dans la Constitution ne signifie pas qu'elles font l'unanimité au sein de la population.

[58] A. Cieger, « National Identity and Constitutional Patriotism in the Context of Modern Hungarian History: An Overview », *The Hungarian Historical Review*, 5 (1), 2016, Continuities and Discontinuities: Political Thought in the Habsburg Empire in the Long Nineteenth Century, p. 143.

[59] Олег Румянцев (O. Roumiantsev), « Конституционная реформа-2020 в Российской Федерации : пристрастная оценка » (« La réforme constitutionnelle de 2020 en Russie : une analyse partiale ») *Конституционный Вестник*, №5 (23), Фонд конституционных реформ, Москва, март-апрель 2020, p. 28.

B. Le développement d'une intolérance constitutionnelle

Dans une démocratie libérale, la Constitution encadre et limite l'action des gouvernants afin de préserver les libertés des gouvernés. Ainsi que l'a brillamment démontré Laurianne Allezard dans sa thèse, l'identité, en tant que métaconcept, a une fonction de détermination de l'État, dont elle façonne les contours et la trajectoire. Elle a également une fonction d'interprétation des autres dispositions constitutionnelles dont elle peut infléchir la signification[60]. L'identité nationale, telle que promue par le pouvoir politique hongrois et russe, transforme le projet constitutionnel et le dénature en un projet politique illibéral. Il en résulte dès lors à court terme qu'une partie de la population se voit privée du bénéfice de certaines dispositions et il existe à plus long terme un risque d'éclatement de la nation.

Le développement d'une conception culturelle de la nation, dont les marqueurs (linguistiques, religieux) sont gravés dans la Constitution, constitue en lui-même une source de tensions potentielles. En assignant expressément aux organes de l'État un devoir de protection de l'identité constitutionnelle et de la culture chrétienne (article R 4) et en assurant une éducation des enfants conforme à ces mêmes valeurs (article XVI alinéa 1), quel espace reste-t-il pour les citoyens de Hongrie qui ne se reconnaissent pas dans cette identité et qui ne partagent pas la culture chrétienne ? Certes, d'autres dispositions semblent atténuer cette exclusion du pacte fondateur. Ainsi, selon l'article XXIX, les minorités nationales vivant en Hongrie sont définies comme « des éléments constitutifs de l'État » et chaque citoyen issu d'une minorité nationale a « le droit d'assumer et de préserver librement son identité », « d'utiliser sa langue maternelle, d'entretenir sa culture et un enseignement dans sa langue maternelle ». De même, il est précisé que les parents ont le droit de choisir l'éducation qu'ils souhaitent pour leurs enfants (article XVI alinéa 2). Malgré cela, les risques de conflits de valeurs et même de contradictions intraconstitutionnelles demeurent. La question se pose donc de savoir comment les résoudre ? Quelle règle l'emportera ? Qui tranchera ? S'il s'agit de la Cour constitutionnelle, celle-ci devra-t-elle impérativement s'appuyer sur la clé d'interprétation prévue à l'article R.3 ?

Le même raisonnement s'applique à la Russie : au-delà du caractère impropre de l'expression « la foi transmise par les ancêtres[61] », si le constituant a entendu faire référence aux valeurs religieuses transmises, ces dernières renvoient dès lors à la religion orthodoxe. Or la Russie postsoviétique est multiconfessionnelle. Certes, là encore, le constituant a rajouté des garde-fous en adoptant un nouvel article 69 alinéa 2 qui met

---

[60] L. Allezard, *Identité(s) et droit constitutionnel. Étude d'un phénomène européen et de ses implications constitutionnelles*, Université Clermont Auvergne, 2021 (actualisée 2022).

[61] En effet, il pourrait être évoqué un héritage religieux, mais il semble compliqué de transmettre aux générations futures la foi qui reste un acte personnel. Mais l'ambiguïté du terme a peut-être été voulue par les constituants.

l'accent sur le rôle de l'État dans la « défense de l'identité culturelle de tous les peuples et communautés ethniques de la Fédération de Russie et la préservation de la diversité ethnoculturelle et linguistique ». Cependant, ces précautions normatives semblent fragiles. Il en va de même s'agissant du projet sociétal qui découle de cette identité nationale reconstruite. Quelle inclusion pour les personnes qui ne se retrouvent pas dans les « valeurs familiales traditionnelles » protégées par le gouvernement (article 114 alinéa 1) ? La Constitution ne devient-elle pas alors une source d'intolérance ?

Outre la mise à l'écart de certaines minorités en raison de leur religion ou de leur orientation sexuelle, les conséquences ultimes de ces changements constitutionnels en Hongrie et en Russie sont la mainmise de l'État sur différents domaines de la vie. Or, selon les standards européens défendus par la Cour européenne des droits de l'homme, le pluralisme, la tolérance et l'ouverture d'esprit sont les marques de fabrique d'une « société démocratique ». Ainsi, que la Cour de Strasbourg l'a rappelé dans son arrêt *Barankevitch c. Russie*, un équilibre doit être trouvé afin d'assurer un traitement juste et approprié des minorités et éviter tout abus de position dominante. Dans l'exercice de son pouvoir de régulation en matière religieuse, l'État se doit de rester « neutre et impartial ». Le rôle des autorités n'est pas de faire disparaître les causes de tensions entre religions en supprimant le pluralisme, mais de s'assurer que les différents groupes se tolèrent[62]. La dimension identitaire présente dans les lois fondamentales de Hongrie et de Russie reflète donc un éloignement du schéma de l'État démocratique et libéral.

De surcroît, en floutant les frontières de la Nation et en les étendant au-delà de l'État (avec les Hongrois d'outre-frontière et les compatriotes de l'étranger) tout en les rétrécissant à l'intérieur de l'État (à ceux qui partagent certaines valeurs religieuses et familiales et une langue commune), un danger encore plus grand se profile à l'avenir : un risque de désunion à l'intérieur de l'État. En Hongrie, c'est la communauté citoyenne qui s'est fissurée avec l'émergence en 2022 d'un front commun alliant des écologistes, socialistes, libéraux jusqu'au parti d'extrême droite (le *Jobbik*) contre Viktor Orbán et son programme national. Dans leur déclaration commune, ils entendaient « rendre à la nation la liberté et la prospérité promises lors du changement de régime ». En Russie, c'est « l'union multinationale des peuples égaux de la Fédération de Russie » qui commence à montrer des signes d'effritement. En effet, en octobre 2022, différents mouvements autochtones de Sakha-Iakoutie se sont adressés aux Nations unies afin de dénoncer la guerre en Ukraine et ont demandé protection et aide contre la mobilisation[63]. La Russie de 2023 se

---

[62] ECHR, *Barankevich v. Russia*, 26 October 2007, Application n°10519/03, § 30.

[63] Le texte de l'appel est disponible à l'adresse suivante : https://www.culturalsurvivalinéa org/news/appeal-representatives-republic-sakha-yakutia-united-nations-office-high-commissioner-human.

heurte finalement aux mêmes revendications séparatistes qu'elle avait connues en 1992 et que Boris Eltsine avait apaisées par la signature de traités bilatéraux. La rhétorique ne suffit pas à créer l'unité et la Constitution instrumentalisée ne suffit pas à faire naître une conscience nationale ni à restaurer la confiance dans le pouvoir.

*
* *

L'inscription dans la Constitution d'une « identité nationale », reflet non du temps présent, mais d'un passé réinventé, présente plus de risques que d'avantages. Certes, elle peut ponctuellement donner l'illusion d'une nation forte et unie et d'une autonomie retrouvée et ainsi permettre aux dirigeants de faire la démonstration de leur propre puissance, vis-à-vis de l'Union européenne s'agissant de Viktor Orbán et vis-à-vis de l'Occident s'agissant de Vladimir Poutine. Mais cette manipulation de la Constitution place sa gardienne dans une position plus que délicate en Hongrie, où la Cour constitutionnelle se retrouve écartelée entre les valeurs de l'État de droit qu'elle est censée incarner et le projet politique du Gouvernement auquel elle se soumet. En Russie, où la Cour constitutionnelle a déjà été réduite au silence par d'autres mécanismes, cet excès de légalisme autoritaire est une preuve de plus — si elle était nécessaire — que la Constitution n'est désormais plus la norme suprême, mais bien une Constitution de façade. En outre, à ce jeu de dupes reposant sur les mots et les apparences, le peuple ne se laisse pas prendre. Aussi le risque est grand qu'à l'unité revendiquée dans la Constitution se substituent dans la réalité la désunion et la colère du peuple. Le pari identitaire est un pari risqué…

La Suisse, nation par volonté

Arthur Braun

Sonderfall. « Comment la Suisse, qui a trois langues, deux religions, trois ou quatre races, est-elle une nation, quand la Toscane, par exemple, qui est si homogène, n'en est pas une[1] ? », s'interrogeait Renan en 1882. La question semble encore aujourd'hui bien légitime : avec ses vingt-six petits États « souverains » qui préexistaient tous à l'État central — à l'exception du canton du Jura —, ses quatre langues « nationales », son unité religieuse rompue par la Réforme, une unité géographique peu évidente au premier coup d'œil sur une carte, sa diversité climatique, mais aussi culturelle et économique, la Suisse possède bien peu des caractéristiques traditionnellement reconnues à une nation.

L'unité du pays est, en vérité, proprement *politique*. La Suisse est une *Willensnation* fondée sur la volonté politique, et non une *Kulturnation* formée à partir d'une communauté d'origine et de critères objectifs — spécialement la langue et la religion. Cette singularité manifeste le *Sonderfall* (littéralement « cas particulier ») helvétique en matière démotique :

> L'État fédéral suisse est — faut-il le répéter encore et encore ? — une création politique. Le patriotisme de ses citoyens est une forme d'expression essentiellement coopérative, démocratique et fédérale du national, de sorte que le national, si tenté que l'on applique ce mot à notre pays, a une signification complètement différente de celle qu'il aura dans d'autres pays européens[2].

En d'autres termes, la Suisse est l'archétype de la conception française, volontariste, de la nation dont l'existence se manifeste par « un plébiscite de tous les jours », c'est-à-dire « par un fait tangible : le consentement, le désir clairement exprimé de continuer la vie commune[3] ». Le « témoin[4] » suisse conduit ainsi Renan à relativiser l'importance de l'aspect linguistique dans le phénomène national :

> La langue invite à se réunir ; elle n'y force pas. Les États-Unis et l'Angleterre, l'Amérique espagnole et l'Espagne parlent la même langue et ne forment pas une seule nation.

---

[1] E. Renan, *Qu'est-ce qu'une nation ?*, Conférence faite en Sorbonne le 11 mars 1882.
[2] J. R. von Salis, *Schwierige Schweiz: Beiträge zu einigen Gegenwartsfragen*, Zürich, Orell Füssli Verlag, 1968, p. 111. Nous traduisons.
[3] E. Renan, préc.
[4] S. Pierré-Caps, *Droit constitutionnel étranger*, Paris, PUF, coll. « Quadrige Manuels », 2e éd., 2016, p. 12.

> Au contraire, la Suisse, si bien faite, puisqu'elle a été faite par l'assentiment de ses différentes parties, compte trois ou quatre langues. Il y a dans l'homme quelque chose de supérieur à la langue : c'est la volonté. La volonté de la Suisse d'être unie, malgré la variété de ses idiomes, est un fait bien plus important qu'une similitude souvent obtenue par des vexations[5].

Le critère ethnique — et se voulant donc objectif — a toutefois été plus ou moins prégnant en Suisse au cours des siècles. Jean de Müller (1752-1809) avait avancé l'idée que le pays était inhabité avant l'immigration des Helvètes au début du Ier siècle avant notre ère — ceux-ci pouvant, dans ces conditions, être considérés comme une ethnie originelle. À la fin du XIXe siècle, les lacustres « découverts » en 1854 sur les bords du lac de Zurich furent, de la même façon, présentés comme l'ethnie « 0 » — antérieure à la période celte. Les milieux nationalistes voulurent en faire le symbole d'une unité ancestrale de la Suisse afin de légitimer le jeune État fédéral vis-à-vis de ses voisins européens. Dans les années 1930-1940, le concept de « défense spirituelle » conduisit à remettre en avant l'idée ethnicisante d'un *homo alpinus* spécifique. Pour autant, l'aspect ethnique ne fut jamais considéré comme déterminant.

À côté de cela, une « perception différenciée de la Suisse[6] » se développa dès la fin du Moyen Âge — soit à l'époque de l'ancienne Confédération plusieurs siècles avant la création de l'État fédéral. C'est de cette période que datent les expressions de *Hirtenvolk* (« peuple de bergers ») et de *Bauernnation* (« nation de paysans »), dont la noblesse habsbourgeoise usait péjorativement, mais que les Confédérés retournèrent à leur avantage puisque même la bourgeoisie urbaine s'y identifia. Cela annonçait l'émergence d'une conscience nationale notamment basée sur une identité naturelle ou géographique (symbolisme alpin[7]) proprement suisse[8].

En outre, les « mythes fondateurs » de la Confédération — telle l'histoire légendaire de Guillaume Tell, ou celle de la révolte des trois cantons primitifs contre les Habsbourg symbolisée par le « Serment du Grütli » censé avoir eu lieu en 1307 — devinrent progressivement l'élément central d'une conception historique de la nation, c'est-à-dire d'une Suisse forgée par les événements de l'histoire[9]. En 1891, le Pacte fédéral de 1291, redécouvert dans les archives

---

[5] E. Renan, préc.

[6] Voir G. Kreis, « Nation », *in Dictionnaire historique de la Suisse* (*DHS*), disponible sur https://hls-dhs-dss.ch/fr/articles/017437/2011-04-26/, consulté le 30 juin 2023.

[7] L'identité alpine de la Suisse ressort notamment de l'article 84, alinéa 1er de la Constitution fédérale du 18 avril 1999 (Cst.) qui confie à la Confédération la mission de protéger les régions alpines contre les effets négatifs du trafic de transit.

[8] O. Zimmer, « In Search of Natural Identity: Alpine Landscape and the Reconstruction of the Swiss Nation », *Comparative Studies in Society and History*, 40 (4), 1998, p. 637-665.

[9] Ainsi l'article 1er Cst. énumère-t-il les vingt-six cantons composant la Confédération dans un ordre fondé sur l'histoire. Figurent d'abord les trois villes-cantons ayant adhéré les premières, dès le XIVe siècle, à l'ancienne Confédération et qui avaient le statut prédominant de « cantons directeurs » dans le pacte fédéral de 1815. Apparaissent ensuite les autres cantons dans l'ordre chronologique de leur entrée dans la Confédération.

de Schwyz en 1758, fut officiellement désigné comme l'acte de naissance de la Confédération.

Le 1er août 1291, trois petites communautés paysannes situées au cœur des Alpes — les cantons d'Uri, de Schwytz et de Nidwald — renouvelèrent une alliance défensive antérieure dont on a perdu la trace, marquant la création de la Confédération dite des III cantons. Il s'agissait à la fois d'organiser la défense des cols alpins récemment aménagés, lieux de passage stratégiques pour l'économie européenne, et de s'affranchir de la tutelle des Habsbourg, comme l'évoquent les légendes de Guillaume Tell et du « Serment du Grütli ». Deux principes clefs dans l'histoire suisse ressortent de ce pacte : une aide militaire réciproque en cas d'agression extérieure et la mise en commun, le cas échéant, des capacités militaires. À l'origine de la Suisse, il n'y a donc pas une langue, une culture ou une religion commune, mais un pacte d'assistance militaire. Autrement dit, ce qui unit les Suisses, c'est une volonté proprement politique de préserver leur liberté et de se défendre contre les menaces étrangères. Les conceptions historique et politique de la nation se trouvent inextricablement liées.

Au cours du XIXe siècle, le peuple suisse se crée en quelque sorte lui-même, conscient de sa spécificité et déterminé à réaliser une unité. L'idée de nation n'acquit ainsi sa pleine signification qu'après la création de l'État fédéral en 1848 — la première fête « nationale » a lieu en 1891. L'État suisse a donc précédé la nation suisse, ce qui ne signifie pas pour autant que cette dernière est une création *ex nihilo*. Bien au contraire, la génération de la conscience nationale suisse est un processus séculaire que l'élite politique fédérale chercha seulement à accentuer par la fabrication de symboles nationaux : la croix fédérale, l'hymne national, les expositions nationales ou encore la redécouverte des « mythes fondateurs » de la Suisse. Ces éléments sont au service d'une conception fondamentalement subjective de la nation : la nation par volonté. Mais la volonté implique un but commun, qu'il convient de déterminer. Outre-Jura, il s'agit de la liberté, dont procèdent des « piliers constitutifs » comme le républicanisme, la démocratie directe, le fédéralisme et la neutralité armée en matière de politique étrangère.

Un processus intégratif. La nation suisse a une aspiration intégrative qui la consolide. Certaines tragédies collectives jouèrent ce rôle. Depuis le glissement de terrain de Goldau en 1806, la solidarité nationale fut promue à l'échelle fédérale par des actions collectives et des collectes de dons, sous la devise « un pour tous, tous pour un[10] ». De même, l'idée de la « Suisse humanitaire », qui acquit rapidement une dimension internationale, se développa avec la fondation de la Croix-Rouge en 1864 et l'internement de l'Armée de l'Est en 1871.

---

[10] *Unus pro omnibus, omnes pro uno* est la devise traditionnelle mais non officielle de la Suisse. Elle est inscrite sous la coupole du Palais fédéral, construit en 1902.

Face à la montée des régimes totalitaires, le conseiller fédéral Philipp Etter formula en 1938 la doctrine de la « défense spirituelle » (*Geistige Landesverteidigung*), qui se caractérisait par l'affirmation des spécificités de la Suisse — en particulier vis-à-vis de ses grands voisins allemand et italien — et une volonté de défendre son identité et ses valeurs nationales. Il s'agit notamment d'énoncer l'incompatibilité de la *Willensnation* suisse avec le racisme et le nationalisme ethnique :

> [l]'idée suisse de l'État n'est pas née de la race, ni de la chair, elle est née de l'esprit. [...] Cette idée [...] ne signifie au fond rien d'autre que la victoire de la pensée sur la matière, la victoire de l'esprit sur la chair sur le dur terrain de l'État[11].

Pendant la Seconde Guerre mondiale, le général Henri Guisan chercha à insuffler, par un « style républicain[12] », des relations renouvelées entre soldats et officiers, armée et nation, unis face à la menace que représentaient les forces de l'Axe. Le 25 juillet 1940, il réunit ses officiers sur la prairie du Grütli, lieu chargé d'histoire, afin de leur décrire la situation politique et militaire du pays après la défaite de la France, de leur exposer son plan de défense (le « Réduit national » au cœur de l'espace alpin, qui incarna la volonté de résistance de la Suisse face à l'Allemagne nazie et à l'Italie fasciste et la capacité de résilience de son armée) et d'appeler le peuple et les militaires à protéger inconditionnellement l'indépendance de la Suisse.

Posant, en des temps incertains, une vision claire pour l'avenir proche, le « rapport du Grütli » provoqua un soubresaut tant au sein de l'armée que d'une population civile désorientée et demeura, après la fin de la guerre, « un acte où la nation affirmait son existence et sa cohésion[13] ». Le « Réduit national » développé dans la foulée et qui fut maintenu durant la Guerre froide acquit une forte dimension symbolique. Il est parfois considéré comme un nouveau mythe fondateur de la Suisse.

La défense étant une préoccupation centrale depuis la création de la Confédération, il n'est pas étonnant que l'armée occupe une position privilégiée dans la structure étatique et au sein de la société. L'importance de ces deux « piliers constitutifs de la Suisse »[14] a été réaffirmée tout au long de l'histoire du pays, y compris après la création de l'État fédéral en 1848. Leur mise en œuvre concrète se caractérise par l'organisation de l'armée selon le principe de milice et par son corollaire, l'obligation pour tout citoyen valide

---

[11] *Botschaft des Bundesrates an die Bundesversammlung über die Organisation und die Aufgaben der schweizerischen Kulturwahrung und Kulturwerbung (Vom 9. Dezember 1938.)*, Bundesblatt 1938 II 985, p. 999. Nous traduisons.

[12] Chr. Bühlmann, « Le Livre du soldat suisse : illustration républicaine du lien entre citoyen et soldat », *Stratégique*, 2017/2 n° 115, p. 64.

[13] Voir H. Senn, « Rapport du Grütli », *in DHS*, disponible sur https://hls-dhs-dss.ch/fr/articles/017340/2010-11-26/, consulté le 30 juin 2023.

[14] D. Juilland, « "La Suisse n'a pas d'armée, elle est une armée !" », *Inflexions*, n° 20, 2012, p. 184.

de servir (service militaire obligatoire) — deux principes à valeur constitutionnelle[15].

En Suisse, le système de milice, qui joue un rôle intégrateur déterminant, désigne un mode d'organisation de la vie publique (pas uniquement de l'armée) dont les origines remontent aux cantons primitifs. Il « repose sur l'idée républicaine selon laquelle le citoyen qui en a les capacités doit assumer des charges et des tâches publiques à titre extraprofessionnel et bénévole[16] ». Sur le plan politique, le système de milice désigne l'exercice bénévole ou à temps partiel des mandats politiques, à l'opposé d'une professionnalisation de la vie politique. C'est ainsi que l'Assemblée fédérale est encore qualifiée de « parlement de milice[17] ». Sur le plan militaire, l'armée de milice suisse est essentiellement formée de citoyens qui exercent une activité professionnelle à plein-temps à côté de leur service — au minimum 245 jours pour un simple soldat, effectués sur une période d'au moins dix ans[18]. C'est la consécration pratique du principe républicain de l'armement du peuple[19] — en opposition à une armée permanente composée de soldats de métier. Le citoyen suisse est aussi à ce titre un soldat ; expression symbolique de cette identité entre citoyen et soldat, il conserve à son domicile son arme et son paquetage.

Du fait de cet ancrage populaire historique, l'armée de milice apparaît comme « consubstantielle à l'identité nationale »[20] de la Suisse. Elle est souvent considérée comme « un ciment de la nation »[21] et, par le biais du service militaire obligatoire, comme « un puissant facteur d'intégration nationale »[22] des différentes langues et cultures qui font la diversité de la Suisse.

La *Willensnation* mise à l'épreuve. Historiquement, la nation par volonté suisse a connu plusieurs chocs dont elle est sortie confirmée. Un an avant la

---

15 Articles 58, alinéa 1er et 59, alinéa 1er Cst.

16 Voir A. Kley, « Système de milice », *in DHS*, disponible sur https://hls-dhs-dss.ch/fr/articles/043694/2009-11-10/, consulté le 30 juin 2023.

17 Cependant, une part importante de ses membres consacre aujourd'hui la majorité de son temps de travail à son mandat ; l'assemblée fédérale constitue donc plutôt une combinaison entre parlement professionnel et parlement de milice. Sur cet aspect, voir A. Pilotti, « Les parlementaires suisses entre démocratisation et professionnalisation (1910-2010). Biographie collective des élus fédéraux et réformes du Parlement helvétique », *Parlement. Bulletin d'information de la Société suisse pour les questions parlementaires*, n° 1, 2014, p. 49-56. En revanche, les parlements cantonaux demeurent des parlements de milice.

18 Articles 19 et 47 de l'Ordonnance sur les obligations militaires du 22 nov. 2017.

19 « La Suisse est indomptable, parce qu'il n'y a pas un homme en Suisse qui ne soit armé et ne sache manier les armes ; et il n'y a guère d'État à qui la politique permette d'armer tous ses citoyens », affirmait déjà Montesquieu (*Pensées et fragments inédits de Montesquieu*, publiés par le Baron Gaston de Montesquieu, Bordeaux, imprimerie de G. Gounouilhou, 1899-1901, p. 285).

20 L. Schang, « Tout Suisse aime l'armée », *Sécurité globale*, n° 22, 2012, p. 10.

21 D. Juilland, article précité, p. 186.

22 Conseil fédéral, *Message concernant l'initiative populaire « pour une Suisse sans armée et pour une politique globale de paix » du 25 mai 1988*, Feuille fédérale (FF) 1988 II 946, p. 954.

création de l'État fédéral, la crise du *Sonderbund* menaça de faire voler en éclats l'unité nationale en construction. Au début des années 1840, la situation politique au sein de la Confédération, exacerbée par des querelles confessionnelles entre cantons, s'envenima. En 1845, sept cantons catholiques conservateurs[23] formèrent une « alliance particulière » secrète à caractère sécessionniste, le *Sonderbund*, en violation du Pacte fédéral de 1815. De surcroît, ils commirent l'erreur d'entrer en relation avec des puissances étrangères en sollicitant l'appui militaire de l'Autriche, de la France et de la Sardaigne. Rendu public par accident en 1846, le *Sonderbund* fut dissous par un vote de la Diète fédérale en 1847. Ce fut le point de départ de la guerre de Sécession suisse, appelée guerre du *Sonderbund*, qui dura vingt-six jours et fit moins d'une centaine de victimes.

La victoire rapide de la Confédération, dominée par les cantons régénérés (libéraux), ouvrit la voie à une vaste révision du Pacte de 1815. En réalité, il s'agit de le remplacer par une véritable constitution. Celle-ci fut adoptée en 1848, donnant naissance à un État fédéral. L'attitude du général Guillaume Henri Dufour, à la tête des troupes fédérales pendant la guerre, favorisa une réconciliation nationale rapide qui permit aux cantons des deux camps de s'entendre sur la nouvelle Constitution. Surnommé « le pacificateur », Dufour était très attaché au respect des principes humanitaires — il participa à la création de la Croix-Rouge en 1863. Dès l'entrée en campagne, rappelant « l'identité de l'adversaire, ces confédérés, ces frères », son mot d'ordre fut : « Il faut sortir de cette lutte, non seulement victorieux, mais sans reproches[24]. »

La Première Guerre mondiale marqua un autre test de résistance pour la *Willensnation* suisse. En 1914, la direction de l'armée suisse — à commencer par le général Ulrich Wille, qui avait étudié en Allemagne — était imprégnée de l'esprit militaire prussien. À la suite de l'invasion allemande de la Belgique et de la France, une profonde fracture entre la Suisse alémanique, culturellement et économiquement proche de l'Allemagne, et la Romandie, favorable à la France, menaça d'ébranler la concorde entre les deux principales communautés linguistiques du pays. Seule l'intervention du très respecté écrivain de langue allemande Carl Spitteler[25], qui prôna une stricte neutralité en matière de politique étrangère, put quelque peu calmer les choses.

L'existence de la *Röstigraben* (« barrière des Rösti ») se manifesta de nouveau en 1992 avec la votation sur l'adhésion de la Suisse à l'Espace économique européen, à laquelle seuls les cantons romands (et les demi-cantons de Bâle-Ville et Bâle-Campagne) se déclarèrent favorables. De même, les tensions linguistiques furent ravivées après qu'Appenzell Rhodes-

[23] Il s'agit des cantons de Lucerne, Uri, Schwyz, Unterwald, Zoug, Fribourg et du Valais.
[24] J. Denantes, « Un homme de paix, le général Dufour », *La Jaune & la Rouge*, n° 581, janvier 2003, p. 40.
[25] C. Spitteler, « Unser Schweizer Standpunkt » (Notre point de vue suisse), discours prononcé devant la *Neue Helvetische Gesellschaft*, groupe de Zurich, le 14 décembre 1914, disponible sur https://www.zeit-fragen.ch/index.php?id=155, consulté le 30 juin 2023.

Intérieures (en 2001) et Zurich (en 2004), suivis par d'autres cantons, introduisirent l'anglais précoce à l'école primaire. Ce choix en faveur de l'anglais, qui dérogeait avec la règle non écrite selon laquelle la première langue étrangère apprise doit être une langue nationale, provoqua une levée de bouclier des Romands — « The end of Switzerland[26]? », titra même le journal genevois *le Temps*. Afin de rétablir la paix linguistique, la Conférence suisse des directeurs cantonaux de l'instruction publique parvient à adopter en 2006, un fragile « compromis helvétique » : le modèle 3/5, qui consiste à faire apprendre aux enfants deux langues étrangères (dont au moins une langue nationale) dès l'école primaire[27].

*

* *

Surmontant les épreuves de l'histoire, la *Willensnation* suisse réussit à conserver ses spécificités. Sans unité linguistique ni religieuse, elle constitue un cas unique qui dépasse totalement la conception d'une nation formée organiquement. À la fin des années 1880, le constitutionnaliste Carl Hilty soutint l'idée que la Suisse est un royaume de Dieu en miniature — ce qui expliquerait pourquoi « [l]a Suisse n'a […] pas servi de modèle, elle n'a pas fait école[28] ». Elle n'en demeure pas moins un « témoin », sinon un modèle possible pour la construction européenne, avec laquelle il est facile de tirer quelques parallèles. Car si les Français croient volontiers avec Victor Hugo que « [l]a Suisse trait sa vache et vit paisiblement », rappelons-nous que le grand poète, dans un accès de prophétisme, put également affirmer que « [l]a Suisse, dans l'histoire, aura le dernier mot[29] ».

---

[26] J.-J. Roth, « The end of Switzerland? », *Le Temps*, 17 sept. 2000, disponible sur https://www.letemps.ch/opinions/editoriaux/the-end-of-switzerland-jeanjacques-roth, consulté le 30 juin 2023.

[27] G. Manno, « L'évolution de l'enseignement du français en Suisse alémanique à l'école obligatoire : entre cohésion nationale et mondialisation », *Les Cahiers de l'Orient*, n° 103, 2011, p. 128.

[28] S. Pierré-Caps, *op. cit.*, p. 12.

[29] V. Hugo, *La Légende des Siècles*, XXXI, *Dix-Septième Siècle : Les Mercenaires*, II.

LE CONFESSIONNALISME POLITIQUE LIBANAIS EN QUESTION : COMMUNAUTARISME OU FÉDÉRALISME PERSONNEL ?

Vlad CONSTANTINESCO

L'objet de cette contribution est de tenter de situer le système confessionnel qui a cours au Liban[1] face à deux modes d'organisation sociale : l'autonomie personnelle et le fédéralisme personnel. En guise d'introduction, on procédera à un bref rappel des principales caractéristiques du Liban (A), puis on tentera de distinguer ces deux notions voisines d'autonomie personnelle et de fédéralisme personnel (B).

A. Rappel de quelques caractéristiques du Liban

Le Liban a pu pendant longtemps être présenté comme « la Suisse du Moyen-Orient », à raison de la diversité des confessions religieuses qui s'y manifeste depuis toujours, mais aussi parce que ces multiples confessions parvenaient tant bien que mal à vivre ensemble de manière relativement apaisée. Peut-être également parce qu'une loi sur le secret bancaire adoptée en 1956 ajoutait un élément pertinent à cette comparaison. Aujourd'hui, l'état catastrophique du système bancaire libanais et les exactions reprochées au gouverneur de la Banque centrale du Liban ne permettent plus évidemment de poursuivre cette comparaison. On peut se demander si, compte tenu de l'état déplorable et tragique dans lequel se trouve aujourd'hui ce pays, ce parallèle redeviendra un jour pertinent, à supposer qu'il l'ait été entièrement par le passé...

Le Liban offre un tableau singulier par rapport aux autres États du Moyen-Orient : il apparaît comme une mosaïque de communautés religieuses, territorialement relativement imbriquées,[2] et dont les relations avec l'État pouvaient être résumées autour de trois constats :

[1] Il y a quelque chose d'indélicat à évoquer ce pays sous son prisme confessionnel au moment même où il traverse la phase peut-être la plus dramatique de son histoire. Que cette contribution atteste simplement notre attachement à ce pays — et à son université St Joseph — choisi comme premier poste après le concours d'agrégation. L'hypothèse de cette contribution est que le régime confessionnel a exercé une influence certaine encore que difficile à mesurer sur les événements qui ont au fil des années conduit à la situation actuelle. L'hypothèse n'est pas nouvelle et bien d'autres éléments ont aussi joué : il sera toujours difficile de déterminer la part de chacun.

[2] Imbrication relative, car chacune de ces communautés religieuses a tendance à se regrouper et possèdent un ancrage territorial particulier. Cf. X. Baron, *Le Liban, une exception menacée*

- Chaque communauté gère elle-même le statut personnel de ses membres,
- Le statut personnel chez les musulmans est géré par le Coran et la Charia, par contre celui des chrétiens est géré par une loi « civile » non religieuse, la loi du 23 juin 1959, qui ne concerne toutefois que les successions[3],
- Les plus importantes de ces communautés sont associées à la gestion des institutions de l'État, chacune de ses principales institutions voyant désigner à sa tête le représentant de telle ou telle communauté religieuse.

Chacune de ces communautés manifeste, de manière inégale, un attachement à l'État libanais et contribue ainsi à en façonner l'identité constitutionnelle[4].

Cette présentation très sommaire ne tient pas compte d'un certain nombre de facteurs qui, depuis près d'un demi-siècle, affaiblissent et fragilisent la convivence entre ces communautés. On ne peut les mentionner ici que de manière cursive :

- Le clanisme et le clientélisme qui caractérisent à peu près chacune de ces communautés, sans compter les dynasties de type féodal avec leurs milices armées qui les défendent, facteur d'insécurité intérieure,
- La présence de camps de réfugiés palestiniens sur le territoire libanais devenus peu à peu des enclaves fortement militarisées échappant au contrôle de l'État libanais,
- La longue (1975-1990) et meurtrière guerre civile qui a opposé les communautés chrétiennes et musulmanes, mais aussi les différentes factions de chaque communauté entre elles,
- Le rôle pour le moins ambigu de la Syrie, considérant que l'indépendance du Liban contredisait l'unité syrienne,

---

en 100 questions, Paris Tallandier 2020, Chapitre 17, p. 185 : Où vivent les différentes communautés sur le territoire libanais ?

[3] La traduction littérale de l'intitulé de cette loi en français serait : Loi sur les successions pour les non-mahométans. Voir E. Jarawan, *La loi libanaise des successions pour les communautés non mahométanes (23 Juin 1959) / traduction et annotation*, M. Giuffre, 1968.

[4] Sur cette identité constitutionnelle délicate à définir et souvent mise à mal, on lira la thèse de N. A. Rached, *L'identité constitutionnelle libanaise*, (ronéotée, dir. G. Drago), soutenue en 2010 devant l'Université de Paris II Panthéon-Assas. Une identité constitutionnelle peut-elle exister sans un sentiment national unissant au-delà de leurs particularismes, les différentes communautés qui le composent ? On peut en douter pour le Liban : lire par ex. Ch. de Moliner, « Le mandat français sur le Liban : l'origine des crises au Liban et en Syrie », *Le Figaro*, 27 novembre 2017, qui écrit : « Aucun sentiment national ne réunit les différentes communautés, chrétiennes, sunnites, chiites et Druzes du Liban. Le désir d'indépendance et le rejet de la France les ont rapprochés dans les années 1930-1940, mais une fois la puissance coloniale partie, ce pays s'est déchiré, d'autant plus que les réfugiés palestiniens ont accentué les problèmes sous-jacents. » C'est peut-être parce que l'appartenance confessionnelle l'emporte sur la qualité de citoyen, ou pour dire la même chose autrement, parce que les intérêts particuliers font écran à la perception et au souci de l'intérêt général.

- La vigilance d'Israël, souvent offensive à l'encontre du Liban qui se manifeste par exemple, par des violations répétées de son espace aérien,
- La présence massive d'une organisation chiite, le Hezbollah, soutenue par l'Iran, assumant certaines fonctions que l'État libanais n'est pas en état d'assurer, mais dont le financement apparaît aujourd'hui lié au trafic de drogue à grande échelle[5],
- L'afflux sur le territoire libanais de très nombreux réfugiés syriens, suite aux conflits qui se sont déroulés dans ce pays,
- L'internationalisation permanente des affaires libanaises voyant intervenir non seulement les grandes puissances, mais aussi les grands acteurs régionaux comme l'Arabie saoudite, l'Iran, Israël,

- Et à tous ces éléments, qui sont autant de facteurs périlleux pour l'intégrité et l'indépendance du Liban, s'ajoute maintenant une crise profonde, la faillite du système financier et bancaire, la corruption généralisée, l'incapacité des gouvernants[6] à proposer une sortie de crise alors que la population oscille entre émeutes, misère et émigration.

B. Autonomie personnelle et fédéralisme personnel

L'autonomie est avec la participation — son corollaire obligé — un principe fondamental du fédéralisme qu'il soit hamiltonien (c'est-à-dire politique et institutionnel) ou qu'il soit intégral ou global (à savoir s'appliquant à tous les domaines de la vie en société). Ce principe d'autonomie se décline en sous-principes qui, ensemble, forment les étapes d'une procédure permettant de lui donner corps. Ces sous-principes ont été d'abord mis en évidence et systématisés par Guy Heraud[7] qui distingue :

- L'auto-*affirmation* : c'est l'acte ou le processus par lequel une collectivité prend conscience d'elle-même, c'est-à-dire se persuade de

---

[5] « (…) le Hezbollah n'est pas un État dans l'État, contrairement à un sentiment répandu, mais une organisation tout à la fois à-côté et aux-côtés de l'État. C'est moins qu'une armée régulière, et plus qu'un mouvement de guérilla. C'est une formation nationale, mais il a une fonction régionale. C'est un mouvement islamiste, mais qui ne prétend pas bâtir un État islamique au Liban. Il est chiite, mais il finance, arme et entraîne des Palestiniens sunnites. Pour le Conseil de sécurité de l'ONU, il est sorti du droit international ; mais au Liban, il se prévaut d'un principe de légalité. Incontestablement résilient, le Hezbollah est devenu un cas d'école », écrivait N. Dot-Pouillard : « Les armes du Hezbollah : terrorisme, droit à la résistance et principe de légalité », *Confluences Méditerranéennes* 2017/3 n° 102, p. 89, spéc. p. 102. Le poids négatif que cette organisation exerce sur la vie politique libanaise n'est plus à démontrer. Les bienfaits qu'elle prodigue semblent dus aux ressources que lui procure son activité criminelle internationale…

[6] « Cette association de faussaires qui, chez nous, tient lieu désormais de république », selon les mots d'I. Goraieb, *L'Orient-Le Jour* du 18 janvier 2023 [https://www.lorientlejour.com/ article/1324890/en-effeuillant-la-republique.html].

[7] G. Héraud, *Les principes du fédéralisme et la Fédération européenne. Contribution à la théorie juridique du fédéralisme*, Paris, Presses d'Europe, 1968, spéc. p. 44 et suiv.

sa spécificité, de ce qui la distingue et la différencie d'autres collectivités.

- L'auto-*définition* : c'est la capacité pour chaque collectivité de se définir elle-même librement, à la fois sur le plan territorial et sur le plan personnel.
- L'auto-*organisation* vise la capacité pour chaque collectivité de se doter d'un statut, c'est-à-dire de règles fondamentales concernant la manière dont chacune est structurée, et ce dans le respect des règles d'organisation de la collectivité englobante, niveau auquel participe la collectivité.
- L'auto-*gestion* s'entend de la capacité de la collectivité, en vertu de ses règles fondamentales, de gérer elle-même ses propres affaires dans le respect de son statut et de ses compétences, ce qui sous-entend l'existence d'une répartition des compétences fixée par le statut de l'échelon englobant, mais aussi une capacité financière lui permettant d'exercer concrètement les compétences qui sont les siennes.

⇒ L'*autonomie personnelle* répond donc à la situation de communautés linguistiques et culturelles, non territorialisées, imbriquées avec d'autres communautés sur un même territoire et vise à permettre à chacune de ces communautés de gérer elle-même les affaires culturelles qui la concernent, manière de préserver leur identité. Cette autonomie ne s'accompagne cependant pas d'une participation de chaque communauté à la gestion de la communauté englobante. L'autonomie personnelle ne devrait pas produire de répercussions politiques sur les structures et institutions de l'État, ses effets demeurant limités aux communautés que l'État habiliterait à gérer leurs propres affaires culturelles, moyennant un registre ou un cadastre sur lequel s'inscrivent leurs membres. Il appartient alors aux instances propres à chaque communauté de veiller à dégager les principes et les modalités d'assurer et de garantir une préservation effective de leur langue et de leur culture.

L'autonomie personnelle a été une tentative de réponse à la diversité propre à l'Empire austro-hongrois, afin précisément de dépasser le seul dualisme entre l'Autriche et la Hongrie, en accordant des droits — essentiellement linguistiques et culturels — à chacune des nationalités vivant sur le vaste territoire de l'Empire.

Le pluralisme national est la marque distinctive de l'Autriche-Hongrie, qui ne compte pas moins de 11 nationalités. Les Allemands, la plus nombreuse, ne représentent qu'un quart de la population de la double monarchie, et autour de 35 % de la seule Autriche. En Hongrie, les Magyars atteignent 48 % à la veille de la guerre, un pourcentage en constante augmentation après la politique d'intense magyarisation menée par les gouvernements de Budapest. À l'inverse, les peuples autrichiens ne sont soumis à aucune politique de germanisation. Les passions nationales se déchaînent vers la fin du XIXe siècle avec la Bohême comme principal point de fixation. Minoritaires, les Allemands y sont sur la défensive et d'autant plus agressifs, alors que les Tchèques majoritaires s'emploient à élargir leurs droits. Il en résulte des affrontements qui trouvent leur prolongement jusqu'au Reichsrat à Vienne. Le pire n'est pourtant pas certain. Les compromis nationaux conclus en Moravie, en Bucovine et en Galicie, à la satisfaction des nationalités concernées, s'offrent comme une solution pour l'avenir. La double monarchie constitue d'autre part un espace économique et commercial intégré. À la veille de 1914 aucune nationalité ne souhaite se séparer de la monarchie, comme en témoigne l'union sacrée à la déclaration de guerre[8].

On le sait, le dédicataire de ces Mélanges auquel me lie une longue et amicale complicité, n'a pas ménagé ses efforts non seulement pour faire connaître l'œuvre de celui que l'on considère comme l'un des premiers à avoir réfléchi à l'autonomie personnelle, à savoir Karl Renner (1870-1950)[9], mais aussi pour proposer, à travers la notion de *multination,* une réflexion propre sur la manière d'organiser la coexistence pacifique de communautés différentes et imbriquées sur un même territoire[10].

Ainsi, si l'autonomie suppose de s'adosser au fédéralisme[11], comment caractériser alors le fédéralisme personnel ?

---

[8] J.-P. Bled, « Autriche-Hongrie, la dernière valse d'un empire », *Le Monde. Histoire et civilisations*, 2021 [https://www.histoire-et-civilisations.com/thematiques/epoque-contemporaine/autriche-hongrie-la-derniere-valse-dun-empire-2270.php].

[9] On lira notamment avec intérêt et l'article de S. Pierré-Caps, « Karl Renner et l'État multinational. Contribution juridique à la solution d'imbroglios politiques contemporains », *Droit et société*, 1994, p. 421, et la traduction qu'il a donnée, avec C. Tixador, du principal ouvrage de K. Renner, *La Nation, Mythe et Réalité*, Nancy, Presses universitaires de Nancy, 1998. La vie même de Karl Renner, qui combina responsabilités universitaires et engagement politique dans une période difficile pour l'Autriche est succinctement présentée ainsi par Wikipédia : « Il fut Chancelier fédéral au début de la Première République, de 1918 à 1920, représentant en 1919 son pays lors des négociations du traité de Saint-Germain-en-Laye. De 1920 à 1934, il occupa un poste de délégué au Conseil national et le présida de 1931 à 1933. Après la Seconde Guerre mondiale et l'indépendance de l'Autriche, il fut chef du Gouvernement provisoire en 1945 et premier Président fédéral de la Deuxième République de 1945 à 1950. » [https://fr.wikipedia.org/wiki/Karl_Renner].

Sa vision s'inscrit au sein du dualisme austro-hongrois, qu'il entendait dépasser par la reconnaissance de l'autonomie personnelle. Voir la présentation que fait J.-P. Bled de ce mode d'organisation *in François-Joseph*, Paris, Fayard, 1987, p. 598 : « Renner propose d'établir un partage net entre les affaires politiques et économiques d'une part, et les questions nationales de l'autre. Alors que le traitement des premières suppose le respect du principe territorial, il le rejette pour les secondes. Soutenant que la nationalité est un attribut individuel tout comme l'appartenance religieuse, il en tire la conclusion que les citoyens devraient être appelés à s'inscrire sur des cadastres nationaux, indépendamment de leur attache territoriale. La somme des individus constituant une nation formerait une personne morale qui aurait pour mission principalement dans le domaine culturel, de satisfaire aux besoins de ses membres et, pour cela, posséderait une législation, un budget et une administration propres. »

[10] Voir notamment : S. Pierré-Caps, *La Multination. L'avenir des minorités en Europe centrale et orientale*, Paris, Odile Jacob, 1995 et le livre écrit en collaboration avec N. Rouland et J. Poumarède : *Droit des minorités et des peuples autochtones,* Paris PUF (coll. Droit fondamental) 1996. Voir aussi sa substantielle contribution : « Le principe de l'autonomie personnelle : une solution d'avenir ? », *in* A. Dieckhoff (dir.) *La constellation des appartenances. Nationalisme, libéralisme et pluralisme*, Paris, Presses de Sciences Po, 2004, p. 371 et s.

[11] Voir sur ce point ce qu'indiquait R. Capitant, « Comment réaliser le principe d'autonomie dans une communauté pluraliste, sinon par un procédé fédéral, sinon en permettant à une collectivité partielle au sein de cette nation de donner une langue officielle différente de celle qu'adopteront l'autre partie de ses concitoyens ? Voilà un exemple concret qui vous montre

⇒ Le *<u>fédéralisme personnel</u>*[12] semble d'abord s'opposer au fédéralisme territorial dans lequel chaque composante, chaque communauté (ou collectivité)[13] dispose d'une assise territoriale bien délimitée, produisant par là une coïncidence entre un même territoire et une population homogène. Il se distingue aussi de l'autonomie personnelle en ce qu'il va plus loin qu'elle.

Sa singularité face à l'autonomie personnelle résiderait en effet dans le fait qu'il recouvre une dimension supplémentaire par rapport à l'autonomie personnelle, celle précisément de la participation aux affaires communes par l'intermédiaire d'arrangements divers, qui peuvent aller de la participation directe à la participation indirecte ou organique[14]. C'est cette jonction ou combinaison entre autonomie et participation qui permet de faire la différence avec la seule autonomie personnelle.

Trouver une manière d'assurer la paix dans un pays où il est impossible d'assigner aux différentes communautés qui y vivent une assise territoriale d'un seul tenant, telle est l'ambition du fédéralisme personnel. On estime souvent qu'il serait capable de résoudre harmonieusement les tensions et conflits qui surgissent dans bon nombre de cas, comme en Algérie au moment de la décolonisation[15], ou encore en Israël.

Sans doute le charge-t-on de trop de vertus[16], car il pourrait volontiers apparaître comme une sorte de formule « magique », une panacée capable de

---

comment le fédéralisme est la seule façon de réaliser le principe d'autonomie sans paralyser l'État et par conséquent de réaliser la démocratie. » « Fédéralisme et démocratie », *Jus Politicum*, n° 16 [http://juspoliticum.com/article/Federalisme-et-democratie-1102.html].

[12] On parle aussi de fédéralisme fonctionnel. Cf. H. Giordan, « Fédéralisme et minorités en Europe », *Nuevo Mundo Mundos Nuevos* [En ligne], Colloques, mis en ligne le 12 décembre 2008, http://journals.openedition.org/nuevomundo/45683 qui écrit : « le recours à une forme de fédéralisme "personnel" ou "fonctionnel", c'est-à-dire que l'on reconnaît une certaine autonomie politique basée sur le rattachement des personnes non à un territoire, mais au groupe lui-même, sur la base de caractéristiques personnelles comme la langue, la religion ou l'ethnie. Cependant, les tentatives d'organiser un fédéralisme personnel sont restées jusqu'ici très modestes ; elles se heurtent au fait que la démocratie moderne fonctionne sur la base d'une représentation politique et d'une application des lois fondées l'une et l'autre, pour l'essentiel, sur le territoire ».

[13] On considérera dans ces lignes que les deux termes sont équivalents.

[14] Sur cette distinction, voir G. Héraud, *op. cit.*, p. 52, qui observe que cette forme de participation où les organes des collectivités composantes délibèrent eux-mêmes sur les décisions à prendre en commun ressortit plutôt du confédéralisme, notamment si elle s'accompagne du principe d'unanimité.

[15] Parmi ceux qui se sont intéressés à cette notion, on peut citer M. Lauriol, auteur d'un article paru dans le journal *Le Monde* le 4 novembre 1957, dans lequel il estimait que ce type de fédéralisme pouvait apporter une solution à ce qu'on appelait alors le problème algérien. Ledit article est consultable sur https://www.lemonde.fr/archives/article/1957/11/04/le-federalisme-personnel_2320696_1819218.html?random=2031867639.
Sur le problème algérien de l'époque, lire aussi l'article de S. Pierré-Caps, « Albert Camus, le fédéralisme et l'Algérie », *Civitas Europa n°* 32, 2014, p. 199.

[16] Cf. C. Klein, « Une solution miraculeuse, le fédéralisme personnel ? », *in* Thomas Fleiner (ed.) *Federalism: a Tool for Conflict Managment in Multicultural Societies with Regard to the Conflict in the Near East*, Münster, LIT Verlag 2008, p. 2. Voir aussi dans le même ouvrage :

résoudre pacifiquement nombre de ces multiples situations de tensions entre communautés imbriquées les unes dans les autres pour lesquelles le fédéralisme territorial ne pourrait pas être mis en œuvre, par exemple la coexistence entre Palestiniens et Israéliens[17], entre Turcs et Kurdes ou entre Hongrois et Roumains en Roumanie, *etc.*

Le Liban présente plusieurs originalités qui font que ce pays a pu inventer de manière empirique une forme de fédéralisme personnel dont il s'agit de prendre la mesure (I) avant de se demander si cette version-là du fédéralisme personnel n'est pas l'une des causes de la très grave crise que traverse ce pays (II).

I. Les originalités du système libanais : l'appartenance religieuse y fonde le confessionnalisme. Quel rapport avec un fédéralisme personnel ?

À la différence de l'Empire austro-hongrois où coexistaient plusieurs nationalités, chacune dotée d'une langue et d'une culture propres — et souvent d'une aire territoriale où se trouvait la majorité de la population respective —, le Liban n'offre pas le même type de composantes. Au Liban, la langue officielle est l'arabe, selon l'article 11 de la constitution[18], ce qui n'a pas empêché les Libanais de pouvoir s'exprimer en anglais et en français. Tous les Libanais sont citoyens[19] de leur État, soumis à la même constitution et aux pouvoirs qu'elle organise, ce qui leur confère les mêmes droits politiques et les mêmes libertés publiques. Mais au-delà de cette apparente unité, la population du Liban se divise selon les religions, plus exactement selon l'appartenance de chacun à l'une des dix-huit communautés religieuses qui forment la véritable ossature sociologique, cultuelle et culturelle, politique aussi, de ce pays. C'est ce qu'on appelle le confessionnalisme politique dont on cherche à savoir s'il peut être considéré comme une version du fédéralisme personnel.

A. N. Messarra, « Principe de personnalité et principe de territorialité. L'expérience du Liban et perspectives pour demain au Proche Orient », *ibid.*, p. 39.

[17] Ces mots ne doivent pas dissimuler la complexité de ce qu'ils recouvrent. Si la majorité des Palestiniens sont de religion musulmane, il existe des Palestiniens chrétiens. Les Israéliens sont pour la plupart de religion juive, mais il existe aussi des arabes israéliens — Palestiniens restés sur leurs terres depuis 1948 devenus citoyens israéliens — majoritairement musulmans, qui forment 20 % de la population de nationalité israélienne…

[18] À noter que la constitution du Liban date du 23 mai 1926, Elle fût amendée en 1927, 1929, 1929, 1943, 1947 et le 5 novembre 1989 par les accords de Taëf qui sont non seulement un document d'entente nationale visant à mettre fin à la guerre civile mais qui ont aussi modifié nombre d'aspects institutionnels de la constitution, tout en prévoyant l'abolition du confessionnalisme politique…qui reste à concrétiser depuis 34 ans !

[19] Selon l'article 6 de la constitution : « La nationalité libanaise, la manière dont elle s'acquiert, se conserve et se perd, seront déterminées par la loi. »

Le rôle des confessions religieuses dans l'organisation de la société puis de l'État libanais depuis ses origines[20] et dans la vie quotidienne de leurs citoyens[21] y est fondamental et prégnant, offrant ainsi une image de ce qu'est concrètement un pays où se pratique cette version particulière du fédéralisme personnel, fondée ici sur l'appartenance religieuse des individus, mais répartissant aussi à leurs représentants les plus hautes charges publiques du pays : députés, président de la République, Premier ministre, Président de la chambre des députés.

Le rôle central des dix-huit communautés religieuses[22] dans la gestion de la vie courante de leurs membres a fait l'objet récemment d'études de grande qualité[23] sous l'angle juridique, plus précisément du droit international privé,

---

[20] E. Rabbath, *La formation historique du Liban politique et constitutionnel,* Beyrouth, Librairie orientale, 1973. C'est le fameux « Pacte National », conclu en 1943 par le Président de la République, maronite, et le Premier ministre, sunnite, « jamais rédigé par écrit » qui dispose : « Ainsi, le président de la République est maronite, le président du Conseil est sunnite et le président de la Chambre est chiite. La Chambre des députés, qui élit le président de la République, est constituée de 5 députés musulmans et druzes pour 6 députés chrétiens » *in* A.-L. Chaigne-Oudin, Pacte national libanais, *Les clés du Moyen-Orient*, 9 mars 2010 [https://www.lesclesdumoyenorient.com/Pacte-National-libanais.html].
Voir aussi : le rapport d'information déposé au com de la commission des lois du Sénat le 2 décembre 1996 par J. Larché, P. Fauchon, Ch. Jolibois, M. Rufin, https://www.senat.fr/notice-rapport/1996/r96-111-notice.html.

[21] Le système actuel des communautés religieuses s'enracine dans l'histoire lointaine du Mont-Liban. A l'origine, avant l'apparition de l'Islam, ces communautés étaient fondées sur l'adhésion à un même dogme ou culte. Depuis, c'est moins le dogme — ou le culte — qui sert de base à ces communautés, que le sentiment d'appartenance que partagent leurs membres. Ainsi ces confessions sont-elles devenues plutôt des lieux de sociabilité et de particularisme, comme l'atteste par exemple un taux élevé d'endogamie intracommunautaire. Sur ces aspects, voir N. Salam, *Le Liban d'hier à demain*, Paris, Actes Sud, coll. « Sindbad », 2021, spéc. p. 20 s. Le même auteur montre aussi comment le statut de *dhimmis* — puis des *millets* sous occupation ottomane —, a conduit à reconnaître à ces communautés chrétiennes une forte autonomie, ce qui les a finalement consolidées.

[22] Il est difficile d'apprécier le nombre exact de ceux qui se réclament de telle ou telle religion, faute d'un recensement, aucun recensement officiel n'ayant été effectué depuis celui de 1932. Toutefois selon Wikipédia, on peut avancer les proportions actuelles suivantes : Musulmans (Sunnites, Chiites, Druzes, Ismaéliens, Alaouites) : 52,4 %, Chrétiens [Catholiques (Maronites, Catholiques romains, Catholiques syriens, Église catholique arménienne, Église catholique chaldéenne, Melkite), Orthodoxes (Église orthodoxe d'Antioche, Église apostolique arménienne, Église syriaque orthodoxe), Assyriens, Coptes, Protestants] : 43,3 %, Autres : 1,3 %. Récemment, des chiffres dont on ne connaît ni la provenance ni le sérieux ont été diffusés qui attribuent aux confessions chrétiennes un chiffre autour de 19 %.

[23] En particulier, voir P. Gannagé, *Le pluralisme des statuts personnels dans les États multicommunautaires. Droit libanais et proche-orientaux*, Paris, Hachette, 2019. Se référer aussi à la remarquable thèse de M.-C. Najm, *Principes directeurs du droit international privé et conflit de civilisations. Relations entre systèmes laïques et systèmes religieux*, Paris, Dalloz, 2005. On ajoutera à ces références les livres classiques de G. Corm, *Contribution à l'étude des sociétés multiconfessionnelles. Effets socio-politiques du pluralisme religieux*, Paris, LGDJ, coll. « Bibliothèque constitutionnelle et de science politique », 1971 ; *Liban : les guerres de l'Europe et de l'Orient. 1840-1992*, Paris Gallimard ; coll. « Folio-Actuel », 1992. Enfin on lira avec beaucoup d'intérêt les analyses constitutionnelles et de science politique de A. N. Messarra, *Théorie*

dont nous tirerons l'essentiel de nos observations. Mais il convient aussi de retenir le prisme sociologique pour prendre la mesure de ce que peut signifier dans la vie quotidienne de leurs membres ce que l'on peut nommer *l'emprise confessionnelle*[24]. À cet égard, on pourrait évoquer ces communautés comme des exemples de *fait social total* mis en évidence par Marcel Mauss[25].

Il faut bien comprendre que chaque communauté religieuse connaît sa propre organisation interne, ses propres organes de gestion, plus ou moins représentatifs, que sont leurs assemblées ou leurs conseils où siègent non seulement les autorités religieuses, mais aussi les élites sociopolitiques de chaque confession[26]. À ces autorités, il convient d'ajouter les multiples associations de toutes sortes (clubs sportifs et autres, mouvements de jeunesse, hôpitaux, etc.) qui structurent la vie collective de chaque communauté, ainsi que la presse, les stations de radio et de télévision, les éditeurs, les établissements d'enseignement, etc., qui contribuent à encadrer tous les moments de la vie au jour le jour des membres de chaque communauté. Toutefois, il faut préciser que ces associations, même si elles sont liées ou fondées par une communauté déterminée, sont ouvertes en principe à tous les citoyens qui désirent y adhérer ou profiter de ses services.

Ces instances dirigent chacune des communautés, administrent leurs biens et surtout ont reçu de l'État — héritage contemporain de leur autonomie historique — une compétence à la fois normative et juridictionnelle en matière de statut personnel. Cependant, « L'État libanais dans sa diversité religieuse n'est jamais parvenu à promulguer un code du statut personnel unifié pour tous les citoyens, encore moins un code "areligieux", civil[27]. »

Tout ce qui a trait à la vie de la personne et à ses différentes étapes : filiation, mariage, divorce, succession, éducation, tous ces domaines vont dépendre non pas des lois de l'État, mais des règles et des décisions de justice propres à chaque communauté[28]. Le fondement juridique de ce système multiconfessionnel réside donc dans la renonciation de l'État à exercer sa compétence en ces matières en la remettant par une sorte de « délégation » à

générale du système politique libanais. Essai comparé sur les fondements et les perspectives d'évolution d'un système consensuel de gouvernement, Paris, Cariscript, 1994, et son livre plus récent : *La gouvernance d'un système consensuel. Le Liban après les amendements constitutionnels de 1990*, Beyrouth, Librairie Orientale, 2003.

24 Cf. N. Salam, *op. cit.*, p. 19.

25 M. Mauss : *Essai sur le don. Forme et raison de l'échange dans les sociétés archaïques*, (1925) Paris, PUF, coll. « Quadrige Grands textes », 2007.

26 N. Salam, *op. cit.*, p. 29.

27 Cf. F. Tobich, *Les statuts personnels dans les pays arabes*, Aix-en-Provence, PUAM, 2008, p. 161, accessible sur https://books.openedition.org/puam/1016.

28 Ainsi il peut exister de notables différences entre les statuts des différentes communautés musulmanes : « Chaque communauté aura des spécificités qui la distingueront des autres communautés. La communauté druze musulmane, est par exemple, monogame et ne reconnaît pas la polygamie, la répudiation étant également illégale. Les sunnites et les chiites reconnaissent la polygamie et autorisent la répudiation » ; cf. F. Tobich, *op. cit.*

chacune des communautés religieuses[29]. À une exception près, celle du statut personnel des chrétiens — plus exactement des non-mahométans — régi, lui, par une loi, celle du 2 avril 1951[30] [31].

On peut même penser que cette « délégation » trouve sa source dans le texte du mandat français sur la Syrie et le Liban, antérieur à la formation de l'État du Liban, tel qu'il fût adopté par la SDN le 24 juillet 1922. On peut lire dans ce texte [32] plusieurs dispositions qui montrent combien ces confessions religieuses déjà établies seront conservées et protégées sous et par le mandat français. Par exemple, l'article 6 dispose-t-il que « Le respect du statut personnel des diverses populations et de leurs intérêts religieux sera entièrement garanti. En particulier, le Mandataire exercera le contrôle de l'administration des Waqfs, en parfaite conformité avec les lois religieuses et la volonté des fondateurs »

Ou bien l'article 9 qui indique que « Le Mandataire s'abstiendra de toute intervention dans l'administration des Conseils de fabrique ou dans la direction des communautés religieuses et sanctuaires des diverses religions, dont les immunités sont expressément garanties ».

II. Crise libanaise et multicommunautarisme

A. La suppression improbable du communautarisme confessionnel…

Les tensions que connaît le Liban depuis un demi-siècle conduisent à se demander si cette évolution régressive — cette véritable involution — n'est pas à mettre aussi au compte de cette version-là du fédéralisme personnel, à laquelle s'ajoutent évidemment tous les autres facteurs externes d'instabilité qui pèsent sur ce pays.

---

[29] On peut bien sûr se demander s'il s'agit d'un transfert de la compétence étatique aux communautés ou seulement du transfert de son exercice ? Discussion un peu académique, il est vrai, mais qui pourrait avoir son importance si l'État reprenait un jour la main sur ces matières, ce que rien ne semble encore indiquer…On trouvera dans l'ouvrage de M.-C. Najm, *op. cit.* p. 627 la traduction des principaux textes qui organisent la remise de ces compétences aux confessions. Beaucoup de ces textes datent d'avant la seconde guerre mondiale et ont la forme juridique d'arrêtés. A cette époque, le Liban se trouvait encore sous mandat français.

[30] À noter que l'article 14 de l'Arrêté n° 60 L.R (Lois et Règlements) du 13 mars 1936, avait prévu la création d'une communauté de droit commun, neutre du point de vue religieux, qui ne fut jamais créée. Voir B. Karam : « La curieuse catégorie des communautés de droit commun au Liban », *Revue juridique de l'Université Saint-Esprit de Kaslik*, n° 17, 2017, p. 7.

[31] Nous n'avons pas pu consulter le recueil de textes intéressant le statut personnel des différentes communautés : *Statut personnel : textes en vigueur au Liban*, rassemblés et traduits par M. Mahmassani et I. Messarrah, sous le contrôle et la direction de B. Bilania et A. Decocq, 1970, Faculté de droit et des sciences économiques, rue Huvelin, Beyrouth-Liban. Sur les plus de 800 pages de ce livre seules les 8 premières pages sont accessibles sur http://jafbase.fr/docAsie/Liban/statut%20personnel%20table%20mat.pdf.

[32] On pourra lire le texte complet du mandat sur https://docs.google.com/document/d/1MLRWGHJyIljNEk4rvaffe4wNrjgSPIoAuwD1izYMrck/edit.

Faut-il aller jusqu'à supprimer ce confessionnalisme, tout au moins dans son volet politique, comme le requiert le point H du Préambule de la Constitution du Liban, adopté par la loi constitutionnelle du 20 septembre 2010 (accord de Taëf) qui indique dans son point H : « La suppression du confessionnalisme politique constitue un but national essentiel pour la réalisation duquel il est nécessaire d'œuvrer suivant un plan par étapes. »

Voilà un but à bien long terme qui, semble-t-il, n'engage à rien puisque depuis vingt-trois ans qu'il est inscrit dans la constitution, il n'a pas vraiment été réalisé ni mis en œuvre : le « plan par étapes » dont il est question se fait toujours attendre...

Cette longue attente s'explique facilement : le pays doit affronter aujourd'hui bien d'autres problèmes majeurs, qui sont autant de difficultés existentielles : cette question n'est évidemment pas prioritaire sur l'agenda politique libanais. De plus, il est certain qu'une réforme d'une telle ampleur ne trouvera pas facilement le consensus nécessaire de toutes les parties intéressées... On voit mal comment les communautés religieuses accepteraient de voir leur rôle juridique et social disparaître pour se cantonner désormais dans les seules affaires religieuses : personne n'apprécie de devoir se faire hara-kiri !

B. L'effort d'aller vers une fédéralisation du Liban :

Certains, pour sortir ce pays du marasme profond et apparemment sans issue qu'il traverse depuis ces dernières années, recommandent de modifier voire d'abandonner la version libanaise (confessionnelle) du fédéralisme personnel pour établir un fédéralisme territorial, dans lequel l'appartenance religieuse ne jouerait plus le même rôle[33].

Sortir du système confessionnel, aller vers les structures d'un État fédéral semble aujourd'hui être l'une des issues possibles à la crise que connaît ce pays. Le site *Federal Republic of Lebanon: proposed ethno-geographic constitution*[34] en arabe, français et anglais comporte plusieurs prises de position en faveur d'un nouveau pacte constitutionnel déjà rédigé[35]. Il comporte 133 articles et organise la République du Liban autour de quatre cantons correspondant à des groupes ethnoculturels[36] ainsi que le précise le préambule :

---

[33] Voir F. Haddad, *Le fédéralisme communautaire libanais. Les crises du système politique et les solutions proposées*, thèse, Toulouse, 2009, dir. S. Baumont ; A. Messarrah, « Re-théoriser le fédéralisme », *L'Orient-Le Jour*, 31 décembre 2010 ; A. Khoury, « Le fédéralisme, panacée ou trompe l'œil ? », *L'Orient-Le Jour*, 22 juin 202.

[34] Consultable sur https://fedleb.org/.

[35] https://fedleb.org/4.1/wp-content/uploads/2021/11/Constitution-Republique-Federale-du-Liban-v6-FR.pdf. Texte dû à I. Boustany.

[36] On note que cette dénomination semble exclure l'aspect religieux des cantons : il n'en est rien puisque les cantons se calquent sur les quatre communautés religieuses retenues ; disparaît aussi l'égalité historique entre chrétiens et musulmans, puisque les chrétiens (toutes confessions

> Le Liban actuel est constitué de quatre (4) groupes ethnoculturels distincts formant quatre (4) romans nationaux. Ces groupements sont également appelés « identité(s) » ou « communauté(s) ». Ils forment le Liban actuel ou ils vivent côte à côte sur le territoire qui est actuellement la République Libanaise. Chaque groupe véhicule et partage un ensemble spécifique de valeurs, de croyances, de références, d'histoire et de contexte. Les membres de ces groupes sont spécifiquement enregistrés comme ressortissants libanais références par leurs appartenances communautaires : sunnites, les chiites, les druzes et les chrétiens.

Ne tenant pas compte du pourcentage que chaque confession représente dans le total de la population, le système est organisé sur trois niveaux : le municipal, le cantonal et le fédéral. Les citoyens cantonaux élisent le Premier ministre et le Parlement cantonal. Les quatre Premiers ministres cantonaux forment le gouvernement fédéral, tandis que tous les parlementaires cantonaux forment le Parlement fédéral. Le président, désigné pour un an, est choisi parmi les quatre membres du gouvernement fédéral : le plus âgé en premier, et ainsi de suite en fonction du critère de l'âge. Les mandats électifs ont une durée de quatre ans.

La question de la délimitation géographique des quatre cantons fait l'objet de l'article 22 de ce projet de constitution :

> Article 22 - Délimitation du territoire fédéral et cantonal
> (1) La République fédérale du Liban s'étend sur 10 452 km 2. (2) Le territoire fédéral est divisé en quatre (4) cantons. (3) Chaque délimitation cantonale est déterminée en fonction des municipalités appartenant au canton. La géographie et les limites cantonales sont déterminées et délimitées par l'agrégation de toutes les municipalités appartenant au canton. (4) Aucune continuité géographique n'est requise pour qu'une municipalité fasse partie d'un canton. (5) Les municipalités sont attribuées à un canton sur la base des critères suivants : a - Territoire municipal tel qu'au moment de la promulgation de la présente Loi fondamentale. b. Les municipalités dont les électeurs actuels (habitants d'origine au moment de la promulgation de la présente Loi fondamentale) appartiennent au Groupe dans une proportion supérieure à 67 % appartiennent au Canton de ce Groupe. c. Les municipalités dont les électeurs actuels (habitants d'origine au moment de la promulgation de la présente Loi fondamentale) appartiennent au Groupe (Groupe ethnoculturel) dans une proportion supérieure à 51 % et dont le deuxième plus grand Groupe ne représente pas plus de 30 % seront attribués au canton du groupe culturel majoritaire. d. Les municipalités dont les configurations démographiques diffèrent de celles mentionnées ci-dessus détermineront un démembrement donné (par quartier) pour s'assurer que chaque portion de la municipalité est

---

additionnées) ne représentent plus qu'un quart des cantons. La note (1) qui accompagne le Préambule dispose : « Les communautés autres que les quatre (4) précitée ci haut devront décider de vivre dans un des 4 ensembles prédéfinis. Ainsi il sera des Juifs ou encore des Alaouites. Le groupe chrétien est diversifié et se compose de divers sous-groupes. Aux fins de la présente Constitution Fédérale, les sous-groupes seront considérés comme un groupe homogène. Les lois cantonales devront convenir avec chaque sous-groupe de leurs droits réservés, exigences et représentation. Plus précisément, il est prévu dans ce document constitutionnel que tous les postes au sein du canton sont ouverts à tous les citoyens du canton sans distinction. Par conséquent, les Arméniens, les Grecs orthodoxes et les maronites, entre autres, ont tous accès sans discrimination à toutes les positions. Quant à la représentation parlementaire, certains sous-groupes peuvent souhaiter avoir des "sièges de réserve". La question sera discutée et résolue au niveau cantonal. »

correctement redéfinie et attribuée au canton approprié. (6) Les municipalités et les cantons peuvent être révisés afin de garantir que chacun est d'une taille et d'une capacité à remplir efficacement ses fonctions. À cet égard, il sera dûment tenu compte des liens régionaux, historiques et culturels, de l'efficacité économique et des exigences de la planification locale et régionale, ainsi que des outils de gouvernance nécessaires à la mesure de l'autonomisation des grandes municipalités.

Comme on le voit, cet aspect — crucial pour tout l'édifice constitutionnel — n'est pas des plus simples ni des plus faciles à mettre en œuvre. La combinaison entre fédéralisme territorial et fédéralisme personnel dont ce projet de constitution est l'expression risque de donner lieu à contestations et antagonismes, et suppose d'abord un retour de la paix civile et une acceptation des nouvelles règles du jeu politique.

Est intéressante aussi la répartition des compétences prévue, qui distingue entre les matières relevant du pouvoir législatif exclusif de la Fédération, celles qui relèvent de pouvoirs législatifs concurrents[37], et enfin celles qui relèvent du pouvoir législatif des cantons. Selon l'article 50-1 : « Les cantons auront le droit de légiférer dans la mesure où la présente loi fondamentale ne confère pas le pouvoir législatif à la Fédération. »

Ces cantons disposeraient donc d'un pouvoir législatif de droit commun.

La catégorie intéressante est celle des pouvoirs concurrents, simultanés ou concomitants régis par l'article 52 :

(1) le Parlement fédéral aura le pouvoir de légiférer aussi longtemps et dans la mesure où le canton n'a pas exercé son pouvoir législatif en promulguant une loi.
2) Si la Fédération a fait usage de son pouvoir de légiférer, les cantons peuvent édicter des lois en contradiction avec cette législation. Une loi cantonale prévaudra toujours sur une loi fédérale.

Le second paragraphe est-il compatible avec ce que nous savons de la fédération et de l'État fédéral ? N'introduit-il pas une sorte de « nullification » propre au confédéralisme ?

*

* *

En guise de conclusion, les observations qui viennent d'être faites montrent que le système libanais, souvent qualifié de consensuel[38], l'est

---

[37] Les matières relevant du statut personnel appartiennent à ces compétences concurrentes, cf. l'article 55-1, dont on donne ici les premières lignes : « Le pouvoir législatif simultané s'étendra aux matières suivantes : a. Droit civil, droit pénal, organisation et procédure des tribunaux ; b. La profession juridique, les notaires et la prestation de conseils juridiques ; c. enregistrement des naissances, des décès et des mariages ; d. la loi d'association ; e. la loi relative au séjour et à l'établissement des ressortissants étrangers ; f. les questions concernant les réfugiés et les expulsés (...) ».

[38] Voir surtout les travaux d'Antoine Nasri Messarra, précités. Du même auteur lire, également : « Le Liban : un cas fondateur de la théorie consensuelle de gouvernement », *Revista de Humanidades: Tecnológico de Monterrey*, núm. 13, 2002, p. 121.

surtout pour s'accorder sur le maintien d'un *statu quo* politique et confessionnel. Le fait que les institutions de l'État — Président, gouvernement, parlement — soient toujours en place peut surprendre. Les fortes manifestations hostiles à l'égard des institutions depuis 2019, l'explosion au port de Beyrouth et ce qu'elle révèle sur le fonctionnement des institutions, les multiples obstacles auxquels se heurte l'enquête menée par le juge Tarek BITAR, la non-élection du président de la République depuis le 31 octobre 2022[39], sont autant de témoignages d'une société bloquée et d'un État bloqué[40] dont les institutions politiques ou confessionnelles ne parviennent plus à garantir l'intérêt général et se déterminent finalement davantage en fonction d'intérêts segmentaires.

Si le fédéralisme personnel répond au principe de la personnalité des lois, le fédéralisme territorial s'adosse lui au principe de la territorialité des lois. Ces deux principes paraissent d'abord exclusifs l'un de l'autre, car reposant sur des conceptions totalement opposées, la territorialité des lois ayant peu à peu remplacé, du moins dans les systèmes juridiques européens, la personnalité[41].

Il est un fait que beaucoup d'observateurs de la vie politique libanaise semblent considérer qu'il faudrait aller plus franchement vers une solution fédérale pour sortir du blocage actuel. Inspirée par la « constitution » libanaise de 1861[42] et l'expérience helvétique, cette proposition d'une nouvelle constitution évoquée plus haut entend réconcilier ces deux formes de fédéralisme : aura-t-elle quelques chances d'être entendue ?

Certes, l'évolution contemporaine du droit a peu à peu tendu à juxtaposer les deux principes et à admettre que le principe de territorialité puisse se combiner avec celui de la personnalité. C'est vers une telle combinaison que ce projet de constitution entend conduire le Liban. Cependant introduire un fédéralisme territorial calqué sur une base confessionnelle ne risque-t-il pas de consolider la fragmentation géographique du pays, telle qu'elle s'était révélée durant la guerre civile.

---

[39] La précédente élection a fait l'objet d'une crise politique sans précédent, le scrutin s'étant étalé sur deux ans de 2014 à 2016…

[40] On lira avec grand intérêt l'article de P. Vidal-Delplanque, « Réflexions sur le blocage des institutions politiques et l'avenir du système confessionnel au Liban », *Revue juridique de l'université Saint Esprit de Kaslik*, n° 17, 2017, p. 51. Ce diagnostic qui date d'il y a cinq ans reste hélas encore d'actualité…

[41] A. Supiot, « L'inscription territoriale des lois », *Esprit*, novembre 2008 p. 151, spéc. p. 157, écrit : « Ce principe, dit de la personnalité des lois, s'éroda du fait du brassage des populations et de l'essor de la féodalité, qui conduisit à imposer les mêmes coutumes locales ou régionales, la même loi du territoire *(lex loci)*, à tous les habitants d'une même seigneurie. S'affirma ainsi le principe dit de la territorialité des lois, dont l'essor accompagna celui des États nations. »

[42] Il s'agit du règlement organique du 9 juin 1861 : https://mjp.univ-perp.fr/constit/lb1861.htm#R%E9glement_organique_du_9_juin_1861. Ainsi que de celui du 6 septembre 1864 qui le complète : https://mjp.univ-perp.fr/constit/lb1861.htm#2.

On le voit, l'issue du confessionnalisme libanais est pour le moins incertaine. Tout porte à croire que son maintien a encore de longs jours devant lui. Renoncer au confessionnalisme au profit d'un État récupérant compétence pour légiférer sur toutes les matières relevant de l'ancien statut personnel[43] déterminé en fonction de l'appartenance religieuse imposera un imposant travail de codification dans lequel il s'agira de concilier des règles souvent incompatibles et dont on peut se demander s'il est possible.

L'inertie actuelle de ceux qui dirigent ce pays n'encourage certainement pas ce genre de perspective. D'autres tâches vitales les attendent, mais comment les trois interrogations qui se posent aujourd'hui seront-elles résolues ?

- Ne faudrait-il pas demander un minimum d'éthique à ceux qui gouvernent plutôt que réformer le régime politique ou le système confessionnel ? Dans un pays qui connaît une telle dérive, le courage, l'honnêteté, la capacité à dégager l'intérêt général et l'incorruptibilité des gouvernants seraient plus indispensables que quelque réforme que ce soit. Les meilleures institutions ne peuvent garantir la valeur de ceux qui en ont la charge !
- Et puisqu'il est question des hommes, comment ne pas s'étonner — de loin il est vrai et avec le confort que procure l'éloignement — que les nombreux mouvements de contestation, la misère qui se répand, l'inflation qui galope n'aient pas permis encore l'apparition d'une relève de qualité bénéficiant de la confiance de tous ?
- Le confessionnalisme a produit des leaders dans chaque communauté, mais peut-être est-il incapable de susciter des leaders convaincants qui puissent rassembler au-delà de leurs propres frontières ?

Comment ne pas partager la récente interrogation du Vice-Recteur de l'université St Joseph, Salah Aboujaoudé :

> Le confessionnalisme apparaît donc comme un obstacle majeur pour l'application d'une politique responsable et morale en vue de l'édification d'un État démocratique moderne. Influencé par sa confession religieuse, le Libanais risque de ne regarder les affaires publiques qu'en fonction de son appartenance confessionnelle. Comment peut-il alors agir rationnellement et objectivement dans le respect de son bien personnel et du bien commun de l'ensemble de ses concitoyens ? Comment ne pas se trouver enfermé dans un cercle vicieux imposé par les impératifs des leaders de sa confession qui fixent les limites de sa pensée, de ses initiatives et de son indépendance ? Et au-delà de tout cela, comment définir le bien commun dans une ambiance confessionnelle[44] ?

---

43 On a vu plus haut que ces matières relèveraient des compétences concurrentes dans le projet de constitution mentionné plus haut, les cantons pouvant s'opposer à une législation fédérale sur ces matières.

44 https://www.telos-eu.com/fr/politique-francaise-et-internationale/le-liban-pris-au-piege-du-confessionnalisme.html.

Mon drapeau et mon droit, le droit des drapeaux

Élodie Derdaele

Lorsque l'on se présente en tant que chercheur en droit, les profanes restent bien souvent indifférents quand ils ne manifestent pas leur étonnement quant à l'utilité de notre profession. C'est là que l'on envie nos collègues médecins, physiciens, historiens dispensés de toute justification. Or, lorsque l'on se présente auprès d'un autre collègue juriste en précisant que l'on s'attache à l'étude des drapeaux, la même incompréhension se fait jour. « Mais enfin les symboles, ce n'est pas du droit ! » Aussi je ne remercierai jamais assez mes professeurs de la faculté de droit de Nancy, François Borella et Stéphane Pierré-Caps, mon directeur de thèse, de m'avoir encouragée à cultiver mes marottes. En effet, l'Institut de Recherches sur l'Évolution de l'État et de la Nation en Europe, IRENEE, cofondé par le professeur Pierré-Caps, a permis à de nombreux doctorants de droit public de s'intéresser à l'un des aspects alors peu étudiés par les constitutionnalistes, le *demos*, autrement dit le peuple, ses composantes, ses cultures, ses langues, et tout ceci à travers le droit constitutionnel. Qu'il me soit permis, à l'occasion de ces mélanges, quelques confidences. Alors que j'étais étudiante en DEA au siècle dernier, les cours dispensés par mes prédécesseurs me permirent de voyager dans le temps et dans l'espace. À la faveur d'un enseignement sur des constitutions de pays parfois lointains, je redevenais la gamine qui dévorait des yeux les revers de couverture du Petit Larousse illustré en couleurs. Si Proust avait sa madeleine, j'avais mon dictionnaire et mes drapeaux grâce auxquels je voyageais par procuration. Piquée par la curiosité, je cherchais à comprendre le choix des couleurs, souvent chatoyantes, qui étaient un sésame à la découverte de pays au nom souvent exotique (ah, le Vanuatu), de peuples, de leur histoire, de leur culture et parfois de leurs similitudes (comme un avant-goût de droit comparé). La représentation du soleil, d'une croix, d'étoiles, d'un dragon, d'un cèdre m'émerveillait tout autant. En revanche, la présence d'outils n'avait pas cet aspect enchanteur (faucille, marteau, compas…)[1]. Preuve s'il en est que le drapeau donne un sens et qu'il touche au sensible (adhésion ou répulsion). Néanmoins l'apprentie vexillologue que j'étais se contentait de

[1] La présence d'une Kalachnikov sur le drapeau du Zimbabwe étant ce que l'on peut imaginer de pire en termes de poésie (voir annexe 1 de la Constitution de 2013).

connaissances plates ; et n'allait pas plus loin que les considérations officielles des États et sa propre sensibilité. Quoi qu'il en soit, ce dictionnaire resté populaire, demeure, année après année, un instantané des États du monde. En l'espace de 30 ans, les drapeaux se sont multipliés avec l'éclatement de l'Union soviétique, de la Yougoslavie et l'indépendance de nations restées à la traîne du vaste mouvement de décolonisation. Je n'imaginais cependant pas que la contemplation des drapeaux comblant mon ennui d'enfant allait faire naître une vocation et que les cours de mes professeurs allaient me donner une opportunité d'enrichir mes connaissances[2]. Car si l'étude des drapeaux, la vexillologie à visée scientifique, est bien à la confluence de la sémiologie et des sciences humaines et sociales, elle ne saurait toutefois s'affranchir d'un regard juridique dans la mesure où les drapeaux sont également des instruments de légitimation aux mains d'une institution, d'un État, d'une nation, d'une autorité territoriale, d'une communauté culturelle, d'un groupe politique et d'un ordre juridique… Ils permettent, par leur caractère immédiatement identifiable pour une communauté quelle que soit sa nature, de s'affirmer, de se reconnaître et de revendiquer qui sa souveraineté, qui son autorité, qui son identité, qui son droit ou ses droits, autrement dit de matérialiser, dans une projection réflexive, ce qu'elle prétend être et ce qu'elle prétend avoir. Autant dire qu'un drapeau brandi publiquement peut être remis en cause au point d'être honni, banni, interdit. À l'inverse, sa « vénérabilité » peut être garantie et protégée par le droit. Enfin, s'il ne met pas en danger le drapeau du souverain, il est le plus souvent toléré. L'État, selon l'idée qu'il se fait de son identité et de sa souveraineté (I) adoptera des règles de droit plus ou moins libérales lorsqu'il sera confronté à d'autres symboles. Car si la politique consiste, pour une grande part, à une affirmation de soi et de sa volonté, dans quelle mesure l'État peut-il accepter l'exhibition d'un drapeau susceptible de saper son autorité et l'image qu'il aimerait donner à voir ? Voyons ensemble quelques exemples significatifs des crispations identitaires et souveraines de notre XXIe siècle (II).

I. Le drapeau de l'État, comme outil d'identification objective de la nation

Tous les États ont un drapeau officiel ; et, pour tous, le sujet est constitutionnel. Une section entière de la thèse du Professeur Pierré-Caps y est même consacrée[3]. On compte aujourd'hui pas moins de 141 États mentionnant le drapeau dans la Constitution (soit en le décrivant, soit en renvoyant au législateur le soin de le définir, soit en le protégeant), quant aux autres États, ceux qui n'en font pas mention, ils sont minoritaires ; toutefois il

[2] É. Derdaele, « Le drapeau tricolore, un symbole constitutionnel dans tous ses états du droit », *Politeia*, n° 19, 2011, p. 415-507.

[3] S. Pierré-Caps, *Nation et peuples dans les constitutions modernes*, vol. 1, Nancy, Presses universitaires de Nancy, 1991, p. 405-414.

serait faux de croire que cet emblème ne participe pas de leur droit constitutionnel matériel ; à l'instar des États-Unis d'Amérique, qui, à défaut d'une formalisation constitutionnelle, font assaut de prescriptions sur la manière de hisser, de descendre, de plier, d'exhiber le célébrissime *Stars and Stripes*[4] y compris jusqu'aux salles d'audience des juridictions fédérales où il trône en majesté. Sans conteste, il matérialise la réalité d'un État souverain. Il est une épiphanie, annonciatrice d'une bonne nouvelle. « L'État est » et il « est dans la place ». C'est ainsi qu'au cours d'une nuit d'été de 1947, à Dehli, l'emblème national indien, présenté par Nehru quelques jours plus tôt à l'Assemblée constituante[5], remplaça en haut des mâts l'*Union Jack* signifiant à la face du monde l'indépendance de l'Inde et le déclin des empires européens. La substitution d'un emblème officiel peut aussi annoncer un ordre nouveau. Lors de la Révolution, le subit transfert de souveraineté du roi de France à la Nation incita celle-ci à remplacer les couleurs royales au profit d'une combinaison nationale : bleu, blanc, rouge, comme en outre-Atlantique, mais sous une autre forme. Quoi qu'il en soit, chaque État ne dispose que d'un seul drapeau officiel représentatif de son identité et de sa souveraineté ; tandis que deux États ne sauraient adopter un emblème rigoureusement identique pour éviter toute confusion[6].

Ses couleurs figurent par conséquent au fronton des bâtiments publics, dans les courriers ministériels, sur les uniformes des agents comme pour authentifier et marteler leur autorité… Elles offrent également une reconnaissance ultime à l'État qu'elles représentent lorsqu'elles sont hissées, dans un alignement impeccable, parmi les 193 étendards des membres des Nations unies, rendus tous égaux, dans leur dimension et leur élévation, comme pour concrétiser l'égalité souveraine des États. L'État est et existe ; il est reconnu par ses pairs dans ce haut lieu de la scène internationale à travers ce drapeau qui lui confère une grande respectabilité. L'expression « porter haut ses couleurs » est ici à son acmé.

Aussi le choix de sa conformation n'est-il pas anodin. Il souligne une appartenance idéologique (le rouge révolutionnaire chinois), religieuse (le vert de l'Islam), une solidarité continentale (la combinaison rouge, vert, jaune caractéristique de l'Éthiopie a inspiré nombre d'États africains lors de l'indépendance), un hommage à une autre nation (le drapeau du Liberia à l'égard des États-Unis)… Il se veut symboliquement tantôt inclusif (le

[4] V. *US Code, Title 4, chapter I, The flag (sections 1 to 10)*, https://uscode.house.gov/browse/prelim@title4&edition=prelim. Le site officiel des États-Unis d'Amérique explique en détails l'étiquette en la matière, V. us.gov/flag.

[5] Sur le *Tiranga* (drapeau tricolore indien), voir A. Virmani, *National flag for India: Rituals, Nationalism and the Politics of Sentiment*, Ed. Permanent Black, 2016, 356 p.

[6] En ce sens, le fait que le Conseil de l'Europe et l'Union européenne aient le même emblème est problématique.

drapeau sud-africain de la *rainbow nation*)[7] tantôt exclusif (le drapeau israélien frappé de l'étoile de David)[8]. Il ne saurait être neutre, délivrant un message en tant qu'outil d'affirmation et de légitimation de l'ordre étatique.

Un symbole doit par essence fédérer. Étymologiquement, il rassemble ce qui est épars. En revanche, s'il n'obtient pas ou plus l'adhésion du corps social, il sera concurrencé par l'émergence de drapeaux qui défieront son autorité et/ou afficheront une nouvelle identité, de nouvelles valeurs… En la matière, les normes de l'État touchant aux drapeaux sont significatives de l'état des libertés publiques. Ce droit des drapeaux est un formidable révélateur de l'image que souhaite renvoyer le souverain. Jusqu'où peut-il accepter ou tolérer, dans l'espace public ou privé, des emblèmes étrangers, infraétatiques, communautaires, politiques ou syndicaux ou tout simplement surgis du passé ?

II. L'État confronté aux drapeaux tiers

Le drapeau n'est certes pas l'apanage des États souverains. Cet outil s'est en effet généralisé dans les organisations internationales (Nations unies, Union européenne, Union africaine…) et collectivités infraétatiques (régions, États fédérés, provinces…). À l'instar des personnes publiques, les associations, entreprises, équipes sportives, partis politiques et communautés en tout genre arborent leurs couleurs comme outils de communication, signes de ralliement, d'affirmation voire de revendications. Si déployer son emblème dans l'espace public est en soi un phénomène des plus communs dans les démocraties libérales, il en va différemment dans les régimes autoritaires et totalitaires où cet acte peut être sévèrement réprimé. Il ne nous appartient pas en quelques lignes d'épuiser tout le sujet, mais de mettre en exergue quelques aspects de la problématique de l'acceptation par l'État de symboles autres que les siens, à l'aide d'exemples concrets aux États-Unis, en Algérie, en Russie et en Chine.

1. Aux États-Unis, la représentation du *Dixie flag*, la célèbre bannière confédérée des champs de bataille de la guerre de Sécession, dans le drapeau de l'État du Mississippi a révélé (s'il en était encore besoin) les profondes fractures de la société étasunienne. Il aura fallu attendre l'émotion soulevée par la mort de George Floyd, un Afro-Américain asphyxié par un policier blanc, pour que cet État du Sud renonce, en 2020, à ce symbole[9], lequel figurait dans un canton de son drapeau. Cet étendard confédéré divise. Pour

---

[7] Voir article 5 de la Constitution de 1996 et le descriptif du drapeau à l'annexe 1. Sa signification non officielle se veut néanmoins syncrétique.

[8] Voir l'article 2 B de la loi fondamentale : Israël, État-nation du peuple juif, adoptée par la Knesset, le 19 juillet 2018. P. Smolan, « La nouvelle Loi fondamentale, un tournant dans l'histoire israélienne », *Le Monde*, 19 juillet 2018 [https://www.lemonde.fr/proche-orient/article/2018/07/19/israel-etat-nation-juif-les-dessous-d-une-loi-controversee_5333745_3218.html].

[9] Voir Élodie Derdaele, « Changer le drapeau de l'État du Mississippi : de la division à l'inclusion », *Civitas Europa*, n° 48, 2022, p. 229-261.

les uns, il reste emblématique de l'esclavagisme et de la ségrégation raciale et, pour les autres, tel l'ancien président Donald J. Trump, il est la fierté de l'identité sudiste. Le sujet n'est pas seulement politique, il est aussi éminemment juridique, la Cour suprême ayant confirmé précédemment le droit d'un État, en l'espèce le Texas, d'interdire la représentation du drapeau confédéré, sur ses plaques d'immatriculation, au grand dam des *Sons of Confederate Veterans*[10]. La jurisprudence fédérale admet en outre qu'une municipalité, dans la mesure où elle finance une parade militaire, est en droit d'y interdire un symbole[11]. Au pays de la liberté d'expression, garantie par le sacro-saint 1er amendement[12], quelques brèches apparaissent, depuis les années 2010-2020. Les autorités publiques sont ainsi en droit d'interdire l'apparition d'un symbole déterminé dans leurs propres canaux d'expression publique ; l'armée notamment interdit que soient arborés en son sein les couleurs confédérées de même que le drapeau du mouvement *Black lives matter*[13]. Selon le chef du Pentagone, M. Espert, « les drapeaux que nous faisons flotter doivent répondre aux impératifs militaires d'ordre et de discipline, de traitement de tous dans le respect et la dignité, et de rejet des symboles de division[14] ». Somme toute, aucune loi aux États-Unis n'interdit de brandir dans l'espace public le *Dixie flag*, bien que son arrivée tonitruante aux mains d'un citoyen du Delaware, le 6 janvier 2021 lors des émeutes du Capitole, a été perçue comme un véritable sacrilège[15]. Or ce symbole est diabolique, au sens littéral du terme : il divise. Soit il est perçu comme une relique sacrée d'un Sud fantasmé, tel que véhiculé dans *Autant en emporte le vent*, soit il est considéré comme la bannière d'adeptes de thèses complotistes ou, à rebours, comme celle d'honnêtes citoyens trompés par un gouvernement félon aux mains de forces obscures (*deep state*). De surcroît, il est devenu, au fil du temps et à travers le monde, un signe de ralliement et de propagande

[10] Les États restent libres de choisir leurs modes d'expression et sont en droit d'interdire, sur leurs propres supports, l'affichage de symboles auxquels ils n'adhèrent pas. V. *Walker v. Texas Division, Sons of Confederate Veterans, 576 U.S. 200 (2015).*

[11] *U.S. Court of appeals, 11th circuit, Leake, Dean v. Drinkard, Case: 20-13868, September 28, 2021.*

[12] Le discours symbolique, en tant qu'expression politique, est aussi reconnu par la jurisprudence de la Cour suprême fédérale (en vertu des 1er et 14e amendements), raison pour laquelle l'interdiction générale du drapeau rouge communiste par l'État de Californie a été jugée inconstitutionnelle, v. *Stromberg v. California, 283 U.S. 359 (1931).*

[13] M. Myers, « Confederate flag effectively banned from military installations », *Militarytimes*, July 17, 2020 [https://www.militarytimes.com/news/your-military/2020/07/17/confederateflag-effectively-banned-from-military-installations].

[14] AFP, « Le Pentagone interdit le drapeau des confédérés sur les bases militaires américaines », 18 juillet 2020 [https://ici.radio-canada.ca/nouvelle/1720609/pentagone-interdiction-drapeau-confederes-bases-militaires].

[15] Kevin Seefried a été cependant reconnu coupable d'entrave à une procédure criminelle. V. H. Lybrand, CCN, *Man who carried Confederate flag in US Capitol and son found guilty of felonies*, June 15, 2022 [https://edition.cnn.com/2022/06/15/politics/kevin-hunter-seefried-confederate-flag-capitol-riot/index.html].

pour les tenants de la prétendue suprématie blanche, comme les signes nazis, interdits en France[16]. Les démocraties libérales sont en réalité toutes traversées par la question de savoir dans quelle mesure un symbole clivant peut être autorisé dans l'espace public. D'autres régimes ont assurément moins d'états d'âme.

2. Bien que l'Algérie ait révisé sa Constitution afin de reconnaître l'amazighité comme l'une des composantes fondamentales de l'identité algérienne, au même titre que l'Islam et l'arabité[17], les autorités ne tolèrent toujours pas l'apparition de drapeaux représentatifs de la culture berbérophone sur la voie publique, du moins dans la capitale. Lors des manifestations de masse contre la candidature du président Bouteflika en vue d'une quatrième réélection (*Hirak* de 2019), la vue de quelques étendards berbères, aperçus parmi la forêt de drapeaux nationaux, a conduit à l'arrestation de porte-drapeaux amazighs. Serait-ce là une diversion pour détourner le public du véritable objet de ce mouvement populaire ? Toujours est-il que des porte-drapeaux ont été appréhendés et condamnés[18] alors que cet emblème n'était pas formellement interdit[19]. Mais de quoi cet étendard est-il le nom ? Créé en Kabylie, il a été conçu pour défendre la culture amazighe et lutter contre un régime autoritaire niant la diversité de son peuple[20]. Il est désormais toléré dans les territoires berbérophones, où il est devenu populaire au-delà même des frontières algériennes. Cependant il ne doit pas être confondu avec l'emblème du Mouvement pour l'Autonomie de la Kabylie, le MAK, aux ambitions territoriales et qui, pour ce motif, est prohibé sur l'ensemble du territoire algérien. Ahmed Gaïd Salah, le général qui a ordonné les arrestations, n'hésite pourtant pas à opérer cet amalgame : « l'Algérie n'a qu'un seul drapeau pour lequel sont morts des millions de martyrs […] elle n'a qu'un seul emblème qui représente sa souveraineté, son indépendance et son intégrité territoriale et populaire[21]. » Pourtant des Algériens n'hésitent pas à brandir les deux drapeaux, amazigh et algérien, considérant qu'ils ne sont pas incompatibles, dans une Algérie unie et diverse.

---

[16] Exhiber en public les emblèmes nazis est puni d'une amende (voir article R. 645-1 de notre Code pénal).

[17] V. le préambule de la Constitution et l'article 4 : « Le Tamazight est également langue nationale et officielle. L'État œuvre à sa promotion et à son développement dans toutes ses variétés linguistiques en usage sur le territoire national. Il est créé une Académie algérienne de la Langue Amazighe, […] ». La langue arabe demeure néanmoins la seule « langue officielle <u>de l'État</u> » (article 3 de la Constitution) (souligné par nous).

[18] A. Akef, « À Alger, de la prison ferme pour port de drapeau berbère », *Le Monde*, 12 novembre 2019 [https://www.lemonde.fr/afrique/article/2019/11/12/a-alger-de-la-prison-ferme-pour-port-de-drapeau-berbere_6018892_3212.html].

[19] Les personnes ont été finalement condamnées du chef d'atteinte à l'intégrité territoriale (art. 79 du Code pénal) alors même que leur présence dans le cortège ne véhiculait aucun message indépendantiste.

[20] M. Tilmatine, « Interdiction des emblèmes berbères et occupation des espaces symboliques : amazighité *versus* algérianité ? », *L'Année du Maghreb*, n° 21, 2019, § 21, p. 149-164.

[21] *Ibid.*, § 23.

Précisons que l'emblème national, tout comme l'hymne national, est, en tant que « conquêtes de la Révolution du 1er novembre 1954 [...] immuable[22] », comme sanctuarisés par la Constitution[23], laquelle interdit toute atteinte les concernant. Ces dispositions superconstitutionnelles ne signifient toutefois pas que ces symboles soient exclusifs de toute représentation autre que nationale. Les autorités ne trouvent rien à redire lorsque leurs concitoyens brandissent le drapeau de la Palestine en signe de soutien à la cause palestinienne. La crispation des autorités lors de l'*Hirak* serait davantage le fait des pouvoirs publics que du peuple, à moins qu'il ne s'agisse d'une posture d'un pouvoir aux abois visant à diviser les opposants. La question de l'acceptation du drapeau amazigh sur tout le territoire algérien n'étant pas réglée, elle se reposera, probablement, à la faveur de nouveaux mouvements d'émancipation de la jeunesse, et ce d'autant plus que la langue amazighe ne saurait voir son statut constitutionnel de langue nationale et officielle remis en cause (article 223 alinéa 6 de la Constitution de 2020). Ce hiatus est *de facto* intenable.

3. Le degré d'acceptation des symboles est symptomatique de l'acceptation de ce qui est « autre ». Des États, au nom de l'unité et de leur indivisibilité, pourfendent non seulement la représentation de la diversité culturelle, mais aussi les signes d'appartenance à un groupe dont les « mœurs », la « morale » seraient contraires à celles véhiculées majoritairement par le corps social. L'exemple russe est emblématique d'une telle posture. La loi fédérale, dans la veine de législations adoptées précédemment par des *oblasts*, interdit en 2013 : « la propagande LGBT » auprès des mineurs[24], en tant qu'elle constituerait un « déni des valeurs familiales » et assurerait « la promotion d'orientations sexuelles non traditionnelles ». Bien évidemment, le drapeau arc-en-ciel et universel de la communauté LGBT+[25] est indirectement visé par cette loi stigmatisante. Les marches des fiertés sont formellement interdites de même que toute information concernant les relations homosexuelles et la transition de genre, plongeant les intéressés dans un profond désarroi et d'innombrables interrogations... En réaction, les ambassades américaine,

---

22 Ironie de l'histoire, l'événement préfigurant la guerre d'indépendance, est le massacre survenu à Sétif, en mai 1945, lorsque les agents des forces de l'ordre, perdant leur sang-froid à la vue d'un drapeau algérien parmi une foule désarmée, venue à la fois célébrer la victoire alliée et réclamer l'indépendance, abattirent le jeune porte-drapeau... La panique entraînera de nombreux morts, s'ensuivirent des émeutes, puis une violente répression dans l'Est algérien. On déplorera ainsi des dizaines de milliers de victimes musulmanes contre une centaine parmi les européens. *Géo* avec AFP, « Les massacres de Sétif, prémices de la guerre d'Algérie », mis à jour le 21 octobre 2022, https://www.geo.fr/histoire/les-massacres-de-setif-premices-de-la-guerre-dalgerie-204712.

23 Cette protection figure aujourd'hui aux articles 6 et 223 al. 9 dans la version constitutionnelle révisée en 2020, https://www.joradp.dz/TRV/FConsti.pdf.

24 Depuis 2022, cette interdiction est élargie aux adultes.

25 L (Lesbienne), G (Gay), Bi (bisexuel), T (Transgenre), + (et tous les autres, asexuels, non binaires...).

canadienne et australienne à Moscou ont hissé le drapeau arc-en-ciel, au grand amusement de Vladimir Poutine qui voit là un « signe de la décadence occidentale », pour ne pas dire, selon l'expression consacrée russe, un signe de « l'Occident collectif[26] » (ou Occident global). La Cour européenne des droits de l'homme a, par la suite, condamné la Russie pour atteinte à la liberté d'expression (article 10 de la Convention EDH) et discrimination (en violation de l'article 14 de la Convention EDH). En l'espèce, les lois russes ne poursuivent aucun but légitime et l'orientation d'une minorité, bien que réprouvée par la majorité, ne saurait justifier les atteintes à son expression[27].

La Russie n'est cependant pas isolée puisque d'autres États réprouvent tout signe lié à la communauté LGBT+, à l'instar du Qatar qui, comme la Russie en 2018, ira jusqu'à rappeler aux supporteurs venus assister à la coupe du monde de football de 2022, cette interdiction, et ce avec le soutien de la FIFA, au nom d'une prétendue neutralité du sport. Il semble pourtant que les footballeurs de haut niveau portent les couleurs de leur pays, écoutent religieusement leur hymne national avant d'entamer leur match et portent des brassards rappelant la nécessité de lutter contre le racisme (*stop racism*). Bien entendu le sport n'a aucune visée politique et tous les pays participent aux Jeux olympiques et autres compétitions internationales sans aucune arrière-pensée et sans aucun intérêt porté au nombre de médailles glanées ! On se pince pour y croire ; tandis que les drapeaux russes font par ailleurs les frais d'ostracisme, depuis la guerre d'agression menée contre l'Ukraine. Les organisateurs de l'Open de tennis d'Australie ont ainsi interdit, en 2023, sur l'insistance des autorités ukrainiennes, la présence des emblèmes russes dans les gradins[28]. Il s'agit bel et bien de contre-mesures internationales touchant à la représentation symbolique d'un État, une manière de lui signifier qu'il est perçu comme : *status non grata* dans certains pays occidentaux. À l'inverse, le drapeau ukrainien y est devenu très populaire, en soutien au peuple agressé.

4. Nous ne pouvons toutefois terminer cette petite présentation sans citer l'exemple de la Chine qui n'a de cesse de combattre toute expression jugée hostile. Son exclusivisme nationaliste et idéologique conduit, d'une part, à exalter le drapeau du régime communiste jusqu'au-devant des usines où les ouvriers, tels les soldats de l'armée populaire, doivent assister à la montée des couleurs et, d'autre part, à chasser tous les emblèmes qui remettraient en cause l'unité et l'indivisibilité de ce que la République populaire considère être la Chine. Le XXe congrès du parti communiste chinois de 2022 dont le thème fut : « porter haut levé le grand drapeau du socialisme à la chinoise […] et

---

[26] France 24, « Mondial-2022 : La propagande russe soutient le Qatar contre la "propagande LGBT" », https://www.youtube.com/watch?v=hoMR8D4k0Dw.

[27] CEDH, *Bayev et autres c. Russie*, Requêtes n° 67667/09 , 13 novembre 2017. En raison de la guerre d'agression menée contre l'Ukraine, en 2022, la Russie est depuis exclue du Conseil de l'Europe.

[28] « Les drapeaux russes et biélorusses interdits à l'Open d'Australie », *L'Equipe*, 17 janvier 2023.

faire progresser tous azimuts le grand renouveau de la nation chinoise », confirme cette volonté hégémonique, jusque sur la lune où, en 2020, des taïkonautes y ont planté leur drapeau. La Chine communiste impériale affiche en outre un irrédentisme décomplexé ; l'île de Taïwan étant constitutionnellement considérée par la Chine continentale comme étant « un territoire sacré de la République populaire [...][29] ». À cet égard, le dernier timonier de l'Empire du Milieu, Xi Jinping, ne varie pas : « nous avons [...] pris l'initiative stratégique de réaliser la réunification totale de la patrie et consolidé le soutien de la communauté internationale au principe d'une seule Chine[30] ». Dans cet esprit, et aussi anecdotique que cela puisse paraître, Tom Cruise fut au centre d'une polémique, en 2022 ; car son personnage de fiction, Maverick dans *Top Gun 2*, portait les couleurs de Taïwan sur sa veste d'aviateur. Rien n'échappe à l'œil de Pékin, y compris une séquence d'une seconde[31]. Mais le *soft power* hollywoodien s'est fracassé contre le mur du *hard power* chinois. Pendant ce temps, les bateaux battant pavillon rouge et or font masse en mer de Chine méridionale comme pour étendre à l'infini la surface maritime de la Chine communiste[32].

S'agissant des symboles autorisés en Chine continentale, précisons que seuls Hong Kong[33] et Macao possèdent légalement un drapeau distinctif, en raison de leur statut de régions administratives spéciales. Bien évidemment, ces emblèmes locaux ne sauraient détrôner le drapeau national, lequel fait l'objet d'une législation des plus strictes en vue de sa protection et (ce qui est plus rare) de sa vénération[34]. En 2020, la loi de sauvegarde de sécurité nationale, adoptée spécifiquement pour Hong Kong, renforce la vigilance du pouvoir central[35] contre toute expression non autorisée, compromettant le principe « un pays, deux systèmes » qui devait pourtant prévaloir jusqu'en 2047. Sachant qu'il est impossible d'arborer des symboles, autres que les deux officiels, le simple fait de brandir, dans l'espace public, une feuille blanche

---

[29] Alinéa 9 du préambule de la Constitution chinoise de 2018.

[30] Voir le rapport traduit du dirigeant chinois au Congrès du PCC de 2022, « porter haut levé le grand drapeau du socialisme à la chinoise... », https://www.fmprc.gov.cn/fra/wjdt/zyjh/202210/t20221026_10792097.html.

[31] L. Saint Jalmes, « Pourquoi le blouson de Tom Cruise dans *Top Gun* met en émoi la Chine et Taïwan ? », *Le Figaro*, 3 juin 2022.

[32] Voir reportage vidéo du journal *Le Monde* : https://www.youtube.com/watch?v=NVXJv7N1ooQ.

[33] Cette législation est consultable à l'adresse suivante : https://www.elegislation.gov.hk/hk/A602!en.

[34] La loi sur le drapeau de la République populaire de Chine a été adoptée en 1990. Ses amendements ne cessent de renforcer sa protection et son culte. Les dernières modifications datent d'octobre 2020, après des outrages survenus à Hong Kong. Xinhua, « Laws amended to further regulate use of national flag, emblem », October 18, 2020 [https://english.www.gov.cn/news/topnews/202010/18/content_WS5f8b7cdbc6d0f7257693dc9a.html].

[35] B. Grossin, « Loi sur la sécurité nationale : un arsenal pour mettre Hong Kong sous répression chinoise », Radio France, 5 juillet 2020 : https://www.radiofrance.fr/franceculture/loi-sur-la-securite-nationale-un-arsenal-pour-mettre-hong-kong-sous-repression-chinoise-1689073.

peut tomber sous le coup de la loi pour subversion et/ou acte sécessionniste[36]. Une législation locale de 2021 a de surcroît renforcé la protection du drapeau national sur la presqu'île[37], après plusieurs outrages à son endroit[38]. Cette surenchère répressive n'est toutefois qu'une réaction à la puissance de la dissidence hongkongaise et sonne comme un aveu de faiblesse[39].

Quant à la représentation des identités tibétaine et ouïghoure, elle est interdite et sanctionnée avec la plus grande rigueur afin de nier leur existence, leurs spécificités et les droits auxquels ces minorités pourraient prétendre. Au-delà des autres violations des droits humains, le pouvoir central ne se contente pas de cet interdit et oblige les citoyens à honorer le drapeau de l'État, quitte, comme dans le Xinjiang à l'imposer jusque dans leur foyer[40] et au Tibet à le hisser au sommet de tous les monastères[41]. Or c'est oublier que l'*affectio societatis,* c'est-à-dire ici l'amour de la patrie et subséquemment de son drapeau, ne se décrète pas... Cet excès de zèle, cette volonté de préserver et de vanter l'unité coûte que coûte, à travers une révérence imposée aux symboles, est le signe de la fébrilité d'un régime qui, comme tous les régimes autoritaires et totalitaires, ne sait s'imposer qu'en terrorisant sa population, plus particulièrement les minorités et les dissidents, au prix de leur liberté voire de leur vie.

---

[36] T. Grundy, « Security law: Hong Kong police arrest 8 at "blank placard" silent protest », *Hong Kong Free Press*, 6 July 2020 [https://hongkongfp.com/2020/07/06/security-law-hong-kong-police-arrest-8-at-blank-placard-silent-protest].

[37] Voir https://www.elegislation.gov.hk/hk/A401!en.

[38] K. Ho, « Insulting Chinese national flag on the internet now illegal in Hong Kong – violators face up to 3 years prison », *HKPP*, 29 September 2021 [https://hongkongfp.com/2021/09/29/insulting-chinese-national-flag-on-the-internet-now-illegal-in-hong-kong-violators-face-up-to-3-years-prison].

[39] Voir Brendan Clift, « Mandating Symbolic Patriotism: China's Flag and Anthem in the Hong Kong Special Administrative Region », *Asian of journal law and society*, 9 (3), 2022, p. 500-518 [https://doi.org/10.1017/als.2020.31].

[40] H. Chambonnière, « Jusqu'en Bretagne, les Ouïghours sous surveillance : le récit fou d'un étudiant », *Le Télégramme*, 4 juillet 2022 [https://www.letelegramme.fr/dossiers/espionnage-chinois-en-bretagne-mythe-ou-realite/jusqu-en-bretagne-les-ouighours-sous-surveillance-le-recit-fou-d-un-etudiant-04-07-2022-13097143.php].

[41] D. Malovic, « Pékin veut faire des moines tibétains des patriotes », *La Croix*, 8 avril 2015.

VINGT-CINQ ANS DE CITOYENNETÉ CALÉDONIENNE : HISTOIRE D'UNE AMBITION CONTRARIÉE

Léa HAVARD

En signant l'accord de Nouméa le 5 mai 1998, l'État français acceptait pour la première fois de son histoire de déroger au sacro-saint principe d'unicité du peuple français[1]. Une citoyenneté locale était créée et sanctuarisée au niveau constitutionnel : la citoyenneté calédonienne, clé de voûte du « processus de décolonisation inédit[2] » dans lequel la Nouvelle-Calédonie entrait alors. En transcendant les clivages entre la communauté autochtone kanak et les communautés allochtones — essentiellement la communauté d'origine européenne issue de la colonisation —, la citoyenneté calédonienne était supposée favoriser l'émergence d'une société réconciliée, gage d'une paix durable. Vingt-cinq ans plus tard, tandis que l'accord de Nouméa est arrivé à son terme avec la tenue de la consultation du 12 décembre 2021 sur l'accession de la Nouvelle-Calédonie à la pleine souveraineté, le temps du bilan s'impose.

L'objectif assigné à la citoyenneté calédonienne lors de sa création était pour le moins ambitieux, à l'image de l'accord de Nouméa lui-même. Pour tourner la page de la colonisation française ouverte en 1853, cet accord politique historique organisait l'émancipation progressive du « pays »[3] grâce à un statut d'autonomie renforcée. Ce processus trouvait son point d'orgue dans la tenue d'un référendum d'autodétermination permettant à la Nouvelle-Calédonie de décider librement de son avenir politique. Parallèlement, il s'agissait de mener la société calédonienne, clivée et marquée par les

[1] Par ces quelques lignes, c'est avec un très grand honneur que je tiens à rendre hommage au Professeur Stéphane Pierré-Caps que j'ai eu la chance de pouvoir compter parmi les membres du jury de ma thèse. Sa vision du droit constitutionnel et ses travaux consacrés à la source autant que l'objet premier du droit, à savoir le peuple, ont profondément influencé mes premiers pas dans la recherche. Ils constituent, depuis lors, une référence et une source d'inspiration constante de la réflexion que je mène en tant qu'universitaire.

[2] V. Goesel-Le Bihan, « La Nouvelle-Calédonie et l'accord de Nouméa, un processus inédit de décolonisation », *AFDI*, vol. 44, 1998, p. 24-75.

[3] Dénomination utilisée par l'accord de Nouméa pour qualifier la Nouvelle-Calédonie.

stigmates de l'histoire coloniale, vers le « destin commun[4] », véritable devise[5] de l'accord de Nouméa. La citoyenneté calédonienne devait être le moyen essentiel permettant d'accomplir ce dessein.

Ayant une dimension fortement intégratrice, la citoyenneté est en effet *le* concept juridique français par excellence permettant de créer de l'unité par-delà la diversité. La citoyenneté contribue traditionnellement à l'affirmation de l'identité d'un peuple, et ce, dans un double mouvement[6]. D'une part, elle permet au groupe de se définir par rapport à l'Autre en excluant les non-citoyens. D'autre part, elle renforce l'identité commune par l'attribution de droits identiques à tous les citoyens, spécialement par la reconnaissance du droit de vote[7]. En somme, la citoyenneté fonde l'appartenance au corps politique. Elle a donc pour fonction de participer à la création — ou à la consolidation — de l'unité nationale.

Tels étaient bien les effets recherchés par les signataires de l'accord de Nouméa en ayant recours au concept de citoyenneté calédonienne. Alors que la Nouvelle-Calédonie, héritière de ses peuplements successifs, est un véritable « arc-en-ciel humain[8] » où se côtoient Kanak, Européens, Wallisiens, Tahitiens, Indonésiens ou encore Vietnamiens[9], l'accord de Nouméa affirmait en 1998 la nécessité « de poser les bases [d'] une citoyenneté de la Nouvelle-Calédonie, permettant au peuple d'origine de constituer avec les hommes et les femmes qui y vivent une communauté humaine affirmant son destin commun[10] ». Outre le fait qu'elle constituait un acte politique fort de la part de l'État français, la citoyenneté calédonienne était alors conçue comme l'outil juridique devant permettre la réalisation du destin commun. Pour ce faire, elle emporte deux conséquences majeures : les citoyens calédoniens

[4] « Le passé a été le temps de la colonisation. Le présent est le temps du partage, par le rééquilibrage. L'avenir doit être le temps de l'identité, dans un destin commun » (Accord sur la Nouvelle-Calédonie signé à Nouméa le 5 mai 1998, dit « accord de Nouméa »), *JORF* n° 121 du 27 mai 1998, p. 8039, point 4 du préambule).

[5] H. Mokaddem, « La reformulation permanente de la souveraineté de la Kanaky/Nouvelle-Calédonie », *in* N. Gagné et M. Salaün (dir.), *Visages de la souveraineté en Océanie*, Paris, L'Harmattan, coll. « Cahiers du Pacifique Sud contemporain », n° 6, 2010, p. 185-209, spéc. p. 187.

[6] C. Aynès, « La double face de la citoyenneté. Propos introductifs », *RDLH*, n° 22, 2022, spéc. p. 2 [http://journals.openedition.org/revdh/15799].

[7] D. Schnapper, *Qu'est-ce que la citoyenneté ?*, Paris, Gallimard, coll. « Folio actuel », 2000. La citoyenneté ne se réduit toutefois pas toujours à la seule dimension politique. Voir la rédaction de *Jus Politicum*, « Numéro 27 : formes de la citoyenneté », *Jus Politicum*, n° 27, 2022, [http://juspoliticum.com/article/Numero-27-eBook-1462.html].

[8] S. Camille, *La population de Nouvelle-Calédonie*, 2016, Maison de la Nouvelle-Calédonie, p. 17.

[9] D'après le dernier recensement de 2019, 41,2 % de la population appartient à la communauté kanak, 24 % est d'origine européenne, puis viennent les Wallisiens et Futuniens qui représentent 8,3 % de la population, ainsi que les communautés tahitienne, indonésienne, vietnamienne ou encore vanuatuane qui représentent ensemble environ 8 % de la population. Voir *Site de l'Institut de la statistique et des études économiques* [https://www.isee.nc/population/recensement/communautes].

[10] Préambule de l'accord de Nouméa.

bénéficient non seulement d'un accès préférentiel à l'emploi local, mais surtout du droit de vote aux élections locales provinciales et au référendum d'autodétermination[11]. Ainsi, la citoyenneté calédonienne accorde à ses titulaires le droit de prendre pleinement part à la construction de l'avenir de la Nouvelle-Calédonie. Dans ces circonstances, son attribution a été réservée aux seuls Français témoignant de liens resserrés avec « le Caillou[12] », c'est-à-dire aux personnes de statut civil coutumier ainsi qu'à celles nées ou établies durablement en Nouvelle-Calédonie[13]. En définitive, à travers la citoyenneté calédonienne, l'accord de Nouméa de 1998 dessine les contours d'un peuple calédonien — quand bien même le mot n'est pas prononcé[14] — marchant vers son destin commun.

Un quart de siècle plus tard, la prophétie s'est-elle réalisée ? Les résultats du référendum du 12 décembre 2021 — le final tant attendu de la « valse (des référendums) à trois temps[15] » prévu par l'accord de Nouméa[16] — apportent un début de réponse. Obtenu dans un contexte d'abstention élevée de 56,1 %, le résultat à 96,5 % en faveur du « non » manque cruellement de légitimité.

---

[11] « La notion de citoyenneté fonde les restrictions apportées au corps électoral pour les élections aux institutions du pays et pour la consultation finale. Elle [est] aussi une référence pour la mise au point des dispositions [...] définies pour préserver l'emploi local » (point 2 de l'accord de Nouméa). Il convient de préciser qu'en vertu de l'article 4 de la loi organique du 19 mars 1999 qui complète l'accord de Nouméa, la citoyenneté calédonienne se définit uniquement par référence au corps électoral provincial (loi organique n° 99-209 du 19 mars 1999 relative à la Nouvelle-Calédonie, *JORF* du 21 mars 1999, p. 4197). Toutefois, dans la mesure où l'accord de Nouméa fonde également la citoyenneté calédonienne sur le corps électoral pour la consultation d'autodétermination et où les critères d'inscription sur les deux listes sont globalement les mêmes, nous retiendrons ici une conception *lato sensu* de la citoyenneté calédonienne.

[12] Surnom communément attribué à l'île principale de la Nouvelle-Calédonie, la Grande terre, et par extension à l'ensemble de l'archipel en référence à sa forte teneur en nickel.

[13] Voir l'article 188 de la loi organique n° 99-209 du 19 mars 1999 pour les critères d'inscription sur la liste électorale spéciale pour les élections provinciales et l'article 218 pour la liste électorale spéciale pour la consultation.

[14] Juridiquement, la notion de peuple calédonien n'existe pas, seuls le peuple kanak et le peuple français sont consacrés par le droit français. Il n'en demeure pas moins que ses contours peuvent être identifiés à travers la citoyenneté calédonienne et le droit à l'autodétermination reconnu aux « populations intéressées ». Nous nous permettons de renvoyer à L. Havard, « Regard post-colonial sur la construction du peuple calédonien : une décolonisation équivoque », *in* A. Geslin, C. Herrera et M.-C. Ponthoreau (dir.), *Postcolonialisme et droit. Perspectives épistémologiques*, Paris, Éditions Kimé, 2020, p. 67-92.

[15] V. Hipeau, « La République et la Nouvelle-Calédonie : une valse (des référendums) à trois temps ? », *Recueil Dalloz*, n° 5, 2019, p. 263-264.

[16] Après vingt années d'émancipation, l'accord de Nouméa prévoyait l'organisation d'une série de trois consultations d'autodétermination au cours desquelles les Calédoniens devaient répondre à la question suivante : « voulez-vous que la Nouvelle-Calédonie accède à l'indépendance et à la pleine souveraineté ? ». Le 4 novembre 2018, le « non » à l'indépendance l'a emporté à 56,7 % des voix avec un taux de participation de 81 %. Le scrutin du 4 octobre 2020 s'est soldé par un deuxième rejet de la pleine souveraineté à 53,3 % des voix avec une participation record de 85,7 %. Enfin, le 12 décembre 2021, les Calédoniens ont de nouveau voté « non », actant le maintien de la Nouvelle-Calédonie dans la France.

Par ailleurs, comme en 2018 et en 2020, le vote s'avère être communautaire, témoignant de la persistance de la fracture ethnique et politique entre les communautés autochtone et allochtone qui caractérise la Nouvelle-Calédonie depuis des décennies[17].

Alors, la « force magique[18] » du droit n'a-t-elle pas suffi à transformer le rêve de la citoyenneté calédonienne en réalité sociale ? Le bilan est pour le moins décevant. La mise en œuvre de la citoyenneté calédonienne s'est soldée par un échec (I) dont la survenance était prévisible (II).

I. Un échec avéré

La citoyenneté calédonienne devait contribuer à réaliser le destin commun. Certes, une réflexion sur l'identité calédonienne a été ouverte (A). Néanmoins, les timides avancées n'ont pas permis de dépasser les clivages communautaires qui demeurent fortement enracinés (B) et forcent à constater l'échec de la citoyenneté calédonienne.

A. L'ouverture d'une réflexion sur une identité commune

En théorie, la citoyenneté a vocation à incarner les valeurs et les projets d'une société politique donnée. Dans cette droite ligne, la citoyenneté calédonienne était censée favoriser l'émergence d'une identité calédonienne jusqu'alors jamais réellement définie. Demeuré fermé depuis le traumatisme des « Événements[19] », le dialogue a été ouvert puisqu'il a fallu réfléchir au contenu symbolique de la citoyenneté calédonienne. Par ce biais, la Nouvelle-Calédonie a ainsi été engagée dans une véritable « recherche de Soi[20] ».

Plusieurs démarches ont été menées pour définir le contenu du destin commun et donner corps à la citoyenneté calédonienne. Il s'est d'abord agi de déterminer les symboles de l'identité commune appelée de ses vœux par l'accord de Nouméa. Ce dernier prévoyait que « des signes identitaires du pays, nom, drapeau, hymne, devise, graphismes des billets de banque d[evaient] être recherchés en commun pour exprimer l'identité kanak et le

---

[17] S. Brouard et S. Gorohouna, *Le référendum d'autodétermination de décembre 2021 en Nouvelle-Calédonie : analyse des dynamiques électorales*, Paris, Fondation Jean-Jaurès, 2022, [https://www.jean-jaures.org/publication/le-referendum-dautodetermination-de-decembre-2021-en-nouvelle-caledonie-analyse-des-dynamiques-electorales].

[18] Cette force magique est de pouvoir contribuer à donner vie à une chose par le simple fait de la nommer. D. Rousseau, « La figure du citoyen, une création constitutionnelle continue », *RDLH*, n° 22, 2022, spéc. p. 7, [https://journals.openedition.org/revdh/15308].

[19] Expression utilisée pudiquement en Nouvelle-Calédonie pour faire référence à la période d'affrontements entre indépendantistes et non-indépendantistes qui a fait, entre 1984 et 1988, plus de 80 morts.

[20] S. Al Wardi, « Loyalistes, autonomistes, indépendantistes… », *in* J. Y. Faberon, V. Fayaud et J.-M. Regnault (dir.), *Destins des Collectivités politiques d'Océanie : peuples, populations, nations, États, territoires, pays, patries, communautés, frontières*, t. 2., Aix-en-Provence, PUAM, coll. « Droit d'Outre-Mer », 2011, p. 453-462, spéc. p. 454.

futur partagé entre tous[21] ». Trois d'entre eux ont été adoptés en 2010 : l'hymne « Soyons unis, devenons frères », la devise « Terre de parole, terre de partage » et le graphisme des billets de banque[22]. Pour la première fois, la Nouvelle-Calédonie était alors dotée de signes identitaires communs, franchissant une première étape importante sur le chemin de la communauté de destin.

Ensuite, des valeurs communes ont été identifiées. À l'instar des symboles, elles sont indispensables à la construction d'une identité collective. Ce travail de réflexion a été pleinement ouvert à l'approche du premier référendum d'autodétermination qui s'est tenu le 4 novembre 2018. Pour nourrir la réflexion sur l'avenir institutionnel de la Nouvelle-Calédonie, un « Groupe de dialogue sur le chemin de l'avenir » a rédigé une « Charte des valeurs calédoniennes » afin de « mettre en évidence ce qui rassemble et unit les Calédoniens dans leur diversité[23] ». Dans ce texte politique, la citoyenneté calédonienne est présentée comme ayant « contribué à l'émergence d'une identité calédonienne[24] », celle-ci se traduisant par un certain nombre de droits, de devoirs et de valeurs propres aux Calédoniens. Parmi eux figurent par exemple des droits issus de la tradition occidentale tels que le respect de la dignité humaine et le droit à la sécurité, ainsi que des valeurs provenant de la culture océanienne comme le respect des anciens et la valorisation du consensus dans la prise de décision.

Enfin, le récit d'une histoire commune calédonienne commence à être conté. Certes, plus qu'*une* histoire de la Nouvelle-Calédonie, il existe aujourd'hui davantage *des* histoires qui diffèrent selon la communauté d'appartenance. Toutefois, les rares références fondatrices faisant consensus à la fois chez les Calédoniens d'origine européenne et chez les Kanak sont progressivement valorisées pour participer à l'émergence d'une identité commune[25]. Ainsi, la poignée de main entre Jean-Marie Tjibaou et Jacques Lafleur lors de la signature des accords de Matignon-Oudinot en 1988, véritable mythe fondateur d'une histoire commune de la Nouvelle-Calédonie, a été immortalisée par l'inauguration en juin 2022 d'une statue commémorative devant l'Hôtel de ville de Nouméa. Bien que balbutiante, cette construction d'un récit national calédonien participe, elle aussi, à concrétiser la citoyenneté calédonienne.

---

[21] Point 1.5 de l'accord de Nouméa.

[22] Loi du pays n° 2010-11 du 9 septembre 2010 relative à trois signes identitaires de la Nouvelle-Calédonie, *JONC* du 30 septembre 2010, p. 8264.

[23] *Charte des valeurs calédoniennes*, 27 juillet 2018 [http://www.nouvelle-caledonie.gouv.fr/content/download/4794/37118/file/20180727%20Charte%20des%20valeurs%20cale%CC%81doniennes.pdf].

[24] *Idem.*

[25] C. Sand, J. Bolé et A. J. Ouetcho, « Les aléas de la construction identitaire multi-ethnique en Nouvelle-Calédonie : quel passé pour un avenir commun ? », *JSO*, n° 117, 2003, p. 163 [http://journals.openedition.org/jso/1252].

Impliquant de définir ce qui fait l'identité des Calédoniens, la citoyenneté calédonienne a eu le mérite d'ouvrir la réflexion quant au sens à donner au destin commun. Toutefois, ces avancées restent bien modestes au regard de la persistance manifeste des clivages communautaires.

B. La persistance des clivages communautaires

Si la citoyenneté a ouvert le dialogue sur l'identité calédonienne, la démarche a rapidement été freinée par l'absence de consensus réel entre les communautés quant à la signification du destin commun. Paradoxalement, à rebours de l'intention initiale, la citoyenneté calédonienne est même devenue un sujet clivant, allant jusqu'à aggraver les divisions communautaires.

Revenons sur la détermination des signes identitaires. Si l'hymne, la devise et la monnaie de la Nouvelle-Calédonie ont pu faire l'objet d'un accord politique, c'est parce qu'il s'agissait de créations *ex nihilo*. Adopter ces symboles collectifs n'impliquait pas de renoncer à des identités communautaires. À l'inverse, exigeant d'abandonner des signes existants, l'identification d'un drapeau et d'un nom communs s'est révélée être une véritable gageure. Vingt-cinq ans après la création de la citoyenneté calédonienne, il n'existe toujours pas de nom de pays susceptible de supplanter les dénominations « Nouvelle-Calédonie » et « Kanaky », pas plus qu'il n'y a de drapeau calédonien officiel à même de se substituer aux drapeaux français et kanak. Faute de mieux, ces deux derniers flottent côte à côte depuis 2010, le premier demeurant un étendard du rattachement à la France pour les uns, le second incarnant l'indépendance du pays pour les autres[26]. La polémique suscitée par la proposition de loi du pays déposée par une partie des indépendantistes le 1er décembre 2022 pour faire du drapeau kanak l'unique drapeau de la Nouvelle-Calédonie confirme que la question est loin d'être résolue[27].

Il en est de même de la date de la célébration de la citoyenneté calédonienne (qui a lieu chaque 24 septembre), objet de désaccords depuis sa création. Historiquement, le 24 septembre est en Nouvelle-Calédonie un jour chômé qui commémore la prise de possession de l'archipel par la France en 1853. Dans l'esprit de l'accord de Nouméa, cette journée est devenue en 2004 la « fête de la citoyenneté ». Célébrée autour du *Mwâ Kââ* — un poteau totémique emblème du destin commun —, elle vise à « allier la pérennisation des institutions kanak et la reconnaissance croisée des groupes culturels tout en contribuant à l'édification d'une nation qui puisse transcender les cultures

---

[26] Suite à un vœu du congrès de la Nouvelle-Calédonie du 13 juillet 2010 en ce sens, le Premier ministre François Fillon a assisté à la levée des deux drapeaux dans l'enceinte du haut-commissariat de la République, le 17 juillet 2010. Depuis, les deux drapeaux flottent côte à côte sur les bâtiments publics. Voir B. Carteron, « Le Mwâ Kââ, vers la manifestation d'une appartenance commune en Nouvelle-Calédonie ? », *JSO*, n° 134, 2012, p. 45-60, spéc. p. 55.

[27] Proposition de loi du pays *relative au drapeau de la Nouvelle-Calédonie déposée par groupe UC-FLNKS et Nationalistes*, n° 116, 1er décembre 2022.

singulières[28] ». À l'instar du 14 juillet en France, cette date anniversaire est par conséquent supposée manifester l'union du peuple de la Nouvelle-Calédonie. Pourtant, le 24 septembre est devenu la date de la discorde. Pour la communauté kanak, ce jour marque le début d'une colonisation violente qui a bouleversé son destin. Connotée négativement, cette journée a été déclarée « jour de deuil kanak[29] » en 1979. À l'inverse, pour la communauté d'origine européenne, le 24 septembre est un événement positif, évoquant l'entrée bénie de la Nouvelle-Calédonie dans la République française. L'antagonisme quant à la portée symbolique de cette date est tel que, comble du paradoxe, la fête de la citoyenneté qui devait rassembler est finalement organisée depuis 2012 de façon séparée[30]. Sous cet angle, la construction de la citoyenneté calédonienne révèle la difficulté latente à définir une identité calédonienne[31].

Pis encore, dans sa dimension juridique, la citoyenneté calédonienne a participé à exacerber les conflits. La question du gel du corps électoral spécial pour les élections provinciales en témoigne avec force. Depuis plus de deux décennies, elle oppose les partisans d'une citoyenneté évolutive et ouverte — plutôt loyalistes et d'origine européenne — et les défenseurs d'une citoyenneté figée et réservée aux seuls « Calédoniens de souche » — essentiellement indépendantistes et d'origine kanak. Après dix années d'âpres débats, la révision constitutionnelle de 2007 a précisé les critères ambigus d'attribution de la citoyenneté et a tranché en faveur du gel du corps électoral, c'est-à-dire de la conception la plus restrictive[32]. Depuis lors, aucune personne arrivée en Nouvelle-Calédonie après le 8 novembre 1998 n'a pu accéder à la citoyenneté calédonienne. Tous les cinq ans, à chaque nouvelle élection provinciale, la société calédonienne se déchire sur ce sujet qui, s'il peut sembler purement technique, est très politique. Le dégel du corps électoral aurait pour conséquence d'augmenter le nombre d'électeurs métropolitains, largement loyalistes. Par suite, la proportion d'électeurs kanak, essentiellement indépendantistes, diminuerait, entraînant une réduction de leur influence aux élections locales. À l'approche des élections provinciales de 2024, cette controverse est d'ores et déjà réactivée et constitue, une fois de plus, une source de dissension au sein de la société calédonienne. Ce faisant,

---

[28] B. Carteron, « Le Mwâ Kââ, vers la manifestation d'une appartenance commune en Nouvelle-Calédonie ? », préc., spéc. p. 49.

[29] *Idem*, p. 48.

[30] S. Graff, « Visibilité du destin commun et invisibilité de l'histoire : discours, célébrations et construction de la citoyenneté en Nouvelle-Calédonie », *Anthrovision*, n° 4, 2016, p. 15 [http://journals.openedition.org/anthrovision/2250].

[31] Dans le même sens, voir Q. Puel et F. Van Geert, « Le centre culturel Tjibaou ou les difficultés d'incarner une identité néocalédonienne en devenir », *ICOFOM Study Series*, n° 49, 2021, p. 118-133. En outre, ce constat est corroboré par les conditions dans lesquelles la Charte des valeurs calédoniennes a été rédigée et adoptée : une partie des loyalistes a refusé de participer aux travaux et une partie des indépendantistes a refusé de signer le document final.

[32] Loi constitutionnelle n° 2007-237 du 23 février 2007 modifiant l'article 77 de la Constitution, *JORF* n° 47 du 24 février 2007, p. 3355.

la mise en œuvre de la citoyenneté calédonienne exacerbe les divisions communautaires, engendrant des effets contre-productifs par rapport à la fonction intégratrice qui lui avait été assignée.

Finalement, l'analyse des effets induits par la citoyenneté calédonienne révèle le gap qui sépare l'ambition portée par l'accord de Nouméa et la réalité. La citoyenneté calédonienne n'a pas (encore ?) permis de réaliser le destin commun. Décevant, ce constat d'échec était prévisible.

II. Un échec programmé

Force est de constater que la citoyenneté calédonienne n'a pas produit les effets escomptés. À l'analyse, cette déconvenue était difficilement évitable car les fondements mêmes de la citoyenneté calédonienne étaient biaisés. D'une part, la citoyenneté calédonienne pouvait difficilement fédérer dans la mesure où elle a toujours eu un sens différent, voire opposé, aux yeux des deux principales communautés calédoniennes (A). D'autre part, la notion de citoyenneté, pétrie d'universalisme, n'était peut-être pas la réponse la plus adaptée pour répondre aux défis posés par la société complexe qu'est la Nouvelle-Calédonie (B).

A. Une citoyenneté dépourvue de sens commun pour les citoyens

Au vu de l'histoire mouvementée du pays, la reconnaissance d'une citoyenneté calédonienne devait constituer un tournant vers une société pacifiée. Elle ouvrait un nouvel horizon, enfin consensuel. Pourtant, derrière ce projet apparemment clair se cache une ambiguïté majeure : chaque communauté a une conception différente, si ce n'est opposée, du sens que revêt la citoyenneté calédonienne.

Le paradoxe puise ses racines dans les années quatre-vingt. Alors que le pays était déchiré par la montée des tensions entre indépendantistes et loyalistes, les représentants politiques calédoniens ont posé les premières pierres d'un processus de décolonisation tout à fait original pour tenter d'éviter un embrasement de la Nouvelle-Calédonie. Alors que le peuple kanak aurait peut-être pu revendiquer seul le droit à l'autodétermination en vertu du droit international de la décolonisation[33], il a « accept[é] que d'autres habitants de la Nouvelle-Calédonie, venus s'y installer progressivement, puissent s'exprimer à ses côtés lors d'un référendum d'autodétermination[34] ». Depuis lors jamais remis en question, ce principe fondateur a été posé dans la déclaration de Nainville-les-Roches du 12 juillet 1983, premier texte de

---

[33] En ce sens, Z. Bremond, « L'autodétermination a-t-elle une fin ? Réflexions sur les droits des peuples de Nouvelle-Calédonie au-delà de l'Accord de Nouméa », *RJPENC*, n° 39, 2022, p. 70-81, spéc. p. 73-74.

[34] C. David et M. Tirard, « La Nouvelle-Calédonie après le troisième référendum d'autodétermination du 12 décembre 2021 : 40 ans pour rien ? », *RDLH*, avril 2022, spéc. p. 2, [https://journals.openedition.org/revdlh/14593].

conciliation exprimant la volonté de trouver un équilibre entre des aspirations politiques divergentes[35]. S'ouvrant sur la nécessité impérieuse d'une abolition définitive du fait colonial, elle reconnaît

> la légitimité du peuple kanak, premier occupant du Territoire, se voyant reconnaître, en tant que tel, un droit inné et actif à l'indépendance, dont l'exercice doit se faire dans le cadre de l'autodétermination prévue et définie par la Constitution de la République française, autodétermination ouverte également, pour des raisons historiques, aux autres ethnies dont la légitimité est reconnue par les représentants du peuple kanak[36].

Et de conclure : « Il faut préparer cette démarche vers l'autodétermination qui sera le fait du peuple calédonien défini par la logique ci-dessus admise[37] ». Pour la première fois, dépassant les fractures de l'histoire, la coexistence de plusieurs légitimités sur le territoire était admise. La citoyenneté calédonienne repose précisément sur ce principe d'une légitimité partagée entre les Kanak et les « victimes de l'histoire[38] » qui, désormais tous citoyens calédoniens, participent ensemble à la construction de la Nouvelle-Calédonie de demain.

L'intention de départ était louable. Cependant, elle repose sur une ambiguïté fondamentale. La citoyenneté calédonienne est conçue comme un levier de décolonisation puisqu'elle fonde la restriction du corps électoral pour les référendums d'autodétermination. Or le peuple à décoloniser est constitué pour moitié du peuple kanak autochtone colonisé et pour moitié des descendants de la colonie de peuplement, chacun ayant un projet politique opposé[39]. La communauté indépendantiste, très largement kanak, ne conçoit cet avenir que par l'accession à l'indépendance, la citoyenneté calédonienne devant alors se transformer en nationalité. À l'inverse, les Calédoniens d'origine européenne envisagent leur futur au sein de la République française, la citoyenneté calédonienne étant dès lors un outil d'affirmation de l'identité singulière de la Nouvelle-Calédonie dans la France.

En somme, l'accord de Nouméa repose sur un « malentendu »[40]. Il ne conduit pas vers *un* projet politique unique, mais potentiellement vers deux projets antagonistes. En d'autres termes, la citoyenneté calédonienne s'était vu confier une mission impossible : mener vers un destin commun dépourvu de sens commun. Dans ces conditions, elle pouvait difficilement jouer le rôle

---

[35] Certainement trop avant-gardiste pour le contexte politique de l'époque, la déclaration n'a toutefois pas été signée par le Rassemblement pour la Calédonie dans la République, principal parti non indépendantiste.

[36] Déclaration finale de la table ronde de Nainville-les-Roches, 12 juillet 1983.

[37] *Idem.*

[38] Cette expression fait référence aux descendants des bagnards, des déportés politiques ou encore de la main-d'œuvre amenée en Nouvelle-Calédonie qui, eux aussi, ont subi le colonialisme français.

[39] S. Graff, « Colonisation de peuplement et autochtonie : réflexions autour des questions d'autodétermination, de décolonisation et de droit de vote en Nouvelle-Calédonie », *Mouvements*, n° 91, 2017, p. 24 -34.

[40] B. Carteron, *Identités culturelles et sentiment d'appartenance en Nouvelle-Calédonie. Sur le seuil de la maison commune*, Paris, L'Harmattan, coll. « Portes océanes », 2008, p. 221.

intégrateur qui lui était dévolu. Ceci est d'autant plus vrai qu'elle n'était peut-être pas adaptée pour répondre à la singularité de la société calédonienne.

B. Une notion universaliste inadaptée à une société complexe

La Nouvelle-Calédonie a toujours entretenu un rapport ambivalent avec la notion de citoyenneté. D'abord, le refus d'attribuer la citoyenneté française aux Kanak durant la colonisation a créé une société ségréguée avec, d'un côté, les autochtones soumis au statut d'indigène et, de l'autre, les citoyens français d'origine européenne[41]. Ensuite, reconnue par la loi Lamine-Gueye du 7 mai 1946 à tous les Kanak, la citoyenneté française a marqué l'entrée dans l'ère de la décolonisation par l'assimilation, tous les Calédoniens sans distinction devenant des citoyens français comme les autres. Enfin, la citoyenneté française ne permettant pas de répondre aux besoins spécifiques de la Nouvelle-Calédonie, l'accord de Nouméa a créé la citoyenneté calédonienne, faisant apparaître une catégorie spécifique de citoyens au sein du peuple français. En ce sens, la citoyenneté calédonienne résulte d'une prise de conscience par l'État français des limites de sa traditionnelle politique d'assimilation et, partant, de l'impérieuse nécessité de mettre en œuvre une politique différentialiste en Nouvelle-Calédonie[42].

Fondée sur le souhait de répondre aux particularités de la Nouvelle-Calédonie, la citoyenneté calédonienne n'en a pas moins été bâtie en référence à un modèle républicain français empreint d'universalisme conduisant à valoriser l'individu en tant que citoyen et non en tant que membre d'une communauté ayant son identité propre. Certes, l'accord de Nouméa reconnaît l'existence des différentes communautés vivant en Nouvelle-Calédonie, plus spécifiquement de la communauté kanak. Il lui confère de façon totalement originale le statut de peuple, dans le but de « restituer au peuple kanak son identité confisquée[43] ». En revanche, ce statut n'emporte pas l'attribution de droits civiques au peuple kanak. Par conséquent, la seule communauté politique *stricto sensu* existant à l'échelle de la Nouvelle-Calédonie en vertu du droit français est la communauté constituée par les citoyens calédoniens. Ce constat corrobore l'idée selon laquelle la citoyenneté calédonienne pose finalement une « injonction au destin commun[44] », présenté comme l'objectif ultime à atteindre par l'accord de Nouméa. S'inscrivant dans la tradition

[41] Mis en place par le décret du 18 juillet 1887, le régime de l'indigénat s'est essentiellement traduit par la soumission des Kanak à un régime pénal spécial, au travail forcé et au cantonnement dans des réserves. Sur ce sujet, voir I. Merle et A. Muckle, *L'Indigénat. Genèses dans l'Empire français*, Paris, CNRS éditions, 2019.

[42] F. Mélin-Soucramanien, « Les politiques françaises de décolonisation. L'émergence d'une politique de décolonisation par différenciation en Nouvelle-Calédonie », *in Mélanges offerts au Doyen Charles Cadoux*, Aix-en-Provence, PUAM, 1999, p. 205-212.

[43] Point 3 du préambule de l'accord de Nouméa.

[44] S. Graff, « Visibilité du destin commun et invisibilité de l'histoire : discours, célébrations et construction de la citoyenneté en Nouvelle-Calédonie », préc., spéc. p. 2.

universaliste française, cette démarche était-elle réellement adaptée au contexte calédonien ? Il est permis d'en douter.

Malgré la volonté de construire un destin commun, la Nouvelle-Calédonie est une « société divisée[45] », ou encore une « société complexe[46] », « plurielle[47] », au sens où ses « membres sont divisés en catégories ou groupes en fonction de facteurs tels que la langue, la race, l'appartenance ethnique, la communauté de départ ou d'origine, la religion, les institutions sociales spécifiques ou la culture[48] ». L'intense ségrégation spatiale et raciale menée jusqu'au milieu du XXe siècle a fait de la Nouvelle-Calédonie d'aujourd'hui un territoire marqué par un fort dualisme ethnique et un faible niveau de métissage[49]. À ce clivage culturel et identitaire se surajoute une fracture économique et sociale. Malgré le rééquilibrage encouragé par l'accord de Nouméa, les disparités socio-économiques restent en défaveur des Kanak, ces inégalités ravivant sans cesse les différends historiques entre communautés[50].

Ainsi, au regard du caractère pluriculturel de la société calédonienne, la citoyenneté calédonienne « à la française » n'était peut-être pas l'outil idoine pour assurer la réconciliation les Calédoniens. L'analyse de la mise en œuvre de la citoyenneté calédonienne confirme qu'« en redéfinissant des concepts monoculturels pour leur donner un sens nouveau dans un cadre pluriculturel, le risque est grand de voir se perpétuer des résistances majeures, issues de processus explicites de maintien des différences culturelles[51] ». Si l'on ajoute à ce constat l'absence de consensus quant au sens à lui donner, la citoyenneté calédonienne avait vraisemblablement peu de chances de réussir.

*

* *

[45] C. David, « Les transitions politiques en Mélanésie, éléments de réflexion pour la préparation du "jour d'après" en Nouvelle-Calédonie », *RFDC*, n° 110, 2017, p. 367-386.

[46] S. Ratuva, « L'éléphant et le maharadjah : L'ingénierie constitutionnelle dans les sociétés complexes en transition », *in* J.-M. Boyer et *al.* (dir.), *L'avenir institutionnel de la Nouvelle-Calédonie*, Nouméa, PUNC, 2018, p. 29-40, spéc. p. 32.

[47] P. Godin et J. Passa, « La Nouvelle-Calédonie est-elle une société multiculturelle ? », *in* J.-M. Boyer et *al.* (dir.), préc., p. 113-124.

[48] M. G. Smith, « Pluralisme violence et État moderne : une typologie », *L'État au pluriel*, Economica 1985, p. 207. Sur la notion de société complexe, voir aussi E. Le Roy, *Le jeu des lois : une anthropologie dynamique du droit. Avec des consignes et des conseils au jeune joueur juriste*, Paris, LGDJ, coll. « Droit et société », 1999, chap. 36 : « Qu'est-ce qu'une société complexe ? »

[49] A. Muckle et B. Trépied, « Les transformations de la "question métisse" en Nouvelle-Calédonie (1853-2009) », *Anthropologie et Sociétés*, n° 38, 2014, p. 89-108, spéc. p. 89-90.

[50] J. L. Rallu, « Retour sur les notions de "rééquilibrage" et "décolonisation" », *JSO*, n° 147, 2018 [http://journals.openedition.org/jso/9314].

[51] C. Sand, J. Bolé et A. J. Ouetcho, « Les aléas de la construction identitaire multi-ethnique en Nouvelle-Calédonie : quel passé pour un avenir commun ? », préc., spéc. p. 163.

En conclusion, l'histoire de la citoyenneté calédonienne est, à ce jour, celle d'une ambition contrariée. Plus que de favoriser l'émergence d'un sentiment d'appartenance commun transcendant les différences, la citoyenneté calédonienne a révélé, même parfois entretenu, les clivages ethnoculturels. Cet échec était difficilement évitable, car « la définition d'un peuple ne se fait ni *a priori* ni d'une manière abstraite : elle se fait dans le mouvement même d'un peuple, et bien entendu ce mouvement ne peut être que concret et repose sur une certaine intensité de volonté[52] ». C'est certainement ce qui fait défaut en Nouvelle-Calédonie car, à ce jour, « l'identité commune [...] renvoie plus à un processus en cours qu'à une réalité effective[53] ». Dès lors, forte de ses vingt-cinq années d'existence, la citoyenneté calédonienne nous rappelle avec force la nécessité de prendre en considération « la réalité constitutionnelle[54] » car, aussi magique soit-il, le droit ne peut pas accomplir de miracle.

---

[52] Ch. Chaumont, « Le droit des peuples à témoigner d'eux-mêmes », *Annuaire du tiers monde*, 1976, p. 15-31, spéc. p. 16.

[53] B. Carteron, « Le Mwâ Kââ, vers la manifestation d'une appartenance commune en Nouvelle-Calédonie ? », *JSO*, n° 134, 2012, p. 45-60, spéc. p. 46.

[54] S. Pierré-Caps, « La VIe République et la notion de "constitution démotique" », *in* H. Roussillon (dir.), *Demain, la sixième République ?*, Toulouse, IFR Toulouse 1, coll. Actes de colloque de l'IFR, 2007, p. 127-135, spéc. p. 130.

Les problèmes de la coexistence des minorités et des majorités comme *fait social*, souvent sous-jacent de la jurisprudence de la Cour pénale internationale

Péter Kovács

Y a-t-il des affaires de minorités ou de protection de minorités devant la Cour Pénale Internationale ?

La réponse courte est négative.

La réponse un peu plus longue est que la Cour pénale internationale — comme son nom le reflète — est un tribunal pénal, examinant la responsabilité pénale de l'individu accusé d'avoir commis des crimes relevant de la juridiction de la CPI, à savoir le génocide, les crimes de guerre, les crimes contre l'humanité et les crimes d'agression. Le Statut de Rome ne contient pas de clause spécifique visant la responsabilité pénale de ceux qui violent les droits spécifiques des minorités ou les droits des personnes appartenant à des minorités.

La réponse encore plus longue, voire bien plus longue est qu'un bon nombre de procédures lancées en vertu du Statut de Rome résultent au moins indirectement des situations où les crimes concrets allégués sont difficilement séparables de ce que le droit international appelle le « phénomène minoritaire ». Ces liens ne sont pas forcément juridiques, mais ont souvent des racines ethniques, sociologiques ou historiques.

Un coup d'œil sur la carte de l'Afrique suffit pour voir l'enchevêtrement partiel des affaires *Thomas Lubanga*[1], *Germain Katanga*[2], *Ngudjulo*[3] et *Bosco Ntaganda*[4] identifiées durant l'examen de la situation en République

---

[1] « L'Union des patriotes congolais (UPC) a été créée le 15 septembre 2000. Thomas Lubanga est l'un des membres fondateurs de l'UPC, dont il a assumé la présidence dès le début. L'UPC et sa branche militaire, la Force patriotique pour la libération du Congo (FPLC), ont pris le pouvoir en Ituri en septembre 2002. En tant que groupe armé organisé, l'UPC/FPLC a participé à un conflit armé interne, qui l'a opposé à l'Armée populaire congolaise (APC) et à *d'autres milices lendu*, dont la Force de résistance patriotique en Ituri (FRPI), entre septembre 2002 et le 13 août 2003. Entre le 1er septembre 2002 et le 13 août 2003, la branche armée de l'UPC/FPLC a procédé au recrutement généralisé de jeunes gens, dont des enfants de moins de 15 ans, de manière aussi bien forcée que "volontaire" (…) », https://www.icc-cpi.int/sites/default/files/CaseInformationSheets/LubangaFra.pdf.
« 57. Certains éléments de preuve sont mis en avant comme démontrant que l'accusé "a fait [...] des appels publics" pour mobiliser la *population hema*, et qu'il aurait mis en œuvre ou contribué à mettre en place une politique visant à encourager les jeunes recrues (dont celles de moins de 15 ans) à participer à l'effort de guerre. (…)
« 73. La RDC compte près de 450 groupes ethniques différents sur son territoire. Le seul district de l'Ituri en compte environ 18, dont les Lendu, les Ngiti et les Hema (y compris les Gegere ou Hema du Nord, un sous-groupe hema).
« 74. Le régime colonial belge a accentué les divisions ethniques entre les communautés hema et lendu, en favorisant la première aux dépens de la seconde (…) »
Le Procureur c. Thomas Lubanga Dyilo, jugement rendu en application de l'article 74 du Statut, ICC-01/04-01/06-2842-tFRA 31-08-2012, https://www.icc-cpi.int/sites/ default/files/CourtRecords/CR2012_08207.pdf, § 57, 73, 74 p. 40-41, 47.
[2] « La Chambre a estimé qu'au vu des dépositions des témoins et des différents éléments de preuve produits devant la Chambre, il a été établi au-delà de tout doute raisonnable, que Germain Katanga avait contribué de manière significative à la commission des crimes par la milice Ngiti agissant de concert en aidant ses membres à mettre en place l'opération qui devait être lancée contre Bogoro. La Chambre a conclu que Germain Katanga avait agi ainsi tout en ayant connaissance du dessein commun de nature criminelle, élaboré par la milice, à l'encontre de la population de Bogoro principalement de l'ethnie Hema. Les crimes de meurtre, d'attaque contre des civils, de destruction des biens et de pillage faisaient partie de ce dessein commun. »
https://www.icc-cpi.int/sites/default/files/CaseInformationSheets/KatangaFra.pdf.
[3] « 4. Durant l'été 1999, des tensions sont nées de désaccords quant à l'attribution de terres en Ituri et l'appropriation des ressources naturelles s'y trouvant. Au cours de la deuxième moitié de l'année 2002, différentes parties du district d'Ituri ont connu un regain de violence, notamment entre les Hema, les Lendu et les Ngiti.
« 13. L'accusation a affirmé que, durant l'automne 2002, des combattants essentiellement lendu et ngiti se sont organisés en formant le FNI et les FRPI pour affronter d'autres combattants principalement hema qui avaient créé l'UPC et les Forces patriotiques pour la libération du Congo (les FPLC). » *Le Procureur c. Germain Katanga et Mathieu Ngudjolo Chui*, décision relative à la confirmation des charges, ICC-01/04-01/07-717-tFRA 12-11-2008, https://www.icc-cpi.int/sites/default/files/CourtRecords/CR2008_06431.pdf, § 4, 13, p. 8-11.
[4] « Le lundi 9 juin 2014, la Chambre préliminaire II de la Cour pénale internationale (CPI) a confirmé à l'unanimité les charges portées contre Bosco Ntaganda (…) Sur la base des éléments de preuve soumis à son examen, les juges ont conclu à l'existence d'une attaque généralisée et systématique lancée contre la population civile, en application de la politique de l'organisation formée par l'Union des patriotes congolais et les Forces patriotiques pour la libération du Congo (UPC/FPLC), ayant pour but d'attaquer des civils perçus comme étant non-hema, tels que les membres des groupes ethniques lendu, bira et nande. L'attaque a eu lieu entre le 6 août 2002 ou vers cette date et le 27 mai 2003 ou vers cette date, dans la province de l'Ituri, en République

démocratique du Congo (RDC) (région d'Ituri), de l'affaire *Dominic Ongwen*[5] en Ouganda et au Soudan (région du Darfour)[6], et des affaires *Jean-Pierre Bemba Gombo*[7] et *Alfred Yekatom et Patrice-Edouard Ngaïssona*[8] en République centrafricaine. Cependant, cette connexité géographique se matérialise aussi dans la perméabilité des frontières étatiques devant les guerriers dont les actes, hormis les sympathies et les antipathies politiques, sont souvent influencés par des considérations ethniques. Les facteurs ethnique et religieux, ou souvent la combinaison des deux, sont aussi bien présents dans certains documents officiels de la CPI[9].

---

démocratique du Congo (RDC). En outre, la Chambre a conclu à l'existence d'un conflit armé ne présentant pas un caractère international entre l'UPC/FPLC et d'autres groupes armés organisés, qui a eu lieu entre le 6 août 2002 ou vers cette date et le 31 décembre 2003 ou vers cette date dans la province de l'Ituri en RDC. » https://www.icc-cpi.int/fr/news/la-chambre-preliminaire-ii-renvoie-bosco -ntaganda-en-proces.

[5] « *9. Yoweri Museveni took power in Uganda in 1986 at the head of the National Resistance Army ("NRA"). In the following years, various armed groups sought to contest his rule, particularly in northern Uganda and among the people of Acholi ethnicity." (...).*
« *12. In these early years the LRA's objectives were said to be the spiritual cleansing and liberation of the Acholi people from the oppression of President Museveni by toppling him, although veterans of other longer established groups are likely to have had more secular reasons for wishing the same end result.* » *The Prosecutor v. Dominic Ongwen, Prosecution's Pre-Trial Brief,* ICC-02/04-01/15-533 06-09-2016, https://www.icc-cpi.int/CourtRecords/CR2016_06511.pdf, p. 7-9 (ce document n'a pas de traduction française officielle).

[6] https://www.icc-cpi.int/fr/darfur/albashir ; https://www.icc-cpi.int/fr/darfur/abd-al-rahman.

[7] https://www.icc-cpi.int/fr/car/bemba.

[8] « Le 11 décembre 2019, la Chambre préliminaire II a rendu une décision unanime confirmant partiellement les charges de crimes de guerre et de crimes contre l'humanité portées par le Procureur à l'encontre d'Alfred Yekatom et de Patrice — Édouard Ngaïssona et les a renvoyés devant une Chambre de première instance. La Chambre a refusé de confirmer les charges restantes qui n'étaient pas étayées par les éléments de preuve présentés par le Procureur.
« La Chambre a conclu qu'il y a des motifs substantiels de croire qu'entre septembre 2013 et décembre 2014, un conflit armé ne présentant pas de caractère international était en cours sur le territoire de la République centrafricaine entre la Séléka et les Anti-Balaka, tous deux constituant des groupes armés organisés à ce moment-là; et que les Anti-Balaka ont mené une attaque généralisée contre la population civile musulmane, perçue — sur la base de son appartenance religieuse ou ethnique — comme complice ou favorable à la Séléka et donc collectivement responsable des crimes qui auraient été commis par celle-ci. »
https://www.icc-cpi.int/sites/default/files/2022-04/yekatom-ngaissonaFr.pdf.

[9] Les références ethniques *(supra* et *infra)* sont mises en italique par l'auteur.

Les antécédents des événements des affaires du Kenya (les affaires *Kenyatta*[10] et *Ruto et Sang*[11]), du Soudan (les affaires *Bashir*[12] et *Abd-Al-*

[10] « La Chambre préliminaire II a conclu qu'il y a des motifs substantiels de croire que du 24 au 28 janvier 2008, l'organisation criminelle des Mungiki aurait mené une attaque généralisée et systématique contre la population non kikuyu qu'ils tenaient pour fidèle au Mouvement démocratique orange (Orange Democratic Movement, ODM) (population appartenant principalement aux *groupes ethniques luo, luhya* et *kalenjin*) à Nakuru et Naivasha. » https://www.icc-cpi.int/sites/default/files/Case InformationSheets/KenyattaFra.pdf.

[11] « La Chambre préliminaire II a jugé qu'il y a des motifs raisonnables de croire ce qui suit : Immédiatement après l'annonce des résultats de l'élection présidentielle et, plus particulièrement, du 30 décembre 2007 jusqu'à la fin janvier 2008, une attaque a été menée en plusieurs endroits comme la ville de Turbo, la région d'Eldoret (qui comprend Huruma, Kiambaa, Kimumu, Langas et Yamumbi), les villes de Kapsabet et Nandi Hills et les districts de Uasin Gishu et Nandi, en République du Kenya. Cette attaque aurait visé la population civile, nommément les membres des *groupes ethniques des Kikuyu, Kamba et Kisii,* tenus pour être partisans du PNU (Party of National Unity). (…). Pour mettre en œuvre le plan convenu, Ruto et Sang auraient mis en place un réseau composé de membres de la communauté kalenjin, dont de hauts responsables politiques de l'ODM, des représentants des médias, d'anciens membres de la police kényane et de l'armée, des anciens de la communauté Kalenjin ainsi que des chefs locaux (…) » https://www.icc-cpi.int/sites/default/files/iccdocs/PIDS/publica tions/RutoKos geySangFra.pdf.

[12] « (…) Une composante centrale de cette campagne consistait à attaquer illégalement la partie de la population civile du Darfour, appartenant principalement aux groupes four, massalit et zaghawa, qui était considérée comme proche des groupes armés organisés s'opposant au gouvernement soudanais au Darfour. La campagne a été menée au moyen de forces gouvernementales, notamment des Forces armées soudanaises et de leurs alliés des milices janjaouid, des forces de police soudanaises, du Service du renseignement et de la sécurité nationale et de la Commission d'aide humanitaire. Elle s'est poursuivie au moins jusqu'à la date du dépôt de la requête de l'Accusation, à savoir le 14 juillet 2008.

« Au cours de cette campagne anti-insurrectionnelle, les forces du gouvernement soudanais auraient commis des crimes contre l'humanité, des crimes de guerre et des crimes de génocide, et en particulier :

« a. elles auraient mené de nombreuses attaques illégales, suivies par des actes systématiques de pillage de villes et de villages principalement peuplés de civils appartenant aux groupes four, massalit et zaghawa ;

« b. elles auraient fait subir des actes de meurtre ainsi que des actes d'extermination à des milliers de civils appurtenant principalement aux groupes four, massalit et zaghawa ;

« c. elles auraient fait subir des actes de viol à des milliers de civils de sexe féminin appartenant principalement à ces groupes ;

« d. elles auraient fait subir des actes de transfert forcé à des centaines de milliers de civils appartenant principalement à ces groupes ;

« e. elles auraient fait subir des actes de torture à des civils appartenant principalement à ces groupes ; et

« f. Elles auraient, dans l'ensemble de la région du Darfour, à certaines occasions, contaminé les puits et les pompes à eau des villes et des villages principalement peuplés de membres des groupes four, massalit et zaghawa qu'elles attaquaient ; et encouragé des membres d'autres tribus, alliées du Gouvernement soudanais, à s'installer dans les villages et sur les terres où vivaient précédemment principalement des membres des groupes four, massalit et zaghawa (…) »

https://www.icc-cpi.int/sites/default/files/CaseInformationSheets/AlBashirFra.pdf

Rahman[13]) et de la Côte d'Ivoire (les affaires *Laurent Gbagbo*[14] et *Charles Blé Goudé*[15]) sont présentés dans les divers documents de la CPI en tenant compte aussi de la diversité ethnique et des défis non résolus, souvent d'origine historique. Dans l'affaire *de Saif Al Islam Gaddafi*[16], l'impasse est liée aussi au fait que le gouvernement de Tripoli, reconnu à l'ONU comme le représentant légitime de la Libye, n'est capable d'exercer ses pouvoirs que dans la capitale, et que le pays est déchiré par les différentes milices ayant des assises claniques, luttant pour le pouvoir et, entre-temps, pour la gestion des puits pétroliers[17].

---

[13] https://www.icc-cpi.int/sites/default/files/2022-08/abd-al-rahmanfra.pdf.

[14] « 174. Les éléments de preuve indiquent également qu'à ce stade, la distinction entre les ennemis, couramment appelés les "rebelles", et la population civile était floue, voire inexistante. En fait, les preuves indiquent que, du fait de leur *appartenance ethnique*, nationale ou *religieuse*, les habitants de certains quartiers d'Abobo étaient considérés comme pro-Ouattara et par conséquent pris pour cible par les FDS qui intervenaient à Abobo à ce moment-là (…)
« 205. Cette conclusion de la Chambre est étayée par certains faits exposés plus haut : lors des quatre événements à l'examen, les forces pro-Gbagbo ont pris pour cible des participants à des manifestations pro-Ouattara ou des habitants de quartiers supposés favorables à Alassane Ouattara, à savoir Abobo et certaines parties de Yopougon (Doukouré et Mami Faitai). Par conséquent, la Chambre conclut que ces actes de violence sont constitutifs de persécution pour des motifs politiques ainsi que pour des *motifs ethniques* (persécution de groupes ethniques originaires du nord de la Côte d'Ivoire tels que les Dioula ou les Baoulé), nationaux (persécution de ressortissants d'autres pays d'Afrique de l'Ouest ainsi que d'Ivoiriens d'ascendance ouest-africaine) et religieux (persécution de musulmans), les personnes prises pour cible étant, du fait de leur appartenance à ces groupes, considérées comme des partisans d'Alassane Ouattara. »
Décision relative à la confirmation des charges portées contre Laurent Gbagbo, ICC-02/11-01/11-656-Red-tFRA 21-07-2014, https://www.icc-cpi.int/sites/default/files/CourtRecords/CR2015_04554.pdf, § 174, 205, p. 90-100.

[15] https://www.icc-cpi.int/sites/default/files/CaseInformationSheets/gbagbo-goude Fra.pdf.

[16] « Le 16 mai 2011, le Procureur de la CPI a soumis à la Chambre préliminaire I une requête visant à la délivrance de mandats d'arrêt à l'encontre de Muammar Abu Minyar Gaddafi, Saif Al-Islam Gaddafi et Abdullah Al-Senussi pour des crimes contre l'humanité (meurtre et persécution) prétendument commis depuis le 15 février 2011 en divers endroits de la Libye, et notamment à Tripoli, Benghazi et Misrata, à travers l'appareil d'État libyen et les forces de sécurité. Le 27 juin 2011, la Chambre préliminaire I a fait droit à la requête du Procureur et a délivré trois mandats d'arrêt à l'encontre de ces personnes. Le 22 novembre 2011, le mandat d'arrêt à l'encontre de Muammar Mohammed Abu Minyar Gaddafi a été retiré suite à la mort du suspect. Les poursuites à l'encontre d'Abdullah Al-Senussi devant la CPI ont pris fin le 24 juillet 2014, lorsque la Chambre d'appel a confirmé une décision déclarant l'affaire irrecevable devant la CPI. » https://www.icc-cpi.int/sites/default/files/2022-08/Gadda fiFra.pdf.

[17] « *46. My Office also learnt with regret of recent escalation of tribal fighting between Tebu and other communities and Libya Dawn-aligned militias in the south of the country, around Sabha and Kufra and the fact that this has reportedly displaced an estimated 12,000 civilians since July according to Office of the High Commissioner for Human Rights ("OHCHR').* » *Statement to the United Nations Security Council on the Situation in Libya, pursuant to UNSCR 1970 (2011), Statement: 5 November 2015,* https://www.icc-cpi.int/Pages/item.aspx?name=otp-stat-05-11-2015 &ln=en (ce document n'a pas de traduction française officielle).
« *On 17 October, clashes began between pro-government militias and fighters in Bani Walid, a former stronghold of the late Muammar Qaddafi. Government forces and militias besieged*

Même si le phénomène ethnique n'est pas *a priori* aussi marquant dans les affaires *Al Mahdi*[18] et *Al Hassan*[19] concernant les événements qui ont suivi la prise de la ville de Tombouctou en 2012-2013 par les islamistes liés à Al-Qaïda et à l'organisation Ansar Dine, qui ont mené à la destruction des monuments historiques de la ville reconnus comme appartenant au patrimoine culturel de l'humanité sur la liste de l'UNESCO et qui ont donné lieu à un nombre effrayant de crimes contre la population civile (tortures, viols, persécutions, *etc.*), la proclamation de la sécession de la partie sahraouie du pays sous le nom d'Azawad peut être considérée comme un facteur déclencheur important.

Les crimes perpétrés à Tombouctou par les islamistes sont liés à l'imposition forcée d'une idéologie religieuse à la population locale, aussi de majorité musulmane, mais pratiquant une forme traditionnellement très ouverte de cette religion qui se manifestait aussi dans les vêtements colorés des femmes, la consommation d'alcool, le tabagisme, le visage rasé des hommes, l'écoute de la musique moderne, *etc.* De plus, la répression de

---

the town following the death of Omran Shaban, a former rebel credited with having captured Qaddafi on 20 October 2011. The Warfalla tribe controlling Bani Walid has been accused of kidnapping and torturing Shaban. Violence peaked on 20 October when 26 people were killed and more than 200 wounded. The following day some 200 people stormed the grounds of the Parliament in Tripoli demanding an end to violence. On 24 October pro-government forces reportedly captured the town, but on 30 October Defense Minister Osama al-Jueili said that the army had no control over Bani Walid and that armed groups were preventing residents from returning to the town. » https://www.securitycouncilreport.org/monthly-forecast/2012-11/libya_1.php.

[18] « *Le 27 septembre 2016, la Chambre de première instance VIII a conclu qu'Ahmad Al Mahdi était coupable du crime de guerre consistant à avoir dirigé intentionnellement des attaques contre des bâtiments à caractère religieux et historiques à Tombouctou, au Mali, en juin et juillet 2012. Elle a condamné Ahmad Al Mahdi à neuf ans d'emprisonnement.* » https://www.icc-cpi.int/sites/default/files/CaseInformation Sheets/Al-MahdiFra.pdf.

[19] « La Chambre préliminaire I est d'avis qu'il existe des motifs raisonnables de croire que :

« Une attaque généralisée et systématique contre la population civile de Tombouctou a été lancée par Al Qaïda au Maghreb Islamique (« AQMI ») et Ansar Dine et menée en application d'une politique organisationelle au sens de l'article 7-2-a du Statut.

« Un conflit armé à caractère non-international, ayant débuté en janvier 2012, était toujours en cours au Mali pendant toute la période des faits allégués dans la Requête. C'est dans le contexte dudit conflit que les groupes armés AQMI et Ansar Dine, mouvement principalement touareg associé à AQMI, ont pris et exercé le pouvoir sur la ville de Tombouctou, de début avril 2012 jusqu'au 17 janvier 2013.

« M. Al Hassan aurait été membre d'Ansar Eddine et aurait été commissaire de facto de la Police islamique.

« M. Al Hassan aurait été associé au travail du Tribunal islamique à Tombouctou et aurait participé à l'exécution de ses décisions. M. Al Hassan aurait pris part à la destruction des mausolées des saints musulmans à Tombouctou grâce à l'utilisation des hommes de la Police islamique sur le terrain. Il aurait aussi participé à la politique de mariages forces dont des tombouctiennes ont été victimes, qui ont donné lieu à des viols répétés et à la réduction de femmes et de jeunes filles à l'état d'esclaves sexuelles. »

https://www.icc-cpi.int/sites/default/files/CaseInformationSheets/al-hassanFra.pdf.

certaines habitudes locales (par exemple le fétichisme et le port d'amulettes) — selon certains récits — touchait peut-être encore plus certaines populations maliennes non arabes.

Les aspects interethniques de certains nouveaux conflits maliens ont été également soulignés par les observateurs[20].

[20] « Les violences répétées qui sont commises dans le centre du Mali sont extrêmement préoccupantes. Le samedi 23 mars, le village d'Ogossagou, situé dans la région de Mopti, aurait été le théâtre d'attaques barbares au cours desquelles plus de 130 civils innocents, dont des femmes et des enfants, auraient été massacrés et des dizaines d'autres grièvement blessés. Je condamne fermement ces crimes et appelle toutes les parties concernées à s'abstenir de recourir à la violence. Mon Bureau est en contact étroit avec les autorités maliennes, notamment dans le cadre de ces événements signalés récemment (…). » Déclaration du Procureur de la CPI, Fatou Bensouda, à propos du déferlement de violence et des massacres signalés dans la région de Mopti, au centre du Mali, https://www.icc-cpi.int/fr/news/declaration-du-procureur-de-la-cpi-fatou-bensouda-propos-du-deferlement-de-violence-et-des.
« *Malian authorities have detained five people suspected of taking part in the massacre of at least 157 villagers, a prosecutor said on Friday, following one of the worst attacks in Africa's Sahel region in living memory. The March 23 raid by suspected hunters from the Dogon community on Ogossagou, a village in central Mali populated by rival Fulani herders, was part of a wider surge in ethnic and extremist violence across Mali and neighbouring Burkina Faso and Niger. (...) Prosecution for violent acts related to conflict in the Sahel is rare, and widespread impunity is among the reasons communities take it upon themselves to exact revenge in tit-for-tat killings. The United Nations dispatched human rights experts to the area this week to investigate the killings, and the International Criminal Court also said the crimes could fall under its jurisdiction.* » « Mali arrests five suspects in killing of 157 villagers », *Arab News*, March 29, 2019, http://www.arabnews.com/node/1474676/world ; cf. encore Jean-Loup Amselle, « Emballement ethnico-religieux au Mali », *Communications* n° 107, 2020, p. 147-161, https://www.cairn.info/revue-communications-2020-2-page-147.htm.

Les documents préparés ou les décisions adoptées sur la situation à Myanmar[21], en Géorgie[22] ou en Ukraine[23] font aussi état de l'importance de

---

[21] « La Chambre a conclu que la Cour pouvait exercer sa compétence concernant des crimes lorsqu'une partie des comportements criminels serait commise sur le territoire d'un État partie. Bien que le Myanmar ne soit pas un État partie, le Bangladesh a ratifié le Statut de Rome de la CPI en 2010. Après avoir examiné les informations disponibles, la Chambre a accepté qu'il existait une base raisonnable de croire que des actes de violence généralisés et / ou systématiques pourraient être qualifiés de crimes contre l'humanité de déportation à la frontière entre le Myanmar et le Bangladesh et de persécution pour des *motifs d'ordre ethnique* et / ou religieux contre la population Rohingya. (…) Notant l'ampleur des crimes allégués et le nombre de victimes présumées, la Chambre a estimé que la situation atteignait clairement le seuil de gravité nécessaire pour l'ouverture d'une enquête de la Cour. Selon les documents fournis, entre 600 000 et un million de Rohingyas auraient été déplacés de force du Myanmar vers le Bangladesh voisin à la suite d'actes de coercition allégués (…). » https://www.icc-cpi.int/fr/news/les-juges-de-la-cpi-autorisent-louverture-dune-enquete-sur-la-situation-au-bangladesh/myanmar.
« 34. Le Bangladesh est situé en Asie du Sud-Est dans le golfe du Bengale et jouxte la Birmanie au sud-est. Depuis son indépendance en 1948, l'histoire politique de la Birmanie est marquée par plusieurs insurrections et luttes internes en vue d'une *autonomie ethnique* et régionale, notamment dans les États de Kachin, Kayin, Rakhine et Shan. *Ces conflits à caractère ethnique*, qui sont toujours d'actualité, ont donné lieu à plusieurs épisodes de violences et d'affrontements entre les forces militaires de l'État, les forces régionales et un certain nombre de groupes armés, et entre ces groupes.
« 35. L'État de Rakhine, qui jouxte le Bangladesh au nord, compte diverses minorités ethniques et religieuses. En particulier, des membres de la population rohingya, une minorité ethnique musulmane, seraient depuis des années victimes d'oppression violente et systémique résultant de politiques et de pratiques de l'État qui ont donné lieu au refus progressif de reconnaître leur statut juridique, identité, citoyenneté et participation politique, et à des restrictions à leur liberté de circulation, à l'accès à la nourriture, aux moyens d'existence, aux soins et à l'éducation. En 2012, puis en 2016, des violences ont éclaté et les forces de l'ordre auraient commis un certain nombre de graves violations des droits de l'homme contre les *minorités musulmanes* dans tout l'État de Rakhine, qui se sont accompagnées d'un durcissement des restrictions générales à leur encontre et de la propagation d'une campagne de haine présentant les Rohingya et les populations musulmanes comme une menace existentielle pour la Birmanie et le bouddhisme. » Rapport sur les activités menées en 2018 en matière d'examen préliminaire, https://www.icc-cpi.int/sites/default/files/itemsDocuments/181205-rep-otp-PE-FRA.pdf, p. 12-13.

[22] *Situation in Georgia*, ICC-01/15-4 13-10-2015, *Request for authorisation of an investigation pursuant to article 15*, https://www.legal-tools.org/en/doc/460e78/ (le document n'a pas de traduction française officielle). Cf., sous point III/A de ce document du Procureur (*Historical context of the 2008 armed conflict*, p. 13-25), les expressions « *ethnic Georgian* » et « *South-Ossetian* ». On peut y trouver aussi de chiffres des statistiques ethniques (cf. § 20, p. 13). À regarder aussi les sous-points B/1/b « *Alleged war crimes committed against ethnic Georgians* » (pp. 64-71), B/1/d/i. « *Alleged Indiscriminate and Disproportionate Attacks by Georgian armed forces* » (pp. 95-97) et 2/b « Acts allegedly committed by South Ossetian forces » (pp. 107-123). Cf. encore : « Il y a des motifs raisonnables de croire que des *civils perçus comme étant d'origine géorgienne* ont été arrêtés sur le territoire de l'Ossétie du Sud en Géorgie, puis qu'ils ont été emprisonnés, maltraités et soumis à des conditions de détention très dures dans un centre de détention à Tskhinvali ("l'isolateur" ou "le KPZ"), avant d'être utilisés comme moyen de négociation par la Russie et les autorités sud-ossètes de facto, aux fins de l'échange de prisonniers et de détenus. À la suite de cet échange, les détenus ont été contraints de quitter l'Ossétie du Sud. » https://www.icc-cpi.int/fr/news/situation-en-georgie-la-chambre-preliminaire-de-la-cpi-delivre-trois-mandats-darret. Le Procureur de la CPI, Karim A.A. Khan QC, annonce avoir demandé la délivrance de mandats d'arrêt dans la situation en Géorgie,

l'histoire et de la réalité ethnique mêlée quelquefois à l'appartenance religieuse comme arrière-plan du conflit qui aide à comprendre le contexte des situations dans lesquelles les crimes sous examen ou déjà sous investigation ont été perpétrés.

Cette approche n'est pas unique ; on la retrouve dans la jurisprudence d'autres tribunaux internationaux comme le Tribunal pénal international pour l'ex-Yougoslavie et le Tribunal pénal international pour le Rwanda ou les tribunaux hybrides comme le Tribunal spécial pour la Sierra Leone et les Chambres spécialistes du Kosovo. Lors de leur création, ces tribunaux ont été confrontés au fait que dans certains segments de la population des États où les crimes avaient été commis, il y a un attachement aux différences entre les origines ethniques ou religieuses qui servent de prétexte pour saupoudrer de sel la blessure et chercher des ennemis internes, réels ou supposés. Les procédures à mener devant les instances internationales peuvent — selon les espoirs — contribuer au retour à une coexistence normale et pacifique.

À la recherche des raisons de la persistance des conflits...

Il est bien connu que l'existence d'une minorité au sein d'un État-nation n'est pas du tout facile, et que l'État-nation comme phénomène représente souvent un certain danger au maintien et à la promotion de la vie traditionnelle des minorités.

L'État-nation, phénomène apparu après les traités de Westphalie (1648), caractérisant la modernisation des États et, en général, suivant le modèle

https://www.icc-cpi.int/fr/news/le-procureur-de-la-cpi-karim-aa-khan-qc-annonce-avoir-demande-la-delivrance-de-mandats-darret. La Chambre préliminaire I de la CPI autorise le Procureur à ouvrir une enquête concernant la situation en Géorgie, https://www.icc-cpi.int/fr/news/la-chambre-preliminaire-i-de-la-cpi-autorise-le-procureur-ouvrir-une-enquete-concernant-la.

[23] « 76. Torture et autres formes de mauvais traitements : au moins neuf personnes auraient subi des mauvais traitements depuis 2014. Ces mauvais traitements revêtaient diverses formes allant de l'humiliation à l'électrocution, au passage à tabac et à des menaces de violences sexuelles. Des Tatares de Crimée, des militants "pro-Ukrainien" et des journalistes auraient figuré parmi les victimes de ces mauvais traitements qui auraient généralement été infligés en cours de détention. (...)

« 78. Privation du droit d'être jugé régulièrement et équitablement : à la suite de l'extension de l'application des lois de la Fédération russe à la Crimée, notamment la législation relative au terrorisme et aux actes extrémistes, au moins 24 militants pro-Ukrainiens et *Tatares de Crimée* auraient été jugés devant des tribunaux qui n'avaient pas été établis conformément aux règles du droit international humanitaire et dont les procédures ne présentaient pas les garanties judiciaires fondamentales. (...)

« 79. Privation de liberté : au moins neuf personnes auraient été privées de leur liberté sans aucun motif valable sur le plan juridique et deux d'entre elles auraient été détenues pendant onze jours dans un lieu de détention illicite. En outre, au moins huit personnes auraient été détenues puis placées ultérieurement en détention dans le contexte de poursuites pénales engagées à l'encontre de militants et de *Tatares de Crimée* devant des tribunaux de Crimée. (...) » Rapport sur les activités menées en 2018 en matière d'examen préliminaire, https://www.icc-cpi.int/sites/default/files/itemsDocuments/181205-rep-otp-PE-FRA.pdf.

historique de la France du XIXe siècle, a joué un rôle décisif dans la formation de la structure constitutionnelle de nombreux États européens et de certains autres continents. L'État-nation[24] se manifeste typiquement en une structure pyramidale avec une seule langue, une seule culture, un seul système juridique et la vision qu'il faut un centre (c'est-à-dire un *seul* centre) ayant vocation à diriger l'État et toute la population. Or, dans une telle structure[25], l'attachement d'une minorité à son identité, à sa langue et à sa libre utilisation publique de celle-ci, à son droit ou à ses garanties juridiques historiques est en lui-même un défi face à l'omnipotence de l'État dont la législation, l'administration publique, l'éducation publique et les projets de développement ignorent souvent les intérêts propres des minorités ou bien n'en tiennent pas compte de façon équitable pour les minorités.

Même si les pratiques constitutionnelle, juridique et administrative de la République française, depuis les années 1990, y ont prêté une plus bien plus grande attention et se sont montrées beaucoup plus compréhensives qu'auparavant, la pratique juridique de nombreux États, dont seulement certains ont été liés historiquement et culturellement à l'Hexagone, copiait sans scrupules les solutions des XIXe-XXe siècles peut-être parce que le suivi mécanique a été perçu comme symbole de la modernité et preuve de la conformité aux acquis constitutionnels européens de l'époque.

Il est inutile de souligner que l'État-nation[26] n'est, ni le pire phénomène social, ni la source de tous les maux. Néanmoins, la rigidité de la transposition « coûte que coûte » de l'État-nation est un facteur dont il faut tenir compte quand on essaie de comprendre la répétition et l'allongement, voire, dans le pire des cas, la persistance des conflits.

---

[24] « La nation, c'est donc l'État organisé en pouvoir politique et tout Etat a vocation à apparaître comme une nation politiquement organisée, c'est-à-dire un État-nation. Il en résulte logiquement que la nation n'existe pas juridiquement en dehors de l'État. L'État est lui-même le fruit de la délégation de la souveraineté aux organes du pouvoir politique, y compris la nation, mis en place par la Constitution. » S. Pierré-Caps : « Le peuple à l'interface du droit constitutionnel et du droit international », *Civitas Europa*, n° 32, 2014, p. 5-20, https://www.cairn.info/revue-civitas-europa-2014-1-page-5.htm.

[25] « (…) le peuple/nation est d'abord un concept politique instrumentalisé : il est un concept politique, en ce qu'il appelle à la formation de l'État. En tant que tel, il légitime le droit à l'État. Il devient alors l'instrument le plus efficace de l'universalisation de l'État-nation. C'est, ainsi, sur le fondement de l'État-nation que se trouve agencé le droit international. Mais c'est aussi sur la base de l'institutionnalisation du pouvoir d'une nation unifiée et homogène de citoyens identiques et égaux que s'édifie l'État constitutionnel. » S. Pierré-Caps : « Le peuple à l'interface du droit constitutionnel et du droit international », *op. cit.*, p. 11.

[26] « De fait, c'est précisément cette superposition de l'unité politique du peuple et de l'unité culturelle de la nation qui confère à l'État-nation une dimension à la fois universelle (la légitimation démocratique d'une communauté politique de citoyens se gouvernant elle-même) et singulière (la légitimation historique et culturelle d'une communauté nationale.) » S. Pierré-Caps : « La dégénérescence de l'État-nation », *Civitas Europa*, n° 40, 2018, p. 10, https://www.cairn.info/revue-civitas-europa-2018-1-page-5.htm.

La méfiance entre la majorité et la minorité, les tensions et l'animosité éventuelle peuvent être bien sûr conditionnées par plusieurs facteurs. Nous pouvons en proposer quelques exemples : *i*) l'attachement des ethnies à une des grandes religions ou à telle ou telle version de la religion donnée ; *ii*) dans le cas des populations indigènes dont les revenus dépendent uniquement de l'agriculture locale, l'implantation territoriale des communautés sédentaires et des communautés nomades et la situation climatique actuelle ; *iii*) les tensions liées à l'implantation territoriale et les richesses minières ; *iv*) les différences de revenus entre les communautés plutôt agricoles et les communautés vivant plutôt du commerce ; *v*) la présence des communautés historiques et des communautés immigrées ayant le cas échéant des chances financières différentes ; *vi*) la perception différente d'un conflit voisin par les diverses communautés de l'autre pays ; *vii*) l'impact du passé historique où les ressortissants de la communauté démographiquement minoritaire sont suspectés d'avoir servi dans l'administration, la police et l'armée locales à l'époque coloniale.

En plus, l'« aide fraternelle » de certains pays voisins et le service attendu en retour, l'apparition de la guerre par procuration, peuvent engendrer des situations conflictuelles à très long terme. Or, on n'a pas encore été touché par les conséquences des calamités naturelles, d'une sécheresse ou des ravages de guerre en ce qui concerne les difficultés du rétablissement des structures étatiques performantes.

Évidemment, ce serait une erreur colossale de prétendre que l'État-nation est la seule raison, ou simplement la raison la plus importante, de l'éclatement des conflits graves ou meurtriers. On peut constater, cependant, que ce phénomène est souvent sous-jacent des conflits quand la coloration ethnique est indéniable.

S'agit-il de la volonté de stabilisation de la dominance ou du désir de rétablir la position perdue ou d'acquérir l'émancipation pure, ou s'agit-il seulement d'une revanche sur l'histoire ?

C'est à ce titre que je renvoie aux écrits du dédicataire des présents Mélanges, le professeur Stéphane Pierre-Caps, que je connais depuis les années 1990 quand il travaillait sur le manuscrit de son livre paru sous le titre *La Multination*[27] tandis que moi, je servais à l'ambassade de Hongrie à Paris. Plus tard, après mon retour à la vie académique, nous nous sommes plusieurs fois rencontrés aux colloques organisés en la matière et il m'a invité aussi à participer comme conférencier à un programme de formation qu'il dirigeait à Aoste en 2000. Nous sommes devenus les co-directeurs de la thèse de Pierre-Alain Collot, désormais maître de conférences, doyen de l'Institut national

27 S. Pierré-Caps, *La multination. L'avenir des minorités en Europe centrale et orientale*, Paris, Odile Jacob, 1995. Le livre est paru aussi en hongrois : *Soknemzetiségű világunk*, Budapest, Kossuth, 1997 (traduit par Dóra Kovács), et en portugais : *La Multinação, o futuro das minorias na Europa Central e Oriental*, Lisbonne, Instituto Piaget, 1997.

universitaire Jean-François Champollion, et l'un des rédacteurs du présent ouvrage.

Stéphane Pierré-Caps, que j'ai cité à plusieurs reprises dans les notes de bas de page de la présente contribution, appartient aux juristes qui ont bien vu les relations entre l'État-nation et la nécessité de la protection des minorités[28] telle que manifestée aussi dans l'adoption des différents instruments conventionnels et de nombreuses recommandations sous les auspices du Conseil de l'Europe[29]. Au tournant des années 1990-2000, il regardait avec sympathie l'institution des autonomies personnelles comme étant une solution éventuelle à la prise en compte des intérêts spécifiques[30]. Cependant, dès lors, en tant que constitutionnaliste pratiquant aussi le droit constitutionnel comparé, il lui est arrivé à exprimer ses craintes par rapport à l'émergence du

---

28 « Les minorités nationales sont une création exclusive du droit international, dans la mesure où elles résultent de l'impossibilité de réaliser partout le droit à l'État au nom du principe des nationalités, c'est-à-dire de faire coïncider un seul État avec une seule nation. Elles témoignent, sous cet angle, du caractère aléatoire de la distribution des territoires, des peuples et des États. » S. Pierré-Caps, « Le peuple à l'interface du droit constitutionnel et du droit international », *op. cit.*, p. 15.

29 N. Rouland, S. Pierré-Caps, J. Poumarède, *Droit des minorités et des peuples autochtones*, Paris, PUF, coll. « Droit fondamental », 1996, p. 220-260.

30 « *Admittedly, the complexity and practical difficulties of personal autonomy should not be underestimated. But thinking on this subject originated in Central Europe itself and, since then, administrative science has been able to perfect the idea of local self-government. Even if the latter has proved unsuccessful in Cyprus and Lebanon, the causes are too closely associated with these countries themselves for any further lessons to be drawn. Consequently, it seems that it is indeed the principle of legal personality which should be explored today as the basis for the participation of persons belonging to national minorities in the operation of democratic institutions.* » S. Pierre-Caps, « The participation of persons belonging to national minorities in the functioning of democratic institutions », CDL-MIN(1993)002rev, 18/11/1993, p. 15 https://www.venice.coe.int/webforms/documents/default.aspx?pdffile=CDL-MIN(1993)002 rev-e.

phénomène qu'il appelle le « peuple identitaire[31] ». En même temps, il a conclu à la dégénérescence de l'État-nation[32].

Il va de soi qu'il faut tenir compte du fait que l'État-nation produit des effets différents là où la cohésion sociale et le « vouloir de vivre ensemble » est historiquement solide, sérieux et basé sur l'égalité réelle des chances des individus, abstraction faite de leur différence ethnique, linguistique, et là où la cohésion n'est qu'imposée et exigée de l'extérieur ou d'en haut et où les chances électorales sont déterminées, non pas d'après la solidité professionnelle des programmes élaborés, mais d'après l'assise numérique des communautés ethniques derrière.

Quoi qu'il en soit, la commission du crime du génocide, des crimes contre l'humanité et des crimes de guerre n'est et ne peut jamais être justifiée ni par les anciens crimes de l'histoire, ni par les défauts de l'État-nation, et sûrement pas par les exigences prétendues de l'État-nation.

En même temps, la compréhension des raisons sociales des conflits peut contribuer à éviter que de nouveaux conflits éclatent et peut influencer le choix des modalités des programmes de réparation et d'assistance dues aux victimes des conflits.

En guise de conclusion…

La Cour pénale internationale s'efforce d'appliquer le droit international et du droit international pénal en suivant les principes d'impartialité et d'objectivité sans que ses juges et ses collaborateurs n'oublient pour un moment que la mise en œuvre du droit international présuppose en premier

---

[31] « En posant ainsi la question de la divisibilité des États, des nations et des peuples, le peuple identitaire interroge aussi les fondements mêmes du droit international public. (…) C'est au prisme de cette ambivalence qu'il convient d'apprécier les réponses apportées par le droit international aux manifestations identitaires, soit qu'elles posent le problème de l'exercice du pouvoir constituant par la "communauté internationale" ; soit qu'elles témoignent des contradictions du droit international des minorités au regard de la tentative d'en faire un élément d'une répartition équitable de l'autorité souveraine de l'État ; soit, plus largement, qu'elles réactivent la vieille dialectique de l'universalisme et du particularisme. Si l'on considère, de surcroît, que cette résurgence des identités pré-politiques, qui s'exprime par l'enfermement sur Soi et rejet de l'Autre, n'épargne pas les nations majoritaires dans l'État établi, c'est bien le spectre d'une "ethnicisation générale de la vie internationale" sur fond de crise de l'État-nation qui se profile à l'horizon et qui pose autant de défis au droit international et au droit constitutionnel. » S. Pierré-Caps : « Le peuple à l'interface du droit constitutionnel et du droit international », *op. cit.*, p. 19. Quant à l'« ethnicisation générale de la vie internationale », S. Pierré-Caps emprunte cette formule à A. Dieckhoff.

[32] « Si, de fait, l'État-nation n'est pas mort et semble au contraire bien alerte dans sa prétention à continuer à incarner de façon exclusive la forme universalisée d'organisation de la société politique, cette figure actuelle de l'État-nation a peu à voir avec cet instrument d'éducation politique et démocratique des peuples émancipés auquel il pouvait s'identifier jusqu'à présent, fût-ce de façon quelque peu idéalisée. L'on assiste, en effet, aujourd'hui et à un rythme soutenu, à une véritable dégénérescence de l'État-nation. » S. Pierré-Caps : « La dégénérescence de l'État-nation », *Civitas Europa*, n° 40, 2018, p. 9.

lieu la coopération des États. L'acquiescement de cette coopération n'est pas facile, mais les efforts ne sont pas faits en vain. L'autre facteur, non moins important, est que la population concernée doit aussi comprendre la raison pour laquelle la justice est rendue. On note, par ailleurs, que souvent, c'est la population qui attend ou exige même que la justice internationale intervienne…

Il existe une « place de manifestation » à côté des bâtiments de la Cour pénale internationale, près du cadeau national hollandais, le *Crystal de sel*, qui symbolise en même temps la mer comme fondement de la vie de l'humanité et les larmes humaines versées par les victimes des crimes. Quand j'y jette un coup d'œil depuis mon bureau, je vois souvent des manifestations contre la mise en accusation de quelqu'un ou, bien plus souvent, contre l'absence de procès pénal contre d'autres.

Cependant, même ces manifestions prouvent la présence de la question minoritaire quand, le plus souvent, les manifestants invitent le Procureur de la Cour pénale internationale à lancer des investigations en matière des crimes de guerre ou des crimes contre l'humanité commis contre telle ou telle communauté ethnique ou religieuse vivant dans leurs pays.

IDENTITÉ NATIONALE ET CITOYENNETÉ DANS LE DROIT COLONIAL FRANÇAIS[1]

Félicien LEMAIRE

Depuis le début de la Ve République, et plus encore depuis les indépendances des anciennes colonies françaises en 1960, on pouvait penser l'analyse close sur l'identité nationale et la citoyenneté dans le droit colonial français. Il n'en est rien. Le renouvellement des études sur la notion d'« empire colonial[2] » et les débats parallèles sur l'identité nationale[3], l'universalité des droits et le cosmopolitisme[4], sur fond d'une perte de repères liée à la mondialisation autant qu'à la construction européenne, poussent très logiquement la doctrine à revisiter les anciennes approches. La déconstruction des représentations et figures du colonialisme, dans ses fondements

[1] Ce texte est issu d'une communication au colloque final du projet CITƐR (L'Europe et les frontières de la citoyenneté), « Les degrés de la citoyenneté. Question coloniale, race et droits », organisé à la MSH Ange Guépin de Nantes, 18-20 septembre 2019, dans le cadre du programme de recherche Alliance Europa. L'intérêt, bien connu, du professeur Stéphane Pierré-Caps pour le droit démotique nous porte naturellement à le présenter dans les mélanges en son honneur, dans une version plus étoffée.

[2] Sans se montrer exhaustif, cf. notamment O. Le Cour Grandmaison, *La République impériale*, Paris, Fayard, 2009 ; P. Singaravélou, *Professer l'empire*, Paris, A. Colin, 2013 ; et sous sa direction, *Les empires coloniaux. XIXe-XXe siècle*, Paris, Seuil, coll. « Points », 2013. V. également sur le champ plus strictement juridique dans la revue *Jus Politicum*, n° 14, Dossier « Peut-on penser juridiquement l'Empire comme forme politique ? », juin 2015, et en particulier les contributions, dans ce numéro, d'O. Beaud, « L'Empire et l'empire colonial dans la doctrine publiciste française de la Troisième République », et Y. Urban, « La citoyenneté dans l'empire colonial français est-elle spécifique ? ».

[3] Les notions de « nationalité » et de « citoyenneté » ne seront ici abordées que dans le cadre spécifique du droit colonial français. Pour une approche plus générique de l'identité nationale, nous renvoyons à l'importante littérature qui s'est développée sur ce point, notamment D. Colas, C. Emeri et J. Zylberberg (dir.), *Citoyenneté et nationalité. Perspectives en France et au Québec*, Paris, PUF, 1991 ; C. Wihtol de Wenden (dir.), *La citoyenneté*, Ediling, Fondation Diderot, 1988 ; G. Koubi (dir.), *De la citoyenneté*, Paris, Litec, 1995 ; F. Constant, *La citoyenneté*, Paris, Montchrestien, coll. « Clefs politique », 2e éd., 2000 ; D. Schnapper, *in La communauté des citoyens. Sur l'idée moderne de nation*, Paris, Gallimard, 1994 ; du même auteur *Qu'est-ce que la citoyenneté ?*, Paris, Gallimard, coll. « Folio/Actuel », 2000.

[4] V. notamment Ulrich Beck, *Qu'est-ce que le cosmopolitisme ?,* Paris, Aubier, coll. « Alto », 2006 ; et D. Lochak, *Le droit et les paradoxes de l'universalité*, Paris, PUF, coll. « Les voies du droit », 2010.

historiques et culturels[5], s'impose également aujourd'hui avec plus de netteté dans les fondements et analyses juridiques. Sans doute parce que l'identité des interrogations appelle à un regard croisé des analyses. Sans doute aussi parce que l'innervation dans les sociétés des principes coloniaux a été si profonde qu'il y a encore un avantage à réinstruire dans les différents champs disciplinaires les idées qui ont circulé sur les buts et la philosophie de cette politique.

Point de départ, relativement évident, du sujet : dans la perspective juridique comme historique, les notions d'« identité nationale » et de « citoyenneté » dans le cadre colonial français posent, à n'en pas douter, la question de l'assimilation des populations colonisées et des modalités institutionnelles utilisées. La colonisation française — comme chacun le sait — n'a jamais consisté en une simple occupation du territoire. Qu'on la dissocie ou pas du modèle britannique de « *self-government* », c'est une entreprise de remodelage des sociétés conquises, une volonté de conformer leurs règles aux règles de l'hexagone[6]. Lorsque le droit n'est pas uniformisé, c'est certes un droit dérogatoire qui s'applique, mais en principe de manière transitoire en n'ayant d'autre but que d'aboutir à une identité de règles. De fait le droit colonial catégorise, définit ce qui relève ou non de l'identité nationale, et qui doit en conséquence relever de statuts différenciés ou pas.

La distinction concrètement établie entre « nationalité » et « citoyenneté » traduit typiquement cette entreprise de ségrégation des règles dans le cadre colonial, en intégrant ou rejetant aux frontières de la citoyenneté certaines populations, tout en les considérant partie intégrante du tout constitué par l'Empire français : « la France de cent millions d'hommes », « la plus grande France » répartie sur les cinq continents, comme cela a été chanté sous la IIIe République, dans un appel à l'universalisme républicain.

---

[5] Les historiens, spécialistes de l'histoire coloniale française traitent depuis les années soixante-dix cette thématique. Il est cependant observé que les études sur le fonctionnement de l'État colonial, sur le droit colonial, les administrations et le personnel administratif sont plus récentes. V. en ce sens I. Merle, « De la "légalisation" de la violence en contexte colonial. Le régime de l'indigénat en question », *in* Dossier « l'État colonial », *Politix*, n° 66, 2004, p. 137-162, sp. p. 138, note 3.

[6] La colonisation française, conçue comme centralisée, est en effet classiquement pensée différente de la colonisation britannique qui a reposé sur le développement du « self-government » dans les territoires coloniaux (V. en ce sens P. Legendre, *Trésor historique de l'État en France. L'Administration classique*, Paris, Fayard, 1992, 638 p. ; également A.S.B. Olver, « La politique coloniale britannique », *Politique étrangère*, n° 2, 1945, p. 119-126). Mais la réalité fonctionnelle n'a pas toujours correspondu à cette perception. Un rapprochement des deux modèles a pu être effectué, dès lors qu'on constate dans les faits une certaine forme de décentralisation de l'organisation administrative coloniale française (V. sur ce point V. Dimier, « Cultures nationales et politiques coloniales dans les années 1930-1940 : pour une révision des comparaisons franco-britanniques », *Revue Internationale de Politique Comparée*, 7 (3), 2000). En revanche, il est constant que dans son fondement, le système colonial français est bien fondé sur le principe d'assimilation. Tout réside cependant dans la lecture et l'application qui en est faite, comme un principe inclusif ou au contraire un principe destiné à exclure.

Encore convient-il de préciser ce qu'on entend par « nationalité » et « citoyenneté », notions qui classiquement se superposent au point d'être confondues[7], mais qui n'ont pas en réalité la même signification. À strictement parler, la nationalité définit le lien juridique d'appartenance d'un individu à un État ; tandis que la citoyenneté définit la jouissance des droits civils et politiques d'un individu, ce qu'on entendait dans l'antiquité romaine sous le « droit de cité ». Mais il est habituel de considérer que les deux termes sont liés : un national français dispose normalement des droits propres à la citoyenneté, dont le droit de suffrage constitue l'une des principales caractéristiques, à côté des droits civils et sociaux. La citoyenneté apparaît, de ce point de vue, comme une conséquence logique de la nationalité, en exprimant un ensemble de compétences défini par l'État. C'est ce que dit en substance l'article 3 de la Constitution française actuelle de 1958, en mettant en exergue l'exercice des droits politiques : « Sont électeurs, dans les conditions déterminées par la loi, tous les nationaux français majeurs des deux sexes, jouissant de leurs droits civils et politiques. » Le Code électoral[8] et le Code civil[9] prolongent ce lien entre nationalité et citoyenneté dans la jouissance de l'ensemble des droits.

Il reste que l'un et l'autre termes ne sont pas toujours strictement liés. La superposition des notions de citoyenneté et nationalité n'est pas systématique et entière. Tout dépend de la conception que l'on a de l'étranger auquel il est possible dans certains États d'accorder des droits de citoyenneté. Dans ce cas la citoyenneté peut s'extraire de la nationalité. C'est ce que l'on observe dans des États issus d'anciens empires multinationaux qui n'hésitent pas à accorder de tels droits, en dépit d'une appartenance à des États différents[10]. Tel est le cas notamment en Hongrie du fait de l'héritage de l'Empire austro-hongrois, et dans une moindre mesure en Roumanie ou en Grèce, selon des modalités et des vocables variables. Les terminologies de « citoyenneté partielle », « citoyenneté extraterritoriale », « citoyenneté non-résidente », « double citoyenneté », utilisées pour caractériser ces situations[11], sont à cet égard

[7] V. notamment D. Schnapper, « Nationalité et citoyenneté », *Pouvoirs*, n° 160, 2017, p. 61-71.
[8] Cf. notamment l'article L2 du code électoral : « Sont électeurs les Françaises et Français âgés de dix-huit ans accomplis, jouissant de leurs droits civils et politiques et n'étant dans aucun cas d'incapacité prévu par la loi. »
[9] V. en ce sens le titre 1er bis, « De la nationalité française » (articles 17 à 33-2), notamment dans les dispositions relatives à l'acquisition de la nationalité française impliquant les droits et devoirs du citoyen. Ainsi, de manière significative, la cérémonie d'accueil dans la citoyenneté française (article 21-28) et l'article 22 qui précise que « La personne qui a acquis la nationalité française jouit de tous les droits et est tenue à toutes les obligations attachées à la qualité de Français, à dater du jour de cette acquisition. »
[10] V. notamment S. Pierré-Caps, *La multination. L'avenir des minorités en Europe centrale et orientale*, Paris, Odile Jacob, 1995.
[11] La Hongrie ne se contente pas, de ce point de vue, de reconnaître le principe d'un État multinational (cf. notamment le préambule de la Constitution de 2011) mais va jusqu'à reconnaître l'existence d'une nation au-delà des États, une nation hongroise pluriétatique, en conférant des droits de citoyenneté à ceux qui se voient reconnaître une origine hongroise, bien qu'établis

significatives de la conception libérale du terme citoyen qui ne se confond pas toujours avec la nationalité et dont les logiques peuvent même être inversées[12].

Dans le prolongement de cette analyse, on n'omettra pas de souligner à l'appui de la doctrine que même dans le droit français, « la figure juridique de l'étranger » par distinction avec celle du national est somme toute tardive[13]. À l'opposition national/étranger, on préfère jusqu'à la fin du XIXe siècle très largement l'opposition domicilié/non domicilié, dans un cadre qui n'est d'ailleurs pas strictement national et qui peut être simplement local. Pendant longtemps, la distinction national/étranger n'est ainsi pas déterminante pour définir l'appartenance à une communauté. Pour le dire plus généralement, le droit de la nationalité est très tardif dans l'ensemble des États[14].

« Lorsque débute la Révolution, il n'existe pas de définition explicite du Français », nous explique en ce sens Patrick Weil[15]. Ce qui n'est pas sans incidence sur la notion de citoyen. Aussi ne peut-on être surpris que dans les premières années de la Révolution le titre de citoyen soit généreusement accordé à des étrangers qui ont rejoint la Révolution, comme le prussien Anacharsis Cloots proclamé citoyen français par décret de l'Assemblée nationale législative le 26 août 1792 ; de même que Thomas Paine, George Washington, ou encore Alexander Hamilton et Jeremy Bentham. Dans la logique universaliste de la Révolution, la mesure est éminemment symbolique en considérant que des « hommes qui, par leurs écrits et par leur courage, ont servi la cause de la liberté et préparé l'affranchissement des peuples, ne peuvent être regardés comme étrangers[16] ». Elle a un caractère principalement

---

hors des frontières de l'État depuis plusieurs générations (cf. en ce sens K. Yuvanatemiya, *Le concept de nation et les aménagements institutionnels et juridiques de l'État au regard de la pluralité nationale : les exemples de la France, de la Belgique, de la Hongrie et de la Roumanie*, Thèse, Université de Lorraine, 2014, p. 91-117.) Ceci ne va pas sans générer des difficultés au regard du principe international de souveraineté de l'État, avec des potentialités de conflits de droits et compétences entre les États. V. Assemblée Parlementaire du Conseil de l'Europe, Document n° 9744 relatif au traitement préférentiel des minorités nationales par l'État-parent, 13 mai 2003 ; également Commission européenne pour la démocratie par le droit (Conseil de l'Europe), *Rapport sur le traitement préférentiel des minorités nationales par leur État-parent*, Venise, les 19-20 octobre 2001.

[12] Les définitions sont en effet ici prises à partir de la logique juridique française. Elles peuvent être différentes dans certains systèmes juridiques en distinguant l'appartenance culturelle et/ou sociologique à une communauté nationale (ce qu'on peut entendre par minorité nationale) et l'appartenance à l'État (alors entendue comme une citoyenneté).

[13] V. très utilement sur ce point V. Tchen dans le chap. 1er de son manuel, *Droit des étrangers*, Paris, LexisNexis, 2e éd., 2022, p. 25-57 ; et G. Noiriel, *Immigration, antisémitisme et racisme en France (XIX-XXe siècle), Discours publics, humiliations privées*, Paris, Fayard, 2007.

[14] La notion de nationalité émerge progressivement, notamment avec E. de Vattel dans son ouvrage de 1758, *Le droit des gens ou principes de la loi naturelle appliqués à la conduite et aux affaires des Nations et des souverains*, reproduction de 1916, par le Carnegie Institution, Washington, avec une Introduction d'Albert de Lapradelle disponible sous forme numérisée, https://archive.org/details/ledroitdesgensou01vattuoft.

[15] P. Weil, *La France et ses étrangers*, Paris, Folio, coll. « Actuel », 1991.

[16] *Archives Parlementaires*, 1e série, t. 49, séance du 26 août 1792, p. 10-11.

honorifique, et rencontrera d'ailleurs — fort rapidement — plus que des nuances dans la démarche[17]. Mais elle est aussi à sa manière significative de ce que les concepts de nationalité et de citoyenneté ne doivent pas être confondus et qu'une disjonction est possible ; une fois encore au regard de la conception qu'on se fait de l'étranger : ami ou ennemi de la Révolution, dans une articulation entre souveraineté et citoyenneté, comme ce fut le cas au moment révolutionnaire[18] ; né ou pas sur le territoire français comme on le fera ultérieurement.

Mais là où cette distinction entre les deux notions est essentiellement positive dans la période révolutionnaire, en assurant une inclusion des personnes étrangères dans la cité, dans le cadre colonial, elle prend plutôt la forme de l'exclusion, même si ce n'est que de manière temporaire. C'est que, à le dire succinctement avant de mieux l'explorer, la distinction nationalité/citoyenneté répond à des objectifs pratiques. La colonisation, conçue comme une entreprise de domination du colonisateur sur les populations et les territoires colonisés, s'éloigne volontairement de l'idéal d'égalité et de liberté issu de la Déclaration des droits de l'homme et du citoyen (DDHC). Tout en se réclamant de cet idéal, au prétexte d'assimiler, le discours républicain nourrit les plus grands paradoxes (I). La réalité du droit colonial — de ses développements doctrinaux, textuels et jurisprudentiels jusqu'aux abords de la Ve République — est celle d'une asymétrie du droit, totalement voulue quoique posée comme temporaire ou transitoire (II).

I. Les paradoxes du discours républicain sur l'assimilation coloniale

Paradoxes d'abord (!), car ni les principes issus de la DDHC ni les principes républicains ne sont étendus aux colonies (A). La distinction coloniale établie entre nationalité et citoyenneté scelle ces paradoxes (B), malgré la justification globalement faite, à savoir l'adoption de dispositions particulières pour tenir compte de la spécificité des populations d'outre-mer. Doux euphémisme qui n'a pas d'autre sens que l'affirmation de l'infériorité desdites populations.

---

[17] Le décret du 5 nivôse an II (25 décembre 1793) conserve le titre de citoyen aux différentes personnalités, mais précise néanmoins dans son article 1 que « tous individus nés en pays étrangers sont exclus du droit de représenter le peuple français » et plus spécifiquement dans son article 2 que « les citoyens nés en pays étrangers qui sont actuellement membres de la Convention nationale ne pourront à compter de ce jour, participer à aucune de ses décisions ».

[18] V. en ce sens S. Wahnich, *L'impossible citoyen, l'étranger dans le discours de la Révolution française*, Paris, Albin Michel, coll. « Bibliothèque Histoire », 1997, réédité en 2010, coll. « Bibliothèque de l'Évolution de l'humanité ».

A. Les aménagements avec les grands principes

La torsion des grands principes est avérée. Les accommodements sont nombreux avec les droits de l'homme, mais aussi avec les grands principes de l'organisation de l'État.

1. Les accommodements avec les droits de l'homme : l'universel... non universel

Conformément à l'esprit révolutionnaire, les droits de l'homme reçoivent dans leur principe une acception universelle. C'est, pour le moins, le propos soutenu par les divers membres de la Société des amis des Noirs ; notamment Mirabeau qui, à la suite de la proclamation de l'égalité et la liberté de tous les hommes dans la DDHC, affirme que la « grande cause de la liberté des Nègres [est] enveloppée dans celle générale de l'espèce humaine »[19]. Sur cette base, on ne saurait minorer la décision révolutionnaire d'abolition de l'esclavage. Certes, cette approche est globalisante. Formulée de manière aussi simpliste, elle occulte, à la même époque, les nombreux discours contraires à cette lecture[20] et s'affranchit trop rapidement du réalisme politique et contextuel qui a indéniablement pesé sur cette décision. L'abolition de l'esclavage intervient en effet plus de quatre ans après la DDHC, le 16 pluviôse an II (4 février 1794)[21]. Elle est pour beaucoup dictée par les révoltes des Noirs à Saint-

---

[19] Cité par Y. Bénot, « Les deux abolitions de l'esclavage », *in* J. -J. Becker et al. (dir.), *Histoire des gauches en France*, Paris, La Découverte, 2005, p. 255-266, sp. p. 256. V. également S. Bianchi, « Les Bières flottantes des négriers, un discours non prononcé sur l'abolition de la traite des Noirs », *Annales historiques de la Révolution française*, n° 325, juillet-septembre 2021, https://journals.openedition.org/ahrf/1134.

[20] On mentionnera en ce sens, à titre d'exemple, le cynisme de Barnave qui voit dans l'esclavage le maintien de l'intérêt des colons et des commerçants et par suite l'intérêt de la France : « Il est donc parfaitement vrai que c'est de l'intérêt national dont il s'agit et qui ne peut être mis en balance avec l'impatience suggérée à un petit nombre d'individus qui, jouissant déjà de tous les droits civils dont la nation leur promet le maintien et l'intégrité, exposent le royaume à sa ruine pour conquérir les droits dont comme je l'ait dit, plusieurs millions de Français sont privés par la Constitution. [...] mais si l'on approfondissait la question autant qu'elle peut l'être, on trouverait qu'il est de l'intérêt de la métropole que l'exercice des droits soit borné et limité dans les hommes de couleur ; car, il est politiquement vrai de dire que l'esprit de retour n'existe pas dans les hommes de couleur ; que les blancs sont plus ou moins français, parce que la France est leur première patrie ; que là sont presque toujours leurs familles ; qu'il n'en est presque aucun qui ne conserve un esprit de retour dans la métropole, tandis que les hommes de couleur étant nés sur des lieux, n'ayant aucune espèce de liaison avec leur mère patrie une fois qu'ils auraient obtenu tout ce qu'ils demandent aujourd'hui, deviendraient véritablement par leur esprit, par leur instinct et par leurs sentiments, absolument étrangers à la France, dont les blancs ne cessent jamais de se croire les enfants. » Cf. Rapport sur les colonies, 23 septembre 1791, *in Orateurs de la Révolution française*, Les Constituants, I, Paris, Gallimard, coll. « La Pléiade », 1989, p. 74. Pour une approche très critique des Lumières et de la Révolution française, cf. notamment X. Martin, *Nature humaine et Révolution française*, Paris, DMM, 1994.

[21] Selon le décret du 16 pluviôse an II, « la Convention nationale déclare que l'esclavage des Nègres dans toutes les colonies est aboli ; en conséquence, elle décrète que tous les hommes,

Domingue en août 1793, ce qui aboutit à l'abolition de l'esclavage dans la partie nord de ce territoire le 29 août puis le 21 septembre 1793 dans la partie sud. Elle est également conditionnée par la rivalité avec l'Angleterre et apparaît à cet égard aussi comme un enjeu symbolique. L'Empire français étant mis en péril sur ces territoires avec les différentes révoltes, souvent aidées par les ennemis anglais ou espagnols, la crainte du spectre du nouveau « Spartacus noir » était, à n'en pas douter, réelle[22]. Cependant, admettons avec Yves Bénot[23] qu'il y aurait une forme de mauvaise foi à dénigrer cette abolition, alors que l'Angleterre ne procédera de son côté à une abolition générale qu'en 1833, au demeurant de manière progressive. Aux premiers abords, l'universalisme semble donc s'imposer, même si force est de constater que les révolutionnaires français ne concevaient également le plus souvent l'abolition de l'esclavage que de manière graduelle, en pensant devoir repousser sa concrétisation dans le temps[24]. Les révoltes à Saint-Domingue démontrèrent à beaucoup l'urgence qu'il y avait à statuer sur ce point.

À ce stade révolutionnaire, malgré les atermoiements sur l'esclavage, le principe d'une inclusion des colonies semble être posé sur le plan institutionnel, surtout à partir de la proclamation de la République et de son principe cardinal d'indivisibilité[25]. Un universalisme par décrets s'impose. La crise du 9 thermidor (27 juillet 1794) ne change pas cette ligne politique. Les colonies françaises, selon l'article 6 de la Constitution du 5 fructidor an III (22 août 1795), étaient ainsi parties intégrantes de la République et soumises à la même loi constitutionnelle, même si la règle de l'assimilation législative ne prit souvent que le caractère d'une déclaration de principe, soit du fait de l'occupation de certains territoires par des troupes étrangères, soit du fait des

---

sans distinction de couleur, domiciliés dans les colonies, sont citoyens français, et jouiront de tous les droits assurés par la Constitution ».

[22] On n'oubliera pas que, parmi d'autres raisons, c'est également cette crainte qui amena Victor Schœlcher, à réclamer l'abolition immédiate en 1848 (cf. le décret d'abolition du 27 avril 1848).

[23] Cf. Y. Bénot, « Les deux abolitions de l'esclavage », *op. cit.*

[24] Il y avait en effet des révolutionnaires pour défendre la cause des Noirs, au-dedans et en dehors de la Société des amis des Noirs (V. en ce sens M. Dorigny et B. Gainot, *La Société des amis des noirs, 1788-1799. Contribution à l'histoire de l'abolition de l'esclavage*, coll. Mémoire des peuples, Paris, Ed. UNESCO, 1998 ; également Y. Bénot, *La Révolution française et la fin des colonies (1789-1794)*, Paris, La découverte, coll. « Poche », 2004). Cependant les débats sur le sujet étaient le reflet des vieilles contradictions bien connues que l'on trouvait déjà chez les Lumières (cf. sur ce point X. Martin, *Nature humaine et Révolution française*, Paris, DMM, 1994). Les défenseurs des Noirs défendaient avec ardeur quelques principes, notamment l'abolition de la traite et l'octroi de droits civiques. « Périssent les colonies plutôt qu'un principe » déclara ainsi avec emphase Robespierre en 1791. Cependant, dans une démarche essentiellement politique, ils hiérarchisaient les objectifs et, bien qu'abolitionnistes, ils concevaient souvent l'abolition de l'esclavage comme une étape plus lointaine, sans se préoccuper véritablement de ce que cela avait de contradictoire avec la fameuse Déclaration de 1789.

[25] V. F. Lemaire, *Le principe d'indivisibilité de la République. Mythe et réalités*, Rennes, PUR, 2010, not. p. 118-124.

revendications d'autonomie des colons blancs et leur refus d'appliquer les règles établies en métropole. Mais, suivant les termes d'Arthur Girault, la règle prévalait : « Pour montrer qu'elle n'entendait point céder aux velléités séparatistes des planteurs, la Convention étendit aux colonies son célèbre principe de l'unité et de l'indivisibilité du territoire[26] », caractérisé par le principe de la centralité législative. Les colonies furent représentées à la Convention. La loi du 11 septembre 1793 assimilait déjà en ce sens les colonies aux départements, même si cette assimilation n'était que relative au domaine du commerce et des douanes, avant que soit décidée l'abolition de l'esclavage et posé le principe de l'unité de jurisprudence sur l'ensemble du territoire.

Au-delà de ce constat premier inhérent aux affirmations de principe de la Ire République, la réalité sera à la suite celle d'un anti-universalisme. Avec Napoléon Bonaparte, c'est en effet le retour de l'esclavagisme. L'abolition de 1848 n'apparaît sous ce prisme que comme une parenthèse au regard des règles établies sous le Second Empire. Les principes des droits de l'homme ne s'étendent pas en effet aux colonies, en instruisant sur le fond comme dans la forme une hiérarchie entre les populations et pour tout dire une hiérarchie raciale. Sur le fond, ce schéma institutionnel et relationnel est conforté sous la IIIe République, en dépit de l'affirmation et du rétablissement des principes républicains. L'égale dignité de l'Homme ne s'applique pas aux populations des colonies ou indigènes. Selon des termes que résume parfaitement Olivier Le Cour Grandmaison, à l'appui des représentations de nombreux auteurs de l'époque (historiens, ethnologues, sociologues et juristes) ou hommes politiques, acteurs dans les colonies ou exerçant une influence dans ces territoires : le Noir est suivant les locuteurs « un sauvage » ou un « grand enfant ». L'Arabe est quant à lui « un barbare », « menaçant » et « inassimilable » ; tandis que l'Annamite, « mystérieux et impénétrable, […] appartient à une civilisation importante, certes, mais qui est inférieure sur bien des points[27] ». L'égalité en droits ne peut donc être ni consacrée ni requise. La réalité des droits est ségrégative.

Comment justifier cela par rapport aux droits de l'homme ? Pour les uns : il ne faut pas le justifier. Mieux vaut même en critiquer les principes comme utopiques et irréalistes dans leur application aux colonies[28], en s'appuyant au

---

[26] A. Girault, *Principes de colonisation et de législation coloniale*, Paris, Larose, 1895, p. 181.
[27] O. Le Cour Grandmaison, « Droits de l'homme, loi(s) et colonies », *Droits*, n° 43, 2006, p. 141-164, sp. p. 144.
[28] À titre d'exemple Jules Vernier de Byans qui s'exprime dans les termes suivants en 1905 dans sa thèse de droit (*Condition juridique et politique des indigènes dans les possessions françaises*, A. Leclerc éditeur, 1905, p. 132) : « Les peuples que nous avons à gouverner n'étant pas arrivés à un degré suffisant de civilisation pour comprendre la portée des principes de 1789, la théorie doit ici [...] s'incliner devant la nécessité. » De même le Général et historien Paul Azan qui écrit en 1925 (*in L'armée indigène nord-africaine*, Paris, Ch. Lavauzelle & Cie, 1925, p. 39) : « L'indigène n'est pas comparable au Français [...] il n'a ni ses qualités morales, ni son instruction, ni sa religion [...], ni sa civilisation. L'erreur est généreuse et bien française ; elle a

besoin sur les travaux scientifiques justifiant la hiérarchie des races. Pour d'autres, il suffit d'invoquer l'exception au droit, lié aux particularismes et l'application de régimes juridiques différents. Vu sous cet angle, et non sans paradoxe, la DDHC « a aussi servi de justification à l'empire colonial français », comme le note très justement Édouard Delruelle, dans la logique d'un « universalisme extensif », marqué au fond moins par des droits naturels — applicables à tous — que par une idéologie et des valeurs auxquelles il convient de s'assujettir pour en avoir le bénéfice[29] ; en bref un universalisme « pour le pire comme le meilleur[30] », en faisant en définitive référence à un standard prédéfini, « un individu normalisé » pour reprendre la formule de Danièle Lochak[31]. On retrouve ces deux approches dans le droit adopté.

2. *Les accommodements avec l'unité du droit applicable et les principes de l'organisation de la France*

C'est un fait, les grands principes posés par les révolutionnaires ne sont pas respectés. En premier lieu, l'unité du droit posée par la Convention est reniée quand bien même il avait été notoirement rappelé par Boissy d'Anglas — dans son discours du 20 août 1795 — qu'il ne doit exister qu'un seul tribunal de cassation en France et que par suite le principe de l'unité de jurisprudence sur l'ensemble du territoire national doit s'appliquer également aux colonies[32].

été commise par ceux qui ont rédigé la "Déclaration des droits de l'homme et du citoyen", au lieu de rédiger plus modestement la "Déclaration des droits du citoyen français". » Ces auteurs sont cités par O. Le Cour Grandmaison, *in* « Droits de l'homme, loi(s) et colonies », art. cit., p. 141.

29 L'auteur reprend ici la distinction établie par E. Balibar entre « universalisme *intensif* » et « universalisme *extensif* ». Sous ce dernier angle, la Déclaration est en effet analysée moins dans sa logique d'affirmation d'une égalité de droits pour tous que dans la logique d'une affirmation idéologique et hégémonique de nouvelles valeurs et nouveaux principes : en somme un « universalisme de conversion ». Cf. E. Delruelle, « Quel universalisme des droits de l'homme », *RTDH*, n° 98, 2014, p. 353-362, sp. p. 359.

30 V. en ce sens N. Rouland, « Autonomie et autochtonie dans la zone pacifique sud : approches juridique et historique », *RFDC*, 2015, n° 104, p. 911-934, sp. p. 913-914.

31 Dans cette relativisation de l'universel, on ne peut que souscrire au point de vue de D. Lochak, lorsqu'elle explique que « les règles formulées de façon générale et impersonnelle, de portée soi-disant universelle, ont été en réalité conçues non pas en fonction d'une humanité abstraite idéalement présente dans tous les individus concrets mais pour s'appliquer à un individu "normalisé", correspondant au modèle majoritaire et/ou dominant, à savoir le national, de sexe masculin, hétérosexuel, appartenant à l'ethnie et à la religion majoritaires, jouissant de toutes ses facultés physiques et mentales ? ». Cf. sa contribution « L'autre saisi par le droit », *in* B. Badie et M. Sadoun (dir.), *L'autre. Études réunies pour Alfred Grosser*, Paris, Presses de la Fondation nationale des sciences politiques, 1996, p. 181.

32 Cf. Boissy d'Anglas, le 20 août 1795, en réponse au député Gouly : « Le motif qui a engagé la Convention à n'établir qu'un seul tribunal de cassation en France, est la nécessité d'avoir unité de jurisprudence ; ce but serait manqué s'il y avait un tribunal en France et un autre aux Indes. Si les raisons qu'a données Gouly pour appuyer sa proposition pouvaient influer sur la

Le principe de l'unité du territoire et de l'indivisibilité de la République qui aboutit logiquement en France à l'affirmation du caractère unitaire de l'État se trouve contredit par l'idée d'un fédéralisme colonial rampant, du fait de la mise à l'écart des colonies des institutions politiques. La doctrine a d'ailleurs beaucoup disserté sur ce point. Faut-il qualifier la France d'État unitaire ou d'État fédéral ? Ni l'un ni l'autre au vrai, dès lors qu'il s'agit d'évoquer les colonies. L'élémentaire réalisme porte à considérer que la France est un État impérial à l'exemple de l'Angleterre. Non pas tant à travers ce qui serait l'expression d'un gouvernement autoritaire dans son principe politique (en particulier sur le territoire métropolitain), en prenant la forme d'un pouvoir fondamentalement autocratique ; mais en ce qu'il implique dans le lien colonial spécifique une relation de domination entre l'État colonisateur européen et les populations coloniales placées sous sa dépendance, une inégalité dans les statuts en contradiction avec les principes démocratiques. En somme, tout compris — métropole et colonies — il apparaît en substance et dans son expression globale comme un « empire colonial » ; ce que sa forme politique et constitutionnelle n'annonce pas nécessairement, du moins en ce qui concerne la IIIe République[33]. C'est ce qu'indiquent avec la plus grande lucidité Joseph Barthélemy et Paul Duez dans leur Traité de droit constitutionnel de 1933 :

> Il y a cent millions d'individus soumis à la souveraineté française. Il y en a quarante millions qui se pressent sur la partie occidentale de l'Europe [...]. C'est à ces quarante millions seulement et à ce territoire dit métropolitain que s'appliquent exclusivement le droit constitutionnel et tous nos développements[34].

Ils explicitent leur point de vue :

> On ne saurait nier que, dans cette organisation empirique de la communauté française, l'idéologie que nous avons héritée de la Révolution française souffre de nombreuses atteintes. La métropole est organisée sur le mode libéral ; les dépendances sur le mode

---

Convention nationale, qu'elle prenne garde que ces raisons pourraient s'appliquer aux autres colonies ; qu'elle prenne garde enfin que les mêmes raisons pourraient fonder la demande d'un corps législatif pour chacune de nos colonies. » *Moniteur universel*, 1795, p. 1341.

[33] Ceci s'entend comme tel juridiquement, à moins d'admettre à côté de la Constitution écrite libérale de la IIIe République, l'existence d'une constitution non écrite coloniale, de nature autoritaire. On n'y verra cependant qu'une formule, dès lors que le droit colonial réside essentiellement dans une législation coloniale, qui plus est peu conforme au droit constitutionnel puisque assortie de nombreuses délégations au pouvoir exécutif sur la capacité de régir les colonies. A. Esmein ne manque pas d'ailleurs de critiquer ce dernier point : « Cependant les sénatus-consultes donnent très largement au pouvoir exécutif le droit de régir les colonies par simples décrets au lieu de lois, ce qui est difficilement compatible avec les principes de la Constitution actuelle. », *in Éléments de droit constitutionnel français et comparé*, Paris, Sirey, 6e éd., 1914, p. 583, note 1.

[34] J. Barthélemy et P. Duez, *Traité de droit constitutionnel*, 1933, rééd. Ed. Panthéon Assas, 2004, p. 283.

autoritaire. Notre droit pose le principe de l'égalité native des hommes […]. Or, notre système impérial présuppose l'inégalité des races[35].

Sans doute, les juristes sont-ils plus souvent qu'à leur tour des serviteurs fidèles de ce qui, dans une forme euphémisée ou plus spécifique, est évoqué moins sous le sceau de « l'empire colonial » que sous celui du « droit colonial », de « la législation coloniale » ou du droit applicable aux « indigènes ». Mais on ne peut manquer de solliciter les auteurs, sinon critiques de la colonisation, pour le moins conscients de l'importance des torsions faites aux grands principes juridiques, y compris dans des propos empreints d'une démarche plus théorique que concrète. Ainsi Adhémar Esmein, dans une réflexion tout en profondeur, lorsqu'il explique que l'approche faite du statut des habitants dans les colonies relève au fond de la « souveraineté territoriale », expression de la conception ancienne de la souveraineté patrimoniale telle qu'elle existait sous la monarchie, et non en propre de la « souveraineté nationale[36] ». L'essentiel est dit : en expliquant de la sorte que si on procède bien à une intégration des territoires, on ne procède pas à une intégration réelle des individus ; le droit de cité étant déterminé en fonction du lieu d'appartenance territoriale, de l'origine territoriale et aussi du critère racial dès lors que les Européens nés sur ces territoires ne sont pas assujettis aux mêmes règles. Comme l'évoque Yerri Urban, cette « différence de nature entre le territoire métropolitain, territoire de la nation et le territoire colonial, territoire de l'État[37] » est également défendue par Maurice Hauriou, notamment dans son *Précis élémentaire de droit constitutionnel* de 1930. Au total, une manière implicite de dire ou reconnaître que le principe d'indivisibilité est méconnu[38]. Et il est à peine nécessaire de souligner que de l'époque révolutionnaire à la IIIe République, les textes sont nombreux à défendre ce droit d'exception[39].

---

[35] *Ibid.*, p. 288-289.

[36] Le propos d'A. Esmein mérite d'être cité plus longuement pour le comprendre : « Même là où, comme chez nous, la souveraineté est devenue nationale, sur les parties du territoire où tous les habitants n'ont pas acquis la qualité et les droits de citoyens français, la souveraineté territoriale produit intégralement ses anciens effets. C'est ainsi que dans nos colonies nous avons des sujets français à côté des citoyens français. » (souligné par l'auteur dans le texte), *in Éléments de droit constitutionnel français et comparé*, *op. cit.*, p. 2.

[37] Y. Urban, « La citoyenneté dans l'empire colonial français est-elle spécifique ? », *Jus Politicum*, n° 14, juin 2015.

[38] Il est notable cependant que la conception unitaire de l'État français empêche pour beaucoup les juristes d'afficher en la matière toute la clarté d'analyse qui s'impose. C'est ce qu'on observe par exemple dans les hésitations de Louis Rolland et Pierre Lampué qui tentent vainement d'articuler le droit colonial avec le caractère unitaire de l'État, malgré le constat de la fragmentation de la citoyenneté (*Précis de législation coloniale [colonies, Algérie, protectorats, pays sous mandats]*, 3e éd., Dalloz, 1940). V. en ce sens, les commentaires de Y. Urban et O. Beaud sur la doctrine de droit public dans leurs articles respectifs précités du n° 14 la revue *Jus Politicum*.

[39] V. O. Le Cour Grandmaison, « L'exception et la règle : sur le droit colonial français », *Diogène*, n° 4, 2005, p. 50.

Autre dérogation faite à un grand principe, celui de la séparation des pouvoirs. En effet, dans beaucoup de colonies, ce sont les administrateurs territoriaux qui prononcent les sanctions disciplinaires, alors que dans l'épure de la règle toute personne ne peut être arrêtée ou détenue que par ordre de l'autorité judiciaire, normalement gardienne des libertés individuelles.

B. La distinction coloniale entre nationalité et citoyenneté pour les « indigènes »

C'est sur ces bases que, par une diplopie propre au droit colonial, une distinction est établie à l'intérieur des nationaux français, en distinguant les citoyens français de ce qu'il sera convenu d'appeler les « indigènes ».

1. L'existence de sujets français, non citoyens : la nationalité sans la citoyenneté

Les juristes sont nombreux à épouser cette logique de discrimination faite aux indigènes, à l'instar d'Henry Solus, professeur de droit à l'Université de Poitiers : « Il peut être inopportun et même dangereux de leur accorder tous les droits politiques et les libertés individuelles à la jouissance desquels ils ne sont pas préparés. Et c'est pourquoi, à la vérité, les indigènes de la plupart des colonies françaises ne sont que des sujets, protégés ou administrés français, et non pas citoyens français[40]. » Il explique à la suite qu'ils se situent dans une « situation intermédiaire entre les citoyens français et les étrangers », « par leur nationalité, ils se rapprochent des citoyens français et se différencient des étrangers ; par leur soumission au statut personnel indigène, ils se séparent des citoyens français et se trouvent dans une situation analogue à celle des étrangers[41] ».

Le mot « indigène » apparaît en conséquence dans les textes. Mais cette apparition n'est somme toute que l'effet d'une invention puisqu'au tout début, en Algérie, dans les années 1830, les textes distinguaient les « musulmans » des « israélites » et des « Français ». Une ordonnance de 1832, portant organisation judiciaire distingua de son côté « les naturels du pays » des « Français et étrangers ». Ces différentes classifications (musulmans, israélites, naturels du pays) seront remplacées par « indigènes ». La notion d'indigène est en fait née sur le territoire algérien, en écartant le mot « citoyen ». Elle apparaît dans la décision de la Cour d'Alger du 24 février

---

[40] H. Solus, *Traité de la condition des indigènes en droit privé*, Paris, Sirey, 1927, cité par O. Le Cour Grandmaison, « Du droit colonial », *Droits*, n° 463, 2006, p. 132.

[41] *Ibid.*, p. 132. Pour une lecture critique d'Henry Solus à partir de la notion de race, cf. I. Merle et L. Zevounou, « Systématiser la différenciation raciale à travers le régime juridique de l'indigène : la contribution d'Henry Solus », *in* Dossier « Penser la race en juriste : lectures critiques », *Droit et société*, n° 109, 2021, p. 593-605.

1862[42] à propos du refus en 1861 du Conseil de l'ordre des avocats d'Alger d'inscrire un juif d'Alger au barreau, au motif que la profession d'avocat est un privilège réservé aux seuls Français. La décision reconnaît la qualité de « Français » aux indigènes algériens, mais distingue les indigènes des citoyens français en ce qu'ils ne jouissent pas de tous les droits liés à la citoyenneté française. Cette décision est confirmée par la Cour de cassation en 1864[43] dans l'affaire *Élie Énos*[44], nom de l'avocat français en cause[45].

Par la suite d'autres textes vont venir à l'appui de cette distinction. Ainsi l'article 1er du sénatus-consulte du 14 juillet 1865 sur l'état des personnes et la naturalisation en Algérie dispose :

> L'indigène musulman est français ; néanmoins il continuera d'être régi par la loi musulmane. Il peut être admis à servir dans les armées de terre et de mer. Il peut être appelé à des fonctions et des emplois civils en Algérie. Il peut, sur sa demande, être admis à jouir des droits de citoyen français. Dans ce cas, il est régi par les lois civiles et politiques de la France.

Le même énoncé est appliqué à l'article 2 aux « indigènes israélites ». Le code de l'indigénat du 28 juin 1881 assoit plus encore cette évolution en distinguant à l'intérieur des Français, les « citoyens français » des « sujets français » dépourvus de citoyenneté, et donc — conformément à la figure des *sujets* monarchiques soumis à l'arbitraire du roi — simplement assujettis à l'autorité de la France sans disposer, en particulier, de droits politiques. On notera en l'occurrence que l'utilisation de la notion de « sujets » appliquée aux Algériens est un petit peu plus tardive que celle d'« indigènes ». Elle fait son apparition dans les arrêts de la Cour de cassation de 1864 à propos des indigènes algériens[46]. Le terme de sujet, autant d'ailleurs que celui d'indigène, s'appliquera alors à tous les Français n'ayant pas la citoyenneté, et ne se limite pas aux Algériens en s'appliquant à d'autres populations de l'Empire. Avec les nouvelles conquêtes des années 1850, le terme indigène sera ainsi également utilisé pour les populations du Pacifique (Kanaks et

[42] *Dalloz*, 1862-II - 178. Cf. M. S. Cherchari, « Indigènes et citoyens ou l'impossible universalisation du suffrage », *RFDC*, 2004, p. 741-770, sp. p. 745 et s. ; E. Saada, « La loi, le droit et l'indigène », *Droits*, n° 43, 2006, p. 165-190, sp. p. 170 et s. ; L. Blévis, *Sociologie d'un droit colonial. Citoyenneté et nationalité en Algérie (1865-1947) : une exception républicaine ?*, Thèse science politique, IEP d'Aix-en-Provence, 2004 ; Y. Urban, *L'indigène dans le droit colonial français*, 1865-1955, Paris, LGDJ/Fondation de Varenne, Collection des thèses, 2011 ; Y. Urban, « Le droit distordu. Empire colonial et forme juridique », *Droit & Philosophie*, n° 12, 2020, p. 83-104, sp. p. 91.

[43] Cass. civ., 15 février 1864, *Dalloz*, 1864-I-67.

[44] Pour une analyse détaillée de cet arrêt, cf. M. S. Cherchari, « Indigènes et citoyens ou l'impossible universalisation du suffrage », art. cit. L'auteur note à cet égard qu'Élie Aïnos devient selon l'écriture nouvelle de la Cour de cassation : É. Énos, *art. cit.*, p. 750, note 27.

[45] On ne s'attardera pas sur les tentatives faites pour conférer une situation particulière aux « *indigènes israélites* » en leur accordant des droits électoraux, notamment avec le décret Crémieux du 24 octobre 1870. Cela suscita la réprobation et fut écarté, en dépit des correctifs proposés (abrogation en 1940-1943).

[46] Cf. Cour de cassation, chambre civile, 15 février 1864.

Polynésiens), pour celles d'Afrique subsaharienne, et pour l'Asie du Sud-est (les Annamites ou Vietnamiens auxquels il convient d'ajouter les habitants des comptoirs français de l'Inde).

En revanche, les populations des anciennes colonies y échappent dans le principe : à savoir les populations des Antilles, de la Guyane et de la Réunion, si l'on considère qu'ils ont un statut de « citoyens français[47] ». C'est un paradoxe supplémentaire : celui d'une inégalité à l'intérieur des inégalités du « droit colonial ». Il est inutile de dire que le terme d'indigène n'est pas utilisé pour les populations annexées de Nice et la Savoie en 1870. À l'évidence, le critère utilisé n'est pas temporel. On ne saurait se contenter d'affirmer qu'il est simplement d'ordre géographique en intéressant l'outre-mer. Le trait identifiant majeur est racial puisque les indigènes sont, selon les appréciations de l'époque, marqués par une différence raciale ; ce qui est conforme aux théories évolutionnistes en cours : les populations ayant des niveaux d'évolution et de progrès jugés différents. La théorie universaliste issue des Lumières se trouve *de facto* balayée au profit du relativisme colonial et des théories nourrissant ce relativisme. Le juge lui-même relaie ce qui ne saurait être conçu comme une pure glose ou un jugement *a posteriori*. La Cour d'Alger considère ainsi en 1874 qu'« en droit, il résulte d'une interprétation constante du texte et de nombreux arrêtés que l'expression "indigènes" comprend dans sa généralité tous les individus qui habitent le nord de l'Afrique et qui n'appartiennent pas à la race européenne[48] ». Ce qui conduit d'ailleurs un temps l'administration à confondre les Tunisiens et Marocains avec les Algériens au nom du « critère de la race », avant de finalement plus strictement faire respecter le critère de la nationalité, pour établir un minimum de distinctions entre les habitants du nord de l'Afrique[49].

La question, prégnante sur le plan textuel et jurisprudentiel, a nécessairement des prolongements sur le plan politique. Chez les républicains, à savoir la Gauche sous la IIIe République, les points de vue sont loin d'être uniformes. Certains, comme Georges Clemenceau, s'opposent assez rapidement à la colonisation au nom des Lumières et des droits de l'homme et affirment nettement leur indignation à l'égard de la politique menée. Là où d'autres, comme Jean Jaurès, n'évolueront que sur le tard vers

[47] On ne tient pas compte ici de la catégorisation « doctrinale » établie par H. Solus, visant à distinguer les « indigènes citoyens français » et les « indigènes sujets français ».

[48] Cour d'Alger, 20 janvier 1874, publié dans R. Estoublon, *Jurisprudence algérienne de 1830 à 1876*, Alger, Adolphe Jourdan, 1874, p. 6. V. sur ce point E. Saada, « La loi, le droit et l'indigène », art. cit., p. 180.

[49] La logique suivie est identique en Cochinchine. Malgré le caractère multiethnique du territoire, sur la base de représentations raciales avalisées par un décret de 1864, une distinction est établie par les magistrats entre les Annamites (considérés « indigènes ») et les Asiatiques (notamment les Chinois, Cambodgiens). V. en ce sens Y. Urban, « Le droit distordu. Empire colonial et forme juridique », art. cit., sp. p. 91-95. V. également E. Hoeffel, *De la condition juridique des étrangers au Cambodge*, Strasbourg, Ch. Hiller, 1932.

l'anticolonialisme[50]. Mais, force est de constater que les responsables, parmi les plus importants, comme Gambetta, sont favorables au système colonial et à l'extension de la conquête. Les propos outranciers de Jules Ferry sont connus. Ainsi, le 27 mars 1884 lorsqu'il déclare à la Chambre des députés : « Si nous avons le droit d'aller chez ces barbares, c'est parce que nous avons le devoir de les civiliser. [...] Il faut non pas les traiter en égaux, mais se placer au point de vue d'une race supérieure qui conquiert[51]. » Avec l'un des principaux responsables de la IIIe République, il y a bien ici une rupture avec l'essentiel des premiers discours républicains, ceux de la Ire République assurément, mais aussi dans la forme ceux de la IIe République qui avec l'abolition de l'esclavage n'a pas formulé explicitement une telle doctrine.

2. *Une distinction à géométrie variable*

Tout a été dit sur le régime de l'indigénat qui apparaît dans les débats parlementaires des années 1880, puis dans les manuels de droit colonial comme « une monstruosité juridique[52] » à raison des discriminations opérées, de l'importance des dérogations au droit et atteintes aux principes démocratiques. Il importe cependant d'écarter certaines confusions visant à considérer que le « code de l'indigénat » s'applique de manière uniforme dans les territoires. Ce code ne constitue pas dans son principe une institution juridique pérenne. Il s'agit de mesures administratives temporaires et non universelles :

- *des mesures temporaires* ou plus exactement transitoires, si l'on considère qu'elles sont vouées à disparaître avec l'évolution présumée du pays concerné. Le code ne s'applique ainsi que pendant une période limitée de sept

[50] Il est à peine nécessaire de souligner que de la période d'occupation des territoires à l'entre-deux-guerres, l'anticolonialisme est en fait minoritaire, même au sein des mouvements de défense des droits de l'homme. V. en ce sens L. Blévis, « De la cause du droit à la cause anticoloniale. Les interventions de la Ligue des droits de l'homme en faveur des "indigènes" algériens pendant l'entre-deux-guerres », *in* Dossier « La cause du droit », *Politix*, n° 62, 2003, p. 39-64, sp. p. 44-47.

[51] Cité par G. Manceron, « La Gauche et la colonisation », *in* J. -J. Becker et al. (dir.), *Histoire des gauches en France*, Paris, La Découverte, 2005, p. 532. Ce propos n'est pas bien évidemment isolé dans les discours de Jules Ferry. Il récidive en 1885 : « Je le répète qu'il y a pour les races supérieures un droit parce qu'il y a un devoir pour elles. Elles ont le devoir de civiliser les races inférieures. » Cité par M. Kamto, *Pouvoir et droit en Afrique noire, essai sur les fondements du constitutionnalisme dans les États d'Afrique noire francophone*, Paris, LGDJ, 1987, p. 254. V. également O. Bui-Xuan, *Le droit public français entre universalisme et différencialisme*, Paris, Economica, coll. « Corpus Essais », 2004, 533 p.

[52] V. notamment en ce sens E. Larcher, *Traité élémentaire de législation algérienne*, Paris, Rousseau & Cie éditeurs, 3 tomes, 1923, rééd. Hachette/BNF, 2018 et 2020 ; également I. Merle, dans l'évocation des débats parlementaires au Sénat dans le cadre de la séance du 22 juin 1888, *in* « De la "légalisation" de la violence en contexte colonial. Le régime de l'indigénat en question », *in* Dossier « L'État colonial », *Politix*, n° 66, 2004, p. 137-162, sp. p. 148-149, note 33.

ou dix ans et fait l'objet de renouvellements. Il sera par exemple revoté tous les sept ans jusqu'en 1927 pour l'Algérie et 1944 pour les autres territoires ;

- *des mesures non universelles* puisque le code ne contient pas les mêmes dispositions selon les colonies. Les statuts personnels de droit coranique sont différents des statuts personnels coutumiers dans certains pays d'Afrique subsaharienne non musulmans, ou du droit coutumier applicable en Nouvelle-Calédonie ; ce dernier notamment étant conçu comme plus proche de celui adopté en Cochinchine qu'en Algérie. En conséquence, plutôt que d'évoquer un « code » avec une codification stricte, il convient plutôt de parler de « régime de l'indigénat » puisque les réglementations sont éparses. L'hétérogénéité spatiale du régime de l'indigénat s'explique par le fait de l'administration locale, dès lors que les arrêtés adoptés par les gouverneurs sont autorisés à modifier le droit applicable[53]. Ce qui permet d'introduire des dérogations à des libertés qui ne sont pourtant pas admises depuis longtemps en métropole. De sorte que la liberté de la presse consacrée par la loi du 29 juillet 1881 se trouve par exemple restreinte dans l'AOF[54]. C'est assez dire que l'indigénat se conjugue au pluriel, en raison des différences de droits, de pratiques et réalités. Il correspond à un pluralisme de législations, confirmant la distance ainsi prise dans les colonies avec le principe de l'unité de législation, pourtant hautement admis dans le cadre républicain. Tout se passant en définitive comme si l'éloignement géographique avec la métropole ne pouvait que justifier l'éloignement avec les grands principes républicains[55].

En réalité, les théories évolutionnistes et racistes ont si largement innervé les instances et la société que les discriminations opérées ne requéraient pas une application pyramidale. Ce d'autant plus que l'organisation administrative coloniale ne s'avérait pas aussi centralisée qu'on a pu souvent le prétendre. Au rebours de cette analyse, les travaux effectués sur ce point tendent au contraire à démontrer qu'elle était marquée par une grande souplesse dans le fonctionnement[56]. Les gouverneurs disposaient de pouvoirs

---

[53] Ces réglementations sont le plus souvent appliquées de manière arbitraire par les administrations locales et les services militaires préposés à cette tâche ; dans un irrespect total de la séparation des pouvoirs entre les pouvoirs administratif et judiciaire. Isabelle Merle illustre parfaitement cela, à partir d'un témoignage d'un Inspecteur général des colonies en Nouvelle-Calédonie. Cf. « De la "légalisation" de la violence en contexte colonial. Le régime de l'indigénat en question », art. cit., not. p.155-159.

[54] V. en ce sens M. Fabre, « L'indigénat, des petites polices discriminatoires et dérogatoires », *in* B. Durand, M. Fabre, M. Badji (dir.), *Le Juge et l'Outre-mer*, tome 5. *Justicia illitterata : aequitate uti ? Les dents du dragon*, Lille, Centre d'histoire judiciaire éditeur, 2010, p. 280. V. également L. Manière, *Le code de l'indigénat en Afrique occidentale française et son application : le cas du Dahomey (1887-1946)*, Thèse, Paris 7, octobre 2007.

[55] Pour les règles applicables, la Cour de cassation ne manque pas de préciser à cet égard que les tribunaux peuvent apporter « les tempéraments qui leur paraissent nécessaires par les circonstances particulières locales » (Cass. crim., 30 août 1906, *Penant*, 1907, p. 184).

[56] V. notamment en ce sens V. Dimier, « Cultures nationales et politiques coloniales dans les années 1930-1940 : pour une révision des comparaisons franco-britanniques », *Revue Internationale de Politique Comparée*, 7 (3), 2000 ; et du même auteur, « Décentraliser l'Empire ? Du

immenses (judiciaires, financiers, militaires et réglementaires), ainsi que les administrateurs territoriaux inscrits dans les circonscriptions administratives. Ce qui leur laissait une grande latitude d'action, qui plus est au regard de l'imprécision de la définition des attributions. Leur mission essentielle se définissait en des termes forts simples : adapter les directives de la métropole aux conditions et aux coutumes locales.

Dans ce tableau des inégalités, sans doute convient-il de remarquer que la reconnaissance de la qualité de citoyens aux habitants des anciennes colonies (Antilles, Guyane, Réunion), avec la IIe République, n'a pas été sans emporter des critiques car jugée contraire au niveau d'évolution des populations en cause, quand bien même celles-ci pouvaient du fait de leur ancienneté paraître davantage imprégnées de la culture du colon. Dans ce même registre de la spécificité faite aux départements d'outre-mer, on ne peut manquer de noter, pour y revenir ultérieurement, qu'on assistera dans la forme à une évolution institutionnelle dans le cadre de la IVe République, en établissant une distinction entre l'Union française et la République française.

Mais au-delà des distinctions institutionnelles, ce qui frappe c'est la difficulté des autorités à concevoir le colonialisme non seulement en dehors de l'identité nationale, mais aussi de la citoyenneté puisque d'une manière ou d'une autre les deux notions sont toujours sollicitées. Sans conteste parce qu'il est difficile de penser l'exception sans la norme sur laquelle elle s'appuie pour y déroger. Mais aussi et surtout, par effets d'implications, parce que la question de l'identité nationale est toujours au cœur du débat. En raison de l'affirmation des principes d'indivisibilité et d'égalité et de la conception universaliste des droits de l'homme, il a en effet toujours paru difficile de concevoir le colonialisme en dehors de l'identité nationale, dans une tension permanente entre intégration et exclusion. C'est là, de fait, un débat que les autorités françaises ont tranché par l'exclusion : le plus souvent en dissociant précisément la France et les colonies, les citoyens français et ceux rangés au rang de sujets de seconde zone.

II. La réalité asymétrique du droit colonial

Si l'on a pu prétendre que le droit est un instrument de la civilisation, il est plus juste de considérer ici qu'il n'a qu'un rôle utilitaire, en tenant compte de l'avantage que l'on veut en tirer. Dans le cadre de la colonisation, c'est un instrument de domination assis sur une inégalité des droits. La nationalité sans citoyenneté a une utilité fonctionnelle. Elle permet de défendre ou plus

---

compromis colonial à un gouvernement local dans l'Union française », *Outre-mers*, n° 338-339, L'État et les pratiques administratives en situation coloniale, 2003, p. 83-107.

exactement de maintenir l'« ordre public colonial[57] » (A), et le principe d'assimilation n'est qu'un outil de dissymétrie du droit (B).

A. L'utilité de la nationalité sans citoyenneté, pour le maintien de l'« ordre public colonial »

L'utilité de la distinction repose sur un certain nombre de justifications qui intéressent l'exclusion du suffrage, mais aussi sur une justification politique très basique : la crainte de la submersion de la métropole par les populations des colonies.

1. Les justifications de l'exclusion du droit de suffrage des indigènes

Les justifications de l'exclusion du suffrage des indigènes sont de plusieurs ordres. Elles prennent leur fondement dans la façon de revisiter les grands principes et dans une conception apparemment libérale, à travers l'option ouverte aux individus ; ce qui n'exclut pas des choix délibérément discrétionnaires de l'État et de l'administration coloniale. En regroupant les données, trois justifications peuvent être évoquées.

La première repose sur le conflit supposé avec le pacte républicain et l'ordre social établi. En partant du présupposé qu'on ne peut pas tout avoir : d'un côté, le maintien des droits d'ordre coutumier et inhérents à la religion, et de l'autre côté, les droits que confère la qualité de citoyen, l'absence de similitude des valeurs entre la métropole et les populations coloniales justifie dans le principe l'exclusion des indigènes du suffrage. L'approche déterminée relève donc ici d'une conception contractuelle de la citoyenneté ou « pseudo-contractuelle », si l'on tient compte de ce qu'étant dissociée de la nationalité (pourtant critère traditionnel du lien contractuel), elle est ordonnée dans le but de produire un effet juridique tout à fait spécifique[58]. La jurisprudence accompagne cette démarche avec les arrêts précités de la Cour d'Alger de 1862 puis de la Cour de cassation en 1864. Le débouché sociojuridique de cette mise en exergue de l'hétérogénéité des pratiques et règles coutumières par rapport à la métropole devient institutionnel. La détermination d'un statut civil spécifique pour les indigènes — en principe très différent du statut civil de droit commun — a des incidences sur le statut politique. Le glissement institutionnel ainsi opéré étant conditionné par le statut et l'idée qu'on a de

---

[57] V. É. Le Roy, « *In ordinem adducere* ou comment tenter d'imposer par le droit "la" civilisation. La mise en ordre de la "justice des indigènes" et le discours juridique coloniale en Afrique noire française », *Droits*, n° 43, 2006, p. 199-220.

[58] Comme l'observe fort justement K. Strupp, « les groupements juridico-politiques ne répondent pas nécessairement à des groupements sociaux naturels. Rien n'empêche que des groupes sociaux très différents fassent partie d'une même organisation politique, ni que des groupes sociaux très semblables soient soumis à des organisations différentes. L'observation des faits sociaux ne peut ici donner une réponse à un problème de théorie juridique. », *in Éléments du droit international public*, 2e éd., 1930, t. 1, p. 150.

l'indigène par rapport à la conception de l'identité nationale[59] ; dans les colonies, plus qu'ailleurs encore, il est possible d'affirmer que le droit est entièrement saisi par les représentations sociales et politiques du colonisateur sur le colonisé, en s'émancipant de la logique juridique propre au principe de la nationalité.

Une seconde justification, consécutive à la première, est trouvée sur la base du principe de l'égalité devant la loi ou plus exactement d'un détournement de ce principe. L'évocation du principe d'égalité, dans ce qu'il suppose d'isonomie civile et politique, ne sert pas en effet ici à lutter contre les discriminations ou inégalités, mais à justifier l'inégalité des droits. Plutôt que de fonder l'atteinte à l'égalité devant la loi sur des mesures spéciales de police (par définition restrictives des libertés), comme cela est requis pour des situations exceptionnelles, le droit dérogatoire est légitimé par une différence de situation. Entendons-nous bien, une différence de situation qui ne s'inscrit nullement dans une démarche inclusive ou de meilleure intégration. Le droit dérogatoire est justifié autant par la « situation coloniale » que la notion de « civilisation » et la hiérarchisation subséquente qui est opérée[60]. Par suite, le régime spécifique de l'indigénat apparaît comme un passage obligé de ce qui est envisagé sous le sceau de « la mission civilisatrice[61] ». Dans la logique coloniale, l'étalon de l'égalité devient un prétexte à l'affirmation de discriminations.

Enfin, une dernière justification est trouvée sur la base du choix même des populations, à travers un droit d'option individuel, en postulant que les individus ne peuvent être assujettis qu'aux normes qu'ils ont délibérément approuvées. En suivant cette veine du principe d'autonomie, les normes applicables ne tirent en définitive leur force obligatoire que de la volonté des individus puisqu'ils en sont en quelque sorte la source ; qu'ils disposent, dans le principe, du choix de renoncer au statut civil particulier de droit local. En

[59] C'est une approche qu'on retrouve chez de nombreux hommes politiques, parmi les mieux intentionnés. À titre d'exemple Félix Éboué, apparemment peu suspect d'une entreprise de discrimination, qui fut gouverneur de la Guadeloupe en 1936 puis gouverneur de l'AEF en 1940, et qui, théorisant sur le statut de l'indigène, déclare en 1941 : « L'indigène a un comportement, des lois, une patrie qui ne sont pas les nôtres. Nous ne ferons son bonheur, ni selon les principes de la Révolution française, qui est notre Révolution, ni en lui appliquant le Code Napoléon, qui est notre Code. » Qu'il soit noir et ancien élève de l'École coloniale importe peu en définitive. Cité par O. Le Cour Grandmaison *in* « Droits de l'homme, loi(s) et colonies », *Droits*, n° 43, 2006, p. 141.

[60] Cf. Y. Urban, « La longue genèse de la citoyenneté dans le second Empire colonial 1798-1898 », *La Révolution française*, n° 9, 2015, consultable en ligne, http://journals.openedition.org/lrf/1460.

[61] Il n'est même pas utile ici de souligner ce que, dans ses multiples déclinaisons, l'utilisation de la notion a de significatif dans le rapport à l'altérité culturelle. En dépit des bonnes intentions, ce n'est que par un paradoxe apparent qu'on la retrouve jusque dans les textes destinés à régir le droit international. Cf. notamment l'art. 22 Pacte SDN (« mission sacrée de civilisation ») et l'art. 38 §1 du Statut de la CIJ en vertu duquel la Cour applique « les principes généraux de droit reconnus par les nations civilisées ».

Algérie, cette possibilité a été ouverte conformément à l'article 1er du sénatus-consulte de 1865. La loi du 4 février 1919 sur l'accession des indigènes d'Algérie aux droits politiques a même semblé faire évoluer les données en la matière en créant une nouvelle procédure d'accès à la pleine nationalité. Mais l'option a été peu utilisée dans l'Empire : seulement entre 3 000 à 6 000 personnes en Algérie ont accédé au statut de droit commun et donc aux droits de citoyen ; encore moins dans les autres territoires[62]. Faut-il en conclure que les habitants souhaitaient conserver leur statut de droit personnel ? À suivre Patrick Weil[63] et d'autres auteurs dans ce domaine, la réalité est autre. Elle dément l'approche apparemment libérale du droit d'option ouvert. Les conditions d'accès à la citoyenneté étaient si sévères dans la preuve d'assimilation que cela avait un caractère dissuasif[64]. L'administration ne favorisait pas l'exercice de ce droit d'option qui n'était ni plus ni moins qu'une naturalisation, au point d'accréditer l'idée d'une « dénaturation de la notion de nationalité[65] ». *De jure*, les musulmans algériens étaient français. « *De facto*, ils étaient traités comme des ressortissants d'une origine étrangère la plus indésirable[66] » ou la moins susceptible d'être assimilée. Les rejets étaient nombreux. Ce qui décourageait la plupart des habitants[67]. Et il est à peine nécessaire de noter par ailleurs que le droit d'option est unidirectionnel, il ne concerne que les indigènes et pas les Européens. La question aurait pu par exemple se poser pour les femmes, dans les conditions du droit de la nationalité qui leur était applicable à l'époque en lien avec le mariage. Cependant, des dispositions furent prises pour qu'elles conservent tout à la fois leur nationalité et leur citoyenneté ; une manière indirecte, mais bien concrète de confirmer la hiérarchie établie selon l'origine.

---

62 Cf. E. Saada, « La loi, le droit et l'indigène », *Droits*, n° 43, 2006, p. 175. Selon des chiffres rapportés par Henri Solus, cité par E. Saada : de manière indicative, en 1925, sur 11 107 naturalisations accordées, seulement 36 concernent les indigènes de l'Empire français.

63 V. en ce sens P. Weil, « Le statut des musulmans en Algérie coloniale. Une nationalité française dénaturée », *Histoire de la justice*, n° 16, 2005, p. 93-109.

64 Les conditions fixées par loi du 4 février 1919, créant la procédure d'accès à la pleine nationalité, s'avèrent en fait plus restrictives que le sénatus-consulte de 1865 : outre la monogamie ou le célibat, une résidence de deux ans dans la même commune est imposée. Les autorités publiques (procureur de la République ou gouverneur) peuvent, suivant une formule leur laissant une grande marge d'appréciation, s'opposer à la demande « pour cause d'indignité », autrement dit pour « fait de non-convenance » comme l'explique Charles-Robert Ageron. Cf. *Histoire de l'Algérie contemporaine*, tome II, *De l'insurrection de 1871 au déclenchement de la guerre de libération (1954)*, Paris, PUF, 1979, p. 275.

65 Z. Boushaba, *Être algérien hier, aujourd'hui et demain*, Alger, Éd. Mimouni, 1992, p. 45, cité par P. Weil, « Le statut des musulmans en Algérie coloniale. Une nationalité française dénaturée », art. cit., p. 104.

66 P. Weil, *ibid*, p. 104.

67 Suivant les décrets, l'accès était simplement facilité pour ceux qui avaient rendu des services exceptionnels à la France, ceux qui disposaient de diplômes alors que les études étaient difficiles à mener dans les colonies et ceux qui disposaient de distinctions comme la légion d'honneur.

Les situations sont toutefois loin d'être uniformes, en dehors même de l'hypothèse des plus anciennes colonies (Antilles, Guyane et Réunion) et de ceux qui ont expressément renoncé à leur statut de droit civil particulier. Dans les Établissements français de l'Océanie (future Polynésie française), en raison de la christianisation, la population est soumise au Code civil dès 1874, bien que le territoire soit placé sous protectorat[68]. Dans le cadre de la loi d'annexion du 30 décembre 1880 se substituant au régime de protectorat, les habitants de Tahiti et Moorea (îles du Vent), de l'archipel des Tuamotu et d'une partie de l'archipel des Australes (Tubuai et Raivavae) bénéficient concrètement de la nationalité et de la citoyenneté française, tandis que les « établissements secondaires » (archipel des Marquises et des Gambier, îles Sous-le-Vent, et le reste des Australes, *i. e.* Rapa, Rimatara et Rurutu) annexés progressivement conserveront la qualité de sujets français jusqu'en 1945[69]. En raison de la portée restreinte du statut personnel, les natifs de certains territoires se voient aussi reconnaître un certain degré de citoyenneté. C'est la situation faite aux originaires des Établissements français de l'Inde ainsi que des quatre premières communes de plein exercice du Sénégal (Dakar, Gorée, Rufisque, Saint-Louis). À la suite de la révolution de 1848, cette citoyenneté a été en réalité reconnue par l'instruction du 27 avril 1848 qui, dans une politique semble-t-il, « empirique et pratique[70] », précisait dans son article 6 : « Seront dispensés de toute preuve de naturalisation les habitants indigènes du Sénégal et dépendances des établissements français de l'Inde justifiant d'une résidence de plus de cinq années dans lesdites possessions. » La Cour de cassation confirmera en 1883[71] que dans ces conditions le statut personnel ne fait pas obstacle à la possibilité de leur attribuer la qualité d'électeurs et de participer aux élections nationales, en raison de l'absence de loi privative de droits politiques comme c'est le cas en Algérie avec le sénatus-consulte de 1865[72].

---

68 Le protectorat sur Tahiti est proclamé unilatéralement par l'amiral Dupetit-Thouars en septembre 1842 et ratifié par Guizot le 20 mars 1843.

69 Cf. A-C. Trémon, « Citoyens indigènes et sujets électeurs. Statut, race et politique dans les Établissements français de l'Océanie (1880-1945) », *Genèses*, n° 91, 2013, p. 28-48.

70 À la différence d'A. Girault qui voit dans cette citoyenneté spécifique un « privilège singulier et irrationnel, qui a son origine dans un simple accident historique » (*Principes de colonisation et de législation coloniale*, *op. cit.*, t. 1, p. 627), V. Chazelas y voit en effet plutôt une continuité de la politique déjà mise en œuvre. Cf. « Les droits électoraux des indigènes au Sénégal et la Révolution de 1848 », *in La Révolution de 1848 et les révolutions du XIXe siècle*, 25 (127), décembre 1928-janvier février 1929, p. 220-233, consultable en ligne : https://www.persee.fr/doc/r1848_1155-8806_1928_num_25_127_1137.

71 Cass. civ., 6 mars 1883, *D.* 1883, I, p. 308.

72 La loi Diagne du 29 septembre 1916 ira même plus loin en ce qui concerne les quatre communes de plein exercice du Sénégal en conférant aux habitants une pleine citoyenneté. V. de manière générale Y. Urban, « La citoyenneté dans l'empire colonial français est-elle spécifique ? », art. cit., p. 19 ; également L. Blévis, *Sociologie d'un droit colonial. Citoyenneté et nationalité en Algérie (1865-1947) : une exception républicaine ?*, thèse précitée.

En définitive, il faudra attendre la loi Lamine Gueye du 7 mai 1946 pour que la citoyenneté soit confondue avec la nationalité et qu'il soit précisé que « tous les ressortissants des territoires d'outre-mer ont la qualité de citoyen, au même titre que les nationaux français de la métropole ou des territoires d'outre-mer » ; mais non sans que des restrictions soient admises. Pour en limiter les effets sur la métropole, il est en effet aussitôt précisé que « Des lois particulières établiront les conditions dans lesquelles ils exerceront leurs droits de citoyens[73] ». Cette disposition est confirmée dans sa totalité par l'article 80 de la Constitution du 27 octobre 1946[74].

2. Le fond de la distinction : la justification politique, la crainte d'une submersion de la métropole par l'outre-mer

Il n'y a pas plus significatif que le discours d'Édouard Herriot lors des débats constituants le 27 août 1946 pour expliquer les réserves, malgré tout, faites à l'exercice plein et entier de la citoyenneté. Édouard Herriot l'explicite en des termes simples : la crainte de la métropole de devenir « la colonie des colonies ». Il n'est que de l'écouter :

> Combien y aurait-il de citoyens dans les territoires d'outre-mer ? Selon beaucoup, il y en aura plus que dans les territoires de la métropole. Ainsi, les citoyens des territoires d'outre-mer seront plus nombreux que les citoyens de la métropole. Comme le disait de façon plaisante et profonde à la fois un de mes amis, la France deviendrait ainsi la colonie de ses anciennes colonies. (Interruptions).

Des procédés divers seront par suite utilisés afin de limiter les effets de la représentation de l'outre-mer : restriction du suffrage, double collège, plus faible proportionnalité de la représentation outre-mer ; jusqu'à la loi Defferre du 23 juin 1956 et l'institutionnalisation du suffrage universel.

B. Le principe d'assimilation, outil de dissymétrie du droit

On l'a bien compris : les choix opérés sont avant tout dictés par le pur pragmatisme, destiné à maintenir l'emprise coloniale. Pour le juriste, il importe cependant de souligner qu'ils trouvent globalement leur commode appui sur le principe d'assimilation. Du point de vue juridique, c'est ce

---

[73] Article unique de la loi n° 46-490 du 7 mai 1946, tendant à proclamer citoyens tous les ressortissants des territoires d'outre-mer.

[74] On ne saurait toutefois confondre dans la Constitution de la IVe République les territoires d'outre-mer (anciennes colonies et territoires sous tutelle), juridiquement parties intégrantes de la République avec la métropole et les départements d'outre-mer d'un côté, et les territoires et États associés (concrètement les protectorats) inscrits d'un autre côté dans l'Union française (cf. articles 60 et 61). L'Empire colonial subsiste ainsi sous une autre forme en superposant la « citoyenneté française » (concrètement la citoyenneté de la République française) et la « citoyenneté de l'Union française ». Cf. l'article 81 de la Constitution du 27 octobre 1946 : « Tous les nationaux français et les ressortissants de l'Union française ont la qualité de citoyen de l'Union française qui leur assure la jouissance des droits et libertés garantis par le préambule de la présente Constitution. »

principe à tout faire — à justifier les inégalités aussi bien que l'égalité virtuelle — qui condense toutes ces données et aboutit concrètement à cette dissymétrie du droit.

1. L'ambiguïté du principe d'assimilation

Il est en effet loisible d'avoir une conception positive et même vertueuse de l'assimilation, vue comme l'affirmation d'un principe d'égalité des droits sur l'ensemble du territoire de l'Empire, un principe généreux — selon la rhétorique de la IIIe République — ayant pour objet d'élever les peuples que la République a en charge. Cette vertu supposée a cependant fait l'objet de nombreuses critiques, d'un bord comme de l'autre. Du côté des thuriféraires de la colonisation, hostiles à une égalité entre les populations de métropole et d'outre-mer, ainsi Paul Azan qui n'a eu de cesse de préconiser l'abandon de cette « funeste doctrine », selon lui inappropriée et non souhaitable dans sa mise en œuvre[75]. Du côté de certaines élites locales, singulièrement dans les quatre vieilles colonies, où la règle de l'assimilation a été revendiquée dans sa fonction d'homogénéisation des statuts territoriaux et des droits applicables, mais pour être ensuite récusée comme non respectueuse des particularismes territoriaux[76].

Le fait est que dans son fondement comme dans son principe, la notion est marquée par une ambivalence, dès lors que l'égalité des droits — symbole apparent de fraternité — est conditionnée par une mise à niveau sociale et culturelle dictée par le colonisateur[77]. L'égalité dans le cadre de l'assimilation n'est pas en effet posée comme un préalable de mise en place des institutions. Il faut que le milieu se transforme pour que le droit lui-même puisse trouver à s'appliquer. L'assimilation est par définition progressive, comme on pourrait le concevoir pour des étrangers. Elle n'est pas corrélée immédiatement à une participation égale et à des droits égaux des individus aux institutions. À ce titre, elle est instrument de mesure des autorités gouvernementales et administratives de l'évolution supposée des territoires coloniaux, et n'est que

---

[75] Comme on l'a déjà noté, Paul Azan était général, et auteur de nombreux ouvrages sur la colonisation en Algérie. Cf. notamment *L'armée indigène nord-africaine*, Paris, Ch. Lavauzelle & Cie, 1925.

[76] De manière significative, A. Césaire déposa à l'Assemblée nationale constituante, le 26 février 1946, une proposition de loi tendant au classement des « quatre vieilles » comme département français. La position de l'écrivain a par la suite évolué en considérant que l'assimilation n'est pas autre chose qu'« une forme de la domination, et peut-être la plus absolue ». Cf. « Crise dans les départements d'outre-mer ou crise de la départementalisation », *Présence africaine*, n° 36, 1961, p. 110-111.

[77] Comme le souligne Étienne Le Roy, spécialiste de l'anthropologie du droit, « Derrière l'affirmation d'une unité de législation, il y a la non-reconnaissance, voire la négation, d'une différence et la volonté d'assimilation des indigènes dans une civilisation tenue pour supérieure. » Cf. « *In ordinem adducere* ou comment tenter d'imposer par le droit "la" civilisation. La mise en ordre de la "justice des indigènes" et le discours juridique coloniale en Afrique noire française », art. cit., p. 207.

l'expression de la toute-puissance de l'État colonial dans la détermination collective ou pas d'une uniformité des droits.

Dans le cadre du principe d'assimilation se noue en fait une dialectique entre adaptation du droit et uniformité du droit qui, selon les situations et les enjeux, peut faire prévaloir l'un ou l'autre. L'assimilation est l'idée-force qui justifie l'adaptation du droit. Tant que les populations ne sont pas assimilées, le régime dérogatoire trouve toujours sa raison d'être, en recourant si besoin à la violence, en tout cas à des mesures plus répressives dans les hypothèses d'infractions, comme « l'irrévérence », très souple dans sa définition et donc source de nombreux abus des autorités[78]. Ce n'est qu'à cette condition, considère-t-on, que les populations prendront conscience de la nécessité d'adapter leur comportement et de se conformer aux règles issues de la métropole, jusqu'à ce que leurs comportements disparaissent pour être réellement assimilées. Le régime est donc conçu comme transitoire jusqu'à la disparition des particularismes et l'application du droit commun. Suivant cette grille de lecture, le statut de droit personnel apparaît concrètement comme une traduction juridique de l'infériorité des indigènes du fait de la non-soumission au Code civil. Toutefois, on n'hésitera pas à inverser la logique et à imposer l'uniformité lorsque les particularismes pourront être considérés comme des privilèges trop importants pour les habitants des territoires, en rognant par là même sur le particularisme. Cette dialectique subsiste dans le droit actuel. Mais elle prend une forme nouvelle dans sa sémantique et aussi, dans une certaine mesure, dans son contenu. Elle est moins tournée vers l'affichage du principe d'assimilation, en raison de ses connotations coloniales, que vers une doctrine de l'intégration.

2. L'évolution vers une doctrine de l'intégration

La logique d'assimilation subsiste certes, mais en l'appareillant désormais plus strictement à la question de la nationalité et non plus à celle de la citoyenneté. Le Gouvernement peut ainsi s'opposer à l'acquisition de la nationalité française notamment pour « défaut d'assimilation » du conjoint étranger (art. 21-4 Code civil). Il en est de même pour la naturalisation, si l'étranger ne justifie pas de son « assimilation à la communauté française, notamment par une connaissance suffisante, selon sa condition, de la langue, de l'histoire, de la culture et de la société françaises [...] » (art. 21-24 Code civil). Apparemment neutres, les critères ainsi formulés s'avèrent en réalité exigeants en termes d'intégration. Ils laissent bel et bien subsister une

[78] V. en ce sens M. Fabre, « L'indigénat, des petites polices discriminatoires et dérogatoires », art. cit., p. 283. Sont codifiés comme tels dans le code de l'indigénat : les actes irrespectueux ; les propos offensant vis-à-vis d'un agent de l'autorité, même en dehors de ses fonctions ; les plaintes ou réclamations sciemment inexactes ou renouvelées auprès de la même autorité après solution régulière. D'autres infractions sont retenues : comme le départ du territoire de la commune sans permis de voyage ; la réunion sans autorisation.

« injonction à l'assimilation[79] » en imposant l'effacement de l'identité culturelle initiale au profit de ce qui est conçu comme l'identité nationale. Cependant — du fait de la focalisation plus grande sur le critère de nationalité — cette injonction change d'objet par rapport à la perspective du droit colonial en s'appliquant dans le principe uniquement à l'étranger, *i. e.* à l'immigré considéré comme non-français ou non encore devenu français, et non plus en procédant à une discrimination entre sujets français. Le champ d'analyse de l'universel et de la citoyenneté se déplace. Il ne s'inscrit plus dans une dispute intérieure aux parties de l'État ou de ce que constituait l'Empire colonial. Son champ ne semble plus que se restreindre aux frontières extérieures, tout en négociant de nouveaux horizons de citoyenneté. La citoyenneté européenne naît tandis qu'on renonce à toute idée d'une citoyenneté fondée sur le passé colonial. Les liens culturels et politiques instruits dans le premier cadre seraient-ils ainsi plus forts que ceux historiques, instruits dans le second ? L'interrogation demeure. Elle est lancinante — on le sait — pour les enfants d'étrangers qui étaient considérés, une ou deux générations auparavant, comme des nationaux, mais qui ont opté pour un changement de nationalité ou n'ont pas accompli les démarches requises pour l'obtention de la nationalité française. Dans une étrange discrimination des droits : elle est plus aiguë encore — on le sait moins — dans la situation des personnes nées dans les colonies, qui par l'effet de la loi applicable à certains territoires ont conservé la nationalité française après l'indépendance du pays où ils ont continué de résider[80], et dont les descendants se voient pourtant dénier la nationalité française qu'ils pourraient revendiquer par filiation[81]. Elle ne va pas sans provoquer des drames individuels comme collectifs dont on mesure

---

[79] V. en ce sens A. Hajjat, *Les frontières de l'« identité nationale ». L'injonction à l'assimilation en France métropolitaine et coloniale*, Paris, La Découverte, 2012.

[80] Cf. la loi n° 60-752 du 28 juillet 1960 pour l'AOF et l'AEF ; et l'ordonnance n° 62-825 du 21 juillet 1962 complétée par des textes ultérieurs pour l'Algérie. L'art. 32 du Code civil codifie ces textes comme suit :

« Les Français originaires du territoire de la République française, tel qu'il était constitué à la date du 28 juillet 1960, et qui étaient domiciliés au jour de son accession à l'indépendance sur le territoire d'un État qui avait eu antérieurement le statut de territoire d'outre-mer de la République française, ont conservé la nationalité française.

« Il en est de même des conjoints, des veufs ou veuves et des descendants desdites personnes. »

[81] Ces personnes, bien que françaises selon la loi, se voient en effet soupçonnées de réclamer la nationalité française dans le seul but de venir en France. Elles seraient « Français d'opportunité » et non « Français de droit ». Sur la base d'une autre disposition — l'article 30-3 du Code civil — une désuétude du droit à la nationalité française est en l'occurrence constatée par le fait que les ascendants sont restés à l'étranger depuis un demi-siècle sans avoir la « possession d'état de Français ». Cf. Cour de cassation, 1ère chambre civile, 28 février 2018, n° 17-10034 ; Cour de cassation, 1ère chambre civile, 28 février 2018, n° 17-14239 ; Cour de cassation, 1ère chambre civile, 13 juin 2019, n° 18-16838. V. sur ce point les commentaires de B. Clauss et S. Calvo, « Désuète désuétude ? Actualité du droit de la nationalité française ou comment l'article 30-3 du Code civil s'invite dans le tortueux débat sur l'identité nationale », *La Revue des droits de l'homme*, https://journals.openedition.org/revdh/ ; et S. Khalfa, « Désuétude de la nationalité : le poids de l'impensé colonial », *Plein droit*, n° 123, 2019, p. 27-30.

seulement maintenant graduellement les effets[82]. Mais la décision politique est prise, le plus souvent d'États souverains à États souverains, en trouvant sa justification aussi bien dans le fait de la décolonisation que dans celui de la construction européenne. Décision que le droit sanctionne d'un côté, au nom d'une communauté révolue, par la désuétude du droit à la nationalité ; de l'autre, au nom de la construction européenne, par l'affirmation d'un nouveau droit de citoyenneté distinct de la nationalité. Les individus sont tenus, ou plus exactement sommés, de s'adapter à ces choix qui engendrent de nouveaux mécanismes d'exclusion.

Dans les frontières intérieures, et sur le plan plus institutionnel, si l'on s'intéresse au statut des collectivités territoriales, le principe d'assimilation ne s'applique plus également sous sa forme ancienne. L'évolution est notable à travers les mécanismes de concertation mis en place, qui permettent la prise en compte des vœux des populations concernées et des élus territoriaux. Elle est le fruit d'évolutions progressives confirmées par la loi constitutionnelle de 2003 relative à l'organisation décentralisée de la République[83]. La possibilité de mise en place de statuts territoriaux à la carte est actée pour tenir compte des particularismes institutionnels. Certes, depuis la Constitution de 1946, le principe d'assimilation subsiste dans le droit constitutionnel en ce qui a trait spécifiquement aux départements et régions d'outre-mer, avec l'application de plein droit dans ces territoires de la législation et de la réglementation nationale. Mais ce principe est conçu de manière moins rigide, en faisant — suivant l'article 73 de la Constitution — une place plus grande à l'adaptation du droit applicable, notamment en fonction de critères économiques et démographiques[84].

La situation générale d'une dissociation entre citoyenneté et nationalité ne s'exerce en tout cas plus sous la forme qui était celle du droit colonial, en recourant massivement à des statuts de droit personnel. La possibilité subsiste, il est vrai, à l'article 75 de la Constitution[85]. Mais sa lecture est maintenant plus positive. Elle s'inscrit moins dans une logique de négation des particularismes, génératrice d'une exclusion des droits, que de reconnaissance de ceux-ci. C'est particulièrement vrai dans le cas de la Nouvelle-Calédonie[86],

---

[82] V. en ce sens E. Saada, « Nationalité et citoyenneté en situation coloniale et postcoloniale », *Pouvoirs*, n° 160, 2017, p. 113-124.

[83] Loi constitutionnelle n° 2003-276 du 28 mars 2003, *JO* du 29 mars 2003, p. 5568.

[84] Cf. l'alinéa 1 de l'article 73 de la Constitution française : « Dans les départements et les régions d'outre-mer, les lois et règlements sont applicables de plein droit. Ils peuvent faire l'objet d'adaptations tenant aux caractéristiques et contraintes particulières de ces collectivités. »

[85] Article 75 de la Constitution : « Les citoyens de la République qui n'ont pas le statut civil de droit commun, seul visé à l'article 34, conservent leur statut personnel tant qu'ils n'y ont pas renoncé. »

[86] On notera cependant que le territoire de Mayotte a suivi un processus inverse dans le cadre d'un processus de départementalisation. Ce processus a été suivi sur la base de la volonté des élus et de la population, soucieux d'une plus grande intégration dans la République. À la suite de la consultation sur la départementalisation organisée le 29 mars 2009 et la loi organique

puisqu'il a été rendu possible à tout néo-calédonien, en fait Mélanésien, non pas simplement de conserver son statut coutumier, mais de le retrouver pour ceux placés sous le statut civil de droit commun. Il faut y voir ici, à la suite de la révision constitutionnelle du 20 juillet 1998, une manière de donner un effet concret à la reconnaissance constitutionnelle de l'« identité kanak ».

Il y a donc loin de ce qui préexistait. L'affirmation d'infériorité de race ou de civilisation n'a plus cours dans les textes et le droit, et pas davantage ce qui s'apparenterait à un régime de l'indigénat. Tout autre a été le droit colonial, opérationnel en France jusqu'en 1946 voire 1958, qui a réussi cet extraordinaire tour de force de faire passer un système juridique et politique éminemment ségrégationniste pour une mission civilisatrice et une œuvre de libération. Sans doute n'y ont cru que ceux qui voulaient bien y croire.

---

n° 2009-969 du 3 août 2009, il a été en effet décidé de la transformation de la collectivité départementale de Mayotte, à compter de 2011, en « Département de Mayotte » régi par l'article 73 de la Constitution. Confirmation en est faite avec la loi organique n° 2010-1486 du 7 décembre 2010 relative au Département de Mayotte et la loi n° 2010-1487 du 7 décembre 2010 définissant le fonctionnement et l'organisation de la nouvelle collectivité. La départementalisation de Mayotte implique le renoncement à certains particularismes jugés incompatibles avec l'article 73. La mesure la plus significative dans cette perspective a été en amont la décision prise dans le cadre de la loi du 21 juillet 2003 d'abolir la polygamie et la répudiation pour tous les Mahorais bénéficiant du statut civil de droit local, en âge de se marier après le 1er janvier 2005.

La protection de la minorité germanophone du Haut-Adige/*Südtirol* : un bilan du deuxième Statut d'autonomie

Roberto Louvin

I. Le temps d'un bilan

Les germanophones de la Province autonome de Bolzano/*Bozen*[1] sont environ les deux tiers des habitants de la Province autonome de Bolzano/Bozen dans la Région du Trentin-Haut-Adige/*Südtirol* (THA/S). La langue allemande, reconnue en tant que langue co-officielle de la province avec l'italien et le ladin, est majoritaire dans 102 communes sur 116, et dans le territoire provincial est également présente une minorité ladine[2]. La célébration, en 2022, du cinquantième anniversaire du deuxième Statut régional d'autonomie[3] incite à analyser l'un des systèmes de protection linguistique les plus performants en Europe[4].

Les germanophones, qui avaient subi une rude oppression pendant la période fasciste, ont obtenu une protection internationale, par le biais de l'accord De Gasperi-Gruber en 1946, qui s'est toutefois avérée insuffisante lors de la mise en œuvre du Statut octroyé en 1948[5]. La communauté a donc été troublée par un conflit ethnopolitique qui a entraîné des actes de violence terroriste dans les années soixante et soixante-dix[6], au point de susciter un différend international opposant l'Italie et l'Autriche auprès des Nations unies.

---

[1] Il s'agit de 314 000 personnes d'après le recensement de 2011, dans une province qui compte 505 000 habitants.

[2] Les Ladins représentent 4,53 % de la population provinciale.

[3] F. Palermo, W. Obwexer, E. Happacher (cur.), *I 40 anni del secondo statuto di autonomia. L'autonomia speciale della provincia autonoma di Bolzano nel contesto dell'integrazione europea*, Wolters Kluver Italia, 2014.

[4] F. Palermo, J. Woelk, *Diritto costituzionale comparato dei gruppi e delle minoranze*, cedam, 2021, 329, qualifient la minorité allemande de « super-protégée ».

[5] Loi constitutionnelle n° 5 du 26 février 1948.

[6] Les Nations unies ont pressé l'Italie et l'Autriche de « trouver une solution à toutes les divergences relatives à la mise en œuvre de l'accord de Paris du 5 septembre 1946 » : résolution de l'ONU n° 1497 du 3 octobre 1960.

La pacification s'est réalisée grâce à la refonte complète, en 1972, du Statut d'autonomie[7], et par un ensemble de mesures spécifiques de la part de l'Italie. Cette dynamique a permis la reconstruction et le renforcement d'une identité contrastée par le nationalisme italien. Le mérite de ce résultat revient surtout à la clairvoyance de l'élite dirigeante de la minorité, à sa capacité de négocier et à la cohésion de ce groupe ethnique. On ne saurait oublier non plus les facteurs stratégiques fondamentaux de la proximité (et du prestige) du monde culturel germanique, la connexion de ce territoire aux réseaux culturels et universitaires allemands et autrichiens, la solidité du système des médias germanophones locaux et le soutien indéfectible de l'Autriche en tant que nation protectrice.

Toutes ces raisons expliquent l'excellente santé de cette minorité, qui contraste nettement avec le déclin de la plupart des autres communautés minoritaires d'Italie. Nous essayerons, dans les pages qui suivent, de mettre surtout en évidence les garanties qui assurent aujourd'hui la protection de la langue allemande.

II. Le deuxième Statut d'autonomie

Le Statut de 1972 synthétise la substance du « *Pacchetto per l'Alto Adige* » (*Südtirol-Paket*), un ensemble de 137 mesures de protection[8] acceptées en 1969 par le parti des germanophones du Haut-Adige *Südtiroler Volkspartei* et approuvées par le Parlement italien le 10 novembre 1971. Ces engagements se sont traduits dans une série de lois, de règlements et d'actes administratifs qui forment un système global d'autonomie et de protection des minorités (germanophone et ladine) de la Province[9].

L'ensemble de ces mesures était censé entrer en vigueur dans les deux ans, mais il a fallu attendre 1992 pour qu'elles soient complètement mises en œuvre, réglant finalement le différend entre l'Italie et l'Autriche, qui garde la fonction de « nation protectrice[10] ». Un compromis satisfaisant pour les deux parties, qui a clôturé le torpillage de l'esprit de l'accord de 1946, cédant la place à un ensemble de mesures originales et pragmatiques de tutelle.

---

[7] DPR n° 670 du 31 août 1972 (dorénavant indiqué comme st. Tha/s).

[8] Ces mesures ont été définies sur la base des négociations directes entre l'Italie et l'Autriche et des indications de la « commission des 19 ».

[9] Pour une présentation générale du système juridique sudtirolien : S. Ortino, F. Palermo, J. Marko, *L'ordinamento speciale della provincia autonoma di bolzano*, CEDAM, 2001. Sur le « triptyque institutionnel » du tha/s : A. D'Atena, « La coesistenza di tre autonomie sullo stesso territorio. Il caso del Trentino-Alto Adige/Südtirol », *Giur. Cost.*, n° 5, 2021, p. 2199-2213.

[10] Le 5 juin 1992, le parlement autrichien a approuvé la clôture officielle du différend international avec l'Italie, en déclarant qu'elle continuerait à exercer sa propre fonction de tutelle pour le Haut Adige. Pour une reconstruction du processus d'aménagement de l'autonomie du Trentin-haut Adige/*Südtirol* : G. Bernardini, G. Pallaver (dir.), *Dialogo vince violenza. La questione del Trentino-Alto Adige/Südtirol nel contesto internazionale*, Bologna, Il Mulino, 2015, et A. Di Michele, F. Palermo, G. Pallaver (dir.), *Fine di un conflitto. Dieci anni dalla chiusura della questione sudtirolese*, Bologna, Il Mulino, 2003.

Le nouveau Statut entré en vigueur le 20 janvier 1972 a étendu les pouvoirs de la province de Bolzano/*Bozen* et réglé le régime linguistique reconnaissant l'égalité complète des droits de tous les citoyens, quelle que soit la langue groupe à laquelle ils appartiennent, et de la sauvegarde de leurs caractéristiques ethniques et culturelles[11].

Cette autonomie a assumé un caractère très dynamique grâce aux règlements d'application (*norme d'attuazione*) promulgués au fil des années. Deux réformes constitutionnelles ont à leur tour renforcé le rang et les pouvoirs de l'entité provinciale : la loi constitutionnelle n° 2 du 31 janvier 2001, qui a octroyé à la Province autonome de Bolzano/*Bozen* le statut de collectivité régionale, et la loi constitutionnelle n° 3 du 18 octobre 2001, qui pose que la Région Trentin–Haut-Adige/*Südtirol* est composée par les provinces autonomes de Trente et de Bolzano.

Les mesures de protection de la minorité linguistique concernent essentiellement l'éducation dans la langue de la minorité, le droit d'utiliser la langue allemande dans l'administration et les tribunaux, le principe de proportionnalité ethnique dans l'accès à la fonction publique et la toponymie. Nous focaliserons notre attention sur ces quatre aspects, ainsi que sur les garanties accordées, sans toutefois oublier que le succès du modèle sud-tyrolien dépend aussi du contrôle effectif de la part de la Province autonome des dispositifs économiques nécessaires pour le plein essor de la communauté, par le biais d'un système efficace d'autogouvernement, d'instruments législatifs et administratifs performants et d'une autonomie financière solide.

III. L'éducation dans la langue de la minorité

Dans la région du THAS/S, la langue allemande est à égalité avec l'italien, qui reste toutefois formellement la seule langue officielle de l'État, faisant foi dans les actes à caractère législatif et dans tous les cas où une rédaction bilingue est prévue par le Statut[12].

La stratégie de défense de l'allemand s'appuie sur un système scolaire où l'utilisation séparée des langues est la règle principale. L'enseignement a lieu dans la langue maternelle de l'élève par des enseignants dont cette langue est également la langue maternelle[13], avec un apprentissage obligatoire d'une deuxième langue[14] dans trois filières scolaires distinctes : une école de langue allemande, une de langue italienne et une école ladine différant à la fois dans leur organisation fonctionnelle et en fonction de la langue parlée[15].

---

[11] St. Tha/s, article 2.

[12] St. Tha/s, article 99.

[13] St. Tha/s., article 19, 1er alinéa.

[14] St. Tha/s., article 19, 2e alinea. Le fonctionnement des écoles ladines est régi par des dispositions spéciales.

[15] La population scolaire est répartie à 72 % dans l'école allemande, 25 % dans l'école italienne et 3 % dans l'école ladine.

Parmi les défis auxquels on doit actuellement faire face, il y a l'intégration des enfants issus de l'immigration, l'obtention de la part des germanophones de compétences linguistiques satisfaisantes dans la deuxième langue et l'acquisition en même temps d'un niveau élevé de connaissance de l'anglais. Dans ce contexte, la notion de « langue maternelle » est par ailleurs aussi de plus en plus difficile à cerner. Alors que le débat est ouvert sur l'évolution future du système vers un éventuel modèle d'école bilingue ou multilingue, on doit rappeler qu'aucun changement ne peut avoir lieu sans le consentement de chacune des communautés concernées[16].

IV. L'utilisation de la langue allemande dans l'administration et la justice

Le principe directeur concernant la fonction publique est que les germanophones de la Province peuvent utiliser librement leur propre langue dans leurs relations avec les organes et bureaux de l'administration publique et les tribunaux situés dans le territoire de la Province ou ayant une compétence régionale, ainsi qu'avec les sociétés privées concessionnaires d'un service public[17] : l'utilisation séparée des langues italienne et allemande est donc la règle principale[18].

À côté de l'obligation de démontrer la connaissance de la langue pour être recruté dans l'administration publique, le respect de ces dispositions se double d'une réglementation minutieuse des critères d'utilisation des langues dans la fonction administrative et judiciaire, assortie de sanctions sévères en cas de non-respect.

À l'échelle d'une communauté d'à peine 300 000 habitants, il s'avère pourtant difficile de toujours trouver des personnes possédant les compétences linguistiques appropriées dans des domaines spécialisés, ainsi que d'assurer que tous les fonctionnaires possèdent les certifications linguistiques nécessaires.

Dans les concours publics, le libre choix de la part des candidats de la langue est assuré par la possibilité de présenter les épreuves de sélection dans la langue — italienne ou allemande — du groupe linguistique auquel on appartient. Dans le secteur de la santé, des périodes transitoires sont accordées

---

[16] On se borne donc, pour l'instant, à donner cours à quelques projets innovants d'apprentissage des langues pour promouvoir le multilinguisme : cf. « Une année en l2/*zweitsprachjahr* », DCP Bolzano/Bozen n° 1319 du 17 novembre 2015.

[17] St. Tha/s, art. 100.

[18] Le choix de la langue de la procédure et les relations entre les dispositions légales en faveur des groupes linguistiques et le droit de l'UE produisent une imbrication complexe entre le droit interne et le droit de l'UE, comme il ressort de l'arrêt de la CJUE sect. II, 27 mai 2014 (c-322/13) : L. Busatta, « Lingua e processo: il difficile connubio tra l'estensione di un precedente e il diritto nazionale », *DPCE*, n° 3, 2014, p. 1246-1252.

afin de permettre aux nouvelles recrues d'atteindre le niveau linguistique requis grâce à des cours de formation linguistique *ad hoc*[19].

V. La proportionnalité ethnique dans le recrutement de la fonction publique

La participation des ressortissants de la minorité à l'exercice des fonctions publiques est assurée par le biais d'un régime juridique spécial de proportionnalité ethnique (*Ethnischer Proporz*) régissant le recrutement dans les services publics ainsi que la jouissance de certains droits, y compris l'attribution des logements sociaux ; il s'agit d'un système fortement voulu par la minorité et conçu pour contrer les effets de la discrimination qu'elle avait jadis subi.

Le Statut réserve un nombre de places correspondant à la taille de chacun des trois groupes[20], sur la base des déclarations d'appartenance établies lors du recensement officiel de la population[21]. Les quotas de places réservées par tranche de carrière aux germanophones (et aux Ladins), assortis de garanties de stabilité du poste dans la Province ont été mis en place dans tous les domaines, y compris la magistrature et le personnel de la fonction judiciaire[22].

Cette règle a atteint son objectif principal au cours des dernières décennies, mais elle produit des situations controversées, étant partiellement en conflit avec la législation européenne[23] et, en même temps, elle est fondamentalement inadaptée par rapport aux droits revendiqués par les communautés étrangères récemment établies dans le territoire provincial. Pour mieux s'adapter aux exigences d'une société moderne, une plus grande ouverture et un niveau plus élevé de flexibilité seront nécessaires dans les années à venir.

L'effet de cloisonnement ethnique de la déclaration d'appartenance aux différents groupes linguistiques, avec ses listes fermées, l'obligation pour chacun de rendre sa déclaration et l'impossibilité de déclarer une identité multiple commencent à susciter des objections : en effet, on s'interroge désormais beaucoup sur la possibilité de modifier ce système en permettant une déclaration supplémentaire de deuxième appartenance ou par la suspension temporaire des effets de la proportionnalité dans certains secteurs.

VI. La toponymie

La toponymie demeure un sujet sensible, depuis que les autorités fascistes ont mené une campagne radicale pour italianiser les noms des communes et des lieux du Tyrol du Sud. Le deuxième Statut a confié à la Province le

---

[19] Loi n° 178 de 2020, article 1er, alinéa 497.

[20] St. Tha/s, article 89, alinéas 1 et 2.

[21] DPR n° 752 de 1976.

[22] St. Tha/s, article 89, alinéas 3 et 4.

[23] E. Happacher, « L'attuazione regionale del diritto dell'unione europea: spunti dall'alto adige/südtirol », *Federalismi.it*, n° 7, 2020, p. 173-186.

pouvoir législatif dans ce domaine, sous réserve d'un bilinguisme obligatoire généralisé[24].

La communauté allemande a exigé l'utilisation des toponymes germaniques de la part de toutes les administrations publiques chaque fois qu'elles s'adressent aux germanophones, lorsque la loi provinciale a déterminé l'existence et approuvé la diction de ces noms de lieux[25]. Des controverses récurrentes accompagnent cependant régulièrement les décisions administratives à cet égard, mettant en exergue la haute valeur symbolique de la toponymie locale traditionnelle[26].

VII. Les garanties juridictionnelles

Pour contrer le risque d'interventions législatives ou administratives menaçant les intérêts des minorités, un ensemble articulé de dispositifs a été déployé.

En premier ressort, lorsqu'on estime qu'un projet de loi porte atteinte à l'égalité des droits des citoyens d'un groupe linguistique ou à son caractère ethnique et culturel, la majorité des conseillers d'un groupe linguistique au sein du Conseil régional du THA/S ou du Conseil provincial de Bolzano/*Bozen* peut demander un vote distinct par groupe linguistique. Si la requête du vote séparé n'est pas acceptée ou si le projet de loi est adopté en dépit du vote contraire des deux tiers des membres du groupe linguistique qui en a fait la demande, la majorité de ce groupe peut déférer la loi devant la Cour constitutionnelle pour les raisons susmentionnées[27].

Un recours constitutionnel direct contre des actes législatifs de l'État peut être présenté par le Président de la Région ou de la Province autonome pour violation du principe de protection des minorités linguistiques allemande et ladine[28].

Il est enfin prévu que les conseillers régionaux et provinciaux — et dans la Province de Bolzano même les conseillers communaux — peuvent contester les actes administratifs de la fonction publique lorsqu'un préjudice découlant de leur appartenance à un groupe linguistique est censé exister d'après la majorité du groupe linguistique du conseil en question.

VIII. Les facteurs cruciaux et l'exportation du modèle

Le nouveau Statut a accompli des progrès extraordinaires par rapport à son précédent de 1948, notamment grâce à un « verrouillage » détaillé du contenu de chaque disposition. Le cadre général est cependant toujours en évolution,

---

[24] St. Tha/s, article 8, dernier alinéa.
[25] St. Tha/s, article 101.
[26] S. Penasa, « Bilinguismo e toponomastica: un punto fermo verso il bilanciamento tra primato della lingua italiana e tutela delle minoranze linguistiche? », *Le Regioni*, n° 1, 2019, p. 249-260.
[27] St. Tha/s, article 56.
[28] St. Tha/s, article 98.

et même ce niveau élevé de protection ne met pas définitivement à l'abri par rapport à d'éventuels revers. Par ailleurs, une telle « cuirasse » de protection risque aussi de rendre tout le système trop rigide.

La mobilité de la population et l'immigration des ressortissants étrangers[29], dont l'économie locale ne peut plus se passer, sont un défi considérable. Même si la Province jouit de vastes compétences en matière sociale et d'éducation, elle ne peut intervenir dans le contrôle et la gestion de la migration puisque l'immigration et le statut juridique des étrangers sont exclusivement du ressort de l'État.

Le système juridique de l'Union européenne a aussi remis en question un certain nombre d'axiomes du régime linguistique du Tyrol du Sud et certaines de ses mesures sont en conflit avec le principe d'égalité et le droit d'établissement. L'interprétation donnée à son tour par la Cour constitutionnelle aux principes d'égalité et de non-discrimination établis par l'article 3 de la Constitution a ébranlé les fondements du système censurant les lois provinciales qui accordent une position privilégiée à la population résidente[30].

Les réformes constitutionnelles italiennes imposent à leur tour une stratégie d'adaptation permanente afin de toujours maintenir un niveau élevé d'autonomie législative.

Le meilleur instrument pour une adaptation permanente du système s'est avéré être le système de négociation bilatérale entre la Province (et la Région) et le Gouvernement italien : une procédure spéciale qui permet — par consultation des commissions paritaires dites « des six » et « des douze » où la présence de membres appartenant au groupe linguistique allemand est obligatoire[31] — d'adopter rapidement des décrets législatifs pour l'application du Statut. Les décrets ainsi approuvés[32] ont augmenté les pouvoirs autonomes et transféré davantage de fonctions à la Province, facilitant l'évolution des principes du Statut par de multiples ajustements.

L'efficacité de cette procédure législative « pactisée » découle du fait qu'elle ne requiert aucune délégation préalable de la part du Parlement, ce qui permet une négociation directe et accélérée entre l'exécutif national et l'exécutif provincial, contournant ainsi la complexité du débat parlementaire : ces règlements d'application sont devenus l'instrument préférentiel par lequel

---

[29] Les étrangers étaient environ 56 500, soit 10,6 % de la population de la province, à la date du 31 décembre 2020.

[30] La cour constitutionnelle, par sa sentence n° 2/2013, a déclaré inconstitutionnelle la règle (LP n° 12/2011, article 1er, alinéa 3), qui stipulait l'obligation, pour avoir accès aux prestations d'assistance sociale de nature économique, d'une période minimale de cinq ans de résidence ininterrompue et de domicile stable dans la province de la part des citoyens des états non-membres de l'UE.

[31] St. Tha/s, article 107.

[32] M. Cosulich, *Il decreto legislativo di attuazione statutaria nelle regioni ad autonomia speciale*, Trento, ESI, 2017.

l'État, la Région et les Provinces autonomes fixent les conditions d'action réciproque. C'est par ce biais que l'on est parvenu à un encadrement minutieux du bilinguisme et de la proportionnelle ethnique.

Les dispositifs de protection mis en œuvre au Tyrol du Sud ont été étudiés et imités dans de nombreux contextes et ont été particulièrement inspirants, tant au point de vue du droit international qu'au niveau constitutionnel, comme le démontrent de récentes recherches[33].

Ils ont notamment été une référence importante lors des revendications catalanes au début des années 2000 pour la réforme du statut, mais le système juridique de la Région de Bruxelles-Capitale a aussi emprunté certaines des solutions qui avaient été testées positivement au Tyrol du Sud.

L'une des caractéristiques les plus intéressantes et appréciées de ce modèle est le caractère bilatéral des accords, constamment surveillés, et qui peuvent être graduellement adaptés pour répondre aux préoccupations des États et des minorités, renforçant ainsi la confiance mutuelle et exigeant dans leur application la loyauté des partenaires[34].

---

[33] M. Haller, *Südtirols minderheitenschutzsystem: grundlagen, entwicklungen und aktuelle herausforderungen aus völker-und verfassungsrechtlicher sicht*, Berlin, Duncker & Humblot, 2021.

[34] E. F. Defeis, « Minority protections and bilateral agreements: an effective mechanism », *Hastings Int'l & Comp. L. Rev.*, n° 22, 1999, p. 291.

La question de la reconnaissance des droits indigènes et l'échec du processus constituant chilien de 2022

Arnaud Martin

La reconnaissance des droits indigènes a toujours constitué, en Amérique latine, un projet d'une importance capitale soulevant des difficultés qui ont pu souvent paraître insurmontables, et si de grandes avancées ont pu être réalisées au cours du xxe siècle et au début du xxie siècle, elles le furent principalement dans des pays à la population majoritairement amérindienne, comme au Pérou, les descendants d'Européens étant beaucoup moins enclins à accepter une telle reconnaissance[1].

Le Chili offre ainsi le visage d'un pays où le multiculturalisme a toujours constitué une source de difficultés, tant pour les politiques que pour les juristes, moins par les implications pratiques que par la crainte de la majorité blanche d'origine européenne de voir son hégémonie sur la société remise en cause ; il est ainsi, avec l'Uruguay et le Suriname, l'un des trois derniers pays latino-américains à ne pas avoir constitutionnalisé les droits indigènes.

En ce sens, le rejet du projet de Constitution lors du référendum du 4 septembre 2022 est très riche d'enseignement et mérite d'être appréhendé moins comme un échec que comme l'occasion de mieux comprendre les difficultés que soulèvent la reconnaissance des droits indigènes et les conditions de la coexistence de plusieurs ordres juridiques au sein d'un même pays.

Le 4 septembre 2022, le peuple chilien rejeta, par 61,87 % des voix, le projet de Constitution présenté par le président Gabriel Boric, qui devait tourner définitivement la page de l'ère Pinochet[2]. Cet échec était annoncé depuis plusieurs semaines par la plupart des organes de presse et des instituts

[1] Sur la question, voir notamment A. Martin (dir.), *Les droits indigènes en Amérique latine*, Paris, L'Harmattan, coll. « Droit comparé », 2015 ; H. Favre, *Le mouvement indigéniste en Amérique latine*, Paris, L'Harmattan, coll. « Recherches Amériques latines », 2009.

[2] L'actuelle Constitution a, en effet, été adoptée par un référendum entaché de nombreuses fraudes, le 11 septembre 1980, à la majorité de 67 % des votants, et est entrée en vigueur le 11 mars 1981, sous la dictature d'Augusto Pinochet. Bien qu'ayant subi soixante-et-une révisions, elle est toujours considérée, par une majorité de Chiliens, comme l'héritage d'une des périodes les plus sombres de l'histoire du Chili, et lors du référendum du 25 octobre 2020, 78,28 % des votants se sont prononcés en faveur de la rédaction d'une nouvelle Constitution (le chiffre est toutefois à relativiser, la participation n'ayant été que de 50 %).

de sondage du Chili[3]. Certes, il n'était pas l'expression d'un soudain attachement des Chiliens à la Constitution héritée de la dictature. Dès le début des émeutes de l'automne 2019, dont l'élément déclencheur fut la hausse du prix du ticket de métro de Santiago du Chili, un changement de Constitution était devenu la principale revendication des manifestants. Le président conservateur Sebastian Piñera avait convoqué l'élection d'une assemblée constituante les 15 et 16 mai 2021, plus pour répondre aux aspirations de la population chilienne que par conviction de l'utilité d'un tel changement. Celle-ci, majoritairement de gauche[4], avait préparé une nouvelle Constitution très progressiste, en profonde rupture avec la Constitution en vigueur, dont l'article 1er reflétait très bien l'esprit : « Le Chili est un État social et démocratique fondé sur l'État de droit. Il est plurinational, interculturel, régional et écologique. »

Le caractère novateur du projet de Constitution allait bien au-delà des souhaits de la population : alors que cette dernière appelait de ses vœux une évolution sur le plan institutionnel, économique et social, le constituant lui proposa une « révolution ». Outre une altération sensible de l'équilibre des pouvoirs, avec un affaiblissement de la fonction présidentielle et l'instauration d'un bicamérisme très inégalitaire au profit de la chambre basse, le projet de Constitution accordait une grande place à la proclamation des droits fondamentaux, tout particulièrement aux droits économiques et sociaux : le droit à la santé physique et mentale, à l'éducation, à la sécurité sociale, à l'avortement, à la liberté d'expression, à l'environnement, au logement ou encore à l'eau était ainsi constitutionnalisé. Mais l'évolution probablement la plus notable était la reconnaissance des groupes marginalisés, et en premier lieu des populations indigènes.

Le projet de Constitution était, certes, très imparfait, et la pertinence de certaines dispositions pouvait être sujette à critiques. Il était surtout trop ambitieux. Peut-être eût-il été plus raisonnable de proposer un texte plus modéré, plus consensuel, s'inscrivant davantage dans la continuité de l'histoire constitutionnelle chilienne, mais renforçant l'État de droit et retenant une définition plus classique des droits fondamentaux.

En effet, c'est justement le caractère radical du projet de Constitution qui incita une large majorité de Chiliens à le rejeter lors du référendum du 4 septembre 2022. Plus précisément, le point qui suscita les plus grandes

---

[3] Voir par exemple I. Munita, « Rechazo se impuso en todos los sondeos: los resultados de las últimas encuestas a quince días del Plebiscito », *Emol.com*, 20 août 2022, https://www.emol.com/noticias/Nacional/2022/08/20/1070439/resultados-encuestas-plebiscito-salida.html.

[4] Lors des élections constituantes, auxquelles seuls 43 % des inscrits participèrent, la gauche obtint 82 des 155 sièges : 28 pour Approbation dignité, 26 pour La liste du peuple, 25 pour Unité constituante, et 3 pour Mouvements sociaux constituants, la droite (En avant pour le Chili), ayant obtenu 37 sièges, et les autres sièges se répartissant entre les indépendants (19 sièges) et les indigènes (17 sièges).

craintes fut la proclamation des droits indigènes, moins sur le principe, la droite elle-même admettant la légitimité d'un tel changement, qu'en raison de ses multiples implications politiques et juridiques. Il ne s'agissait pourtant que de reconnaître officiellement une situation ethnique et de restaurer les droits historiques des peuples autochtones, c'est-à-dire de mettre fin à un processus de « colonisation intérieure[5] » qui perdurait depuis plus de deux siècles (I). Mais les meilleures intentions se heurtent malheureusement souvent au mur de la réalité, et le constituant chilien n'a pas pris la mesure de la variété et de l'éparpillement géographique des populations autochtones (II). De là, la diversité des droits indigènes à proclamer et à protéger aurait fait naître un pluralisme juridique qui n'aurait pas manqué de poser la question de la coexistence, dans un État, de plusieurs ordres juridiques (III).

I. La nécessité de mettre fin à une injustice

Le Chili n'a que très tardivement reconnu l'existence des populations indigènes. Quelques timides avancées ont été enregistrées dans les années quatre-vingt-dix, sans pour autant que le législateur — et encore moins le constituant — accepte de proclamer et de protéger leurs droits historiques. Le projet de Constitution de 2022 apparaît à ce titre comme une véritable révolution qui remet radicalement en question deux cents ans de pratiques visant à nier la place des peuples autochtones au sein de la société chilienne, en espérant, par leur marginalisation, hâter leur disparition en tant que peuples spécifiques.

Ainsi, au XIXe siècle, au lendemain de la déclaration d'indépendance du 1er janvier 1818, l'État chilien appliqua une politique d'immigration et ouvrit en Europe des bureaux pour attirer de nouvelles populations, notamment dans le sud du pays, en leur promettant l'octroi de terres censées être inoccupées, mais qui appartenaient aux Mapuches. Et alors même que les Européens qui émigrèrent au Chili purent conserver leur langue et leur mode de vie, les indigènes, privés de leurs territoires, le furent également de leurs langues, de leurs cultures et de leurs traditions. Il n'y avait manifestement pas de place pour eux dans ce pays d'une superficie de 759 950 km^2 peuplé d'à peine 770 000 habitants[6] ! Le Chili appliqua une politique « intégrationniste » visant à faire disparaître les minorités ethniques. Par la suite, des organes de médiation furent créés pour gérer les relations entre l'État et les populations indigènes : missions, caciques, parlements, tribunaux indiens, etc., constituèrent autant d'institutions étatiques différentes de celles qui régissaient la population métisse ou nationale, qui devaient permettre une assimilation des peuples indigènes à la nation chilienne.

---

[5] Sur la question, voir notamment F. Le Bonniec, « État de droit et droits indigènes dans le contexte d'une post-dictature : portrait de la criminalisation du mouvement mapuche dans un Chili démocratique », *Amnis*, n° 3, 2003, http://journals.openedition.org/amnis/500.

[6] https://www.statista.com/statistics/1066841/popuation-chile-historical.

Le xxe siècle ne vit pas la situation des peuples autochtones s'améliorer. Certes, notamment à partir des années cinquante, des politiques de lutte contre la pauvreté et l'ignorance furent mises en place, mais elles n'avaient pour but que de faciliter l'exploitation des ressources naturelles et d'associer les indigènes au développement économique[7], et de nombreux conflits éclatèrent, en particulier entre les tribunaux indigènes et les tribunaux chiliens[8]. Jusqu'au renversement de la démocratie en 1973, les revendications culturelles et ethniques ne furent pas prises en compte, seule la question de la croissance économique retenant l'attention du pouvoir chilien. On reprochait ainsi aux indigènes d'avoir « un sens obsessionnel et petit-bourgeois de la propriété privée territoriale[9] ». Bien évidemment, durant la période de dictature (1973-1989), leur situation ne s'améliora pas.

Les premières avancées furent enregistrées au début de la transition démocratique : « Les minorités ethniques et leurs cultures [...] [étaient] considérées pour la première fois comme un apport au pays, ce qui établit la nécessité de les respecter et de les protéger[10]. » Ainsi, en décembre 1989, dans le cadre d'une réunion des représentants des peuples indigènes chiliens, Patricio Aylwin, alors candidat à l'élection présidentielle, annonça vouloir prendre trois grandes décisions en cas de victoire : la reconnaissance constitutionnelle des peuples indigènes et de leurs droits économiques, sociaux et culturels fondamentaux, la création d'un organisme public chargé des questions autochtones et d'un fonds d'ethnodéveloppement, et la réunion d'une Commission spéciale pour les peuples autochtones, chargée d'étudier l'ensemble des propositions émanant du Congrès au sujet de la perte historique des territoires autochtones. Le Chili commença à introduire dans sa législation certains droits des peuples indigènes inclus dans le système juridique international. Le 28 septembre 1993 fut promulguée la loi no 19253[11] « établissant des normes sur la protection, la promotion et le développement des peuples indigènes et créant la Société nationale pour le développement indigène » ; celle-ci reconnaissait les droits des autochtones, comme groupes ethniques et non en tant que peuples, sur leurs terres, leurs

---

[7] Sur la question, voir notamment Archivo Nacional de la Administración, Ministerio de Tierras y Colonización 1954, Oficios V.3, oficio 2281, 15 de abril de 1954.

[8] R. Foerster y S. Montecino, *Organizaciones, líderes y contiendas mapuches (1900-1970)*, Santiago de Chile, CEM, 1988, p. 231.

[9] B. Berdichewsky, *Antropología aplicada e indigenismo en los mapuches de Cautín*, Santiago, 1971, p. 76. Sur la question, voir également J. Aylwin, *Política Pública y pueblos indígenas: el cas de la política de tierras del Estado chileno y el pueblo Mampuche*, Temuco, Chile, Instituto de Estudios Indígenas, Universidad de La Frontera, 1995.

[10] J. Iván Vergara, R. Foerster, H. Gundermann, « Instituciones mediadoras, legislación y movimiento indígena de Dasin a Conadi (1953-1994) », *Atenea*, n° 491, 2005, p. 72, http://dx.doi.org/10.4067/S0718-04622005000100006.

[11] https://www.bcn.cl/leychile/navegar?idNorma=30620&idParte=8639832&idVersion=2020-10-17.

langues et leurs cultures, mais n'évoquait aucun droit à l'autonomie ou à l'autogestion sur les territoires ou les ressources naturelles.

Il fallut attendre la révision constitutionnelle de 2002 pour que les droits des peuples indigènes fassent l'objet d'une reconnaissance constitutionnelle, mais cette dernière fut jugée très insuffisante :

> Elle ne concerne que les communautés indigènes, et pour différentes raisons, la reconnaissance des « peuples indigènes » n'est pas admise, bien que notre Cour constitutionnelle ait accepté la portée du concept de « peuples » de la Convention 169 sans que cela soit un principe d'autodétermination et une porte ouverte au démembrement de l'État-nation[12].

En 2008, deux ans après sa condamnation par la Cour interaméricaine des droits de l'homme[13], le Chili ratifia la Convention 169 de l'Organisation internationale du travail (OIT) sur les peuples indigènes et tribaux dans les pays indépendants, ce qui était la moindre des choses puisque le 13 septembre 2007, l'ONU avait adopté la Déclaration sur les droits des peuples autochtones… avec le vote favorable du Chili[14].

L'échec du référendum du 4 septembre 2022, très largement motivé par le refus par une majorité de Chiliens des dispositions du projet de Constitution relatives aux droits des peuples autochtones, n'est donc qu'une nouvelle péripétie dans le long cheminement menant à la reconnaissance des droits indigènes. Mais comment expliquer la réticence des Chiliens à accepter une proclamation de ces droits ? « Les revendications des peuples indigènes pour une plus grande autonomie — culturelle et politique — ne représentent pas un défi insurmontable dès lors qu'elles sont formulées d'une manière compatible avec le constitutionnalisme libéral[15]. » Comment se fait-il que le Chili soit l'un des pays d'Amérique latine les moins avancés sur cette question ? « Les Mapuches ont repoussé les envahisseurs incas. Ils se sont également défendus contre les colonisateurs espagnols. Et, des siècles plus tard, ils se battent toujours pour la reconnaissance de leurs territoires dans le Chili moderne[16]. »

La réticence des Chiliens à reconnaître les droits indigènes, principale motivation du rejet massif du projet de Constitution lors du référendum du 4 septembre 2022, s'inscrit dans le prolongement logique de deux siècles de remise au lendemain — ou au prochain gouvernement — d'une réforme qui, pourtant, ne pourra être éternellement renvoyée aux calendes grecques. Doit-

---

[12] F. Zúñiga Urbina, « Reformas constitucionales para un Estado Social y Democrático de Derecho », *Colección Ideas*, julio 2003.

[13] Cour interaméricaine des droits de l'homme, 26 septembre 2006, *Almonacid Arellano et autres c. Chili*, https://www.corteidh.or.cr/docs/casos/articulos/seriec_154_fre.pdf.

[14] La Convention n° 169 de l'OIT entra en vigueur au Chili le 16 septembre 2009.

[15] W. Wcheuerman, « Constitutionalism and difference », *The University of Toronto Law Journal*, 47 (2), 1997, p. 265.

[16] A. Lankes, « The Contentious Vote in Chile That Could Transform Indigenous Rights », *The New York Times*, 2 septembre 2022, https://www.nytimes.com/2022/09/02/world/americas/chile-constitution-vote-indigenous.html.

on en conclure que tout projet en ce sens est voué à l'échec ? L'assemblée constituante élue le 7 mai 2023 et composée d'une large majorité de représentants de droite et d'extrême droite (39 sièges sur 51) traditionnellement peu sensibles aux droits des minorités — indigènes ou autres — saura-t-elle répondre favorablement aux revendications des peuples indigènes, ou se contentera-t-elle d'une avancée *a minima*, ne serait-ce que pour ne pas heurter la majorité des Chiliens lors du référendum qui se tiendra le 17 décembre 2023 ?

Au-delà de son orientation politique, la nouvelle assemblée constituante doit aborder la question de la reconnaissance des droits indigènes en ayant à l'esprit la complexité de la question. Bien que représentant une faible proportion de la population chilienne — environ 12 % —, les peuples indigènes sont nombreux et divers, et les territoires qu'ils occupent ou revendiquent sont très morcelés. Dès lors, la reconnaissance des droits indigènes, qui ne peut faire l'objet d'une définition commune pour l'ensemble des peuples concernés, soulève la question de l'organisation d'un pluralisme juridique et de l'articulation du droit national et des droits indigènes. La reconnaissance de la diversité ethnique dans l'unité nationale conduit à devoir trouver les moyens de maintenir l'unité juridique dans la diversité juridique.

II. Une diversité ethnique difficile à appréhender

Bien qu'en constant déclin si l'on s'en tient au pourcentage qu'ils représentent dans la population chilienne[17], les peuples indigènes conservent une très grande diversité. Aymaras, Changos, Chinchorros, Atacamas et Diaguitas au nord, Picunches, Mapuche, Huilliches et Chonos dans la région centrale et sud, Onas, Yaganes et Alacalufes en Patagonie et Terre de Feu, Rapa Nui sur l'île de Pâques, et Mapuches[18] au sud de l'Aconcagua, constituent une véritable mosaïque que le constituant chilien a longtemps voulu occulter, comme si la diversité ethnique était incompatible avec le maintien de l'unité de l'État et la défense de l'intérêt national.

La reconnaissance des peuples indigènes constitue ainsi, pour le Chili, un changement immense aux implications politiques et juridiques qui ont inquiété un grand nombre de Chiliens : « Le Chili a été unitaire, suivant un modèle français et un Code civil très statique ; reconnaître aujourd'hui des règles différentes pour les peuples indigènes est un grand bouleversement de la société[19]. » Mais plus encore, l'entreprise était hasardeuse, tant la pluralité

[17] 96,8 % de la populations en 1570, 58,3 % en 1800, et seulement 12,8 % en 2017 lors du recensement.

[18] Les Mapuches représentent près de 90 % de la communauté indigène chilienne, soit 10 % de la population chilienne.

[19] P. Baeriswyl, conseillère du représentant du kawésqar à l'assemblée constituante, citée *in* M. Banchón, « Constitución de Chile e indígenas: de la vergüenza al abrazo », *Deutsche Welle*, 27 août 2022, https://www.dw.com/es/constitución-de-chile-y-pueblos-indígenas-pasar-de-la-vergúenza-al-abrazo/a-62948104.

culturelle, source de richesse, pouvait être source de difficultés et d'incompréhensions pour le constituant : pour reconnaître et donc défendre l'indigène, encore faut-il le comprendre. Et au vu de la diversité des peuples indigènes, de leurs cultures et de leurs valeurs, la question prenait une dimension toute particulière : « Le peuple mapuche, associé à la terre, n'est pas le même que les Yaghan, les Rapa Nui ou les Changos, liés à la mer. Ce n'est pas non plus la même chose de parler du petit mineur artisanal, le pirquinero, que de parler de l'extraction de ressources dans le sous-sol avec de la haute technologie[20]. » La question est d'autant plus délicate que la reconnaissance des peuples indigènes ne doit pas se faire au détriment du sentiment d'appartenance à une communauté nationale : « Le nouveau texte constitutionnel est le signe que nous sommes passés du fait d'être fiers de la grand-mère d'Espagne à celui, non pas seulement de ne pas avoir honte, mais d'embrasser la grand-mère de la Cordillère, de l'intérieur de Temuco ou d'une île de Chiloé[21]. »

Pour autant, la reconnaissance constitutionnelle des peuples indigènes a fait l'objet d'un large consensus lors des débats constituants. Celle-ci a paru légitime, et même souhaitable, au regard de la richesse de la diversité culturelle, et les critiques se sont focalisées sur les implications juridiques et politiques d'une telle reconnaissance, notamment pour l'unité du pays. Cette crainte est d'ailleurs très largement à l'origine de l'échec des vingt précédentes propositions de réformes constitutionnelles qui ont été présentées au Congrès depuis 1990.

L'article 1er du projet de Constitution déclare ainsi que le Chili est un « État plurinational, interculturel, régional et écologique », et l'article 2 précise que « la souveraineté réside dans le peuple chilien, composé de diverses nations ». Cette reconnaissance de la diversité du peuple chilien pouvant faire craindre un éclatement du pays — c'est d'ailleurs l'une des principales critiques des opposants au projet —, le constituant a souhaité prévenir le risque — ou simplement rassurer les Chiliens — en annonçant, dès l'article 3, que « le Chili, dans sa diversité géographique, naturelle, historique et culturelle, forme un territoire unique et indivisible », et, à l'article 5, que « le Chili reconnaît la coexistence de divers peuples et nations dans le cadre de l'unité de l'État ». Toute éventualité de sécession semble donc écartée.

La reconnaissance constitutionnelle de l'existence des « peuples et nations autochtones » concerne, non seulement une liste de onze peuples — « les Mapuches, les Aymaras, les Rapanuis, les Lickanantay, les Quechuas, les Collas, les Diaguitas, les Changos, les Kawésqar, les Yagán (et) les Selk'nam », mais aussi « d'autres qui peuvent être reconnus de la manière établie par la loi ». Cette grande diversité des peuples indigènes est susceptible de soulever des difficultés relationnelles, tant avec l'État qu'entre peuples

[20] P. Baeriswyl, *op. cit.*
[21] M. Espinoza, cité *in* M. Banchón, *op. cit.*

indigènes. Aussi, l'article 11 du projet de Constitution évoque « le dialogue interculturel, horizontal et transversal entre les diverses visions du monde des peuples et des nations qui coexistent dans le pays, dans la dignité et le respect réciproques », que l'État doit reconnaître et promouvoir. De même, alors que « l'État est multilingue » et que « les langues indigènes sont officielles sur leurs territoires et dans les zones à forte densité de population de chaque peuple et nation indigènes », l'article 12 prend soin de rappeler que la langue officielle du Chili est l'espagnol.

La reconnaissance des peuples indigènes va de pair avec celle de leurs droits sur leurs terres ancestrales. Un peuple déraciné finit par disparaître. À l'inverse, un peuple dont l'existence et le droit à la terre sont juridiquement reconnus peut revendiquer son indépendance au nom du droit à l'autodétermination. L'unité et l'indivisibilité du pays, ainsi que l'accès aux ressources naturelles indispensable à l'activité économique, sont ainsi susceptibles d'être remises en cause par les revendications territoriales indigènes. Dès lors, ces dernières sont au cœur du débat constitutionnel sur la reconnaissance des peuples indigènes.

La récupération de leurs terres par les peuples autochtones fait l'objet de plusieurs dispositions du projet de Constitution. L'article 77 confie à l'État la tâche de définir les modalités de restitution territoriale et de réparation pour les différents peuples autochtones qui demandent une compensation pour les terres qu'ils considèrent comme leur ayant appartenu dans le passé. En outre, pour assurer une « protection spéciale » des terres indigènes, l'État doit établir « des instruments juridiques efficaces pour leur cadastre, leur régularisation, leur démarcation, leur titularisation, leur réparation et leur restitution ». « Les peuples et les nations autochtones ont le droit d'utiliser les ressources qu'ils ont traditionnellement utilisées, qui se trouvent sur leurs territoires et qui sont indispensables à leur existence collective ». La garantie effective de ces droits peut faire l'objet d'une demande de protection auprès « des institutions représentatives des peuples indigènes, de leurs membres ou du bureau du médiateur » (article 119). Enfin, le droit des peuples indigènes à disposer de leurs terres s'exerce dans le cadre de l'« autonomie territoriale autochtone », qui est une « entité territoriale » dotée de la personnalité morale de droit public et disposant d'un patrimoine propre (article 243).

Une telle reconnaissance des droits des peuples indigènes sur leurs terres est d'autant plus complexe que de nombreuses zones, qui peuvent être revendiquées comme étant des terres indigènes, font déjà l'objet d'une protection écologique. Le Chili comporte 106 zones naturelles protégées par l'État (ASPE), qui couvrent 22 % de son territoire et 42 % de ses eaux maritimes, ce qui pose un problème de chevauchement avec les terres autochtones. En 2000, la Corporation forestière nationale (CONAF) a estimé que sur les 94 unités du Système national des aires protégées par l'État pour la faune et la flore (SNASPE) — soit 14,5 millions d'hectares —, 18 étaient plus ou moins liées à des peuples autochtones. Une étude de 2017[22] a montré que le problème perdure, puisque 25 des 101 aires protégées du SNASPE empiètent sur des terres des communautés autochtones, ce qui représente environ 70 % de la superficie de la SNASPE.

Il s'agit là d'un phénomène qui s'observe dans tout le pays, tant sur terre qu'en mer. Pourtant, l'État n'a jamais mis en œuvre de politique pour résoudre le problème. Il s'est contenté de prendre des mesures ponctuelles pour répondre à des demandes bien précises, par exemple la création de la réserve nationale de Los Flamencos, dans le désert d'Atacama, qui abrite diverses espèces rares et en danger d'extinction, ou du parc national de Rapa Nui, nom autochtone de l'île de Pâques[23]. Des solutions sont parfois trouvées, généralement quand les zones protégées présentent un intérêt culturel ou biologique majeur. Mais il ne s'agit que de réponses ponctuelles à des problèmes particuliers. En revanche, de nombreuses revendications historiques sur les territoires indigènes dans des zones protégées n'ont pas été satisfaites ; c'est notamment le cas du parc national de Villarrica, de la réserve forestière de Malleco et du parc national de Puyehue[24].

Le caractère très ciblé des solutions apportées à des zones présentant un intérêt biologique ou écosystémique tout à fait particulier dévalorise les autres territoires de la gestion desquels les populations indigènes sont exclues, ce qui semble légitimer indirectement les industries extractives aux conséquences catastrophiques sur l'environnement, mais sur lesquelles l'économie nationale est largement fondée[25]. Cela constitue une pierre d'achoppement entre les communautés indigènes et le pouvoir central. En effet, l'exploitation des ressources naturelles, notamment minières, la dégradation de la biodiversité et la crise des ressources hydriques devraient conduire l'État à associer les peuples indigènes à la gestion des territoires autochtones et à reconnaître la légitimité de la revendication d'une reconnaissance officielle des droits territoriaux. Or, la logique économique et industrielle conduit l'État à éviter une telle évolution. Toutefois, un Groupe d'experts pour l'évaluation de la Liste verte (EAGL Chile) a été créé en juin 2022 dans le but d'appliquer dans

---

[22] R. Molina Otárola, « Control territorial indígena y gestión turística de Áreas Silvestres Protegidas: experiencia Atacameña y Rapa Nui, Chile », *Polígonos. Revista de Geografía*, n° 30, 2018, p. 281-303.

[23] Sur la question, voir notamment D. M. Olson, E. Dinerstein, E. D. Wikramanayake et al., « Terrestrial Ecoregions of the World: A New Map of Life on Earth: A new global map of terrestrial ecoregions provides an innovative tool for conserving biodiversity », *BioScience*, 51 (11), 2001, p. 933-938.

[24] Voir R. Molina, *op. cit.*

[25] É. Hendrich, « Au-delà du lithium : le Chili pourrait devenir fournisseur de terres rares », *Métaux-industriels.net*, 29 décembre 2022, https://metaux-industriels.net/au-dela-du-lithium-le-chili-pourrait-devenir-fournisseur-de-terres-rares. Le développement des nouvelles technologies liées à la transition énergétique, grosses consommatrices de métaux rares, et l'influence croissante de la Chine en Amérique latine, incitent à penser que le problème devrait prendre une importance croissante durant la présente décennie.

le pays les normes de la Liste verte des aires protégées et conservées de l'Union internationale pour la conservation de la nature (UICN[26]).

C'est en ce sens que la reconnaissance officielle et la constitutionnalisation des droits indigènes sont des impératifs dont aucun gouvernement, quelle que soit son orientation politique, ne pourra encore faire durablement l'économie. Pour autant, une telle entreprise n'est pas sans soulever de graves difficultés juridiques qui ont en partie motivé le vote négatif d'une majorité de Chiliens lors du référendum du 4 septembre 2022.

III. Le défi du pluralisme juridique

La diversité des peuples indigènes, reconnue par le projet de Constitution, soulève un problème juridique complexe : la prise en compte, par un texte constitutionnel, d'une diversité de droits et, plus encore, d'une pluralité de perceptions du droit. En effet, les droits indigènes sont susceptibles de recevoir une variété de définitions et d'interprétations égale à la diversité culturelle des peuples concernés.

Ainsi en est-il, par exemple, du principe de plurinationalité, dont on peut considérer qu'il est le socle de la reconnaissance constitutionnelle des peuples autochtones. Lors des travaux préparatoires, plusieurs peuples indigènes en ont donné des définitions souvent assez différentes. Pour le peuple Chango, le principe de plurinationalité devait être constitutionnalisé et considéré comme le fondement du droit à l'autodétermination. Pour le peuple Colla, il devait être interprété comme un droit individuel, associé à la double nationalité indigène et chilienne, dans un sens similaire à celui exprimé par le peuple quechua qui, en outre, le considérait comme l'affirmation du droit à l'autodétermination. Pour le peuple Diaguita, il s'agissait plutôt d'une reconnaissance de celui-ci par l'État. Le peuple Kawésqar, quant à lui, estimait qu'il importait avant tout que l'État reconnût la préexistence de celui-ci et son droit à disposer de son territoire ancestral. Pour le peuple Lickan Antai, il s'agissait plus généralement d'une reconnaissance par l'État de l'identité des peuples, qui devait déboucher, d'une part, sur un dialogue sur la gouvernance, d'autre part, sur une obligation de consultation des peuples indigènes. Pour le peuple mapuche, elle devait permettre une restauration de droits, tout particulièrement en relation avec les questions liées à la nature, à la biodiversité et aux savoirs ancestraux. Pour le peuple Rapa Nui, la reconnaissance de la plurinationalité ne faisait que rappeler le traité du 9 septembre 1888[27]. Quant au peuple Selk'nam, il y voyait une avancée vers

---

[26] https://www.iucn.org/fr.

[27] O. Mendoza Uriarte, « Chile, un País Colonialista: El Tratado Internacional de 1888 entre Chile y el Pueblo Rapanui », V Congreso Chileno de Antropología, Colegio de Antropólogos de Chile A. G, San Felipe, 2004, https://www.aacademica.org/v.congreso.chileno.de.antropologia/170.

une « décolonisation culturelle » et une reconnaissance constitutionnelle de son existence.

Cette grande diversité d'interprétation des droits indigènes soulève une difficulté pratique : donner de ceux-ci une définition suffisamment générale pour être incluse dans la Constitution sans en gommer les particularités. C'est ce que tente de faire le chapitre II du projet de Constitution consacré aux « Droits fondamentaux et garanties » qui, bien que comportant 96 articles qui énoncent un certain nombre de droits fondamentaux, n'évoque les droits indigènes, à l'article 35, qu'en des termes assez larges, alors même qu'il constitue le cœur de la reconnaissance constitutionnelle de l'existence des peuples autochtones :

Les peuples et nations autochtones et leurs membres, en vertu de leur autodétermination, ont le droit d'exercer pleinement leurs droits collectifs et individuels. En particulier, ils ont droit à l'autonomie, à l'auto-administration, à leur propre culture, à leur identité et à leur vision du monde, à leur patrimoine, à leur langue, à la reconnaissance et à la protection de leurs terres, territoires et ressources, dans leurs dimensions matérielles et immatérielles, et du lien particulier qu'ils entretiennent avec eux, à la coopération et à l'intégration, à la reconnaissance de leurs institutions, juridictions et autorités propres ou traditionnelles, et à participer pleinement, s'ils le souhaitent, à la vie politique, économique, sociale et culturelle de l'État.

Cette formulation très générale offre une souplesse d'interprétation qui aurait permis d'englober les droits indigènes dans leur diversité, mais elle présente aussi le risque de faire de l'article 35 une simple invocation dont la portée pratique dépend de la volonté du législateur. Dans le même sens, le projet de Constitution reconnaît, à l'article 36, le droit à « l'autonomie des peuples et des nations autochtones pour développer leurs propres établissements et institutions conformément à leurs coutumes et à leur culture, dans le respect des objectifs et des principes de l'éducation et dans le cadre du système national d'éducation établi par la loi ».

Pour autant, d'autres dispositions du chapitre II consacrent un certain nombre de droits fondamentaux essentiels pour une reconnaissance effective des peuples indigènes. L'article 44 proclame le droit des peuples indigènes à avoir leurs propres pratiques en matière de santé et prévoit la protection de la transmission des connaissances en la matière. De même, l'article 55 définit comme un droit fondamental le « droit des paysans et des peuples et nations autochtones à la libre utilisation et à l'échange des semences traditionnelles » ; il s'agit là d'une protection particulièrement importante, car elle permet de garantir l'indépendance des populations indigènes à l'égard des grands producteurs de semences, et donc leur autonomie alimentaire, sachant que la faim est un puissant outil de pression sur les peuples. En outre, l'article 58 de la Constitution reconnaît un droit à « l'utilisation traditionnelle des eaux situées dans les territoires autochtones ou les autonomies territoriales autochtones par les peuples et les nations autochtones », car un peuple privé d'un accès à l'eau ne peut survivre longtemps sur ses terres.

Dans le prolongement de ces différents droits proclamés, et pour en assurer le respect effectif, l'article 66 du projet de Constitution garantit la participation des populations indigènes aux prises de décisions qui les concernent, ceux-ci ayant « le droit d'être consultés avant l'adoption de mesures administratives et législatives qui les affectent ».

La reconnaissance des droits indigènes a inévitablement des conséquences sur les institutions politiques nationales. Ainsi, l'article 162 du projet de Constitution prévoit que des sièges doivent être réservés aux peuples indigènes dans tous les organes représentatifs, au niveau national, régional et communal, « proportionnellement à leur population dans le territoire électoral respectif ». De plus, le projet de Constitution prévoit la mise en place d'un nouveau système judiciaire fondé sur le principe du pluralisme juridique. La Cour suprême se voit confier la tâche de résoudre les éventuels conflits de compétence qui peuvent surgir entre ces différents systèmes, y compris le système national non autochtone. De même, selon l'article 329, la Cour suprême « connaît des contestations des décisions de la juridiction autochtone et les résout, dans une chambre spécialisée et assistée d'un conseil technique composé d'experts de leur culture et de leur droit ».

On voit bien, dans ce texte, les difficultés que peut susciter le pluralisme juridique, non seulement pour la conciliation de principes ou de règles juridiques divergents, mais aussi pour la connaissance même desdits principes et règles par les institutions non indigènes, lesquelles sont censées prendre en compte le caractère plurinational et multiculturel de la société chilienne.

L'article 322 proclame ainsi :

> La fonction juridictionnelle est définie dans sa structure, son intégration et ses procédures conformément aux principes de plurinationalité, de pluralisme juridique et d'interculturalité. Lorsqu'ils ont affaire à des personnes autochtones, les tribunaux et leurs fonctionnaires doivent adopter une perspective interculturelle dans le traitement et la résolution des questions relevant de leur compétence, en tenant dûment compte des coutumes, traditions, protocoles et systèmes normatifs des peuples autochtones, conformément aux traités et instruments internationaux relatifs aux droits de l'homme auxquels le Chili est partie.

Ainsi, quand l'article 11 du projet de Constitution déclare que l'État doit favoriser « la reconnaissance et la compréhension de la diversité ethnique et culturelle, en surmontant les asymétries existantes dans l'accès, la distribution et l'exercice du pouvoir, ainsi que dans tous les domaines de la vie en société », il énonce un principe qui peut sembler tout à fait légitime, mais il ouvre une boîte de Pandore aux implications incalculables : autant le risque d'un éclatement du Chili semble improbable, autant sa gouvernabilité est susceptible d'être remise en cause.

L'existence de plusieurs systèmes juridiques coexistant au sein d'un même État soulève en effet de nombreuses difficultés, que la Commission de Venise a évoquées dans son avis 1075/2022[28] rendu le 18 mars 2022, sur la rédaction et l'adoption d'une nouvelle Constitution au Chili. Elle s'est notamment interrogée sur la conformité aux normes internationales et les avantages et inconvénients du principe du pluralisme juridique, notamment en raison du fait qu'il implique la reconnaissance d'une justice autochtone parallèle et l'attribution de sièges réservés aux peuples indigènes.

Sur la question de « l'existence d'un pluralisme juridique et culturel, au sein du système d'État régional, plurinational et interculturel », la Commission de Venise a estimé qu'elle devait « être comprise comme une stratégie constitutionnelle légitime visant à garantir le droit à l'autodétermination des peuples autochtones de ce pays, nonobstant l'unité et l'intégrité du pays ». Elle a fait remarquer que « des précédents de juridictions autochtones existent dans d'autres systèmes constitutionnels d'Amérique latine », notamment « en Équateur, en Bolivie et, dans une certaine mesure, en Colombie, ainsi qu'aux États-Unis et au Canada ». Mais elle a également souligné les obligations réciproques de l'État et des communautés indigènes. Autant la Constitution doit respecter le droit collectif à la culture et à l'autodétermination des peuples indigènes, autant, « à son tour, le système de justice autochtone doit respecter les droits de l'homme reconnus par l'État chilien dans sa Constitution et dans les traités internationaux auxquels il est partie », notamment les principes de procès équitable et d'égalité d'accès à la justice. De même, la reconnaissance des droits indigènes ne saurait autoriser les traitements cruels, inhumains ou dégradants. En outre, l'établissement d'une juridiction autochtone spéciale doit prendre en compte la nécessité du maintien d'un certain degré d'unité et de cohérence entre la juridiction autochtone et la juridiction étatique. Toute la difficulté réside donc dans l'appréciation du degré d'autonomie que l'on doit accorder aux systèmes juridiques autochtones et l'établissement d'une coordination entre ceux-ci et le système juridique national.

Il est donc nécessaire de prévenir certaines difficultés en prévoyant les limites de l'autonomie des systèmes autochtones. Différentes questions doivent être posées : le système autochtone doit-il être compétent seulement pour les litiges entre autochtones ? Doit-il intervenir en matière pénale ? Les indigènes peuvent-ils choisir de confier un litige à une juridiction ordinaire ?

En ce qui concerne l'octroi de sièges aux populations autochtones, la Commission de Venise a rappelé que son code de bonne conduite en matière électorale prévoit que « la loi électorale doit garantir l'égalité des personnes appartenant à des minorités nationales, ce qui implique l'interdiction de toute discrimination à leur égard », mais que « certaines mesures prises pour assurer une représentation minimale des minorités, soit en leur réservant des sièges,

---

[28] Avis n° 1075/2022 sur la rédaction et l'adoption d'une nouvelle Constitution, adopté par la Commission de Venise lors de sa 130e session plénière (Venise et en ligne, 18-19 mars 2022), https://www.venice.coe.int/webforms/documents/?pdf=CDL-AD(2022)004-f.

soit en prévoyant des exceptions aux règles normales de répartition des sièges, par exemple en supprimant le quorum pour les partis des minorités nationales, ne portent pas atteinte au principe d'égalité ». Ainsi, parce que « les populations autochtones appartiennent à des groupes qui ont été historiquement discriminés et souffrent des conséquences des inégalités sociales et structurelles, l'instauration de diverses formes d'action positive peut servir de mécanisme adéquat pour les faire participer au processus de prise de décision dans les organes politiques démocratiquement élus de l'État ». De ce fait, envisager d'assurer une représentation des peuples autochtones au parlement en leur réservant un certain nombre de sièges « est une mesure compatible avec la réalisation du principe d'égalité dans le droit à la participation politique ».

Cela toutefois ne saurait se faire qu'à la condition de tenir compte du « contexte historique, politique et culturel du Chili » et de répondre aux besoins « des multiples communautés autochtones du Chili, de taille très variable, dont certaines sont très dispersées dans tout le pays et d'autres géographiquement plus concentrées dans certaines régions ». Or, c'est justement la difficulté de prendre en compte la diversité ethnique de la population chilienne et d'apporter une réponse à ses enjeux politiques et juridiques qui a conduit au rejet du projet de Constitution le 4 septembre 2022 et qui pourrait être la pierre d'achoppement du processus constituant en cours.

Bordeaux, le 10 septembre 2023.

El equilibrio entre el principio de igualdad y el mayoritario en el Estado constitucional. La igualdad y la coexistencia entre minorías en los Estados heterogéneos como caso de estudio

Elia Marzal

Como en el caso de los instrumentos llamados contramayoritarios, el principio de igualdad representa una vía para contrarrestar el poder de la mayoría. Pero lo hace aportando una lógica distinta de la habitual, alejada de la estrictamente institucional, para introducirse en el terreno de lo valorativo, de la comparación cualitativa entre mayoría y minoría. Su importancia reside, no en el hecho de incorporar nuevos actores a la toma o al control de decisiones a fin de contrapesar el poder de la mayoría, sino de cuestionar la diferenciación hecha entre grupos por la mayoría en el ámbito concreto de la justicia distributiva, es decir, en el de la asignación de bienes o cargas, de derechos u obligaciones, llevando a la justicia constitucional a tener que valorar la legitimidad del criterio con el que se ha efectuado el reparto, la comparación a la que se ha procedido entre colectivos y, en definitiva, la realidad sustantiva asumida respecto de cada uno de ellos. La igualdad se sitúa por tanto en un ámbito específico de confrontación entre mayoría y minoría, especialmente problemático por la escasez que puede darse de recursos a distribuir[1], pero también por la dificultad valorativa que plantea el criterio de justicia que impone, el del tratamiento que corresponde en función de lo que cada grupo y en cada situación representa materialmente respecto del resto.

Es esta especial dificultad la que se pretende abordar aquí. Y para ello se van a plantear tres posibles significados del principio de igualdad en el contenido de la ley, los cuales estructuran su evolución a partir de su relación con el (también principio) mayoritario. En cada caso, la igualdad cumple una función distinta respecto de la regla de la mayoría, partiendo para ello de una determinada concepción del Estado constitucional, en cuyo seno estos dos principios están forzados a convivir. Pero esa misma relación entre el principio de igualdad y el mayoritario, la dificultad que suscita su equilibrio en tensión desata una dinámica que, según se sostiene como idea estructuradora del trabajo, acaba paradójicamente transformando el Estado

[1] F. Rey Martínez, « ¿De qué hablamos cuando hablamos de igualdad constitucional? », *Anales de la Cátedra Francisco Suárez*, n° 45, 2011, p. 168.

constitucional del que surge, que es en su base liberal. Y esa transformación se ve con particular claridad en el caso de los Estados llamados complejos o heterogéneos, en tanto que en ellos vienen a quedar sintetizadas las distintas lógicas subyacentes a esas distintas etapas.

Procedo así a continuación a (I) explicar cuáles serían esas etapas configuradoras del significado del principio de igualdad, lo que a su vez me sirve para identificar la pregunta que da lugar al trabajo, así como para justificar la tesis que defiendo, y que planteo (II) a través de un caso específico de estudio, como es el de los Estados heterogéneos o con minorías permanentes.

I. La evolución de la igualdad a partir de su doble relación funcional con la regla de la mayoría

La igualdad que proclama el Estado liberal representa ante todo el paso del Estado absolutista al democrático liberal, al ofrecer, en sustitución del monarca, un nuevo sujeto constitutivo del Estado, que surge de la cohesión de los miembros de la comunidad en una unidad. Se trata así necesariamente de una igualdad formal, que hace abstracción de todo rasgo cualitativo susceptible de interponerse entre el Estado y los individuos, para tomar únicamente en consideración el vínculo de la ciudadanía, que da la nacionalidad, y del que deriva un mismo régimen de derechos fundamentales, independiente de las características particulares de cada uno. Pero la cohesión (es decir, la unidad) es también necesaria para que ese nuevo Estado, que está constituido por una pluralidad de individuos, pueda además autodeterminarse, actuar en libertad, ser soberano. Y ello requiere que el mecanismo de acción del Estado, que es la regla de la mayoría (y no la unanimidad, que llevaría por el contrario a la inacción), se apoye en esa misma igualdad formal. Ésta le brinda a dicha regla el fundamento de legitimidad que necesita, la posibilidad de acudir a la ficción (que en cambio no precisa la unanimidad) de que la decisión (o libertad) de la mayoría es en realidad la de todos, la del sujeto unitario; y que funciona en la medida en que mayoría y minoría sean, en tanto que iguales, intercambiables, y pueda consiguientemente la minoría, protegida por los mismos derechos, llegar a ser mayoría.

El Estado liberal se construye así sobre una tensión. Mientras que por un lado silencia las diferencias entre sus ciudadanos (no se configura a partir de su consideración ni busca tampoco transformarlas), por otro, presupone (con la regla de la mayoría) su existencia, que luego refleja el legislador en la distribución de posiciones jurídicas a la que procede. Dicha tensión se resuelve, durante el primer Estado liberal, acudiendo a los principios de generalidad y abstracción de la ley, que no requieren una comparación cualitativa entre colectivos, ni exigen igualdad más que en lo relativo a la acción estatal, y no en cambio a las consecuencias de esa acción (es decir, al impacto específico que esa acción pueda tener en cada una de las realidades sustantivas a las que se aplica). Pero la tensión sin embargo se agudiza a medida que lo que se reconoce como existente no es sólo la diferencia sino también la desigualdad, e inevitablemente se deriva hacia la reivindicación de una justicia distributiva o igualdad proporcional que la tenga en cuenta y la corrija; hacia la exigencia de tratar igual lo igual y desigual lo desigual. Y la tensión finalmente estalla con la incorporación de los derechos fundamentales al parámetro de constitucionalidad de las leyes, lo que en el caso de la igualdad comporta un análisis comparativo (y así cualitativo), que obliga a explicitar las diferencias sustantivas, hasta ese momento únicamente implícitas en la lógica cuantitativa de la mayoría, y a transitar en definitiva con ello hacia un nuevo tipo de Estado constitucional.

La igualdad que propugna el Estado social nace consiguientemente de la necesidad de superar la contradicción característica del Estado liberal, la imposibilidad de corregir las situaciones de desigualdad real, a pesar de haber cohesionado a los miembros de la comunidad en una unidad. Conforme a ello, la igualdad del Estado social pretende ser material, en el sentido de efectiva, representando sin embargo un ideal u objetivo a alcanzar, no un punto de partida como la igualdad formal. La igualdad material parte, al revés, del reconocimiento de las diferencias sustantivas, para imponer, sobre la base del régimen jurídico-constitucional común que exige la igualdad formal, una acción estatal variable, que lleve en sus consecuencias a la igualdad. La igualdad no se ciñe así ya a ofrecer a la regla de la mayoría un fundamento de legitimidad (que ha pasado a dar el objetivo cohesionador de la acción estatal), al oponerle además un límite, la exigencia de correspondencia entre la medida que aprueba la mayoría y la realidad sustantiva a la que se dirige. Ello se traduce en dos tipos de obligaciones: negativas, al prohibir el trato desigual en supuestos esencialmente iguales, y positivas, al exigir el trato desigual en supuestos esencialmente desiguales.

A pesar de ello, el Estado social no es finalmente capaz de corregir otra desigualdad que la causada por la acción jurídica, ni de articular por tanto nada más que un derecho al trato igual, mediante la declaración de inconstitucionalidad. Ante todo, porque para garantizar el trato desigual, la justicia constitucional debería poder exigir al legislador la realización de una acción positiva (diferenciadora) a partir de un determinado criterio de diferenciación no especificado en la constitución, lo que no resulta posible sin desequilibrar el reparto de posiciones que impone la lógica democrática. Pero también porque para conferir el trato desigual imprescindible para corregir determinadas formas (extrajurídicas) de desigualdad, resulta necesario reconocer como distintos a supuestos en los que no hay una diferencia propiamente esencial (son esencialmente iguales, dado que no hay rasgos relevantes intrínsecos distintos) pero sí una situación estructural de mayor debilidad de uno de ellos, por circunstancias externas a sus rasgos característicos. Y ello a su vez sitúa al Tribunal Constitucional en la tesitura de si declarar inconstitucional, por discriminatoria, la acción igualadora, o si darla en cambio por buena, en base a una comprensión cualitativa de la minoría como grupo vulnerable, con la que además emerge un nuevo sujeto de protección, el colectivo, por encima del individuo, que desborda el marco constitucional en el que se había forjado el equilibrio entre igualdad material y regla de mayoría.

Este sujeto colectivo que exige un tratamiento distinto puede ser uno identificado como vulnerable o especialmente necesitado de protección a partir de su situación de desventaja económica o social que debe suprimirse. Pero puede ser también otro que, como veremos, se singulariza respecto de la mayoría a partir de un rasgo característico de otro tipo, y que no necesariamente se quiere suprimir.

La pregunta que así se plantea en último término en este trabajo, y lo que en realidad lo motiva, es si con esa nueva forma de protección se está atribuyendo un significado nuevo, identitario, a la igualdad, que da paso a una nueva forma de Estado constitucional, cuyo objetivo legitimador sería la cohesión, en una unidad de protección, no de los miembros individuales de la comunidad política, sino de los colectivos sustantivos que la integran, con la justificación de que es a través de los grupos que la protección completa de los individuos se hace finalmente posible, al permitir articular el trato desigual. Y ello a su vez afectaría a la regla de la mayoría, a la que la igualdad identitaria obligaría a operar a partir de un concepto cualitativo de mayoría y minoría, que reconfigura el sistema de asignación de posiciones en el ordenamiento, siendo lo determinante, no la agregación de individuos en un grupo cualitativo u otro (y la atribución de lo que en función de esas características corresponda), sino la condición estructural de uno de ellos como vulnerable u oprimido en una relación comprendida como de subordinación.

Ese nuevo esquema de protección constitucional haría así pues finalmente posible la articulación del trato desigual necesario para suprimir determinados tipos de desigualdad, pero a costa en todo caso de debilitar la igualdad entre individuos, así como de renunciar a la cohesión estatal en una unidad, ofreciendo en su lugar una pluralidad de subunidades yuxtapuestas en el interior del Estado. Con este nuevo esquema, se estaría en definitiva dando entrada a una igualdad grupal o identitaria que se aleja radicalmente de la concepción individualista del Estado liberal (y no sólo la completa, como en el caso de la igualdad material), para acoger otra opuesta colectivista y basada, como se ha dicho, en la identidad de los grupos.

Paradójicamente, ello puede acabar configurando un tipo específico de igualdad en parte (de nuevo) formal, en la medida en que los individuos son adscritos automáticamente a un colectivo, sobre la base de unos rasgos objetivos cualitativos que difícilmente admiten contradicción y que les predeterminan al margen de su voluntad. En el nuevo sistema de distribución de posiciones jurídicas basado en esa lógica identitaria, resultaría así por ejemplo difícil permitir al individuo que sufre la discriminación positiva tratar de argumentar que en su caso concreto no se da esa relación de subordinación que justifique esa acción; o plantear si los individuos a los que se asigna un determinado estatus jurídico en base a su supuesta pertenencia a una minoría nacional, pertenecen efectivamente a ella o son en cambio una minoría de esa minoría y a los que por tanto también hay que proteger del riesgo de asimilación y de consiguiente uniformización en el interior del colectivo.

En última instancia, la igualdad identitaria daría lugar a una comunidad política estatal no sustantivamente determinada y únicamente cohesionada a través de la unión de los colectivos que la integran, los cuales sí estarían en cambio cohesionados en la unión de sus miembros individuales y a partir de los rasgos cualitativos propios de identidad que presuntamente comparten.

II. La consecución de la igualdad como preservación de la diferencia: las minorías nacionales y la dificultad de encaje de la lógica comunitarista en el esquema individualista liberal.

Tal y como ya se ha señalado, la condición de minoría (en sentido amplio, de grupo vulnerable) no necesariamente resulta de una carencia del grupo, que debe suplirse para que la diferencia desaparezca. Por el contrario, esa diferencia puede originarse en la existencia de un rasgo identitario (cultural, lingüístico, étnico, religioso o nacional), adicional a los constitutivos de la comunidad política estatal, compartido por sólo una parte de ésta y que da por tanto lugar a un subgrupo de la comunidad, a una ulterior comunidad nacional, que no se identifica plenamente con el conjunto de rasgos configuradores de la global, ni desea tampoco hacerlo a pesar de pertenecer a ella[2]por querer preservar ese rasgo que le cohesiona como colectivo nacional con identidad propia.

La condición de vulnerable deriva así en este caso del carácter estructuralmente minoritario de esa identidad, del hecho de que, cuando se plantean decisiones percibidas como determinantes para la subsistencia del grupo como tal, pero que también afectan al resto de ciudadanos, la minoría no puede hacer valer su voluntad. Ésta queda neutralizada por la del grupo mayoritario, que en ese ámbito tiene intereses distintos (si no opuestos), en una toma de decisión en la que participa el total de los miembros de la comunidad política que configura el Estado.

Se trata de las minorías constitutivas de los Estados llamados complejos o heterogéneos, construidos sobre el difícil equilibrio entre unidad en la configuración del sujeto soberano (y sin la cual no puede existir el Estado) y diversidad en el interior de la comunidad que conforma el sujeto soberano (por la existencia de minorías reconocidas como estructurales). En esos Estados, los problemas que plantean las minorías son distintos de los que se suscitan

---

[2] J. De Lucas Marín, « Algunos problemas del estatuto jurídico de las minorías. Especial atención a la situación en Europa », *Revista del Centro de Estudios Constitucionales*, n° 15, 1993, p. 101.

con las minorías sociales o económicas, en tanto que lo que se persigue con su protección también es diferente. Tal y como se ha dicho, en los Estados heterogéneos, no se pretende suplir carencias de las minorías o corregir una situación, a fin de que desaparezca la diferencia y acabe asimilado el grupo minoritario al mayoritario, sino limitar el poder de decisión de la mayoría respecto de la minoría, como modo de preservar el rasgo distintivo constitutivo del colectivo minoritario, pero también causante de su debilidad. Lo que se persigue, dicho de otra manera, es solucionar el dilema democrático estructural de los Estados heterogéneos, obligados a conciliar la necesidad, por un lado, de funcionar de acuerdo con la regla de la mayoría, base de la democracia, a partir de la afirmación de la igualdad formal entre los ciudadanos, y, por otro, de garantizar un estatus constitucional a la minoría, que module dicha regla, para así dotar de legitimidad a esa democracia, aunque a costa de hacer quebrar el principio de la igualdad formal para afirmar la material, lo que puede tener un impacto en la configuración del sujeto soberano.

En los Estados homogéneos (o sin minorías permanentes), la regla de la mayoría, dirigida a impedir la tiranía de la minoría, se legitima por la posibilidad de que la minoría acabe siendo mayoría, al integrar mayoría y minoría una unidad en la que son iguales y por tanto intercambiables[3]Y a ello contribuye la protección adicional que representa para las minorías la constitucionalización de unos derechos que quedan sustraídos del poder de decisión de la mayoría. En cambio, en los Estados heterogéneos, la regla de la mayoría no es legítima por sí sola, puesto que mayoría y minoría no son intercambiables, por no poder la minoría llegar a ser mayoría en lo relativo a cuestiones claves para su existencia como colectivo, sin bastar tampoco los derechos fundamentales para garantizar la subsistencia del grupo. A fin de evitar en esos Estados la consiguiente opresión de la mayoría (que es permanente o inamovible, como la minoría), resulta necesario blindar a la minoría, esto es, sustraer también del poder de la mayoría la configuración del estatus jurídico de la minoría. De esa manera se garantizan, además de los correspondientes derechos fundamentales, unos elementos inamovibles para la mayoría parlamentaria que dan posibilidad de subsistir a los miembros del grupo minoritario en tanto que colectivo.

La supervivencia de los Estados heterogéneos (el mantenimiento de la unidad del sujeto soberano, base del Estado) pasa así por garantizar la legitimidad de su sistema democrático, la protección, en condiciones materiales de igualdad, de las minorías permanentes. En otras palabras, el trato desigual o la asignación específica de posiciones en el ordenamiento que corresponda a su diferencia, a fin de que puedan seguir siendo miembros

---

[3] M. Bridel, « Réflexions sur le principe majoritaire dans les démocraties », en U. Häfelin, W. Haller y D. Schindler (eds.), *Festschrift Werner Kägi* (45-53), Zürich, Schulthess Polygraphischer Verlag, 1979, p. 52.

materialmente iguales en el procedimiento de adopción de decisiones de la comunidad política global.

En contraste pues con la idea estructuradora del Estado liberal clásico, las diferencias en el interior de los Estados heterogéneos no son necesariamente secundarias o irrelevantes constitucionalmente, en la medida en que algunas de ellas no son dilucidables por el principio mayoritario como coyunturales o fluctuantes. Esas diferencias no varían, como tampoco entonces lo hace la relación entre mayoría y minoría, en tanto que agrupaciones cuya relevancia ya no es eminentemente cuantitativa sino cualitativa. Pero, al contrario también de lo que sucedería en un Estado liberal actual homogéneo, esas diferencias entre grupos no sólo deben ser reconocidas, a través del trato desigual correspondiente, sino también preservadas. Y ello se traduce en la obligación de garantizar, además de los derechos fundamentales (que tienen una dimensión eminentemente individual que permite las diferencias entre miembros de la comunidad), un determinado sistema de toma de decisiones como pieza estructural del Estado constitucional. En este contexto, y a pesar de su nombre, la igualdad sirve entonces para que la minoría reivindique su especificidad, debiéndose proteger el derecho a la diferencia, con el límite en todo caso de no romper esa unidad que con esa protección específica se pretende en última instancia garantizar.

De manera inmediata, esa protección de la minoría nacional significa transitar de la igualdad formal a la material, y adaptar consiguientemente los mecanismos de toma de decisiones, a fin de ofrecer el trato desigual con el que alcanzar la igualdad. Concretamente, eso significa garantizar que cuando esté en juego una cuestión relevante para el conjunto de la ciudadanía, pero de manera especial para la minoría nacional, pueda evitarse que la voluntad minoritaria quede desdibujada en el conjunto[4]. Y para ello se acude a instrumentos de adaptación de la regla de la mayoría como pueden ser la cláusula de intangibilidad constitucional, que blinda el reconocimiento de los grupos minoritarios, limitando el poder de reforma de la mayoría; la exigencia de participación de las minorías en la elaboración y reforma de las reglas configuradoras de su estatus; la redelimitación del sujeto interviniente en determinados referéndums (mientras que a veces debe intervenir el conjunto de ciudadanos de un Estado, otras deberán hacerlo solo los habitantes del territorio identificable con la minoría nacional a la que se quiere dejar expresar su voluntad al margen de la mayoría estatal, en tanto que lo que se está dilucidando afecta a su derecho de autonomía, a la posibilidad de preservar la identidad nacional que la constitución dice que hay que preservar); o el principio de distribución competencial sobre el que se estructuran los Estados descentralizados, a fin de permitir decidir de manera autónoma a los poderes

[4] Sobre ese tema, E. Marzal Yetano, « Cooperación o frustración. Minorías nacionales concurrentes: el caso español », *Revista de Estudios Políticos*, n° 192, 2021, p. 127-153.

públicos territoriales una serie de cuestiones especialmente importantes para la existencia de la comunidad.

Se trata de soluciones de protección de las minorías justificadas en todo caso por la propia lógica de libertad inherente a la democracia liberal. En esta, la libertad se reconoce, como se ha dicho, a nivel ante todo colectivo, en tanto que lo que se persigue es la autodeterminación de la comunidad política, como sujeto único capaz de erigirse en titular del poder político soberano, en Estado. Pero la lógica liberal exige asimismo proteger al ciudadano a nivel individual, esto es, amparar la posibilidad de que el individuo resista o reivindique su especificidad frente al grupo, la mayoría. Y el Estado liberal se ve así finalmente abocado a entrar en una valoración cualitativa de sus miembros, a tener en cuenta las características particulares de los individuos y a consiguientemente reconocer su derecho de asociarse con otros con los que compartan esas características. Se generan de esta manera vínculos distintos, adicionales al de la ciudadanía, de los que emerge una pluralidad de sujetos o colectivos, y se introduce, en última instancia, la lógica de la identidad.

A largo plazo, por tanto, la protección puede también comportar transitar de la igualdad material, como límite o parámetro de validez, a la igualdad material en sentido identitario, es decir, a una igualdad presidida por el objetivo de preservar las características cualitativas que vinculan a los miembros de esos subgrupos y, consiguientemente, la uniformidad dentro del colectivo. Ello obliga efectivamente al Estado a promocionar un determinado rasgo, en detrimento de otros, lo que resulta especialmente problemático en comunidades políticas liberales[5], cohesionadas a partir del concepto formal de ciudadanía.

Asimismo, el salto a la igualdad identitaria plantea el problema añadido de tener que disponer de un criterio con el que identificar, no ya a la minoría nacional (puesto que esa identificación la realiza directamente la constitución), sino a la eventual minoría de la minoría, esto es, al conjunto de individuos adscritos a esa comunidad identitaria, a pesar de no desear formar parte de ella por no compartir materialmente (sino sólo formalmente) esa identidad. Y la pregunta ulterior que inevitablemente así se suscita es cómo proceder a proteger a ese segundo grupo identificado[6], potencialmente también merecedor de protección de acuerdo con el Derecho internacional[7],

---

[5] L. Prieto Sanchís, « Igualdad y minorías », *Derechos y Libertades. Revista de Filosofía del Derecho y derechos humanos*, n° 2, 1995, p. 137-138.

[6] F. Baroncelli, « Hanno le culture diritti sugli individui? Sul liberalismo olistico di Charles Taylor », *Ragion pratica*, n° 2, p.18-19.

[7] También el derecho internacional se aproxima al concepto de minoría a partir de elementos tanto objetivos (lingüísticos, étnicos, religiosos, nacionales) como subjetivos (la percepción del propio grupo como constitutivo de una realidad colectiva distinta de la mayoritaria). Véase la « Declaración de 1992 de la Asamblea General de Naciones Unidas (Resolución 47/135) sobre derechos de las personas pertenecientes a minorías nacionales o étnicas, religiosas o lingüísticas », así como el « Convenio-marco de 1995 del Consejo de Europa para la protección de las minorías ».

pero cuyo reconocimiento no ha sido en cambio elevado a rango constitucional y no puede así a su vez exigir un procedimiento de decisión independiente adicional con el que hacer valer su voluntad al margen de la mayoría con la que conviven (Marzal Yetano, 2021: 130).

En efecto, si la formación de la voluntad independiente respecto de la mayoría estatal no es (sólo) consecuencia de querer garantizar la existencia de unos grupos minoritarios en concreto, sino, también, del pluralismo como principio liberal estructural (es decir, del derecho individual de las personas, no de los colectivos, a asociarse entre sí en función de las características estructurales que les unen), la cuestión que se suscita es cómo proteger a las eventuales nuevas minorías irreductibles que puedan aparecer en el territorio de las minorías reconocidas. Y ello obliga también a decidir qué tipo de sujeto, colectivo o individual, es el que se está protegiendo, lo que nos devuelve a la dificultad que para la óptica individualista liberal plantea la dimensión colectiva. Se trata de una pregunta que reviste además una enorme importancia práctica a la hora de pensar los límites (internos o externos) a esa protección, puesto que, en función de cómo respondemos a ella, la protección de las minorías nacionales encuentra su límite en la protección de otros colectivos (las minorías de las minorías nacionales) o en los derechos de los individuos que, habiendo sido adscritos (por ejemplo, territorialmente) a la minoría, rechazan formar parte de ella.

Además, tal y como ya se ha dicho, de no poder los individuos resistirse a dicha adscripción y a ser consiguientemente conferidos el estatus jurídico correspondiente[8]), se habría inicialmente pasado de la igualdad formal (que no tiene en cuenta las características cualitativas de los ciudadanos) a la material (que sí las tiene en cuenta, a partir de una comparación cualitativa entre grupos), para acabar transitando a una igualdad identitaria, que paradójicamente vuelve a ser (en sus efectos) formal. Ciertamente, si la igualdad identitaria adscribe automáticamente a los ciudadanos a un colectivo sustantivo en base a unos rasgos supuestamente objetivos, que dan lugar a una presunción de identidad material de los individuos, y sin un ulterior análisis comparativo cualitativo que permita ratificar dicha adscripción, estaría prevaleciendo la igualdad (en el sentido de identidad) sobre la libertad, a pesar de ser ésta el fundamento del reconocimiento del derecho a la diferencia.

[8] J. De Lucas Marín, p. 114, *loc. cit.*

L'ÉTAT MULTINATIONAL AFRICAIN : ENTRE TRADITION ET MODERNITÉ

Léonard MATALA-TALA

L'histoire précoloniale, coloniale et postcoloniale a structuré différemment les sociétés africaines sur les plans politique, économique, culturel, religieux et social. Il est vain de vouloir reparler ici du mimétisme constitutionnel, de ses raisons, ses échecs, son bilan, *etc.*, une littérature abondante existe déjà. L'objet de cette communication est de rendre hommage à Stéphane Pierré-Caps, à l'occasion des mélanges qui lui sont dédiés. Plusieurs d'entre nous savent qu'il est parmi les premiers auteurs à avoir mis en lumière « une solution globale à l'aménagement du pluralisme national » au travers de ses nombreux écrits, notamment son article sur « Karl Renner et l'État multinational[1] » et son ouvrage sur la multination[2]. Dans son manuel de droit constitutionnel, coécrit avec Vlad Constantinesco, ils considèrent que

> l'État multinational est l'antithèse de l'État national : ici l'État demeure une communauté politique territoriale en tant que principe d'organisation et de coexistence des nations qu'il contient ; celles-ci deviennent des communautés de culture détachées et séparées de l'État tutélaire. Ainsi se trouvent dissociées, l'unité politique du pouvoir souverain de l'État et l'unité nationale des nations subordonnées, mais autonomes : à l'État dénationalisé correspondent des nations désétatisées, mais ordonnées à un principe supranational qui les englobe[3].

L'État rend possible la personnification[4] de la nation de sorte qu'un lien étroit et unique s'instaure entre les deux notions. Partant, il apparaît difficile, notamment en Occident, d'avoir un État doté de deux nations. Par exemple, la nation française est personnifiée par l'État français. Mais l'histoire nous montre que

> partout en Afrique, l'établissement de frontières linéaires a imposé des césures, brisé des continuités et des complémentarités spatiales, entravé la mobilité des hommes, rigidifié les territoires. La création des États modernes a donné une signification nouvelle

[1] S. Pierré-Caps, « Karl Renner et l'Etat multinational. Contribution juridique à la solution d'imbroglios politiques contemporains », *Droit et sociétés*, n° 27, Production de la norme juridique, 1994, p. 421-441.

[2] S. Pierré-Caps, *La multination : l'avenir des minorités en Europe centrale et orientale*, Paris, Odile Jacob, 1995, 337 p.

[3] V. Constantinesco et S. Pierré-Caps, *Droit constitutionnel*, Paris, PUF, 4e éd., 2004, p.344.

[4] R. Carré de Malberg, *Contribution à la théorie générale de l'État*, Paris, Sirey, 1920, tome 1, p. 2-3.

aux statuts d'étranger et d'autochtone. La superposition et l'enchevêtrement de plusieurs strates identitaires — clanique, ethnique, nationale — ont fait apparaître des situations particulièrement complexes dans des espaces autrefois ouverts aux déplacements des populations[5].

Par conséquent, on admettra d'abord les trois spécificités suivantes de la société politique africaine :

- Les sociétés traditionnelles ont inventé le politique et le droit avant l'invention de l'État ; alors qu'ailleurs, la théorie politique assimile le politique et le droit à l'avènement de l'État-nation.
- L'État africain inventé et accédant à l'indépendance est substantiellement sans nation.
- Les sociétés traditionnelles et l'État moderne importé coexistent en tant que deux ordres juridiques producteurs du politique.

De ce fait, le droit positif, le droit constitutionnel, en ceci qu'il favorise, via le contrat social, la naissance et l'organisation politique de la société, n'y est pas le seul créateur de norme juridique. En effet, les pays africains ont hérité de deux modèles juridiques dont la coexistence, d'un point de vue extérieur, peut rendre problématique la production et la mise en pratique du droit. Le premier modèle est fondé sur la « légalité rationnelle » ; legs colonial, elle est le fondement même de la création d'États souverains et a une caractéristique principale, c'est que la loi y est universelle et impersonnelle. Elle s'applique indistinctement à tous les citoyens. Le second modèle est non écrit, transmis de génération en génération par des pratiques éducatives et justifié par « l'éternel hier ». C'est le droit traditionnel qui trouve son support dans les us et coutumes. Ce modèle a deux caractéristiques : le droit traditionnel est spécifique à un groupe ethnique ou tribal déterminé et il est variable dans son application suivant le statut de ses membres. C'est ce qui fait de ce droit un droit statutaire, c'est-à-dire se référant à l'âge et au sexe dans la détermination des droits et devoirs des individus.

Il y a ainsi un rythme asynchrone de l'Afrique par rapport au temps mondial. Pour dire la chose autrement, les sociétés africaines, notamment en Afrique noire, se retrouvent sous l'empire de deux formes de droit de portée inégale. Alors que l'État tente de régir la société dans son ensemble avec une loi d'origine exogène et accessible à quelques-uns, le corps social se trouve disloqué entre diverses traditions endogènes qui font encore autorité. Cette spécificité est qualifiée de pluralisme juridique. Celui-ci signifie que l'individu n'est pas régi par un droit unique, celui de l'État, mais qu'il est pris dans des réseaux normatifs autonomes qui régulent les rapports sociaux.

Lorsque l'on observe la structuration de la société en Afrique subsaharienne, en dépit de quelques adaptations spécifiques, on remarque qu'elle ne correspond pas au schéma le plus répandu de l'État moderne. En

[5] R. Pourtier, « Introduction thématique. L'Afrique centrale entre incertitudes et renouveau », *Afrique contemporaine*, n° 215, 2005, p. 21-27.

1949 à Paris au moment du lancement de la revue Présence africaine, Alioune Diop disait : « Ce qui nous attache à autrui ce sont les liens sacrés de la parenté, ce sont ceux établis par les institutions séculaires[6]. » Les sociétés africaines gardent, de nos jours encore, l'essentiel de ces structures anciennes[7], c'est-à-dire, le sens communautaire dont le fondement est le sens élevé du devoir de solidarité collective, cultivé au fil de l'histoire dans une forme d'éducation où, dès le jeune âge, l'enfant est habitué à vivre dans une société structurée en classes d'âge ou fraternités d'âge. Partant, l'individu et le groupe sont une seule réalité. L'individu se définit *dans* et *par* le groupe auquel il appartient. On rejoint d'une certaine façon ce que Stéphane Pierré-Caps constate dans les conclusions de son ouvrage sur *La multination* : « Pour schématiser », dit-il, « on pourrait dire que la société politique occidentale européenne est individualiste, tandis que la société politique orientale est personnaliste. Ici, l'individu est face à l'État, là, il n'est jamais tout à fait seul, il est une personne tissée de solidarités intermédiaires avec lesquelles l'État doit toujours compter[8] ».

Dès lors, il y a plusieurs territoires d'appartenance pour un seul individu. Sans nier les méfaits[9] du recours à l'appartenance ethnique comme principal critère d'allégeance politique, il s'agit de dire que la consolidation de l'État en Afrique passe par une déconcentration du pouvoir politique afin d'offrir un ancrage de la démocratie et une gouvernance appropriés pour les différents groupes à différentes échelles. En effet,

> historiquement, tout groupe humain est un groupe composite qui s'est construit au fil du temps, par une interaction entre plusieurs « sujets ». Ce groupe devient stable lorsque, par une interaction sur une base volontaire et constructive, des individus, des familles ou des ethnies en viennent à mettre en commun leur volonté de vivre ensemble et leurs projets de vivre mieux [...]. En bref, État, ville ou village, tout regroupement humain, toute organisation politique plus large qu'une famille, un clan, ou une ethnie [...] se caractérisent naturellement par leur regroupement territorial, mais aussi, et surtout intrinsèquement, par leur capacité à mobiliser leurs membres et à créer un sujet collectif doté d'objectifs propres[10].

Comme le disait Marcel Prélot, « il n'y a État [...] au sens précis et vrai du terme, qu'au moment où, dans une population [...], le pouvoir politique s'étant dégagé de tout élément étranger, notamment de toute patrimonialité, prend l'aspect d'une autorité souveraine s'exerçant sur des hommes libres[11] ».

---

[6] A. Diop, « Niam n'goura », *Présence africaine*, n° 1, 1947, p. 10.

[7] S. Cissé, « Valeurs morales et structures traditionnelles de jeunesse », *Éthiopiques*, n° 31, 1982.

[8] S. Pierré-Caps, *La multination : l'avenir des minorités en Europe centrale et orientale*, *op. cit.*, p. 313.

[9] E. M'Bokolo, *Afrique noire. Histoire et civilisations*, t. 2 : du XIXe siècle à nos jours, Paris, Hatier, AUF, 2004, p. 548.

[10] B. Davakan, *Repenser les nations africaines. Identité, citoyenneté et démocratisation en Afrique subsaharienne*, Paris, L'Harmattan, 2011, p. 98.

[11] M. Prélot, *Institutions politiques et droit constitutionnel*, Paris, Dalloz, 1961, p. 3.

Afin de mettre en exergue le rythme asynchrone de l'Afrique, cette étude tente de trouver les voies et moyens de consolidation d'un État multinational africain. Plus que jamais, il faut une nouvelle stratégie de description et d'interprétation de nouvelles façons de percevoir les réalités africaines. Il est nécessaire d'avoir de nouvelles catégories d'expression des potentialités et surtout un nouveau discours pour décrire l'Afrique et dépeindre les expériences et les souvenirs de ceux ou de celles qui sont au centre de ces transformations. Pour mener à bien cette tâche, il est primordial de bien prendre en compte les particularités[12] de la société africaine étudiée ici.

Premièrement, l'un des éléments favorisant l'identification d'une société est sa langue. Le Littré indique que la langue est « le parler d'une nation ». Elle est un système d'expression et de communication entre les hommes, fondé sur l'utilisation de la parole et, dans certains cas, de l'écriture. Critère fondamental d'appartenance au groupe social, la langue favorise l'intégration à la société, en même temps que l'acquisition de la capacité d'agir en tant que citoyen. Appliquée à la société africaine, cette définition prend une couleur particulière dans la mesure où, au sein d'un même État, voire d'une même région, il y a souvent plusieurs « systèmes de communication ». Par conséquent, quel que soit le qualificatif donné au système de communication entre les hommes, il faut indiquer que « l'acheminement vers la parole à travers la palabre est l'un des premiers pas vers la constitution du sujet de droit en Afrique[13] ». En effet, dans leur grande majorité, les sociétés africaines ont une culture basée sur la tradition orale. Elles disposent, par ailleurs, d'un droit coutumier qui a sa propre langue. Ce qui fait qu'en Afrique, l'État, en tant que collectivité globale, comme on l'a indiqué plus haut, n'est pas le seul lieu de production du droit. D'où d'ailleurs l'ineffectivité du droit positif « occidental » importé qui est obligé de tenir compte du droit coutumier autrement plus effectif sur le terrain. Cette situation, contrairement à ce qui se passe en Occident, oblige l'administration à s'adapter dans son rapport avec ses administrés. Elle utilisera ainsi la langue, le dialecte ou l'idiome majoritaire de la commune voire du village. Cet état des choses soulève, par ailleurs, un problème juridique dans la mesure où si, d'un côté, l'État reconnaît les langues des communautés pour en faire ses langues nationales ou officielles, de l'autre, il se montre incapable de reconnaître juridiquement ses communautés, aucune loi n'étant traduite dans ces langues, ne serait-ce que pour faciliter la vulgarisation de la législation nationale.

Deuxièmement, les États africains sont composés de sociétés dans lesquelles une forte proportion de la population est analphabète[14]. Le droit

[12] Voir L. Matala-tala, « Unilinguisme ou multilinguisme officiel en droit comparé : le cas de certains pays africains », *in* A.-M. Le Pourhiet, *Langue(s) et constitution(s)*, Paris–Aix-en-Provence, Economica-Presses universitaires d'Aix-Marseille, 2004, p.151-166.

[13] J-G. Bidima, *La Palabre : une juridiction de la parole*, Paris, Michalon, 1997, p. 36.

[14] Selon l'alliance mondiale pour l'alphabétisation (UNESCO), malgré les efforts concertés au niveau mondial, on estime que 763 millions d'adultes dans le monde n'ont toujours pas de

coutumier étant par essence oral, cette population s'avère inapte à intégrer les dispositions constitutionnelles du droit positif dans sa relation avec l'État. Celui-ci est d'ailleurs souvent considéré comme étant trop lointain de leurs préoccupations quotidiennes. Ces individus vivent pratiquement en dehors d'un quelconque mécanisme formel de redistribution des richesses : ils n'attendent rien de l'État. Tout ce qu'ils veulent c'est vaquer librement à leur labeur champêtre. En revanche, c'est l'État qui leur soutire le peu d'argent qu'ils retirent de leurs champs. Comme l'indique Dominique Darbon, « alors qu'en Europe occidentale, l'administration est le produit d'une complexification croissante de tout ou partie de la société, en Afrique l'administration n'est, le plus souvent, qu'un appareil formel d'exploitation[15] ».

Troisièmement, l'État africain est relativement jeune. Né par un mimétisme de l'État-nation européen, il est encore en voie d'édification nationale. Et surtout, il nous faut nous habituer à parler des Afriques plutôt que d'une seule Afrique dans la mesure où il y a plusieurs différences selon que l'on est au nord, au sud, à l'est ou à l'ouest du continent. On y trouve une diversité des situations : des États émergents (République sud-africaine, Nigeria, Maroc, Ghana, Kenya, Cap-Vert, Botswana, etc.) que l'on peut opposer aux États en retard (Sierra Leone, Djibouti, Somalie, Érythrée, Malawi,...) ; des pays secoués par des mouvements révolutionnaires (Mali, Burkina Faso, Guinée, Niger, Soudan, Éthiopie, RDC, République centrafricaine, Tchad, Sénégal...) opposés aux pays stabilisés, démocratiques ou non (Ghana, Angola, Kenya, Zambie, Tanzanie, Cameroun, Angola, Gabon, etc.).

Ce processus de structuration sociale à travers l'institutionnalisation d'un État multinational africain nous conduit à mener ici une réflexion en trois temps : il s'agit de regarder la structure de la société africaine avant les indépendances, pour constater qu'il y avait des nations sans État tel que reconnu en Occident (I) ; après les indépendances, on relève l'existence des États affranchis de la colonisation, mais sans nation (II) ; depuis la chute du mur de Berlin et le discours de la Baule, lorsqu'un vent de démocratisation a soufflé sur le continent, une tentative d'édification de l'État multinational africain semble être en cours (III).

compétences de base en matière de lecture, d'écriture et de calcul, dont 27 %, c'est-à-dire plus de 206 millions vivent en Afrique subsaharienne ; voir https://www.uil.unesco.org/fr/alliance-mondiale-pour-lalphabetisation.

[15] D. Darbon, « Administration, Etats et sociétés », *in* D. C. Bach et A. A. Kirk-Greene (dir.), *États et sociétés en Afrique Francophone*, Paris, Economica, 1993, p. 57.

I. Des nations africaines désétatisées

Les anthropologues[16] nous apprennent que sur terre, la vie a débuté en Afrique. Sans refaire l'histoire entière de cet immense continent, il est question de tenter de retracer ici l'organisation de la vie dans ces sociétés africaines. Nous savons que le terme nation vise essentiellement une communauté d'individus qui est consciente d'être unie par une même histoire[17], une même culture, une même langue voire une même croyance. Grâce à l'histoire, nous savons maintenant qu'il y a eu, avant l'arrivée des colons, des sociétés africaines qui étaient organisées sous plusieurs formats, allant des chefferies aux empires et royaumes. Yves Person[18] le disait ainsi : « il me semble donc qu'on peut affirmer que l'ensemble de l'ancienne Afrique noire était divisé en groupes ethniques assez importants, pour lesquels le mot de tribu ne convient absolument pas, et que des prises de conscience de type nationalitaire y étaient fréquentes ».

On citera tour à tour, sans aucune référence chronologique, les royaumes[19] ou empires suivants : Royaume d'Abyssinie (fondé au XIIIe siècle, se transforma en empire éthiopien) ; Royaume Akan (Ashanti XVIIIe) ; Royaume d'Aksoum (Axoum ou Aksum, Corne de l'Afrique, Ier-VIe siècle) ; Royaume du Bénin (XIIIe-XIXe siècle) ; Royaume du Buganda (1857 avec Mutesa Ier) ; Carthage (814 av. JC) ; Égypte (Ancienne, environ -2 686 à -2 181) ; Kanem-bournu (IXe-XIVe siècle) ; Royaume Kongo (XIVe – XIXe, roi Affonso Ier) ; Kush (environ 1 069 av. JC-350) ; Empire Lozi (ou Malozi, fin du XVIIe siècle) ; empire Luba (XVe siècle) ; empire Lunda (XVe siècle) ; Mali (Empire Mandingue sous Soundiata Keita au XIIIe siècle), Empire Merina (règne de Ralambo dans la seconde moitié du XVIe) ; Royaume de Monomotapa (règne de Nyatsimba Mutota entre XVe et XVIIe siècle) ; Empire Songhaï (c. 1460-1591 remplaça l'Empire du Mali (1240-1645) ; Empire Wolof (XIVe-milieu du XVIe siècle) ; Yoruba (1826...) ; Zoulou (règne de Thaka Zoulou, 1816-1872), etc.

---

[16] Voir, F. Ramirez-Rozzi, G. Goude, E. Herrscher, F. Marchal, A. Thomas, « Les 1 000 premiers jours de vie dans les populations du présent et du passé. The first 1,000 days of life in past and present populations », *Bulletins et Mémoires de la Société d'Anthropologie de Paris*, 33 (1), avril 2021, p. 7-9.

[17] Voyez notamment l'excellent travail fournit par le comité scientifique international pour la rédaction d'une *Histoire générale de l'Afrique*, sous l'égide de l'UNESCO et qui a produit huit volumes, notamment les volume III, IV et V auxquels nous avons fait référence ici.

[18] Y. Person, « L'Etat-nation et l'Afrique », *Revue française d'histoire d'outre-mer*, 68 (250-253), 1981, p. 279, doi : https://doi.org/10.3406/outre.1981.2301, https://www.persee.fr/doc/outre_0300-9513_1981_num_68_250_2301.

[19] Comité scientifique international pour la rédaction d'une Histoire générale de l'Afrique (UNESCO) sous la présidence des professeurs B. A. Ogot puis A. du Boahen, *Histoire générale de l'Afrique*, éditions UNESCO, vol. III, Paris, UNESCO, 1985, 954 p. ; vol. IV, Paris, UNESCO, 1985, 811 p. ; vol. V, Paris, UNESCO, 1999, 1200 p.

Dans un discours à la Mairie de Paris, lors de sa visite officielle en 1982 disponible sur les réseaux sociaux, le Président Guinéen, Sekou Touré[20] indiquait qu'entre le XIIIe et le XIXe siècle, son pays abritait la capitale de plusieurs empires ouest-africains. On voit par-là, qu'il y a bien existence d'une organisation politique de la société en Afrique. Ces royaumes et empires, dont certains sont toujours présents, comportaient des éléments caractéristiques de l'État moderne, à savoir, un territoire, une population et un gouvernement qui avait la charge de gérer la vie en communauté. C'est donc « la nation, ou plutôt l'ethnie qui, à partir d'une certaine prise de conscience, mérite le nom de nationalité, a préexisté à l'État et a fini par le créer, soit par voie progressive (Allemagne, Italie), soit plus souvent en faisant éclater des structures plus vastes qui n'ont pas réussi à massifier leurs populations (Autriche-Hongrie, Empire Ottoman)[21] ». C'est ainsi que l'on sait par exemple, que

> les Yoruba possédaient une forte organisation familiale et un appareil politique important. Les familles (*ebi*) étaient rassemblées au sein de patrilignages (*agbole*), travaillant une même terre inaliénable. À la tête de chaque cité se trouvait un *oba*, personnage sacré ne sortant de son palais que voilé. Symboliquement au-dessus des contingences biologiques, il était censé ne pas manger, ne pas boire, ne pas mourir. Il assumait tous les pouvoirs, assisté d'un Conseil d'État (*Ogboni*) composé de chefs de lignages et de représentants des différentes professions. La religion yoruba comporte un panthéon imposant de quatre cents dieux (*orisha*), ancêtres des lignages ou esprits des forces de la nature. Elle continue d'exister, malgré la constante progression de l'islam, introduit par les Peuls à la fin du XVIIIe siècle et qui l'emporte sur le christianisme, car il autorise la polygamie et dérange moins l'ordre social traditionnel[22].

Certains ont voulu récuser l'existence de ces sociétés traditionnelles prétextant l'artificialité de leurs frontières. Pour Camille Lefebvre, ce « thème de l'artificialité des frontières africaines postule que les organisations territoriales africaines n'ont aucune profondeur historique et sont avant tout des réalisations européennes, mais aussi que les sociétés traditionnelles africaines sont étrangères aux formes modernes d'organisation politique[23] ». Alors que, reconnaît l'historien Dominique Hado Zidouemba, « l'idée de frontière n'est pas étrangère à la culture africaine[24]. Et pour le géographe Gilles Sautter[25], les constructions politiques n'homogénéisaient pas l'espace,

---

[20] Discours lors de sa réception par Jacques Chirac, Maire de Paris, https://www.youtube.com /watch?v=iRAaKWATY_U.

[21] Y. Person, « L'Etat-nation et l'Afrique », *Revue française d'histoire d'outre-mer*, 68 (250-253), 1981, État et société en Afrique Noire, p. 277.

[22] https://www.universalis.fr/encyclopedie/yoruba-yorouba.

[23] C. Lefebvre, « La décolonisation d'un lieu commun. L'artificialité des frontières africaines : un legs intellectuel colonial devenu étendard de l'anticolonialisme », *Revue d'histoire des sciences humaines*, n° 24, 2011, p. 77-104.

[24] D. Hado Zidouemba, Les sources de l'histoire des frontières de l'Ouest africain », *Bulletin de l'Institut fondamental d'Afrique noire*, série B, n° 4, 1977.

[25] G. Sautter, « Quelques réflexions sur les frontières africaines », *in* C. Coquery-Vidrovitch et A. Forest (dir.), *Problèmes de frontières dans le Tiers Monde*, Paris, L'Harmattan, 1982, p. 41-50.

mais le polarisaient autour d'un noyau dur entouré d'une périphérie plus souplement reliée au pouvoir central avec, aux confins, des espaces tampons aux allégeances fluides et parfois vides de population ou piquetés d'enclaves et d'exclaves. À ce sujet, Michel Foucher conclut que le tracé des frontières africaines « ignore l'existence de limites politiques précoloniales qui, pour être plus des marches de séparation que des frontières linéaires modernes, n'en étaient pas moins des marqueurs de royaumes et d'empires, des protofrontières si l'on veut[26] ».

Il y a ainsi, un peu partout sur le continent, des regroupements de populations ayant en communs plusieurs éléments objectifs tels que la langue, la croyance en un même ancêtre, la culture, les mêmes rites sacrificiels et reconnaissant vivre sous une même autorité. Lorsque les colons arrivent, ils constatent cette organisation et, d'une certaine façon, la reconnaissent en la mettant au service de leurs intérêts. C'est ainsi, par exemple, concède Michel Foucher[27], que

> la méthode britannique d'*indirect rule* a figé les limites politiques antérieures. C'est avec le sultan que les Anglais signèrent un traité de protectorat en 1885 au nord du Nigeria. Les émirs y gardèrent leurs prérogatives en matière de sécurité et de collecte des taxes. La chaîne de commandement fut donc versée dans l'ordre colonial. D'où le maintien de l'intégrité territoriale des cités. On retrouve les mêmes pratiques de transformation des cadres locaux en auxiliaires coloniaux en Afrique orientale et méridionale sous domination britannique.

Ces nations africaines ont ainsi existé et certaines d'entre elles, après avoir résisté à la puissance coloniale, sont toujours présentes, certes, sous un format moins voyant que dans le passé, les indépendances des États les ayant quelque peu éclipsées.

II. Des États indépendants à la recherche d'une nation

Il est utile de se souvenir comment l'État dans sa forme moderne actuelle va se constituer pendant la colonisation africaine. C'est de manière arbitraire et aliénante[28] et en totale rupture avec l'héritage de l'anthropologie politique des lieux et du moment, que l'État colonial va se construire *manu militari* sur un agrégat hétérogène d'ethnies. Certaines parmi elles entretenaient entre elles des rivalités ancestrales et irréductibles — l'inverse est aussi quelquefois vérifié — pendant que d'autres, sinon la plupart, n'ont rien ou si peu de choses en commun (coutumes, us, langues, mythologies, représentations du monde, de l'autre, etc.). On sait aujourd'hui que le découpage territorial issu de la conférence de Berlin de 1885 n'a pas tenu compte des frontières

[26] M. Foucher, « Frontières d'Afrique. Pour en finir avec un mythe », *Frontières d'Afrique*, 2014, p. 18.
[27] *Idem*, p. 19.
[28] P. Touoyem, *Dynamiques de l'ethnicité en Afrique. Éléments pour une théorie de l'Etat multinational*, Leiden, African Studies Centre, 2014, p. 161.

interethniques, tribales, etc. Il y a, alors, un peu partout en Afrique, un écartèlement dramatique des villages entiers sur deux ou trois États différents en même temps. On a ainsi des relations familiales entre frères et sœurs, voire entre gens du même village qui se retrouvent brusquement empreintes d'enjeux géostratégiques et diplomatiques plus ou moins importants. Des exemples sont légion, car plusieurs royaumes évoqués précédemment ont leur population éparpillée sur les territoires de plusieurs pays africains : les Lundas sont à la fois en RD Congo et en Zambie ; les Kongo sont à la fois dans les deux Congo (Brazzaville — Kinshasa) et en Angola ; les Peuls sont dispersés dans toute l'Afrique de l'Ouest en partant du Centre (Nord-Ouest du Cameroun jusqu'au Sénégal), etc.

Partant, il y a des impératifs qui exigent une adaptation des régimes africains à leur société, à leur environnement, à leur passé précolonial. Ce sont autant de facteurs de diversité, quelles que soient les indiscutables influences, prescriptions extérieures et conditionnalités de toute nature qui existent dans cette opération. Les régimes constitutionnels mis en place à la veille des indépendances voire actuellement ne sont pas forcément identiques d'un pays à un autre. Il devient alors impossible de réduire les constitutions africaines à l'unité.

Dans une étude sur les relations entre la langue et la constitution[29], nous avons constaté que la multiplication des phénomènes sociaux, économiques et politiques, tels que les migrations économiques, oblige les Constitutions modernes à contenir de plus en plus de dispositions linguistiques spécifiques afin de répondre aux problèmes liés au statut des langues, même là où ce problème ne s'était jamais posé auparavant. D'autant plus que la généralisation de certains modèles culturels, grâce aux moyens de communication modernes, fait planer des risques d'uniformisation culturelle et suscite un peu partout des réflexes d'affirmation et de défense des identités. Le continent africain n'échappe pas à cette situation qui s'est traduite, au moment des indépendances dans les années soixante, par l'affirmation des quelques spécificités nationales.

Les jeunes États devenus indépendants, soit par une lutte contre l'ancienne puissance coloniale, soit par un accord avec celle-ci, ont entrepris de reproduire, de transposer dans leur propre système, les valeurs et techniques de ce que l'on peut appeler l'État moderne. Ils ont ainsi tenté d'édifier une nation à l'intérieur des frontières poreuses héritées de la colonisation, aidés en cela par le principe d'intangibilité des frontières proclamé par les articles II et III de la Charte de l'Organisation de l'Unité africaine. Globalement, le jeune État africain a d'une certaine façon continué l'œuvre de la puissance coloniale en modifiant simplement, dans la mesure du possible, le personnel politique

[29] L. Matala-Tala, « Unilinguisme ou multilinguisme officiel en droit comparé : le cas de certains pays africains » *in* Anne-Marie Le Pourhiet (dir.), *Langue(s) et constitution(s)*, Paris–Aix-en-Provence, Economica-Presses universitaires d'Aix-Marseille, 2004, p. 152-166.

en charge du fonctionnement de l'administration. C'est ainsi qu'on a pu voir, notamment dans les anciennes colonies françaises, des personnalités politiques africaines accéder à la magistrature suprême dans les ex-colonies devenues indépendantes : Léopold Sédar Senghor au Sénégal, Felix Houphouët Boigny en Côte d'Ivoire, Léon Mba puis Omar Bongo au Gabon, l'abbé Barthélemy Boganda qui décéda durant la campagne électorale en République centrafricaine…[30]

En réalité, cette tentative d'édification de l'État-nation de type occidental peine toujours à voir le jour en Afrique. D'autant que, souligne Michel Cahen[31], « des pays qui étaient fédéraux (Cameroun) ne le sont plus, des pays qui auraient dû l'être ne le furent jamais (fédération Éthiopie-Érythrée de 1962 ; Soudan, à divers moments, maintenant divisé en deux États), d'autres enfin ont vu varier fortement les formes de ce fédéralisme au gré des rapports de forces locaux et de relations avec le pouvoir central. » C'est ainsi, par exemple, que le nombre des États au Nigeria est passé de sept à trente-six aujourd'hui !

Il faut bien reconnaître qu'au lendemain des indépendances, l'Afrique a compté plus d'une quarantaine d'États fraîchement parvenus à leur souveraineté. Mais ces États, bien que disposant des éléments constitutifs nécessaires à leur qualification en tant que telle, n'ont pas réussi à favoriser l'éclosion d'un sentiment national, précurseur à l'existence d'une nation. Il faut dire que la composition de sa structure sociale est fortement marquée par la présence de plusieurs ethnies aux traditions et coutumes différentes. Parmi les freins à cette édification nationale, se trouve donc la politique linguistique. Dans plusieurs pays africains, il y a un multilinguisme[32] de terrain dans ce sens que les États ont successivement entrepris d'élever au rang de langue officielle, parfois au détriment de la langue de l'ancienne métropole, les langues autochtones. Dans ce contexte, le principe de personnalité fait primer les droits de l'individu sur ceux de la collectivité en permettant la liberté du comportement linguistique. Cette solution personnelle traduit la réalité de la situation africaine, sur fond de tradition orale et d'analphabétisme. C'est ainsi qu'elle débouche pratiquement sur un multilinguisme institutionnel qui maintient *ipso facto* la concurrence entre les langues en présence. Comme avec la territorialité, il y a un duel d'où ne sortira victorieuse que la langue la plus prestigieuse, car dotée d'une utilité économique, politique et culturelle. Comment faire naître un sentiment d'appartenance commune à des populations aux traditions aussi différentes ? Il faut un personnel politique

---

[30] Sans oublier que certains d'entre eux, ont été ministre du gouvernement français ou militaire dans l'armée française.

[31] M. Cahen, *La nationalisation du monde. Europe, Afrique. L'identité dans la démocratie*, Paris, L'Harmattan, 1999, p. 103.

[32] L. Matala-Tala, « Unilinguisme ou multilinguisme officiel en droit comparé : le cas de certains pays africains » *op. cit.*, p. 159 et s.

capable de dépasser cette barrière et d'œuvrer pour la construction d'une identité commune à toutes ses populations.

Or, le personnel politique qui a remplacé les colons a plutôt choisi d'utiliser l'État comme son principal instrument de domination. À ce sujet, Engelbert Mveng souligne que

> l'État africain, dès sa naissance, est un instrument de domination, d'oppression, d'exploitation du peuple, qui est passé des mains du colonisateur aux mains des chefs politiques africains. Cet instrument est d'autant plus efficace qu'il est un appareil de paupérisation dont les mécanismes reposent sur deux principes : la privatisation des instruments de la souveraineté, le tissage d'un système de subsistance fondé sur la dépendance absolue[33].

C'est ainsi qu'on note une forme de léthargie voire d'immobilisme politique qui semble maintenir les États africains dans un statu quo quant à leur démocratisation effective. Dans beaucoup d'États africains, on voit alors férocement s'opposer différents groupes ethno- régionaux, militaro-capitalistes et politico-religieux, souvent croisés d'ailleurs, pour contrôler l'appareil de l'État et ses prébendes[34]. Ces affrontements ont atteint leur paroxysme en Afrique centrale[35], notamment au Rwanda, en République démocratique du Congo, au Congo-Brazzaville, en Centrafrique, au Burundi, voire en Ouganda. Quelle que soit la qualification retenue pour identifier ces troubles politiques, ils ont pour point commun de permettre à la classe dirigeante qui souhaite se maintenir au pouvoir, d'articuler durablement les structures et positions de pouvoir autour de logiques sociales primaires, de proximité immédiate, seules solides et fiables à cet effet. Les membres de cette classe dirigeante seront alors placés à la tête de l'essentiel des instruments du pouvoir de l'État : armée, administration, communications, finances publiques, diplomatie, coopération et aide internationale au développement.

La naissance de la nation, l'expression du vouloir-vivre collectif, chère à Ernest Renan, s'en trouve forcément impactée et peine à voir le jour dans ces conditions. L'épanouissement de l'État africain souffre ainsi de la prévarication de sa classe politique qui n'a de cesse de multiplier les voies et moyens pour s'accrocher au pouvoir, surtout après des bilans plus que négatifs en termes de services rendus à leur peuple. Depuis quelque temps, la mode semble être à la création de dynastie à la tête du pays : chaque président s'attelle à préparer son fils pour lui succéder au pouvoir. L'ethnie au pouvoir s'entoure de quelques éléments empruntés dans les autres ethnies pour se maintenir au pouvoir. Cette action accentue et élève l'appartenance ethnique au rang de valeur et, de fait, ralentit la naissance de la nation. Il faut, dès lors, se tourner vers une autre solution.

---

[33] E. Mveng, *L'Afrique sans l'église. Paroles d'un croyant*, Paris, Karthala, 1990, p. 47.

[34] F. Bastien, J-F. Bayart, *L'Etat en Afrique. La politique du ventre*, Paris, Fayard, 1989.

[35] Voir I. Ndaywel è Nziem, « Les vérités difficiles de l'histoire contemporaine des Grands Lacs », *Afrique contemporaine*, n° 273, 2022, p. 9-28. DOI: 10.3917/afco1.273.0009, https://www.cairn.info/revue-afrique-contemporaine-2022-1-page-9.htm.

III. Vers une reconnaissance d'un État africain multinational

La construction d'un État multinational africain, prônée ici, a pour ambition de faciliter la coexistence dans un pays de plusieurs ethnies, sans remettre en cause la souveraineté de l'État. L'idéal républicain proclamé par la fondation d'une nation juridique ne peut pas laisser de côté les nations sociologiques[36] que sont les ethnies et tribus africaines, auto-instituées dans la mesure où elles constituent la texture anthropohistorique de l'ordre politique. Cet idéal aurait alors pour référence normative, les sentiments juridiques que véhiculent ces nations sociologiques qui sont toutes productrices d'un droit coutumier très effectif, en même temps qu'elles en sont l'objet. Partant, le fonctionnement de la société politique relève ainsi d'une temporalité répétitive[37] suggérée par l'organisation rituelle et mythique dans l'espace et dans le temps, elle-même source de maintien de l'idéal d'harmonie, de paix, d'équité et d'ordre social. En effet, les ethnies et tribus africaines, entendues comme nations sociologiques ici, sont, par tradition orale, productrices d'un droit coutumier effectif sur l'ensemble de l'aire géographique que couvre chacune d'elles.

L'histoire africaine nous apprend qu'il y a eu une permanente cohabitation ethnique généralement plutôt heureuse et pacifique, mais quelquefois très malheureuse selon les aléas de l'histoire, mais toujours guidée par la qualité des institutions et l'intelligence des hommes. L'hypothèse qui anime cette réflexion consiste à rechercher la forme idoine de l'État africain qui soit propice à une cohabitation harmonieuse et dynamique entre les différentes ethnies et tribus. Il s'agit de prévenir et d'éviter les risques d'exclusion et de radicalisation des contradictions qui peuvent prédisposer le semblable et le dissemblable aux types d'affrontements tragiques dont la zone des Grands Lacs est le théâtre depuis des décennies, cachant en réalité un pillage bien organisé de minerais. Cette forme ne pourra voir le jour que si elle découle de l'aptitude des citoyens ou des ethnies à édifier un État-nation moderne. Comme Lucien Ayissi, nous pensons que le problème ne pourra être résolu avec bonheur que par la promotion, dans l'État multinational et postcolonial d'Afrique noire, d'une éthique du vivre-ensemble, grâce à l'éducation au « savoir-vivre au pluriel »[38], sur la base de la tolérance de la différence. Certains auteurs, à qui nous emboîtons le pas ici, ont déjà ébauché des

---

[36] P. Touoyem, *Dynamiques de l'ethnicité en Afrique…*, *op. cit.*, p. 180.
[37] *Idem*, p. 155.
[38] L. Ayissi, « Le problème du vivre-ensemble entre le Même et l'Autre dans l'État post-colonial d'Afrique noire », *Quest: An African Journal of Philosophy*, XXII (1-2), 2008, p. 131.

réflexions dans ce sens tels que Pascal Touoyem[39], Lucien Ayissi[40], Robert Ndebi Biya[41], Mwayila Tshiyembe[42], etc.

Dans cette quête vers un État multinational africain, le point commun entre tous ces auteurs et auquel je m'associe volontiers est celui-ci : le modèle de l'État-nation, appliqué à la réalité africaine, est belligène du fait de son primat d'unification culturelle, d'homogénéisation ethnique et d'individualisation du corps social. Il détruit la logique intrinsèque de différenciation et de communautarisation des sociétés pluriculturelles, pluri-identitaires et pluriethniques. Il nous faut alors sortir de ce cadre pour repenser autrement la naissance de cet État multinational africain. En effet, souligne Pascale Touoyem[43], pour ces sociétés, si l'homme est un dans son essence, il est pluriel dans sa manière de vivre, de se comprendre, de s'assumer et de percevoir les autres. Sur de telles bases, ces sociétés traditionnelles ont fait de l'être humain, la référence principale. Donnée générique, saisie indépendamment du temps et de l'espace, incarnant au plus haut point la manifestation du divin sur la terre, cette essence de l'humain a été débarrassée de toute connotation morale ou politique, pour accéder au rang d'un idéal sublimé, auquel chacun doit considération et déférence. Lucien Ayissi[44] prône la quête d'une réelle cohésion sociale qui résulte de la synthèse raisonnée des aspirations légitimes du Même et de l'Autre, du Semblable et du Dissemblable, dans une perspective citoyenne où, en dépit de leurs différences, ils peuvent se reconnaître dans un Nous politique, c'est-à-dire à travers cette conscience collective à la construction de laquelle doivent travailler constamment toutes les ethnies qui composent l'État multinational.

Toutefois, n'oublions pas qu'à la base de difficultés rencontrées pour édifier l'État-nation, dans la plupart des États africains, se trouve le déplacement des problèmes de justice sur le terrain culturel, donc ethnique, linguistique ou confessionnel. Il nous faut éviter d'en arriver aux affrontements. Partant de cette logique, les différences, loin d'être entretenues, exaltées comme autant de barrières à la compréhension et à l'entente entre les hommes, doivent être relativisées dans la conscience collective et tellement minorées qu'elles perdent finalement tout ou partie de

---

39 P. Touoyem, *Dynamiques de l'ethnicité en Afrique. Éléments pour une théorie de l'État multinational*, *op. cit.*, troisième partie, p. 141 et s.

40 L. Ayissi, « Le problème du vivre-ensemble entre le Même et l'Autre dans l'État post-colonial d'Afrique noire », *Quest, An African Journal of Philosophy/Revue Africaine de Philosophie*, XXII (1-2), 2008, p. 121-140.

41 R. Ndebi Biya, *Sans perdre de vue... Culture et techno-science, intégration africaine, philosophie égyptienne africaine*, Paris, L'Harmattan, 2003, 120p.

42 M. Tshiyembe, « État multiethnique en tant que modèle de nouvelle gouvernance en Afrique noire de ce début du XXIe siècle », *Présence Africaine*, n°175-176-177, 2007, p. 341-353.

43 P. Touoyem, *Dynamiques de l'ethnicité en Afrique…*, *op. cit.*, p. 215.

44 L. Ayissi, « Le problème du vivre-ensemble entre le Même et l'Autre dans l'État post-colonial d'Afrique noire », *Quest: An African Journal of Philosophy*, XXII (1-2), 2008, *op. cit.*, p. 122.

leur signification et de leurs aspérités. Elles vont alors s'estomper et se polir avant de s'émousser au point de devenir inoffensives. C'est alors que, poursuit Pascal Touoyem[45], l'intégration s'opère, non point par la négation de l'autre, ni par son assimilation sournoise, mais par la conscience intériorisée et librement acceptée de la complémentarité symbiotique qu'elle tisse avec les autres, dans l'union et la fusion des essences, là où se forgent les convergences et les alliances indéfectibles.

Par conséquent, l'éthique du vivre-ensemble grâce à laquelle chaque ethno-identité peut « savoir-vivre au pluriel » doit être régie par les principes de réciprocité et d'équité. À ce sujet, Fred Constant[46] précise que le « vouloir vivre ensemble au pluriel requiert deux exigences d'égale importance : un devoir de réciprocité, d'une part ; une obligation d'équité, d'autre part ». Mais pour que ceci devienne possible, l'organisation de la société doit être faite de sorte à donner à chaque identité la possibilité d'avoir à la fois le statut d'administré et d'administrateur, de producteur et de consommateur de l'organisation politique de l'État[47].

Certains auteurs non africains ont aussi perçu cette nature multinationale des sociétés africaines. Ainsi en est-il de Michel Foucher, lorsqu'il constate que

> la réalité de ces contradictions spatiales — logiques de territoires et logiques de réseaux, organisation des espaces entre centre et périphéries — se croise avec des situations politiques où doivent cohabiter des « nationalités » multiples dans un projet national unitaire, où pèsent les inégalités dans la répartition des rentes et où persiste le risque d'exclusion des minorités lors des élections même démocratiques[48].

Et Yves Person [49] appelle les Africains à ne pas s'engager dans cette voie de construction de l'État-nation à l'Occidentale. Car il y voit, la disposition logique du schème de l'État-nation et de ses effets pervers induits par le modèle libéral.

> Au moment où, dit-il, l'Europe cherche un nouveau sujet historique pour lutter contre les phénomènes de domination et de massification, en imaginant des espaces d'autogestion limitant les effets destructeurs de la croissance, alors que l'automation va réduire rapidement le travail disponible, il serait tragique que l'Afrique s'engage dans cette voie sans issue, au nom de l'État-nation et de sa prétention à refaire la société.

D'ailleurs, selon Bertrand Badie, « l'État-nation n'est pas un modèle universel. Il est le produit de l'histoire et de la culture occidentale dans sa

---

[45] P. Touoyem, *Dynamiques de l'ethnicité en Afrique*, *op. cit.*, p. 215.
[46] F. Constant, *Le multiculturalisme*, Paris, Dominos-Flammarion, 2000, p. 90.
[47] A. Touraine, *Qu'est-ce que la démocratie ?*, Paris, Fayard, 1994, p. 109.
[48] M. Foucher, « Frontières d'Afrique. Pour en finir avec un mythe », *op. cit.*, p. 9-57, p. 78.
[49] Y. Person, « L'État-nation et l'Afrique », *Revue française d'histoire d'outre-mer*, 68 (250-253), 1981, p. 281, https://www.persee.fr/doc/outre_0300-9513_1981_num_68_250_2301.

diversité, façonnée par des acteurs localisés, agissant selon les idéologies et les stratégies politiques singulières[50] ».

Pour faire éclore cet État multinational africain, il nous faut par conséquent, installer une gouvernance légitime, c'est-à-dire, celle qui s'élabore dans le coude à coude solidaire et fraternel avec les forces sociales profondes, avec les « gens d'en bas ». Plus concrètement, il s'agit de gouverner et de gérer les sociétés africaines à partir du bas[51], pour le bas, en restituant l'initiative décisionnelle aux communautés locales. Cela exige de concevoir le continent africain dans toute sa diversité et sa pluralité comme le lieu de refondation, de réinvention, de perfectionnement des créativités endogènes. Il faut une gouvernance de promotion des aspirations et des prouesses du bas et non d'imposition au bas, des recettes transnationales d'aliénation et de strangulation. Cette gouvernance de paix, gouvernance légitime, est une espèce de gouvernance à la palabre, sous l'arbre, dans lequel l'État multinational est gouverné et géré à partir de la multitude, par la multitude et par le biais de représentants démocratiquement désignés. Pour ce faire, il faut reconcevoir l'État comme cadre de réinvention, de promotion et d'encadrement de l'intérêt de chacun et de tous.

Cette opération exige un préalable : la formation de la population afin de parvenir à un citoyen responsable, imprégné des exigences réciproques de la vie en communauté et habité par le respect du bien commun et de l'intérêt général. Le taux d'analphabétisme est un enjeu majeur auquel une réponse rapide est attendue afin de ne pas mettre en péril la construction d'une Afrique nouvelle. Dans la mesure où tout en se démarquant de l'État-nation, l'État multinational est aussi un instrument d'action, un mode de satisfaction des besoins humains, l'éthique de la responsabilité chère à Max Weber, l'obligera à s'autoconscientiser pour se reconnaître comme dépositaire de la survie non seulement du continent africain, mais aussi de la planète, de son développement et des valeurs construites comme universelles[52].

Plus de soixante ans après les indépendances africaines, il est temps que les Africains se regardent en face pour constater que ce ne sera pas avec les mêmes gouvernants actuels qu'il faut attendre un vrai sursaut salutaire du continent. L'Afrique est un continent jeune. Cette jeunesse doit se mobiliser et avec elle toute la société civile tant nationale, continentale qu'internationale. Il devient dangereux en Afrique de laisser la chose publique entre les mains de la seule classe politique qui est à l'origine de ces années d'errance. L'éclosion d'une sensibilité, d'une opinion publique africaine est une nécessité au moment où le monde est dans un tournant décisif et où les mouvements de capitaux règnent sur toute la planète.

---

[50] B. Badie, M.-C. Smouts, *Le Retournement du monde : sociologie de la scène internationale*, Paris, Presses des Sciences Po-Dalloz, coll. « Amphithéâtre », 1999, p. 14-17.

[51] P. Touoyem, Dynamiques de l'ethnicité en Afrique…, *op. cit.*, p. 217.

[52] B. Badie, M.-C. Smouts, *op. cit.*

L'avenir du monde se joue, nous alerte René Passet[53], entre la logique du vivant et celle de l'argent dans la mesure où, précise-t-il, il y a un double réductionnisme qui régente aujourd'hui les affaires de la planète : le politique et le social sont réduits à l'économique et celui-ci au financier. Comme conséquence à cela, poursuit-il, on a abouti au fait qu'au plan social, le moyen a pris figure de fin ; ce qui dissocie devient alors plus fort que ce qui rassemblait. Là où l'adhésion à des valeurs communes permettait de surmonter les oppositions et de maîtriser l'usage des choses, la compétition pour la possession et le contrôle des moyens place les hommes dans une situation d'antagonisme radical. Les vieilles solidarités s'estompent et rien ne peut les remplacer si c'est n'est une sorte de loi de la jungle, à peine camouflée par le cynisme d'affirmations morales, dont chacun sent bien qu'elles servent plus à canaliser les aspirations des faibles qu'à refréner les appétits des puissants.

Toutes les énergies et les bonnes volontés doivent s'associer pour bâtir une Afrique nouvelle dans laquelle ses enfants, différents de par leurs spécificités, travailleront à la prospérité des uns et des autres, dans un esprit d'ouverture et d'étroite collaboration au reste monde. Des ressources internes existent et ne demandent qu'à être utilisées, telle la fameuse Charte Manden[54] de 1222, fondamentalement anti-esclavagiste et antidiscriminatoire, qui proclame de façon universelle notamment la paix sociale dans la diversité, l'inviolabilité de la personne humaine, l'éducation, l'intégrité de la patrie, la sécurité alimentaire, l'abolition de l'esclavage par razzia, la liberté d'expression et d'entreprise.

---

[53] R. Passet, *L'économique et le vivant*, Paris, Economica, 1996, p. 229-230.
[54] https://ich.unesco.org/fr/RL/la-charte-du-manden-proclamee-a-kouroukan-fouga-00290.

L'IDENTITÉ, MARQUEUR DE LA SINGULARITÉ DE L'UNION EUROPÉENNE

Jean-Denis MOUTON

La problématique relative à la recherche de la singularité de l'Union européenne, comme forme d'organisation politique, très présente dans les travaux des politistes, des économistes, des historiens, des philosophes politiques, ne l'est pas moins chez les juristes. Et pas seulement chez les européanistes ou les internationalistes ; les constitutionnalistes y prennent leur part. Le dédicataire de cet ouvrage, on le sait, y contribue depuis longtemps[1]. Les interrogations sur la notion de souveraineté sont souvent au cœur de cette recherche ; mais l'identité nous semble être le marqueur le plus révélateur de la singularité de l'Union européenne.

L'identité plutôt que la souveraineté

Que l'identité apparaisse comme un marqueur de la singularité de l'Union européenne plutôt que la souveraineté tient d'abord au fait que l'application de cette dernière notion à la construction européenne fait surgir chez les juristes un débat au fondement épistémologique incertain. Le développement pragmatique du processus de l'intégration européenne, au fur et à mesure des traités fondateurs de l'Union européenne, a en effet induit une remise en cause discutable du concept de souveraineté. Une partie de la doctrine considère que l'Union européenne est aujourd'hui une instance de « souveraineté partagée », de « souveraineté mixte exercée en commun », d'une «*pool sovereignty*». Cette doctrine se partageant entre ceux qui considèrent que la souveraineté reste fondamentalement du côté des États, mais qu'elle est exercée en commun par ceux-ci et ceux, au contraire, qui considèrent que la construction européenne a donné lieu à une véritable souveraineté divisée, l'Union exerçant elle-même cette souveraineté à travers ses institutions, pour les compétences lui ayant été attribuées, spécialement celles de nature régalienne. Mais, en tout état de cause, ces analyses, postulant deux formes différentes de souveraineté, remettent en question la notion classique de souveraineté. Celle-ci renvoie, on le sait, à la constatation que l'État ne connaît pas d'autorité supérieure à lui ;

[1] Cette thématique est déjà sous-jacente dans *La Multination. L'avenir des minorités en Europe centrale et orientale*, Paris, Éd. Odile Jacob, 1995.

elle est synonyme d'une liberté, qui comprend, certes, une faculté d'autolimitation, mais qui, en toute rigueur, ne peut se diviser, se partager, se déléguer. Or, au-delà de leurs différences, ces analyses partagent l'idée que « la souveraineté étatique change de sens : elle tend à perdre sa dénotation d'indépendance au profit d'une connotation de puissance[2] ». Une telle remise en cause de la conception classique de la notion de souveraineté, qui est discutable… par définition, l'est encore plus si elle s'accompagne d'une tentative de reconstruction du concept de souveraineté pour l'appliquer à l'Union européenne elle-même à travers l'idée « d'une souveraineté européenne[3] ». Reste que le concept d'identité peut apparaître à première vue comme étant affecté d'une indétermination encore plus grande, et surtout d'une signification juridique loin d'être aussi assurée que celui de souveraineté. Or, c'est précisément l'évolution des jurisprudences européennes et nationales qui permettent de soutenir que le concept d'identité peut être aujourd'hui considéré comme le meilleur marqueur de la singularité de l'Union européenne. Si la référence à la notion d'identité dans le discours officiel européen a d'abord été énoncée par des institutions politiques[4], et ce en visant exclusivement l'identité européenne, le processus de juridictionnalisation de la notion d'identité, renvoyant à plusieurs types d'identités, oblige donc à préciser de quelle identité il s'agit (I). La compréhension juridique du concept d'identité permettra alors d'y voir un bon révélateur de la singularité de l'Union européenne (II).

I. Quelle identité ?

La jurisprudence des juridictions suprêmes nationales et celle de la Cour de justice de l'Union européenne font référence à trois types d'identités — l'identité constitutionnelle, l'identité nationale, l'identité européenne — qui entrent dans des relations systémiques nécessairement complexes.

A. Identité constitutionnelle et identité nationale

L'idée que la Constitution, en tant que norme fondamentale d'une communauté politique particulière, contient des éléments essentiels qui doivent être préservés, n'est pas nécessairement liée à l'appartenance d'un

---

[2] J.-M. Ferry, *Europe, la voie kantienne. Essai sur l'identité postnationale*, Paris, Éd. du Cerf., coll. « Humanités », 2005, p.164.

[3] Même si cet essai peut être très stimulant. Voir J. -C. Barbato, « La souveraineté européenne : être réaliste et demander l'impossible ? », *in Liber amicorum en hommage à J.-D. Mouton, Transformations et résilience de l'État. Entre mondialisation et intégration*, Paris, Éd. Pedone, 2020, p. 53-70.

[4] Cf. Déclaration de Copenhague de 1993 : « Désireux d'assurer le respect des valeurs d'ordre juridique, politique et moral auxquelles ils sont attachés, soucieux de préserver la riche diversité de leurs cultures nationales… (ils) entendent sauvegarder les principes de la démocratie représentative, du régime de la loi, de la justice sociale… et du respect des droits de l'homme qui constituent les éléments fondamentaux de l'identité européenne. »

État à l'Union européenne[5], mais c'est bien comme principe de résistance au droit communautaire que la notion d'identité constitutionnelle, d'abord d'une manière implicite, va être utilisée en premier lieu par la Cour constitutionnelle allemande[6], rejointe par d'autres cours constitutionnelles[7]. La référence à « l'identité constitutionnelle » pour fixer des limites à l'application du droit de l'Union dans les ordres juridiques nationaux deviendra explicite au fur et à mesure de la jurisprudence des cours constitutionnelles nationales. Si la Cour constitutionnelle allemande, dans sa fameuse décision Lisbonne, apparaît de nouveau comme l'exemple le plus manifeste de cette évolution, du fait de l'ampleur donnée à l'identité constitutionnelle, mais aussi des conséquences qu'elle en tire[8], elle n'est pas la seule. Le Conseil constitutionnel français[9], le Tribunal constitutionnel espagnol,[10] mais aussi les cours constitutionnelles des nouveaux États membres de l'Union européenne[11], par leur référence explicite à l'identité constitutionnelle, confirment que ce principe de résistance au droit de l'Union s'est généralisé. L'évolution récente de cette jurisprudence pose la question de savoir, si l'usage de l'identité constitutionnelle par plusieurs cours suprêmes nationales n'aboutit-il pas à conférer un caractère de plus en plus frontal à ce principe de résistance au droit de l'Union. On pense d'abord évidemment à certaines décisions venant des États de l'Est européen. S'agissant de la Pologne, plusieurs décisions du Tribunal constitutionnel polonais illustrent cette tendance[12] ; mais il en va de même, par exemple, en

---

[5] La doctrine constitutionnelle allemande, telle qu'incarnée par Carl Schmitt dans *Théorie de la constitution* (1928), soutient que le pouvoir de réviser la constitution est limité à la condition que « l'identité et la continuité de la Constitution dans son ensemble soient préservées ».

[6] Il suffit d'évoquer la décision *Solange I*, dans laquelle elle déclare, que l'article 24 de la Loi fondamentale ne permet pas qu'un transfert de pouvoirs à des institutions interétatiques mette en cause « la structure fondamentale de la Constitution qui confère à celle-ci son identité », Cour const., 29 mai 1974, *Solange I.*

[7] Voir Cour const. italienne, 13 avril 1989, *Société Fragd.*

[8] En liant la défense de l'identité constitutionnelle à l'article 79 de la Constitution, qui garantit la pérennité des éléments qui en font partie, empêchant une révision de la constitution, obligeant, pour surmonter l'obstacle, l'établissement d'une nouvelle constitution, Cour const., 30 juin 2009, *Lisbonne.*

[9] CC, 27 juillet 2006, *Loi relative au droit d'auteur et aux droits voisins dans la société de l'information.*

[10] TC, déclaration du 13 décembre 2004.

[11] Ainsi est-ce le cas de la République tchèque et de la Pologne, voir S. Lauhle Shaelou, « Nous les peuples. L'identité constitutionnelle dans les jurisprudences tchèque, lettone et polonaise », *in* L. Burgorgue-Larsen (dir.), *L'identité constitutionnelle saisie par les juges en Europe*, Paris, Éd. Pedone, coll. « Cahiers européens », 2011, p. 133-152. C'est aussi le cas de la Hongrie, voir L. Trocsanyi, *Constitutions nationales et intégration européenne. L'exemple hongrois*, Bruxelles, Bruylant, 2015.

[12] Ainsi de la décision du 14 mai 2021, par laquelle le Tribunal Constitutionnel nie toute autorité à la CJUE pour imposer des mesures provisoires en matière d'organisation de la justice, mais surtout de la décision du 07 octobre 2021, par laquelle il considère comme contraires à la Constitution polonaise les articles 1, 2, 4 § 3 et 19 § 1 TUE, tels qu'interprétés par la CJUE.

Roumanie[13]. Pour autant cette tendance n'est pas limitée à l'Est européen. Une fois encore la Cour constitutionnelle allemande doit être citée dans cette évolution du durcissement de ce principe de résistance au droit de l'Union[14]. Mais la France n'échappe pas à ce durcissement, si l'on considère en particulier la jurisprudence du Conseil d'État, Cour suprême de l'ordre administratif[15]. Cette évolution a des conséquences sur la relation de l'identité constitutionnelle avec l'identité nationale.

Le principe de résistance au droit de l'Union, formulé à travers l'identité constitutionnelle, trouve dans le devoir de l'Union de respecter « l'identité nationale des États membres » son équivalent européen. Il faut dire que, dès l'apparition de cette clause dans les traités fondateurs de l'Union, la dimension constitutionnelle y est présente[16]. Avant même que la Cour de justice ne « juridictionnalise » officiellement cette clause, les avocats généraux vont la lier au respect de l'identité constitutionnelle[17] et réitérer, après sa consécration par la Cour de justice de l'Union européenne, que l'identité nationale englobe le respect de l'identité constitutionnelle[18]. La première consécration explicite du devoir de l'Union de respecter l'identité nationale des États membres, formulée par l'article 4 § 2 TUE, concerne d'ailleurs directement l'identité constitutionnelle d'un État[19]. Cette « européanisation » de l'identité constitutionnelle par l'identité nationale va évidemment avoir des

---

[13] Voir la décision de la Cour constitutionnelle, par laquelle elle réitère que, dans la mesure où la primauté du droit de l'Union est limitée, dans l'ordre juridique roumain, par l'exigence de respecter l'identité constitutionnelle nationale, il lui appartenait d'assurer la supériorité de la constitution sur le territoire roumain, arrêt n° 390/2021, du 22 juin 2021.

[14] C'est évidemment la décision de la Cour constitutionnelle du 5 mai 2020, par laquelle elle estime que la BCE a outrepassé son mandat en adoptant un programme d'achats de titres publics sur les marchés, alors que la CJUE avait jugé que ce programme avait respecté le principe de proportionnalité dans un domaine de compétences attribuées à l'Union, CJUE, 19 décembre 2018, *Weiss*, C-493/17.

[15] Dans l'arrêt du 21/04/2021, *French Data Network*, le Conseil d'État s'arroge le pouvoir de faire obstacle à l'application du droit de l'Union en raison « d'exigences constitutionnelles » mieux protégées par la Constitution que par le droit de l'Union, tel qu'interprété par la CJUE Voir F.-X. Millet, « Mérites et démérites de l'élévation d'un principe indéterminé au rang de l'identité constitutionnelle de la France », *RTDEur.*, juillet-septembre 2022, p. 332-352.

[16] Ainsi est-ce le cas dans le Traité de Maastricht, article F : « L'Union respecte l'identité nationale de ses États membres, dont les systèmes de gouvernement sont fondés sur des principes démocratiques » ; puis, de manière de plus en plus précise, dans les traités d'Amsterdam et de Lisbonne : « L'Union respecte l'égalité des États membres devant les traités ainsi que leur identité nationale, inhérente à leurs structures fondamentales politiques et constitutionnelles » (article 4 § 2 TUE).

[17] Voir conclusions M.-P. Maduro, CJUE, 7 septembre 2006, *Marrosu*, C-53/04.

[18] Ainsi conclusions Y. Bot, CJUE, 26 février 2013, *Melloni*, C-399/11.

[19] « Il y a lieu d'admettre que dans l'histoire constitutionnelle autrichienne, la loi d'abolition de la noblesse, en tant qu'élément de l'identité nationale, peut être prise en compte lors de la mise en balance d'intérêts légitimes avec le droit de libre circulation des personnes… Il convient également de rappeler que, conformément à l'article 4 § 2 TUE, l'Union respecte l'identité nationale de ses États membres dont aussi partie la forme républicaine de l'État », CJUE, 11/12/2010, *Sayn-Wittgenstein*, C-208/09.

conséquences sur le sens et la portée de l'identité constitutionnelle comme principe de résistance au droit de l'Union. Elle pose en premier lieu la question de savoir quelle juridiction a le pouvoir de définir cette notion, autrement dit qui possède le pouvoir du dernier mot. Les juridictions nationales suprêmes sont évidemment tentées, s'agissant de préciser ce qui est propre à l'identité de l'État, de considérer qu'elles sont le mieux placées pour le faire. Ainsi est-ce de nouveau le cas notamment de la Cour constitutionnelle allemande[20]. Le durcissement évoqué de la jurisprudence de certaines cours constitutionnelles s'accompagne de cette revendication de la détention du pouvoir d'avoir le dernier mot[21]. Ce à quoi la Cour de justice de l'Union européenne répond que

> s'il y a lieu de relever que la Cour peut, au titre de l'article 4 § 2 TUE, être appelée à vérifier qu'une obligation de droit de l'Union ne méconnaît pas l'identité nationale d'un État membre. En revanche cette disposition n'a ni pour objet ni pour effet d'autoriser une cour constitutionnelle d'un État membre à écarter l'application d'une norme de droit de l'Union au motif que cette norme méconnaîtrait l'identité nationale de l'État concerné telle que définie par la Cour constitutionnelle allemande[22].

Autrement dit, l'européanisation de l'identité constitutionnelle nationale par la clause du respect de l'identité nationale aboutit à donner un sens et une portée à ce principe de résistance au droit de l'Union qui sont conditionnés par la jurisprudence de la Cour de justice de Luxembourg. Ce conditionnement fait apparaître trois grands types de relations entre identité constitutionnelle et identité nationale devant la Cour de justice de l'Union européenne. Le plus simple correspond aux cas où la Cour de justice admet que l'argument de l'identité nationale peut être retenu, même s'il aboutit alors à donner, dans la situation, au droit de l'Union, une signification particulière qui soit respectueuse de l'identité constitutionnelle[23]. Dans d'autres affaires, la Cour de justice rejette l'argument de l'identité nationale, même si elle en accepte la validité de principe, mais elle considère que n'est pas en cause un aspect essentiel de cette identité[24]. Dans d'autres situations, la Cour de justice

---

[20] Dans sa décision Lisbonne, la Cour de Karlsruhe déclare : « dans le cadre de sa compétence, il revient à la Cour constitutionnelle fédérale de vérifier… que le noyau dur intangible de l'identité constitutionnelle de la Loi fondamentale… n'est pas atteint… Tant le contrôle *ultra vires* que le contrôle du respect de l'identité constitutionnelle peut conclure à ce qu'une disposition du droit de l'Union soit déclarée inapplicable en Allemagne ».

[21] Ainsi dans l'arrêt rendu le 8 juin 2021 (précité), la Cour constitutionnelle roumaine refuse le pouvoir, à une juridiction nationale, d'examiner la confrontation au droit de l'Union d'une disposition de droit interne jugée inconstitutionnelle par elle-même, car si la constitution roumaine prévoyait la primauté du droit de l'Union sur les dispositions contraires du droit national, « ce principe ne saurait supprimer… ou nier l'identité constitutionnelle nationale ».

[22] CJUE, 22/02/2022, *RS*, C-430/31. Cet arrêt rendu sur renvoi préjudiciel d'une juridiction roumaine fait suite à l'arrêt précédent.

[23] C'est le cas notamment dans le domaine des libertés de circulation. Voir CJUE, 22/12/2010, *Sayn-Wittgenstein*, aff. précitée ; pour une affaire récente, voir CJUE, 7 septembre 2022, *Cilevics*, C-391/20.

[24] C'est le cas dans l'arrêt du 26 février 2013, *Melloni*, C-399/11, aff. précitée ; et aussi CJUE, 5 juin 2018, *Coman*, C-673/16.

tient compte de la jurisprudence nationale pour donner une solution qui soit l'expression « d'un dialogue identitaire[25] » susceptible d'éviter le « clash[26] ».

L'européanisation de l'identité constitutionnelle par l'identité nationale montre ainsi que l'identité, saisie dans ces rapports de systèmes entre ordre juridique européen et ordres juridiques nationaux, ne peut pas être une identité figée qui renverrait à une conception immuable, quand bien même, comme c'est le cas en Hongrie, l'identité constitutionnelle est liée à une « constitution historique[27] ». En tout état de cause, résultant d'une formulation qui relève de cette interaction systémique entre juridictions constitutionnelles et juridiction de l'Union, elle est par définition adaptable. Autrement dit l'identité constitutionnelle nationale, appréhendée au niveau de l'Union européenne, échappe à une nature essentialiste au profit d'une nature que l'on peut qualifier de « relativiste ».

B. Identité constitutionnelle nationale et identité européenne

La juridictionnalisation progressive de la référence à l'identité européenne s'est, elle aussi, accompagnée d'un vocabulaire constitutionnel, notamment pour ce qui concerne la transposition de l'État de droit au niveau communautaire : « La Communauté économique européenne est une communauté de droit en ce que ni ses États membres ni ses institutions n'échappent au contrôle de la conformité de leurs actes à la Charte constitutionnelle de base qu'est le traité[28]. »

Mais si l'identité constitutionnelle nationale est, derrière la formule explicitement adoptée par la plupart des cours constitutionnelles des États membres de l'Union européenne, par définition variable d'un État à l'autre, étant d'abord revendication d'une « ipséité », à l'inverse la notion d'identité constitutionnelle européenne procède de la recherche d'un contenu commun. De ce point de vue, l'avis 2/13, relatif au projet d'accord portant adhésion de l'Union européenne à la Convention européenne de sauvegarde des droits de

---

[25] Selon l'expression de G. Marti, « L'avenir de la primauté : le dialogue des juges ? », *Rev. UE*, n° 593, 2015, p. 638-648.

[26] L'arrêt *MAS* du 5 décembre 2017, C-42/17 offre l'exemple le plus poussé d'un tel dialogue. Dans un premier arrêt, la Cour avait jugé que la protection des intérêts financiers de l'Union devait obliger un État, l'Italie, à laisser inappliquée une disposition de son droit interne relative à la prescription des infractions pénales (CJUE, 08/09/2015, *Taricco*, C-105/14). Devant la contestation de la Cour suprême de Cassation, affirmant qu'une telle solution affectait l'identité constitutionnelle de la République italienne, la Cour, dans ce second arrêt, renvoie au juge national le soin de constater que « si l'obligation de laisser inappliquée les dispositions du code pénal en cause se heurtait au principe de légalité des délits et des peines, il ne serait pas tenu de se conformer à cette obligation et même si le respect de celle-ci permettait de remédier à une situation incompatible avec le droit de l'Union ».

[27] Selon la Loi fondamentale hongroise, l'identité constitutionnelle de la Hongrie, dont la protection incombe à tous les organes de l'État, doit être interprétée conformément aux acquis de la constitution historique.

[28] CJCE, 23/04/1986, *Les Verts/Parlement européen*, aff. 294/83.

l'homme et des libertés fondamentales, est exemplaire. À la recherche du « cadre constitutionnel » dans lequel les droits fondamentaux doivent être respectés au sein de l'Union, la Cour identifie les caractéristiques de l'Union et de son droit : « Une telle construction repose sur la prémisse selon laquelle chaque État membre partage avec tous les autres États membres, et reconnaît que ceux-ci partagent avec lui, une série de valeurs communes sur lesquelles l'Union est fondée comme il est précisé à l'article 2 TUE[29]. » Ce sont ces valeurs communes qui donnent à l'Union son identité et qui font partie de « sa structure constitutionnelle[30] ». On comprend que la revendication d'une identité constitutionnelle nationale puisse entrer en conflit avec l'identité constitutionnelle européenne[31].

Cette confrontation est au cœur de la jurisprudence de la Cour de Luxembourg qui fait suite à des affaires mettant en cause de différentes manières le principe d'indépendance des juges. Ces arrêts ont été l'occasion pour la Cour de justice de faire référence à « la préservation des valeurs communes aux États membres énoncées à l'article 2 TUE, notamment de la valeur de l'État de droit[32] », concrétisées par l'article 19 § 1 second al., qui impose aux États membres de prévoir une protection juridictionnelle effective dans les domaines couverts par le droit de l'Union. Cette jurisprudence pose évidemment la question du rôle du juge dans la définition de la notion « d'État de droit » et de son pouvoir d'appréciation d'un « risque systémique » de sa dégradation. L'adoption d'un règlement relatif à un régime de conditionnalité pour la protection du budget de l'Union (Règlement UE, Euratom 2020/2092 du Parlement européen et du Conseil du 16 décembre 2020)[33], permettant de sanctionner financièrement un État qui ne respecterait pas l'État de droit, allait provoquer une confrontation directe entre l'invocation du respect de l'identité nationale et cet élément central de l'identité européenne. La Hongrie demandait l'annulation de ce règlement, notamment en ce qu'il méconnaîtrait le principe de sécurité juridique, au motif que la notion d'État de droit « échappe à toute définition précise et ne peut faire l'objet d'une interprétation

---

[29] CJUE, 18 décembre 2014, Avis 2/13, point 168.

[30] L'avocate générale, J. Kokott, se réfère dans cette affaire à « l'identité constitutionnelle de l'Union », conclusions point 168.

[31] Ce conflit potentiel est au cœur de la menace que la cour constitutionnelle allemande fait peser sur la Cour de justice dans l'affaire *Gauweiler* précitée, que l'avocat général, M. Pedro Cruz Villalon, tente de juguler en ces termes : « L'Union a acquis le caractère non seulement d'une communauté de droit, mais aussi d'une communauté de culture constitutionnelle. Cette culture constitutionnelle commune est un élément de l'identité commune de l'Union, avec cette conséquence… que l'identité constitutionnelle de chaque État membre, qui est bien sûr spécifique autant que nécessaire, ne devrait pas se situer à une distance astronomique de ladite culture constitutionnelle commune » (point 61).

[32] Voir notamment CJUE, 25 juillet 2018, C-216/18, PPU ; voir aussi CJUE, ord. du 17 décembre 2018, *Commission/Pologne*, C-619/18 R ; CJUE, 24 juin 2019, *Commission/Pologne*, C-619/18.

[33] *JO* 2020, L 4331.

uniforme en raison de l'obligation de protéger l'identité nationale de chacun des États membres[34] ». La haute juridiction de l'Union européenne oppose à cette argumentation le rappel que

> l'article 2 TUE ne constitue pas une simple énonciation d'orientations ou d'intentions de nature politique, mais contient des valeurs qui relèvent... de l'identité même de l'Union, en tant qu'ordre juridique commun, valeurs qui sont concrétisées dans des principes contenant des obligations juridiquement contraignantes pour les États membres. Or, même si, ainsi qu'il ressort de l'article 4 paragraphe 2 TUE, l'Union respecte l'identité nationale des États membres, inhérente à leurs structures fondamentales politiques et constitutionnelles, de sorte que ces États disposent d'une certaine marge d'appréciation pour assurer la mise en œuvre des principes de l'État de droit, il n'en découle nullement que cette obligation de résultat peut varier d'un État membre à l'autre. En effet, tout en disposant d'identités nationales distinctes, inhérentes à leurs structures fondamentales politiques et constitutionnelles, que l'Union respecte, les États membres adhèrent à une notion d'« État de droit » qu'ils partagent, en tant que valeur commune à leurs traditions constitutionnelles propres, et qu'ils se sont engagés à respecter de manière continue[35].

Cette prédominance du respect des principes de l'État de droit sur le respect de l'identité constitutionnelle nationale, à travers cette obligation de résultat, se retrouve aussi dans la jurisprudence de la Cour de justice, dans le cadre de l'invocation du respect de l'identité nationale, par un État, pour limiter la primauté du droit de l'Union dans l'ordre juridique national, à travers la portée donnée à l'article 19 § 1 second alinéa. Si l'article 4 § 2 permet d'interpréter cette disposition comme ne s'opposant pas à une réglementation juridique nationale, selon laquelle les décisions d'une Cour constitutionnelle lient les juridictions de droit commun, le respect de l'identité nationale ne permet cependant pas d'autoriser cette Cour constitutionnelle à écarter l'application d'une norme du droit de l'Union[36]. Selon la formule bien connue, la Cour de justice de l'Union européenne proclame : « En vertu du principe de primauté du droit de l'Union, le fait pour un État membre d'invoquer des dispositions de droit national, fussent-elles d'ordre constitutionnel, ne saurait porter atteinte à l'unité et l'efficacité du droit de l'Union[37]. » Que la Cour de Luxembourg soit amenée à tenter de concilier ainsi respect de l'identité nationale et respect de l'identité européenne par les États membres ne doit pas étonner, dans la mesure où l'identité nationale est apparue d'emblée comme une des valeurs de l'identité européenne à travers sa dimension culturelle[38]. Le respect de l'identité culturelle des États membres

---

[34] CJUE, 16 février 2022, C-156/21.
[35] *Ibid.* points 232-233-234.
[36] CJUE, 22 février 2022, RS, C-430/21, aff. précitée.
[37] *Ibid.* point 51.
[38] En effet, la Déclaration de Copenhague (supra), soulignant la riche variété des cultures nationales, précisait que « cette variété des cultures dans le cadre d'une même civilisation européenne, cet attachement à des valeurs et des principes communs, ce rapprochement des conceptions de la vie, cette conscience de posséder en commun des intérêts spécifiques et cette

donnera d'ailleurs lieu à une juridictionnalisation de cet aspect de l'identité nationale par la Cour de justice, avant même que cette notion ne soit explicitement consacrée. C'est ainsi qu'elle acceptera que « des particularités socioculturelles ou régionales » puissent constituer un objectif d'intérêt général, justifiant une dérogation à la libre circulation des marchandises[39]. Ou encore que la promotion d'une langue officielle « expression de l'identité et de la culture nationale » puisse conditionner la libre circulation des travailleurs[40]. Ou bien qu'une politique culturelle puisse constituer une raison impérieuse d'intérêt général justifiant des restrictions à la libre prestation de services[41]. Quant à la jurisprudence de la Cour de Luxembourg relative au devoir de l'Union de respecter l'identité nationale des États, elle comporte un volet important concernant le respect de l'identité culturelle, même si dans sa relation avec la défense de l'identité constitutionnelle nationale, elle englobe évidemment d'autres aspects (voir infra). Mais cette conciliation révèle aussi que la notion d'identité européenne elle-même ne peut recevoir une signification, qui fasse abstraction de la notion d'identité constitutionnelle nationale. Se confirme ainsi que le concept d'identité, appréhendé dans sa dimension juridique européenne, renvoie à une réalité nécessairement relationnelle, caractéristique de ce qu'est l'Union européenne.

II. Quelle singularité ?

Cette nature relationnelle révèle à la fois la singularité du statut d'État membre de l'Union et symétriquement celle de l'Union elle-même comme forme d'organisation politique.

A. L'identité et la singularité du statut d'État membre de l'Union européenne

La multiplication des cas d'invocation de la défense de l'identité constitutionnelle nationale devant la Cour de Luxembourg a donné lieu récemment, de la part de plusieurs avocats généraux, à une réflexion sur la nature et la fonction de la clause de sauvegarde de l'identité nationale. Cette discussion pose essentiellement la question de savoir si l'article 4 § 2 TUE est seulement un objectif légitime, qui permet aux États membres de revendiquer des dérogations à l'interprétation et l'application communes du droit de l'Union, ou si cette notion a également une dimension verticale, c'est-à-dire que les traités lui attribuent un rôle dans la délimitation des compétences entre

---

détermination de participer à la construction européenne donnent à l'identité européenne son caractère original… ».

[39] CJCE, 13 novembre 1989, *Torfaen*, C-145/88.

[40] CJCE, 28 novembre 1989, *Groener*, C-379/87.

[41] CJCE, 25 juillet 1991, *Gouda*, C-288/89 ; CJCE 03/02/1991, *Veronica Omsep Organisatiae*, C-148/91.

l'Union et les États membres[42]. Si la Cour répondait positivement à cette seconde hypothèse, l'identité nationale pourrait donc « fonctionner également comme paramètre de validité ; tout acte de l'Union qui entrerait en conflit irrémédiable avec l'identité nationale d'un ou plusieurs États membres serait invalide pour violation de l'article 4 paragraphe 2 TUE[43] ». Cette évolution rapprocherait la clause de respect de l'identité nationale de la théorie du domaine réservé, bien connue du droit international, selon laquelle une clause de compétence nationale exprime le principe selon lequel le droit international n'a pas vocation, sauf accord des États, à pénétrer dans des domaines jugés essentiels par ceux-ci. Mais précisément, le devoir pour l'Union de respecter l'identité nationale de ses États membres se distingue sensiblement de cette théorie du droit international. D'abord il faut remarquer qu'à ce jour, la clause du respect de l'identité nationale n'a jamais joué comme « un paramètre de validité » du droit de l'Union, permettant d'annuler un acte des institutions[44]. Comme l'a constaté l'avocat général dans l'arrêt M.A.S. : « La Cour a toujours considéré que l'invocation d'atteintes portées soit aux droits fondamentaux tels qu'ils sont formulés par la constitution d'un État membre, soit aux principes d'une structure constitutionnelle nationale, ne peut affecter la validité d'un acte adopté par les institutions de l'Union[45]. » Par ailleurs, alors que la clause de compétence nationale, en droit international, renvoie à la défense d'une compétence exclusive d'un État, l'article 4 § 2 TUE concerne plusieurs types de compétences : compétences retenues des États, mais aussi compétences d'appui de l'Union, ou compétences partagées entre l'Union et les États membres. L'invocation de l'identité nationale d'un État, lorsqu'elle est admise par la Cour de justice, permet de donner une interprétation particulière et une application particulière du droit de l'Union, au profit de l'État se référant à l'obligation de l'Union de respecter son identité nationale. Au-delà de cette fonction, l'article 4 § 2 TUE « pourrait imposer aussi au législateur de l'Union de tenir compte de l'identité nationale des États membres lors de l'adoption d'une réglementation[46] », mais une telle obligation de nature politique ne pourrait pas relever d'une action juridictionnelle fondée sur le système de répartition des compétences. En tout état de cause, la clause du respect de l'identité nationale a donc un spectre et une portée différents de la clause de compétence nationale du droit international. Peut-on tenter de

[42] Problématique soulevée par l'avocate générale J. Kokott dans ses conclusions dans l'affaire *VMA*, CJUE, 14 décembre 2021, C-490/20, point 83.

[43] Et par l'avocat général N. Emiliou dans ses conclusions dans l'affaire *Cilevics*, CJUE, 7 septembre 2022, C-391/20, point 83.

[44] Voir notamment, CJUE, 17/07/2014, *Torresi*, C-58/13 et C-59/13.Voir aussi les conclusions de J. Kokott dans l'affaire *Achbita*, CJUE, 14 mars 2017 : « L'obligation pour l'Union de respecter l'identité nationale des États membres, prévue à l'article 4 par. 2 TUE, ne permet pas à elle seule de conclure que certaines matières ou certains domaines échapperaient complétement au champ d'application de la directive… », point 32.

[45] Conclusions Y. Bot, CJUE, 05 novembre 2017, *MAS*, C-42/17, point 177.

[46] Conclusions N. Emiliou, C-391/20, aff. précitée, point 83.

caractériser en quoi consiste, sur le plan de la théorie du droit, cette spécificité ? Nous avançons l'idée que la doctrine classique des droits fondamentaux des États peut permettre d'éclairer cette spécificité[47]. Dans une société composée d'États souverains, comme l'est la société internationale, ces prétendus droits fondamentaux ne peuvent se transformer en droits subjectifs, constatation qui est notamment à l'origine de l'abandon de cette doctrine en droit international. Une telle qualité nécessite en effet une double exigence : matérielle — un droit fondamental doit être essentiel à la persistance du sujet étatique —, formelle — un droit fondamental doit faire l'objet d'une protection dans l'ordre juridique concerné. L'effet dérogatoire en droit de l'Union, reconnu par la Cour de justice de l'Union européenne, par référence au devoir de l'Union de respecter l'identité nationale des États membres, permet d'entrevoir un possible redéploiement de cette doctrine ; déploiement de nature à la fois fédéraliste, appréhendé du point de vue de la Cour de justice de l'Union européenne, mais aussi étatiste, appréhendé du point de vue des cours constitutionnelles nationales[48]. La recherche de plus en plus marquée, sous l'impulsion des avocats généraux, des éléments qui apparaissent comme essentiels à l'identité nationale d'un État membre, ne peut que renforcer cette hypothèse. Elle amène aussi à la lier au statut d'État membre de l'Union européenne.

Ce droit au respect de l'identité nationale est un élément fondamental de ce que l'on peut appeler le statut d'« État intégré » de l'État membre de l'Union[49]. Ce statut, comme tout statut, comporte des droits et des obligations. Au devoir de l'Union de respecter l'identité nationale des États membres correspond le droit fondamental pour un État membre de revendiquer ce statut. Du côté des obligations liées à ce statut, elles se ramènent à cette obligation fondamentale, qu'est le principe de coopération loyale, auquel, on le sait, la jurisprudence a donné une portée remarquable, qui le distingue de son équivalent en droit international, à savoir le principe de bonne foi. Ces deux aspects sont d'ailleurs corrélés, comme le soulignent de manière récurrente la Cour de justice et les avocats généraux[50], par l'article 4 TUE, qui reprend dans les mêmes termes l'article I-5 du Traité établissant une Constitution pour l'Europe, lequel s'intitulait : « Relations entre l'Union et ses États membres ». Le statut d'État intégré permet aussi d'éclairer la place de la souveraineté dans

[47] Pour une remarquable réflexion sur cette conception, voir P. Motsch, *La doctrine des droits fondamentaux des États : vers un redéploiement fédéraliste ou étatique ?*, Paris, Éd. Pedone, coll. de la Revue générale de droit international public, Nouvelle série n° 66, 2022.

[48] *Ibid.* p. 373-418, et 531-555.

[49] Voir B. Nabli, *L'État intégré ; Contribution à l'étude de l'État membre de l'Union européenne*, Paris, Éd. Pedone, 2019, spéc. p.120-136.

[50] Ce que rappelle, par exemple, l'avocat général M. Wathelet dans l'affaire Coman, précitée : « S'il devait être considéré que la conception du mariage touche à l'identité nationale… l'obligation de respecter cette identité, qui figure à l'article 4 § 2 TUE, ne peut se lire indépendamment de l'obligation de coopération loyale inscrite au paragraphe 3 de la même disposition ».

l'Union européenne. L'État membre reste un État souverain, ce que réaffirme très clairement le traité de Lisbonne ; en indiquant que les États gardent la compétence de la compétence (article 4 § 1, article 5 § 1), et en prévoyant explicitement leur droit de retrait de l'Union (article 50)[51]. Mais en entrant, au titre de leur souveraineté, dans l'Union, dont ils peuvent aussi sortir librement, les États membres incorporent ce statut d'État intégré, qui se différencie donc du statut de l'État en droit international.

B. L'identité et la singularité de l'Union, forme d'organisation politique originale

Le droit au respect de l'identité nationale permet aussi, *a contrario*, de préciser la nature juridique de l'Union européenne. Force est de constater que le renforcement progressif de cette notion dans la jurisprudence, sur la base de son renforcement dans les traités, illustre évidemment le caractère défensif de la clause de l'identité nationale. De son apparition dans le traité de Maastricht à sa confirmation dans le traité de Lisbonne, correspond une fréquence d'utilisation de plus en plus forte devant, et de la part de la Cour de justice de Luxembourg. Cette fréquence, mais aussi la portée qu'aujourd'hui a acquise la clause du respect de l'identité nationale, sont à mettre en relation avec l'accroissement des compétences de l'Union européenne au fur et à mesure des traités fondateurs. Cela tend à confirmer que l'approfondissement de la construction européenne s'accompagne d'une réaffirmation, que ses États membres préservent leur existence en tant que communautés politiques primordiales. Or, la préservation de l'existence politique pour les États est une caractéristique de la Fédération, distincte à la fois de l'État fédéral et de la Confédération[52]. Il est même permis de penser que la jurisprudence de la Cour de justice de l'Union européenne tend à montrer que, pour le juge, l'Union européenne repose sur des États-nations. Car la jurisprudence relative au respect de l'identité nationale renvoie jusqu'à ce jour à deux grandes déclinaisons. La première de ces déclinaisons se réfère à la défense de l'organisation politico-institutionnelle des États membres de l'Union européenne. Cette déclinaison recouvre elle-même plusieurs aspects. D'abord le respect de la forme de l'État, de son régime politique et de son modèle

---

[51] Que la Cour de justice rattache explicitement à la souveraineté : voir CJUE, 10 décembre 2018, *Wightman*, C-621/18

[52] Selon O. Beaud, *Théorie de la Fédération*, Paris, PUF, coll. « Léviathan », 2007. Voir aussi les conclusions P. Maduro dans l'affaire *Michaniki*, CJUE, 16/12/2008, C-213/07 : le devoir de respecter l'identité nationale pour l'Union européenne « s'impose à elle depuis l'origine. Il participe en effet de l'essence même du projet européen initié au début des années 1950, qui consiste à avancer sur la voie de l'intégration tout en préservant l'existence politique des États », point 31.

constitutionnel[53] ; mais aussi le respect de l'organisation infraétatique[54]. La deuxième de ces déclinaisons renvoie donc (voir supra) au respect de l'identité culturelle de la nation. Elle recouvre également plusieurs aspects. D'abord le respect de l'identité linguistique[55] ; mais aussi le respect des particularités socioculturelles[56]. Or, la jonction de ces deux grandes déclinaisons rappelle le processus de formation des États-nations ; lequel renvoie à une centralisation du pouvoir, correspondant aux mutations économiques rendant nécessaire l'identification d'un appareil politique avec une réalité culturelle homogène[57]. Finalement, on peut admettre cette hypothèse, que le droit au respect de l'identité nationale montre que le juge essaie de trouver un équilibre entre une intégration européenne, qui risque de désolidariser le lien entre l'État et la nation, et la reconnaissance que l'Union européenne est fondée sur des communautés politiques — les États-nations — qui en sont le soubassement nécessaire.

La reconnaissance de ce fait par la Cour de justice met en évidence la fonction de la notion d'identité européenne, mais révèle aussi sa fragilité. Peut-elle permettre à l'Union de constituer une communauté politique se superposant aux États qui la composent ? Toute tentative de réponse à cette question nécessite de se référer aux différents courants de philosophie politique qui réfléchissent sur la construction européenne. Pour ceux qui, dans le sillage de M. Walzer, définissent une communauté politique, comme renvoyant à une communauté historiquement stable, une communauté prépolitique, fondée sur une histoire, une langue et des coutumes communes, « une identité européenne en souffrance[58] » ne peut permettre à l'Union d'accéder à une telle condition. L'identité collective européenne fondée sur une communauté de valeurs, qui plus est elles-mêmes universelles, n'est pas susceptible de créer une communauté politique à caractère supranational. Cette vision de l'Europe comme ne pouvant être qu'une association d'États, rejoint la conception de ceux qui considèrent que la démocratie ne peut s'exercer véritablement qu'au niveau des États-nations. Que ce soit parce que le projet européen « sans territoire ni pouvoir pour l'incarner ne peut reposer que sur le concours actif des nations qu'il transcende[59] », voire parce que

---

[53] Par exemple, CJUE, 22 décembre 2010, *Sayn-Wittgenstein*, aff. précitée ; CJUE, 2 juin 2016, *Bogendorf*, C-438/14 ; CJUE, 22 février 2022, *RS*, aff. précitée.

[54] Voir CJUE, 12 juin 2014, *Digibet*, C-156/13 ; CJUE, 17 novembre 2015, *Regio-Post*, C-115/15 ; CJUE, 18 juin 2020, *Kaupunki*, C-328/19.

[55] CJUE, 12 mai 2011, Runevic-Vardyn, C-391/09 ; CJUE, 12/04/2013, Las, C-202/01 ; CJUE, Cilevics, C-391/20.

[56] CJUE, 2 juillet 1996, *Commission/Luxembourg*, C-473/93 ; CJUE, *Achbita*, 14/03/2017, aff. précitée ; CJUE, 18 juillet 2017, *Erzberger*, C-566/15 ; CJUE, 17 avril 2018, *Egenberger*, C-414/16 ; CJUE, 5 juillet 2018, *Coman*, aff. précitée.

[57] E. Gellner, *Nations et nationalisme*, Paris, Éd. Payot, 1989.

[58] L'expression est du philosophe V. Descombes, cité par C. Spector, *No demos ?, Souveraineté et démocratie à l'épreuve de l'Europe*, Paris, Seuil, coll. « L'ordre philosophique », 2021, p. 79.

[59] M. Gauchet, « Le problème européen », *Le Débat*, n° 129, 2004, p. 66.

l'Union européenne assimilable à une forme d'empire « se signale par la radicalité avec laquelle elle détache la démocratie de tout peuple réel et construit un *kratos* sans *demos*[60] ». En bref, le projet européen ne peut remplir les conditions pour créer une véritable communauté politique, voire affaiblit les communautés politiques primordiales que sont les États-nations. À l'inverse, la théorie du « patriotisme constitutionnel », développée par J. Habermas, peut trouver dans une identité européenne concrétisée par des valeurs juridicisées, la condition de possibilité d'une communauté politique se superposant aux États-nations. S'inscrivant en faux contre la nécessaire assimilation d'une communauté politique à une communauté historique, pour Habermas l'adhésion à des principes constitutionnels communs — démocratie, État de droit, droits de l'homme — peut constituer la base de la formation d'une communauté politique. Par ailleurs, la persistance des nations n'est pas un obstacle à la formation d'une telle communauté, laquelle naît précisément d'une volonté des États-nations de la construire. Le patriotisme constitutionnel se bâtit sur la reconnaissance des identités culturelles et sur les États-nations[61]. Quant à la citoyenneté de l'Union, qui correspond à une désolidarisation d'avec la nationalité, elle peut être la base d'un sentiment d'appartenance à cette communauté politique ; la citoyenneté démocratique reposant sur une solidarité civique qui ne suppose pas l'existence d''un démos[62]. Habermas est conscient, que si l'identité européenne n'est pas fondée sur une communauté culturelle historique, mais sur des principes politiques, il est nécessaire, pour lui donner une consistance, de forger une culture publique commune permettant aux citoyens de délibérer à l'échelon européen. L'identité européenne nécessite qu'au-delà de l'adhésion à des principes communs, processus constitutif « d'une communauté légale », se forge une culture publique commune constitutive d'une « communauté morale » dont la réalisation suppose le développement de certaines techniques et institutions[63]. C'est qu'une citoyenneté active doit pouvoir mobiliser « des passions puissantes » autour de « bien publics » relevant « d'un intérêt général européen » constitutif « d'un nouveau *telos*[64] ». Sans mobilisation des passions pas de véritable sentiment d'appartenance…

Le rôle du juriste, dans cette perspective, serait de réfléchir à l'activation des moyens ouverts par les traités fondateurs de l'Union européenne, mais non

---

[60] P. Manent, *La raison des nations. Réflexions sur la démocratie en Europe*, Paris, Gallimard, 2006, p. 16.

[61] J. Habermas, *Après l'État-nation. Une nouvelle constellation politique*, Paris, Fayard, 2000.

[62] J. Habermas, *La constitution de l'Europe*, Paris, Gallimard, coll. « NRF Essais », 2012, p. 84.

[63] Voir J.-M. Ferry, *La question de l'État européen*, Paris, Gallimard, coll. « NRF Essais », 2000, p. 229-275.

[64] C. Spector, *op. cit.*

suffisamment utilisés, mais aussi de proposer « des pistes plus ambitieuses pour demain[65] ».

On entrevoit ainsi que si, par sa jurisprudence, le juge européen révèle que l'identité condense tous les éléments de la singularité de l'Union européenne, son rôle pour consolider l'identité européenne reste limité. L'Europe du droit n'est pas suffisante pour faire advenir une communauté politique à caractère supranational. Les réponses aux défis auxquels se trouve confrontée l'Union européenne aujourd'hui, (guerre et paix, environnement, justice sociale…), et la capacité d'en faire des éléments d'un véritable espace public conditionnent cette possibilité.

65 Voir H. Dumont, *Le Covid 19 : quels défis pour les États et l'Union européenne ?*, Bruxelles, Bruylant, coll. « Essais », 2022, p. 214-227.

HOMMAGE AU PROFESSEUR STÉPHANE PIERRÉ-CAPS

Alberto PÉREZ CALVO

J'ai eu la chance de rencontrer le professeur Stéphane Pierré-Caps en mars 1996, lorsqu'il m'a invité à un colloque à la Faculté de droit de Nancy sur le sujet suivant : « L'Union européenne : un État multinational en formation ? »

En plus de notre spécialité professionnelle et d'une vision commune des problèmes au-delà des frontières nationales, européiste, nous avions en commun notre admiration à l'égard du Professeur François Borella, dont nous avions été étudiants au Centre européen universitaire de Nancy à de différentes années. Et c'est le Professeur Borella qui nous a mis en contact, ce qui a conduit à cette réunion au colloque susmentionné de Nancy.

Stéphane et moi nous sommes tout de suite entendus et avons entamé une relation professionnelle qui s'est traduite dans de diverses activités communes.

Nous avons promu la signature par nos universités d'un accord Erasmus, qui nous a permis d'échanger des étudiants entre l'Université de Nancy II et l'Université publique de Navarre, où j'enseignais à l'époque, jusqu'à ma retraite. Et aussi, l'échange de professeurs qui a permis à Stéphane de venir de temps en temps à Pampelune pour donner ses cours et que j'aille à Nancy dans le même but.

Nous avons organisé des colloques à Nancy et à Pampelune au cours desquels nous avons rencontré des collègues espagnols, français et d'autres nationalités. À plusieurs reprises, les actes de certains de ces colloques ont été publiés dans des livres qui attestent de ces activités.

J'ai aussi pu participer à la direction conjointe avec Stéphane de deux thèses de doctorat préparées par deux étudiants de la Faculté de Droit de Nancy.

Le professeur Pierré-Caps a également eu la gentillesse de m'inviter à donner des cours de doctorat à la Faculté de Nancy par visioconférence à l'aide d'appareils compliqués installés dans des salles spéciales, car, à cette époque, au moins à l'Université, ces fonctions ne pouvaient pas encore être assurées au moyen d'un ordinateur personnel.

Une réalisation remarquable, née de cette relation académique entre le Professeur Pierré-Caps et moi-même, toujours à l'ombre sous-entendue du Professeur Borella, a été la création d'une revue semestrielle qui existe toujours. L'idée de cette revue a été suggérée par le Professeur Pierré-Caps, véritable initiateur en général, de nos activités communes. Préoccupé par l'étude du δῆμος ou base sociale d'une organisation politique, aujourd'hui l'État, il a résumé l'objectif de la publication dans l'expression : *Revue Juridique sur l'Évolution de la Nation et de l'État en Europe*. À partir de cette idée, j'ai proposé un nom pour la revue : *Civitas Europaea*, en latin, reprenant le sens de l'unité politique enfermé dans le mot *civitas*. Le professeur Borella a suggéré de donner plus de force à cette dénomination en remplaçant l'adjectif *europaea* par l'apposition *Europa*, de sorte que la revue a trouvé son nom définitif de *Civitas Europa,* avec le sous-titre initialement indiqué par Stéphane, et que le numéro 1 a été publié en septembre 1998. Avec la revue, nous avons essayé d'analyser, d'expliquer et de promouvoir des approches et des lieux de rencontre sur le chemin de la construction politique de l'Europe. Il a été établi que les articles pouvaient être publiés en espagnol, en français et en anglais, bien qu'en fait, des textes en italien y aient également été publiés.

Mes relations professionnelles avec Stéphane ont été présidées dès le début par le respect mutuel et la franchise et ont rapidement acquis un caractère amical. Le contact personnel avec Stéphane m'a donné de nombreuses opportunités professionnelles. J'apprécie particulièrement d'avoir pu interagir avec des enseignants, non seulement français, mais de divers pays d'Europe et d'autres continents.

En plus d'être une personne lucide et honnête, Stéphane est créatif, imaginatif et doué d'une grande capacité d'initiative. Ma relation avec lui a été pour moi une source d'enrichissement intellectuel et professionnel et, plus important encore, j'ai trouvé en lui un véritable ami. Je lui serai toujours reconnaissant pour ce que cela a signifié pour moi de travailler ensemble.

Le régime d'autonomie séculaire de la communauté *forale* de Navarre[1]

Alberto Pérez Calvo

Le Royaume de Navarre, en particulier la partie située dans la péninsule ibérique, a été incorporé à la Couronne de Castille après sa conquête par Ferdinand le Catholique, roi d'Aragon et de Castille, et la proclamation de cet événement par les Cortes de Castille qui ont eu lieu à Burgos en 1515. D'un point de vue juridique, ce fait signifiait fondamentalement un simple changement de dynastie puisque la Navarre conservait ses institutions et les règles de droit et privilèges (*fueros)*, accordés par ses rois précédents. En effet, Ferdinand le Catholique jura les *fueros* navarrais par l'intermédiaire de son vice-roi à Pampelune, le 23 mars 1513, et ratifia ce serment à Valladolid devant les ambassadeurs de Navarre, le 22 juin de la même année.

Cette nouvelle situation de la Navarre espagnole se prolongera, du point de vue juridique, jusqu'à la proclamation en Espagne du nouveau régime représenté par la Constitution de 1812.

I. Les débuts du constitutionnalisme et le régime foral

Le constitutionnalisme libéral, fondé sur les nouvelles bases idéologiques qui ont triomphé dans la Glorieuse Révolution anglaise, dans la Révolution des États-Unis d'Amérique et dans la Révolution française, se manifeste en Espagne pour la première fois avec la proclamation de la Constitution de 1812.

Avec la Constitution, une nouvelle entité juridique fait irruption en Espagne, la nation espagnole, dans laquelle « réside essentiellement » la souveraineté, comme le déclare son troisième article. Cela signifie la naissance d'une nouvelle légitimité rationnelle de la Nation, face à la légitimité historique de la Monarchie fondée sur la tradition. Par conséquent,

---

[1] *Foral, forales* : adjectif, singulier et pluriel, dérivés du mot « fuero » ou code normatif que les rois accordaient à tous ou à une partie de leurs sujets.
Certaines des données et considérations exposées dans cet article, se référant à la Navarre, peuvent être attribuées aux provinces d'Álava, de Guipúzcoa et de Biscaye, qui constituent le Pays basque, mais pas à la Communauté autonome basque qui, en tant que nouvelle entité créée en vertu de la Constitution, a dû être organisée selon les règles générales de celle-ci.
Enfin, le traitement singulier réservé aux territoires foraux, entre autres particularités, comme la conservation d'une bonne partie des provinces de l'Ancien Régime, montre comment l'implantation du libéralisme en Espagne s'est accommodée aux circonstances du pays.

le même troisième article de la Constitution, après avoir déclaré le nouveau sujet de la souveraineté, conclut que, par ce même fait, le droit d'établir ses lois fondamentales appartient exclusivement à la Nation.

La Constitution de 1812 suppose donc un fait révolutionnaire par lequel le monarque passe du statut de souverain à celui d'un simple organe constitutif de l'État, établi par la Constitution. Le Roi cesse d'être le centre politique du système et sa place est prise par les Cortes, qui sont la réunion de tous les députés représentant la Nation (article 27).

Et, bien que la Constitution de Cadix ne fasse à aucun moment référence aux régimes *forales*, on peut dire qu'elle les abroge implicitement, y compris ceux de Navarre, dans la mesure où elle établit un État dont les relations avec ses citoyens, sa structure et son fonctionnement, sont incompatibles avec ceux qui existaient auparavant.

Comme ailleurs en Europe, la mise en œuvre du régime libéral en Espagne a été en proie à de graves problèmes tout au long du XIXe siècle. De retour d'exil à Bayonne, auquel Napoléon Bonaparte l'avait soumis, Ferdinand VII décida de restaurer l'absolutisme, de sorte que la Constitution de Cadix fut abolie. Ainsi, les institutions de l'Ancien Régime refont surface et, avec elles, celles privatives de Navarre. Quelques années plus tard, après la déclaration du général Riego, la Constitution de 1812 a été proclamée à nouveau, et ainsi, encore une fois, les institutions de l'Ancien Régime ont été abrogées. Au cours de cette période (1820-23), dans de nombreuses régions d'Espagne, dont la Navarre, des soulèvements armés ont surgi contre les nouvelles mesures révolutionnaires libérales sous le slogan de la défense de l'autel et du trône.

Après la mort de Ferdinand VII en 1833, la guerre civile éclate à nouveau, entre les partisans de Don Carlos, appelés « *carlistas* », et ceux d'Isabelle II. Derrière ce conflit dynastique se cachait l'ancienne lutte entre les défenseurs des transformations libérales, partisans d'Isabelle II, et ceux des idées traditionnelles ou *carlistas*. Très vite, le mouvement *carlista* intègre dans son idéologie la lutte pour les *Fueros* comme manifestation de l'organisation sociale et politique de l'Ancien Régime.

La guerre prit fin après la signature de la prétendue « Convention de Vergara » le 31 août 1839 entre le chef de l'armée libérale, le général Espartero, et le général Maroto, du côté des *carlistas*. Nous nous intéressons particulièrement à l'article premier de la Convention de Vergara qui disait :

« Le capitaine général M. Baldomero Espartero recommandera avec intérêt au gouvernement la réalisation de son offre de s'engager formellement à proposer aux Cortes la concession ou la modification des *fueros*. »

Il s'agit, comme on peut le voir, d'un engagement politique avec lequel on tente de mettre fin à la guerre, par lequel le général Espartero devrait recommander à son gouvernement d'envoyer un projet de loi aux Cortes (Parlement) concernant les *fueros*.

A. Le Régime foral en tant que système d'autonomie

Après la Convention de Vergara, différentes mesures préparatoires ont été prises pour « l'octroi ou la modification des *fueros* », parmi lesquelles se distingue l'approbation de la loi de 1839 qui, dans son article 1, dit : « Les *fueros* de Navarre sont confirmés… sans préjudice de l'unité constitutionnelle de la monarchie. » Puis, en mars 1841, le gouvernement envoya aux Cortes le projet de loi visant à modifier les *fueros* de Navarre. Au cours de son traitement au sein des *Cortes*, quelques modifications d'importance mineure ont été introduites. La loi a été approuvée et, plus tard, le 16 août 1841, sanctionnée par le régent du Royaume, précisément le général Espartero qui avait signé la Convention de Vergara.

La loi configurait un règlement spécial et différent de celui du reste des provinces espagnoles en ce qui concerne certaines matières (gouvernement civil et militaire, administration de la justice, organisation et pouvoirs des municipalités, contribution de la Navarre aux caisses de l'État et perception des impôts, etc.)

Elle a déterminé le mode d'exercice de certains pouvoirs de l'État à l'égard de la Navarre et a déclaré que la *Diputación* de Navarre (autorité exécutive existant dans toutes les provinces) continuerait à exercer « les mêmes pouvoirs exercés par le Conseil de Navarre et la *Diputación* du royaume », organes de l'ancien Royaume de Navarre, en plus des compétences « que les autres *Diputaciones* provinciales de la Monarchie ont ou puissent avoir ».

La Navarre était également tenue de fournir certaines prestations en faveur de l'État, dont le plus important était et elle est encore aujourd'hui, la livraison du quota (*cupo*) ou montant économique pour le soutien des charges économiques générales de l'État. Naturellement, c'était à la *Diputación* de percevoir les impôts.

Il a donc été établi un régime de fonctionnement autonome de la Navarre sur certaines questions. C'est-à-dire que ce régime peut être considéré comme un précédent de l'État régional prévu par la Constitution de 1931 et de l'actuel des Communautés autonomes, dont les traits essentiels ont été dessinés par la Constitution de 1978.

B. Caractère participatif, d'abord, puis convenu, du régime foral de Navarre

La loi de 1841, appelée *paccionada*, convenue, en français, a généré une veine inépuisable de discussions sur sa nature juridique. Celles-ci ont porté sur la question de savoir justement si cette loi était convenue ou non, c'est-à-dire, si la loi avait été le résultat d'un pacte entre la Navarre et l'État, ce qui aurait signifié que la loi ne pouvait pas être modifiée unilatéralement et qu'il ne serait possible de procéder à cette modification qu'avec l'accord des deux parties ; ou, au contraire, s'il s'agissait simplement d'une loi ordinaire.

L'une ou l'autre qualification juridique revêt une grande importance puisque l'impossibilité de modifier unilatéralement la loi implique une garantie d'autonomie *forale* face à une attaque hypothétique contre celle-ci par les organes centraux de l'État.

Contre la thèse du pacte ou du contrat entre la Navarre et l'État, qui a parfois été présentée sous des habits assez artificiels et compliqués, la thèse contraire, qui maintient le caractère ordinaire de la loi de 1841, est étayée, à mon avis, par des arguments simples et convaincants. On a dit, par exemple, que le fait d'entendre les provinces, prévu par la loi de 1839, n'indiquait rien de plus qu'une simple procédure de consultation ou d'audition de la part du gouvernement. Et, aussi, il a été observé que, une fois que le gouvernement a entendu les représentants de la *Diputación* et envoyé son projet aux *Cortes*, celles-ci l'ont amendé comme bon leur semblait.

Par conséquent, et à mon avis, la conclusion qui s'impose est que, du point de vue juridique, nous avons affaire à une loi ordinaire et non pas à un accord.

Quoi qu'il en soit, comme je l'ai déjà souligné, la loi de 1841 a eu une grande importance pour la Navarre puisqu'elle a créé au sein de l'ordre juridique espagnol un nouveau régime *foral* qui a permis à ce territoire d'atteindre la Constitution de 1978 avec un degré très estimable d'autonomie au sein d'un État hautement centralisé.

Comme nous venons de le voir dans les pages précédentes, le régime *foral* issu des lois de 1839 et 1841 avait un caractère purement participatif qui impliquait que les représentants de la Navarre devaient être entendus par le Gouvernement lors de l'élaboration de son projet législatif. Le Gouvernement lui-même et, bien sûr, les *Cortes*, étaient libres d'accepter ou non les suggestions éventuelles que les représentants navarrais auraient pu faire.

Mais, mis à part la disposition contenue dans l'article 2 de la loi de 1939, la vérité est qu'en pratique, toutes les normes, tant réglementaires que législatives, qui depuis 1839 ont affecté le régime foral, à l'exception précisément de la loi de 1841, ont respecté l'accord conclu entre le gouvernement et la représentation de la Navarre. C'est le cas, parmi d'autres, du décret-loi royal du 4 novembre 1925 portant sur le statut communal de Navarre et des différentes dispositions qui ont établi, avant la Constitution de 1978, différents accords (*convenios)* économiques (arrêté royal du 19 février 1877, arrêté royal du 15 août 1927, loi du 8 novembre 1941 et décret-loi 16/1969, du 24 juillet). C'est-à-dire qu'au-delà de la prévision de l'audition de la loi de 1839, de véritables pactes de fait ont eu lieu entre le Gouvernement et la *Diputación* de Navarre. Par conséquent, s'il est vrai que la loi de 1841 n'a pas été convenue, sa préparation, en ce qui concerne le projet, pourrait bien constituer la première action convenue qui, après d'autres accords répétés tout au long de l'histoire entre les mêmes interlocuteurs et avec la conviction juridique généralisée du caractère convenu du droit foral, a pu donner naissance à une véritable coutume juridique.

Je crois que cette thèse du caractère convenu du régime *foral* avant la Constitution de 1978 peut être défendue étant donné qu'ils existent les exigences généralement requises pour l'existence d'une coutume juridique : une pratique du pacte pour la création de normes, uniforme, constant et prolongé dans le temps et une conviction juridique du caractère convenu de ce droit. En ce sens, le régime *foral* avec lequel se trouve la Constitution de 1978 avait un caractère convenu.

II. Le cadre constitutionnel actuel du régime *foral* de Navarre

Tout d'abord, il est nécessaire de souligner que la Constitution de 1978 est la première dans l'histoire de l'Espagne qui reconnaît les régimes *foraux* hérités du passé.

Il convient également de souligner que cette reconnaissance constitutionnelle du fait *foral* se produit en même temps que la Constitution, elle-même, reconnaît et garantit dans son article 2 le droit à l'autonomie des nationalités et des régions qui composent la nation espagnole et, par conséquent, habilite les pouvoirs publics à construire un État des Communautés autonomes, doté de techniques fédérales telles que celles qui affectent la répartition des compétences et leur garantie. Cette coïncidence va permettre de moderniser un régime *foral* archaïque qui, en même temps qu'il est mis à jour, a ses racines dans le passé.

A. La première disposition additionnelle de la Constitution

La première disposition additionnelle de la Constitution affirme :

« La Constitution protège et respecte les droits historiques des territoires *foraux*.

La mise à jour générale de ce régime *foral* sera effectuée, le cas échéant, dans le cadre de la Constitution et des statuts d'autonomie. »

Cette disposition a permis à la Navarre de mettre à jour ou d'« améliorer » son régime foral par le biais de la Loi organique de Réintégration et d'Amélioration du Régime *foral* de Navarre qui est généralement appelée LORAFNA et qui équivaut à son statut d'autonomie.

Par conséquent, en ce qui concerne la Navarre, la première disposition additionnelle garantit le Régime *foral* que cette Communauté a conservé au moment de l'entrée en vigueur de la Constitution avec tous ses éléments constitutifs. Si nous voulons utiliser une catégorie juridique créée par rapport au droit communautaire européen, nous pourrions dire que la Constitution garantit à la Navarre l'acquis *foral*.

Ce régime hérité du passé comprenait tous les facultés et pouvoirs établis par les lois de 1839 et 1841 ainsi que par tous les développements ultérieurs qui présentaient un double aspect : d'une part, les autorités *forales* et leurs facultés et compétences ; d'autre part, la garantie d'une procédure de modification qui devait inclure, au moins, la participation des organes représentatifs de Navarre, comme le prévoyait la loi de 1839 ; et conformément à la thèse du caractère convenu de ce régime *foral,* sa modification devait inclure le pacte entre les organes représentatifs de Navarre et ceux de l'État.

Ce pacte, naturellement, devait être fait dans le cadre constitutionnel, mais, selon la loi de 1839, avec la seule limite de « l'unité constitutionnelle de la monarchie.

À cet égard, on peut dire que l'unité constitutionnelle est présente dans le titre VIII de la Constitution (comme on le sait, ce titre établit les dispositions précises relatives à l'État des Communautés autonomes), mais on peut aussi certainement dire que toutes les dispositions de ce titre ne sont pas des éléments essentiels de cette unité constitutionnelle. La preuve, qui apparaît à première vue, on la trouve aux différents modes d'accès à l'autonomie qui sont envisagés. Le fait qu'il y en ait plusieurs nous permet de conclure que le choix de l'une ou l'autre procédure d'accès est indifférent par rapport à l'unité constitutionnelle.

Cela nous amène à penser que lorsque la tâche de mise à jour ou « amélioration » du Régime *foral* de Navarre a été entreprise, il n'y a pas eu d'obligation de respecter nécessairement les règles de la Constitution qui ne font pas partie de l'unité constitutionnelle et cela tant en ce qui concerne la procédure de mise à jour que par rapport à l'attribution de compétences.

C'est-à-dire que ceux qui ont modifié le Régime *foral* de Navarre avaient une grande liberté pour cette opération, au-delà de ce qui était établi par les règles constitutionnelles précises dont le respect n'était pas requis par l'unité constitutionnelle.

C'est ainsi, du moins, comme cela vient d'être exprimé, qu'il a été compris par les acteurs politiques qui ont été responsables de l'élaboration et de l'approbation de la LORAFNA en 1982. À cet égard, l'article 2 de la LORAFNA est suffisamment expressif :

> 1. Les droits originaires et historiques de la Communauté *forale* de Navarre sont respectés et protégés par les pouvoirs publics conformément à la loi du 25 octobre 1839, à la loi convenue (*Paccionada*) du 16 août 1841 et aux dispositions complémentaires, à la présente loi organique et à la Constitution, conformément aux dispositions du premier alinéa de sa première disposition additionnelle.
> 2. Les dispositions du paragraphe précédent ne portent pas atteinte aux institutions, pouvoirs et compétences de l'État inhérents à l'unité constitutionnelle.

Enfin, j'aimerais souligner comment la Constitution actuelle du Canada, de 1982, quatre ans après celle de l'Espagne, contient un précepte semblable à cette première disposition additionnelle qui vient d'être commentée. Son article 35.1 dit : « Les droits existants — ancestraux ou issus de traités — des peuples autochtones du Canada sont reconnus et confirmés. »

B. La LORAFNA

Cette loi organique, qui équivaut au statut d'autonomie de cette Communauté, a été élaborée sans être soumise à aucun modèle de procédure prévu pour les autres types de statuts, mais selon la coutume du pacte entre les autorités de Navarre et de l'État. Et, de la même manière, son contenu excède à plusieurs égards les dispositions du titre VIII de la Constitution en ce qui concerne les compétences que les autres communautés autonomes peuvent assumer.

Ainsi, la Navarre, en plus des pouvoirs que la Constitution met à la disposition de la prise en charge par les différents statuts d'autonomie, reflète dans la LORAFNA celles héritées de la Loi convenue (*Paccionada*) de 1841 et des dispositions ultérieures : La compétence la plus significative et la plus importante est celle qui se réfère au maintien du système du *Convenio Económico* (Accord économique entre l'État et la Navarre) qui permet à celle-ci d'exercer sa propre imposition et par lequel sont convenus les règles de l'établissement des contributions de la Navarre aux charges générales de l'État.

D'autres compétences de Navarre, d'origine *forale*, sont le maintien de relations spécifiques du Gouvernement de Navarre avec les entités locales ; celle qui se réfère au droit civil foral, propre à cette Communauté ; les règles statutaires régissant les fonctionnaires de la Communauté tout en respectant les droits et obligations essentiels contenus dans la législation des bases de l'État ; compétence en matière de contrats et de concessions administratives dans les mêmes conditions que dans le cas précédent ; les pouvoirs spéciaux dans le domaine des routes et de la circulation ; le régime de la Police *forale* sous le commandement suprême du gouvernement de la Communauté.

Le caractère *foral* détermine également une particularité du régime juridique de Navarre par rapport à la modification de la LORAFNA : la clarté et la simplicité du présupposé dont il part l'article 71.1, qui dispose que, compte tenu de la nature juridique du régime *foral*, la LORAFNA est unilatéralement immuable.

La procédure est également très simple : l'initiative de réforme est adoptée par le Gouvernement de Navarre ou celui de la Nation. Tous deux tenteront d'établir d'un commun accord une proposition de réforme qui sera soumise à la fois au Parlement de Navarre et aux *Cortes Generales*. Si la proposition de réforme est rejetée par l'un ou l'autre des deux organes législatifs, le texte précédent restera en vigueur, c'est-à-dire que la réforme n'interviendra que s'il y a accord entre les deux parties.

Bibliographie

Aragon Reyes, M., « La reforma de los Estatutos de Autonomía », *Documentación Administrativa*, n° 232-233, 1992-1993, p. 197.

Asiain Ayala, J. A., « La Constitución y el Régimen Foral de Navarra », *Revista Jurídica de Navarra*, n° 1, 1986, p. 13.

Del Burgo, J. I., *Origen y fundamento del Régimen Foral de Navarra*, Pamplona, Diputación Foral de Navarra, Institución Príncipe de Viana, 1968.

Fernandez Rodriguez, T. R., *Los derechos históricos de los territorios forales. Bases constitucionales y estatutarias de la Administración Foral vasca*, Madrid, Civitas, 1985.

Floristan Imizcoz, A., « Incorporación a Castilla y desarrollo institucional », *in* V. Vázquez de Prada Vallejo et alii (ed.), *Cuestiones de historia moderna y contemporánea de Navarra*, Pamplona, Universidad de Navarra, Ediciones de la Universidad de Navarra, 1986, p. 25.

Mina Apat, M. C., *Fueros y revolución liberal en Navarra*, Madrid, Alianza Editorial, 1981.

Pérez Calvo, A. y Razquin Lizarraga, M., *Manual de Derecho Público de Navarra*, 3ª ed., Pamplona, Gobierno de Navarra, 2007.

Razquin Lizarraga, J. A., *Fundamentos jurídicos del Amejoramiento del Fuero. Derechos históricos y Régimen Foral de Navarra*, Pamplona, Gobierno de Navarra, 1989.

VERS UN CONSTITUTIONNALISME CIVIQUE ?

Dominique ROUSSEAU

La discipline constitutionnelle comprise comme « droit », « science », « théorie » ou « philosophie » vit toujours et même bien. Il fut soutenu un temps que le développement du contrôle de constitutionnalité participait de l'affadissement de la science constitutionnelle en l'éloignant d'une réflexion sur les concepts fondateurs que sont l'État, la souveraineté ou les institutions. Aujourd'hui, ce risque, si risque il y avait, est levé, comme en témoigne l'ouvrage collectif en six tomes dirigé par les professeurs Olivier Cayla et Jean-Louis Halpérin qui, partant « du développement considérable de la justice constitutionnelle », « des profondes mutations constitutionnelles par voie jurisprudentielle en Afrique, en Asie, en Israël et en Amérique latine », « de l'affirmation des juridictions européennes », a pour objet d'étudier la transformation des concepts de constitution, de démocratie et d'État de droit[1]. Et les controverses doctrinales sur le sens de la justice constitutionnelle sont source d'une multitude de courants de pensée — « populisme constitutionnel », « constitutionnalisme populaire », « nouveau constitutionnalisme », « constitutionnalisme contre-majoritaire »… — qui tous discutent du sens de la justice constitutionnelle, de la relation des juges constitutionnels avec les autres pouvoirs, de leur rapport avec le peuple, de leur activité créatrice, de leur légitimité démocratique. S'il fallait résumer l'objet de ces controverses, ce serait par le dilemme suivant : le peuple est-il toujours souverain si des juges peuvent l'empêcher de vouloir ce qu'il veut au nom de leur lecture de la constitution… mais la démocratie est-elle toujours assurée si le peuple soumet la constitution et les juges constitutionnels à sa volonté souveraine ?

La justice constitutionnelle invite à repenser tous les concepts, celui de constitution, comme celui de peuple, de souveraineté, d'État ou de séparation des pouvoirs. En hommage à mon ami Stéphane qui a marqué la doctrine par ses études sur le *demos*, qu'il soit permis ici de proposer à la *disputatio* l'idée de « constitutionnalisme civique ». Elle prend appui sur l'article 16 de la Déclaration de 1789, qui dispose qu'une constitution est faite de deux éléments, la séparation des pouvoirs et la garantie des droits. Le premier définit ce que j'appelle le « constitutionnalisme étatique », c'est-à-dire la

[1] O. Cayla et J.-L. Halpérin (dir.), *Néo ou rétro constitutionnalismes ? Mise en perspective de la démocratie constitutionnelle contemporaine*, Paris, Mare et Martin, 2018.

doctrine qui retient de la constitution le texte qui établit le statut de l'État, détermine ses institutions, distribue entre elles les compétences et ordonne leurs rapports. Le second définit ce que j'appelle, en m'inspirant de la distinction faite par Maurice Hauriou entre constitution politique et constitution sociale, le « constitutionnalisme civique », c'est-à-dire la doctrine qui pense la constitution comme les droits, libertés et principes qui constituent le peuple et expriment les bases sociales de son vivre-ensemble.

À l'origine, au XVIIIe siècle, et jusqu'à une période récente, le « constitutionnalisme étatique » s'imposait comme vision légitime de la constitution, texte qui détermine la séparation des pouvoirs. Sans doute, la garantie des droits et libertés des citoyens n'est pas oubliée, mais elle ne bénéficie d'aucun mécanisme propre de protection, car elle est considérée comme la conséquence nécessaire de la limitation des pouvoirs obtenue par leur division : tout serait perdu pour la liberté politique, écrit Montesquieu, « si le même homme ou le même corps des principaux, ou des nobles, ou du peuple, exerçait ces trois pouvoirs, celui de faire la loi, celui d'exécuter les résolutions publiques et celui de juger les crimes ». Progressivement, cette propriété perd en force et en autorité sous l'effet des pratiques politiques qui montrent que, quelle que soit l'organisation constitutionnelle retenue, les pouvoirs législatif et exécutif sont, par la grâce de la logique électorale majoritaire, réunis entre les mains du chef de l'Exécutif, qu'il soit président de la République comme en France, ou Premier ministre comme en Espagne, en Allemagne ou au Royaume-Uni. Et il apparaît en conséquence que la constitution-séparation des pouvoirs n'est plus le moyen d'assurer la démocratie et la liberté politique des citoyens. Cet effacement relatif produit une montée en puissance de la première partie de l'article 16, la garantie des droits, et surtout fait émerger une institution propre à en assurer le respect : la juridiction constitutionnelle. Puisque la protection des droits n'est pas mécaniquement garantie par le jeu de la séparation des pouvoirs, elle le sera donc par un mécanisme spécial, le contrôle juridictionnel de la constitutionnalité des lois, c'est-à-dire la possibilité pour un juge de sanctionner les atteintes portées par le législateur aux droits constitutionnels. La doctrine du « constitutionnalisme civique » rend compte de ce glissement de la séparation des pouvoirs vers la garantie des droits qui entraîne un glissement des institutions gouvernantes vers les institutions juridictionnelles.

Ce double glissement est souvent, et même de plus en plus, présenté comme une anomalie démocratique, une remise en cause de la souveraineté du peuple, comme l'étouffement du politique par le droit. À rebours de cette présentation, le constitutionnalisme civique, par ses caractéristiques (I) et par ses acteurs (II), est une doctrine qui participe pleinement du principe démocratique.

I. Les caractéristiques du constitutionnalisme civique

— *La première propriété du constitutionnalisme civique est la reconnaissance de l'écart, de l'autonomie du corps des représentés et du corps des représentants.* Au contraire du constitutionnalisme étatique qui postule la fusion des deux corps. Dans sa formulation la plus banale, en effet, cette doctrine conduit à l'implication toujours plus grande du peuple dans le pouvoir — par l'extension du suffrage universel, par exemple — et se réalise pleinement par la fusion du peuple dans le corps politique de la représentation nationale. Si les « démocraties populaires » ont, avec le parti unique, conduit à l'extrême cette logique de la fusion, les « démocraties bourgeoises » y ont également, avec plus de modération, adhéré. Raymond Carré de Malberg, notamment, a parfaitement décrit le fonctionnement de ces régimes parlementaires qui reposent sur l'identification des gouvernés aux gouvernants, sur la confusion entre le peuple et ses représentants, entre la volonté générale et la volonté parlementaire, faisant du Parlement l'égal du souverain ou, plutôt, comme l'écrit le maître de Strasbourg, l'érigeant effectivement en souverain.

Or, pour démocratique qu'il se donne, ce type de fonctionnement politique n'est, en réalité, que la reproduction transposée du principe monarchique selon lequel le corps de la nation et le corps du roi ne font qu'un :

> Les droits et les intérêts de la Nation, dont on ose faire un corps séparé du monarque, déclare Louis XV dans un discours au Parlement de Paris du 3 mars 1766, sont nécessairement unis avec les miens et ne reposent qu'en mes mains ; je ne souffrirai pas, poursuit-il, qu'il s'introduise un corps imaginaire qui ne pourrait qu'en troubler l'harmonie.

En 1789, les révolutionnaires ont certainement voulu et cru séparer ces deux corps ; ils pensaient même que l'acte révolutionnaire était, précisément, dans cette affirmation audacieuse de l'autonomie du corps de la Nation par rapport au corps du Roi. En réalité, pourtant, les hommes de 1789 ont reconstitué l'unité des corps en donnant seulement à la Nation un nouveau corps dans lequel fusionner, le corps des représentants.

Le constitutionnalisme civique soutient, au contraire, l'écart des deux corps comme conséquence logique du contrôle de constitutionnalité. Dans chaque décision du Conseil constitutionnel se joue, en effet, la même scène : les actes votés par le corps des représentants — les lois — sont jugés au regard des droits du corps des représentés — la constitution. Ce qui implique de concevoir deux espaces distincts, celui des représentants et celui des représentés, porteurs de deux volontés normatives potentiellement contradictoires. Le contrôle de constitutionnalité produit ainsi une figure nouvelle de mise en distance des gouvernés et des gouvernants, en constituant les droits des premiers en corps séparé des droits des seconds : la charte jurisprudentielle des droits et libertés constitutionnels symbolise l'espace des gouvernés, la loi l'espace des gouvernants. D'une certaine manière, le juge constitutionnel dévoile ce que la représentation voulait cacher : l'oubli du peuple. Tout en affirmant son existence, la représentation fait, en effet, disparaître le peuple en posant comme principe constitutionnel qu'il ne peut être présent, comme le disait Sieyès, que dans les personnes des représentants. Le juge constitutionnel fait réexister le peuple comme figure autonome et souveraine en mettant en représentation la représentation : il montre que la représentation est une scène où deux acteurs jouent des rôles différents, les élus celui de délégués du souverain et le peuple celui de souverain.

— *La seconde caractéristique du constitutionnalisme civique est de reconnaître le principe délibératif comme mode de fabrication de la volonté générale.* Là où le constitutionnalisme étatique favorise un régime monopolistique de production de la volonté générale, le constitutionnalisme civique ouvre sur un régime d'énonciation concurrentiel de la volonté générale. Et ce basculement est clairement redevable au contrôle de constitutionnalité, puisque le juge constitutionnel en a posé lui-même les règles par une nouvelle définition de la loi. Dans sa décision du 23 août 1988, en effet, le Conseil précise que « la loi votée n'exprime la volonté générale que dans le respect de la constitution ». Or, selon la définition donnée par l'article 6 de la Déclaration de 1789, « la loi est l'expression de la volonté générale ». Ce changement de définition de la loi — le passage de l'affirmatif au négatif et l'introduction de la condition de constitutionnalité — implique et légitime à la fois un changement du mode de fabrication de la volonté générale. Le mode impliqué par l'article 6 de la Déclaration de 1789 est celui d'une confection de la loi par le Parlement seul ; les représentants sont les seuls habilités à exprimer la volonté générale et les lois expriment la volonté générale du seul fait qu'elles sont produites par eux ; la qualité de loi et la validité normative ne dépendent d'aucune autre instance ; la sanction parlementaire suffit pour faire de la loi l'expression de la volonté générale. Au contraire, le mode impliqué par la nouvelle définition de la loi donnée par le Conseil dans sa décision du 23 août 1985 est celui d'une confection de la loi par une pluralité d'acteurs, l'acteur gouvernemental et parlementaire, bien sûr, mais aussi l'acteur juridictionnel. Il résulte, en effet, de cette nouvelle définition que la « fabrication » parlementaire de la loi ne suffit plus à garantir sa validité normative ; la loi ne pourra prétendre exprimer la volonté générale que si et seulement si elle respecte la constitution. Autrement dit, que si et seulement si le Conseil constitutionnel juge que le texte voté par le Parlement ne porte pas atteinte à tel ou tel droit ou principe constitutionnel ; car, s'il en était ainsi, c'est-à-dire si le texte était jugé contraire à la constitution, il ne pourrait exprimer la volonté générale et, en conséquence, la qualité de loi ne pourrait lui être reconnue.

Or, ce mode concurrentiel de production de la volonté générale a nécessairement pour principe de fonctionnement la délibération. Dès lors, en effet, que la volonté générale n'est pas « située » dans une seule institution, dès lors que la volonté des représentants n'est pas, par elle-même, volonté générale, dès lors que la volonté générale se construit par la confrontation du texte voté par les représentants aux exigences constitutionnelles, la volonté générale ne peut être que le produit d'un processus délibératif, d'un échange argumentatif entre les différents acteurs du régime de fabrication de la loi. Quand le régime repose sur un seul acteur ou quand le régime pose l'identité de volonté entre le corps du peuple et le corps des représentants, il n'est nul besoin de délibération ou de débat pour construire la volonté générale : elle est dans le corps de la Nation et il suffit, puisqu'il y a identité, que le Roi ou les représentants s'expriment pour que leur volonté ait la qualité de loi. En revanche, quand les corps sont séparés et qu'aucun ne peut revendiquer détenir seul la volonté générale, la délibération s'impose comme principe constitutif d'un mode démocratique de production de la loi parce que la norme issue, après délibération, d'un choix entre plusieurs significations concurrentes, reste toujours objet de discussion et peut changer si de nouvelles délibérations « font droit » à des significations qui n'avaient pas été précédemment retenues (ce que les juristes appellent, pudiquement, revirement de jurisprudence) et parce que ce régime implique que soient garantis les droits fondamentaux permettant la délibération entre acteurs concurrents.

II. Les acteurs du constitutionnalisme civique

— Si le premier acteur du constitutionnalisme étatique est l'État sous la forme de l'Exécutif et du Parlement, celui du constitutionnalisme civique est le citoyen sous la forme du justiciable. Réservée jusqu'en 2008 aux autorités politiques, l'ouverture de la saisine « à tout justiciable » n'a pas seulement prolongé la réforme de 1974, elle a changé la nature du contentieux constitutionnel. La question constitutionnelle n'est plus l'affaire des autorités politiques, elle devient celle de tout un chacun et, par ricochet, celle des modalités de son accès à la justice constitutionnelle. Le choix du constituant de 2008 a été de médiatiser l'accès en le réservant à la qualité de justiciable d'un procès ordinaire et à l'acceptation par la Cour de cassation ou le Conseil d'État de transmettre l'affaire au Conseil constitutionnel. En d'autres termes, Cour de cassation et Conseil d'État peuvent bloquer l'accès d'un justiciable au Conseil constitutionnel. Dès le départ, le filtre a été un problème ; il fut même à l'origine d'une « guerre des juges », au point que la doctrine et les parlementaires ont posé la question de son maintien. Dix ans après, au vu d'un usage erratique et contourné, il convient de changer le mécanisme du double filtrage et de retenir l'une des deux procédures suivantes : soit confier la recevabilité des recours au Conseil en créant une chambre dédiée où les juges qui y siégeraient ne pourraient participer à l'assemblée délibérant sur le fond ; soit supprimer le filtre de la Cour de cassation et du Conseil d'État et confier la recevabilité aux juges du fond avec possibilité d'appel de leur décision

devant le Conseil constitutionnel. Mais, au-delà de cette réforme, il faut aller plus loin.

Si la QPC veut être, comme le dit le président Fabius, une « question citoyenne », il convient de prévoir un accès direct du citoyen en lui permettant de saisir le Conseil de toute loi qu'il jugerait contraire aux droits et libertés que la constitution garantit. L'intérêt pour agir est clairement reconnu dans le préambule de la Déclaration de 1789 qui précise la finalité des droits énoncés : permettre aux citoyens de comparer « à chaque instant » les actes du pouvoir législatif et du pouvoir exécutif avec les droits et libertés énoncés et, le cas échéant, fonder sur ces droits leurs réclamations pour en obtenir le respect par les pouvoirs publics. Est ainsi reconnu l'intérêt, mieux, le droit pour les citoyens d'agir pour garantir le respect de la constitution qui est ainsi confié, pour reprendre les mots de la Constitution de 1791, « à la vigilance des pères de famille, aux épouses et mères, à l'affection des jeunes citoyens et au courage de tous les Français ». Cette « vigilance citoyenne » doit, aujourd'hui, se traduire par la reconnaissance du droit des citoyens de « réclamer » au Conseil le contrôle de la constitutionnalité des lois et, comme en Espagne et en Andorre, celui des décisions judiciaires.

— *Le second acteur est, évidemment, la juridiction constitutionnelle sur laquelle convergent toutes les critiques* : antidémocratique, élitiste, gardienne de l'ordre public plus que des libertés des citoyens... La force du constitutionnalisme civique dépend de la relation de confiance qu'une cour constitutionnelle peut nouer avec le peuple. Exercice difficile, mais existentiel, comme en témoignent les débats en Amérique latine et, depuis la décision de la Cour suprême relative au droit à l'avortement, aux États-Unis. En France, le Conseil constitutionnel s'y emploie. Par ses décisions renforçant la portée de la Charte de l'environnement, il manifeste sa proximité avec les préoccupations de la société. Par les audiences qu'il tient maintenant régulièrement au sein des cours administratives d'appel et des cours d'appel, il va à la rencontre directe, non seulement des magistrats et des avocats, mais aussi des lycéens, des étudiants et des citoyens qui apprennent ainsi à (mieux) connaître l'institution. Par la retransmission audiovisuelle des séances QPC, il s'ouvre à la transparence des arguments échangés devant lui. Par le concours « Découvrons la constitution », par le concours Vedel de la meilleure plaidoirie de la QPC, par la création du site « QPC 360° », le Conseil cherche à instaurer des liens avec les acteurs actuels et futurs de la société civile, à faciliter son accès, à rendre visible de son action constitutionnelle.

Mais il faut aller (beaucoup) plus loin. Par exemple, le Conseil pourrait ne plus se contenter de recueillir les « portes étroites » devenues « contributions extérieures », mais les transformer en moyens d'ouvrir son prétoire aux différents acteurs intéressés en organisant des séances d'instruction dédiées et en y répondant dans ses décisions. Ce qui aurait pour avantage de mettre dans la décision et non dans le commentaire publié sur le site le raisonnement par lequel le Conseil a construit son jugement et de satisfaire ainsi le devoir de motivation qui découle à la fois du principe de la bonne administration de la justice et du droit du justiciable à connaître et comprendre les motifs pour lesquels leurs prétentions ont été totalement ou partiellement rejetées. Par exemple encore, devrait être admise la publication des opinions séparées qui sont aussi un moyen de procédure de nature à parfaire la qualité juridique de la motivation et à rendre public et transparent le débat constitutionnel qui a présidé à la décision finale. À partir du moment où le contentieux constitutionnel a pour objet des prénormes qui deviennent normes par le travail d'interprétation du Conseil et que ce travail met nécessairement en jeu plusieurs interprétations possibles, il est logique d'attendre des juges qu'ils fassent connaître le raisonnement qui les a conduits à retenir telle interprétation plutôt que telle autre. En d'autres termes, les opinions séparées jouent comme une contrainte procédurale de nature à faire monter en puissance la motivation et l'argumentation juridiques des décisions du Conseil et, par ricochet, à favoriser une meilleure acceptabilité des décisions. Juger, disait Paul Ricœur, est un acte de distribution où gagnant et perdant doivent pouvoir se reconnaître.

*

* *

Le constitutionnalisme civique est ainsi une doctrine exigeante à la fois à l'égard des institutions politiques de l'État appelées à ne pas oublier qu'elles ont pour finalité la garantie des droits et à l'égard de la juridiction constitutionnelle chargée de rappeler en continu cette finalité et le cas échéant de sanctionner son non-respect.

PEUPLE FRANÇAIS ET POPULATIONS D'OUTRE-MER DANS LA CONSTITUTION DE 1958

André ROUX

La notion de population, dans les textes constitutionnels, renvoie à deux significations différentes : d'une part, la population, au singulier, désigne la base de la représentation nationale[1] ; d'autre part, son utilisation au pluriel vise des populations « locales », comme les populations « intéressées » mentionnées à l'article 27, alinéa 2, de la Constitution du 27 octobre 1946 ou à l'article 53, alinéa 3 de la Constitution de 1958 ou les populations d'outre-mer de l'article 72-3, alinéa 1er de la Constitution de 1958, ou encore les populations de la Nouvelle-Calédonie appelées à se prononcer sur les dispositions de l'accord de Nouméa (article 76) ou sur l'accession à la pleine souveraineté (article 77).

La notion de « peuple français » figure, quant à elle, dans l'alinéa 1er du Préambule de la Constitution de 1958, dans la Déclaration des droits de l'homme et du citoyen de 1789, dans le Préambule de la Constitution de 1946, c'est-à-dire dans les trois éléments principaux du bloc de constitutionnalité[2]. On peut considérer que lorsque la Constitution fait référence au « peuple français », auquel appartient la souveraineté nationale (article 3), c'est, pour reprendre la formule de l'article 7 de la Constitution du 24 juin 1793, le peuple considéré comme « l'universalité des citoyens français ». C'est d'ailleurs la conception affirmée clairement par le Conseil constitutionnel dans sa décision 91-290 DC du 9 mai 1991 relative au statut de la Corse, selon laquelle, le

---

[1] Constitutions de 1791 (Titre III, Chapitre 1, Section 1, article 4), 1793 (article 21), 1848 (article 23), 1852 (article 34).

[2] Pierre Rosanvallon (*Le peuple introuvable. Histoire de la représentation démocratique en France*, Paris, Gallimard, coll. « Bibliothèque des histoires », 1998, p. 33) a pu avec justesse souligner « le caractère énigmatique du peuple » et la difficulté d'introduire le peuple dans l'édifice constitutionnel, dans la mesure où il convient justement de distinguer les conceptions sociologiques idéales des conceptions juridiques réalistes du peuple en tant que titulaire de droits et d'obligations. Comme l'a bien montré par ailleurs Georges Burdeau (*Traité de science politique*, t. 5, *Les régimes politiques*, Paris, LGDJ, 2e éd., 1970), le peuple pour les politistes ou les constitutionnalistes n'est jamais le peuple réel, c'est-à-dire la réalité sociologique, mais un être abstrait, une représentation intellectuelle, voire une construction juridique. Voir à ce sujet la thèse d'Emmanuel Gonnet, *Le peuple dans les théories constitutionnelles, des révolutions Atlantique à l'entre-deux-guerres (1776-1939, France, Allemagne, États-Unis)*, Université d'Orléans, 2006, 603 p.

peuple français est « composé de tous les citoyens français sans distinction d'origine, de race ou de religion ».

Ainsi, comme le relève fort justement Véronique Bertile, « l'énoncé des définitions juridiques des notions de "peuple" — l'universalité des citoyens — et de "populations" — ensemble des électeurs d'une collectivité donnée — révèle l'étroite proximité entre ces deux notions[3] ». La nuance est toutefois de taille : le peuple est seul détenteur de la souveraineté nationale. Le contenu juridique de ces notions fixe ainsi l'emploi du singulier et du pluriel : juridiquement, en France, il n'y a qu'un peuple, le peuple français ; ce dernier est composé de populations locales. L'article 72-3 de la Constitution révisée en 2003 illustre cette affirmation puisqu'il dispose que « la République reconnaît, au sein du peuple français, les populations d'outre-mer, dans un idéal commun de liberté, d'égalité et de fraternité[4] ».

La coexistence, dans le texte constitutionnel, des notions de « peuple français », de « peuples d'outre-mer » et de « populations d'outre-mer » a pu susciter des débats, relatifs notamment à leur utilisation parfois confuse dans la jurisprudence constitutionnelle. Celle-ci ne souffre aujourd'hui d'aucune ambiguïté : la distinction entre le peuple français et les peuples d'outre-mer s'est trouvée en quelque sorte neutralisée. Le peuple français est caractérisé par son unicité, à quelques réserves près, unicité qui admet la pluralité des populations locales et notamment celles d'outre-mer dont il convient de préciser la définition et de montrer les implications de leur reconnaissance constitutionnelle.

I. La neutralisation de la distinction entre peuple français et peuples d'outre-mer

S'il n'est pas expressément inscrit dans le texte constitutionnel, le principe d'unicité du peuple français en découle naturellement, comme l'a jugé le Conseil constitutionnel dans des décisions bien connues[5].

À vrai dire, la jurisprudence constitutionnelle a paru longtemps manquer de clarté. Ainsi, dans la décision du 9 mai 1991 tout en reconnaissant l'existence du seul « peuple français », le Conseil constitutionnel relève, sans que cette affirmation ne soit utile en l'espèce, que « la Constitution de 1958

---

[3] V. Bertile, « La notion de "population d'outre-mer" », *in* F. Mélin-Soucramanien (dir.), *L'outre-mer français : un modèle pour la République ?*, Bordeaux, Presses universitaires de Bordeaux, 2008, p. 66-67.

[4] *Ibid.*

[5] Décision n° 91-290 DC, *Statut de la Corse* ; décision n° 99-412 DC du 15 juin 1999, *Charte européenne des langues régionales ou minoritaires.* Rappelons cependant que subsiste encore dans le corpus constitutionnel la notion de « peuple kanak » auquel le préambule de l'accord de Nouméa du 5 mai 1988, qui a valeur constitutionnelle, fait référence à trois reprises. Situation atypique, puisque l'on se trouve en présence en Nouvelle Calédonie d'un peuple, le « peuple kanak » qui est englobé dans une population, la population de la Nouvelle-Calédonie, peuple et population étant en l'occurrence tous deux constitutionnellement reconnus.

distingue le peuple français des peuples d'outre-mer auxquels est reconnu le droit de libre détermination », en référence à l'alinéa 2 du Préambule[6] et à l'article 1er de la Constitution, abrogé depuis par la révision constitutionnelle du 4 août 1995[7]. Puis, dans une décision 428 DC du 4 mai 2000 qui a fait l'objet de nombreux commentaires, pour la plupart très critiques[8], le Conseil constitutionnel, afin de donner un fondement constitutionnel à la consultation de la population de Mayotte sur son avenir institutionnel[9], se réfère expressément au deuxième alinéa du Préambule de la Constitution. Ainsi, bien que celui-ci mentionne les seuls « territoires d'outre-mer », le juge constitutionnel n'hésite pas à en faire application à Mayotte, alors même que cette collectivité ne constituait plus alors un territoire d'outre-mer au sens juridique du terme...[10]

Quoi qu'il en soit, en donnant force et vigueur à la distinction entre le « peuple français » et les « peuples d'outre-mer », le Conseil constitutionnel entendait à l'évidence donner un fondement constitutionnel aux consultations des seules « populations d'outre-mer », excluant ainsi les populations des territoires métropolitains et, notamment celles de la Corse.

Relevons enfin que dans la décision 455-DC du 7 décembre 2000 relative à la loi d'orientation pour l'outre-mer, le Conseil constitutionnel rejette l'argument des sénateurs requérants selon lequel la jurisprudence « Mayotte » n'aurait pas été applicable aux départements d'outre-mer. Il juge en effet que « pour la mise en œuvre des dispositions du deuxième alinéa du Préambule de la Constitution, les autorités compétentes de la République sont, dans le cadre de la Constitution, habilitées à consulter les populations d'outre-mer

---

6 « En vertu de ces principes et de celui de la libre détermination des peuples, la République offre aux territoires d'outre-mer qui manifestent la volonté d'y adhérer des institutions nouvelles fondées sur l'idéal commun de liberté, d'égalité et de fraternité et conçues en vue de leur évolution démocratique. »

7 « La République et les peuples des territoires d'outre-mer qui, par un acte de libre détermination, adoptent la présente Constitution instituent une Communauté. La Communauté est fondée sur l'égalité et la solidarité des peuples qui la composent ». Rappelons que l'alinéa 16 du Préambule de la Constitution de 1946 disposait que « la France forme avec les peuples d'outre-mer une Union fondée sur l'égalité des droits et des devoirs, sans distinction de race ni de religion ».

8 Voir notamment : O. Gohin, « L'évolution du statut de Mayotte au sein de la République française : aspects constitutionnels », *RFDA*, 2000, p. 737 ; J.-C. Douence et B. Faure, « Y a-t-il deux constitutions ? », *RFDA*, 2000, p. 746 ; A.-M. Le Pourhiet, « La Constitution, Mayotte et les autres », *RDP*, 2000, p. 883 ; F. Lemaire, « La question de la libre détermination statutaire des populations d'outre-mer devant le Conseil constitutionnel », *RDP*, 2000, p. 907 ; J.-Y. Faberon, « Commentaire sur la décision DC 428 du 4 mai 2000 », *AJDA*, 2000, p. 568.

9 Consultation prévue par la loi et contestée au regard des principes d'indivisibilité de la République et d'unicité du peuple français au motif qu'en isolant une fraction de la population nationale pour la consulter le législateur aurait implicitement reconnu l'existence d'un peuple mahorais.

10 Mayotte a fait partie, de 1946 à 1975 du territoire d'outre-mer des Comores, mais en tant que collectivité territoriale de la République elle n'a jamais relevé, avant la révision de 2003, de l'article 74 de la Constitution.

intéressées notamment sur l'évolution statutaire de leurs collectivités à l'intérieur de la République ».

Reste que l'on a pu, à juste titre, se demander si la consultation d'une partie de la population française, en forme de demande d'avis sur un projet de statut la concernant, nécessitait vraiment de reposer sur un fondement constitutionnel explicite. En d'autres termes, on peut se demander pourquoi le Conseil constitutionnel n'a pas tout simplement admis que le législateur, seul compétent au titre de l'article 72 de la Constitution pour fixer le statut des collectivités territoriales, puisse sur le fondement de cet article organiser une consultation pour éclairer ses choix, sans être pour autant lié par ses résultats. En fait, des considérations extrajuridiques ont sans doute pesé sur la jurisprudence constitutionnelle. En effet, une telle solution aurait ouvert la porte à la consultation de la population de toutes les collectivités territoriales, notamment celle de Corse, rendue possible, par la suite, par la révision de 2003, mais empêchée en 2000. Sans doute s'agissait-il alors non pas d'ouvrir une porte, mais plutôt de la verrouiller, quitte à construire un raisonnement fondé sur la notion de « peuple d'outre-mer » figurant dans le Préambule, et à reconnaître ainsi implicitement l'existence d'un peuple « Mahorais », en contradiction totale avec le principe d'unicité du peuple français affirmé solennellement par ailleurs.

C'est en réalité pour faire échec à la jurisprudence du Conseil constitutionnel distinguant les peuples d'outre-mer du peuple français que fut déposé à l'Assemblée nationale, lors des débats sur la loi constitutionnelle relative à l'organisation décentralisée de la République, l'amendement de René-Paul Victoria, député de la Réunion, devenu le nouvel article 72-3 de la Constitution, aux termes duquel « la République reconnaît au sein du peuple français, les populations d'outre-mer dans un idéal commun de liberté, d'égalité et de fraternité ». Qualifié « d'amendement historique » (Mme Brigitte Girardin, ministre de l'Outre-mer) ou à l'inverse d'amendement « coupable et liberticide » (M. Victorin Lurel, député de la Guadeloupe), son adoption donna lieu à des débats houleux. Pour son auteur, il s'agissait de faire reconnaître que « l'universalité du peuple français s'étend naturellement aux citoyens français résidant dans les collectivités d'outre-mer, auxquels on ne saurait reconnaître sans danger pour l'unité de la République le caractère de peuple distinct du peuple français[11] ».

---

[11] Assemblée nationale, deuxième séance du mercredi 27 novembre 2002. Cette reconnaissance a fait l'objet de lectures différentes : alors que pour François et Yves Luchaire, « cette disposition place dans le peuple français les populations d'outre-mer mais en même temps reconnaît leur spécificité » et « rejoint le préambule constitutionnel qui consacre le principe de « la libre détermination des peuples… » (*Décentralisation et Constitution*, Paris, Economica 2003, p. 47), pour Dominique Custos « la singularité des populations ultra marines à laquelle aboutit l'exclusivité de leur reconnaissance au sein du peuple français reflète l'admission d'une diversité limitée du peuple unifié » (« "Peuple français" et "populations d'outre-mer" », *in* Jean-Yves Faberon [dir.], *L'outre-mer français, la nouvelle donne institutionnelle*, Paris, Les Études

II. La notion de population d'outre-mer

Ainsi, depuis la révision constitutionnelle du 28 mars 2003, la cause paraît entendue : il n'existe qu'un seul peuple français qui englobe diverses populations, notamment celles d'outre-mer.

Mais que faut-il entendre par « populations » et plus particulièrement par « populations d'outre-mer » ? Ces dernières sont à l'évidence les populations des collectivités mentionnées nominativement à l'article 72-3 de la Constitution, à savoir la Guadeloupe, la Guyane, la Martinique, la Réunion, Mayotte, Saint-Pierre-et-Miquelon, les îles Wallis et Futuna et la Polynésie française. Le cas des populations de la Nouvelle-Calédonie doit être réservé, l'alinéa trois de l'article 72-3 de la Constitution renvoyant au titre XIII de la Constitution. L'auteur de l'amendement à l'origine de cet article, le député René Paul Victoria, ne visait sans doute pas les populations de la Nouvelle-Calédonie puisqu'il considérait qu'il s'agissait de « procéder à une réunification du peuple français en y intégrant "à jamais" les populations d'outre-mer », alors que l'article 77 de la Constitution prévoit que les populations de Nouvelle-Calédonie seront amenées à se prononcer sur l'accession à la pleine souveraineté, ce qui marque par là même le caractère non définitif de leur appartenance au peuple français.

Le Conseil constitutionnel, quant à lui, dans un considérant de principe a jugé que « la population en faveur de laquelle des mesures justifiées par les nécessités locales peuvent être prises (...) ne peut être définie que comme regroupant les personnes justifiant d'une durée suffisante de résidence dans la collectivité d'outre-mer concernée », voire « une durée suffisante de mariage, de concubinage ou de pacte civil de solidarité » avec une personne justifiant d'une telle durée de résidence[12]. Il juge en revanche contraire à la notion de population (au sens des articles 72-3 et 74 alinéa 10 de la Constitution) l'extension de certaines mesures de discrimination positive aux personnes de nationalité française « nées en Polynésie française » ou « dont l'un des parents

---

de la documentation Française, 2004, p. 62). Pour Olivier Gohin en revanche, cette disposition « ne vise pas à spécifier les populations d'outre-mer mais, au contraire, à les aligner, toutes également, sur le droit constitutionnel commun qui connaît des populations en métropole et outre-mer, chacune étant susceptibles d'exercer son droit à l'autodétermination... » (« L'évolution du statut de Mayotte au sein de la République française : aspects constitutionnels », *RFDA*, n° 4, 2000, p. 679). La question, en dernière analyse, est de savoir si les populations d'outre-mer sont des populations locales comme les autres et, en cas de réponse négative, de savoir ce qui peut les distinguer des autres (voir Véronique Bertile, *op. cit.*, p. 63).

[12] Décision n° 2004-490 DC du 12 février 2004. À l'instar de ce qui a été prévu en faveur de la Nouvelle-Calédonie, l'article 74, alinéa 10 de la Constitution révisée en 2003, prévoit que le statut des collectivités d'outre-mer qui sont dotées de l'autonomie peut déterminer les conditions dans lesquelles « des mesures justifiées par les nécessités locales peuvent être prises par la collectivité en faveur de sa population, en matière d'accès à l'emploi, de droit d'établissement pour l'exercice d'une activité professionnelle ou de protection du patrimoine foncier ».

est né en Polynésie française[13] ». Autrement dit, sous peine de méconnaître l'article 1er de la Constitution, les « populations d'outre-mer » ne peuvent être définies que comme les populations qui vivent outre-mer, à l'exclusion de tout autre critère qui relève de la définition de la notion de peuple, tel que le lieu de naissance, ce qui pourrait renvoyer à une conception « ethnique » ou « communautaire » de la population. Ainsi, le Conseil constitutionnel confirme que la consécration constitutionnelle des « populations d'outre-mer » est pleinement compatible avec le principe d'unicité du peuple français.

III. Le droit à l'autodétermination interne des populations d'outre-mer

Depuis la révision constitutionnelle du 28 mars 2003, les populations d'outre-mer bénéficient d'un véritable droit à la libre détermination interne, ce qui contribue ainsi à donner une certaine consistance juridique à la reconnaissance de ces populations par l'article 72-3 alinéa 1er de la Constitution

En effet, les articles 72-4 et 73 alinéa 7 de la Constitution prévoient que le consentement des électeurs des collectivités territoriales concernées est requis, dans l'hypothèse du changement de statut des collectivités situées outre-mer (passage du régime de l'article 73 à l'article 74 ou inversement) ou dans l'hypothèse de la création par la loi d'une collectivité se substituant à un département et une région d'outre-mer ou de l'institution d'une assemblée délibérante unique pour ces deux collectivités. L'exigence de ce consentement préalable a été présentée comme ayant pour but d'empêcher des évolutions statutaires qui seraient imposées contre leur gré aux populations d'outre-mer, comme cela était le cas par exemple pour Saint-Pierre-et-Miquelon ou Mayotte[14].

Si la réponse des électeurs consultés est positive, donc favorable au changement statutaire, le Parlement conserve son entière liberté de décision. Il n'en demeure pas moins que, sur un plan politique, il paraît difficilement concevable que le Parlement ignore la réponse positive des électeurs des collectivités d'outre-mer favorables à un changement de statut. Ainsi, le

---

[13] En l'espèce, l'article 19 de la loi organique permet à la Polynésie d'instituer un régime de déclaration des transferts de propriété foncière entre vifs (à l'exception des donations en ligne directe ou collatérale jusqu'au quatrième degré) de manière à permettre au conseil des ministres de la Polynésie d'exercer dans les deux mois de la déclaration, un droit de préemption « dans le but de préserver l'appartenance de la propriété foncière au patrimoine culturel de la population de la Polynésie française et d'identité de celle-ci, et de sauvegarder et de mettre en valeur des espaces naturels ». Ne peuvent donc être exemptées de cette procédure de déclaration (et par conséquent du droit de préemption) que les personnes répondant aux conditions liées à la durée de résidence qui, seules, permettent de définir la population au bénéfice de laquelle des mesures justifiées par les nécessités locales peuvent être prises par la collectivité d'outre-mer doté de l'autonomie, en matière d'accès à l'emploi, de droit d'établissement pour l'exercice d'une activité professionnelle ou de protection du patrimoine foncier.

[14] Voir M. Verpeaux, « Référendum local, consultations locales et Constitution », *AJDA*, 2003, p. 547.

Parlement a-t-il donné une suite favorable au changement de statut approuvé par les électeurs des communes de Saint-Barthélemy et de Saint-Martin lors de la consultation du 7 décembre 2003[15]. Il en est allé de même par exemple à propos de Mayotte, qui, après la consultation du 29 mars 2009, est devenue une collectivité à statut particulier dénommée « département » et exerçant les compétences dévolues au département et à la région dans le cadre de l'article 73 de la Constitution[16].

En revanche, si la réponse est négative, le Parlement ne peut passer outre un refus des électeurs d'approuver le projet qui leur a été soumis. Ainsi, lors de la consultation du 7 décembre 2003, la réponse négative des électeurs guadeloupéens et martiniquais à la question de savoir s'ils étaient favorables au projet de création d'une collectivité territoriale demeurant régie par l'article 73 de la Constitution, mais se substituant aux départements et à la région, a conduit à l'abandon du projet de réforme. Il en est allé de même, après le refus des électeurs de la Martinique et de ceux de la Guyane, lors de la consultation du 10 janvier 2010, du projet relatif à l'évolution statutaire de ces collectivités vers plus d'autonomie.

Si les électeurs des collectivités d'outre-mer ne décident pas de l'adoption de la loi, ils détiennent en revanche un droit de veto sur une initiative qui ne leur convient pas. Par là même, le Parlement, expression de la souveraineté nationale peut se trouver limité par la volonté des populations d'outre-mer.

Les électeurs d'une collectivité territoriale située outre-mer, qu'elle soit de droit commun, de statut particulier, ou encore régie par l'article 74 de la Constitution, peuvent également être consultés sur une question relative à son organisation, à ses compétences ou à son régime législatif, dans les conditions prévues à l'article 72-4, alinéa 2 de la Constitution. C'est dire qu'aucune question ne paraît *a priori* exclue du champ d'application de ce type de consultation. C'est le président de la République, sur proposition du gouvernement pendant la durée des sessions ou sur proposition conjointe des deux assemblées qui peut décider cette consultation. Il s'agit ici d'une consultation facultative pour avis qui ne lie pas juridiquement les pouvoirs publics.

Ainsi, la volonté exprimée par la population locale peut avoir une portée variable selon les procédures concernées, mais il est à noter que la volonté des populations d'outre-mer revêt une portée beaucoup plus forte que celle de la volonté des populations métropolitaines. Leur droit à la libre détermination interne est plus abouti.

Mais, quels que soient les effets découlant des consultations des populations locales, il importe de souligner que tous les électeurs inscrits sur

---

15 Loi organique du 27 février 2007 érigeant ces territoires en collectivités d'outre-mer régies par l'article 74 de la Constitution.

16 Loi organique du 3 août 2009.

les listes électorales dans la collectivité concernée sont appelés à exprimer leur volonté, ce qui exclut la création d'un corps électoral restreint.

Encore peut-il s'agir de la partie d'une collectivité concernée (article 72-4 de la Constitution). Ainsi, les électeurs de Saint-Barthélemy et de Saint-Martin ont accepté le 7 décembre 2003 la transformation de leur commune rattachée à la Guadeloupe en collectivité particulière régie par l'article 74 de la Constitution.

C'est évidemment à dessein que la Constitution évite, dans les hypothèses que l'on vient d'évoquer, d'utiliser l'expression de « populations intéressées », mentionnée à l'article 53 alinéa 3 de la Constitution, dont la définition reste souvent problématique et qui peut conduire à la réduction du corps électoral comme cela a été le cas en Nouvelle-Calédonie[17].

[17] La notion de « populations intéressées » est susceptible de connaître des restrictions, le législateur pouvant limiter le corps électoral aux seules personnes justifiant d'une durée suffisante de résidence dans la collectivité concernée. Une exigence de trois années de résidence avait ainsi été fixée par la loi du 22 décembre 1966 en Côte française des Somalis, par la loi du 28 décembre 1976 dans le territoire français des Afars et des Issas et par la loi du 5 juin 1987 en Nouvelle-Calédonie. L'objectif était d'écarter de la participation au référendum les fonctionnaires n'effectuant un séjour limité dans le territoire. Appelé à se prononcer sur la loi de 1987 concernant la Nouvelle-Calédonie, le Conseil constitutionnel n'a pas soulevé d'objection au sujet de ce délai de trois ans (décision n° 87-226 DC du 2 juin 1987). Il convient également de rappeler que le référendum du 8 avril 1962 relatif aux accords d'Évian qui prévoyaient l'indépendance de l'Algérie excluait précisément du droit de vote les électeurs des départements d'Algérie !

LE MYTHE DE L'ÉNUMÉRATION DES « CONDITIONS ESSENTIELLES D'EXERCICE DE LA SOUVERAINETÉ NATIONALE » (RETOUR SUR LA DÉCISION N° 85-188 DC DU 22 MAI 1985)

Jérôme ROUX

À la mémoire de ma mère

Au moment de choisir un sujet de contribution aux mélanges en l'honneur du professeur Stéphane Pierré-Caps, le thème des « conditions essentielles d'exercice de la souveraineté nationale », c'est-à-dire de la souveraineté de l'État[1], s'est imposé spontanément pour deux raisons : d'abord, il n'est pas sans lien avec l'un des apports majeurs des travaux du dédicataire qui a attaché son nom à une réflexion originale sur l'État, en particulier dans son rapport avec la nation[2] et, chemin faisant, n'a évidemment pas éludé la souveraineté[3] réputée ontologiquement liée au premier[4] et classiquement associée à la seconde[5] ; ensuite, ce thème fut au cœur de ma thèse de doctorat, soutenue en 1998 sur « la souveraineté de l'État dans la jurisprudence du Conseil constitutionnel », devant un jury où siégeait précisément, en qualité de

[1] V. CC n° 92-308 DC du 9 avril 1992, § 49.

[2] V. not., *La Multination. L'avenir des minorités en Europe centrale et orientale*, Paris, Odile Jacob, 1995, 337 p. ; « L'Union européenne, démos et légitimité : de l'État-nation à la Multination », *Civitas Europa*, n° 1, 1998, p. 35-54.

[3] V. « La Cinquième République et la souveraineté », débat avec Bertrand Badie, *RDP* n° 5-6, 1998, p. 1474-1484 ; « La souveraineté, expression de la singularité de la République, *in* B. Mathieu (dir.), *1958-2008. Cinquantième anniversaire de la Constitution française*, Paris, Dalloz, 2008, p. 161-170.

[4] V. O. Beaud, *La puissance de l'État*, Paris, PUF, coll. « Léviathan », 1994 ; *contra*, A. Greber, *Les fondements ante-positifs de l'État fédéral*, Bâle, 2000 (Recension par O. Beaud, *Droits*, n° 42, 2005, p. 229-246), considérant l'État fédéral comme « un État a-souverain ». L'opposition entre les deux thèses peut tenir à ce que la première portait pour l'essentiel sur l'État unitaire, bien qu'en soulignant que l'État fédéral « est d'abord et avant tout un État, mais seulement plus décentralisé » (*La puissance de l'État, op. cit.*, p. 252), O. Beaud paraît établir une différence de degré plus que de nature entre ces deux formes d'États.

[5] Sur la critique de la distinction canonique entre souveraineté nationale et souveraineté populaire, v. G. Bacot, *Carré de Malberg et l'origine de la distinction entre souveraineté du Peuple et souveraineté nationale*, Paris, CNRS, 1985.

rapporteur, Stéphane Pierré-Caps[6] qui ouvrit ensuite les colonnes de la revue *Civitas Europa* qu'il venait de fonder, d'abord à une synthèse, puis à un prolongement de cette recherche doctorale[7].

Vingt-cinq ans plus tard, à l'heure d'honorer la riche carrière académique du maître nancéien du « droit constitutionnel démotique[8] », la circonstance invite donc presque naturellement à reprendre le fil de la réflexion, non bien sûr pour refaire la soutenance un quart de siècle plus tard, mais pour revenir, à la lumière d'éléments alors indisponibles, sur un point d'histoire touchant à la définition de la notion jurisprudentielle de « conditions essentielles d'exercice de la souveraineté nationale » qui était au cœur de cette thèse.

Le contrôle de constitutionnalité des engagements internationaux et européens à l'aune de ces conditions a donné lieu à une jurisprudence qui, globalement très bien établie, ne recèle plus guère aujourd'hui de mystères. Elle peut être comprise à partir des termes laconiques du préambule de la Constitution de 1958 qui, en proclamant l'attachement du Peuple français « *aux principes de* la souveraineté nationale (...) tels qu'ils ont été définis dans la Déclaration » révolutionnaire de 1789, « confirmée et complétée par le préambule de la Constitution de 1946 », paraît en désigner plusieurs par ce pluriel pourtant fortuit[9]. Ces textes et la jurisprudence constitutionnelle conduisent à en identifier deux seulement, aisément repérables : d'une part, le principe de la souveraineté démocratique, entendue comme la source première du pouvoir politique, qui « réside essentiellement dans la Nation », selon l'affirmation de portée universelle et intemporelle de l'article 3 de Déclaration révolutionnaire[10], avant d'être attaché *hic et nunc* par l'article 3 alinéa 1er de la Constitution, au « Peuple » (français)[11] à qui cette souveraineté « appartient »[12] ; d'autre part, le principe de la souveraineté étatique, entendue

---

[6] Il évoqua peu après les conclusions de cette thèse, au cours de l'entretien précité avec B. Badie, *RDP*, n° 5-6, 1998, spéc. p. 1477.

[7] J. Roux, « La souveraineté de l'État dans la jurisprudence du Conseil constitutionnel », *Civitas Europa*, n° 1, 1998, n° 1, p. 125-141 ; « Finitude de la souveraineté de l'État et intangibilité de la Souveraineté du Peuple (Remarques sur la valeur supraconstitutionnelle de la souveraineté démocratique) », *Civitas Europa*, n° 3, 1999, p. 15-39.

[8] V. not. « La construction constitutionnelle de la nation et de l'État en Europe centrale et orientale : Réflexions de droit constitutionnel démotique », *in* S. Milacic (dir.), *La démocratie constitutionnelle en Europe centrale et orientale. Bilans et perspectives*, Bruxelles, Bruylant, 1998, p. 251-283.

[9] En ce sens, J. Roux, thèse préc., p. 7-9.

[10] L'universalité et l'intemporalité de l'affirmation sont attestées par l'évocation du « principe de *toute* souveraineté ».

[11] La nationalité du Peuple considéré, qui était précisée par l'article 3 de la Constitution de 1946, se déduit aisément de l'alinéa 4 qui reconnaît la qualité d'électeur à « tous les français... ».

[12] Dès lors, quoiqu'analogues, ces deux dispositions ne sont pas « substantiellement identiques » (*contra*, R. Chapus *in La Déclaration des droits de l'homme et du citoyen et la jurisprudence*, Paris, PUF, 1989, p. 185). D'ailleurs, leur différence d'objet est attestée car l'octroi par le traité de Maastricht du droit aux citoyens de l'Union de participer aux élections

cette fois comme la substance de ce pouvoir, la puissance procédant de cette source et attribuée à « la France », c'est-à-dire à l'État, sujet de droit international, par l'alinéa 15 du préambule de la Constitution de 1946 qui évoque incidemment cette « souveraineté »[13] pour permettre d'y consentir des « limitations » par la voie de traités conclus « sous réserve de réciprocité[14] ». Selon le Conseil constitutionnel, ces « limitations de souveraineté », qu'elles consistent usuellement en des restrictions dans l'exercice par l'État de ses compétences, exceptionnellement en des renonciations pures et simples de compétences ou encore en des transferts de compétences à un autre État, à une instance internationale ou, plus fréquemment, à l'Union européenne, requièrent une révision constitutionnelle préalable lorsqu'elles portent atteinte aux conditions essentielles d'exercice de sa souveraineté[15]. D'où, pour les autorités diplomatiques, de cerner les contours de celles-ci.

À cet égard, il est désormais bien établi que la définition du seuil d'atteinte d'une limitation de souveraineté à ces conditions procède de la combinaison de deux sortes de critères appliqués *in concreto*, les premiers valant quel que soit le type de limitation de souveraineté en cause, les seconds variant pour une part, d'un type à l'autre : critères matériels tenant d'abord au « domaine » ou à la « matière » de la compétence étatique affectée qui doit être

---

municipales a été jugé contraire notamment à l'article 3 de la Constitution (CC n° 92-308 DC préc., § 21 à 27), mais conforme à celui de la Déclaration de 1789 (CC n° 92-308 DC du 2 septembre 1992, § 18).

[13] Le Conseil d'État a, quant à lui, clairement reconnu dans « le principe de la souveraineté des États », une des règles du droit public international évoquées par l'alinéa 14 du préambule de la Constitution de 1946 (CE, 9 décembre 2022, n° 433766, § 7). Il est vrai qu'il s'agit de la souveraineté de tous les États, tandis que l'alinéa 15 évoque celle d'un seul d'entre eux : la France.

[14] La souveraineté de l'État apparaît alors comme la forme internationale exclusive d'exercice de la souveraineté du Peuple, tout comme le système représentatif et le referendum en constituent les formes complémentaires d'expression dans l'ordre juridique interne. D'un tout autre point de vue, à la fois théorique et historique, impossible à retenir dans le carcan du droit positif, du fait notamment de l'amnésie fonctionnelle de son interprète authentique, le Conseil constitutionnel, la souveraineté pérenne de l'État, entendue, sous l'angle principalement interne (mais indissociable de sa face externe selon O. Beaud, *op. cit.*, p. 16-17), comme « la monopolisation du pouvoir politique » par l'État au sortir du Moyen Âge, et dont le « principe de légitimité », d'abord théocratique, puis démocratique, a varié, apparaît au contraire comme le préalable à celle du Peuple, comme sa « condition d'existence » (O. Beaud, *op. cit.*, p. 457 et s).

[15] Le caractère révisable du principe de la souveraineté de l'État ne soulève aucune difficulté dès lors qu'elle est comprise comme la simple forme internationale d'exercice de la souveraineté du Peuple, titulaire à ce titre du pouvoir constituant, qui est seule au fondement de la Constitution. Il est au contraire inadmissible si l'on tient la souveraineté de l'État pour la condition d'existence de celle du Peuple (comme le soutient O. Beaud, *op. cit.*, et *RFDA*, 1993, p.1045 et s.), dont l'expression normative par excellence est la Constitution elle-même. Dans cette perspective en effet, comme la souveraineté de l'État préexiste à « la souveraineté constituante du Peuple », tout comme historiquement et logiquement l'État préexiste à la Constitution, elle constitue la condition d'existence de l'une et de l'autre. Il est de ce fait impensable que le législateur constitutionnel, simple pouvoir constitué habilité à réviser, mais non à abolir la constitution, puisse en disposer.

« inhérente à la souveraineté nationale[16] », c'est-à-dire constituer une compétence régalienne (monétaire, budgétaire, fiscale, policière, juridictionnelle, diplomatique ou militaire), sans quoi le risque d'inconstitutionnalité est en principe exclu[17], ensuite à l'« ampleur[18] » de la limitation de souveraineté qui doit être suffisante pour confirmer le risque d'atteinte à la souveraineté de l'État ; critères formels tenant, a minima à la révocabilité de la limitation de souveraineté dans ces matières[19] et, au-delà, aux modalités qui entourent la mise en œuvre de celle-ci[20].

Cependant, avant la systématisation progressive de cette méthode, l'idée s'était imposée en doctrine que le Conseil constitutionnel aurait défini *in abstracto* ces conditions essentielles en procédant à leur énumération dans une décision du 22 mai 1985 restée célèbre pour ce motif. Contestant cette idée à partir d'une analyse des termes de cette courte décision, j'avais cru pouvoir considérer cette énumération comme « un mythe » doctrinal[21] (I). Depuis lors, de nouveaux éléments paraissent corroborer cette opinion dissidente (II).

I. La construction du mythe

Aux « mythes du droit public[22] », pourrait être ajouté celui-ci. À la lecture de la très brève décision du 22 mai 1985 relative au protocole n° 6 de la CEDH portant abolition de la peine de mort, ses rares commentateurs immédiats[23] virent dans la référence au « devoir pour l'État d'assurer le respect des institutions de la République, la continuité de la vie de la nation et la garantie

---

16 CC n° 2004-505 DC du 19 novembre 2004, § 27, 29, 33 et n° 2007-560 DC du 20 décembre 2007, § 18, 20 et 23 ; CC n° 2005-524/525 DC du 13 octobre 2005, § 5 et n° 2017-749 DC du 31 juillet 2017, § 69-70. v. déjà CC n° 92-308 DC préc., § 43 et n° 97-394 DC du 31 décembre 1997, § 28.

17 Il en va différemment, semble-t-il, pour les limitations de souveraineté par restriction dans l'exercice de la compétence étatique, le Conseil constitutionnel veillant, même dans les matières non régaliennes, à « s'assurer que la capacité à édicter des normes de droit interne n'est pas limitée dans une mesure telle qu'il en résulterait une atteinte aux conditions essentielles d'exercice de la souveraineté nationale » (CC n° 2017-749 DC pré., § 44).

18 CC n° 2004-505 DC préc., § 25, n° 2007-560 DC préc., § 16, n° 2017-749 DC, § 16

19 CC n° 2005-524/525 DC préc., § 5 ; n° 2017-749 DC préc., § 70, revenant sur CC n° 91-294 DC du 25 juillet 1991, § 58 (« l'absence de référence à une clause de retrait ne saurait constituer en elle-même un abandon de souveraineté »).

20 Pour les modalités d'exercice des compétences transférées à l'Union européenne, v. CC n° 2004-560 DC préc., § 29 et n° 2007-560 DC préc., § 20.

21 Thèse préc. p. 135 à 159, et article précité, *Civitas Europa* n° 1, 1998, spéc. p. 129 et note 25. Dans un article paru en 2018 et à la lumière des délibérations rendues publiques, depuis lors, du Conseil constitutionnel, dont il sera question plus loin, A. Hamann y a vu aussi un « mythe » (v. « Sur un "sentiment" de souveraineté », *Jus Politicum*, n° 21, spéc. p. 207-213 [https://juspoliticum.com/article/Sur-un-sentiment-de-souverainete-1259.html]), confirmant ainsi ce point de ma thèse (sans en connaître manifestement l'existence, ce qui s'explique par l'accessibilité limitée de celle-ci, non publiée, malgré la synthèse que j'en avais présentée dans l'article précité, paru *in Civitas Europa*).

22 M. Touzeil-Divina, *Dix mythes du droit public*, Paris, Lextenso, 2019.

23 L. Favoreu, *AFDI*, n° 31, 1985, p. 868, et B. Genevois, *AIJC*, n° 1, 1985, p. 430.

des droits et libertés des citoyens », une énumération des conditions essentielles d'exercice de la souveraineté nationale. Par la suite, la doctrine unanime a perpétué cette analyse tenue pour certaine[24] ou probable[25]. Pourtant, bien des arguments allaient à l'encontre de cette lecture indiscutée.

D'abord, l'énumération supposée manquait le but qu'on lui assignait, car elle était inapte à éclairer réellement le sens et la portée de la notion jurisprudentielle, du fait de la généralité de ses termes[26], « aussi vaste que la matière constitutionnelle[27] » et de l'incertitude sur son caractère exhaustif[28], voire sur le caractère cumulatif[29] de ses éléments pour éprouver le respect de la souveraineté de l'État. Était en outre douteuse l'unité assez artificielle de ce « triptyque[30] » dont la troisième pièce touchant aux droits et libertés paraissait étrangère à l'idée de souveraineté[31] et en fut d'ailleurs très vite nettement dissociée[32].

Ensuite, l'apparition tardive et éphémère de l'énumération prétendue des conditions essentielles d'exercice de la souveraineté nationale, pouvait faire douter de la réalité de l'intention prêtée au Conseil par les observateurs, sauf à voir dans la décision du 22 mai 1985 la manifestation d'une improbable impulsivité jurisprudentielle, irréfléchie et sans lendemain. En effet, elle n'avait pas accompagné le premier emploi de cette expression dans la décision du 19 juin 1970[33] et elle disparut irrémédiablement presque aussitôt après avoir été égrenée une seule fois[34].

Enfin et surtout, l'analyse attentive de la structure rédactionnelle, en trois petits considérants, de la décision du 22 mai 1985 laissait penser que le triptyque y était en réalité sans lien avec les conditions essentielles d'exercice de la souveraineté nationale, mais se rapportait à diverses dispositions constitutionnelles dont il s'inspirait directement, à savoir, s'agissant de ses

---

[24] V. par ex. G. Drago, *Contentieux constitutionnel français*, Paris, PUF, 5e éd. 2020, n° 604, p. 607 ; Th. Renoux et al. (dir.), *Code constitutionnel 2019*, p. 726 ; D. Turpin, *Contentieux constitutionnel*, Paris, PUF, 2e éd., 1994, p 182 ; D. Rousseau et al., *Droit du contentieux constitutionnel*, Paris, Lextenso, 12e éd., 2020, n° 750, p 517 ; V. Constantinesco et S. Pierré-Caps, *Droit constitutionnel*, Paris, PUF, 7e éd., 2016, n° 559 ; A. Haquet, *Le concept de souveraineté en droit constitutionnel français*, Paris, PUF, 2004, p. 266, et *Droit constitutionnel*, Paris, Dalloz, 2021, p. 155.

[25] B. Mathieu et M. Verpeaux, *Contentieux constitutionnel des droits fondamentaux*, Paris, LGDJ, 2002, p. 312.

[26] L. Favoreu, art. préc.

[27] A. Haquet, *op. cit.*, p.266

[28] C. Grewe et H. Ruiz-Fabri, *RUDH*, 1992, p. 283.

[29] R. Chapus, *op. cit.*, p. 186.

[30] P. Gaïa, *RFDC*, n° 7, 1991, p. 710.

[31] B. Genevois, *RFDA*, 1992, p. 385.

[32] CC n° 92-308 DC préc., § 17-18 et n° 98-408 DC du 22 janvier 1999, § 13.

[33] CC n° 70-39 DC, § 9.

[34] CC n° 91-293 DC du 23 juillet 1991, § 11. La décision n° 91-294 DC du 25 juillet 1991, § 9, y recourt certes mais en l'imputant aux requérants qui, influencés par la doctrine, articulèrent en partie leur recours sur ce triptyque.

deux premiers éléments, l'article 16 de la Constitution, (voire son article 5)[35] et, s'agissant du dernier, l'article 16 de la Déclaration de 1789. En effet, le Conseil avait conclu, dans cet ordre, d'une part, « que le protocole n° 6 ne porte pas atteinte aux conditions essentielles de l'exercice de la souveraineté nationale et (d'autre part) qu'il ne contient aucune clause contraire à la Constitution » (3e considérant). Or, chacune de ces deux conclusions distinctes résultait respectivement de chacun des deux motifs préalables, énoncés séparément et présentés comme indépendants l'un de l'autre, sans aucune corrélation entre eux (ni pour les combiner, ni pour déduire le second du premier), à savoir, d'abord (1er considérant) du constat que l'abolition de la peine de mort n'était ni absolue (celle-ci pouvait être rétablie en temps de guerre ou de danger imminent de guerre), ni définitive (le protocole pouvait être dénoncé) et ensuite (2e considérant), de l'affirmation selon laquelle cet engagement international n'était « pas incompatible avec le devoir pour l'État d'assurer le respect des institutions de la République, la continuité de la vie de la nation et la garantie des droits et libertés des citoyens[36] ». Par conséquent, c'est en raison du caractère relatif et révocable de l'abolition que « dès lors », le protocole n'était pas attentatoire aux conditions essentielles d'exercice de la souveraineté nationale et c'est parce qu'il n'était pas incompatible avec les trois devoirs énumérés de l'État que, « dès lors » là aussi, il ne contenait aucune clause contraire à la Constitution, plus précisément et implicitement aux articles précités de celle-ci[37].

II. La dissipation du mythe

La conclusion à laquelle j'étais ainsi parvenu avait intrigué en particulier, parmi les membres de mon jury de thèse, Jean-Éric Schoettl, alors secrétaire général depuis quelques mois du Conseil constitutionnel[38], ce qui l'avait

---

[35] J.-P. Jacqué (*RTDE*, 1992, p. 256) avait relevé la parenté terminologique évidente entre ceux-ci et ceux-là.

[36] Bien que le premier considérant dressât un constat objectif tiré de la lettre du protocole, à la différence du deuxième qui livrait une appréciation subjective sur celui-ci, il n'y avait a priori pas de raison de lui dénier la fonction d'un motif à part entière au soutien du dispositif de la décision.

[37] La place, en-tête du troisième considérant, de la locution adverbiale « dès lors », avant et non après la conjonction de subordination « que » qui introduit la première conclusion, puis est répétée pour introduire la seconde (« considérant dès lors que (…) et que » et non « considérant que dès lors (…) et que »), atteste que le lien de causalité qu'elle établit entre chacun des deux motifs et chacun de ces deux conclusions se répartit, par une sorte de distributivité, entre chacune d'elles. Il en résulte que la deuxième conclusion ne constitue pas un brevet général de constitutionnalité fondé sur des motifs non exprimés dans la décision.

[38] En avait-il été convaincu ? Toujours est-il que revenant plus tard sur la décision du 22 mai 1985, à l'occasion du commentaire de celle du 13 octobre 2005 (*Gaz. Pal.* 22 novembre 2005, n° 326, p. 15) relative, elle aussi, à l'abolition conventionnelle de la peine de mort (v. *infra*), il souligna que son « deuxième considérant fait une allusion limpide aux conditions de mise en œuvre de l'article 16 de la Constitution », sans évoquer l'idée que ce passage ait pu constituer une énumération des conditions essentielles d'exercice de la souveraineté nationale. En

poussé à consulter, pour en avoir le cœur net, le compte rendu des délibérations relatives à la décision du 22 mai 1985, auquel je n'avais bien entendu pas accès[39]. Or, cette conclusion semble, depuis lors, avoir été corroborée par deux éléments.

En premier lieu, précisément, la lecture de ce compte rendu, désormais disponible sur le site du Conseil[40], révèle que les juges constitutionnels n'ont, à l'époque, jamais entendu expliciter la notion de conditions essentielles d'exercice de la souveraineté nationale[41]. D'une part, cette notion ne fut insérée dans le projet de décision par le rapporteur, Paul Legatte, « que dans l'intention de faire plaisir » à l'un de ses pairs[42] et sa proposition de la déplacer du 3e considérant au 2e[43] qui énumère les trois « devoir(s) pour l'État » ne fut pas retenue, ce qui confirme que, dans l'esprit des membres du Conseil, cette énumération était sans rapport avec la souveraineté, contrairement à ce que la doctrine unanime affirmera, mais constituait en revanche une « allusion » transparente et exclusive à l'article 16 de la Constitution[44]. D'autre part, en se réjouissant de l'emploi du « concept de conditions essentielles (d'exercice de la souveraineté nationale) qu'il appartiendra, le cas échéant au Conseil de définir[45] », son président, Daniel Mayer, reconnaissait que la décision en cours de délibération ne le définissait pas. Cette abstention est du reste très conforme

revanche, Michel Verpeaux, également membre du jury, écrivit certes dans son propre commentaire de la décision de 2005 que « le considérant n° 2 » de celle de 1985 « examinait concrètement quelles étaient les dispositions de la Constitution avec lesquelles le Protocole n° 6 pouvait être incompatible » et « pouvait constituer une référence implicite à l'article 16 de la Constitution », mais maintint que les « trois objectifs fondamentaux » assignés à l'État par ce considérant « sont au cœur du respect de l'exercice de la souveraineté » (*Europe*, 2006, n° 6 étude 7, § 8 et 9). De même, Bertrand Mathieu (*JCP, G.*, 2005, n° 49, II 10171) rétrospectivement que « dans la décision de 1985, le Conseil avait considéré, par un renvoi implicite aux termes de l'article 16 C, que relevait des conditions essentielles de l'exercice de la souveraineté nationale "le(s) devoir(s) pour l'État" qu'elle énumérait ».

[39] À l'époque, le délai d'accès à ces archives était de soixante ans. La loi du 15 juillet 2008 l'a ramené à vingt-cinq ans.

[40] https://www.conseil-constitutionnel.fr/sites/default/files/as/root/bank_mm/decisions/PV/pv 1985-05-22.pdf.

[41] Dans le même sens, A. Hamann, « Sur un "sentiment" de souveraineté », art. préc. S'il y a évidemment lieu de reconnaître à cet auteur une antériorité de cinq ans dans l'exploitation de ces délibérations, il est nécessaire de préciser, compte-tenu de l'inévitable proximité entre la dernière sous-partie de son article et les lignes qui suivent, que je n'ai pris connaissance de celui-ci, à la faveur de lectures préparatoires à mon audition par la section du rapport et des études du Conseil d'État en vue de la rédaction de son étude annuelle pour 2024, consacrée précisément au thème de la souveraineté, que plusieurs mois après avoir choisi le sujet de la présente contribution et en avoir achevé la rédaction (à laquelle a dû être ajoutée *in extremis* la présente note explicative).

[42] Compte-rendu, p. 11.

[43] *Idem.*

[44] Intervention de M. R. Simmonet, parlant d'un « considérant (...) transparent » qui « est une allusion à l'article 16 de la Constitution » et « ne vise que (cet) article » (p. 10).

[45] p. 12.

« au souci de prudence souhaité par le Conseil[46] » qui inspira globalement ces délibérations (même s'il fut exprimé lors de l'examen du 1er considérant), et conduisit le rapporteur à penser qu'« en prévision des commentaires à venir, moins il y a de mots dans la décision, mieux cela vaut[47] ».

Il est donc piquant de constater que, par la suite, lors des délibérations relatives aux décisions du 25 juillet 1991 sur les accords de Schengen[48] et du 9 avril 1992 sur le traité de Maastricht[49], les rapporteurs[50] et, dans le second cas, le président lui-même[51], influencés à leur insu par la doctrine dont ils reprirent le métadiscours en le confondant avec le discours jurisprudentiel, se sont référés à la décision du 22 mai 1985 réputée, sans l'ombre d'un doute dans leur esprit, avoir « jugé bon d'énumérer les domaines d'exercice de la souveraineté nationale[52] », avant d'écarter toutefois la réitération de cette énumération prétendue, dans les projets délibérés[53]. Objectera-t-on que l'interprétation des normes juridiques ne dépend pas seulement de l'intention de leurs auteurs, qu'a fortiori elle ne saurait valablement en demeurer perpétuellement prisonnière et que rien ne s'oppose à ce que ces principes, communément admis pour les lois et règlements en particulier, vaillent également pour les décisions de justice lorsque l'intention qui a présidé à leur prononcé finit par pouvoir être connue à la faveur de la levée du secret du délibéré ? Soit.

En second lieu cependant, la décision du 13 octobre 2005[54] rendue vingt ans après celle du 22 mai 1985 au sujet très analogue de deux nouveaux protocoles, européen et onusien, portant abolition de la peine de mort, paraît-elle, aussi conforter rétrospectivement, pour l'essentiel, l'interprétation que j'avais défendue de celle-ci.

D'une part, cette seconde décision confirme que la compatibilité de l'abolition conventionnelle de la peine capitale avec les conditions essentielles d'exercice de la souveraineté nationale dépend exclusivement de sa révocabilité, sinon de sa relativité, tous caractères qui constituaient, ensemble, le premier des motifs de la décision du 22 mai 1985. Cette confirmation s'est d'ailleurs accompagnée d'une clarification, rendue possible par les données de l'espèce, quant à l'effet sur la souveraineté de l'État de chacun de ces deux caractères que la première décision avait abordés de façon indifférenciée. Bien qu'il ait prévu l'abolition « en toutes circonstances » (§ 1), à la différence du

---

[46] D. Mayer, p. 9.
[47] P. Legatte, p. 10.
[48] https://www.conseil-constitutionnel.fr/sites/default/files/as/root/bank_mm/decisions/PV/pv 1991-07-25.pdf.
[49] https://www.conseil-constitutionnel.fr/sites/default/files/as/root/bank_mm/decisions/PV/pv 1992-04-07-08-09.pdf.
[50] Interventions, respectivement de J. Robert (p. 13 et 16-17) et de M. Faure (p. 15).
[51] Intervention de R. Badinter, p. 16.
[52] *Idem.*
[53] Comptes rendus relatifs aux décisions du 25 juillet 1991, p. 47 et du 9 avril 1992, p. 17.
[54] n° 2005-524/525 DC.

précédent protocole n° 6, le protocole n° 13 de la CEDH peut être dénoncé et « dès lors », n'y porte pas atteinte (§ 6), contrairement au protocole facultatif se rapportant au pacte international sur les droits civils et politiques qui, inversement, ménage certes la faculté d'appliquer la peine de mort « pour les crimes de caractère militaire, d'une gravité extrême et commis en temps de guerre » (§ 2), mais qui, faute de pouvoir être dénoncé, « lierait irrévocablement la France même dans le cas où un danger exceptionnel menacerait l'existence de la Nation » (§ 7), car un tel danger pourrait procéder d'une autre calamité que la guerre.

D'autre part, la décision de 2005 n'a pas donné lieu à la résurgence du triptyque qui avait fait la notoriété de celle de 1985, alors que l'étroite analogie d'objet entre les deux aurait pu y être propice. Il est vrai que le motif précité de violation par le protocole onusien des conditions essentielles d'exercice de la souveraineté nationale rappelle tout de même « le devoir pour l'État d'assurer (...) la continuité de la vie de la Nation », qui en constituait la deuxième composante. Mais le premier élément de ce triptyque supposé, tenant au « respect des institutions de la République », est abandonné. Son absence dans une décision pourtant très comparable à celle de 1985, suggère qu'à l'époque déjà, il ne constituait pas l'une des conditions essentielles d'exercice de la souveraineté nationale, norme de référence commune aux deux décisions.

Reste, il est vrai, à expliquer positivement la cause de l'abandon de cette référence qui était pourtant tout aussi directement inspirée que l'autre, des termes de l'article 16 de la Constitution évoquant uniment les menaces graves et immédiates pesant sur « les institutions de la République (ou) l'indépendance de la nation[55] ». Est-ce parce que seule la mention de celle-ci, et non de celles-là, correspond également à la lettre de l'article 5 du texte constitutionnel (qui évoque « l'indépendance nationale », mais point les « institutions de la République »), dont le Conseil entendait faire, combinée à l'article 16, une norme implicite de référence de son contrôle ? C'est sans doute, plus fondamentalement, parce que la souveraineté pérenne de l'État est indépendante de la forme variable, en l'occurrence républicaine, de gouvernement dont celui-ci se dote, tandis qu'à l'inverse, elle est indissociable de sa source qui procède toujours, en démocratie, de la Nation. Dans cette perspective, on comprend que ces deux dispositions, en tant qu'elles établissent le président de la République en « garant de l'indépendance nationale[56] » c'est-à-dire de la pérennité de la nation, emportent l'obligation constitutionnelle de ne pas le priver irrévocablement des moyens de cette garantie, à défaut de quoi, au-delà des prérogatives présidentielles, c'est la

[55] Selon Bertrand Mathieu, art. préc., « l'analyse comparée des deux décisions montre que, si elles ne sont pas divergentes au fond, le Conseil se réfère dorénavant, expressément, à une conception plus étroite des « conditions essentielles de l'exercice de la souveraineté nationale ».
[56] Article 5 de la Constitution.

souveraineté nationale qui serait atteinte dans ses conditions essentielles d'exercice. Il en résulte alors que celles-ci ne constituent pas des normes de référence aussi distinctes des articles 5 et 16 de la Constitution, que je l'avais soutenu à l'appui de ma lecture de la décision du 22 mai 1985[57]. On voit par-là que le sens d'une jurisprudence n'est jamais définitivement acquis et qu'il serait donc bien présomptueux de tenir pour « vraie », la lecture qu'on pense pouvoir en retenir. Son interprétation est, pour la doctrine, sinon un perpétuel recommencement, à l'image du rocher de Sisyphe, du moins un ouvrage à remettre régulièrement sur le métier, comme la tapisserie de Pénélope. Des mythes antiques aux mythes du droit, il n'y a qu'un pas…

[57] Certes, de ce que le protocole onusien « ne contien(t) aucune clause contraire à la Constitution » (CC n° 2005-524/525 DC, § 4), c'est-à-dire aux dispositions de celle-ci, y compris donc ses articles 5 et 16, tandis qu'il contrevient au principe de la souveraineté de l'État (§7), on devrait a priori déduire que ces deux types de normes de référence sont totalement autonomes l'un de l'autre, sans quoi le contrôle du même acte à l'aune de l'un puis de l'autre, n'aurait pas pu aboutir à des conclusions opposées. Mais c'est l'irrévocabilité de l'abolition de la peine de mort qui a, seule, été jugée contraire à la souveraineté de l'État et non l'abolition elle-même. Or, cette irrévocabilité ne procède d'aucune des clauses du protocole dont la compatibilité avec les articles 5 et 16 de la Constitution a été admise, mais au contraire de l'absence de clause de dénonciation, tant dans ce protocole que dans le pacte international auquel il se rattache.

RETOUR VERS LE FUTUR ?
À PROPOS DU NATIONALISME BASQUE

Marie-France VERDIER

« La tradition n'est pas le culte des cendres,
mais la préservation du feu. »
(Citation attribuée à Gustav Mahler)

L'Europe, au cours du XIXe siècle, est traversée par de très grandes de mutations : l'industrialisation, l'urbanisation, la diffusion massive de la culture écrite, la démocratisation en marche, l'affirmation de la puissance de l'État, le renouvellement profond des sciences et des arts. Il faut y ajouter une autre grande mutation, le nationalisme[1].

Il convient d'opérer une dichotomie géopolitique entre nationalisme du dominant et du dominé, selon que la nation est indépendante et qu'il s'agit d'un État-nation, ou qu'elle ne l'est pas et que le peuple lutte pour sa libération[2].

Dans le premier cas, le nationalisme, comme en Chine, en Russie et aux États-Unis, consiste en l'exaltation du sentiment national. Les nationalistes se posent en gardiens de l'unité nationale, de l'intégrité et de la grandeur de la nation civique, ce qui peut transformer le nationalisme en messianisme, voire en impérialismes. De tels nationalismes peuvent être qualifiés de stato-nationalistes.

Dans le second cas, le nationalisme consiste en une émancipation contre des États multinationaux. Mais ce nationalisme apparaît comme un Janus tellement se sont développées deux tendances opposées : l'autonomiste et l'indépendantiste qui constituent les deux facettes d'un nationalisme bifide. D'un côté, l'autonomiste qui se décline sur un mode régionaliste, l'ethnorégionalisme, fondé sur une communauté linguistique et un localisme identitaire (hymne, drapeau,...) dans le but d'obtenir certaines formes d'autonomie par rapport à l'État central pour tenir compte des particularismes territoriaux tout en adoptant un nationalisme assis sur le principe de souveraineté de l'État. D'un autre côté, l'indépendantiste, pratiquant un

---

[1] J.-C. Caron, M. Vernus, « Conclusion générale. L'ère des nationalismes », *in L'Europe au XIXe siècle*, 2019, p. 433 et s.

[2] M.-F. Verdier, « Éditorial », *in* Dossier « Souverainisme, nationalisme, régionalisme », *Politeia*, n° 6, 2004, p. 69 et s.

nationalisme politique, dynamique, qui récuse l'État-nation et la nation civique, l'ethnonationalisme ou nationalisme ethnique qui est un nationalisme qui définit la nation en termes d'ethnicité avec un droit à l'autodétermination ethnique. Un tel nationalisme, qui se décline souvent sur un mode valorisant au nom de la gloire immarcescible des nations constituées par une combinaison des facteurs objectifs et subjectifs, renforce de toute évidence la prolifération des États en renouant le fil entre nation et souveraineté.

Comme l'écrit le dédicataire de ces lignes, « c'est désormais un lieu commun de constater que la mondialisation est un facteur essentiel de la crise de l'État-nation, c'est-à-dire du modèle universaliste d'organisation des sociétés politiques modernes[3] », soumises au libéralisme de l'Union européenne voire à l'influence des multinationales, aboutissant à une altération civique sur lequel repose la société politique nationale, l'État-nation. Et c'est à son tour que la mondialisation apparaît comme un Janus. « Autrement dit, le nivellement des différences politiques s'accompagne d'une renaissance des identités pré-politiques[4] », des revendications d'autonomie politique fondées sur l'identité ethnique.

L'exaltation du nationalisme est apparue au Pays basque espagnol au XIXe siècle[5], liée à la faiblesse de la construction de l'État-nation espagnol en raison de l'impossibilité d'un processus d'unification de la nation espagnole, ce qui renforça les nationalismes périphériques et l'affrontement notamment entre les nationalismes espagnol et basque. En effet, il convient d'opérer une distinction entre les nationalismes, l'un espagnol, qui « cherche à renforcer une unité en construction », se définissant « par l'adhésion, par le choix à la citoyenneté » selon la conception de Renan, et l'autre basque, « raciste ou ethnique », qui se déclare ethnocentrique ou ethnique, s'appuyant « sur des critères nationalistes » — la géographie, la race, le caractère — mais aussi « culturalistes », — la langue, le droit, les coutumes et les traditions —, selon la conception de Fichte[6].

Le nationalisme basque idéologiquement ambigu à ses origines s'orienta initialement vers un autonomisme, en choisissant une voie légale, puis changea de nature en se tournant vers le séparatisme, le nationalisme « intégral », s'appuyant sur l'utilisation de la violence, laquelle s'est trouvée délégitimée au regard de l'évolution démocratique de l'Espagne contemporaine depuis 1975, et enfin a abouti à un processus de paix à l'orée du XXIe, le défi étant la construction d'une paix durable dans le cadre d'un nationalisme basque « intégrateur ».

[3] S. Pierré-Caps, « Nationalisme ethnique et constitutionnalisme libéral : l'exemple basque », *Politeia*, n° 6, 2004, p. 291.

[4] *Op. cit.*, p. 292.

[5] J.-C. Larronde, *Le nationalisme basque. Son origine et son idéologie dans l'œuvre de Sabino Arana Goiri*, th. droit Bordeaux I, 1972, 357 p.

[6] J.-M. Izquierdo, *La question basque*, Bruxelles, Éd. Complexe, 2000, p. 64-65.

I. Aux racines de l'idéologie ambiguë du nationalisme basque

L'État espagnol s'est progressivement construit à partir de l'union de deux royaumes par les mariages des rois catholiques en 1460, Ferdinand d'Aragon et Isabelle de Castille. « D'une manière progressive, la construction de l'État espagnol s'est réalisée plutôt autour de la figure du roi qu'à partir d'une adhésion spontanée comme à un État ou à une nation unifiée[7]. » Pour renforcer l'unité autour de la Couronne dès le début du XIXe siècle, est lancée une offensive contre la spécificité et l'identité du Pays basque pour nier à ce dernier tout caractère particulier, notamment contre les *fueros* qui seraient « de simples privilèges concédés par les rois que ces derniers peuvent par conséquent librement révoquer[8] ». Ceci provoqua immédiatement une contre-offensive d'auteurs basques tant sur le plan linguistique pour montrer le caractère essentiel de l'euskara, qu'historique.

Dominique-Joseph Garat, le Labourdin « précurseur du nationalisme basque[9] », a même envisagé une union des Basques de France et d'Espagne, idée moderne et vue politique hardie pour l'époque[10]. En effet, les « Basques français » et les « Basques espagnols » forment un seul peuple, original et fort différent de ses voisins, si bien qu'il a conçu un projet politique pour le Pays basque dans son ensemble, « *Euskal Herria* », destiné à Napoléon Ier, son idée étant de réunir les quatre provinces basques espagnoles (Guipuzcoa, Biscaye, Alava et Navarre) et les trois françaises (Soule, Basse-Navarre et Labourd) au sein de l'Empire. Néanmoins, la campagne d'Espagne lancée par Napoléon en 1808, qui se solda par un échec en 1812, a non seulement relégué ce projet au second plan, mais a été à l'origine de la naissance du constitutionnalisme espagnol avec l'adoption de la Constitution de Cadix du 19 mars 1812. D'abord, une « réaction patriotique » contre l'envahisseur français, qui a déchu le roi Ferdinand VII, elle se traduisit par une lutte politique contre l'absolutisme monarchique déjà consommé il est vrai par la Constitution de Bayonne du 8 juillet 1808 « octroyée » par Joseph Bonaparte et considérée comme le premier texte constitutionnel espagnol. Toutefois, si elle est le fruit d'« une volonté politique de libération de la nation espagnole ainsi constituée par rapport à la domination étrangère », la proclamation de la souveraineté nationale par la « *Pepa* » de 1812, après la réunion des *Cortes Generales* à Cadix, s'inscrit aussi « dans la continuité même de l'histoire espagnole[11] ».

L'ambivalence de la Constitution de 1812 tient au fait qu'elle est basée sur la souveraineté espagnole, autour de deux acteurs, le roi et la Nation, avec la

---

[7] *Ibid.*, p. 20.

[8] J.-C. Larronde, *Histoire du nationalisme basque : le PNV 1893-1980*, Bayonne, Elkar, 2017, p. 12.

[9] M. Duhart, *Dominique-Joseph Garat (1749-1833)*, Biarritz, Atlantica, 2009, p. 317.

[10] J.-C. Larronde, *op. cit.*, p. 13-15.

[11] S. Pierré-Caps, « La Constitution de Cadix et le droit constitution européen », *Civitas Europa*, n° 29, 2012, p. 5-21.

recherche d'un équilibre entre eux, mais aussi sur la volonté de s'affranchir de l'occupant français en s'inscrivant dans la continuité généalogique de « l'historiciste nationaliste » espagnol pour « accréditer l'idée que la Constitution de Cadix est davantage l'expression d'une identité nationale propre qu'un projet d'importation », comme le souligne Stéphane Pierré-Caps[12].

Cette ambivalence se concrétise également dans la proclamation de « l'intégrité territoriale des régions historiques » autant que de « l'unité indivisible de la Nation » souveraine. La « *Pepa* » « chercha à développer un système centralisateur fort qui voulait en terminer avec la logique des "*fueros*"[13] ». Après la fin de la Guerre d'indépendance espagnole et ses horreurs perpétrées par les soldats français contre les combattants de la liberté, immortalisées par Goya, lequel envoie un message politique fort antiguerre dans ses tableaux *El Dos de Mayo de 1808* et *El Tres de Mayo de 1808*, le retour sur le trône de Ferdinand VII en 1814, prisonnier en France depuis 1808, qui promulgua le décret du 8 mai 1814 rétablissant la monarchie absolue et déclara illégale la Constitution de Cadix, sonna le glas de la tentative entreprise par les libéraux. Cette Constitution libérale rétablie en 1820, puis de nouveau abrogée en 1823 durant le *Trienio Liberal* et rétablie une dernière fois en 1836, a été remplacée par la Constitution de 1837 s'inspirant de celle de 1812. Mais l'idée autour de l'unité nationale a été reprise par ces constitutions qu'elles soient libérales ou conservatrices.

> En 1833, à la mort du roi Ferdinand VII, la guerre civile éclata en Espagne. Marie-Christine, sa femme, devint régente, mais le frère de Ferdinand, Don Carlos, réclama la succession du trône. Les libéraux appuyèrent Marie-Christine, les Basques et les Catalans s'enrôlèrent avec Don Carlos qui promit de sauvegarder leurs libertés traditionnelles. Pendant les deux guerres, l'une de 1833 à 1839, l'autre de 1872 à 1876, les Basques se battirent longuement et formèrent l'essentiel des troupes carlistes, car le mouvement n'eut de bases populaires que dans les régions où le particularisme était très fort. Les deux guerres se terminèrent par la défaite carliste. Défaite militaire, mais aussi défaite politique, car le Pays basque perdit l'essentiel de son autonomie et s'intégra à part entière dans une Espagne centralisée[14].

En effet, les carlistes voulurent préserver les *fueros* au nom des particularismes régionaux sans remettre en cause l'unité espagnole. Mais en s'opposant aux réformes libérales, et en luttant contre l'omniprésence espagnole, ils constituèrent un « protonationalisme[15] » qualifié aussi de « conscience prénationaliste[16] », la défense d'un intégrisme religieux, de spécificités culturelles, comme la distinction entre le centre et la périphérie

---

[12] *Ibid.*

[13] J.-M. Izquierdo, *op. cit.*, p. 21.

[14] P. Letamendia, « Le mouvement nationaliste en Pays basque espagnol », *France Forum*, n° 108-109, 1971.

[15] V. Garmendia, *Carlisme et nationalisme basques*, Bayonne, Sordes, n° 97, 1982, p. 152-153.

[16] P. Letamendia, *Nationalismes au Pays basque*, Bordeaux, Presses universitaires de Bordeaux, coll. « Maison des Pays ibériques »,1987, p. 70.

étant des thèmes qui alimenteront le nationalisme basque intérieur. À cet égard, le Souletin Augustin Chaho (1810-1858), considéré comme un « ancêtre » du nationalisme basque moderne, en réalise la première formulation explicite à partir de sa vision de la nation basque. Dans son livre *Voyage pendant l'insurrection des Basques, 1830-1835*, publié en 1836, il défend les positions des carlistes basques[17].

Par ailleurs, l'instabilité politique, entrecoupée de *pronunciamientos*, ne permit pas l'adoption de réformes, d'autant plus que l'Espagne demeurait une société profondément hiérarchisée. Les contradictions politiques se sont fait ressentir dans l'économie. L'agriculture continuait à jouer un rôle essentiel alors que le tissu industriel était presque inexistant, ce qui contribua au morcellement de l'Espagne, si bien que « certaines régions dynamiques, comme la Catalogne et le Pays basque, entraînées par des bourgeoisies locales très actives et très tôt industrialisées, tranchèrent avec les espaces les plus arriérés[18] ».

Dès lors, après l'échec carliste, quand à l'issue de la Constitution du 30 juin 1876, succédant à celles de 1837 et 1845 et en vigueur jusqu'en 1931, laquelle a rétabli le principe de souveraineté partagée entre le monarque et les Cortes, rompant ainsi avec celles de 1812 et 1869, et réaffirmé l'unité de la nation, les *fueros* furent abolis par la loi du 21 juillet 1876, un sentiment de frustration vit le jour au sein de la population basque. Cette dernière a vécu cette réaction de Madrid comme une atteinte au « peuple basque », renforçant celui de menace extérieure qu'incarnait l'État espagnol et de destruction de l'identité basque.

Comme le carlisme sur le plan politique, le foralisme permettait de justifier les revendications nationalistes des pouvoirs locaux face à l'État espagnol, fondement d'un nationalisme culturel, refusant l'obligation universaliste.

Le nationalisme basque, jusqu'alors folklorique ou culturel, devenant politique à la fin du XIXe siècle avec un affrontement entre un nationalisme central et un nationalisme périphérique, contribua à affaiblir la construction de l'État espagnol. En outre, ce dernier a connu une atteinte à son prestige sur la scène internationale en raison du « désastre de 1898 » pour l'Espagne, entraînée dans une guerre contre les États-Unis. La perte des derniers restes de son empire colonial, Cuba, Puerto Rico et les Philippines, ébranla le système de la monarchie espagnole, « devenu un système oligarchique, inefficace et corrompu ». « 1898 est pour l'État espagnol l'année d'une très grande crise politique, intellectuelle et morale dont profitera le nationalisme basque naissant[19]. »

C'est alors que le mouvement nationaliste basque a pu éclore à partir de 1895 sous l'impulsion de son fondateur, Sabino Arana (1865-1903),

---

[17] J.-C. Larronde, *op. cit.*, p. 19-23.
[18] J.-M. Izquierdo, *op. cit.*, p. 26-27.
[19] J.-C. Larronde, *op. cit.*, p. 37.

mouvement politique le plus important du XXe siècle au Pays basque. À cet égard, notons qu'il « parle de "race" dans un sens aujourd'hui exactement synonyme de "peuple" » et que « les préoccupations et l'activité de fondateur du nationalisme basque se situent à l'échelle du Pays basque dans son ensemble[20] ». En outre, « ce qui est fondamental et original dans l'œuvre de Sabino Arana, c'est d'avoir situé clairement le nationalisme basque sur le plan politique[21] ». Il a effectivement créé une idéologique politique, mais aussi un embryon de parti le 31 juillet 1895, le PNB, dont il sera l'unique responsable face aux autorités espagnoles, « une presse nationaliste et également les attributs et symboles nationaux, parmi lesquels le nom politique du pays, *Euskadi*, et le drapeau basque, *ikurriña*[22] ».

Se proclamant anti-espagnol, car l'Espagne serait à l'origine de tous les maux dont a souffert le Pays basque, Sabino Arana définit cinq éléments de la nation basque. D'abord, la race soit l'ethnie ou le peuple, la première et la plus importante caractéristique nationale, fondement de l'indépendance basque contre l'« invasion maketa », car il estime que si la race se perd, la patrie se perd. Ensuite, la langue, l'*euskara*, doit être perpétuée et diffusée pour protéger le Pays basque des « maketos » et s'adapter aux nouvelles conditions de vie par l'invention de néologismes. De plus, la revendication de l'indépendance des sept provinces confédérées ainsi que le respect total du culte catholique pour lutter contre le libéralisme de l'État central sont fondamentaux. Enfin, le rétablissement au plus tôt d'une société basque traditionnelle est nécessaire avec un retour aux *fueros* et aux us et coutumes traditionnels pour sauvegarder le Pays basque[23].

« Par ses revendications, il rejoignait ainsi le carlisme (…). Mais il choisit l'indépendance, alors que les carlistes revendiquaient seulement la décentralisation[24]. »

Après 1898, « le vent de la modernité atteint le nationalisme basque et Sabino Arana lui-même ». Il « abandonne son intransigeance du début[25] » et « choisit le pragmatisme », le « réalisme ». En se positionnant sur la scène politique, il a fait le choix du compromis si bien que « l'unité du peuple basque fut redéfinie autour des éléments les plus importants : la race, la langue puis le territoire », et les revendications indépendantistes se transformèrent en

[20] *Op. cit.*, p. 35.
[21] *Op. cit.*, p. 36. *Bizkaitta* est le premier journal nationaliste paraissant pour la première fois à Bilbao le 8 juin 1893, dont S. Arana en est le fondateur. Mais eu égard à sa vivacité de ton, le journal est suspendu en septembre 1895. S. Arana a aussi publié l'hebdomadaire *Baserritarra* en 1897, suspendu à son tour après seulement dix-huit numéros. Il publie également en 1897 un opuscule intutilé *El Partido Carlista y los fueros Vascos Nabarros*, dans lequel il systématise les critiques qu'il adresse à la politique carliste. *Op. cit.*, p. 42.
[22] *Op. cit.*, p. 36.
[23] P. Letamendia, *Nationalismes au Pays basque*, Bordeaux, Presses universitaires de Bordeaux, coll. de la Maison des Pays ibériques, 1987, p. 69.
[24] J.-M. Izquierdo, *op. cit.*, p. 57.
[25] J.-C. Larronde, *op. cit.*, p. 46.

autonomistes. « Le fait de constituer une ligue des Basques espagnolistes en 1902 entra dans cette perspective[26]. »

Logiquement, condamnant la colonisation culturelle du Pays basque, il défend le droit des peuples à leur autodétermination et soutient les revendications nationalistes des autochtones contre la politique colonialiste à Cuba et aux Philippines, dès 1894, laquelle s'est soldée par un échec tranché par le traité de Paris de 1898. À cet égard, « le parallèle entre les mouvements nationalistes de la péninsule (Euskadi et Catalogne) est intéressant : tous ces mouvements reflètent la crise de l'État espagnol à la fin du XIXe siècle : ils indiquent aussi la fin d'une Espagne impériale et indissolublement unie[27] ».

Mais, à sa mort en 1903, deux courants vont alors s'affronter au sein du nationalisme. Certains nationalistes sont partisans d'une ligne intransigeante, sans aucun compromis ou alliance avec les forces espagnolistes, alors que d'autres veulent créer un grand parti autonomiste basque[28].

Le nationalisme basque se heurta ainsi « à des nationalismes concurrents au sein d'un État relativement faible et incapable d'imposer une unité par le haut ». Face à un éclatement possible et au démantèlement de son territoire, l'État espagnol a réagi par le « régénérationisme », « un nationalisme impulsé indirectement par l'État sur le thème de la patrie et de la tradition[29] », lequel a été confronté au nationalisme basque, les deux courants s'alimentant réciproquement.

Si le nationalisme espagnol est assimilateur et volontariste, cherchant à construire un ensemble national, le nationalisme basque, identitaire et ethnique, cherche à le démanteler[30]. Mais « la définition identitaire, xénophobe, exclut une importante partie de la population du Pays basque pour qui l'adhésion à l'Espagne se révéla plus évidente[31] ». « Ces deux définitions nationales créèrent deux ensembles "nationaux" distincts, tant en Espagne que dans la société basque. On se trouve en présence d'une séparation de la population basque qui ne pouvait se définir qu'en termes antagonistes et aboutir à des formes de violence, tant dans la vie quotidienne que dans la pratique politique. Le terrorisme ultérieur trouva là son origine et ses fondements idéologiques[32] ». C'est ainsi que le nationalisme basque en vint à faire aboutir l'indépendance ou l'autonomie.

Du reste, s'il a choisi initialement la voie légale de l'autonomie, il a ensuite basculé dans la violence, le nationalisme basque ne relevant plus alors uniquement d'une définition ethnique.

---

[26] J.-M. Izquierdo, *op. cit.*, p. 58.

[27] J.-C. Larronde, *op. cit.*, p. 50. S. Arana se place dans la lignée d'un autre Basque, Francisco de Vittoria (1480-1546) qui attaqua les thèses impérialistes de son époque.

[28] *Ibid.*, p. 56.

[29] *Ibid.*, p. 59.

[30] *Ibid.*, p. 63.

[31] *Ibid.*, p. 65.

[32] *Idem.*

II. La voie sans issue de la violence du nationalisme basque « intégral »

Au début du XXe siècle, logiquement, les contradictions du mouvement apparurent.

Le premier, le nationalisme basque radical « Aberri », celui des nationalistes partisans d'une ligne « pure et dure », représentants d'une petite bourgeoisie basque anti-espagnole, voulant maintenir l'intégralité de la doctrine de Sabino Arana et excluant toute possibilité d'alliance avec les partis espagnols. Leur but est la création d'un État basque indépendant et séparé de l'État espagnol[33]. Le second, le nationalisme basque modéré tentant d'obtenir, au moyen de réformes, un statut d'autonomie avantageux pour le Pays basque en composant avec le roi Alphonse XIII, fils posthume d'Alphonse XII. Finalement, cela se traduisit par la réunification des deux tendances en 1930.

Pendant la dictature du général Miguel Primo de Rivera (1923-1930), appelé au pouvoir par le roi à l'issue de son coup d'État marquant la chute du gouvernement libéral, la fin du régime constitutionnel de la Restauration et le début de la dictature, des lois contre le séparatisme sont promulguées, établissant que les délits commis contre l'unité de l'Espagne seront jugés par des tribunaux militaires, la symbologie nationaliste (drapeau,...) est prohibée et les provinces basques sont intégrées dans une nouvelle division administrative incluant des provinces non bascophones. Mais il est contraint de démissionner en pleine crise économique par Alphonse XIII qui craignait pour la pérennité de la monarchie, les gouvernements Berenguer puis de Aznar-Cabañas ne faisant rien d'autre ensuite que prolonger son agonie, trop compromise avec la dictature. Un sentiment républicain se propage alors dans le pays selon lequel l'abolition de la monarchie serait un pas vers la modernisation de l'Espagne. En dernier ressort, le roi organisa des élections municipales qui voient la victoire d'une vague antimonarchiste constituée du bloc républicain-socialiste, essentiellement dans les grandes villes, si bien que deux jours plus tard, le 14 avril 1931, la République est proclamée, donnant naissance à la Seconde République. C'est la chute de la monarchie et le roi part en exil.

Le PNV devient alors le premier parti du Pays basque. Pourtant, s'il manifeste sa satisfaction lors de la proclamation de la République, une divergence ne tarde pas à apparaître avec les autorités de la République aux mains des républicains et des socialistes, le PNV arguant de son profond attachement à un statut autonomiste[34]. Finalement, après les élections législatives du 28 juin 1931 qui voient la victoire de la gauche au niveau national, hostile au statut d'Estella du 14 juin 1931, mais sa défaite au Pays basque, la Constitution est proclamée le 9 décembre 1931, prévoyant l'élaboration d'un statut.

---

[33] *Ibid.*, p. 61.

[34] J.-C. Larronde, *op. cit.*, p. 75-80.

Après de longues tergiversations et péripéties et le refus de la Navarre de s'y associer, puis un changement de gouvernement en faveur de la droite en 1933, un statut d'autonomie a vu le jour le 6 octobre 1936, pendant cette parenthèse de la Seconde République à la suite des élections législatives de 1936 et de la victoire du Front populaire, en pleine guerre civile espagnole depuis le soulèvement du 18 juillet. Le Président du PNV, José Antonio Aguirre, a été élu dès le 7 octobre Président du gouvernement d'Euskadi. Cependant, il est contraint à l'exil à partir de 1837 pour fuir le franquisme, lequel pratiqua une répression brutale contre les perdants de la guerre, à la suite de la défaite militaire que subit la population basque qui s'est rangée du côté des républicains afin de préserver l'autonomie basque. Il passa ainsi à l'histoire en devenant le premier Président des Basques de la Communauté autonome basque, le premier *Lehendakari* de l'Euskadi dont le statut a été annulé par décret du 23 juin 1937. Il n'a donc connu que neuf mois d'activité en terre basque, le reste en exil, notamment en France, où il mourut en 1960.

C'est ainsi que le nationalisme basque a été exilé, mais il devint une action symbolique d'opposition au régime dictatorial de Franco et servit à développer davantage cette soif de liberté du peuple basque.

Néanmoins, ce nationalisme prit un nouvel essor au début du franquisme avec le tristement célèbre bombardement de Guernica le 26 avril 1937 par l'aviation de Mussolini puis d'Hitler pour soutenir le coup d'État nationaliste de Franco contre le gouvernement de la Seconde République espagnole en pleine guerre civile, deux ans avant l'embrasement mondial. Cette tragédie a inspiré Picasso, lequel l'a immortalisée dans un de ses plus célèbres tableaux, *Guernica*. Ironie de l'histoire, le chef-d'œuvre est aujourd'hui à Madrid et non pas au Pays basque.

« La ville sainte des Basques, celle qui montrait l'Arbre emblématique des traditions du pays, allait devenir le symbole de la cruauté fasciste pour le monde entier[35]. »

Le 19 juin 1937, jour de la chute de Bilbao, représente un tournant de la Guerre civile espagnole, car l'intégralité du Pays basque est sous le joug franquiste, ce qui a pour conséquence l'exil des membres du gouvernement autonome présidé par Aguirre et d'une grande partie du peuple basque en France et en Amérique[36]. Cette date signa la mort du nationalisme basque en Espagne que le régime franquiste s'évertua à réprimer, tant d'un point de vue politique que culturel, en particulier la langue, l'euskara, qui fut proscrite de tous les usages officiels et de l'enseignement dans les provinces basques.

Mais cette répression se retourna contre le régime de Franco et provoqua la renaissance du nationalisme basque s'opposant à la vague migratoire espagnole liée au mouvement d'industrialisation. La résistance silencieuse a ouvert la voie à la « résistance active » quand, en 1952, « un groupe

[35] J.-M. Izquierdo, *op. cit.*, p. 81.
[36] J.-C. Larronde, *op. cit.*, p. 115-116.

d'étudiants de Bilbao se réunit pour publier un bulletin qu'ils appellent *Ekin* », ce qui a été déterminant pour l'avenir du mouvement basque en lutte contre l'État franquiste[37]. Sabino de Arana était leur référent historique. Ils se voulaient patriotes, abertzale, séparatistes, rompirent finalement avec le PNV et furent à l'origine, avec de jeunes dissidents du PNV, de la nouvelle organisation, Euskadi Ta Askatasuna, ETA, Pays basque et liberté, qui voit le jour le 31 juillet 1959, privilégiant la lutte armée pour se montrer efficace contre le régime franquiste (1939-1975) « dans son opposition au centralisme castillan et dans la nécessité de libérer les Basques de l'oppression capitaliste[38] ».

> La violence se trouvait justifiée par l'impossibilité d'entamer un dialogue efficace avec le pouvoir et d'être reconnue comme une force de la nation basque intégrée en tant que telle dans l'État. Cet engagement fut aussi déterminé par le contexte tiers-mondiste dominant à l'époque, qui pensa l'émancipation des peuples entiers. L'ETA voulut s'inscrire dans la lignée des nationalismes révolutionnaires des peuples du Sud[39].

C'est ainsi que vingt ans après la victoire franquiste, le nationalisme basque renaissait de ses cendres, l'année 1959-1960 constituant une date charnière avec la mort en exil à Paris du président Aguirre le 22 mars 1960. L'objectif est la construction d'un « État socialiste basque indépendant, réunifié et bascophone », l'indépendance d'Euskal Herria, les sept provinces de culture et langue basques en France et en Espagne. ETA se dote, dès 1961, d'un Front militaire. Au milieu des années soixante, les attaques à main armée commencent par une violence symbolique, l'encaissement de l'« impôt révolutionnaire », qui consiste en fait à des extorsions de fonds imposées aux chefs d'entreprise pour susciter l'adhésion des jeunes et éveiller un sentiment nationaliste.

> À cette période, ETA est une organisation exclusivement nationaliste, réactualisant le nationalisme historique de Sabino Arana en essayant tant bien que mal d'évacuer le racisme propre à son auteur. Un intellectuel basque va jouer un rôle fondamental dans cette histoire d'ETA naissante : Federico Krutwig qui va s'imposer comme le principal théoricien de l'organisation. Il publie en 1963 *Vasconia*, texte fondamental du nationalisme moderne qui marie l'ethnicisme d'Arana, en insistant sur la langue basque comme support principal de la nation à construire, et le tiers-mondisme qui devient la référence de toute une génération. Avec Krutwig, le nationalisme basque perd sa dimension anticommuniste et franchement réactionnaire. Les nouveaux modèles de lutte sont le FLN algérien, le communisme vietnamien et l'Irgoun. ETA s'invente une filiation avec ces mouvements de décolonisation ; filiation d'autant plus facile à développer que la brutalité du franquisme offre l'agréable illusion d'une situation coloniale violente en Euskadi[40].

---

[37] J.-M. Izquierdo, *op. cit.*, p. 93.
[38] *Ibid.*, p. 95.
[39] *Ibid.*, p. 96.
[40] X. Crettiez, « Les périphéries rebelles : logiques de violence en France et en Espagne », *Politeia*, n° 7, 2005, p. 502.

Dans un autre texte fondateur de l'organisation, *La insurrección en Euskadi*, la dimension mystique du nationalisme basque apparaît, mélange de révolution et de sacrifice annonçant le culte des martyrs[41]. La guerre débute le 7 juin 1968 lors d'un échange de coups de feu qui cause la mort d'un de ses dirigeants et d'un policier. Elle pratique la lutte armée pour la libération du peuple basque, une « violence ethno-nationaliste » un « terrorisme ethno-nationaliste[42] ».

Quand s'est ouvert à Burgos, le 3 décembre 1970, le procès retentissant de seize militants basques de l'ETA accusés d'avoir tué Manzanas, l'écho fut international, la mobilisation importante, à tel point que le procès, fortement médiatisé, marqua le début des années soixante-dix. Ont été prononcées des condamnations à des peines de prison et des peines de mort finalement commuées en détention, ce qui a été vécu par les militants basques comme une victoire. Et ce qui devait être le procès de l'ETA contribua au contraire à sa notoriété et fut finalement celui de la dictature de Franco.

Mais l'assassinat de l'amiral Luis Carrero Blanco, le 20 décembre 1973, alors chef du gouvernement, et potentiel successeur de Franco, est considéré comme l'action la plus frappante contre l'État franquiste depuis la fin de la guerre civile espagnole en 1939.

> Entre 1968, date du premier assassinat d'ETA, et la mort de Franco en 1975, l'organisation se déchire entre ses deux tendances opposées : d'une part la tendance historique, ultranationaliste et méfiante par rapport au communisme ouvrier, d'autre part la tendance tiers-mondiste et marxiste, misant plus sur la formation politique dans les usines que sur la victoire militaire. Cette opposition aboutit en octobre 1974 à la première et dernière scission d'ETA, opposant l'ETA militaire, nationaliste et activiste, à l'ETA politico-militaire, défendant la primeur de l'action politique sur l'action clandestine[43],

moins radicale et qui va s'autodissoudre en 1981.

Pourtant, bien que l'ETA puise ses racines dans l'antifranquisme, l'ETA confronté au franquisme — de 1968 à 1975 — s'est montrée nettement moins violente que dans les années qui ont suivi la mort de Franco puisque sur les 829 victimes dont elle est responsable jusqu'à la fin de la lutte armée en 2011, on n'en dénombre que 34 sous Franco, « menaçant l'imagerie répandue du mouvement basque comme une organisation de résistance à la dictature de Franco[44] ». En revanche, les années de la transition démocratique, de 1976 à 1980, sont particulièrement meurtrières. Tous les militants de l'ETA emprisonnés ayant été libérés à la faveur d'une amnistie générale, « les séparatistes mènent alors une offensive en règle contre la démocratie

---

[41] *Idem.*

[42] X. Crettiez, *La violence ethno-nationaliste contre l'État, les peuples basque et corse*, th. Paris 1, 1997, dir. Ph. Braud ; X. Crettiez, « Les périphéries rebelles : logiques de violence en France et en Espagne », *op. cit.*, p. 500.

[43] X. Crettiez, « Les périphéries rebelles… », *op. cit.*, p. 502.

[44] *Ibid.*, p. 507.

espagnole[45] » et sont responsables de 252 assassinats, ce qui permet de parler d'une violence politique.

Finalement, l'ETA s'est engagée « sur la voie du terrorisme aveugle, n'opérant pas de distinction entre l'État combattu et la société au sein de laquelle la lutte s'inscrit[46] », les cibles étant atomisées du fait que libération nationale et libération sociale étaient associées, ce qui permettait aux séparatistes, pour beaucoup sensibles aux idées d'extrême gauche, de se distinguer du PNV. D'ailleurs, il a été proscrit par les autorités espagnoles en tant qu'organisation criminelle[47].

Or, après la mort de Franco le 20 novembre 1975, le petit-fils du roi Alphonse XIII, désigné en 1969 par les Cortes comme le successeur sur proposition de Franco, est proclamé roi le 27 novembre. Il entreprend immédiatement la transition démocratique avec la reconnaissance des particularismes locaux, et l'amnistie des etarras, délégitimant ainsi la violence nationalitaire.

La Constitution espagnole de 1978 discutée et adoptée aux Cortes le 31 octobre 1978 intégra les revendications autonomistes. L'article 2 pose que « la Constitution est fondée sur l'unité indissoluble de la nation espagnole, patrie commune et indivisible de tous les Espagnols. Elle reconnaît et garantit le droit à l'autonomie des nationalités et des régions qui la composent et la solidarité entre elles ». Ainsi, les nationalités sont reconnues comme composantes de la nation espagnole par l'article 2 et les peuples d'Espagne sont visés par le préambule. L'article 3 pose, outre que le castillan est la langue espagnole officielle de l'État, que les autres langues espagnoles sont aussi officielles dans leurs communautés autonomes respectives conformément à leurs statuts. Quant aux articles 143 à 158, ils prévoient l'organisation des communautés et leur autonomie. Dès lors, « la Constitution permet que différents groupes d'Espagnols, sur la base territoriale d'une communauté autonome, s'organisent dans une *nationalité* et dans un *peuple*, en même temps. Et ils peuvent le faire par la création d'un *statut d'autonomie*[48] ». Ainsi, les régions ayant déjà bénéficié d'une existence politique comme le Pays basque étaient incitées à réfléchir à un projet d'autonomie. La Constitution soumise à référendum le 6 décembre a été adoptée par 87,7 % des électeurs espagnols et 32,3 % d'abstention, mais par seulement 69 % au Pays basque, le PNV ayant prôné l'abstention qui s'est élevée à 55 % dans ce territoire.

---

[45] Selon Barbara Loyer, citée par C. Chazel, « Qu'est-ce que l'organisation basque ETA ? », *Le Monde*, 4 mai 2018.

[46] X. Crettiez, *op. cit.*, p. 514.

[47] Il a été également inscrit sur la liste officielle des organisations terroristes par plusieurs pays, dont le Canada, les États-Unis, la France et le Royaume-Uni et, jusqu'en 2009, sur celle de l'Union européenne.

[48] A. Perez-Calvo, « La voie juridique vers l'indépendance d'un territoire espagnol », *L'Europe en formation*, n° 368, 2013, p. 97-107.

Un projet de statut d'autonomie fut alors discuté dans la ville hautement symbolique de Guernica puis adopté au Cortes, la Navarre ne souhaitant pas y être intégrée. Finalement, le statut de la Communauté autonome du Pays basque, appelé statut de Guernica ou d'Euskadi, approuvé par référendum le 25 octobre 1979, avec un taux de participation de 58,8 % et 90,3 % des suffrages exprimés en faveur du « oui », le PNV approuvant le statut, va même plus loin que celui de 1936. L'autonomie se base sur la « foralité historique ». Néanmoins, le droit à l'autodétermination, revendiqué par la gauche indépendantiste, et plus particulièrement la branche politique de l'ETA, Herri Batasuna, (HB, Peuple uni), ne fut pas accordé, si bien que le PNV, dont les revendications des années trente venaient d'aboutir, s'affirma comme un parti de centre droit, influencé par la social-démocratie. Le nationalisme basque se partagea donc entre les partisans de la voie démocratique et ceux de la lutte armée. Toutefois, le PNV, qui a toujours entretenu une ambiguïté idéologique sur son objectif politique ultime, l'obligeant à entretenir une adaptation constante entre autonomisme et indépendantisme et qui n'a pas été résolue avec la transition démocratique, se scinda en 1986 : l'EA (Eusko Alkartasuna, Solidarité basque) se constitua, indépendantiste, mais opposée à la violence[49].

Il n'en demeure pas moins que depuis les premières élections autonomiques de 1980, le PNV, toujours arrivé en tête, est le parti principal. Il a joué un rôle intégrateur puisque, alors que le système partisan basque se caractérise par un important degré de pluralisme engendrant une forte fragmentation parlementaire, il a toujours réussi à réaffirmer sa centralité en s'imposant à la tête d'une coalition l'amenant à diriger le gouvernement basque depuis, à l'exception des élections de 2009 où, même s'il a gagné les élections, il n'a pas été en mesure, pour la première fois depuis la transition, de former un gouvernement[50].

Pourtant, le nationalisme radical autour d'ETA connut un tournant en 1986 du fait de la généralisation de l'utilisation de moyens indiscriminés avec les « *coche bomba* », ce qui constitua « la première étape de la sanglante dérive terroriste d'ETA ». Il « va mettre en place une véritable contre-société, totalement close sur elle-même, sans lien avec le reste de la société basque[51] ».

Ceci conduisit tous les partis, à l'exception de HB, à signer le pacte d'Ajuria Enea, le 12 janvier 1988, sorte de charte partisane condamnant le terrorisme et l'ETA mais affirmant le choix du respect du droit et de la démocratie.

Ainsi, au-delà du Parti socialiste (PSOE) et du PNV qui étaient associés depuis la guerre civile contre le franquisme et pour la démocratie, la majorité des acteurs de la vie politique basque s'est unie autour du respect du cadre

---

[49] M. Petithomme, « L'évolution des attitudes et du vote nationaliste au pays basque espagnol depuis la transition démocratique (1978-2008) », *Pôle Sud*, n° 31, 2009, p. 103-128.

[50] M. Petithomme, *op. cit.*

[51] X. Crettiez, « Les périphéries rebelles, … », *op. cit.*, p. 519.

institutionnel politique espagnol qui a consacré, par le statut de Guernica, les revendications autonomistes, isolant les nationalistes radicaux du reste de l'échiquier basque espagnol, et surtout de la majorité de la population basque satisfaite du statut d'autonomie et favorable à la fin de la violence[52].

Mais la chute du mur de Berlin provoqua l'émergence ou la résurgence de mouvements nationalistes.

« En novembre 1989, le PNV était au pouvoir au gouvernement autonome basque, et le Parti socialiste (PSOE) de Felipe González venait de remporter les élections législatives en Espagne en octobre. » Or, le 5 décembre 1989, lors de la séance d'investiture au Parlement espagnol, le PNV refusa de soutenir sa candidature, car « il avait basé son discours du jour précédent au Parlement européen sur l'accélération de l'évolution à l'Est et la reconnaissance du droit à l'autodétermination pour les nouveaux pays en prenant soin de ne pas y inclure le Pays basque ». Nonobstant, il s'est aussi réjoui du « discrédit du communisme », car « cela permettait également de discréditer les organisations nationalistes basques concurrentes qui se réclamaient du socialisme ».

> Le PNV se replaça donc dans une situation plus favorable en termes de rapports de force locaux pour la légitimité de la représentation du mouvement nationaliste (…), ce qui lui permit de reprendre l'initiative et de se repositionner sur des positions plus radicales. Ainsi, le 15 février 1990, le PNV proposa un vote au Parlement basque pour le droit du peuple basque à l'autodétermination alors que sa position jusque-là était de demander une autonomie renforcée. Cette motion fut acceptée par le Parlement basque, puis transmise au parlement de Madrid qui la rejeta[53].

Quant à l'ETA, dès le 16 décembre 1989, elle réagit en réaffirmant le droit à l'autodétermination pour le Pays basque, mais s'attacha « à définir une idéologie moins dogmatique, évitant d'imposer le socialisme[54] », recentrant donc ses objectifs sur la question nationale.

Dans son discours de Noël, le roi ayant déjà donné le ton en rappelant que l'« indissoluble unité de l'Espagne, que la Constitution proclame, est au-dessus de tout », le PNV ne donna pas de suite à sa demande d'autodétermination, ce qu'il justifia en invoquant le fait qu'il ne demandait pas l'exercice de ce droit, mais uniquement sa reconnaissance, ajoutant qu'il s'agissait d'une stratégie pour déposséder HB et ETA de ce thème. D'ailleurs, pour sauver le gouvernement de coalition au Pays basque, le PNV conclut également un pacte avec le PSOE, si bien qu'il passa pour un traître aux yeux des radicaux et que le conflit entre les nationalistes basques s'intensifia. Au final, la chute du mur de Berlin a eu un impact non négligeable au Pays basque. Toutefois, la stratégie de radicalisation du PNV lui a permis ensuite

[52] J.-M. Izquierdo, *op. cit.*, p. 129.
[53] P. Pragnères, « Répercussions de la chute du mur de Berlin sur des conflits nationalistes : Pays basque et Irlande du Nord », *Cahiers du MIMMOC*, n° 8, 2012, https://doi.org/10.4000/mimmoc.1072.
[54] *Ibid.*

de bénéficier de la légitimité de la représentation politique du nationalisme, alors que l'ETA et HB furent discrédités[55].

À la suite des élections législatives de 1996 dont le Parti populaire de José María Aznar est sorti victorieux, les partis nationalistes ont décliné, ce qui a amené le PNV à formuler une nouvelle stratégie « pour répondre aux fortes attentes sociales en faveur de la pacification tout en tentant de réaffirmer sa position dominante[56] », si bien que le 12 septembre 1998, rompant avec la logique autonomiste et l'esprit d'unité contre le terrorisme, il signa le Pacte d'Estella avec l'ensemble des forces nationalistes autour de la demande d'autodétermination de l'Euskadi et de la Navarre, de même que des trois provinces basques françaises. « Cette revendication entraîna l'éloignement du PNV du "nationalisme intégrateur" de l'Euskadi de Guernica, en y substituant un "nationalisme intégral" visant à "réinventer" une nouvelle nation basque dorénavant dénommée Euskal Herria. » Le 16 décembre, ETA déclara une trêve unilatérale et illimitée, mais qu'il rompit le 28 novembre 1999, estimant que le Premier ministre de l'époque, José María Aznar, incitait la police à les poursuivre tout en feignant le dialogue, puis il plonge l'Espagne dans une nouvelle vague de violence. Le PNV a encore expliqué, comme en 1990, sa « dérive souverainiste » par la nécessité de mettre fin à la violence grâce à un nouveau statut. Mais lors des élections autonomiques du 25 octobre 1998, le PNV a été dépendant d'EB, ce qui a abouti à l'élection comme *Lehendakari* de Juan José Ibarretxe du PNV qui a proposé un projet tendant à une révision du statut d'autonomie afin de faire du Pays basque une « nation libre et associée à l'État espagnol ». Ce plan, approuvé par le Parlement basque le 30 décembre 2004, est largement rejeté au Congrès des députés le 1er février 2005, par 313 voix contre 29, du fait du rejet du gouvernement socialiste de José Luis Zapatero au pouvoir depuis 2004 et de l'opposition du PP. Le projet, justifié par l'histoire, spécifie le « Peuple basque » comme « un Peuple avec une identité propre au sein de l'ensemble des peuples d'Europe, dépositaire d'un patrimoine historique, social et historique singulier, qui s'étend géographiquement sur sept territoires actuellement articulés en trois domaines juridiques et politiques différents qui se répartissent sur deux États ». Il ouvre le droit à l'autodétermination et le peuple serait ethniquement défini à partir de son territoire englobant la Communauté de Navarre et le Pays basque français. Cette proposition de nouveau statut pour le Pays basque « repose sur la considération du Peuple basque comme nation. Cette interprétation suppose la résurrection du principe des nationalités » en vertu duquel « l'origine de la souveraineté réside dans la nation, ainsi destinée à s'organiser en État, de sorte que les nations qui n'y seraient pas parvenues, pour des raisons historiques,

---

55 M. Petithomme, *op. cit.*

56 *Ibid.*

seraient fondées à devenir des États[57] ». Comme l'écrit le dédicataire de ces lignes, une telle démarche

> heurte radicalement le texte même de la Constitution espagnole (articles 2 et 145-1) (…) Mais elle heurte tout autant, par son « droit de regard » sur le Pays basque français, l'ordre constitutionnel de la République française, notamment fondé sur l'exclusivité et l'indivisibilité du « peuple français ». Le « peuple basque » serait « une nation pluri-étatique par l'exercice d'une solidarité objective d'ordre ethnique, le « droit de regard », lequel repose « sur une conception ethnique » — la communauté d'origine — et non pas politique — la dynamique du choix — de l'appartenance nationale[58].

Comme le précise l'auteur, on comprend pourquoi les nationalistes du PNV n'ont pas participé au pacte constitutionnel de 1978 et avaient prôné l'abstention lors du référendum sur la Constitution : « leur position s'explique juridiquement par l'exigence de voir reconnaître par la Constitution les "droits historiques" des Basques. Cela se serait traduit par un retour aux *fueros* abolis en 1839 et 1876, et donc à la supériorité de ces derniers sur la Constitution elle-même[59]. » Ce plan prévoit aussi notamment la représentation directe du Pays basque au niveau européen et l'octroi de la double nationalité basque et espagnole pour les habitants de la communauté. Finalement, la proposition de ce nouveau statut pour le Pays basque ébranlait en profondeur les fondements du système constitutionnel des autonomies.

Mais si le PNV a radicalisé ses positions, la violence politique fut délégitimée à la suite des attentats du 11 septembre 2001, favorisant la transformation des conflits en processus uniquement politiques. À cet égard, la violence radicale tuant de façon aveugle développée par l'ETA, usant de méthodes terrorisantes à l'égard d'Espagnols pour ce qu'ils sont et non pas pour ce qu'ils font, « pour leur nature castillane ou leur extranéité par rapport à la société abertzale et non pour leur action à l'encontre du nationalisme radical[60] », provoque au début des années 2000 un conflit au sein de la société civile basque entre Basques démocrates et ceux qui usent de la violence et refusent le pluralisme politique. La demande d'interdiction des partis Herri Batasuna et Batasuna « vitrine politique » de l'ETA a alors été lancée en 2002 par le gouvernement, soutenu par le PSOE qui a donné lieu à un vote d'une motion à 88 % des Cortès, au Tribunal suprême espagnol au motif qu'ils avaient enfreint la nouvelle loi organique 6/2002 sur les partis politiques et refusaient de condamner clairement les attentats imputés à l'ETA. Il a procédé à leur dissolution le 17 mars 2003, le juge Garzón ayant déjà ordonné sa

---

[57] A. Lopez Basaguren, « Les nouveaux détours du principe des nationalités ? Autour de la proposition de "nouveau statut politique" pour le Pays basque », *Civitas Europa*, n° 12, 2004, p. 81.

[58] S. Pierré-Caps, *op. cit.*, p. 299. Voir aussi le numéro spécial, « Autour de la "proposition de statut politique de la Communauté du Pays basque" ou "Plan Ibarretxe" », *Civitas Europa*, n° 12, 2004, 307 p.

[59] *Op. cit.*, p. 300-301.

[60] X. Crettiez, « Les périphéries rebelles… », *op. cit.*, p. 521.

suspension pour trois ans en 2002 afin d'étouffer cette « communauté de la peur » nationaliste violente[61].

Saisie, la CEDH, dans son arrêt du 30 juin 2009, a confirmé la décision de la justice espagnole. Elle a considéré non seulement que le Tribunal suprême n'a pas violé la Convention en prononçant leur dissolution, mais qu'en outre cette décision « répondait à une nécessité sociale impérieuse ». C'est ainsi que la gauche nationaliste radicale n'a pu présenter de liste et avoir des représentants au nouveau Parlement basque après les élections autonomiques du 1er mars 2009, ce qui a facilité l'élection d'un socialiste, Patxi Lopez, comme président d'une région gouvernée depuis la fin du régime franquiste et le rétablissement de la démocratie par le PNV. Ces élections vont se révéler d'une importance majeure et constituer un tournant dans l'évolution du conflit. En effet, même si le PNV est arrivé en tête, il n'a pas obtenu la majorité absolue, et les frères ennemis de la scène politique espagnole ont réussi à faire taire leurs différends puisque les socialistes, arrivés derrière le PNV, ont négocié l'appui des parlementaires du PP, lequel a hérité, en contrepartie de son soutien, la présidence de l'assemblée basque pour contrer la dérive souverainiste du PNV. Ainsi, le Parti socialiste au pouvoir, à qui il manquait sept sièges au Congrès depuis 2008 pour atteindre la majorité absolue, alors qu'il a pu compter jusque-là sur le soutien des parlementaires du PNV, a accepté de fragiliser la position de son gouvernement, et a fini par anticiper les législatives au 20 novembre 2011 après la débâcle aux municipales du 22 mai.

En tout état de cause, en 2009, averti lors des élections générales espagnoles de 2008 à l'occasion desquelles il avait perdu des voix et un siège,

> le PNV, qui demeure la première formation politique d'Euskadi, n'a visiblement pas senti la lassitude des Basques vis-à-vis des violences d'ETA et de l'attitude de confrontation permanente de ses dirigeants avec Madrid (…), qui, divisé entre les tenants d'une ligne autonomiste et les défenseurs d'une voie souverainiste, n'a jamais clairement marqué ses différences avec les tenants de l'extrémisme. Comme en témoigne l'attitude de ses dirigeants actuels qui estiment avoir été « volés » d'une victoire électorale parce que la justice espagnole a interdit la participation au dernier soutien de la gauche abertzale, (…) [ce qui] a privé de ce fait le PNV de toute possibilité de bénéficier d'une majorité au Parlement régional pour former un nouveau gouvernement — quitte à dépendre des voix des représentants des amis d'ETA comme cela s'est produit par le passé[62].

Dès lors, les élections du 2009 ont consacré le vote majoritaire pour les partis étatiques, PSE-PP, traduisant le renforcement du courant centripète favorable à l'autonomisme, au « nationalisme intégrateur », et remettant en cause l'hégémonie du PNV et sa dérive souverainiste avec sa dépendance et sa permissivité à l'égard de ses partenaires nationalistes radicaux, et donc le « nationalisme intégral ». C'est ainsi que l'ambiguïté idéologique du PNV qui

---

[61] A. Martin, « La réforme du statut des partis politiques et la gestion de la question basque en Espagne », *Politeia*, n° 3, 2003, p. 29 et s.
[62] G. Sengès, « La "révolution" basque », *Les Échos*, 7 mai 2009.

lui a jusque-là permis de jouer un rôle d'intégration de la société basque s'est retournée à son détriment et que le paysage politique du Pays basque est bouleversé, même si cette alliance des partis constitutionnalistes opposés au niveau national est accusée d'avoir artificiellement confisqué le pouvoir au Pays basque.

Finalement, l'ETA, dont la vitrine politique Batasuna interdite en 2003, n'a pu avoir de représentants aux élections autonomiques, se trouvait marginalisée au Pays basque où la population était exaspérée par la violence, et était traquée par les autorités espagnoles et françaises. Elle a alors pris conscience de l'impasse terroriste et a décidé officiellement l'abandon définitif de la lutte armée le 20 octobre 2011, ce qui a ouvert la voie à une normalisation politique au Pays basque, le défi consistant à construire un chemin commun vers la paix durable dans le cadre d'un nationalisme basque « intégrateur ».

III. Le défi de la construction d'un chemin vers la paix durable dans le cadre d'un nationalisme basque « intégrateur »

L'année 2011 est importante dans l'histoire du Pays basque par l'ouverture d'un nouveau cycle.

En effet, en 2009, ETA qui subit d'importants revers du fait notamment de l'exclusion de la gauche abertzale des institutions nationales et locales, se trouve à la croisée des chemins si bien qu'à l'occasion de son cinquantenaire, si « elle dénonce l'attitude du PNV et son échec dans la voie de l'indépendance » et, « tout en réaffirmant sa volonté de poursuivre sa lutte armée », « elle laisse transparaître un autre discours disant "conserver l'espoir d'une solution démocratique" que l'Espagne est accusée de refuser par son entêtement à refuser toute négociation[63] ». La gauche abertzale se trouvant dans une situation de quasi-clandestinité, et consciente que la lutte armée l'entraîne vers une mort programmée si elle n'a plus de représentation politique, a alors réfléchi à un changement de stratégie en envisageant une négociation avec le gouvernement espagnol et en concevant un processus démocratique ouvrant la voie de l'autodétermination du peuple basque, exclusif de toute expression de violence. Cette proposition d'Alsasua du 14 novembre 2009 a « pour objectifs la démilitarisation du Pays basque, la libération des prisonniers, le retour des exilés et le traitement équitable de toutes les victimes du conflit ». Mais le gouvernement socialiste espagnol exige avec fermeté qu'ETA « dépose les armes sans condition » alors que cette dernière, dans un communiqué du 16 janvier 2010, « persiste encore dans sa présentation de la lutte armée comme étant la première étape de ce

---

[63] S. Vuelta Simon, P. Ollivier-Maurel, *La justice française contre ETA*, Paris, PUF, coll. « Questions judiciaires », 2012, p. 212.

processus », « un préalable nécessaire à la progression sur la voie de l'autodétermination et l'indépendance[64] ».

Conscients qu'ils ne pouvaient explicitement condamner le terrorisme, car ETA ne l'accepterait pas, les abertzales lancent un double appel, l'un à la société basque, l'autre à la communauté internationale pour qu'elle accompagne le processus de règlement de la question basque. Cet appel est relayé par Brian Currin, qui a notamment participé au processus de paix en Irlande du Nord. Il présente le 29 mars 2010 une déclaration devant le Parlement européen, signé notamment par deux Prix Nobel de la paix, Desmond Tutu et Frederik De Klerk, dans laquelle il « invite, d'une part, ETA à annoncer un cessez-le-feu permanent et vérifiable et, d'autre part, le gouvernement espagnol à répondre en œuvrant pour "résoudre les différences et atteindre une paix durable[65]" ». Le 25 septembre 2010, la gauche abertzale, après maintes concertations, annonce à Guernica un accord s'adressant à ETA et au gouvernement espagnol, lequel se montre toujours intransigeant, souhaitant une reddition sans condition avec dépôt des armes et jugement des etarras[66]. Le gouvernement, la gauche abertzale et ETA se livrent donc au jeu du chat et de la souris. Après dix-sept mois sans attentat, l'ETA a annoncé le 10 janvier 2011 un cessez-le-feu unilatéral « permanent » et « général » sous la pression des abertzales, lesquels, pour pouvoir participer aux élections municipales, présentent alors les statuts d'un nouveau parti indépendant, Sortu. Mais le gouvernement considère que c'est une manœuvre consistant à reconstituer Batasuna qui voudrait redevenir légal sans rompre avec ETA, « le rejet de la violence d'ETA » ne valant pas une condamnation du terrorisme. La question est alors portée par le gouvernement devant le Tribunal suprême qui va interdire le nouveau parti le 23 mars 2011[67]. Mais quarante-huit heures après, les abertzales annoncent la création d'une nouvelle coalition électorale dénommée Bildu Euskal Herria signifiant « réunir le Pays basque », initiative saluée par ETA dans deux communiqués datés des 24 et 25 avril 2011. Le gouvernement, considérant que c'est une nouvelle manœuvre, saisit le Tribunal suprême, lequel interdit l'ensemble des listes le 1er mai, ce que le chef socialiste du gouvernement basque et le PNV désapprouvent sévèrement. Le Tribunal constitutionnel alors saisi d'un recours en violation des droits fondamentaux, invalide l'arrêt du Tribunal, ce qui a ouvert le chemin des urnes pour les élections locales à Bildu Euskal Herria qui en sort vainqueur devant le PNV avec le plus grand nombre d'élus dans la Communauté. Ces élections sur fond de crise économique constituent une déroute pour le Parti socialiste et une revanche pour les abertzales de gauche, les victimes du terrorisme dénonçant une victoire d'ETA. Le président du gouvernement a

---

[64] *Op. cit.*, p. 215-216.
[65] *Op. cit.*, p. 240.
[66] *Op. cit.*, p. 246.
[67] Le Tribunal constitutionnel légalise finalement Sortu le 20 juin 2012.

alors décidé la tenue d'élections générales anticipées pour le 20 novembre 2011, les premières depuis l'annonce de la fin de la lutte armée par ETA, lesquelles sont gagnées par le PP conduit par Mariano Rajoy qui obtient la majorité absolue.

Au Pays basque, « les partis nationalistes ont remporté les deux tiers des suffrages », ce qui constitue une nouvelle donne. Le PNV régresse en voix et, avec cinq sièges, en perd un par rapport à 2008, tandis que la nouvelle coalition EH Bildu, qui s'était clairement démarquée de la violence, obtiendra un excellent résultat avec également cinq sièges, mais en devenant en voix la première force parlementaire basque, ce qui a redonné une tribune, une légitimité et une source de financement officielle aux indépendantistes radicaux. « L'ampleur de ce succès est une surprise, car le Parti socialiste avait réussi à provoquer, en 2009, la première alternance au gouvernement autonome dirigé par le PNV depuis la transition démocratique[68]. »

Mais, s'agissant d'ETA,

> [elle] a connu entre 2006 et 2011, l'un des pires moments de son histoire avec le démantèlement de ses structures périphériques et les arrestations successives de tous ses cadres dirigeants, de sorte qu'à l'été 2011, elle compte 750 prisonniers. Il ne reste plus rien de ses appareils politique, juridique, international et logistique, son appareil militaire se trouve réduit à une quarantaine d'individus pour l'essentiel contraints de se cacher. (…) Le 25 septembre, répondant aux appels de la gauche abertzale qui juge indispensable un engagement des détenus dans le processus de normalisation, le collectif des prisonniers d'ETA se rallie solennellement à l'accord de Guernica et appelle à mettre un terme à la violence en contrepartie de l'ouverture de négociations. Cet accord est qualifié par ETA elle-même de « référence en vue de la résolution démocratique du conflit[69] ».

Le 17 octobre 2011 s'est tenue une conférence pour la paix organisée à San Sebastian, au Palais d'Aiete, par la coalition abertzale à laquelle assistent de personnalités telles que Kofi Annan, ancien secrétaire général de l'ONU, et Gerry Adams, président du parti nationaliste Sinn Fein, des architectes du processus de paix nord irlandais. En Irlande du Nord, l'IRA avait renoncé officiellement à la violence en 2005 en détruisant ses armes et aboutissant à son désarmement, sept ans après l'accord historique de paix du Vendredi Saint du 10 avril 1998 conclu entre Londres, Dublin et les dirigeants séparatistes. Cette conférence donne lieu à une déclaration demandant à ETA d'annoncer publiquement l'arrêt définitif de son activité armée et de solliciter un dialogue avec les gouvernements français et espagnol. Elle a probablement constitué « un événement capital dans cette évolution historique[70] ».

Et c'est ainsi que le 20 octobre 2011, ETA répond à l'appel des abertzales dans un communiqué :

---

[68] B. Loyer, « Les élections espagnoles : nouvelle donne au Pays basque. Les nationalistes ont remporté les deux tiers des suffrages au Pays basque », *Le Monde*, 30 mai 2011.
[69] S. Vuelta Simon, P. Ollivier-Maurel, *op. cit.*, p. 270-273.
[70] J.-P. Massias, « Postface de Jean-Pierre Massias », *in* P. Crettenand, *Le rôle de la guerre dans la construction de la paix. Le cas du conflit basque*, Paris, L'Harmattan, 2014, p. 267.

> Un nouveau temps politique est en train de s'ouvrir en Euskal Herria (...). Il est temps de regarder l'avenir avec espoir. Il est également temps d'agir de manière responsable et courageuse. Par conséquent, ETA a décidé de mettre fin définitivement à son activité armée. ETA appelle les gouvernements d'Espagne et de France à ouvrir un processus de dialogue direct, dont l'objectif sera de résoudre les conséquences du conflit et de surmonter ainsi le conflit armé. À travers cette décision historique, ETA montre son engagement clair, ferme et définitif[71].

C'est la première étape de la fin d'ETA qui en compte trois, les deux autres étant le désarmement en 2017, puis la dissolution en 2018.

Mais, « les réactions sont partagées après l'annonce historique de l'organisation séparatiste basque ETA de renoncer définitivement à la lutte armée (...). Le soulagement est évident dans les rangs de la classe politique et chez les familles de victimes, mais la prudence est de mise. Car le message de l'ETA, qui ne mentionne ni la dissolution du groupe ni le sort des victimes, est loin de refermer les blessures des Espagnols. » « Nous devons rester prudents. Quarante ans de terrorisme ne peuvent s'achever en quelques heures d'urgence », a ainsi déclaré le président socialiste du gouvernement régional du Pays basque, Patxi Lopez, tout en se félicitant de l'ouverture d'une « nouvelle ère ». À un mois des élections législatives du 20 novembre 2011, le chef de l'opposition, Mariano Rajoy, a lui aussi salué « un pas très important », tout en réclamant « la dissolution irréversible » du groupe armé[72]. Quant au président du gouvernement Zapatero, il « annonce l'avènement d'une démocratie sans terrorisme tout en saluant le travail des forces de sécurité et de justice de l'État espagnol et l'excellence de la coopération internationale, plus particulièrement de la France[73] », le Président Sarkozy « prenant acte » de la décision de l'ETA et saluant « une victoire de la démocratie sur la violence », et rendant aussi hommage « aux nombreuses victimes de décennies de terrorisme[74] ».

De fait, les élections générales du 20 novembre 2011 vont se dérouler pour la première fois depuis l'avènement de la démocratie en l'absence de menace de la part d'ETA. Le PP remporte la majorité absolue et sans surprise le gouvernement dirigé par Mariano Rajoy se montre déterminé en assurant qu'il ne saurait être question de céder aux exigences d'ETA et qu'il ne saurait être question de contreparties, en particulier s'agissant du sort des prisonniers basques qui s'invite dès le lendemain des élections et qui est d'ailleurs encore de nos jours un sujet d'actualité.

Malgré la multiplication des manifestations de soutien aux prisonniers basques et à leurs revendications d'un allégement de la politique pénitentiaire en faveur du rapprochement des détenus au Pays basque et d'aménagements

---

[71] Communiqué d'ETA du 20 octobre 2011 tel qu'il est paru, notamment, dans le quotidien *La Razón* du 21 octobre 2011. Cité *in* S. Vuelta Simon et P. Ollivier-Morel, *op. cit.*, p. 273.

[72] « L'Espagne dubitative après l'adieu aux armes de l'ETA », *Le Figaro*, 21 octobre 2011.

[73] S. Vuelta Simon et P. Ollivier-Morel, *op. cit.*, p. 273-274.

[74] *Le Figaro*, 21 octobre 2011.

de peine, en particulier la libération de ceux pouvant prétendre à une libération conditionnelle, les représentants de l'État et des associations de victimes du terrorisme dénonce le refus persistant des abertzales de condamner expressément ETA. S'agissant du gouvernement, il continue « d'agir sans faiblesse » vis-à-vis de cette dernière tant qu'elle « n'aura pas annoncé sa dissolution et que ses membres ne se seront pas livrés en remettant leurs armes et leurs stocks d'explosifs. Sur cette ligne, l'Espagne et la France affichent la même fermeté et leur volonté commune de maintenir le dispositif répressif en activité. (...) De fait, l'activité judiciaire ne faiblit pas[75] », et le 21 février 2012, les députés majoritairement, les groupes du PP, du PSOE et du PNV principalement, s'accordent « sur cette position de fermeté en exigeant la dissolution définitive et inconditionnelle d'ETA et en demandant au gouvernement de veiller au strict respect de la loi[76] ».

En tout état de cause, la Conférence d'Aiete suivie de la déclaration d'ETA des 17 et 20 octobre 2011 marque un espoir de pacification au Pays basque et en Espagne, une étape importante sur « les chemins de la paix ». « Suite à l'annonce par ETA de la fin définitive de la lutte armée, la gauche indépendantiste basque a publiquement “regretté la douleur qu'elle a pu causer chez les victimes de l'organisation armée et a demandé à cette dernière de détruire ses armes”. » Cette déclaration du 27 février 2012 est « historique et démontre le degré de maturité du processus de paix dans le camp de la gauche souverainiste et majoritairement au sein du peuple basque. Malgré ces déclarations, cette bonne volonté manifeste de vouloir tourner la page, Madrid traîne les pieds, notamment sur la question du regroupement et de l'élargissement des prisonniers politiques ! Paris est au diapason[77]. »

Mais la politique de rigueur menée par le PP a provoqué des tensions vives entre le gouvernement socialiste basque allié au PP et son opposition. Le chef du gouvernement, Patxi Lopez, a donc décidé le 21 août 2012, d'avancer les élections régionales prévues pour 2013 au 21 octobre 2012, lançant dans une conférence de presse :

> Aujourd'hui, alors que le mandat s'achève, je peux affirmer avec orgueil que nous avons mis fin au terrorisme au Pays basque. (...) Simplement parce que nous pouvons désormais voir que tout le monde peut se promener en liberté dans nos rues, parce que la liberté d'opinion ne suppose plus beaucoup de risquer sa vie : simplement pour cela, le gouvernement socialiste du Pays basque a valu la peine[78].

Finalement, ces élections sont marquées par une poussée considérable du vote nationaliste en Euskadi, si bien que les nationalistes reprennent les

---

[75] S. Vuelta Simon et P. Ollivier-Morel, *op. cit.*, p. 279.

[76] *Op. cit.*, p. 282.

[77] C. Grall, *Pays basque : les chemins de la paix*, Carhaix-Plouguer, Spered Grouez, 2012, p. 203.

[78] « Le gouvernement basque convoque des élections anticipées en octobre », *Libération*, 21 août 2012. Le Parti socialiste était arrivé en deuxième place aux élections régionales de 2009, derrière le PNV.

commandes. Quoiqu'en léger recul, le PNV demeure la première formation avec 27 sièges sur 75, et EH Bildu obtient 21 élus. Ces deux formations devancent le PS, en fort recul avec 16 députés, victime d'un vote sanction, et le PP avec dix sièges, qui gouvernaient ensemble la région. Les nationalistes « cumulent près des deux tiers des sièges. Ce qui ne manque pas d'inquiéter Madrid, déjà aux prises avec les velléités indépendantistes de la Catalogne ». « EH Bildu recueille les fruits de la fin de la lutte armée annoncée le 20 octobre 2011 par l'ETA. (…) À chaque fois qu'il y a eu des trêves, cela a été profitable au mouvement indépendantiste lors des élections. » Cela dit, « l'indépendance n'est pas au programme du PNV » qui a seulement « fait campagne sur la centralisation de l'État en reprenant les rênes notamment dans la gestion de la crise économique[79] ». La session d'investiture pour la présidence a été marquée par un duel PNV-Bildu. Logiquement, Iñigo Urkullu, membre du PNV, a été élu Lehendakari de la Communauté autonome basque et, sans surprise, à la majorité relative le 13 décembre 2012, car il a bénéficié uniquement du soutien des 27 parlementaires de son parti, l'autre candidate, Laura Mintegi, du soutien des 21 parlementaires de Bildu, les autres parlementaires s'étant abstenus. Lors du débat d'investiture, Iñigo Urukulu, qui a été réélu depuis, en 2016 et 2020, a d'abord rappelé les victimes du terrorisme, puis a proposé trois grands objectifs pour la législature : la crise économique, la paix et un nouveau statut juridique pour l'Euskadi pour lui accorder davantage d'autonomie. Son adversaire a voulu montrer qu'il existe une alternative de gauche et souverainiste au modèle du PNV, souhaitant la souveraineté et le « droit de décider » afin de construire un « Pays basque indépendant et socialiste », soulignant que « le droit à décider n'est pas un choix, c'est une obligation[80] ».

Quoi qu'il en soit, si les nationalistes basques du PNV n'ont pas été otages des radicaux, les années 2011-2012 sont marquées par la revanche légaliste de la gauche abertzale.

Lors des élections législatives espagnoles du 20 décembre 2015, qualifiées d'historiques, on assiste à la disparition de la bipolarisation du système politique qui caractérisait l'Espagne depuis la transition démocratique. En effet, si le PP les remporte, il perd la majorité absolue, ce qui est une victoire aux airs de défaite pour la droite, et le PSOE arrive en deuxième position, mais avec un score historiquement faible, suivi par deux partis émergents qui font leur irruption sur la scène parlementaire espagnole, Podemos, formation de gauche anti-austérité, issue du Mouvement des indignés, puis Ciudadanos, formation centriste, les nouveaux entrants bénéficiant de l'effondrement des deux partis de gouvernement.

---

[79] B. Loyer, « L'indépendance n'est pas au programme du Parti national basque », propos recueillis par H. Sallon, *Le Monde*, 22 octobre 2012.
[80] https://www.eitb.eus/fr/infos/politique/detail/1002135/euskadi-session-investiture-marquee-duel-mintegi-urkul lu.

Au Pays basque, on assiste à une sensible modification de la carte électorale. Les nationalistes perdent des sièges et Podemos émerge, devenant en effet la première force politique en voix devant le PNV qui arrive en tête des nationalistes. Mais la répartition des suffrages donne six députés au PNV, qui en gagne un, contre cinq à Podemos. EH Bildu s'effondre avec deux sièges, en perdant cinq, avec néanmoins plus de voix que le Parti socialiste qui en reçoit trois. Le PP obtient deux sièges. Quant au parti antinationaliste libéral, Ciudadanos, il ne fait élire aucun parlementaire.

Toutefois, une coalition partisane pour pouvoir former une majorité gouvernementale s'avéra impossible, si bien que le Congrès a été dissous et de nouvelles élections ont été convoquées en 2016.

Finalement, si lors du scrutin du 26 juin 2016, la nouvelle donne politique n'a pas été bouleversée, l'ex-duopole PP-PSOE a repris un peu de terrain, mais c'est le PP qui a tiré bénéfice de la répétition du scrutin restant toutefois très loin de la majorité absolue.

S'agissant du Pays basque, ces élections sont marquées par la nette progression de Podemos qui gagne un siège, tandis que le PNV, tout en étant stable, perd un siège. Les socialistes remontent en troisième position et maintiennent leur représentation, comme EH Bildu, malgré une baisse. Quant à Ciudadanos, il recule.

Dès lors, Mariano Rajoy est investi en tant que Président d'un gouvernement PP minoritaire et grâce à l'abstention des députés socialistes[81].

Quelques semaines plus tard, le 26 septembre 2016, ont lieu les élections au Parlement basque, devancées d'un mois, pour élire 75 députés. On assiste à une prime au sortant, les nationalistes arrivant en tête, et à une défaite des « forces montantes ». Mais si le PNV renforce sa position et gagne un siège avec 28 sièges, EH Bildu en perd trois avec 18 sièges, tandis que Podemos, arrivé en tête aux dernières élections législatives, finit troisième tout en faisant une irruption au Parlement basque avec 11 sièges, et le PS, tout comme le PP, peu populaire au Pays basque avec 9 sièges en perdent respectivement 7 — le pire score depuis 1980 — et 1. Quant à Ciudadanos, il n'obtient aucun député.

En conséquence, si le PNV était en position de force pour conserver le gouvernement et pouvait s'allier à EH Bildu pour faire avancer les revendications portées par les abertzales, il choisit l'alliance avec le Parti socialiste, formant un gouvernement minoritaire soutenu par 37 députés sous la direction d'Iñigo Urkullu qui est reconduit.

Il n'en demeure pas moins que le succès d'EH Bildu depuis 2011 lors des élections donne la mesure de la validation démocratique de son rejet de toute forme de violence et de sa volonté de recourir à des méthodes « strictement » démocratiques. Pourtant, si le désarmement était une étape incontournable pour ouvrir un chemin de la paix et résoudre le conflit basque, l'implication

---

[81] H. Perès, « Les élections législatives espagnoles du 20 décembre 2015 et du 20 juin 2016 », *Pôle Sud*, n° 45, 2016, p. 137-154.

de la société civile était déterminante aux côtés des acteurs politiques pour poursuivre dans la dynamique de paix, notamment la restitution de l'arsenal d'armes détenues par l'ETA car les gouvernements espagnols et français, sceptiques, ne voulant pas négocier avec des terroristes, n'ont guère donné de signes significatifs pour s'inscrire dans le processus de paix. En effet, alors qu'ETA a annoncé dès le 24 novembre 2012 qu'elle était « prête à négocier avec la France et l'Espagne en vue de sa dissolution », « les velléités de désarmement ont reçu de la part des deux États une fin de non-recevoir constante, le gouvernement espagnol imposant une "dissolution inconditionnelle[82]" ».

Finalement, le 8 avril 2017, a eu lieu le désarmement à l'initiative des « Artisans de la paix ». Rappelons qu'

> en octobre 2011, une "conférence de la paix" tenue au palais d'Aiete de Saint-Sébastien proposa une feuille de route pour une sortie du conflit au Pays basque. ETA lui répondit par un abandon définitif et unilatéral de ses activités. Devant ce qu'elles considèrent alors comme la victoire tant recherchée, l'Espagne et la France se figèrent dans une attitude immobiliste. Comme si la fin de l'ETA signifiait la paix. Stocks d'armes, prisonniers, réfugiés, clandestins, victimes, minorités, fractures... autant d'enjeux considérés comme anecdotiques à défaut d'être résolus, délibérément relégués aux calendes grecques. C'est dans ce contexte de blocage politique que survint l'initiative dite des "Artisans de la paix", lancée un soir de décembre 2016 dans une maison de Louhossoa. Cinq personnes, sans autre mandat que celui de leur conscience, organisèrent une opération de démilitarisation d'une partie de l'arsenal d'ETA. Arrêtées puis inculpées, elles entraînèrent à leur suite une mobilisation populaire et citoyenne sans précédent, conduisant à la "journée du désarmement d'ETA", le 8 avril suivant, et ainsi une tentative de relance du processus de paix. Dès lors, "face à l'inertie de deux États[83]",

« il faut attendre le 17 décembre 2016 pour que des personnalités de la société civile basque s'engagent plus avant dans le processus de paix et neutralisent une partie du stock d'armes d'ETA à Louhossoa[84] ».

L'opération de désarmement concrète a « culminé à Louhossoa », mettant « en avant le rôle positif que la société pouvait jouer dans le processus de paix », même si « le désarmement n'est pas la paix », mais pour « que s'ouvre enfin le temps de la confrontation démocratique, dans un pays qui du coup d'État franquiste au désarmement d'ETA a connu 80 ans d'affrontement armé ininterrompu (...), que la parole et l'intelligence remplacent les armes et la violence, (...) qu'à l'art de la guerre succède celui de la paix[85] ».

---

[82] C. Guibet Lafaye, *op. cit.*

[83] M. Bouchet, M. Cosnay, P. Etcheverry-Ainchart, A. Funosas, « Avant-propos », *in* Bake Lumak, *Des plumes de paix*, Bayonne, Elkar, 2017, p. 5-6.

[84] C. Guibet Lafaye, « Violence au Pays basque : la fin d'un conflit ? Regards d'ex-militants clandestins », *Revista internacional de los estudios vascos*, 2019, hal – 0290228.

[85] T. Etcheverry, « L'art de la paix », *in* Bake Lumak, *De plumes de paix*, Bayonne, Elkar, 2017, p. 10-13. Selon ses propos du 17 septembre 2017, alors qu'il est l'un des cinq « artisans de la paix » arrêtés à Louhossoa le 16 décembre 2016.

Mais la situation de blocage se confirme avec l'arrestation de cinq « Artisans de la paix[86] », le ministre de l'Intérieur français évoquant « un coup dur porté à ETA[87] ». Pourtant, des civils organisent la remise de près de 3,5 tonnes d'armes aux autorités françaises, « sur fond de translation de la fin d'ETA de la Communauté autonome basque vers l'Iparralde », ce qui est « remarquable » et « insolite »[88].

> Face au désarmement d'ETA, les positions des gouvernements espagnol et français ont été contrastées. (...) Du côté espagnol, la fermeté et la fermeture du dialogue sont de mise puisque le gouvernement Rajoy affirme (...) que « le seul chemin possible pour ETA, c'est la dissolution, la remise des armes, la repentance et la réparation du tort causé », ce qui revient à un refus de toute « transaction » ou « concession » de la part du gouvernement. (...) Il s'agit bien de n'offrir aux militants de l'organisation, aucune solution, ni pour les prisonniers politiques, ni en vue d'une possible amnistie[89].

Du côté français, « il était question d'une remise “unilatérale” et sans “conditions” des armes (...). Pourtant, (...) les autorités françaises ont contribué à l'avancée du processus de désarmement à travers notamment des discussions informelles avec les “Artisans de la Paix”[90] », Paris faisant « passer le message » lors du sommet franco-espagnol de Malaga du 20 février 2017, qu'« à compter de cette date, la France ne poserait plus d'obstacles à la remise des armes par ETA ». « La crédibilité du désarmement unilatéral d'ETA est ensuite assurée par diverses institutions, dont la résolution des conflits du Vatican[91] ».

En tout état de cause, il a été avancé que « certains acteurs ont préféré que la violence d'ETA ne cesse pas, parce qu'ils l'ont utilisée pour légitimer leurs stratégies politiques », « l'existence d'ETA » faisant l'objet « d'une instrumentalisation politique et électorale[92] ».

Malgré tout, l'adieu aux armes s'est poursuivi par une importante mobilisation, élargissant l'assise du mouvement civil pour réaffirmer l'engagement dans le processus de paix, Bake Bidea, qui aboutira à l'appel « Au risque de la paix » du 9 décembre 2017 demandant « aux gouvernements espagnol et français » de prendre « le risque de la paix », « le risque de la vie », sans pour autant tirer « un trait sur le passé », mais en reconnaissant « les victimes » pour permettre à une société de se reconstruire et de tisser à

---

[86] *Mediabask*, 16 décembre 2016.

[87] L. Perpigna Iban, « Bataille pour la paix au Pays basque », *Le Monde diplomatique*, juin 2018, p. 20-24.

[88] C. Guibet Lafaye, *op. cit.*

[89] *Ibid.* Le ministère de l'Intérieur espagnol exige d'ETA qu'elle annonce « sa dissolution finale, présente ses excuses à leurs victimes et disparaisse », *Ouest-France*, 10 avril 2017.

[90] C. Guibet Lafaye, *op. cit.*

[91] L. Perpigna Iban, *op. cit.*

[92] *Ibid.*

nouveau les liens d'une vie en commun et sans violence[93] ». Selon le témoignage d'Arnaiz Funosas, présidente de Bake Bidea,

> s'engager dans le processus de construction de la paix a représenté une révolution politique, un déplacement mental. (…) Il a fallu littéralement renverser des logiques bien ancrées et sortir de la spirale de la violence pour entrer dans celle de la confrontation démocratique avec l'État, (…) assumer ses actes, (…) reconnaître le mal fait, (…) prendre en compte toutes les souffrances[94].

Finalement, troisième étape du processus de paix, après avoir annoncé sa dissolution dans une lettre datée du 16 avril 2018[95] et reconnu dans un communiqué du 20 avril 2018 sa « responsabilité directe » dans la « souffrance démesurée », et les dommages causés au cours du conflit, ETA annonce dans un autre publié dans Gara du 3 mai 2018 sa dissolution pour « mettre un terme à un cycle dans le conflit qui oppose le Pays basque aux États, caractérisé par l'usage de la violence politique. (…) ETA est née du peuple et, à présent, elle se dissout en lui[96]. »

Cela dit, ETA affirme que « Euskal Herria », le territoire dont elle réclame l'indépendance, reste « en conflit avec l'Espagne et la France. (…) Le conflit politique basque est antérieur à la création d'ETA et ne s'arrêtera donc pas à sa dissolution. (…) Quoi qu'il en soit, cette nouvelle annonce ne satisfait pas les victimes des attentats, qui demandent de l'ETA un vrai repentir et la résolution de 358 crimes encore inexpliqués, et ne réglera pas le sort des prisonniers de l'organisation[97]. » Effectivement, « construire la paix est bien plus difficile que faire la guerre », a témoigné Gerry Adams, l'ancien chef du parti nationaliste irlandais Sinn Fein, lors de la rencontre internationale pour avancer dans la résolution du conflit au Pays basque qui a eu lieu dès le 4 mai 2018 à la villa Arnaga de Cambo-les-Bains, dans les Pyrénées-Atlantiques[98].

Selon la déclaration finale, « Toute partie qui recherche à obtenir une victoire totale risque de voir le conflit réapparaître, comme nous en avons été témoins dans d'autres situations[99] ».

---

[93] J.-F. Mignard, « Le Pays basque, du côté des "artisans de la paix" », *Droit et libertés*, n° 197, 2022, p. 14 et 16.

[94] *Ibid.*, p. 15. Voir aussi, « Pays basque : l'ETA demande pardon pour le "mal" qu'elle a causé », *Le Parisien*, 20 avril 2018.

[95] Avant l'annonce définitive de la dissolution, ETA avait adressé une lettre datée du 16 avril 2018 à des personnalités dont l'ancien secrétaire de l'ONU Kofi Annan, et des organisations qui ont participé à la déclaration d'Aieté qui avait débouché en octobre 2011 sur l'abandon définitif de la violence, annonçant qu'elle a « dissous toutes ses structures » et destinée à assurer que sa décision de dissoudre est ferme. Voir « Pays basque : l'ETA annonce sa dissolution dans une lettre », *Le Parisien*, 2 mai 2018.

[96] L. Perpigna Iban, *op. cit.* Voir les communiqués d'ETA publiés dans le journal basque, *Gara*, son canal habituel de communication. Voir, plus généralement, M. Crettenand, *Le rôle de la presse dans la construction de la paix. Le cas du conflit basque*, Paris, L'Harmattan, 2014.

[97] « Pays basque : l'ETA annonce sa dissolution dans une lettre », *El Diario Vasco*, 2 mai 2018.

[98] L. Perpigna Iban, *op. cit.*

[99] *Ibid.*

Depuis, la dissolution d'ETA s'est transformée en enjeu politique. La société espagnole est encore traumatisée. Les associations des victimes[100] exercent une pression sur le gouvernement espagnol, accusant ETA de réécrire l'histoire et de mettre en scène sa sortie. Pour M. Rajoy, inflexible, « Aujourd'hui, les protagonistes ne doivent pas être les assassins, mais les victimes. Les enquêtes sur les crimes d'ETA continueront ; ses délits continueront à être jugés, et les condamnations à être exécutées[101] ». Or, son gouvernement a été renversé le 1er juin 2018 par une motion de censure dont le socialiste Pedro Sanchez était à l'origine, lequel a convaincu une majorité hétéroclite allant de Podemos aux indépendantistes catalans et aux nationalistes basques auxquels il a promis des largesses financières, à la suite d'un procès condamnant le Parti populaire pour corruption. À cet égard, M. Rajoy devint le premier chef du gouvernement renversé par une motion de censure en Espagne depuis le retour de la démocratie. Le Parlement a dans le même temps accordé sa confiance au leader socialiste accusé par Mariano Rajoy d'avoir tout fait « pour arriver au pouvoir ». Pedro Sanchez s'est effectivement gardé de dérouler un véritable programme de gouvernement, mais les alliés de circonstance ont tous souligné que leur vote contre M. Rajoy n'était pas un chèque en blanc[102]. Avec seulement 84 sièges sur 350 à la chambre basse du Parlement, ce qui en faisait le gouvernement le plus minoritaire depuis le rétablissement de la démocratie espagnole, le gouvernement socialiste a été amené à anticiper les élections prévues en juin 2020, en proposant la dissolution au roi, en raison des indépendantistes catalans qui ont rejeté au Congrès des députés le projet de loi de finances pour l'année 2019, car le gouvernement s'est refusé catégoriquement à accéder à leur exigence d'ouvrir des négociations sur la tenue d'un référendum d'autodétermination en Catalogne. C'est alors que l'année 2019 « reproduit le scénario de 2015 et 2016 » de « majorités fragiles ou introuvables[103] ».

Les élections du 28 avril 2019 sont un succès pour le PSOE au détriment non seulement du PP, qui enregistre le pire des résultats de son histoire alors que l'extrême droite fait son entrée au Congrès avec Vox et qu'il est talonné par Ciudadanos qui s'est résolument arrimé à la droite, mais également de son concurrent de gauche la mouvance Podemos. Cependant, fort de ses succès aux élections européennes, municipales et autonomiques du 26 mai, mais aussi en raison de ses relations conflictuelles et de sa ligne ferme à l'égard du leader de Podemos, Pablo Iglesias, Pedro Sanchez échoue à obtenir l'investiture du Congrès les 23 et 25 juillet, si bien que le roi dissout la

---

[100] Le Collectif des victimes du terrorisme du Pays basque (Covite) et l'Association des victimes du terrorisme (AVT).

[101] L. Perpigna Iban, *op. cit.*

[102] « Espagne : Mariano Rajoy renversé, Pedro Sanchez devient président du gouvernement », *Le Monde* avec AFP et Reuters, 1er juin 2018.

[103] H. Peres, « Les élections législatives espagnoles du 28 avril et du 10 novembre 2019 », *Pôle Sud*, n° 51, 2019, p. 135-149.

Chambre des députés et de nouvelles élections sont convoquées pour le 10 novembre 2019. « Mais le déroulement de la campagne est rapidement conditionné par l'effervescence qui secoue la Catalogne[104] » consécutivement au verdict rendu par le Tribunal suprême le 14 octobre dans le procès des dirigeants indépendantistes poursuivis pour leur rôle dans la tenue du référendum illégal du 1er octobre 2017, lequel prononce de lourdes peines à l'encontre des principaux accusés, ce qui suscita des manifestations violentes de protestation en Catalogne. La question catalane se retrouve alors au centre de la campagne électorale, les partis de droite fustigeant les indépendantistes et le gouvernement. Finalement, si le PSOE sort en tête, le rapport droite/gauche a peu évolué, mais Vox poursuit son ascension et devient la troisième force politique du pays en profitant des tensions en Catalogne. C'est alors que Pedro Sanchez a scellé un accord avec Podemos. Le gouvernement de coalition, le premier dans l'histoire du pays, est investi d'extrême justesse, à la majorité simple, par les députés le 7 janvier 2020 grâce à l'abstention bienveillante des formations indépendantistes catalanes et basques, y compris EH Bildu légataire universel d'ETA.

Le 12 janvier 2020 ont lieu les élections au Parlement basque suite à la période de pandémie. On assiste à une poussée des nationalistes, le PNV remportant le scrutin, et EH Bildu obtenant un score historique, gagnant chacun 3 sièges avec respectivement 31 et 21 sièges, soit 52 sur 75, un nombre jamais égalé en Euskadi, le PS arrivant troisième avec 10 sièges, tandis que Podemos en recul et le PP allié à Ciudadanos en obtienne chacun 6 et Vox 1, ce dernier faisant son entrée au Parlement basque[105]. Le *Lehendakari* Urkullu du PNV au pouvoir depuis 2012 est reconduit avec les voix des députés socialistes, mais formant depuis, à la suite d'un nouvel accord de coalition un gouvernement majoritaire soutenu par 41 parlementaires sur 75. Il est d'ailleurs le premier depuis 1998 à diriger un exécutif soutenu par une majorité absolue.

Les résultats des élections municipales du 28 mai 2023 au Pays basque montrent une nette progression de Bildu que le PNV ne devance que d'un point. Mais la décision de Bildu d'inscrire d'anciens membres de l'ETA, dont sept qui ont fait l'objet d'une condamnation pour meurtres, sur certaines listes pour les élections municipales au Pays basque et en Navarre, a suscité une vive polémique au sein de la classe politique, tant dans ces deux communautés autonomes qu'au niveau national[106]. Le ministre de l'Intérieur, Fernando Grande-Marlaska a affirmé qu'il s'agissait d'une « insulte à la démocratie » et d'« un grave préjudice pour les victimes du terrorisme[107] ». Les familles des

[104] *Ibid.*
[105] « Élections en Euskadi : EH Bildu obtient des résultats historiques », *Mediabask*, 13 juillet 2020.
[106] Voir F. Heller, « Un parti basque ajoute d'anciens membres de l'ETA condamnés pour meutre sur ses listes électorales », *Euractiv*, 15 mai 2023.
[107] *Ibid.*

victimes du terrorisme ont égalemenet fait part de leur indignation. Pour autant, l'association des victimes du terrorisme (*Asociación de Víctimas del Terrorismo*, AVT), après avoir analysé les condamnation des quarante-quatre candidats d'*EH Bildu*, a affirmé qu'ils avaient tous purgé leur peine et qu'ils n'étaient donc pas frappés d'inéligibilité.

Quant au niveau national, les socialistes du Premier ministre Pedro Sanchez ont subi un net recul aux élections de la totalité des municipalités et des assemblées de douze des dix-sept communautés autonomes. Ce double scrutin était considéré par le Parti populaire comme une répétition générale avant les élections législatives dont la date exacte n'était pas encore connue.

Face à cette victoire du Parti populaire et à la poussée spectaculaire de Vox, le Premier ministre a annoncé dès le lendemain la convocation surprise d'élections législatives anticipées pour le 23 juillet 2023, soit durant le semestre de présidence espagnole du Conseil européen à partir du 1er juillet. Or, le scrutin laisse le pays sans réel vainqueur et son sort entre les mains des indépendantistes catalans. Bien qu'arrivé en tête, le PP mené par Alberto Feijóo échoue à obtenir une majorité suffisante pour gouverner, seul ou avec l'appui de son allié potentiel, Vox, qui perd 19 sièges, avec respectivement 137 et 33 sièges au Congrès, soit un total de 171 sièges avec un député navarrais de l'UPN, alors que la majorité absolue au Congrès est fixée à 176 sièges. Ce score décevant du PP peut s'expliquer notamment en raison du fait qu'il a souffert d'être associé à Vox par les socialistes qui ont joué sur la peur de l'extrême droite, mais aussi sur l'idée que de nombreuses lois sociétales et de nombreux droits obtenus sous le gouvernement Sanchez (femmes, transgenres…) pourraient disparaître en cas de victoire de Vox et du PP. L'autre facteur qui a pu influer sur le vote vient du fait que l'Espagne assure la présidence trimestrielle tournante de l'Union européenne, un changement de majorité n'étant pas un symbole de stabilité sur le plan international. Quant à Pedro Sanchez, s'il résiste, il n'obtient que 121 sièges et, avec l'appui des 31 sièges de Sumar qui remplace Podemos, la coalition totalise seulement 152 sièges. Toutefois, à défaut de gagner les élections, il ne les a pas perdues puisqu'il a surtout empêché de PP et Vox de constituer à eux seuls une majorité absolue, si bien que le pari d'anticipation des élections a été en partie réussi.

La surprise est venue du Pays basque où les électeurs ont placé Pedro Sanchez en tête du scrutin, EH Bildu est deuxième et le PNV est relégué à la troisième place, si bien qu'il perd « son hégémonie au Pays basque Sud », confirmant la tendance des dernières élections municipales de mai et passant de la première à la troisième place par rapport aux précédentes élections législatives de 2019[108].

Après l'échec du candidat du PP à obtenir la confiance du Parlement, c'est Pedro Sanchez qui va briguer à son tour l'investiture, mais au prix du soutien

[108] « Élections : le PNV perd son hégémonie au Pays Basque Sud », *Mediabask*, 24 juillet 2023.

notamment des indépendantistes catalans, lesquels demandent une amnistie pour les faits liés à la tentative de sécession de la Catalogne en 2017 ainsi que le droit à un futur référendum d'autodétermination. Des exigences insolites, d'autant plus compliquées à satisfaire qu'elles sont demandées par l'ex-président catalan Carles Puigdemont depuis Bruxelles où il s'est exilé depuis six ans pour échapper à la justice espagnole. Le même scénario qu'en 2015-2016 va-t-il se reproduire ?

Il n'en demeure pas moins qu'à la recherche d'alliances pour former un nouveau gouvernement, et profitant du fait que l'Espagne préside le Conseil de l'Union européenne, le Premier ministre espagnol a demandé, le 17 août, que le basque, le catalan et le galicien soient reconnus comme langues officielles au sein des institutions européennes alors qu'on en compte aujourd'hui 24, et a, dans la foulée, décidé de proposer une modification du règlement européen en ce sens. Toutefois, pour qu'elle soit validée, il faut qu'elle soit votée à l'unanimité des Vingt-Sept. Or, plusieurs États membres craignant que l'initiative espagnole, si elle venait à se concrétiser, fasse boule de neige dans la mesure où dans l'Union on dénombre une soixantaine de langues régionales ou minoritaires, la question a été examinée le 19 septembre, mais a été reportée par les ministres des Affaires européennes[109]. En revanche, en Espagne, le règlement du Congrès a été réformé le 21 septembre afin que ces trois langues aient un statut de langue co-officielle, si bien que le castillan cesse d'être la langue de tous au Congrès, ce qui a suscité l'ire du PP et de Vox accusant Pedro Sánchez d'être prêt à « vendre l'Espagne » aux indépendantistes pour gouverner[110].

Au demeurant, si les élections législatives plongent l'Espagne dans le grand flou politique et laissent planer le doute sur le prochain gouvernement, les regards se tournent aussi désormais vers le Pays basque, car la progression spectaculaire d'EH Bildu peut donner des frayeurs au PNV et rend crédible le basculement de la Communauté aux prochaines élections prévues en 2024 dans les mains d'une coalition de gauche abertzale dirigée par les indépendantistes alliés au PSOE et à la gauche radicale. La rivalité des deux formations abertzale risque d'être d'autant plus vive qu'elles soutiennent toutes les deux les socialiste à Madrid. La tendance espagnole du PNV perdurera-t-elle ?

Finalement, Pedro Sanchez a multiplié des promesses et, après d'intenses négociations et des compromis d'envergure[111], il a été reconduit, près de quatre mois après les élections législatives du 23 juillet, le 16 novembre 2023 pour un deuxième mandat à la majorité absolue, et non à la majorité relative

---

[109] K. de Meyer, « Langues régionales : les Vingt-Sept temporisent face aux demandes espagnoles », *Les Échos*, 19 septembre 2023.

[110] S. Morel, « Les députés espagnols ont désormais besoin d'oreillettes pour se comprendre », *Le Monde*, 22 septembre 2023.

[111] C. Thibaud, « En Espagne, Pedro Sanchez fragilisé par ses promesses tous azimuts », *Les Échos*, 15 novembre 2023.

comme en 2020 après huit mois de blocage, par 179 voix pour, 171 contre, soit 3 voix de plus que la majorité absolue (176). Il a été soutenu par les députés de son parti (121), ceux du mouvement Sumar (31), de la Gauche républicaine catalane au pouvoir en Catalogne (ERC, 7), du parti Ensemble pour la Catalogne du centre-droit de Carles Puigdemont qui a quitté la coalition de gouvernement en Catalogne (Junts, 7) de Bildu (6), du Parti nationaliste basque (PNV, 5), du Bloc nationaliste galicien (BNG, 1) et de la Coalition canarienne (CC, 1). Sa candidature a été rejetée par 171 voix des députés du Parti populaire (PP, 137), Vox (33) et de l'Union du peuple navarrais (1).

Au reste, Pedro Sánchez a été reconduit à la tête d'une Espagne divisée, dans un climat politique très tendu, et après avoir forgé des accords avec la gauche radicale Sumar et les différentes formations régionales « faiseurs de roi » au prix d'importantes concessions pour le ralliement de leurs voix dans un Congrès très éclaté[112].

Avec Sumar, il a passé un accord de gouvernement marqué clairement à gauche sur la base de nombreuses promesses progressistes économiques et sociales.

Les nationalistes basques du PNV ont obtenu d'élever Euskadi en « nation » comme condition de vote des futures lois et l'inclusion d'une « clause forale » dans les réglementations liées aux compétences basques, ce qui devrait permettre notamment la création d'une Sécurité Sociale basque et la suppression de la Garde civile des ports.

L'accord avec ERC comporte notamment l'amélioration du financement de la Catalogne, ce qui passe par l'annulation de 15 milliards d'euros de dette, et une amnistie « complète » pour les personnes condamnées ou inculpées dans le cadre du *procés* qui concerne les indépendantistes catalans.

Avec Junts, Pedro Sánchez s'est engagé à ouvrir une négociation pour organiser un référendum d'autodétermination en Catalogne et a concédé une loi d'amnistie exigée par les indépendantistes catalans qui est au centre de toutes les polémiques, alors qu'il s'était opposé à cette mesure par le passé.

Il a conclu également un accord avec le député BNG et un autre avec celui de la Coalition canarienne.

En revanche, Bildu est l'unique formation qui a voté pour l'investiture sans conditions posées au PSOE et sans passer d'accord ou fixer des lignes rouges. Mais sa représentante a averti que le vote favorable n'était pas « un chèque en blanc ».

Reste à voir si ces soutiens disparates seront durables. Signe que la majorité hétérogène s'annonce instable, les députés de l'ERC ont déjà prévenu qu'ils attendaient la mise en œuvre des engagements, de sorte qu'il n'est pas impossible que le scénario de 2019 ne se reproduise pas s'ils considèrent que les avancées ne sont pas suffisantes. Quant à Pedro Sánchez, si lors de son

---

[112] « Cuántos votos tiene Pedro Sánchez para su investidura », *El Mundo*, 16 novembre 2023.

discours d'investiture il a voulu garantir « l'unité de l'Espagne par la voie du dialogue et du pardon », la promesse d'amnistie de plusieurs centaines d'indépendantistes catalans condamnés ou poursuivis est rejetée par une majorité d'Espagnols selon plusieurs sondages et divise la droite au premier chef[113], qui a organisé de nombreuses manifestations dans le pays[114], reprochant au chef du gouvernement de commettre un crime de lèse-patriotisme. À cet égard, on peut craindre une surenchère des nationalistes basques, lesquels revendiquent de longue date une telle mesure à l'égard des prisonniers d'ETA. Dès lors, une législative de la roulette russe ? Et *quid* de l'unité espagnole ? À la tribune de la Chambre, on a pu entendre notamment : « Sánchez, traître, félon. »

Pour « fermer les blessures », en dehors de la loi d'amnistie exigée par les Catalans comme moyen de résolution des conflits politiques et pour mettre fin à la « tendance de criminaliser les indépendantistes », il s'agit de construire la paix et travailler à la réconciliation au Pays basque[115], après la fin de cinquante ans de lutte armée d'ETA et sa dissolution.

Au-delà du paradoxe qu'offre la société basque qui, certes, marquée par la crise catalane, se détourne des revendications sécessionnistes, en net recul, est peu favorable à l'indépendance, et qu'une minorité seulement soutiendrait la tenue d'un référendum, le nationalisme est en hausse[116] avec les revendications du statut d'autonomie qui reconnaîtrait la « nation basque » et le « droit de décider ». Mais, selon Maria Silvestre,

> ce n'est qu'un paradoxe apparent. Le rejet du séparatisme s'accroît, car on l'associe à la violence des années ETA, dont la plupart des gens ne veulent plus, et on a envie ici de tourner la page de cette période sinistre, pesante, de cette chape de plomb anxiogène. En parallèle, le nationalisme s'affermit, car il est perçu comme la défense des acquis, un facteur de stabilité[117].

Il n'en demeure pas moins que si de nombreux facteurs contribuent à cette paix basque, quelques préoccupations subsistent.

Tout d'abord, Bildu progresse au détriment du PNV et, s'il condamne désormais le recours à la violence, il maintient une certaine ambiguïté vis-à-vis du passé meurtrier d'ETA. Par ailleurs, si la « politique de dispersion » des prisonniers de l'ETA a été appliquée depuis les années 1980 par les gouvernements espagnols de gauche comme de droite pour empêcher les liens

---

113 « Pedro Sánchez reconduit pour un nouveau mandat après un accord controversé avec les indépendantistes catalans », *LeMonde.fr*, 16 novembre 2023.

114 « Pedro Sánchez reconduit à la tête de l'Espagne dans un climat politique très tendu », *Le HuffPost* avec AFP, 16 novembre 2023.

115 J.-P. Massias, « De la fin de la lutte armée aux défis de la réconciliation », *Alternatives Non-Violentes*, n° 188, 2018, p. 9-12.

116 V. Coquaz, « Que deviennent les mouvements indépendantistes basques », *Libération*, 6 juin 2018.

117 F. Musseau, « Retour au calme. Au Pays basque, un début de sérénité nationaliste », *Libération*, 14 août 2023.

entre les membres de l'ETA, peu après l'autodissolution de l'ETA en 2018 et l'accession au pouvoir de Pedro Sanchez, de nombreux ex-membres de l'ETA ont progressivement été transférés dans des prisons du Pays basque ou de provinces limitrophes. Pourtant, si le gouvernement a poursuivi ce rapprochement des prisonniers basques, répondant à une demande de longue date des partis nationalistes basques afin d'apaiser la population basque[118], « cinq ans après la dissolution d'ETA, le sort des quelque 180 prisonniers basques toujours incarcérés en France et en Espagne continu[ait] de préoccuper Bake Bidea », 11 sur 15 en France purgeant leur peine à Lannemezan, l'une des prisons les plus proches du Pays basque, et l'immense majorité d'entre eux en Espagne, environ 130, étant regroupée en Euskadi[119]. Somme toute, et à l'approche des élections de 2023, le gouvernement espagnol a annoncé la fin de cette « politique de dispersion ». Si le parti séparatiste EH Bildu, héritier de la vitrine politique de l'ETA, s'en est félicité, le PP a, comme l'Association de victimes du terrorisme, dénoncé cette décision, accusant Pedro Sánchez de payer une « facture » à Arnalgo Otegi en échange du soutien de EH Bildu à son gouvernement[120]. Assurément, le leader historique de la gauche abertzale, lequel a fait l'objet, outre de plusieurs arrêts de la Cour européenne, de nombreuses condamnations et de séjours en prison, dont une qui lui a valu plus de six ans de prison pour rien dans un procès lié à l'organisation interdite basque ETA car la Cour EDH, dans son arrêt du 6 novembre 2018, a considéré que l'article 6 de la Convention relatif au droit à un procès équitable était violé par la justice espagnole. Or, la Cour suprême espagnole a attendu jusqu'au 31 juillet 2020 pour accepter l'arrêt de la Cour européenne et reconnaître son erreur judiciaire et, surtout, a empêché ainsi Arnaldo Otegi d'être candidat au Parlement basque le 12 juillet 2020[121].

Les nombreux contentieux concernant les ex-membres d'ETA, mais aussi les indépendantistes catalans, peuvent alors être perçus par une partie de la population comme de l'acharnement judiciaire, de l'instrumentalisation de l'appareil judiciaire, attestant une collusion entre les autorités politiques et judiciaires, laquelle nourrit les conflits plutôt que de rechercher leur résolution politique pour favoriser le vivre ensemble, et traduit ainsi une conception particulière de la justice transitionnelle.

Pourtant, « Arnaldo Otegi a formulé depuis la "peine et la douleur" de la gauche indépendantiste pour les victimes d'ETA[122] ». En effet, l'ancien

[118] S. Morel, *Le Monde*, 5 septembre 2022.
[119] P. Delobel, « Fin d'ETA : dans la rue pour défendre une nouvelle fois le sort des prisonniers basques », *Sud-Ouest*, 5 janvier 2023.
[120] « Espagne : fin de la "politique de dispersion" des prisonniers de l'ETA », *Le Figaro* avec AFP, 24 mars 2023.
[121] E. Duny-Petre, « Otegi, plus de six ans de prison pour rien », *Enbata*, 9 août 2020 ; « Acharnement de la Cour suprême contre Arnaldo Otegi et ses amis », *Enbata*, 21 décembre 2020.
[122] *Sud-Ouest*, 18 octobre 2021.

membre de l'organisation séparatiste et leader de la coalition EH Bildu a évoqué la nécessaire « reconnaissance et réparation d'absolument toutes les victimes ». Un geste salué par la gauche au pouvoir qui est probablement à l'origine de l'évolution de sa politique envers les prisonniers.

Dans le sillage de cette repentance pouvant conduire à la réconciliation, il convient d'évoquer la justice réparative dans un film poignant à propos d'ETA visant à faire dialoguer criminels et victimes pour sortir de l'enfermement, développer l'empathie et sortir du « tout-répressif[123] ». À travers ce film, *Les Repentis*, sorti le 9 novembre 2022, qui connut un succès en Espagne, la réalisatrice espagnole Icíar Bollaín se penche sur la rencontre entre un ancien membre de l'organisation indépendantiste ETA et la femme d'un élu politique qu'il a exécuté. Ce retour sur une histoire vraie datant de 2000 montre une mise en pratique de la justice réparative qui invite à la réflexion[124]. Effectivement, alors qu'un ancien gouverneur socialiste de la province de Guipuzcoa prenait un verre à la terrasse d'un café le 29 juillet 2000, deux militants basques d'ETA l'ont tué. Onze ans plus tard, ces derniers, en prison, ont exprimé le désir de rencontrer sa veuve. Après des hésitations, elle accepta de rencontrer en prison l'un des meurtriers de son mari, ce qui n'allait pas de soi[125], tant pour la victime, de dialoguer avec le « mal incarné », que pour le « repenti » qui, après avoir consacré des années à la « lutte », éprouve désormais une profonde culpabilité d'avoir endeuillé des familles, mais suscite l'incompréhension de ses proches, toujours obsédés par la « cause », considérant leur ancien camarade comme un traître. La mise en scène de cette rencontre de deux personnes que tout oppose, marquée par la repentance de l'un et la résilience de l'autre, a marqué les esprits en Espagne.

Ce film dramatique peut être rapproché du film-documentaire de Thomas Lacoste, *L'hypothèse démocratique : Une histoire basque*, sorti en salle le 20 avril 2022 qui, selon le synopsis, « propose pour la première fois le récit sensible de la sortie politique du plus vieux conflit armé d'Europe occidentale ». Toutefois, s'il tire certes sa force de témoignages inédits d'anciens membres de l'ETA ayant fait le choix unilatéral d'œuvrer au processus de paix, il ne rejoint pas d'autres films dans la veine résiliente. Parmi ces derniers, on peut citer *Je verrai toujours vos visages*, sorti le 29 mars 2023, qui explore une pratique largement méconnue en France des rouages de la justice restaurative qui consiste à faire dialoguer des victimes et des auteurs de crimes pour panser les plaies des uns et des autres afin de

123 Déjà pratiquée depuis de nombreuses années en Belgique et au Canada, la justice restaurative n'a été intégrée au Code pénal français qu'en 2014, par la loi du 15 août 2014 sous l'impulsion de la ministre de la Justice de l'époque, Christiane Taubira.

124 F. Strauss, « Au cœur des "Repentis", comment la justice restaurative "aide à prendre en charge les traumas des victimes" », *Telerama*, 10 novembre 2022.

125 C. Fabre, « "Les Repentis" : récit fidèle du dialogue entre membres de l'ETA et des proches des victimes », *Le Monde*, 9 novembre 2022.

favoriser le vivre-ensemble[126]. Toujours est-il que *Les Repentis* aborde la question fondamentale de la réconciliation par le dialogue pour tenter de restaurer la concorde au sein de la société après l'histoire traumatisante de la lutte armée d'ETA en Espagne.

Néanmoins, n'est-ce pas une vision irrationnelle, utopique ? Dès lors, la réconciliation au Pays basque, utopie ou dystopie ? En tout état de cause, il convient que le Pays basque ne soit plus en proie à des tentations hétérotopiques[127] mortifères.

*

* *

Au demeurant, après des errements et des emballements, quelle voie pour le nationalisme basque ? À la croisée des chemins ?

On peut à cet égard considérer qu'il est incarné par le grand philosophe basque espagnol, très prolifique, Miguel de Unamuno (1864-1936), personnalité complexe, parfois erratique, entre l'aspiration à la modernité et le repli identitaire. En effet, sa pensée évolue et, alors qu'il souscrit aux aspirations républicaines des intellectuels espagnols des années 1920 et 1930, il se détourne pourtant de la République en 1931, allant jusqu'à approuver publiquement le 19 juillet 1936 le soulèvement franquiste dans sa « lutte pour la civilisation contre la tyrannie », avant de le désavouer ensuite, horrifié par la tournure que prend la guerre civile, en s'élevant publiquement contre le franquisme dans son célèbre discours de Salamanque du 12 octobre 1936 après son altercation avec le général Millan Astray[128].

Cette dernière conférence historique a marqué les mémoires. Elle pourrait être source de réflexion entre nationalistes basques, et plus généralement périphériques, et espagnols, et amener à leur concorde pour poursuivre sur la voie de la réconciliation et signer le point de non-retour d'une paix durable en trouvant définitivement un terrain d'entente politique afin d'enterrer à jamais la hache de guerre. Le 12 octobre 1936, « Jour de fête de la Race » espagnole — l'anniversaire de la découverte de l'Amérique —, avait lieu la cérémonie d'ouverture des cours de l'université de Salamanque devant l'évêque, le gouverneur civil, Madame Franco, et le général Millan Astray. Unamuno,

---

[126] B. Thion, « "Je verrai toujours vos visages", un film poignant sur la justice restaurative où les mots réparent », *Le Journal du Dimanche*, 28 mars 2023, mis à jour le 24 août 2023.

[127] Au sens d'hétérotopie, de « contre-espace » dont Michel Foucault a formulé le concept. Voir M. Foucault, *Le corps utopique, les hétérotopies*, Paris, Éditions Lignes, 2009.

[128] C. Serrano, *Miguel de Unamuno. Entre histoire et littérature*, Paris, Presses Sorbonne Nouvelle, 2004. À noter qu'Unamuno n'avait pas prévu de parler, si bien qu'il n'a pas écrit son discours mais l'a improvisé. On ne dispose donc pas de l'original. Il a ensuite été reconstitué et on en trouve plusieurs versions. Voir aussi le film de 2020, *Lettre à Franco*, commenté par P. Assouline, « Le "Non !" de Miguel de Unamuno », *L'Histoire*, n° 470, 2020.

recteur de l'université, présidait[129]. Après le cérémonial d'ouverture, Millan Astray se livra à une violente diatribe contre la Catalogne et les provinces basques, opposant la patrie à l'antipatrie, l'Espagne et l'anti-Espagne, qui se termina par une âpre critique des nationalistes basques et catalans, lesquels réclament l'autonomie, les désignant comme « les cancers de la nation ». Unamuno s'est alors levé, avertissant : « Vous attendez tous ce que je vais dire. Vous me connaissez et savez que je ne peux garder le silence. Il y a des circonstances où se taire est mentir. Car le silence peut être interprété comme un acquiescement. » Puis il a répliqué avec véhémence : « On a parlé ici de l'Espagne et de l'anti-Espagne. Eh bien ! moi, j'affirme que, des deux côtés, il y a des patriotes et des antipatriotes. Je me sens attaqué comme Basque, et l'évêque de Salamanque assis à mes côtés est Catalan. Tous deux nous sommes Espagnols autant que vous. » Il y eut un long silence. Ce discours très courageux a profondément marqué les mémoires, mais il lui a valu d'être destitué, à l'issue de la séance, de recteur à vie de l'université de Salamanque. Il décéda le dernier jour de 1936.

Finalement, le riche parcours de Unamuno ponctué par son discours, une illustration d'une indétermination du futur nationalisme basque ?

Les résultats des dernières élections attestent d'un pays divisé. Après la difficile construction de l'État-nation espagnol, l'unité nationale sera-t-elle préservée face aux aspirations identitaires, notamment du Pays basque ? Au-delà des traumatismes passés de part et d'autre de la société espagnole, certes, ils ne doivent pas être recouverts d'une chape de plomb car il ne s'agit pas de dépasser le passé par l'oubli, de verrouiller l'avenir dans un pacte de silence, sans pour autant rouvrir les plaies encore vives. Les nationalistes basques, au-delà de leurs divisions, ont désormais choisi la voie démocratique. Il appartient dorénavant au gouvernement de relever le défi d'œuvrer à la réconciliation nationale en prenant en considération les aspirations démocratiquement exprimées de diversité dans un cadre institutionnel remodelé préservant l'unité territoriale de l'Espagne.

En ce sens, l'optimisme est de mise car la voie des indépendantismes en Espagne est pavée de deux freins quasiment dirimants pour la remise en cause de son unité mais qui, conjugués, s'avèrent déterminants et stabilisateurs pour sa préservation. D'une part, le nationalisme basque comme catalan, se heurtant à la Constitution « fondée sur l'unité indissoluble de la nation espagnole », seule une révision constitutionnelle peut porter atteinte à cette indissolubilité. D'autre part, ces deux nationalismes, comme tous ceux dans tout État membre de l'Union européenne, sont confrontés à la stratégie d'autodétermination territoriale. Or, l'indépendance entraînant la sortie de l'Union, le cadre stato-national traditionnel, pourtant contesté, apparaît comme le plus adapté. L'idéal indépendantiste peut alors être freiné par le pragmatisme, la perspective de la marginalisation à l'égard de l'Union,

[129] H. Thomas, *La Guerre d'Espagne*, Paris, Robert Laffont, 1961, p. 351-361.

représenterait un coût élevé non « compensé par l'idéal[130] », sachant que la possibilité de l'intégrer ultérieurement doit emprunter le long chemin de l'adhésion.

Au final, au-delà du mythe indépendantiste mobilisateur et des incantations électoralistes, les difficultés et ces limites vouent à l'échec, en Espagne et en particulier au Pays basque, les nationalismes radicaux menant à l'étatisme. Dans un tel contexte, il reste à l'État espagnol de trouver une formule juridique dans le cadre national et européen capable de développer les autonomies, notamment celle du Pays basque.

Bordeaux, le 18 novembre 2023.

---

[130] A. Pérez Calvo, *op. cit.*

DEUXIÈME PARTIE

CONSTITUTION POLITIQUE

PEUPLE, DÉMOCRATIE ET CONVENTIONS « CITOYENNES »

Julien BOUDON

Le plus bel hommage qu'on puisse rendre au professeur Stéphane Pierré-Caps est de saluer l'originalité de ses vues au sujet de l'objet « peuple ». Cela ne surprendra personne puisque le récipiendaire a consacré sa thèse de doctorat en 1986 à *Nation et Peuples dans les Constitutions modernes*[1]. Le singulier « Nation » et le pluriel « Peuples » cohabitent dans le même titre et cette tension entre les deux influera toute la production scientifique de Stéphane Pierré-Caps, jusqu'à l'iconoclaste manuel de *Droit constitutionnel* écrit avec Vlad Constantinesco en 2004[2]. Dans une littérature juridique souvent convenue, les deux auteurs consacrent de longs passages au « droit constitutionnel démotique » et à la compréhension qui doit être la nôtre des concepts de « nation » et de « peuple ». Il se trouve que c'est une obsession que je partage depuis ma propre thèse de doctorat portant sur la Révolution française, dont la trame a été développée dans un manuel de droit constitutionnel publié chez le même éditeur[3]. J'y qualifie le peuple d'« hypostase dangereuse » et c'est cette qualification sévère que je voudrais éprouver en la rapportant à la mode actuelle pour la « démocratie participative[4] ».

Il aura fallu plus de deux siècles pour que la supercherie éclate : libéralisme et démocratie ont convergé de manière heureuse et stupéfiante pendant deux cents ans — mais le XXIe siècle sera celui de leur divorce. La fameuse « démocratie représentative » a épuisé ses charmes ou ses virtualités sous le coup de plusieurs facteurs et notamment de l'individualisme forcené alimenté par les réseaux sociaux ou amplifié par eux, de sorte que la revendication égalitaire du *Moi* signifie, dans la sphère politique, non seulement l'égale dignité de tous, mais l'égale compétence de tous. La représentation en subit

[1] *Nation et peuples dans les Constitutions modernes*, Nancy, Presses universitaires de Nancy, 1987.

[2] *Droit constitutionnel*, Paris, PUF, coll. « Thémis », 7e éd., 2016.

[3] *Les Jacobins. Une traduction des principes de Jean-Jacques Rousseau*, LGDJ, 2006 ; *Manuel de droit constitutionnel*, Paris, PUF, coll. « Droit fondamental », t. 1, 3e éd., 2021, t. 2, 4e éd., 2022.

[4] Voir L. Blondiaux, *Le nouvel esprit de la démocratie. Actualité de la démocratie participative*, Paris, Seuil, 2008.

les effets délétères : les représentants ne représentent qu'eux-mêmes et non l'ensemble de la « population » dont il s'agit de satisfaire les besoins et les revendications.

La distorsion entre « représentation » et « représentativité » n'est pas nouvelle, elle est déjà très discutée durant les Révolutions américaine et française de la fin du XVIIIe siècle. La *représentation* est ce que nous avons hérité depuis deux siècles, c'est-à-dire un système de gouvernement dans lequel les représentés délèguent l'exercice du pouvoir à des représentants (avec l'âge démocratique, ces représentés sont le « peuple souverain » et les représentants sont élus périodiquement au moyen du suffrage universel). Tout un chacun connaît le mot de Barnave selon lequel « représenter, c'est vouloir pour la Nation ». La *représentativité* ou la métaphore de la photographie est cette chimère selon laquelle un représentant doit être *représentatif* de ses commettants, selon laquelle la représentation nationale doit refléter et reproduire, comme un cliché, le corps électoral (d'où les règles proprement antidémocratiques qui réservent des sièges aux femmes, aux minorités raciales, ethniques, sexuelles ou religieuses, par exemple au Rwanda ou au Chili, où le projet de Constitution de juillet 2022 prévoyait à son article 162 que des sièges devaient réservés à des membres des peuples indigènes). Lucien Jaume et Bruno Daugeron ont largement souligné quelles étaient les bases de cette nouvelle « représentativité[5] ». Le fossé est comblé par la tentation de l'identité : les gouvernants ne sont pas les représentants du peuple souverain, ils sont ce peuple au sens où ils ne s'en distinguent pas. On en a l'illustration avec les constructions politiques et idéologiques des Jacobins ou des Soviets, ce que j'ai appelé « l'être-peuple[6] ». De leur côté, les conventions citoyennes jouent la carte de la représentativité et tentent de séduire en se présentant comme le renouvellement indispensable de la démocratie.

I. Les conventions « citoyennes »

On renonce à mener un combat perdu d'avance et qui fleure bon son juriste conservateur ou étroit d'esprit : le terme « citoyen » est un substantif dans la langue française, son adjectif est « civique ». Dans une période où les hommes [pardon ! les hommes et les femmes, et même les femmes et les hommes] ne lisent plus, notre vocabulaire s'est rabougri et se réduit à des noms communs : « être en capacité » a remplacé « être capable ». Il y a là un mystère que nos linguistes et sociologues ont dû éclaircir.

Il aura appartenu à la fin du siècle dernier et au début du siècle actuel de faire pencher durablement la balance du côté de la représentativité. D'où le

[5] L. Jaume, « Représentation », *in* D. Alland et S. Rials (dir.), *Dictionnaire de la culture juridique*, Paris, PUF, 2003, p. 1338-1339 ; B. Daugeron, *La notion d'élection en droit constitutionnel français*, Paris, Dalloz, 2011, p. 537.

[6] Voir notre thèse précitée, *Les Jacobins*, p. 287.

recours à ces « conventions citoyennes » qui, à l'occasion, peuvent même être constituantes comme en Islande il y a dix ans et au Chili dans les deux dernières années. On ne passera pas de temps à rappeler ce que sont ces « conventions citoyennes[7] », sauf à rappeler leurs caractéristiques et leurs manifestations les plus remarquables. On appelle « conventions citoyennes » des assemblées composées d'individus issus de la société civile, en principe sans passé politique, et qui sont soit élus, soit désignés par les autorités politiques, soit tirés au sort. La réserve « en principe » est de mise : le but déclaré est d'inclure des citoyens qui n'ont pas embrassé la carrière politique — membres de la « société civile », comme si la *civitas* pouvait faire le départ entre les magistrats (au sens romain) et les autres — sauf qu'il y a loin de la coupe aux lèvres. Si, en Islande, à la suite de la Révolution des casseroles, les 25 membres de la Constituante n'avaient pas exercé de mandat politique, il n'en fut pas de même des constituants chiliens. Il est vrai que la convention constitutionnelle au Chili a été désignée d'une manière originale[8] par rapport aux exemples islandais ou français, sans qu'elle ne cesse d'appartenir, selon nous, à la catégorie des conventions citoyennes.

Ces assemblées sont en général de taille réduite, elles comprennent quelques dizaines de personnes, rarement plus de 200. On vient de l'indiquer pour l'Islande : l'Assemblée nationale constituante comprenait 25 membres (même s'il faut tenir compte du Forum national, dont était issue la Constituante, et qui comptait de son côté 950 citoyens). Dans la même veine, la convention chilienne rassemblait 155 personnes, un nombre équivalent à celui qui a été choisi en France : la convention sur le climat de 2020 était bornée à 150 membres, celle sur la fin de vie de 2022 à 185 membres. On relève d'ores et déjà la diversité qui prévaut dans la composition de ces assemblées : certaines sont élues (l'Assemblée constituante islandaise ou chilienne), d'autres tirées au sort (le Forum national islandais, les deux conventions françaises sur le climat et la fin de vie). On aura l'occasion de revenir sur le tirage au sort complètement biaisé en France : un Institut de

[7] La littérature sur le sujet est immense. On se contentera de quelques références : L. Cordier, « La démocratie délibérative en action : forums, systèmes, médias. Inclure la nation : les limites de la délibération islandaise », Congrès de l'AFSP, 22-24 juin 2015 (disponible sur http://www.afsp.info/archives/congres/congres2015/st/st24/st24cordier.pdf) ; C. Guérin-Bargues, « Le laboratoire participatif. Retour sur les conséquences institutionnelles de la "révolution des casseroles" en Islande et du "mouvement des gilets jaunes" en France », *Jus politicum*, n° 29, 2023, p. 45-63 (disponible sur http://juspoliticum.com/article/Le-laboratoire-participatif-Retour-sur-les-consequences-institutionnelles-de-la-revolution-des-casseroles-en-Islande-et-du-mouvement-des-gilets-jaunes-en-France-1513.html) ; C. Cerda-Guzman, « Confier l'interprétation de la Constitution au peuple. À la rencontre du constitutionnalisme populaire latino-américain », *RDH*, n° 21, 2022, p. 1-17.

[8] On renvoie ici à C. Cerda-Guzman, « Autopsie d'un échec. Retour sur le rejet du projet de Constitution pour le Chili », *Jus Politicum*, n° 29, 2023, p. 111-147, disponible sur http://juspoliticum.com/article/Autopsie-d-un-echec-Retour-sur-le-rejet-du-projet-de-Constitution-pour-le-Chili-1512.html.

sondage, Harris Interactive, a été sélectionné pour extraire 150 noms sur la base de six critères (pourquoi six ? pourquoi ceux-là ?) : le sexe, l'âge, le diplôme, la classe sociale, le type de territoire de résidence, la zone géographique d'habitation. On fera la même réflexion pour la Conférence sur l'avenir de l'Union européenne : instituée en mai 2021, elle aura duré un an jusqu'en mai 2022 — elle était principalement composée de quatre « panels » de 200 citoyens européens tirés au sort et qui ont formulé pas moins de 300 propositions[9].

Ces conventions sont toujours éphémères : leur durée de vie est fixée à quelques mois au plus. Au Chili, l'Assemblée constituante devait nécessairement terminer ses travaux au bout de neuf mois, avec la possibilité d'ajouter trois mois supplémentaires, ce qui fut fait : réunie le 4 juillet 2021, elle décide en mars 2022 de proroger ses travaux jusqu'au 4 juillet 2022, jour où elle a rendu son projet de Constitution. En France, la convention sur la fin de vie a commencé ses travaux le 9 décembre 2022, et elle a remis son rapport en avril 2023. La crainte est évidemment la permanence de conventions citoyennes qui viendraient concurrencer les assemblées parlementaires (sans oublier que la permanence de n'importe quelle assemblée a toujours été redoutée, comme sous la Révolution française, ce qui explique le mécanisme des sessions parlementaires).

En dehors du mode de sélection des membres des conventions citoyennes, on peut indiquer deux différences entre elles de par le monde. Premièrement, quelles règles juridiques sont concernées, ou plutôt quelle catégorie de règles juridiques est-elle confiée aux conventions ? Celles-ci ont soit un objet législatif (et/ou réglementaire), soit un objet constitutionnel et elles sont alors constituantes. La France a mis en place des conventions du premier type, tandis que l'Islande et le Chili ont eu recours à des conventions du second type, dans le sillage de ce qui se pratique dans le monde anglo-saxon. Le mot « convention » y est en effet réservé à des assemblées constituantes, par exemple la convention de Philadelphie aux États-Unis en 1787, ce dont se souviendra la France révolutionnaire en 1792 : la Convention nationale, contrairement à la Législative bien nommée, a un objet constituant (mais pas exclusivement constituant et c'est sur ce point que la France se distingue, car elle confie une double mission ordinaire et extraordinaire à la même instance).

Deuxièmement, quelle réception est-il donné aux travaux de ces conventions ? Il apparaît immédiatement qu'elles ne sont jamais décisionnaires : à l'inverse des parlements, les conventions citoyennes ne produisent pas du droit, elles se contentent de *proposer* des mesures réglementaires, législatives ou constitutionnelles. Seuls les parlements (et les électeurs lors des référendums) tranchent. Il faut ajouter ici une précision : certes, les conventions citoyennes n'adoptent pas seules les textes auxquels elles parviennent, mais un tri est-il opéré par les représentants (pouvoir

---

[9] https://www.consilium.europa.eu/fr/policies/conference-on-the-future-of-europe.

exécutif ou parlements) ou le texte est-il soumis *ne varietur* à l'instance décisionnaire, par exemple au peuple souverain s'exprimant lors d'un référendum ? On remarque que les projets de constitution sont livrés tels quels à l'approbation des électeurs convoqués pour un référendum : les exemples de l'Islande et surtout du Chili le prouvent. En revanche, quand les propositions sont seulement législatives ou réglementaires, il est fréquent que les représentants élus soient libres de trier parmi elles. La polémique a éclaté en France à propos de la convention sur le climat : le président de la République, Emmanuel Macron, avait promis que ses propositions seraient intégralement (« sans filtre ») reprises et soutenues. Or, elles ont été très largement ignorées ou amendées.

II. Les faiblesses des conventions citoyennes

Les conventions citoyennes souffrent de trois faiblesses majeures. La première, reliée à une critique de nature aristocratique, est le manque de compétence des membres de ces conventions. On l'a constaté au Chili. Une sorte d'illusion consiste à croire qu'il est facile et à la portée de tous d'écrire une constitution parce qu'il s'agit d'une matière politique et juridique qui intéresse tous les citoyens, de sorte qu'on ne pourrait établir de parallèle avec la construction d'un pont qui ne peut se satisfaire du tirage au sort sans réclamer la maîtrise du génie civil. Mais il y a plus : une compétence délibérative, presque de la sagesse pratique au sens aristotélicien, est requise de la part des représentants. Or, on constate que les citoyens élus ou tirés au sort sont tentés par la radicalité et l'intransigeance. Pour reprendre la distinction de Max Weber, ce sont des partisans de l'éthique de la conviction, et l'éthique de la responsabilité leur importe peu. Et cela s'explique facilement : les membres des conventions citoyennes appartiennent à des assemblées qui ont une durée de vie limitée et ne doivent rendre compte à personne puisqu'ils s'inscrivent dans une perspective bornée à un objet. L'exemple du Chili est impressionnant : on rappelle que 62 % des électeurs, presque les deux tiers, ont repoussé le projet de Constitution le 4 septembre 2022, précisément parce que nombre de ses articles sont apparus trop ambitieux ou radicaux. De l'intérêt d'ailleurs de passer par le tamis du parlement avant de présenter un texte au référendum : le texte sera peut-être moins séduisant, mais il sera en mesure de provoquer un consensus et de rallier une majorité. Tel est d'ailleurs le chemin que le Chili semble désormais emprunter : le 11 janvier 2023, le Parlement a adopté une loi pour relancer le processus constituant, mais il a décidé de commencer par désigner en son sein une commission constitutionnelle (dite commission d'experts) composée de douze députés et douze sénateurs. Cette commission est chargée de préparer une première mouture du texte constitutionnel à partir du 6 mars et pour une durée de six mois, soumis ensuite à un Conseil constitutionnel de 55 personnes élues le 7 mai et priée dans un laps de temps de cinq mois de rédiger un projet de Constitution qui, après une série de conciliations et de vérifications, serait soumis au référendum le 17 décembre 2023.

La deuxième faiblesse intrinsèque de ces conventions tient à leur nature consultative. On l'a dit, jamais ces conventions ne tranchent par elles-mêmes. Elles ne sont pas des parlements élus, elles ne sauraient se substituer au vœu du peuple exprimé par référendum : il y a ici une évolution notable de nos démocraties, car il était parfaitement envisagé autrefois que l'assemblée représentative adopte elle-même un projet de constitution (ainsi les Constitutions françaises de 1791, 1848 ou 1875). Ce n'est plus concevable aujourd'hui et c'est un passage obligé que de réclamer l'approbation des électeurs lors d'un référendum : les expériences françaises de 1946 et de 1958 le prouvent, avec ce bémol que les révisions partielles ne sont jamais soumises au « peuple souverain » et que seules les révisions totales de la Constitution réclament un référendum. Mais il y a plus : parfois les travaux des conventions citoyennes sont une simple liste de recommandations dont les pouvoirs publics font ce qu'ils veulent. En France, la colère a été grande quand les membres de la convention sur le climat ont constaté que leurs propositions avaient été défigurées par le gouvernement, le parlement et le président de la République qui avait assuré qu'elles seraient reprises « sans filtre » (l'expression est devenue virale). On peut se demander si l'outil ne perd pas tout intérêt et si le bénéfice politique attendu de ces conventions citoyennes n'est pas nul dès lors qu'elles se révèlent une duperie.

Mais c'est la troisième faiblesse qui semble la plus évidente. Les conventions citoyennes sont présentées comme un remède aux défaillances de la démocratie représentative, c'est un moyen d'associer plus étroitement les citoyens ordinaires à la marche des affaires. Le but est complètement manqué : qu'ils soient élus, désignés ou tirés au sort, les membres de ces conventions sont toujours des représentants. On ne sort pas de la logique infernale de la représentation : comme Jean-Jacques Rousseau l'avait admirablement perçu dans le *Contrat social* (1762), dès lors que le peuple en corps, proclamé souverain, ne décide pas directement, alors il y a de la représentation, synonyme à ses yeux d'anéantissement de la liberté. La réussite incroyable de la démocratie représentative aura été de concilier deux aspirations et philosophies fondamentalement divergentes. Or la machine est aujourd'hui grippée et ma conviction est que les conventions citoyennes ne sont pas l'instrument adéquat. Que me chaut que leurs 150 ou 200 membres soient issus de la « société civile » ? Ils ne sont toujours pas *MOI*. — On pourrait au passage contester fortement la *représentativité* de ces conventions : quand leurs membres sont tirés au sort, par un Institut de sondage, les biais sont nombreux pour espérer une « photographie » de la population ou de l'électorat. La convention pour la fin de vie en France a ainsi écarté le critère de la religion. Quand ils sont élus, la *représentativité* n'est pas plus garantie, malgré les sièges assurés à telles catégories de la population, par exemple aux femmes et aux indigènes : l'Assemblée constituante chilienne comprenait

59 avocats sur 155 membres. La *représentativité* est une chimère et une régression à l'infini, car il faudrait réserver des sièges aux Blancs, aux Noirs, aux métis, aux habitants des grandes villes, aux habitants des campagnes, aux catholiques, aux protestants, aux juifs, aux musulmans, aux bouddhistes, aux athées, etc. Combien sommes-nous à percevoir le danger de ce morcellement mortifère ?

On revient au mécanisme même de la représentation : une majorité confie à une minorité le soin de gouverner le pays. Comme l'expliquaient Madison, Sieyès et Constant, tout allait bien dans le meilleur des mondes : la liberté des modernes, opposé à celle des anciens, suppose que la plupart des individus et citoyens préfèrent vaquer à leurs affaires privées et s'en remettre à des représentants pour le reste, tant qu'ils sont en position de les choisir et que les choix effectués ne leur semblent pas déraisonnables. Tout cela a éclaté en éclat à la fin du siècle dernier, d'une part, en raison de l'épuisement des ressources intellectuelles du libéralisme et, d'autre part, en raison de l'ère numérique que nous connaissons depuis quelques décennies. Les citoyens, dans un monde individualiste et numérique, veulent être partie prenante, ils veulent décider — et pas seulement être informés, consultés ou sélectionnés pour participer à une convention citoyenne[10]. La France a été secouée en 2018 et 2019 par le mouvement des « gilets jaunes ». Or, ils ne réclamaient pas des conventions citoyennes, mais le « RIC » ou « Référendum d'initiative citoyenne ». Pourquoi ? Parce que le référendum donne l'assurance que la voix de chacun sera comptée, tandis que les conventions citoyennes sont composées d'une poignée de citoyens qui ne décident rien. Le « *MOI* » cherche à s'exprimer et à satisfaire sa vanité parce tous les êtres humains sont égaux en droit(s), en dignité et désormais en compétence, une illusion alimentée par les outils numériques et notamment par les réseaux sociaux. La dictature numérique n'est pas celle d'un potentat ou tyran, mais d'une masse qui croit à l'équivalence de la parole. Au fond, la prédiction de Tocqueville se réalise : le goût démocratique pour l'égalité se confond avec un individualisme forcené qui tue le groupe ou la communauté. La démocratie dite « participative » s'oppose à la démocratie délibérative et représentative qui estime que la bonne décision résulte, non pas d'un fractionnement de l'opinion, mais d'une discussion à plusieurs. Au contraire, la démocratie « participative » n'a pas d'autre but que la satisfaction égoïste ou nombriliste du « *MOI* », car je suis aussi compétent que quiconque pour savoir si les avions ont vraiment heurté les *Twin Towers* le 11 septembre 2001.

---

[10] C'est pourquoi je n'accepte pas sans réserve la dichotomie faite par Éric Buge entre démocratie participative et démocratie délibérative, l'une étant illustrée par le Grand Débat en 2019 et l'autre par la convention sur le climat en 2020-2021 : « Pour le dire autrement, nous sommes à la recherche du diamant de Micromégas, qui permettrait de faire participer chaque citoyen à un processus délibératif global, de faire entrer en relation nombre de participants et qualité de la délibération. » (« À la recherche du diamant de Micromégas », *APD*, vol. 62, 2020, p. 465).

III. Alternatives

Il nous faut donc réinventer du lien collectif dans le contexte de la liberté des modernes, pour emprunter encore Benjamin Constant : ce n'est pas la démocratie participative qui nous l'apportera, mais une maturité démocratique qui revitalise la représentation, qui lui associe mieux les individus-électeurs et qui donne plus de place aux mécanismes de démocratie directe ou semi-directe. On ne croit pas plus à l'efficacité des conventions citoyennes qu'à celle des assemblées comme le Conseil économique, social et environnemental transformées en « Chambre de la société civile » ou en « Conseil de la participation citoyenne », comme cela a été envisagé en France dans les deux projets de lois constitutionnelle de 2018 et 2019[11]. En réalité, il nous semble, dans ces immenses ensembles représentatifs que sont les États actuels, que la solution viendra d'une plus grande association des citoyens à la base et au sommet.

Ce n'est pas pour rien que Montesquieu, Rousseau et Madison considéraient que les républiques démocratiques ne pouvaient pas s'épanouir dans des pays très vastes, et que seuls Genève ou Venise permettaient une telle acclimatation républicaine et démocratique. Le défi de notre temps passe incontestablement par une décentralisation de la prise de décision : il n'est pas étonnant que le goût pour le fédéralisme progresse partout dans le monde, car il traduit une aspiration profonde de traiter les problèmes locaux à l'échelle locale. Les Anglo-saxons appellent cela le « *self-government* » et on en a des traces des deux côtés de l'Atlantique. Dans nombre de pays, les conseils de quartier et autres assemblées micro-locales servent cependant d'habillage politique, car l'essentiel du pouvoir est conservé à l'échelon supérieur.

Par ailleurs, si l'ère numérique produit des effets délétères, elle a aussi des avantages et il serait idiot de se priver des ressources électroniques qui permettraient de multiplier les référendums, précédés de pétitions populaires. Le vote électronique a cette vertu d'étendre le modèle suisse à l'ensemble des démocraties libérales. Bien sûr, il ne faut pas accorder tous les lauriers à l'institution référendaire au sein de la Confédération helvétique. Nombre de référendums suisses sont gros de tendances illibérales, or c'est précisément cette alliance improbable entre libéralisme et démocratie que la démocratie représentative a forgée il y a deux siècles. On n'oublie pas que la Constitution helvétique, approuvée directement par le peuple, interdisait la commercialisation de la viande casher jusque dans les années 1970. On n'oublie pas non plus que le référendum du 29 novembre 2009 a inséré dans la Constitution un article 72, alinéa 3 qui interdit la construction des minarets (qui ne confondent certes pas avec les mosquées). Il n'en reste pas moins que les aspirations populaires semblent légitimes dans des États qui se proclament « démocratiques ».

---

[11] Projet de loi constitutionnelle n° 911 du 9 mai 2018, article 14 et projet de loi constitutionnelle n° 2203 du 29 août 2019, article 9.

Certaines conditions sont nécessaires pour que l'exercice ne verse pas dans la démagogie. 1) Les consultations sont limitées à quelques-unes par an pour ne pas épuiser le corps électoral et pour ne pas vider de sa substance le principe représentatif ; 2) Les questions posées sont à la fois générales et simples (même si les conséquences sont colossales) ; 3) Les questions soumises au référendum se prêtent parfaitement à une réponse binaire par « oui » ou par « non », donc se concilient aisément avec une forme de manichéisme ; 4) Telles matières seraient exclues, par exemple la matière fiscale, 5) La pétition populaire réclamerait l'initiative d'un nombre respectable de citoyens sans être un obstacle, de l'ordre de 5 % de l'ensemble du corps électoral par exemple ; 6) Parce qu'il s'agit d'une consultation électronique, un taux de participation minimal serait exigé pour valider le résultat, comme c'est le cas en Italie ou en Roumanie ; 7) Il serait toujours possible de présenter un contre-projet sur le modèle suisse.

Dans la période récente, le déficit démocratique a été criant dans de nombreux pays et des questions essentielles ont été tranchées sans aucune consultation des populations intéressées. Le référendum, tel que je le préconise, fait le pari de la sagesse collective et populaire dans quelques grandes affaires de notre temps : la vaccination obligatoire ou non contre le Covid-19 ; la poursuite ou l'interruption d'un programme nucléaire civil ; la part réservée aux énergies renouvelables ; la réforme des retraites, etc. Il s'agit de choix cruciaux qui doivent appartenir au « peuple » souverain, dès lors qu'on prend cette souveraineté au sérieux.

Ferdinand Lassalle et la notion de Constitution. Le réel au fondement du droit politique

Jérémy BRZENCZEK

Quoi de plus évident pour un véritable universitaire que de se questionner sur les notions fondamentales de sa discipline ? Sans grand risque, on peut affirmer que les interrogations sur la notion même de Constitution ont guidé les travaux du professeur Stéphane Pierré-Caps tout au long de sa carrière[1].

Loin de céder aux définitions simplistes, l'enseignant-chercheur nancéien a toujours envisagé la Constitution comme une notion complexe, polysémique. Conscient de la pluralité des significations qu'elle recouvre, il a dressé avec Vlad Constantinesco certaines oppositions conceptuelles courantes dans son manuel de droit constitutionnel. Dès ses premières éditions aux Presses universitaires de France, recouvert d'une couverture teintée d'un rouge révolutionnaire, l'ouvrage laisse une place à la distinction entre la *Constitution formelle* et la *Constitution réelle* opérée par Ferdinand Lassalle (1825-1864)[2].

Rares sont les manuels contemporains à consacrer des lignes sur cet auteur. Notre participation aux présents mélanges doit être aussi regardée comme l'occasion de rappeler à la doctrine son existence.

Ferdinand Lassalle a développé sa conception constitutionnelle dans deux conférences de nature politique prononcées à Berlin. La première, qui date du 16 avril 1862[3], est la plus importante puisqu'elle y délivre les aspects théoriques. La seconde, prononcée quelques mois plus tard, le 14 novembre

[1] Pour ne prendre que quelques exemples, v. S. Pierré-Caps, « Le droit constitutionnel et les nations sans État : le constitutionnalisme face à l'historicisme », *Civitas Europa*, 38 (1), 2017, p. 43-57 ; « La fragmentation de l'État et la notion de constitution », *in* J.-D. Mouton, S. Pierré-Caps (dir.), *États fragmentés*, Nancy, PUN-Éditions universitaires de Lorraine, 2012, p. 237-245 ; « Les mutations de la notion de constitution et le droit constitutionnel », *Civitas Europa*, n° 6, 2001, p. 39-52.

[2] Nous utiliserons néanmoins la 4e édition en notre possession, V. Constantinesco, S. Pierré-Caps, *Droit constitutionnel*, Paris, PUF, 4e éd., 2009, p. 208-209.

[3] Pour la dernière version de cette conférence v. F. Lassalle, *Qu'est-ce qu'une constitution*, Arles, Sulliver, 1999 ; pour d'autres textes de Lassalle, voir F. Lassalle, *Discours et pamphlets*, Paris, V. Giard & E. Bière, 1903.

de la même année[4], répond davantage à la situation politique que traverse la Prusse à cette période.

L'originalité de Lassalle se trouve dans le fait qu'il estime qu'une Constitution écrite, ou formelle, repose nécessairement sur une Constitution réelle, c'est-à-dire le rapport réel des forces de la société.

Ainsi, si certains qualifient cette vision constitutionnelle de sociologique[5], on peut sans écueil l'identifier comme matérialiste, dans la mesure où elle fait reposer l'ordre juridique sur les conditions matérielles de vie (II). Mais pour bien comprendre la démarche de Ferdinand Lassalle, il ne faut pas oublier que celui-ci expose sa conception de la Constitution dans un État aux institutions troublées, dans l'objectif de servir la cause socialiste (I).

I. Une analyse des institutions prussiennes au service de la cause socialiste

C'est dans une Prusse traversée depuis 1859 par un véritable conflit constitutionnel[6] sur la réforme de l'Armée que sont prononcés les deux discours de 1862. Conséquence tardive de l'étouffement des aspirations libérales de la révolution de 1848, cette crise politique traduit en réalité la confrontation entre deux formes de légitimité, à savoir la légitimité électorale de la Chambre des députés et la légitimité traditionnelle de la monarchie. L'arrivée d'Otto von Bismarck à la tête du gouvernement prussien en fin d'année 1862 fait basculer le conflit en faveur de la royauté.

L'échec de la révolution de 1848 est le point de départ du dynamique réactionnaire en Allemagne. Si la Prusse est constituée d'un régime constitutionnel dans la seconde moitié du XIXe siècle, la royauté a néanmoins maintenu sa prééminence vis-à-vis des institutions parlementaires[7]. La Constitution octroyée le 31 janvier 1850 maintient la légitimité du roi au regard du droit historique propre à sa dynastie[8].

De fait, celui-ci détient le pouvoir exécutif (article 45 de la Constitution de 1850[9]), commande l'appareil militaire (articles 46 et 47) et partage le pouvoir

---

[4] F. Lassalle, « De l'essence d'une Constitution II », *in* F. Lassalle, *Discours et pamphlets*, *op. cit.*, p. 37-74.

[5] J. Abellán, « El concepto sociológico de Constitución en Alemania: Ferdinand Lassalle », *Fundamentos*, n° 6, 2010, p. 399-424.

[6] Selon J. Hummel, un conflit constitutionnel est « un conflit politique dans lequel les acteurs s'efforcent d'étayer leur raisonnement par des arguments juridiques tirés d'une lecture de la lettre constitutionnelle », *in* J. Hummel (dir.), *Les conflits constitutionnels. Le droit constitutionnel à l'épreuve de l'histoire et du politique*, Rennes, PUR, 2010, p.10

[7] V. J. Hummel, *Le constitutionnalisme allemand (1815-1918) : le modèle allemand de la monarchie limitée*, Paris, PUF, 2002, p. 219-237.

[8] *Ibid.*, p. 225.

[9] Nous prenons pour référence la traduction de cette Constitution disponible *in* P.-R. Dareste de la Chavanne, *Les constitutions modernes : recueil des constitutions en vigueur dans les divers États d'Europe, d'Amérique et du monde civilisé*, Paris, Augustin Challamel Éditeur, 3e éd., vol. 1, 1910, p. 203 et s.

législatif et budgétaire avec le parlement constitué de la Chambre des seigneurs et la Chambre des députés (article 62).

La Constitution de 1850 est complétée par un système électoral profondément inégalitaire qui laisse peu de place à l'expression populaire au sein du parlement. Si la Chambre des seigneurs est composée de membres nommés par la royauté (articles 65 à 68), la Chambre des députés, composée de 350 membres, est élue au suffrage masculin indirect à deux degrés (articles 69 et s.). Le droit électoral des trois classes (*Dreiklassenwahlrecht*), introduit par la loi du 30 mai 1849, répartit les électeurs du premier degré en fonction de leurs recettes fiscales directes, favorisant ainsi la partie du corps électoral la plus fortunée.

Mais, cette organisation des institutions n'empêche pas en 1859 le début d'une crise constitutionnelle : le ministre de la Guerre Albrecht von Roon, qui a pour instruction de Guillaume Ier de préparer un plan de modernisation de l'armée prussienne, se confronte violemment aux parlementaires libéraux de la Chambre des députés. Le nouveau parti progressiste allemand (*Deutsche Fortschrittspartei, DFP*) fort de ses 109 sièges aux élections de décembre 1861 s'oppose en tout point au gouvernement sur la durée du service militaire et sur la professionnalisation de l'armée. Ce désaccord contraint le roi à dissoudre la Chambre des députés en mars 1862 et à appeler les électeurs aux urnes. Toutefois, les députés progressistes ressortent confortés des nouvelles élections, obtenant 133 sièges. Persuadée que l'exécutif ne peut pas gouverner sans financement, la chambre parlementaire se mue dans un blocage budgétaire. Otto von Bismarck est appelé à la tête du gouvernement par Guillaume Ier en septembre 1862 pour trouver une issue au conflit. N'arrivant cependant pas à trouver un compromis, celui-ci se résout à gouverner sans budget et met en application la réforme budgétaire sans l'accord des parlementaires.

Dès lors, la première conférence sur la question constitutionnelle, le 16 avril 1862, se déroule en pleine période électorale. Elle s'inscrit dans un ensemble de prises de parole de Ferdinand Lassalle qui se veulent polémiques. Ce dernier est d'ailleurs invité à s'exprimer quelques jours avant, le 12 avril, par une société ouvrière d'un faubourg industriel de Berlin (*Oranienburger Vorstadt*), sur la situation de la classe ouvrière et ses combats à venir. Publié en 1863 sous le titre de « Programme ouvrier[10] », l'exposé amorce, à vrai dire, la plus laborieuse de ses entreprises : la fondation le 23 mai 1863 de l'Association générale des travailleurs allemands (*Allgemeiner Deutscher Arbeiterverein - ADAV*).

Il revient, en effet, à Ferdinand Lassalle le mérite d'avoir initié le premier parti ouvrier allemand, avant de le présider entre le 23 mai 1863 et le 31 août 1864. Pour cette œuvre, selon Sonia Dayan-Herzbrun, « Marx et Engels

---

[10] V. F. Lassalle, « Programme ouvrier », *in* F. Lassalle, *Discours et pamphlets*, *op. cit.*, p. 141-193.

hésiteront toujours à le condamner publiquement, en dépit de leurs désaccords fondamentaux ; des socialistes français comme Jaurès et Benoît Malon le situeront parmi les fondateurs du socialisme, au même titre que Marx[11] ».

Lassalle est donc un militant de la cause socialiste. On comprendra que ses conférences sur la notion de Constitution cherchent ainsi à orienter les masses ouvrières prussiennes en vue d'obtenir, dans un premier temps, le suffrage universel, qui à en croire Lassalle, est le seul moyen capable d'améliorer durablement la situation des travailleurs[12].

À l'évidence, l'agitateur est un juriste averti. Ferdinand Lassalle a exercé la profession d'avocat jusqu'en 1848[13]. La plupart de ses interventions font régulièrement référence à des dispositions constitutionnelles et législatives. Le conférencier allemand n'hésite pas à analyser des Constitutions étrangères pour étayer ses propos, comme c'est le cas dans le « Programme ouvrier » où celui-ci invoque la Charte constitutionnelle française de 1814[14]. Mais la spécialité de Ferdinand Lassalle reste encore la philosophie du droit. Dans sa volumineuse *Théorie systémique des droits acquis*, publiée en 1861[15], il s'essaye à théoriser la rétroactivité des lois en se basant sur une analyse du droit privé romain, français et prussien.

Avant d'agir, l'état des lieux constitutionnel est indispensable. Et pour cela, la démarche de Lassalle se dit scientifique. Comme il le précise, la « *vraie science* [...] ne consiste pas en autre chose que dans cette *clarté de la pensée* qui, sans qu'il soit besoin d'aucune hypothèse, déduit pas à pas tout d'elle-même, et avec la force irrésistible de l'intelligence s'empare de l'esprit de tout auditeur, pourvu qu'il soit attentif[16] ». Cette science lassallienne relève d'une certaine évidence rationnelle.

On ne peut que regretter néanmoins le fait que Lassalle ne nous livre pas explicitement sa méthodologie. Il se contente de l'affirmation susmentionnée pour introduire ses paroles.

Quoi qu'il en soit, on devine aisément que Lassalle ne se limite pas à décrire simplement les dispositions constitutionnelles qu'il rapporte. Il se veut critique du formalisme juridique qui, selon lui, enrobe de verbes la réalité sociale. Tout l'objet de cette science lassallienne est donc de lire entre les lignes de la Constitution écrite et d'y déceler les mécanismes de pouvoir que

---

[11] S. Dayan-Herzbrun, « Nationalisme et socialisme chez Ferdinand Lassalle », *L'Homme et la société*, n° 5, 1967, p. 195.

[12] V. F. Lassalle, « Lettre ouverte en réponse au comité central d'organisation d'un congrès général des ouvriers allemands à Leipzig, 1er mars 1863 », *in* F. Lassalle, *Discours et pamphlets, op. cit.*, p. 141-193.

[13] V. V. Fleury, « Les idées politiques de Lassalle et de Marx », *La Révolution de 1848 et les révolutions du XIXe siècle*, n° 169, juin-juillet-août 1939, p. 46.

[14] F. Lassalle, « Programme ouvrier », *in* F. Lassalle, *Discours et pamphlets, op. cit.*, p. 168-169.

[15] F. Lassalle, *Théorie systémique des droits acquis. Conciliation du droit positif et de la philosophie du droit*, Paris, V. Giard & E. Bière, 2 tomes, 1904.

[16] F. Lassalle, *Qu'est-ce qu'une constitution ?, op. cit*, p. 19.

celle-ci garantit. En d'autres termes, le militant socialiste dénonce les apparences juridiques d'une Constitution. Comme toute autre science naturelle, il cherche par l'intellect à révéler l'invisible qui sous-tend toute chose visible. Le rôle de sa science est donc de voir au-delà du texte, c'est-à-dire faire œuvre de théorie.

II. Une conception matérialiste de la Constitution

Qu'est-ce qu'une Constitution[17] ? Si elle n'est pas la Constitution écrite, quel est donc son rapport avec elle[18] ? Quand une Constitution écrite est bonne et durable ?[19]

En posant ces questions, on comprend au regard de ce que nous venons d'exposer que Lassalle ne souhaite pas se contenter d'une réponse purement juridique. Certes, une Constitution peut se définir comme une loi fondamentale organisant les institutions politiques d'un État. Mais, pour ce tribun socialiste, ces éléments ne disent rien sur la notion même de Constitution, sur son essence[20]. Cela signifie que cette définition juridique « nous laisse en pleine incertitude et obscurité au sujet de la bonté ou de la malignité, de la possibilité ou de l'impossibilité, de la durée ou de la caducité d'une Constitution donnée[21] ».

Lassalle postule l'idée selon laquelle la véritable Constitution d'un État se trouve dans le rapport réel de ses forces sociales.

Pour étayer sa démonstration, Lassalle propose à son auditoire du 16 avril 1862 une expérience de pensée[22] : il s'agit d'émettre l'hypothèse que l'ensemble des imprimeries, des bibliothèques et des magasins du pays, qui conserve la législation prussienne, soit emporté par un immense incendie. Selon Lassalle, un législateur constitutionnel ne pourrait pas repartir de zéro. Il ne pourrait pas promulguer de nouvelles lois comme il l'entend, mais devrait composer avec les institutions sociales et politiques du pays. Les forces qui s'activent dans la société lui seraient opposables. Par exemple, la royauté manifesterait sa puissance militaire pour faire droit à ses prérogatives

---

[17] *Ibid.*, p. 20.

[18] *Ibid.*, p. 34.

[19] *Ibid.*, p. 25.

[20] « Qu'est-ce qu'une Constitution ? En quoi consiste l'essence d'une Constitution ? […] Si je pose cette question à un juriste, il me répondra à peu près ainsi : "Une Constitution est un pacte juré entre un roi et un peuple, pacte qui établit, pour un pays, les principes fondamentaux de sa Législation et de son Gouvernement." Ou s'il envisage les Constitutions républicaines, il dira, d'une manière plus générale encore : "Une Constitution est, pour un pays, la loi fondamentale qui établit l'organisation du droit public de la nation." Mais cette définition juridique, et toutes les définitions formelles semblables sont loin d'être une réponse réelle à ma question. Toutes ces réponses, en effet, ne sont qu'une indication superficielle de la façon dont une Constitution arrive à l'existence et de ce qu'elle fait ; mais elles ne nous disent pas qui est une Constitution [*sic*]. » *in ibid.*, p. 20-21.

[21] *Ibid.*, p. 21-22.

[22] *Ibid.*, p. 27-34.

historiques. Il en va de même de la classe nobiliaire. La grande bourgeoisie ferait en sorte de montrer sa puissance économique, *etc.* Il en résulterait que même si les juristes ne peuvent pas être en mesure de se référer à la Constitution prussienne de 1850, l'organisation des institutions politiques persisterait globalement.

La Constitution formelle n'en est pas pour autant qu'une simple feuille de papier, du moins, lorsque celle-ci est en accord avec la réalité sociale et politique du pays. Elle est la manifestation écrite des rapports effectifs qui agissent au sein de la société. Mais en donnant un caractère explicite à la Constitution réelle, la Constitution formelle lui confère une puissance normative, selon Lassalle :

> On écrit sur une feuille de papier ces rapports effectifs des forces, on leur donne une expression écrite ; et une fois ainsi fixée par l'écrit, ils ne sont plus seulement des rapports effectifs de forces sociales, ils sont devenus le droit, ils sont devenus des dispositions légales, et qui ne les observent pas et puni[23].

Ce passage à l'écrit, cette mise sur papier n'use aucunement « d'expressions grossières[24] ». Les inégalités de pouvoirs ne sont pas affichées en plein jour. Par exemple, dans la Constitution prussienne, on se garde de dire que la noblesse ait un pouvoir aussi important que le reste de la population :

> Si l'on voulait [...] affirmer dans la Constitution qu'un petit nombre de nobles propriétaires fonciers doivent à eux seuls posséder autant de puissance que riches, gens à l'aise et pauvres, que tous les électeurs des trois classes, que la Nation tout entière, on se gardera de le dire avec des paroles aussi maladroites [...] mais on écrit dans la Constitution que, en dehors de quelques dispositions additionnelles sans importance, on forme, avec les représentants de la propriété foncière ancienne et consolidée, une Chambre des seigneurs dont l'approbation est nécessaire aux décisions de la Chambre des députés qui représente toute la Nation ; et ainsi est donnée, à une poignée d'antiques propriétaires fonciers, une puissance politique qui annule la volonté, même unanime, de la Nation et de toutes ses classes[25].

Ferdinand Lassalle en tire la conséquence que pour qu'une Constitution formelle soit durable, il faut que celle-ci corresponde aux pouvoirs existants réellement dans la société. Un décalage entre la Constitution formelle et la Constitution réelle peut générer un conflit institutionnel qui ne peut se résoudre juridiquement. À terme, la répartition des pouvoirs décrite par la Constitution formelle doit succomber à l'organisation réelle des forces sociales. « Les questions constitutionnelles [répète Lassalle] ne sont pas à l'origine des questions *juridiques*, mais des questions de *force*[26]. »

---

[23] *Ibid.*, p. 34.
[24] *Ibid.*, p. 36.
[25] *Ibid.*, p. 37.
[26] F. Lassalle, « De l'essence d'une Constitution II », *in* F. Lassalle, *Discours et pamphlets*, *op. cit.*, p. 38.

Lors de sa seconde conférence sur la notion de Constitution, le 14 novembre 1862, Lassalle verra dans la position d'Otto von Bismarck une confirmation de sa théorie constitutionnelle. Le nouveau chef de gouvernement prussien se refuse de céder aux prétentions de l'assemblée parlementaire sur la question du service militaire et décide de gouverner sans le vote du budget. Pour affirmer son autorité sur la Chambre des députés, Bismarck souligne, lors de la séance de la commission du budget du 30 septembre 1862 :

> Dans le conflit actuel, il s'agit des limites entre le pouvoir de l'État et celui de la représentation du pays. La Couronne a encore d'autres droits que ceux qui lui sont conférés par la Constitution. Ce qui n'est pas attribué par la Constitution aux autres pouvoirs législatifs reste un droit de la Couronne. L'accord des trois pouvoirs législatifs pour l'établissement du budget étant exigé par la Constitution, si l'un de ces pouvoirs refuse son consentement, alors il y a *tabula rasa*, et il résulte de là un *droit de nécessité* pour le gouvernement de continuer à administrer sans budget[27].

De cette théorie de la lacune (*Lückentheorie*) invoquée par Bismarck, le tribun socialiste constate l'affaiblissement de la Constitution formelle au profit du rapport de force politique.

La Constitution réelle du pays fonde la Constitution formelle qui lui attribue une force normative. Cette conception matérialiste de la Constitution s'oppose de fait en tout point avec le courant normativiste qui prendre son essor en Europe au début du XXe siècle. Une situation compréhensible puisque l'objectif politique n'est pas partagé. Au contraire d'un Hans Kelsen[28] qui présuppose une distinction hermétique entre le fait et le droit (« *Sein* » et « *Sollen* »), Lassalle conçoit la règle juridique comme le résultat nécessaire de rapports sociaux et politiques[29], c'est-à-dire des faits. Bien loin d'un lien de validité avec une norme fondamentale hypothétique (« *Grundnorm* » chez Kelsen), Lassalle évoque un lien de causalité entre le réel et l'idéel normatif.

Ce rapport nécessaire entre la société et son droit n'est pas sans rappeler la pensée marxiste. Dans notamment les premières lignes de la *Critique de l'économie politique*, Karl Marx explique :

> L'ensemble de ces rapports de production constitue la structure économique de la société, la base concrète sur laquelle s'élève une superstructure juridique et politique et à laquelle correspondent des formes de conscience sociale déterminées. Le mode de production de la vie matérielle conditionne le processus de vie social, politique et intellectuel en général[30].

---

[27] Cité *in* J. Hummel, *Le constitutionnalisme allemand (1815-1918)…, op. cit.*, p. 244.

[28] Pour la vision tardive de Hans Kelsen sur l'ordre juridique, v. H. Kelsen, *Théorie générale du droit et de l'État*, Paris, LGDJ, 1997.

[29] « Ce sont les rapports réels de force qui, dans chaque société, forment cette force active et agissante qui détermine toutes les lois et mesures légales de cette société de telle façon essentielle qu'elles ne puissent, en rien, être autrement qu'elles ne sont », *in* F. Lassalle, *Qu'est-ce qu'une constitution ?, op. cit.*, p. 26-27.

[30] K. Marx, *Critique de l'économie politique*, 1859, disponible *in* https://www.marxists.org/francais/marx/works/1859/01/km18590100b.htm (consulté le 8 mai 2023).

Mais on imagine facilement que Lassalle s'inspire essentiellement de la conception étatique de Georg Wilhelm Friedrich Hegel. Il a pu suivre d'ailleurs des enseignements de sa philosophie à l'Université de Berlin à partir de 1844[31]. En effet, selon Noberto Bobbio, Hegel désigne la Constitution dans son œuvre comme « une structure réelle d'un organisme politique et non aux textes dans lesquels cette structure est établie et réglée d'une manière autoritaire[32] ». Mais à l'inverse de son maître à penser, Lassalle revendique une issue révolutionnaire, du moins réformatrice des institutions de son temps.

L'enjeu pour la cause socialiste est, par conséquent, d'agir sur le rapport de force réel avant de vouloir modifier les articles de la Constitution écrite. Telle est l'erreur identifiée par Lassalle sur la politique du parti progressiste à la Chambre des députés. Mais, en tout état de cause, pour Ferdinand Lassalle, au moment où il prononce ses conférences de 1862, la Constitution formelle de la Prusse est déjà condamnée[33].

Plaidoyer pour l'action, les conférences de Ferdinand Lassalle proposent surtout un régime explicatif singulier du droit constitutionnel. L'apport de la pensée lassallienne se situe dans la compréhension des profondes mutations institutionnelles. La méthodologie à l'œuvre durant les conférences de 1862 ne cherche pas à interpréter de manière dogmatique la lettre de la Constitution, mais conduit à une mise en contexte nécessaire pour appréhender les institutions politiques. Encore faut-il que les constitutionnalistes s'en saisissent.

---

[31] H. Moysset, « Notes sur Lassalle et la Révolution de 1848 d'après des publications récentes », *Revue d'Histoire du XIXe siècle*, n° 15, 1906, p. 131.

[32] N. Bobbio, « Sur la notion de constitution chez Hegel », *Annales de philosophie politique*, n° 12, 1980, p. 133-144 ; v. également É. Weil, *Hegel et l'État*, Paris, J. Vrin, 2e éd., 1966, p. 55-71.

[33] F. Lassalle, *Qu'est-ce qu'une constitution ?*, *op. cit*, p. 59.

L'IDENTITÉ NATIONALE D'UN PROCESSUS CONSTITUANT. L'EXEMPLE DU CHILI (2019-2022)

Carolina CERDA-GUZMAN

En octobre 2019, le Chili a connu ce que l'on a appelé « l'explosion sociale » (*estallido social*). À la suite de l'annonce d'une nouvelle hausse du prix du ticket de métro à Santiago, le pays s'est embrasé. Des millions de personnes ont envahi les rues pour réclamer des réformes profondes des systèmes de retraite, de santé et d'éducation, mais aussi et surtout pour changer la Constitution d'inspiration néolibérale et d'origine dictatoriale qui fonde ce système économique. Conscient que les changements du système économique impliquent nécessairement un changement du cadre constitutionnel, le peuple a appelé à ouvrir une nouvelle page constituante.

Le processus ainsi initié a rapidement suscité l'intérêt de la communauté internationale. Intrinsèquement participatif, ce processus repose sur plusieurs consultations populaires. Un premier référendum a été organisé afin que les électeurs confirment officiellement cette volonté de changement constitutionnel. Le 25 octobre 2020, près de 79 % des votants se sont prononcés en faveur de la rédaction d'une nouvelle Constitution par un organe intégralement élu par le peuple. Les 15 et 16 mai 2021, le corps électoral a de nouveau été appelé aux urnes afin de désigner à la proportionnelle les 155 membres de cet organe. Cette « Convention constitutionnelle » (*Convención constitucional*) a commencé ses travaux le 4 juillet 2021 et elle a immédiatement fait son entrée dans l'histoire constitutionnelle mondiale, en tant que première assemblée constituante au monde à être composée à égalité de femmes et d'hommes.

Au terme de douze mois de travail et de débats, un texte long de 388 articles est présenté au peuple chilien. Il est soumis à approbation par référendum le 4 septembre 2022. Alors que ce texte permettait de tourner la page de la dictature et de traduire en droit un certain nombre des aspirations et revendications exprimées lors de l'*estallido social*, celui-ci est massivement rejeté par 62 % des votants. Les raisons expliquant ce rejet, *a priori* surprenant, sont multiples et leur appréhension totale exigerait une étude approfondie dépassant largement le cadre de cet écrit. Toutefois, une raison a rapidement été brandie et qui mériterait que l'on s'y attarde quelque peu : celle qui consiste à affirmer que le rejet serait dû à l'absence de respect, par le texte, de l'identité constitutionnelle chilienne. Dit autrement, les changements proposés par le texte (et notamment inspirés de Constitutions étrangères) étaient si importants qu'ils semblaient aller en totale contradiction avec l'histoire constitutionnelle du pays et de ses principes constitutionnels fondateurs. Le peuple chilien l'ayant alors perçu comme une greffe allogène l'aurait de ce fait rejeté.

La question de l'identité constitutionnelle est toujours extrêmement complexe, car elle oblige à revenir sur les invariants historiques, mais aussi culturels, institutionnels et territoriaux d'un État. Elle oblige à départager ce qui relève de la tradition et ce qui relève du conjoncturel ; un effort qui comporte toujours une part de subjectivité. Surtout, elle place le juriste dans une position inconfortable, en ce qu'il se doit d'intégrer dans son analyse, non plus uniquement des normes juridiques, mais également des normes sociales, plus difficiles à appréhender. Fort heureusement, le format si particulier des *Mélanges* offre un degré de liberté rare. Ainsi, pour rendre hommage au récipiendaire de cet ouvrage, à son attachement pour l'étude des Constitutions, à son intérêt marqué pour la notion d'identité[1], mais aussi pour saisir une occasion unique de faire un petit pas de côté à l'égard de l'analyse strictement juridique, il est apparu intéressant de revenir sur cette notion d'identité et de déterminer dans quelle mesure ce processus constituant commencé en 2019 au Chili et le premier projet de Constitution qui en a résulté constituent une expression de l'identité constitutionnelle du pays.

Loin d'être des phénomènes étrangers au Chili, ce processus et ce texte apparaissent en réalité comme intrinsèquement, profondément et intensément chiliens. Cette contribution n'a pas pour ambition d'apporter une présentation complète de ce que serait l'identité constitutionnelle chilienne, mais simplement de souligner les quelques points qui peuvent, à première vue, paraître particulièrement innovants, alors qu'ils ne sont que la poursuite de réformes ou de processus bien plus anciens au Chili et constituent à ce titre une autre forme d'expression de l'identité constitutionnelle de ce pays. À cet égard, trois marqueurs de l'identité juridique chilienne peuvent être distingués : des marqueurs culturels, des marqueurs historiques, et des marqueurs géographiques. Ces trois éléments ont façonné le processus constituant et ont conduit à la rédaction d'un texte qui, malgré ses défauts, n'était qu'un reflet de l'histoire, de la culture et de la topographie propre à ce pays.

I. Identité culturelle et processus constituant

Un des éléments les plus frappants, notamment vu depuis la France, est l'extrême rigidité du processus constituant. Ce dernier a très vite été canalisé par le droit, puisque dès le 23 décembre 2019, une première loi constitutionnelle a été adoptée afin d'inscrire dans le marbre les grandes

---

[1] Voir par exemple : S. Pierré-Caps, « À propos de "l'identité constitutionnelle de la France" », *Les Annales de droit (Rouen)*, 2008, p. 181-190.

étapes du processus (le premier référendum, les règles d'élection et de fonctionnement de l'éventuel organe chargé de rédiger la Constitution et le référendum de fin)[2]. Cette loi constitutionnelle a ensuite été complétée par trois autres lois constitutionnelles venues encadrer davantage le processus[3]. Cette importance de la règle de droit a également pu être constatée au sein même de la Convention constitutionnelle. Celle-ci avait, d'après la loi constitutionnelle du 23 décembre 2019, douze mois au plus pour aboutir à un texte. Or, les trois premiers mois ont été consacrés à l'élaboration et à la rédaction de divers règlements intérieurs[4], qui ont constitué autant de carcans à la discussion et à l'élaboration du texte final.

Cette limitation juridique de l'exercice du pouvoir constituant peut être interprétée de différentes manières selon la culture du commentateur. Vu de France, cette volonté d'enserrer, et donc de restreindre à l'extrême, le pouvoir constituant pourrait être vue avec un certain scepticisme, compte tenu du poids de la pensée de Sieyès dans la culture juridique française et son culte de la souveraineté du pouvoir constituant. Toutefois, du point de vue chilien, il n'y a pas véritablement d'appréciation positive ou négative à apporter à cette juridicisation poussée d'un processus constituant. Il n'est en réalité que l'expression d'une culture juridique propre au Chili. En effet, contrairement à d'autres voisins continentaux, le Chili est un pays viscéralement attaché au droit et aux règles de droit. La société chilienne est souvent définie comme une société profondément légaliste, en ce qu'elle accorde une importance toute particulière à l'établissement de règles juridiques pour régir la société, et qui, une fois ces règles adoptées, attache une grande attention à leur respect. Il suffit de flâner dans certaines rues du centre-ville de Santiago pour en prendre conscience. On y trouvera, chose rare, plusieurs commerçants vendant la version imprimée des récentes lois ou décrets. Ceci peut paraître un point de détail, mais il n'est que la manifestation de l'attachement de la société chilienne à l'édiction des règles de droit.

L'autre point particulièrement mis en avant dans ce processus est son caractère très démocratique. Le peuple a été associé à chaque étape de la procédure, à travers des référendums et des élections, mais aussi à travers une participation au processus de rédaction de la Constitution[5]. Si ceci peut être vu avec un regard envieux ou au contraire circonspect, il n'est que le reflet

---

[2] Loi n° 21.200, promulguée le 23 décembre 2019.

[3] Loi n° 21.216, promulguée le 20 mars 2020 ; loi n° 21.221, promulguée le 25 mars 2020 ; loi n° 21.298, promulguée le 21 décembre 2020.

[4] On peut par exemple citer : le Règlement général de la Convention, le Règlement de participation et de consultation des communautés autochtones, le Règlement d'éthique de la Convention constitutionnelle, ou le Règlement sur les mécanismes, les organes et les méthodes de participation et d'éducation populaire constituante.

[5] La Convention constitutionnelle a mis en place une procédure d'initiative populaire de norme. Toute personne pouvait soumettre une proposition d'article constitutionnel. Si cette proposition était soutenue par 15 000 signatures citoyennes, elle pouvait ensuite être discutée au sein de la Convention.

d'une tradition proprement chilienne de débat populaire et n'a rien d'artificiel. Dès les premiers jours de l'*estallido* social, les manifestants se sont eux-mêmes réunis spontanément en *cabildos*, qui sont des réunions informelles organisées *proprio motu* par les citoyens (sans aucun cadre juridique préétabli) pour débattre des sujets concernant la collectivité. Ces *cabildos* ont perduré tout au long du processus constituant et se sont multipliés. Certains ont pris des formes très structurées et figuraient sur une plateforme de participation populaire (327 enregistrés[6]). D'autres ont été très informels. Par exemple, le plus grand club de football du pays (Colo-Colo) a lui-même accueilli et organisé son propre *cabildo*[7]. Or, ces *cabildos* sont une pratique ancienne et profondément ancrée dans la culture chilienne. Ces structures ont été importées au Chili au moment de la colonisation espagnole et, depuis, le terme est utilisé de manière générale pour qualifier toute assemblée de citoyens chargée de prendre des décisions communes. Celles-ci ont perduré sur ce territoire et c'est même à travers un *cabildo* qu'a été nommée la première junte de gouvernement, qui a, par la suite, permis le processus d'indépendance en 1810. Ainsi, cette participation citoyenne n'est pas simplement un slogan repris des Constitutions vénézuéliennes ou boliviennes, ou une étiquette que se serait indûment attribuée la Convention pour céder à un effet de mode passager. Le Chili a une vraie culture de discussion citoyenne, qui explique les modalités du processus constituant, mais aussi, plus largement, la reconnaissance du caractère participatif de la démocratie dans le projet de Constitution (article 151.1 du projet) et l'établissement de plusieurs procédures de démocratie directe comme l'initiative populaire de loi (articles 157.1, 158.1 et 269.1 du projet), le référendum d'initiative populaire visant à changer de Constitution (article 386.1 du projet), et même — chose très originale — le droit de pétition auprès du Président ou de la Présidente de la République afin de lui demander d'adhérer à un traité international des droits de l'Homme (art 289.13 du projet). Voir dans ces différents mécanismes des importations étrangères ou des effets de mode est un contresens historique, car ils ne sont en réalité que des mécanismes permettant de concrétiser les spécificités culturelles du pays en matière politique et juridique.

II. Identité historique et processus constituant

Loin d'être des excentricités d'un constituant farfelu, nombre des dispositions originales du projet de Constitution s'expliquent par l'histoire récente du pays et en particulier l'épisode douloureux de la dictature. En effet, il est important de replacer ce processus dans une plus large perspective et de l'appréhender comme l'étape qui aurait dû clôturer définitivement la

---

[6] https://plataforma.chileconvencion.cl/m/cabildos.

[7] *Cabildo colocolino* organisé dès le 30 octobre 2019 : https://mi.csdcolocolo.cl/multimedia/galeria/imagenes/cabildo-colocolino.

transition démocratique, initiée après le départ d'Augusto Pinochet du pouvoir en 1990.

Ce poids de l'Histoire est particulièrement visible dans les dispositions consacrées aux régimes d'exception. Dans l'actuelle Constitution chilienne (issue de la dictature), quatre régimes d'exception différents coexistent : l'état d'assemblée (en cas de conflit armé international), l'état de siège (en cas de conflit armé interne), l'état d'urgence (en cas trouble grave à l'ordre public) et l'état de catastrophe (en cas de calamité publique). Bien que ces quatre régimes visent à répondre à des contextes et à des menaces différents, ils conduisent tous à placer le maintien de l'ordre public entre les mains des forces armées. Ce rôle de l'armée en période de crise est bien évidemment inhérent à la nature dictatoriale du régime ayant donné naissance à cette Constitution, mais peine à se justifier, dans un contexte démocratique, pour des régimes, comme l'état d'urgence et l'état de catastrophe, où le péril à l'ordre public n'est pas de nature militaire, mais davantage civile. Comme il était attendu, les membres de la Convention constitutionnelle ont eu à cœur de modifier ces régimes. Le projet de Constitution de 2022 supprime notamment l'état d'urgence, met en place un système bien plus complexe de déclenchement et de prorogation de ces régimes[8], et veille à placer les zones concernées par un état de catastrophe sous l'autorité d'une autorité civile, et non militaire, désignée par le Président ou la Présidente de la République (article 302 du projet).

Pour insister sur la dimension civile de ce régime d'exception et pour s'assurer de la soumission des forces armées et des polices aux autorités civiles, ces dispositions sont précédées par d'autres particulièrement explicites. L'article 299.3 insiste sur l'obligation d'obéissance des forces armées et leur absence de nature délibérante. L'article 297, quant à lui, revient sur la nature des forces de police, qui comprend le corps des *Carabineros* (très critiqué lors de l'*estallido social*). L'article précise ainsi clairement que les forces de police ne sont pas des institutions militaires et qu'elles ont pour vocation de protéger les droits fondamentaux.

Enfin, dans le même ordre d'idée, il convient d'évoquer le long catalogue de droits fondamentaux contenu dans le projet de Constitution de 2022. Moqué par sa longueur, il a également été décrié comme étant un copier-coller du catalogue vénézuélien ou bolivien des droits fondamentaux. Pourtant nombre de ces droits n'apparaissent pas dans la Constitution du Venezuela ou de la Bolivie et peuvent être considérés comme propres à l'histoire chilienne.

[8] Par exemple, alors que sous l'empire de la Constitution de 1980, l'état de siège pouvait être prorogé par un vote à la majorité simple des votes par les deux chambres du Parlement (article 40), le projet de Constitution prévoit une prorogation plus complexe. Une fois déclenché par le Président ou la Présidente de la République pour une durée de 15 jours, il ne peut être prorogé une première fois qu'avec l'accord des 4/7e des membres du Parlement. Pour les prorogations suivantes, les majorités sont grandissantes : les 3/5e pour la deuxième prorogation et les 2/3 pour la troisième et les suivantes (article 301.4 du projet de Constitution).

Cela est notamment le cas de l'article 22, qui fait référence aux disparitions forcées (une pratique qui a marqué la dictature chilienne et beaucoup moins l'histoire du Venezuela et de la Bolivie), mais aussi de l'article 24 qui consacre le droit des victimes à l'éclaircissement et à la connaissance de la vérité concernant de graves violations des droits de l'Homme. Enfin, il est possible de mentionner l'article 71 qui consacre le droit à trouver et à recevoir asile et refuge. À première vue, il s'agit d'une simple consécration du droit d'asile et du principe de non-refoulement reconnu dans des textes internationaux. Pourtant, on peut aussi y voir la consécration d'un des couplets du refrain de l'hymne national chilien, adopté en 1847, qui indique que le Chili sera « la tombe des hommes libres ou l'asile contre l'oppression[9] ». Comme on le voit, bien des articles contiennent en eux une part de l'identité nationale et sont le reflet de l'histoire du pays.

III. Identité territoriale et processus constituant

Un poète chilien du XXe siècle, Benjamin Subercaseaux, aimait décrire ce pays par « sa folle géographie[10] ». La forme si spéciale du territoire, sa topographie, la diversité de ses climats et de ses paysages, mais aussi la récurrence des catastrophes naturelles (tremblements de terre, éruption volcanique, tsunami, etc.) ont d'une façon ou d'une autre conduit à nouer un lien presque viscéral entre les Chiliens et leur territoire. La grande majorité des habitants a grandi en voyant constamment la cordillère. Ce contact permanent avec cette imposante muraille de pierre a nécessairement eu des incidences sur la manière dont ils appréhendent la géographie qui les entoure et elle peut être attestée par la référence constante qui en est faite dans l'hymne national, mais aussi dans ses normes fondamentales. L'actuelle Constitution, celle de 1980, fait déjà de nombreuses références au territoire chilien et à ses spécificités. Le projet de Constitution rédigé en 2022 est allé encore plus loin en accentuant ce marqueur fort de l'identité nationale. L'article 3 du projet de Constitution en est l'expression la plus topique lorsqu'il dispose que « [l]e Chili, dans sa diversité géographique, naturelle, historique et culturelle, forme un territoire unique et indivisible ». Le texte est même parfois traversé par un souffle poétique lorsqu'il nous liste les biens communs naturels à l'article 134 : mer, fond marin, plages, eaux, glaciers, champs géothermiques, forêts, etc. L'article 135 mentionne même le ciel nocturne. Difficile de ne pas voir dans ses différentes dispositions toute l'empreinte du territoire chilien dans la culture juridique du pays.

---

[9] Refrain en espagnol : « *Dulce Patria, recibe los votos con que Chile en tus aras juró: Que o la tumba serás de los libres o el asilo contra la opresión.* » Refrain traduit en français : « *Chère patrie, acceptez notre dévotion avec laquelle le Chili a juré sur tes autels que tu seras la tombe des hommes libres, ou l'asile contre l'oppression.* »

[10] B. Subercaseaux, *Chile o una loca geografía*, Buenos Aires, Editorial universitaria de Buenos Aires, 1964.

Toutefois, aussi poétique soit-il, ce projet de Constitution vise plus concrètement à protéger cet environnement, en consacrant de nombreuses dispositions ayant pour finalité d'ériger un nouvel État écologique fortement protecteur des ressources naturelles du pays. Cette innovation a pu apparaître comme particulièrement révolutionnaire. Pourtant, le projet n'a fait ici que reprendre ou prolonger des règles déjà existantes, y compris dans la Constitution née sous la dictature. Par exemple, cette dernière reconnaît déjà le droit à vivre dans un environnement sain et libre de pollution (article 19.8 de la Constitution de 1980). Surtout, une disposition se retrouve dans les deux textes de manière quasi identique : celle sur les ressources minières. À l'article 19.24 de l'actuelle Constitution et à l'article 145.1 du projet de nouvelle Constitution, on peut lire que l'État a le « domaine absolu, exclusif, inaliénable et imprescriptible de toutes les mines […] à l'exception des argiles superficielles, sans préjudice de la propriété sur les terrains où ils sont situés ». Ainsi, le principe même de la régulation des ressources minières par la Constitution et les principes d'inaliénabilité et d'imprescriptibilité sont déjà des éléments de patrimoine du droit constitutionnel chilien. Certes, le projet de Constitution approfondit cette réglementation en indiquant que certains espaces sont exclus de toute activité minière (article 146) et en décrivant le sens que devrait suivre la politique minière de l'État (article 147). Mais, il n'opère pas ici une complète « révolution » environnementale. Il ne fait que poursuivre une tradition chilienne de consécration constitutionnelle des ressources naturelles.

*

* *

Si ces divers exemples et commentaires peuvent paraître quelque peu disparates (car comment embrasser en quelques lignes un processus constituant aussi complexe et un projet de Constitution aussi riche en articles ?), ils n'avaient que pour simple ambition de permettre d'insister sur un point : le caractère définitivement idiosyncrasique du projet de Constitution de 2022. Certes, le texte contenait de nombreuses innovations, et il est probable que ce caractère innovant ait été précisément la cause de son échec. Toutefois, il n'est pas pour autant un texte éthéré, extrinsèque, ou étranger à ce qu'est le Chili. Il constitue indéniablement une expression de l'identité nationale du pays. Si cet élément a été peu souligné lors de la campagne référendaire au Chili, l'hommage ici rendu au dédicataire de ces lignes constitue une occasion précieuse de pouvoir le rappeler.

DE LA TYRANNIE EN HONGRIE. ESSAI DE REQUALIFICATION DU CONCEPT DE DÉMOCRATIE ILLIBÉRALE

Pierre-Alain COLLOT

Les élections législatives du printemps de l'année 2010 ont fait basculer la démocratie parlementaire hongroise dans une tout autre catégorie de régime politique. Viktor Orbán s'est lui-même empressé de qualifier ce nouveau modèle institutionnel de démocratie illibérale, suivant le projet de donner à la communauté nationale hongroise une structure politique et juridique conforme à ses propres intérêts et seule susceptible de mettre celle-ci en situation d'être compétitive ainsi que de relever les défis mondiaux du XXIe siècle, à l'image, selon lui, de la Russie, de la Chine, de l'Inde, de la Turquie ou encore de Singapour[1]. La démocratie illibérale hongroise est ainsi venue grossir les rangs de la catégorie des régimes hybrides, mêlant des éléments de démocratie et d'autoritarisme. Ceux-ci prennent le nom de démocrature[2], d'autoritarisme électoral[3], compétitif[4] ou furtif[5], de

[1] Dans son discours prononcé à Tusnádfürdő le 26 juillet 2014, Viktor Orbán manifeste son opposition à l'individualisme et au libéralisme, dès lors que « la nation hongroise n'est pas une simple somme d'individus, mais une communauté qui doit être organisée, renforcée et développée ». Partant, « le nouvel État que nous construisons est un État illibéral, un État non libéral. Il ne nie pas les valeurs fondatrices du libéralisme, comme la liberté, etc. Mais il ne fait pas de cette idéologie un élément central de l'organisation de l'État et applique à sa place une approche spécifique, nationale, particulière », https://2015-2019.kormany.hu/en/the-prime-minister/the-prime-minister-s-speeches/prime-minister-viktor-orban-s-speech-at-the-25th-balvanyos-summer-free-university-and-student-camp.

[2] M. Liniger-Goumaz, « La démocrature : dictature camouflée, démocratie truquée », *Pouvoirs*, n° 169, *Les démocratures*.

[3] A. Schedler, *Electoral Authoritarianism, The Dynamics of Unfree Competition*, Boulder, Lynne Rienner Publishers, 2006.

[4] S. Levitsky, L. A. Way, *Competitive Authoritarianism, Hybrid Regimes After the Cold War*, Cambridge, Cambridge University Press, 2010.

[5] O. O. Varol, « Stealth Authoritarianism », *Iowa Law Review*, n° 100, 2015, p. 1673-1742.

constitutionnalisme autoritaire[6] ou abusif[7]. Il est dès lors tentant de penser que nous pourrions être en présence d'une nouvelle catégorie de régime politique, aux côtés des catégories classiques que sont la démocratie, le totalitarisme et l'autoritarisme[8]. Il n'y a pourtant rien de nouveau dans cette catégorie qualifiée de démocratie illibérale. Ce modèle est en réalité assez conforme aux caractéristiques de la forme tyrannique de gouvernement, laquelle renvoie invariablement à ses origines grecques. Dans Les politiques, Aristote part de l'idée que

> constitutions et gouvernement signifiant la même chose et un gouvernement étant ce qui est souverain dans les cités, il est nécessaire que soit souverain soit un seul individu, soit un petit nombre, soit un grand nombre de gens. Quand cet individu, ce petit nombre ou ce grand nombre gouverne en vue de l'avantage commun, nécessairement ces constitutions sont droites, mais quand c'est en vue de l'avantage propre de cet individu, de ce petit ou de ce grand nombre, ce sont des déviations[9].

La dichotomie ainsi formulée entre constitutions droites et constitutions déviées permet de ranger dans la première catégorie la royauté, l'aristocratie et le gouvernement constitutionnel, tandis que la seconde catégorie comprend la tyrannie, l'oligarchie et la démagogie[10]. Plus loin, Aristote insiste sur l'idée qu'une « tyrannie est le gouvernement d'un seul régnant en maître sur l'association politique[11] ». C'est aussi la pire des constitutions, « celle qui s'éloigne le plus d'une constitution[12] ». Platon place quant à lui la tyrannie parmi les cités injustes et les constitutions dégénérées. Aristote et Platon divergent toutefois sur l'essence même de la tyrannie, car si le premier fait naître celle-ci de la démocratie, le second considère que la tyrannie n'est qu'une forme déviée de royauté. Cette opposition doit être nuancée puisque Aristote constate également que

> lorsque le peuple devient monarque, unité composée d'une multitude, ce sont les gens de la multitude qui sont souverains, tous ensemble. Un tel peuple, comme il est

---

[6] A. Somek, « Authoritarian Constitutionalism: Austrian Constitutional Doctrine 1933 to 1938 and its Legacy », *in* Chr. Joerges et N. S. Ghaleigh (eds.), *Darker Legacies of Law in Europe*, Hart Publishing, 2003; M. Tushnet, « Authoritarian constitutionalism », *Cornell Law Review*, 100 (2), January 2015, p. 391-462.

[7] R. Dixon et D. Landau, « 1989-2019: From democratic to abusive constitutional borrowing », *International Journal of Constitutional Law*, 17 (2), April 2019, p. 490, https://doi.org/10.1093/icon/moz038 ; D. Landau et R. Dixon, « Constraining Constitutional Change », *Wake Forest Law Review*, 50 (4), 2015, p. 859 ; FSU College of Law, Public Law Research Paper n° 758.

[8] M. Grawitz et J. Leca, *Traité de science politique*, vol. 2, Les régimes politiques contemporains, Paris, PUF, 1985 ; G. Burdeau, *Traité de science politique*, t. V, Les régimes politiques, Paris, LGDJ, 1985 ; A. Siaroff, *Comparing political regimes. A Thematic Introduction to Comparative Politics*, Toronto, University of Toronto Press, Higher Education Division, 3rd ed., 2013.

[9] Aristote, *Les politiques*, Livre III, 7, 1279-a.

[10] *Ibid.*

[11] *Ibid*, 1279-b.

[12] *Ibid*, 1289-a.

> monarque, cherche à exercer un pouvoir monarchique et non sous la souveraineté de la loi, il devient despotique. Un régime populaire de ce genre est l'analogue de la tyrannie parmi les monarchies[13].

Ainsi, pour Aristote comme pour Platon, la tyrannie peut être assimilée à une forme dégénérée de démocratie, même si dans tous les cas il s'agit du gouvernement d'un seul, lequel trouve appui sur le peuple en vue de satisfaire un avantage particulier. Sous cet angle, la tyrannie s'oppose non seulement à la royauté, mais aussi et surtout au gouvernement constitutionnel qui est une forme droite de démocratie placée sous la souveraineté de la loi. De ces quelques considérations, l'on peut d'abord retenir que ce que l'on nomme aujourd'hui « régime hybride » n'a rien de nouveau et ne constitue en réalité que le prolongement de la catégorie des constitutions déviées d'Aristote ou des constitutions dégénérées de Platon. Ensuite, la démocratie illibérale, en tant que forme déviée de gouvernement, constitue précisément cette forme de gouvernement tyrannique ou despotique déjà mise en évidence par Platon et Aristote, dont il s'agit désormais d'analyser l'origine (I) tout autant que les modalités d'exercice (II) à l'aune de la situation de la Hongrie depuis 2010.

I. L'origine du gouvernement tyrannique

La question de l'origine du pouvoir tyrannique est faite d'incertitudes tant elle dépend des circonstances historiques ayant entouré son surgissement. Claude Mossé décrit le tyran archaïque comme

> un usurpateur qui se substitue aux institutions ancestrales, cet usurpateur est parfois comme Phidon d'Argos, comme Thrasyboulos de Milet, comme d'autres encore, un magistrat qui transforme à son profit un pouvoir légitime en tyrannie abusive, parfois au contraire comme Cypselos à Corinthe, Orthagoras à Sicyone, Pisistrate à Athènes, Polycratès à Samos un homme nouveau — ce qui ne veut pas nécessairement dire homme du peuple — qui par ruse ou par la force s'empare du pouvoir légitime et chasse de la cité ceux qui la détenaient jusque-là[14].

Faisant l'apologie des communautés politiques constituées de gens moyens, dont résultent les constitutions excellentes ou constitutions droites, Aristote constate qu'« une tyrannie peut venir aussi bien d'une démocratie débridée que d'une oligarchie, mais rarement d'une constitution moyenne[15] ». Platon se veut plus tranchant lorsqu'il affirme que « la tyrannie n'est issue d'aucune autre forme de gouvernement que la démocratie[16] ». Dans la République, le tyran est décrit comme « le chef du peuple, assuré de l'obéissance absolue de la multitude » ainsi que « l'homme qui fomente la sédition contre les riches[17] ». C'est ici rejoindre l'idée généralement admise que la tyrannie naît de la transformation des conditions politiques,

---

[13] Aristote, *op. cit.*, IV, 4, 1292-a.

[14] C. Mossé, *La tyrannie dans la Grèce antique*, Paris, PUF, 2e éd., 1989, p. 88.

[15] Aristote, *op. cit.*, IV, 11, 1296-a.

[16] Platon, *op. cit.*, VIII, 564a-564c.

[17] *Ibid.*, 565d-566d.

économiques et sociales de la cité. Elle « naît d'une crise où les aspects économiques et politiques sont indissociablement tressés[18] » et constitue l'aboutissement d'une évolution lente et non d'une révolution brutale. C'est sans doute dans ce sens qu'il faut entendre l'idée de « révolution dans les urnes », symbolisant le moment — correspondant aux élections législatives des 11 et 25 avril 2010 — où la démocratie constitutionnelle et libérale hongroise a commencé à expirer. L'idée de révolution participe ici de la volonté de « se débarrasser de l'ancien système et d'en créer, consolider et exploiter un nouveau[19] ». Les élections de 2010 ont ainsi permis de « provoquer un changement révolutionnaire », ainsi que de consacrer « un nouveau contrat social créé par l'unité nationale révolutionnaire dans son pouvoir exprimant la volonté commune de la nation hongroise[20] ». La révolution dans les urnes ne correspond pas pour autant à un changement brutal, à un coup d'État ou un renversement politique exécuté par la force. Cette forme de révolution s'inscrit au contraire dans la continuité d'un régime dégradé depuis la crise politique et sociale de 2006 ainsi que les élections européennes de 2008, lors desquelles la FIDESZ avait déjà obtenu la majorité absolue des suffrages exprimés. Elle ne constitue par ailleurs qu'une étape en direction de la Loi fondamentale du 1er janvier 2012, avant laquelle il n'y a eu aucune rupture de légalité dans le surgissement du modèle institutionnel hérité de cette révolution dans les urnes. Cela participe de l'idée, propre à Platon, que « la tyrannie est originellement invisible. Elle prend d'abord la forme de l'homme providentiel, appelé pour sauver la cité de la menace du désordre. Son invisibilité réside essentiellement dans sa légalité[21] ». S'il n'y a pas de rupture brutale dans la légalité hongroise, jusqu'à l'adoption de la Loi fondamentale de 2012, il apparaît en revanche que l'alliance composée de la FIDESZ et du Parti populaire démocrate-chrétien (KDNP) ainsi que le discours de Viktor Orbán sont porteurs d'un nouvel ordre de valeurs, tel que formulé dans le programme électoral élaboré à la veille des élections législatives de 2010 ainsi qu'aux termes du programme de coopération nationale (« *A Nemzeti Együttműködés Programja*[22] »). Il y est avancé que « la politique peut retrouver sa place dans la vie quotidienne et dans celle des gens dès lors qu'en son centre se trouvent les valeurs qui nous unissent tous : le travail, le foyer, la famille, la santé et l'ordre[23] ». C'est ainsi exprimer l'établissement d'une communauté politique identifiée à partir d'un ordre

---

[18] C. de Oliveira Gomes, *La cité tyrannique. Histoire politique de la Grèce antique*, Rennes, Presses universitaires de Rennes, 2007, p. 93.
[19] Office of the National Assembly, The Program of National Cooperation, https://www.parlament.hu/irom39/00047/00047e.pdf, p. 4.
[20] *Ibid.*, p. 10.
[21] S. Roux, « Entre mythe et tragédie : l'origine de la tyrannie selon Platon », *Revue des Études Grecques*, t. 114, n° 2, 2001, p. 152.
[22] Office of the National Assembly, *op. cit.*
[23] *Ibid*, p. 4.

axiologique et prenant la forme d'une communauté morale. Il s'agit par là même de « clôturer une époque [où] la politique gouvernementale était de plus en plus déterminée par des objectifs privés et des intérêts commerciaux » ainsi que de constituer « un gouvernement et une gouvernance qui reviennent aux problèmes des personnes et de la vie quotidienne [...], qui prêtent attention aux gens, les écoutent, respectent leurs différences, comprennent leurs problèmes[24] ». Condamnant le gouvernement socialiste passé, qualifié de « mauvais gouvernement des huit dernières années[25] », Viktor Orbán inscrit son discours dans une logique manifestement démagogique et stigmatisante à l'encontre de ce qu'il est possible d'assimiler à l'oligarchie d'Aristote. La communauté politique érigée à compter de 2010 et assimilée à une communauté morale vient rompre avec l'ordre politique passé, avec ce que Viktor Orbán qualifie de forme dégénérée de gouvernement. Il s'agirait donc là de cette catégorie de constitution déviée, où prédominent les intérêts particuliers des oligarques. Surtout, en se tournant vers cette communauté politique qu'il couvre de vertus et de moralité, Viktor Orbán s'érige en démagogue en quête d'un demos. Depuis l'antiquité grecque, il est d'ailleurs entendu que, en plus d'être un rhéteur, un orateur qui maîtrise l'art de la rhétorique, le démagogue est avant tout le chef du parti populaire. Le peuple — ou demos — dont il est question en Hongrie prend une texture particulière. Il ne s'agit pas simplement du peuple au sens d'une catégorie sociale venant s'opposer à un régime oligarchique ou à quelque autre classe privilégiée. Le peuple dont il s'agit ici prend la forme de la communauté nationale, de « la nation hongroise tout entière[26] », définie en des termes culturels ou identitaires. Cette communauté — qualifiée d'unité nationale — englobe tous les nationaux hongrois, y compris ceux vivant dans les pays voisins, consécutivement à la reconnaissance à leur profit d'une forme simplifiée de naturalisation sur le fondement de la loi XLIV du 26 mai 2010 modifiant la loi LV de 1993 relative à la citoyenneté hongroise[27]. À l'image de Pisistrate ou de Clisthène, Viktor Orbán s'est érigé en chef populaire et a placé un demos nouvellement constitué au fondement de son autorité. Force est de rappeler que les nationaux hongrois vivant dans les pays voisins ayant obtenu la citoyenneté hongroise postérieurement à la loi du 26 mai 2010 sont très majoritairement favorables à Viktor Orbán et la FIDESZ. Celle-ci a d'ailleurs

[24] Fidesz-Magyar Polgári Szövetség Központi Hivatal-KDNP, Nemzeti Ügyek Politikája, 2010, p. 20-21.

[25] Office of the National Assembly, *op. cit.*, p. 7-8.

[26] *Ibid.*, p. 3.

[27] Loi XLIV de l'année 2010 modifiant la loi LV de l'année 1993 relative à la citoyenneté hongroise (2010. évi XLIV. törvény a magyar állampolgárságról szóló 1993. évi LV. törvény módosításáról), Magyar Közlöny 2010 június 1, 89. Szám, Oldal 21330. La Déclaration de politique nationale souligne à ce propos être « ouverte à tous les Hongrois, tous ceux vivant à l'intérieur et à l'extérieur des frontières de la Hongrie », Office of the National Assembly, *op. cit.*, p. 6.

obtenu près de 96 % des voix de ces nouveaux électeurs, lui permettant d'obtenir un siège supplémentaire aux élections législatives et conserver ainsi sa majorité des 2/3 au sein de l'Assemblée nationale. Viktor Orbán est également un démagogue au sens où il entreprend de « séduire le peuple par une mise en œuvre permanente d'une stratégie de stigmatisation d'une partie de la population et de promesses faciles »[28]. S'il est bien évident que le démagogue, en tant que chef du parti populaire, est indissociable de la démocratie, cette forme de démocratie ne peut que difficilement satisfaire aux critères d'un gouvernement constitutionnel, d'une démocratie placée sous l'égide de la souveraineté de la loi. Le démagogue entreprend de menacer sinon de pervertir la démocratie de l'intérieur pour fonder celle-ci sur le peuple conçu comme masse et non plus sur les lois. Pour Aristote,

> ces démagogues sont cause que les décrets sont souverains et non les lois ; ils parlent, en effet, de tout devant le peuple, car ils n'arrivent à prendre de l'importance que du fait que le peuple est souverain en tout, et qu'eux sont souverains de l'opinion du peuple. Car la multitude les suit. (…) Et on pourrait raisonnablement penser qu'il faut blâmer cette sorte de démocratie en disant qu'elle n'est pas une constitution, car partout où les lois ne gouvernent pas, il n'y a pas de constitution[29].

Cette affirmation trouve logiquement à se prolonger dans le contexte hongrois où l'on peut considérer que la tyrannie est née des exigences — et sans doute des excès — de la démocratie constitutionnelle et de ce que la Cour constitutionnelle a pu qualifier de « révolution de l'État de droit ». Car ce n'est pas simplement le régime démocratique qui a été perverti à compter de 2010, mais aussi et surtout la démocratie par le droit, c'est-à-dire cette forme de démocratie substantielle indissociable de la juridiction de la Cour constitutionnelle instituée dès 1989.

II. L'exercice du gouvernement tyrannique

Dans *Les politiques*, Aristote distingue plusieurs formes de démocratie. Parmi celles-ci, l'on peut retenir l'opposition entre une première forme où tous les citoyens participent au pouvoir sous la souveraineté de la loi et une seconde forme où c'est la masse qui est souveraine et non la loi. Et Aristote d'ajouter que « là où les lois ne dominent pas, alors apparaissent les démagogues[30] ». Platon se distingue d'Aristote dans sa perception de la démocratie, qu'il qualifie de « gouvernement agréable, anarchique et bigarré, qui dispense une sorte d'égalité aussi bien à ce qui est inégal qu'à ce qui est égal[31] ». Surtout, Platon voit dans la démocratie le régime dont naît invariablement la tyrannie, car si la liberté forme dans une cité démocratique « le plus beau de tous les

[28] P. Bouvier, « Nature et formes de la démagogie », *L'enseignement philosophique*, n° 5, 2011, p. 17.
[29] Aristote, *op. cit.*, IV, 4, 1292-a.
[30] *Ibid.*
[31] Platon, *op. cit.*, VIII/558b-559b.

biens », « l'excès de liberté doit aboutir à un excès de servitude[32] ». Finalement, pour Platon, « la tyrannie n'est issue d'aucun autre gouvernement que la démocratie[33] ». Au contraire, Aristote non seulement envisage l'hypothèse d'un gouvernement démocratique sous la souveraineté de la loi, mais il fonde également le modèle du gouvernement constitutionnel, qu'il oppose notamment au régime populaire correspondant au règne de la liberté. Le gouvernement constitutionnel, qualifié de gouvernement qui penche vers la démocratie, consiste précisément en un mélange d'oligarchie et de démocratie en vue de satisfaire à l'exigence du juste milieu ou de la constitution moyenne, tout autant qu'à l'impératif de la souveraineté de la loi. Ces différentes classifications autorisent à envisager la situation de la démocratie hongroise sous un jour nouveau. On ne peut douter que la démocratie constitutionnelle ayant vu le jour en Hongrie en 1989 a consisté en un régime politique ayant eu pour ambition d'être placé sous la souveraineté de la loi. On doit toutefois constater que cette démocratie constitutionnelle hongroise n'a pas entièrement satisfait à l'exigence du juste milieu, compte tenu notamment de l'importance des pouvoirs conférés à la Cour constitutionnelle et de l'émergence très rapide tout autant que de la constance de la difficulté contre-majoritaire. Aux excès du constitutionnalisme juridique sont venus se substituer les excès d'un constitutionnalisme politique dévoyé sinon d'un constitutionnalisme abusif. C'est ici mettre en lumière l'idée formulée par Jószef Szájer :

> La Cour a obtenu une énorme liberté politique dans les vingt dernières années faute d'un texte constitutionnel positif, consolidé et uni. Théoriquement, la justice constitutionnelle n'est rien d'autre qu'une activité logique au moyen de laquelle les juges comparent le droit positif à la Loi fondamentale et, en cas d'une contradiction logique, annulent la règle inférieure. En réalité, la Cour constitutionnelle hongroise — en majeure partie à cause de l'incapacité des partis à adopter une nouvelle Constitution — est quasiment devenue une force politique[34].

Dès l'année 2010, l'alliance dominée par Viktor Orbán a entrepris de réduire à néant la difficulté contre-majoritaire au moyen de la soumission de la Cour constitutionnelle. Trois lois constitutionnelles, respectivement du

[32] *Ibid*, VIII/563a-564a.

[33] *Ibid.*

[34] B. Ablonczy, « Sur les traces de la Constitution hongroise, Entretiens avec József Szájer et Gergely Gulyás », *Elektromédia*, 2012, p. 143, http://mek.oszk.hu/14000/14074/14074.pdf.

5 juillet 2010[35], du 19 novembre 2010[36] et du 14 juin 2011[37], ont permis à la FIDESZ et au KDNP de maîtriser la procédure de nomination et la composition de la Cour ainsi que d'en limiter les compétences. Le pouvoir judiciaire tout autant que les plus importantes des institutions indépendantes ont également vu leur statut modifié par la Loi fondamentale ainsi que par un ensemble de lois ordinaires ou cardinales, permettant à l'alliance au pouvoir de dominer ces institutions généralement considérées comme non majoritaires. Tel a notamment été le cas de la Cour suprême (Kúria), du Conseil national de la magistrature[38], de la commission électorale nationale[39], de l'autorité des télécommunications et du conseil des médias[40], du conseil budgétaire[41], de la banque centrale nationale[42] ainsi que de la Cour des

[35] Loi de révision de la Constitution du 05 juillet 2010 modifiant la loi XX de l'année 1949 relative à la Constitution de la République de Hongrie (Alkotmány 2010. július 5-i módosítása a Magyar Köztársaság Alkotmányáról szóló 1949. évi XX. törvény módosításáról), Magyar Közlöny 2010. július 5, 113. Szám, Oldal 21770.

[36] Loi de révision de la Constitution du 19 novembre 2010 modifiant la loi XX de l'année 1949 relative à la Constitution de la République de Hongrie (2010. évi CXIX. Törvény a Magyar Köztársaság Alkotmányáról szóló 1949. évi XX. törvény módosításáról), Magyar Közlöny 2010. november 19, 177. Szám, Oldal 25225.

[37] Loi de révision de la Constitution LXI de l'année 2011 modifiant la loi XX de l'année 1949 relative à la Constitution de la République de Hongrie et visant à créer certaines dispositions transitoires à la Loi fondamentale (2011. évi LXI. Törvény a Magyar Köztársaság Alkotmányáról szóló 1949. évi XX. törvénynek az Alaptörvénnyel összefüggő egyes átmeneti rendelkezések megalkotása érdekében szükséges *m*ódosításáról), Magyar Közlöny 2011. június 14, 63. Szám, Oldal 13878.

[38] Loi CLXI du 2 décembre 2011 relative à l'organisation et l'administration de la justice (2011. évi CLXI. Törvény a bíróságok szervezetéről és igazgatásáról], Magyar Közlöny 2011 december 2, 143. Szám, Oldal 34046) ; Loi CLXII du 2 décembre 2011 sur le statut juridique et la rémunération des juges [2011. évi CLXII. törvény a bírák jogállásáról és javadalmazásáról], Magyar Közlöny 2 011 december 2, 143. Szám, Oldal 34088. Voir également la décision 33/2012 (VII.17.) AB relative à l'article 90 ha) de la loi CLXII de 2011 sur le statut et la rémunération des juges (A bírák jogállásáról és javadalmazásáról szóló 2011. évi CLXII. törvény 90. § ha) pontjával kapcsolatos alkotmányjogi panasz, Alkotmánybíróság határozatai), 2012 július 26, 2012.3. Szám, 242 oldal.

[39] Loi XXXVI de 2 013 sur la procédure électorale (2013 évi XXXVI. Törvény a választási eljárásról), Magyar Közlöny 20013, Aprilis 18, 66. Szám, Oldal 49703.

[40] Loi CIV du 2 novembre 2010 sur les médias et les règles fondamentales relatives au contenu médiatique (2010. évi CIV. törvény a sajtószabadságról és a médiatartalmak alapvető szabályairól), Magyar Közlöny 2010 November 9, 170. Szám, Oldal 23820 ; Loi CLXXXV du 31 décembre 2010 sur les services médiatiques et la communication de masse (2010. évi CLXXXV. törvény a médiaszolgáltatásokról és a tömegkommunikációról), Magyar Közlöny 2 010 december 31, 202. Szám, Oldal 31959.

[41] Loi CXCIV du 23 décembre 2011 sur la stabilité économique de la Hongrie (2011. évi CXCIV. Törvény Magyarország gazdasági stabilitásáról), Magyar Közlöny 2011 december 30, 164. Szám, Oldal 40413.

[42] Loi CCVIII du 31 décembre 2011 sur la Banque nationale centrale (2011. évi CCVIII. Törvény a Magyar Nemzeti Bankról), Magyar Közlöny 2011 december 31, 166. Szám, Oldal 41648.

comptes[43]. La soumission de la Cour constitutionnelle et des institutions indépendantes n'est d'ailleurs pas dissociable de la contraction du niveau de protection des libertés fondamentales, donnant corps à l'idée de démocratie illibérale. Certes, une lecture simplement formelle de la Loi fondamentale permet de préjuger d'une conformité de celle-ci au modèle de la démocratie libérale. Il résulte ainsi de l'article B (1) que « la Hongrie est un État de droit indépendant et démocratique », tandis que la seconde partie — intitulée « Liberté et responsabilité » — consiste en un catalogue de droits et libertés individuels fort de 31 dispositions. L'évolution de certaines dispositions vers une texture conservatrice[44], la limitation de la liberté d'expression et de réunion aux fins de protection du domicile[45] ainsi que de la dignité de la nation hongroise[46], l'interdiction au niveau constitutionnel de toute installation de populations étrangères en Hongrie[47] comme de l'occupation de l'espace public en vue d'y résider[48], voire encore les atteintes aux libertés

[43] Loi LXVI de 2 011 sur la Cour des Comptes (2011. évi LXVI. Törvény az Állami Számvevőszékről), Magyar Közlöny 11 avril 2011, 63. Szám, Oldal 2110.

[44] L'institution du mariage est définie à l'article L de la Loi fondamentale comme une « union pour la vie en commun d'un homme et d'une femme » et identifiée comme le « fondement de la vie de la nation », tandis que la neuvième révision de la Loi fondamentale est venue ajouter une troisième phrase à l'article L (1), suivant laquelle « la mère sera une femme, le père sera un homme » (voir la Neuvième révision de la Loi fondamentale du 22 décembre 2020 [Magyarország Alaptörvényének kilencedik módosítása. 2020. december 22.), Magyar Közlöny 2020 décembre 22, 285. Szám, Oldal 10128). Par ailleurs, l'article II ajoute que « la vie de l'embryon et du fœtus est protégée dès le moment de la conception ». Enfin, cette même neuvième révision de la Loi fondamentale est venue modifier en ces termes le premier alinéa de l'article XVI de la Loi fondamentale : « Tout enfant a droit à la protection et aux soins nécessaires à son développement physique, intellectuel et moral. La Hongrie protège le droit des enfants à l'identité correspondant à leur sexe de naissance et assure une éducation conformément aux valeurs fondées sur l'identité constitutionnelle et la culture chrétienne de notre pays. »

[45] Article VI (1) de la Loi fondamentale de Hongrie, modifié par la septième révision de la Loi fondamentale de Hongrie du 28 juin 2018, Magyarország Alaptörvényének hetedik módosítása, Magyar Közlöny 2 018 június 28, 97. Szám, Oldal 4714.

[46] Article IX (5) de la Loi fondamentale de Hongrie, modifié par la quatrième révision de la Loi fondamentale du 25 mars 2013, Magyarország Alaptörvényének negyedik módosítása, Magyar Közlöny 2 013 március 25, 49. Szám, Oldal 6400.

[47] Article XIV (1) de la Loi fondamentale de Hongrie, modifié par la septième révision de la Loi fondamentale de Hongrie du 28 juin 2018.

[48] Article XXII (2) de la Loi fondamentale de Hongrie, modifié par la septième révision de la Loi fondamentale de Hongrie du 28 juin 2018.

académiques[49], à la liberté d'information[50] et à la liberté d'association[51] laissent manifestement apparaître un phénomène de rétrogression constitutionnelle. L'on doit reconnaître ici que la liberté née de la Constitution hongroise de 1989 s'est considérablement érodée à compter du printemps de l'année 2010. Tout s'est passé en Hongrie "comme si le peuple [avait] l'invariable habitude de mettre à sa tête un homme dont il nourrit et accroît la puissance"[52]. Cette difficulté s'est prolongée sous la forme du concept d'arène centrale du pouvoir (« *centralis erőter* ») : dans un discours prononcé à Kötcse en 2009, Viktor Orbán anticipe la disparition du dualisme politique pendant les vingt prochaines années au profit d'une force politique centrale, d'une arène centrale du pouvoir, qui sera en mesure de gérer seule les affaires nationales, par-delà tout débat politique et suivant sa seule doctrine. C'est, en premier lieu, dans ce sens qu'il faut comprendre la soumission des médias aux fins de propagande instrumentalisée par la FIDESZ. D'abord, la loi constitutionnelle du 6 juillet 2010 a permis de retirer de l'article 61 de la Constitution de 1989 toute référence à la suppression des monopoles dans le secteur des médias (ancien paragraphe 4) et y substituer une disposition entièrement nouvelle[53]. Ensuite, la loi LXXXII du 10 août 2010 portant

---

[49] Loi XXV de 2017, modifiant la loi n° CCIV de 2011 sur l'enseignement supérieur national (Nemzeti felsőoktatásról szóló 2011. évi CCIV törvény módosításáról szóló 2017. évi XXV. törvény), adopté par le Parlement hongrois le 4 avril 2017 (Magyar Közlöny 2017. április 10, 53. Szám, Oldal 4327). Voir à ce propos l'arrêt de la Cour de Justice de l'Union Européenne [Grande Chambre] du 6 octobre 2020, C-66/18 — Commission/Hongrie [Enseignement supérieur].

[50] Loi CIV de 2 010 sur la liberté de la presse et les principes fondamentaux relatifs au contenu des médias (2010. évi CIV. törvény a sajtószabadságról és a médiatartalmak alapvető szabályairól), *Ibid*, Loi sur les services médiatiques et la communication de masse (2010. évi CLXXXV. törvény a médiaszolgáltatásokról és a tömegkommunikációról), *Ibid* ; Loi LXXXII de 2010 modifiant les lois régissant les médias et la communication (2010. évi LXXXII. törvény a médiát és a hírközlést szabályozó egyes törvények módosításáról), *Ibid.*

[51] Loi LXXVI de 2 017 sur la transparence des organisations soutenues par l'étranger (A külföldről támogatott szervezetek átláthatóságáról szóló 2017. évi LXXVI. Törvény), Magyar Közlöny 2017. június 19, 93. Szám, Oldal 8946.

[52] Platon, *op. cit.*, VIII/564e-565 d.

[53] Loi de révision de la Constitution du 06 juillet 2010 modifiant la loi XX de l'année 1949 relative à la Constitution de la République de Hongrie (Alkotmány 2010. július 6-i módosítása a Magyar Köztársaság Alkotmányáról szóló 1949. évi XX. törvény módosításáról) : « § 1 — L'article 61 de la Constitution est remplacé par la disposition suivante : "1) Toute personne en République de Hongrie a droit à la liberté d'expression et d'expression, ainsi qu'à la connaissance et à la diffusion d'informations d'intérêt public. (2) La République de Hongrie reconnaît et protège la liberté et la diversité de la presse. (3) Afin de développer une opinion publique démocratique, chacun a droit à une information adéquate sur les affaires publiques. (4) En République de Hongrie, les médias de service public contribuent à nourrir et à enrichir l'identité nationale et l'identité européenne, les langues et la culture hongroises et minoritaires, le renforcement de la cohésion nationale et la satisfaction des besoins des communautés nationales, ethniques, familiales et religieuses. L'activité des médias de service public est supervisée par une administration publique autonome et un organe indépendant composé de membres élus par l'Assemblée nationale, et la réalisation de ses objectifs est contrôlée par certaines organisations

modification de certaines lois réglementant les médias et les télécommunications[54], la loi CIV du 2 novembre 2010 sur les médias et les règles fondamentales relatives au contenu médiatique[55] ainsi que la loi CLXXXV du 31 décembre 2010 sur les services médiatiques et la communication de masse[56] ont substantiellement contribué à restreindre le champ du pluralisme politique. Le concept d'arène centrale du pouvoir se manifeste, en second lieu, sous la forme de la loi constitutionnelle du 25 mai 2010 révisant la Constitution de 1989[57] ainsi que la loi CCIII du 30 décembre 2011 relative à l'élection des membres de l'Assemblée nationale[58]. Celles-ci ont eu pour finalité de réduire sensiblement et durablement le pluralisme politique afin de cristalliser, sinon consolider, la majorité dont dispose la FIDESZ depuis 2010. Il s'est agi notamment de réduire à 199 (au lieu de 386) le nombre de sièges à l'Assemblée nationale[59], de redessiner les circonscriptions électorales d'une manière beaucoup plus favorable à l'alliance au pouvoir, d'accroître le volume de représentants à élire au scrutin uninominal au détriment du scrutin de liste ou encore de modifier le système de report de voix au profit du candidat arrivé en tête dans chaque circonscription. L'ensemble est venu fonder une architecture institutionnelle entièrement maîtrisée par la FIDESZ, elle-même dominée par Viktor Orbán. On voit surgir la figure, mise en évidence par Claude Mossé, du "magistrat qui transforme à son profit un pouvoir légitime en tyrannie abusive[60]" ou, en

définies par la loi. (5) L'adoption de la loi sur la divulgation d'informations d'intérêt public et de la loi sur la liberté de la presse et les règles fondamentales du contenu des médias, ainsi que de la loi sur la surveillance de l'activité de médias, requiert un vote des deux tiers des membres du parlement présents" », Magyar Közlöny 2010. július 6, 114. Szám, Oldal 21792.

[54] Loi LXXXII du 10 août 2010 portant modification de certaines lois réglementant les médias et les télécommunications (2010. évi LXXXII. törvény A médiát és a hírközlést szabályozó egyes törvények módosításáról), Magyar Közlöny 2 010 augusztus 10, 129. Szám, Oldal 22319.

[55] Loi CIV du 2 novembre 2010 sur les médias et les règles fondamentales relatives au contenu médiatique (2010. évi CIV. törvény a sajtószabadságról és a médiatartalmak alapvető szabályairól), Magyar Közlöny 2010 November 9, 170. Szám, Oldal 23820.

[56] Loi CLXXXV du 31 décembre 2010 sur les services médiatiques et la communication de masse (2010. évi CLXXXV. törvény a médiaszolgáltatásokról és a tömegkommunikációról), Magyar Közlöny 2 010 december 31, 202. Szám, Oldal 31959.

[57] Loi de révision de la Constitution du 25 mai 2010 modifiant la loi XX de l'année 1949 relative à la Constitution de la République de Hongrie (Alkotmány 2010. május 25-i módosítása a Magyar Köztársaság Alkotmányáról szóló 1949. évi XX. törvény módosításáról), Magyar Közlöny 2010. május 25, 85. Szám, Oldal 19722.

[58] Loi CCIII de l'année 2011 sur l'élection des représentants à l'Assemblée nationale (2011. évi CCIII. Törvény az országgyűlési képviselők választásáról), Magyar Közlöny 2011, December 30 165. Szám, Oldal 4095.

[59] Loi de révision de la Constitution du 25 mai 2010 modifiant la loi XX de l'année 1949 relative à la Constitution de la République de Hongrie, *op. cit.* Cette loi constitutionnelle a notamment consisté, aux termes de son article 1er, en une modification de l'article 20 de la Constitution de 1989 en vue de limiter à 200 le nombre de députés à l'Assemblée nationale.

[60] C. Mossé, *op. cit.*, p. 88.

d'autres termes, du gouvernement d'un seul agissant suivant un intérêt particulier. La tyrannie hongroise n'est toutefois pas simplement cela. L'arène centrale du pouvoir traduit non seulement l'idée d'hostilité et d'ostracisme vis-à-vis des oligarques déchus, mais aussi celle d'une crainte d'un retour vers l'ordre oligarchique passé. Ainsi, « si le tyran pousse quelque part, c'est sur la racine du protecteur[61] ». Le régime tyrannique construit autour de Viktor Orbán vise essentiellement à empêcher, sinon à rendre particulièrement périlleux, un retour en arrière vers une démocratie libérale et constitutionnelle, fondée sur les principes d'élections libres et de séparation des pouvoirs, dont seraient garants une Cour constitutionnelle ainsi qu'un pouvoir judiciaire indépendants. Simplement qualifier la Hongrie postérieure à 2010 de démocratie illibérale consisterait à affirmer que celle-ci est encore une démocratie au sein de laquelle le niveau de protection des libertés fondamentales aurait été affaibli. Il n'est toutefois plus contestable que la Hongrie procède aujourd'hui d'une forme défectueuse sinon dégénérée de démocratie, rejoignant le modèle classique de la tyrannie.

[61] Platon, *op. cit.*, VIII/564e-565 d.

Crisi della rappresentanza politica e democrazia costituzionale

Silvio Gambino

Una prospettiva di analisi fondata anche sulla osservazione della realtà politico-istituzionale — nonostante l'inevitabile grado di approssimazione che un simile approccio comporta dal punto di vista metodologico — consente di osservare come la democrazia rappresentativa, da tempo, registri obiettive difficoltà nell'esercizio delle sue funzioni, ma le ragioni profonde del (diffuso) *malessere democratico* sono molto più complesse di quelle che si potrebbero cogliere ad una prima, sommaria, osservazione[1]. A ben vedere, infatti, tale 'malessere', almeno a partire dagli anni '70 del secolo passato, dipende dalla crisi dei partiti politici e con essa dalla trasformazione della rappresentanza politica con il connesso esaurimento rappresentativo della stessa. Una evoluzione che descrive una parabola più che settantennale fra previsioni costituzionali in tema di democrazia interna ai partiti, di 'concorsualità politica' (secondo le lungimiranti previsioni garantistiche previste nell'art. 49 Cost.), e concreta realtà dell'associazionismo partitico. La mancata attuazione dei vincoli costituzionali sulla democrazia interna ai partiti politici, in tale ottica, può essere colta come origine (e causa) di una loro trasformazione (di tipo castale) e della stessa deriva populistica osservabile da più tempo nella prassi concreta, in un processo circolare di successivi aggravamenti delle ragioni della loro crisi nelle relative funzioni di

---

[1] *Ex multis,* cfr. almeno: S. Pierré-Caps, *Le démos contre la démocratie*?, in *Mélanges Dominique Rousseau,* Paris, 2020; M. Lalatta Costerbosa, *La democrazia assediata. Saggio sui principi e sulla loro violazione,* Roma, 2014; Y. Mény, *Popolo ma non troppo. Il malinteso democratico,* Bologna, 2019; AA. VV., *Questioni costituzionali al tempo del populismo e del sovranismo*, Napoli, 2019; I. Diamanti, M. Lazar, *Popolocrazia. Le metamorfosi delle nostre democrazie,* Bari-Roma, 2018; F. Balaguer Callejon, *Las dos grandes crisis del constitucionalismo frente a la globalización en el siglo XXI,* in *Nomos*, 2020, 2; A. Mastropaolo, *La democrazia è una causa persa? Paradossi di un'invenzione imperfetta,* Torino, 2016; A. Morelli, *La riscoperta della sovranità nella crisi della globalizzazione*, in *Consulta online*, 1/2018; G. Moschella, *Crisi della rappresentanza politica e deriva populista,* in *Consulta online,* 2/2019; Y. Mounk, *Popolo* vs *democrazia. Dalla cittadinanza alla dittatura elettorale*, Milano, 2018; P. Rosanvallon, *Le siècle du populisme,* Paris, 2020; A. Spadaro, *Costituzionalismo* versus *populismo. Sulla c.d. deriva populistico-plebiscitaria delle democrazie costituzionali contemporanee,* in AA. VV. (cur.), *Scritti in onore di Lorenza Carlassare,* Napoli, 2009; A. Lucarelli, *Populismi e rappresentanza democratica*, Napoli, 2020.

(inter-)mediazione sociale e di perdita progressiva della capacità rappresentativa.

In una simile prospettiva, la letteratura politico-costituzionale ha affrontato in modo analitico il tema della trasformazione della rappresentanza politica e con essa della crisi della democrazia parlamentare. Al pari di quanto è dato cogliere nella prevalente bibliografia in tema, tale approccio sottolinea chiaramente le trasformazioni registrate dai partiti politici e il loro persistente rifiuto di conformarsi ai vincoli costituzionali di democrazia interna. A tale trasformazione dei partiti corrisponde in modo quasi simmetrico una sfida populista, che assume forme e indirizzi politici differenziati, sollevando lo stesso interrogativo se tale sfida non stia perfino promuovendo una transizione verso una politica senza sovranità, che, in una simile rappresentazione, risulterebbe nei fatti più appropriata ad un modello di post-democrazia. Il limite più evidente di un simile processo risiederebbe nel sostituire la rappresentanza politica con una mera rappresentazione delle domande e dei bisogni sociali, lasciando in ogni caso senza soluzione il problema politico del loro appagamento ad opera di idonee politiche legislative e di governo fondate sulla necessaria mediazione politico-parlamentare.

Osservata da una prospettiva attenta allo stesso rinnovamento dell'approccio metodologico, l'analisi dei rapporti (nel diritto e nella realtà) fra partiti politici e forma di Stato nell'attuazione della democrazia repubblicana si è venuta ad inscrivere in un tentativo innovativo di riconoscimento del *continuum* pregiuridico-giuridico che è stato assunto come unicamente capace di rendere presente la complessità dell'ordinamento giuridico vigente, la c.d. 'costituzione vivente'. Nella prospettiva di un simile sforzo di rinnovamento metodologico nel quadro della dottrina costituzionale italiana, per quanto concerne l'esperienza italiana, la novità fondamentale della democrazia d(e)i partiti (e della loro fattuale 'incorporazione' nella organizzazione costituzionale dello Stato), considerati sia nel loro aspetto sociologico che nei relativi profili di sistema, è consistita nella considerazione secondo cui essi costituiscono un elemento fondamentale e necessario per giungere alla identificazione della forma dello Stato e del suo modello organizzativo, la forma di governo. In tale rinnovamento metodologico che, (soprattutto) nel secondo dopo-guerra, aveva imposto alla dottrina costituzionale una verifica di forme e di contenuti, trovava ampia giustificazione il tentativo di assumere il sistema dei partiti come un elemento imprescindibile nello studio dei governi (parlamentari ma non solo), come un elemento fondamentale per comprendere il funzionamento della democrazia parlamentare e della democrazia costituzionale, più in generale.

La concezione dello Stato contemporaneo come 'Stato di partiti' costituiva in tale ottica un apporto rilevante a una moderna teoria dello Stato rappresentativo. Una teorica — quest'ultima — originariamente elaborata dalla dottrina tedesca (negli anni Venti del secolo scorso), e successivamente fatta propria dalla prevalente dottrina europea, passando per un approccio metodologico in termini di 'costituzione materiale' — alla stregua della lettura proposta da Costantino Mortati — che, nella realtà (almeno a livello tendenziale), appariva perfino idonea a giustificare prassi indebite di occupazione di poteri costituzionali (e amministrativi) da parte dei partiti politici. Con esso sembrava potersi fare chiarezza su tutta una serie di problematiche che il costituzionalismo classico ormai non riusciva più a risolvere, fermo com'era a concezioni asettiche e statiche delle forme di Stato e di Governo, ed in cui non trovavano posto i moderni e complessi problemi imposti allo Stato sociale contemporaneo dalla crisi del parlamentarismo classico. Tuttavia, tale impostazione, che ha tardato a farsi strada nella dottrina tradizionale, ha finito con il concentrare l'attenzione sulle relazioni tra i partiti e le istituzioni tipiche del sistema di governo parlamentare (sostanzialmente sul binomio partiti-Parlamento e partiti-Governo), mettendo in secondo piano elementi fondamentali della stessa fenomenologia dei rapporti politici che pure avevano dato corpo alla crisi del sistema stesso.

Salvo a riprendere nel seguito tale profilo, che costituisce una questione centrale nello approfondimento della tematica oggetto della presente riflessione, occorre accennare alle principali novità metodologiche registrate nel corso degli anni '70 del secolo scorso e ai più significativi risultati conseguiti nell'analisi dei partiti (considerati sia *uti singuli* sia come sistema), di volta in volta colti sia nella dottrina giuridica che in quella politologica, fino alle più recenti declinazioni del partito 'personale', che probabilmente si pongono all'origine di una trasformazione risalente e con essa della crisi delle tradizionali forme politiche rivestite dai partiti politici nel concreto esercizio delle relative funzioni di (inter-)mediazione politico-sociale e di rappresentanza politica in favore di formule incerte e ambigue di 'direttismo politico' fondate sulla scelta di un rapporto politico di tipo diretto e individuale (preferibilmente di tipo telematico/web) fra il singolo soggetto portatore di concrete istanze e/o bisogni da riconoscere e appagare e le piattaforme di comunicazione fra iscritto ai partiti e relativi rappresentanti, secondo una regola che tende a valorizzare le forme della democrazia diretta a discapito di quella rappresentativa.

In tale prospettiva, intrecciandosi con le tematiche del contrasto della crisi economica e, ancora prima, con quelle dell'impatto della globalizzazione dell'economia sugli assetti democratici nei Paesi della Europa pre-1989 e post-1989 (soprattutto nelle cosiddette 'democrazie illiberali'), una riflessione attenta è stata da tempo avviata nel dibattito scientifico tanto nell'ambito delle discipline storico-politologiche quanto in quelle gius-pubblicistiche. Senza fare torto alle prime, può osservarsi come l'interrogativo sulle forme e la qualità della democrazia rappresentativa (sulla stessa *fiction répresentative*, come la coglieva Hans Kelsen), sulla stessa sua *accountability* (richiamando, in tal senso, categorie analitiche dei politologi), non costituisce certo un tema di attualità nella vita democratica e istituzionale contemporanea. Da tale fase storico-politica in poi, nello studio delle forme di governo (di quelle parlamentari, ma non solo), così, il diritto costituzionale non ha potuto più prescindere dalla integrazione al suo interno dei partiti politici, come parimenti non ha potuto prescinderne lo studio della stessa forma di Stato, per il cui funzionamento la Carta costituzionale ha previsto la piena integrazione del diritto di voto attribuito in modo universale a tutti i cittadini, con il concorso partecipativo dei partiti politici nella determinazione della politica nazionale, unitamente alle altre formule costituzionalmente disciplinate come il referendum abrogativo e l'iniziativa legislativa popolare.

In tale prospettiva, a partire dall'immediato dopo-guerra, accanto ad un cospicuo apporto di studi politologici sui partiti politici, sono stati davvero pochi gli studi costituzionalistici che, nelle loro indagini sulla forma di Stato e sulla forma di governo parlamentare (e delle relative problematiche di funzionamento), si siano sottratti alla considerazione degli stretti rapporti esistenti fra quadro costituzionale e sua concreta traduzione nella realtà, rischiando in tal modo un approccio meramente formale alle problematiche del diritto costituzionale. D'altra parte, è da tempo che, nei più variegati ambiti della conoscenza, gli studiosi portatori delle più variegate competenze tecnico-scientifiche si interrogano sulle stesse sorti della democrazia, talora prefigurandone esiti problematici, tanto che assumano le forme della 'democrazia illiberale', tanto che si dispongano perfino a guardare con interesse alla affermazione di riediti, tragici, 'princìpi di supremazia del capo'.

Nell'accostarsi alle tematiche e alle connesse problematiche affrontate nel loro complesso da questo approccio, nel tentativo di predisporre un ideale *indice* delle analisi opportune da svolgere, così, rientra in primo luogo l'approccio sulla evoluzione che, muovendo dalla teoria liberal-democratica, ha portato, nei due secoli di esperienza storico-politica alle spalle, al costituzionalismo moderno e successivamente, dopo la 'grande guerra', a quello contemporaneo. In tema, così, non può non evidenziarsi come quello fra liberalismo e democrazia sia stato effettivamente un 'matrimonio travagliato'. Un percorso — quest'ultimo — che, con riguardo alla tematica specifica che funge da pista privilegiata in tale indirizzo di ricerca, approda a riconoscere il processo evolutivo che maggiormente rileva ai fini teorico-costituzionali (e di teoria politica), quello che muove dalla sovranità nazionale, due secoli fa, per approdare, con il costituzionalismo contemporaneo, alla sovranità popolare, una sovranità che, in ogni caso, risulta 'regolata' sulla base di specifiche previsioni costituzionali, come hanno statuito in merito le costituzioni del secondo dopoguerra e quella italiana in modo particolarmente chiaro.

Così, era nella formulazione originaria del modello di democrazia liberale (colta dalla dottrina, senza superflui infingimenti, come 'democrazia borghese'), priva, come era, dei diritti di partecipazione alla formazione della volontà dello Stato, con la previsione del suffragio ristretto a componenti limitate del corpo sociale (in ragione del censo e del reddito), infatti, che si annidavano non poche delle ragioni che avevano portato la quasi totalità dei

Paesi europei (tranne il Regno Unito), a partire dagli anni Trenta fino agli anni Cinquanta del secolo scorso, ad 'abbracciare i dittatori', una formula linguistica — quest'ultima — solo apparentemente enfatica volta a evidenziare la profonda insoddisfazione dei corpi sociali nel corso di quegli anni e che li aveva portati a dare diffuso consenso a formule di 'rivoluzione dall'alto' (di 'governo dall'alto'), tanto che si trattasse della forma di Stato socialista (Lenin, nel 1917), tanto che si trattasse della forma di Stato fascista (Mussolini, 1919), tanto che si trattasse della forma di Stato nazional-socialista (Hitler, 1934).

Nella evoluzione delle forme costituzionali, così, dopo la 'parentesi' totalitaria e violenta del fascismo e del nazismo, si può ben comprendere come il costituzionalismo del secondo dopoguerra fosse chiamato a cambiare in profondità le categorie interpretative e di regolazione dei rapporti fra Stato e società. Molti Stati hanno proceduto in questo senso; il costituzionalismo italiano fra questi; non a torto, così, diffusamente, si conviene sulla affermazione encomiastica secondo la quale la Costituzione italiana sarebbe 'la più bella del mondo'. In tale quadro, il modello liberale originario dello Stato di diritto si arricchisce e si perfeziona trasformandosi in Stato di diritto costituzionale, mediante la integrazione al proprio interno di un catalogo ricco e variegato di princìpi e di diritti fondamentali, istituendo, al contempo, giudici *ad hoc* competenti a sindacare la (eventuale) ingiustizia delle leggi e prevedendo disposizioni irrivedibili in tema di cambiamento costituzionale, al quale, in ogni caso, sono sottratte le materie dei principi e dei diritti fondamentali sanciti costituzionalmente, fra i quali la forma repubblicana (artt. 138 e 139 Cost.).

La democrazia costituzionale contemporanea, e quella italiana per quanto ora rileva, in tale prospettiva, ha tratto insegnamento dal fallimento traumatico della democrazia registrata nel 'ventennio fascista', sancendo, nel 'compromesso costituzionale' alla base della Carta costituzionale repubblicana, un ricco catalogo di libertà e di diritti, fra i quali rileva ora richiamare (nell'ottica e per le finalità più specifiche della presente analisi) il suffragio universale e la libertà di associazione in partiti per concorrere con metodo democratico a determinare la politica nazionale (art. 49 Cost.). Diritto di voto, libertà di associazione in partiti e 'metodo democratico' da farsi valere nella loro vita interna, in tal senso, costituiscono (alcuni fra i) pilastri irrinunciabili di un modello di associazionismo partecipativo e di legittimazione democratica voluti innovativamente dai costituenti repubblicani per superare le risalenti formule autoritarie e accentrate del regime fascista e del totalitarismo che lo avevano connotato, unitamente a princìpi e a formule di 'democrazia progressiva' che la dottrina repubblicana ha inquadrato ricorrendo alle terminologie dello 'Stato sociale'. Da qui la centralità dello strumentario partecipativo costituito dai partiti politici (come singoli e come sistema di partiti), cui si fa riferimento in questa analisi anche al fine di sottolineare come sia appunto la mancata attuazione dei princìpi di democrazia interna ai partiti, nell'intero settantennio di vigenza costituzionale, a costituire manifestazione di un processo di autonomizzazione degli stessi dal corpo sociale, che si è accompagnato con il venir meno della responsabilità rappresentativa e più in generale con la (graduale, diffusa) perdita delle fondamentali funzioni di (inter-)mediazione e di rappresentanza politica. Senza poterla ora argomentare in modo compiuto, pertanto, la tesi che qui si assume è quella secondo cui è principalmente sui partiti politici, colti come singoli e nel loro complesso come sistema di partiti, a ricadere la principale responsabilità politica della mancata attuazione della previsione costituzionale in tema di 'democrazia interna', da cui è scaturita la (convinzione diffusa circa la) ragionevolezza della tesi di una loro chiusura autoreferenziale rispetto agli interessi sociali che chiedevano rappresentanza e inter-mediazione politica, ponendosi in tal modo all'origine di atteggiamenti di critica e di rifiuto nei loro confronti, in ragione del venir meno del loro ruolo di (inter-)mediazione e di rappresentanza politica.

Invero, sul punto occorrerebbe introdurre una precisazione rilevante ma la potremo fare con meri accenni. Si vuole dire, in tal senso, che la mancanza di interesse e di disponibilità delle forze partitiche a conformarsi al (richiamato) vincolo costituzionale della democrazia interna (art. 49) sorprende in modo più significativo se si ha riguardo ai partiti della sinistra (nati in origine come 'partiti di combattimento', secondo la convincente analisi di G.U. Rescigno) e al partito popolare dei cattolici, la DC (e alle sue diverse denominazioni nelle quali si è nell'ultimo cinquantennio riformulata la sua ragione sociale a seguito della disgregazione politica e sociale di tale partito), in quanto le tradizionali forze politico-partitiche liberali, durante questa fase storico-politica, non manifestavano la cultura e la sensibilità politica necessarie per cogliere la necessarietà di una simile attuazione costituzionale. Che tale critica — che si è accompagnata nel tempo con la ricerca di forme di democrazia alternative a quella rappresentativa, di tipo parlamentare — (allo stato) possa essere approdata fino a configurare modelli di democrazia legittimati dal richiamo ad una teoria costituzionale di democrazia diretta è questione che costituisce da tempo oggetto di discussione e di vaglio critico e che impone di non sottacere la critica radicale presente in un simile atteggiamento, imponendo pertanto di cogliere il contrasto fra le forme di democrazia praticate e la loro sostenibilità rispetto al 'metodo democratico' preteso dalla (già richiamata) disposizione costituzionale (art. 49 Cost.).

Le formule di coordinamento interno seguite dai movimenti sociali e politici nei quali gli stessi si sono fin qui organizzati sono ora approdati, pur nella loro eterogeneità di ispirazioni politiche, in una loro riunificazione, in modo piuttosto indistinto e confuso, sotto la terminologia del populismo (spesso declinato al plurale). Si tratterà di verificare come ulteriore profilo di analisi se tale prospettiva del populismo (*melius*, dei populismi) costituisca una mera manifestazione della crisi della democrazia rappresentativa o se, al contrario, la stessa non abbia già posto le premesse organizzative di un processo irreversibile di crisi, di (vera e propria) destrutturazione della democrazia rappresentativa e parlamentare e che, in modo inevitabile, alluderebbe a un seguito, al momento non decifrabile né prevedibile, di rottura della stessa forma di Stato democratica e sociale per come fin qui conosciuta. Anche con riguardo ad un simile scenario, s'impone, da parte dei partiti politici, un ricorso molto più sostenuto di quanto non si sia ritenuto di dover fare fin qui al giudice ordinario e al giudice costituzionale perché, di volta in volta, possa sancire l'eventuale violazione, rispettivamente, del principio di legalità e di quello di costituzionalità nelle prassi diffuse di violazione della loro democrazia interna.

Senza voler inseguire ruoli inappropriati al metodo di approccio costituzionalistico, in ogni caso, si potrebbe osservare che la democrazia rappresentativa non appare certo priva di problematiche di funzionalità; da qui, tuttavia, non è dato immaginare che al di fuori di essa siano riconoscibili altri spazi politici idonei ad assicurare quell'*acquis* che è stato fin qui assicurato dal patrimonio costituzionale interno e da quello europeo.

Il problema della emersione del populismo, pertanto, rimane un problema aperto nei suoi contenuti e nelle relative problematiche di critica della rappresentanza politica, con il connesso recupero di formule di vera e propria rappresentanza giuridica (inclusive del *recall*), e con essa di delegittimazione della democrazia parlamentare. Nelle more che esso possa (eventualmente) articolare una propria (più convincente) teorizzazione che si ponga come idonea a guidare processi di cambiamento costituzionale, rimane necessaria la prospettiva volta a dare compiuta attuazione alle molte disposizioni della Costituzione che ancora restano in una simile attesa. Una regolazione dei partiti che risulti rispettosa della loro autonomia privata ma che, al contempo, non disconosca l'evidente ruolo (quasi) pubblicistico svolto dagli stessi costituisce un passaggio centrale nell'ottica del tentativo (forse *in extremis*) di restituire loro quella necessaria credibilità che consenta di assumere quella responsabilità sulla quale da tempo essi sembrano non poter più fare affidamento. Al contempo, per la società questo significherebbe poter ancora contare sulla loro indispensabile funzione di (inter-)mediazione e di rappresentanza politica.

Per argomentare in modo più approfondito tale approccio, occorrerebbe anche richiamare la parabola evolutiva che, dalla originaria sua affermazione, da più tempo, è ormai pervenuta alla crisi del partito politico, accennando alle stesse tematiche che, da settant'anni a questa parte, sono state proposte dalla più attenta dottrina e che hanno riguardato la trasformazione della forma di Stato e della forma di governo in ragione degli effetti prodotti dagli stretti rapporti realizzati nella concreta realtà fra organizzazione dei poteri costituzionali, partiti politici e corpi/poteri intermedi, più in generale. Una premessa appare opportuna a quanto si potrà ora richiamare in modo essenziale sul tema che ha avuto il suo *focus* nel dibattito che, ancora di recente — prima dell'adozione della recente legge elettorale (n. 165/2017) —

aveva conosciuto il suo approdo nell'approvazione di una legge elettorale iper-maggioritaria (cd *Italicum*) censurata di (parziale) illegittimità dalla Corte costituzionale e in un (coevo) tentativo di revisione costituzionale (Renzi/Boschi). Ancorché respinto dal corpo referendario (nel referendum costituzionale del 4 dicembre 2016), tale tentativo di revisione ha fatto sedimentare nel corpo sociale manifestazioni non irrilevanti di antipartitismo (e di vera e propria antipolitica), ma anche, in senso opposto, di 'patriottismo costituzionale' e di azioni civiche e partecipative in 'difesa della Costituzione'. In tale cornice — più che opportuno — risultava necessario collocare la riflessione sulla legge n. 52/2015 e sui relativi impatti che la stessa avrebbe potuto avere sul ddl di revisione costituzionale Renzi-Boschi qualora avesse potuto contare su un esito positivo del pronunciamento referendario, e pertanto sulle relative conseguenze in termini di (rischi di) sbilanciamento dei poteri costituzionali, nel complesso della democrazia costituzionale. In tale ottica, letta in combinazione con la riforma elettorale, la tematica della riforma costituzionale costituiva un tema quanto mai problematico per ragioni al contempo tecnico-giuridiche ma soprattutto politico-costituzionali. Da tale prospettiva, in particolare, rilevava la stretta compenetrazione che le leggi elettorali avevano con la concreta costituzione materiale del Paese e la logica 'esasperata' del multipartitismo (estremo e 'sregolato') che avevano caratterizzato le prime cinque decadi di attuazione della Carta costituzionale, con il relativo intreccio con le forme politico-istituzionali della 'democrazia maggioritaria' sperimentate a partire dai primi anni '90. Già nella fase conclusiva di tale parabola evolutiva del parlamentarismo contemporaneo e dei soggetti comunitari che ne erano stati i principali fautori, i partiti politici risultavano ridotti in uno stato di crisi, forse anche irreversibile.

In tale processo evolutivo — dopo e come superamento dell'originario modello del 'partito di combattimento' — l'affermazione del modello di 'partito pigliatutto', del 'partito-cartello' e, infine, del 'partito personale', definisce i contorni di un processo di trasformazione della forma partito viepiù profondo che ha le sue radici nella progressiva perdita dell'ancoraggio rappresentativo a specifiche, sezionali, componenti del corpo sociale, cui fa seguito il superamento del radicamento sociale del partito e con esso, ed in modo conseguenziale, la perdita del modello partecipativo nella scelta dei candidati a favore di decisioni che sempre più si sono trasferite nelle mani di (ristrette) segreterie (vere e proprie oligarchie) partitiche, nonché nella emersione di formule leaderistiche nella organizzazione delle campagne elettorali e della stessa conformazione organizzativa interna del partito politico. Le fasi politico-istituzionali di affermazione della democrazia maggioritaria, favorite da una legislazione fortemente dis-rappresentativa (di cui costituiva espressione ideal-tipica la legge elettorale n. 270/2005, cd Calderoli) non potevano che esasperare simili tendenze di trasformazione nella forma del partito e nelle relative funzioni svolte, aprendo anche in questo caso un varco di criticità nei loro confronti che le formazioni populiste non hanno avuto difficoltà a raccogliere a supporto dello stesso consenso elettorale che le hanno visto ben presto occupare posizioni di rilievo rappresentativo negli schieramenti delle più recenti compagini di governo (soprattutto nel Governo 'Conte 1' e 'Conte 2'). Nel corso degli anni, ciò ha portato ad evidenziare l'esigenza di un ripensamento delle fondamentali tematiche costituite dalla effettività della 'democrazia interna' dei partiti prevista dalla specifica disposizione costituzionale (art. 49), ancorché le forze politiche, senza vera differenza al loro interno e rispetto al relativo orientamento ideale, si sono costantemente rifiutate nel tempo di *'regolare gli sregolati'* (utilizzando in tal senso l'efficace ossimoro suggerito da G.U. Rescigno), per indicare che esse hanno operato in modo da non assicurare attuazione alla previsione costituzionale di merito, nonostante alcuni progetti di legge (a firma di Mortati e di D'Ambrosio) fossero stati predisposti in dottrina già nella fase immediatamente successiva all'approvazione del testo costituzionale. Ne è seguita una loro profonda delegittimazione surrogata da forme alternative di partecipazione politica non più di tipo formalmente associativo-partitiche ma di tipo movimentistico, quando non anche dal ricorso a forme — esse stesse costituzionalmente discutibili quanto alle problematiche di conformità delle relative modalità organizzative alle previsioni costituzionali della democrazia interna dei partiti — di partecipazione/decisione attraverso lo strumento *web*, della cui trasparenza è pienamente lecito assumere il mancato rispetto delle previsioni dell'art. 49 Cost., per come sottolineato diffusamente in dottrina.

È appunto a questo livello che è risultato osservabile, soprattutto a partire dall'ultima metà di secolo alle spalle, un vero e proprio scontro con il sistema tradizionale dei partiti censurato di una sua materiale conformazione in "corporazione proprietaria" che — in un simile approccio — avverserebbe e, nella versione più edulcorata, risulterebbe indifferente verso ogni proposta di riforma che ne mettesse in questione la legittimità e la qualità rappresentativa. A tale 'corporazione castale' si è contrapposto, più che un movimento comunitario dai contorni organizzativi e programmatici chiari, un movimento di organizzazione politica che, se è risultato per molti profili indubbiamente originale rispetto al restante quadro politico, non ne ha potuto celare una sua profonda ambiguità, che nel fondo è parsa ispirarsi ad una pretesa strategica di esclusività nella funzione rappresentativa, eliminando (fino al ripensamento operato solo di recente nella strategia politica seguita dal Movimento 5Stelle) — in modo del tutto discutibile (ma anche irragionevole) — ogni forma di collaborazione/coalizione con le altre forze politiche. Una simile innovazione nella forma e nelle funzioni del partito, auto-qualificatosi come 'partito/non partito', come 'partito/movimento', si prefiggeva in modo esplicito di rappresentare un movimento di critica nei confronti della politica istituzionalizzata e dei partiti, senza che a tale rappresentazione corrispondesse necessariamente un'assunzione di responsabilità politico-parlamentare nei confronti dei propri elettori. In breve, un modello di 'rappresentazione senza rappresentanza', espressivo della rottura sostanziale fra le funzioni di (inter-)mediazione e quelle di rappresentanza politica; nel fondo, un modello che ha preteso perfino di auto-interpretarsi come superamento dei principi bisecolari della democrazia rappresentativa a favore di incerte e indeterminate modalità (e prospettive) di democrazia diretta (o semi-diretta) dei cittadini, privi dei contenuti (pur minimi) della democraticità interna pretesa costituzionalmente.

È proprio in un simile quadro evolutivo che si era inserita la prospettiva di un ripensamento del sistema elettorale, chiaramente compendiato nel titolo (e nei contenuti) di un efficace saggio politologico apparso a cavallo degli anni '90 del secolo scorso, che richiamava l'esigenza di 'restituire lo scettro al principe', un principe (collettivo) costituito dai cittadini-sovrani, ed uno scettro che era stato, con scarsa qualità rappresentativa, occupato dai partiti politici che, da strumenti di partecipazione politica, in modo progressivo ma palese e diffuso, si erano costituiti come un vero e proprio diaframma fra i cittadini e le istituzioni costituzionali della rappresentanza e del Governo. La legislazione di riforma elettorale intervenuta nei primi anni '90 (cd legge Mattarella), riformata (forse sarebbe meglio dire stravolta) dalla cd legge Calderoli, nonché i (già richiamati) tentativi di revisione costituzionale respinti dal corpo referendario, tuttavia, si erano dimostrati inidonei a farsi carico della soluzione dei problemi di instabilità governativa e al contempo ad assicurare la valorizzazione delle esigenze rappresentative e della piena funzionalità delle Camere. In tale quadro, più che avvalersi dei risultati delle più mature esperienze comparatistiche in tema di 'democrazia maggioritaria', le forze politiche erano andate alla ricerca di soluzioni strumentali e partigiane, capaci di assicurare la stabilità alla base delle (contingenti) maggioranze di governo. Tali soluzioni legislative, nel loro complesso e con riguardo alle specifiche leggi elettorali che si erano succedute nel tempo (se si fa eccezione per la cd legge Mattarella), erano risultate inadeguate nel compito di farsi carico delle esigenze di rappresentatività politica delle Camere e della stabilità governativa a favore di una legislazione dai contorni fattualmente illiberali (sbarramenti variegati e liste bloccate, in modo principale) che il Giudice delle leggi non ha avuto dubbi di censurare (sia pure in modo parziale).

Tanto osservato, pare opportuno sottolineare come tale processo, letto anche nell'ottica degli esiti del più recente referendum costituzionale (20-21 settembre 2020) sulla riduzione del numero dei parlamentari (un terzo del totale), con il successo referendario delle ragioni favorevoli al quesito referendario, abbia registrato una trasformazione ulteriore, di tipo regressivo, della democrazia parlamentare.

Quanto al merito delle argomentazioni relative ai temi della iniziativa referendaria, e in particolare con riguardo 'ai numeri della rappresentanza' e alle stesse problematiche di effettività della stessa, se muoviamo dalle risalenti valutazioni kelseniane che già un settantennio fa parlavano della rappresentanza politica come di una mera *'fiction répresentative',* un argomento appare particolarmente rilevante, benché il supporto comparatistico non aiuti granché nel merito della questione, ed è quello secondo il quale la riduzione dei parlamentari (nella misura di un terzo del totale degli stessi rispetto a quanto previsto negli artt. 56 e 57 Cost.) non può che incidere in modo problematico sulla (quantità e sulla stessa qualità della) rappresentanza politica e pertanto, in modo inevitabile, sull'effettività della sovranità popolare, determinando in tal modo complessivi effetti regressivi sulla democrazia parlamentare nel suo complesso. La rappresentanza politica e le garanzie del voto, a loro volta, risultano incise in modo problematico non solo nella loro quantità ma nella stessa loro qualità rappresentativa, dovendosi nel merito richiamare il risolutivo indirizzo giurisprudenziale della Corte costituzionale (sent. cost. 1/2014) nella censura della legge elettorale n. 270/2005, allorché il Giudice delle leggi individuava le ragioni fondanti della censura della legge sottoposta al suo vaglio nella "eccessiva divaricazione tra la composizione dell'organo della rappresentanza politica, che è al centro del sistema di democrazia rappresentativa e della forma di governo parlamentare prefigurati dalla Costituzione, e la volontà dei cittadini espressa attraverso il voto, che costituisce il principale strumento di manifestazione della sovranità popolare". Rispetto ad un indirizzo giurisprudenziale tanto chiaro del Supremo Interprete della Costituzione, così, non può non chiedersi come fosse possibile assumere che una riduzione, tanto drastica, del numero dei parlamentari potesse non influire in termini problematici sulla stessa effettività (a livello personale e territoriale) della funzione rappresentativa realizzata dagli stessi nel quadro dello strumentario offerto dal Parlamento, incidendo in tal modo sulla stessa democrazia parlamentare nel suo complesso. In presenza di una simile dequotazione (numerica) della rappresentanza politica, e della connessa svalutazione del Parlamento, così, ci troveremo di fronte ad un vero e proprio svuotamento della rappresentanza.

Richiamando le stesse, risalenti, analisi critiche della oclocrazia intesa come 'forma degenerata della democrazia', in tale prospettiva, l'argomentazione circa un recupero di efficacia e di efficienza dell'organo parlamentare a seguito della riduzione dei suoi componenti è una tesi che non risulterebbe fondata su dati reali bensì sulla convinzione, tutta ideologica, di un recupero di efficienza e di governabilità assunti acriticamente come valori positivi e prescindendo (in modo pressoché completo) dalla funzione rappresentativa che è la stessa ragion d'essere del Parlamento; una posizione — questa — riconducibile alle versioni maggioritaristiche della democrazia, in opposizione alla (più convincente) visione della democrazia, come luogo istituzionale della rappresentanza e di mediazione istituzionale del conflitto. Lungi dal rilanciare il ruolo del Parlamento mediante un rafforzamento della sua centralità nella funzione rappresentativa, in una simile rappresentazione, la riduzione del numero dei parlamentari, pertanto, frappone nuovi ostacoli alla (ri-)costruzione della sua centralità e al suo inveramento quale organo, attraverso la mediazione della rappresentanza, di espressione dei cittadini, nella loro pluralità e nella variegatezza anche conflittuale delle ragioni rappresentate. Così, pur non potendosi negare una ragione mitica, di finzione, della rappresentanza politica, lontana per questo dalla composita e conflittuale realtà da rappresentare, nondimeno resta che la scelta di ridurre il numero dei parlamentari ha segnato comunque una regressione del principio democratico-rappresentativo e con esso della stessa sovranità popolare, cui deve tuttavia aggiungersi un effetto di anticipazione di un indirizzo politico atteso (e auspicato) per il futuro (secondo preoccupanti dichiarazioni di taluni *leaders* di tale partito/non partito) di un vero e proprio "superamento della democrazia parlamentare". La questione problematica della democrazia rappresentativa, in tal modo, rinvia ancora una volta alla centralità rispetto alla funzione di mediazione e di rappresentanza svolta (fin qui) dal partito politico e dal sistema dei partiti, alla cui crisi, pertanto, come si è osservato, devono ricondursi principalmente le ragioni alla base della crisi della rappresentanza politica e con essa dello stesso Parlamento. Ragioni — queste ultime — che imporrebbero di ipotizzare risolutive soluzioni legislative e di autoriforma dei partiti idonee a consentire la riforma (e/o rinascita) della forma partito ed in ogni caso la sua conformazione alle esigenze poste dal rispetto del 'metodo democratico' (sancito dall'art. 49 Cost.). Una simile valutazione sottolinea come le principali ragioni critiche osservabili nel funzionamento delle Camere non siano rinvenibili nella pretesa natura pletorica delle Camere, quanto piuttosto nella evidenza costituita, soprattutto nell'ultimo trentennio, dalla trasformazione dei partiti politici che, da partiti di massa, si sono trasformati in partiti di *leaders,* con evidenti conseguenze problematiche nella selezione della candidature, sempre più asservite al *leader* di turno, e pertanto con effetti di verticalizzazione politica al loro interno e negli stessi gruppi parlamentari, nell'uno e nell'altro caso, a nulla (o quasi) potendo le sole previsioni costituzionali relative alla democrazia interna dei partiti di cui all'art. 49 Cost.

*

* *

Se, in conclusione, l'argomento critico centrale rimane quello che ricollega il taglio dei parlamentari alla dequotazione della democrazia rappresentativa e alla sostanziale delegittimazione del Parlamento (almeno nelle forme fin qui sperimentate), rimane in ogni caso che la riforma costituzionale oggetto di referendum non è stata che un passo, ma occorre essere consapevoli della direzione nella quale essa si inserisce: quello di una democrazia che, nel tempo, assume manifestazioni plebiscitarie e populistiche di tipo demagogico (per richiamare sul punto la persuasiva critica alle derive populiste della democrazia già lucidamente anticipata da due millenni da Aristotele). Una democrazia — dunque — che, in questo senso, pare effettivamente muovere nella direzione di una 'post-democrazia', l'assenza di chiarezza dei cui contorni evidenzia in modo piuttosto netto quanta distanza essa abbia già assunto e possa ancora assumere rispetto alle esigenze e alle garanzie della democrazia rappresentativa, parlamentare, fin qui conosciuta (ancorché, naturalmente, meritevole di miglioramenti nelle sue procedure interne relative tanto alla legislazione quanto al controllo sul Governo).

BRÈVES RÉFLEXIONS SUR LA SITUATION DU RÉFÉRENDUM DANS LES SYSTÈMES FRANÇAIS ET BRITANNIQUE

Thibault GUILLUY

« La souveraineté nationale appartient au peuple qui l'exerce par ses représentants et par la voie du référendum ». C'est par cette formule, partiellement inspirée de la Constitution du 27 octobre 1946, que le constituant de 1958 « résout » en quelque sorte l'un des problèmes fondamentaux du constitutionnalisme moderne. La souveraineté appartient au peuple. Est ainsi désigné le titulaire de la souveraineté, le souverain « politique »[1]. Est ainsi posé le principe de légitimité fondant l'exercice du pouvoir sous la Ve République.

Mais son exercice, c'est-à-dire les moyens juridiques par lesquels cette souveraineté politique va être exercée, en est confié aux représentants du peuple et au corps électoral convoqué par référendum. C'est là une différence fondamentale avec le texte de 1946, qui ne réserve l'expression référendaire qu'aux matières constitutionnelles. La Constitution de 1958 semble, quant à elle, mettre sur un pied d'égalité les expressions parlementaires et référendaires de la souveraineté, instiguant ainsi le risque d'une rivalité entre ces dernières.

Dans la perspective qui est celle propre à l'histoire constitutionnelle française, l'article 3 de la Constitution opère une « synthèse » entre deux traditions qui se sont longtemps opposées dans l'histoire constitutionnelle française. Traditions rivales que l'on présente, de manière peut-être excessivement convenue, comme opposant une souveraineté « nationale » défendue par Sieyès, selon laquelle le peuple ne peut agir que par ses représentants, et une souveraineté « populaire » incarnée par Rousseau, selon laquelle l'expression de la volonté générale ne saurait admettre une telle représentation. Dans cette perspective toujours, la Constitution de 1958 semble porter la folle ambition de réconcilier deux formes de gouvernement

[1] Pour reprendre la distinction entre souveraineté « politique » *(de facto)* et souveraineté « juridique » *(de jure)* développée dans la pensée constitutionnaliste britannique par Austin, Bryce et Dicey.

que l'histoire française a continuellement opposées[2] : le régime représentatif et la « démocratie », à laquelle on peut accoler ici le qualificatif de direct ou semi-direct. Voilà donc une équation surprenante : 1790 + 1793 = 1958 !

Une telle présentation de l'article 3, assez convenue, mériterait indéniablement d'être nuancée, comme cela a d'ailleurs été fait. L'objet de la présente réflexion vise simplement à interroger plus amplement le caractère problématique d'une telle conciliation entre deux idées en apparence contraires : le principe représentatif d'un côté et l'expression directe de la volonté populaire de l'autre. Celles-ci révèlent en effet deux logiques distinctes : celle du mandat représentatif et celle du mandat impératif, dont le référendum est inspiré. En d'autres termes, la question posée est ici celle de la place, voire de la compatibilité, du référendum dans un système représentatif comme celui de la Ve République, à savoir un régime parlementaire.

Or une telle question, qui agite aujourd'hui le droit constitutionnel contemporain en raison des revendications citoyennes comme partisanes en faveur du référendum, n'est pas nouvelle et a d'ailleurs fait l'objet d'une réflexion doctrinale importante, en France comme au Royaume-Uni. Car cette question, que l'on ne pourra traiter ici que de manière sélective et incomplète, mérite d'être appréhendée dans une perspective comparatiste, en s'intéressant à ce régime parlementaire britannique, à la fois originel et atypique, système qui accorde une place croissante, depuis plusieurs décennies, au référendum.

I. Une réflexion doctrinale ancienne

C'est, au début du XXe siècle, au moment même où le régime parlementaire s'installe et se pérennise en France et outre-Manche, que se développe une réflexion critique sur l'introduction de procédures référendaires dans des régimes de ce type. Probablement cela s'explique-t-il par le fait que le système parlementaire produit à cette époque ses effets les plus sensibles, notamment le renforcement des partis politiques. En d'autres termes, le régime parlementaire « s'absolutise » peu à peu et les craintes suscitées par l'omnicompétence, voire la tyrannie, d'un bloc politique composé d'un gouvernement et de sa majorité parlementaire commencent à apparaître, tout particulièrement au Royaume-Uni.

Ainsi, dès la fin du XIXe siècle, le référendum commence peu à peu à être perçu comme une manière de tempérer les excès du régime parlementaire : il apparaît comme un « correctif ». C'est en réaction contre de telles idées dans l'ère du temps qu'Adhémar Esmein[3] critique le référendum, dans lequel il ne voit qu'un moyen de corrompre le régime représentatif. Pour Esmein, fidèle à l'idée de Sieyès selon laquelle le peuple ne peut agir que par ses représentants,

---

[2] Cf. B. Manin, *Principes du gouvernement représentatif*, Paris, Flammarion, coll. « Champs », 1996.

[3] A. Esmein, « Deux formes de gouvernement », *RDP*, 1894, p. 15-41.

introduire des mécanismes référendaires dans le système parlementaire reviendrait à le transformer, maladroitement et sans cohérence, en un système semi-représentatif.

Il faudra attendre, en France, Carré de Malberg pour trouver dans la doctrine publiciste un partisan de l'introduction du référendum dans le système français. Le juriste strasbourgeois défend ainsi cette idée dans un article de 1931[4] et dans la célèbre conclusion de *La Loi, expression de la volonté générale*[5] la même année. Pour Carré de Malberg, il est surtout nécessaire de lutter contre le « parlementarisme absolu » qui corrompt le système politique français et trois moyens peuvent être envisagés pour limiter la toute-puissance du Parlement sous la IIIe République : l'avènement d'un exécutif susceptible de rivaliser avec le Parlement et donc doté d'une légitimité populaire ; le contrôle de constitutionnalité des lois et enfin le référendum. On remarquera que la Ve République l'a entendu en établissant non pas l'une, mais l'ensemble de ces trois institutions en droit constitutionnel français.

En ce qui concerne plus spécifiquement le référendum, Carré de Malberg s'oppose frontalement à Esmein et réfute l'idée qu'il puisse y avoir « antinomie entre le référendum et l'idée de représentation qui est à la base du parlementarisme[6] ». Au contraire, il ose affirmer que « le parlementarisme est un régime de transition, dont la destinée normale est d'aboutir, sinon nécessairement à la démocratie intégrale, du moins à un mélange d'institutions démocratiques et représentatives[7] ». Pour le juriste strasbourgeois, l'introduction du référendum dans le système parlementaire présente finalement deux avantages : il apparaît tout d'abord comme un instrument de responsabilité politique, en ce qu'il permet à la majorité parlementaire de rendre des comptes à l'électorat et constitue donc à ce titre un remède à un droit de dissolution tombé en désuétude. Le second mérite du référendum est ensuite de permettre de surmonter le problème posé selon lui par l'avènement des partis politiques. Il se montre particulièrement clair sur ce point lorsqu'il écrit que « que cette combinaison aurait pour effet d'atténuer l'influence exercée sur la formation de la volonté dite nationale par la politique de partis, qui, après avoir été naguère considérée comme une des bases normales du parlementarisme entendu à l'anglaise, en est devenue chez nous, au dire de beaucoup, une plaie[8] ».

De tels arguments font d'ailleurs écho aux écrits, quelques décennies auparavant, du grand juriste anglais Dicey :

---

4 R. Carré de Malberg, « Considérations théoriques sur la question de la combinaison du référendum avec le parlementarisme », *RDP*, 1931, p. 225-244.

5 R. Carré de Malberg, *La loi expression de la volonté générale : étude sur le concept de la loi dans la constitution de 1875*, Paris, Sirey, 1931.

6 R. Carré de Malberg, *art. cit.*, p. 10. Cf. A. Esmein, *art. cit.*, notamment p. 41.

7 R. Carré de Malberg, *art. cit.*, p. 12.

8 R. Carré de Malberg, *art. cit.*, p. 22.

> Le référendum a un mérite suprême. Il coupe à la racine les intrigues parlementaires ; il permet au peuple de déjouer les machinations des politiciens ; il grave dans chaque acteur de l'État le principe selon lequel les systèmes de partis sont de simples moyens au service du bon gouvernement, et que derrière et au-dessus des partis réside la volonté de la Nation[9].

On peut ainsi être surpris de remarquer que Dicey, qui a pourtant systématisé le droit constitutionnel britannique autour du principe juridique de la souveraineté du Parlement, témoigne en effet dans différents écrits, dès les années 1890, d'une certaine sympathie pour l'introduction de procédures référendaires en droit britannique. On remarquera surtout, à l'instar de Vernon Bogdanor[10], que l'idée référendaire s'avère, dans la doctrine britannique, principalement défendue pour ses vertus conservatrices, comme le faisait d'ailleurs valoir Henry Maine[11] avant Dicey. Dans cette perspective, le référendum s'apparente avant tout à un *veto* populaire contre des réformes jugées trop modernistes, à l'image du *Home Rule* pour Dicey.

Les quelques développements doctrinaux présentés ici relèvent donc pour l'essentiel d'une critique des excès du parlementarisme, appréhendant le référendum comme un moyen de limiter l'omnipotence parlementaire et la tyrannie d'une majorité partisane. Force est de constater que c'est une idée similaire qui inspirera le général de Gaulle et l'introduction du référendum législatif dans la Constitution de 1958. Mais une telle démarche n'est pas sans ambiguïté puisqu'elle semble ériger la procédure référendaire en rivale de la procédure parlementaire. Elle laisse ainsi ouverte la question d'un éventuel conflit entre ces deux modes d'expression de la souveraineté.

II. Regards croisés sur les constitutionnalismes français et britannique

France – L'introduction en 1958 du référendum, et tout particulièrement du référendum législatif de l'article 11 en 1958 n'était évidemment pas sans heurter une certaine tradition française, et notamment celle du gouvernement représentatif défendue magistralement par Sieyès. C'est d'ailleurs ce que révèlent les travaux du Comité consultatif constitutionnel et cet échange savoureux entre Marcel Waline, qui propose l'extension du champ matériel du référendum à « tout projet de loi » sans liste énumérative[12], Paul Reynaud, président du Comité, et le député socialiste René Dejean :

---

[9] A.V. Dicey, *Comparative Constitutionalism* (*Oxford Edition of Dicey*, t. 2), Oxford, Oxford University Press, 2013, p. 148 : « *The referendum has one supreme merit. It cuts at the root of parliamentary intrigue; it enables the people to override the machinations of politicians; it impresses upon every member of the state the principle that party systems are merely means for the promotion of good government, and that behind and above parties lies the will of the nation.* »

[10] V. Bogdanor, « Dicey and the Reform of the Constitution », *Public Law*, 1985, p. 652-678.

[11] Voir par ex. H. S. Maine, *Popular Government*, Londres, J. Murray, 1885, rééd. Indianapolis, Liberty Fund, 1970, p. 56-8.

[12] Ce qui était d'ailleurs l'idée initiale de M. Debré puisque l'avant-projet de Constitution contenait, à la mi-juin 1958, la disposition suivante : « Le président de la République peut, sur

> Waline — J'estime que le peuple est tout de même notre maître à tous et qu'il est tout à fait normal que ce soit lui qui donne son avis.
> Reynaud — Permettez-moi de vous dire, Monsieur Waline, que ce serait bien imprudent. Si vous soumettiez au peuple la durée du service militaire, combien croyez-vous qu'il vous imposerait de mois de services ?
> Waline — Je sais qu'en Suisse cela se passe ainsi.
> Reynaud — La Suisse est un petit pays, ce sont des protestants.
> [...]
> Dejean — Que le référendum soit notre maître à tous, Monsieur Waline, c'est vrai, mais ce que nous pensons de notre maître permettez-moi de le garder pour moi ! Et permettez-moi de penser que si l'on a organisé depuis 1790 le régime représentatif, c'est parce que l'on pensait à la valeur de la représentation quand il s'agit de discuter les textes et de les amender[13].

Michel Debré témoigne quant à lui d'une certaine prudence à l'égard d'un conflit potentiel entre les expressions référendaire et parlementaire et défend précisément la coexistence de ces deux voies et non leur confrontation. Il affirme ainsi :

> L'organisation du référendum, dans le texte qui vous est soumis, a été orientée de telle façon qu'elle soit aussi peu que possible, pour ne pas dire jamais, l'occasion d'un conflit entre le Parlement et le suffrage universel. (...) Il a été prévu, aux articles sur le référendum, que la saisine du suffrage universel se fait dans des conditions telles que le Parlement n'est pas saisi. C'est une voie parallèle, ce n'est pas une voie chargée d'aboutir à une modification d'une volonté parlementaire[14].

On peut bien entendu discuter de la réussite du constituant sur ce point[15]. L'on pourrait ainsi mobiliser l'exemple de la (non) ratification du Traité constitutionnel européen en 2005, témoignant d'une contradiction entre les volontés parlementaire et référendaire[16]. L'on pourrait également remarquer que les revendications contemporaines en France en faveur du recours au référendum[17] ont parfois pour objet de contrecarrer le législateur et peuvent ainsi s'analyser comme des remises en cause du principe représentatif.

Mais, dans la perspective qui est la nôtre ici, il s'agira d'insister sur les moyens, proprement juridiques, par lesquels le constituant a entendu éviter

---

proposition du Premier ministre ; soumettre au référendum tout projet de loi que le Parlement aurait refusé d'adopter ainsi que toute question fondamentale pour la vie de la nation. »

[13] Comté consultatif constitutionnel, séance du 8 août 1958, *in Documents pour servir à l'histoire de l'élaboration de la Constitution du 4 octobre 1958*, vol. II, Paris, La documentation Française, 1988, p. 320 et s.

[14] Comité consultatif constitutionnel, séance du 5 août 1958, *op. cit.*, p. 185.

[15] La révision du 23 juillet 2008, qui introduit la procédure du référendum d'initiative partagée, confirme cette intention du constituant puisque l'article 11 al. 3 précise que cette procédure « ne peut avoir pour objet l'abrogation d'une disposition législative promulguée depuis moins d'un an ».

[16] Le juriste rigoureux remarquera cependant que les deux votes ne portaient pas sur le même objet, l'un portant sur une révision de la Constitution, l'autre sur une loi d'autorisation de ratification d'un traité. Admettre une équivalence entre ces deux votes nécessite une interprétation de leur finalité qui ne va pas nécessairement de soi.

[17] On remarquera à ce titre que le référendum a aujourd'hui les faveurs de partis tels que LFI, à rebours de l'hostilité traditionnelle de la gauche à l'égard des procédures référendaires.

ces conflits entre les légitimités parlementaire et populaire, c'est-à-dire par des dispositions constitutionnelles écrites visant à organiser et donc à encadrer l'expression d'une volonté politique référendaire. Or cet apport du constitutionnalisme écrit, qui vise à encadrer la volonté politique par le droit, se distingue d'autres modèles constitutionnels, à l'image du système britannique, dans lequel le statut du référendum est tout autre.

Royaume-Uni – Il convient ici de rappeler préalablement quelques principes élémentaires du constitutionnalisme britannique qui justifient la portée essentiellement politique des consultations référendaires outre-Manche. Du point de vue du seul droit positif — pour reprendre la distinction établie par Dicey entre le corps juridique de la Constitution et les conventions de la Constitution —, le principe cardinal du constitutionnalisme britannique est la souveraineté du Parlement de Westminster. Il n'y a donc, et cela n'est guère surprenant en l'absence de texte constitutionnel, aucun fondement constitutionnel permettant l'organisation d'un référendum. En d'autres termes, aucun équivalent n'existe en droit britannique aux articles 11 et 89 (pour ne mentionner qu'eux) de la Constitution française du 4 octobre 1958. Il en résulte logiquement qu'un référendum ne peut être organisé qu'à l'initiative du Parlement, c'est-à-dire au moyen d'une loi. Il en résulte également que le Parlement, en vertu de sa souveraineté, ne saurait être lié juridiquement par la volonté exprimée lors de cette consultation référendaire[18]. En droit, le référendum ne saurait avoir qu'une valeur consultative. Et c'est donc dans ce cadre qu'ont été organisés les référendums nationaux de 1975 (maintien dans la CEE), 2011 (réforme du mode de scrutin) et 2016 (sortie de l'UE).

Le contraste entre les systèmes français et britannique est en apparence saisissant. Si la Constitution française encadre juridiquement le référendum et en détermine la portée, législative (article 11) ou constitutionnelle (article 89), le constitutionnalisme britannique nie précisément au référendum toute portée juridique. Une lecture purement statique de ces systèmes conduit pourtant à une conclusion similaire puisque le conflit entre les volontés parlementaire et populaire semble évité : le constitutionnalisme français « aiguillant », comme le suggère Michel Debré, l'expression de ces volontés ; le constitutionnalisme britannique soumettant la consultation référendaire à une initiative parlementaire, le souverain juridique ayant d'ailleurs, dans la seule perspective théorique et juridique, la préséance sur le souverain politique.

Cependant, dans un cas comme dans l'autre, la seule lecture juridique ne permet pas de rendre compte de manière entièrement satisfaisante de la portée réelle du référendum dans chacun de ces systèmes.

---

[18] Au risque d'aliéner sa souveraineté. La souveraineté du Parlement est ainsi qualifiée de « continue » ; *cf.* H.W.R. Wade, « The Basis of Legal Sovereignty », *Cambridge Law Journal*, 1955, p. 174 ; H. L. A. Hart, *Le concept de droit*, 2e éd. (1991), trad. fr., Bruxelles, Univ. Saint-Louis, 2005, p.168.

Royaume-Uni – Cela apparaît de manière assez évidente au Royaume-Uni tant il semble absurde de décrire, malgré le cadre juridique et constitutionnel rappelé précédemment, le référendum comme une simple « consultation »[19] que le Parlement pourrait librement ignorer. Le droit constitutionnel britannique ne saurait se résoudre en un code de formules ou préceptes de droit positif, car il repose, plus que tout autre, sur un certain *understanding* de la moralité constitutionnelle et politique. En d'autres termes, la Constitution britannique ne saurait être isolée de son substrat politique. La Cour Suprême elle-même a, dans la décision Miller rendue le 24 janvier 2017, explicité cette portée politique du référendum :

> Le référendum de 2016 n'a pas modifié le droit de telle sorte qu'il permette aux ministres de retirer le Royaume-Uni de l'Union européenne sans intervention législative. Mais cela ne signifie en aucune façon qu'il soit dépourvu d'effet. Cela signifie que, à moins que et jusqu'à ce qu'il soit mis en œuvre par le Parlement, sa force est politique plutôt que juridique. Et il s'est déjà avéré doté d'une grande portée politique[20].

Une telle décision intervenait d'ailleurs alors que le Parlement britannique, composé pourtant majoritairement de députés opposés au *Brexit*, s'était solennellement engagé à prendre acte du choix manifesté lors du référendum du 23 juin 2016[21]. On constate donc qu'une certaine hiérarchie semble réapparaître, mais que la lecture « politique » de la Constitution renverse l'ordre établi : la volonté du souverain politique semble primer celle du souverain juridique.

France – Dans le cadre français également, le constitutionnalisme écrit, et donc la volonté d'encadrer précisément par le droit positif les modes d'expression parlementaires et populaires afin d'éviter leur entrechoquement, ne parviennent-ils peut-être pas totalement à résoudre tout conflit. À ce titre, deux lectures divergentes semblent s'opposer.

Dans une première acception, très rigidement juridique, il est loisible de considérer le corps électoral convoqué par référendum comme un pouvoir constitué, doté par la Constitution de compétences précises, que celles-ci soient législatives (article 11) ou constitutionnelles (dans le cadre et les limites

---

[19] Certains juristes n'ont cependant pas manqué de le faire dans la presse, notamment française, à la suite des résultats du référendum sur le *Brexit*.

[20] *R. (Miller & others) v. Secretary of State for Exiting the European Union* [2017] UKSC 5, § 124 : « *Thus, the referendum of 2016 did not change the law in a way which would allow ministers to withdraw the United Kingdom from the European Union without legislation. But that in no way means that it is devoid of effect. It means that, unless and until acted on by Parliament, its force is political rather than legal. It has already shown itself to be of great political significance.* »

[21] En témoigne la résolution adoptée le 7 décembre 2016 par les Communes par 448 voix contre 75 : « *(...) this House should respect the wishes of the United Kingdom as expressed in the referendum on 23 June; and further [to call] on the Government to invoke article 50 by 31 March 2017.* »

posées par l'article 89)[22]. Mais l'on conçoit tout aussi aisément le caractère problématique d'une telle affirmation, qui se heurte aux principes de légitimité portés par la Constitution et formulés dans l'article 3. Le peuple s'exprimant par référendum serait ainsi soumis à la volonté d'un « autre » peuple, seul souverain, c'est-à-dire le peuple constituant. Mais la souveraineté du peuple ne s'exprimerait alors que dans l'adoption initiale de la Constitution, puisque le peuple (non-souverain) de l'article 89 est juridiquement soumis aux limites posées par cette disposition, et notamment la clause d'éternité de l'alinéa 5 qui prohibe toute révision portant « sur la forme républicaine du Gouvernement ». La souveraineté du peuple déclarée dans l'article 3 ne peut alors être considérée que comme une simple affirmation politique sans portée juridique réelle. En d'autres termes, le peuple de l'article 3 n'est que le souverain politique, mais cette souveraineté politique ne saurait se traduire en une souveraineté juridique dès lors que la Constitution est mise en application. Il est bien entendu loisible de se satisfaire d'un tel raisonnement, qui parachève l'idée même d'un « gouvernement des lois » ou d'un « règne » du droit. Mais l'on remarquera alors la difficulté de justifier le refus du Conseil constitutionnel, dans ses décisions du 6 novembre 1962 (*Loi référendaire*) et du 23 septembre 1992 (« *Maastricht 3* »), de contrôler la constitutionnalité des lois référendaires, au motif qu'elles « constituent l'expression directe de la souveraineté nationale ».

Si l'on adhère à l'inverse à la thèse de l'unicité du peuple souverain, c'est-à-dire si l'on se refuse à distinguer un peuple « constituant » (et donc souverain) et un peuple « constitué », il faut alors admettre la nécessité de distinguer le pouvoir constituant, qui se manifeste précisément par l'exercice de la souveraineté populaire au moyen du référendum, du pouvoir congressionnel de révision prévu par l'article 89. Cette thèse fut d'ailleurs défendue par certains constitutionnalistes français à l'occasion de la ratification du traité de Maastricht en 1992[23]. En raison de la nature constituante de ce traité, qui portait atteinte, selon le Conseil constitutionnel, aux « conditions essentielles d'exercice de la souveraineté[24] », il était dès lors

---

[22] Voir en ce sens la lettre de saisine du Conseil constitutionnel de Gaston Monnerville, président du Sénat, en 1962 sur le contrôle de la loi référendaire. Il écrit ainsi : « L'exercice de la souveraineté nationale, que ce soit par les représentants du peuple ou par les électeurs, consultés par voie de référendum, n'est en effet légitime que dans le respect des règles et des procédures instituées par la Constitution. Admettre qu'il en puisse être autrement en cas de référendum conduirait nécessairement à admettre que les représentants du peuple ne sont également soumis à aucune règle constitutionnelle dans l'exercice de la souveraineté qui leur est déléguée. Ce serait donc ruiner, non seulement la base même du droit, mais celle de toute stabilité des institutions. »

[23] Voir par exemple O. Beaud, « La souveraineté de l'État, le pouvoir constituant et le Traité de Maastricht », *RFDA*, n° 6, 1993, p. 1056-1064, et O. Jouanjan, « La forme républicaine du gouvernement, norme supraconstitutionnelle ? » *in* B. Mathieu et M. Verpeaux (dir.), *La République en droit français*, Paris, Economica, 1996, p. 267-287.

[24] Cons. const., décision n° 92-308 DC du 9 avril 1992, *Traité sur l'Union européenne*.

nécessaire de faire approuver ce choix par référendum, c'est-à-dire par le peuple souverain et constituant[25]. Mais l'on constate à ce titre que cette interprétation « démocratique » de la Constitution de 1958 conduit nécessairement à hiérarchiser les modes d'expression de la souveraineté, le peuple l'emportant sur ses représentants. Si une telle conclusion n'a rien de scandaleux puisqu'elle reprend, dans un cadre démocratique que rejetait la théorie de Sieyès, la hiérarchie entre pouvoirs constituant et constitué, il n'en demeure pas moins qu'elle s'éloigne de la lettre de l'article 3 et de l'intention de Michel Debré, qui mettent sur le même plan les expressions référendaires et parlementaires et postulent la possibilité de les aiguiller de manière harmonieuse, c'est-à-dire sans risque de conflit.

III. Réflexions finales (et non conclusives)

Les développements précédents témoignent du caractère intrinsèquement problématique de l'introduction du référendum dans les systèmes représentatifs et parlementaires. En effet, il semble pour le moins difficile de concilier ces deux modes d'expression d'une volonté politique d'une manière parfaitement harmonieuse, c'est-à-dire sans risque de conflit. En d'autres termes, les techniques référendaires semblent appeler nécessairement l'établissement d'une hiérarchie entre la volonté populaire et celle des représentants. Carré de Malberg lui-même avait perçu avec beaucoup d'acuité cette hiérarchie inhérente, et qu'il jugeait d'ailleurs souhaitable, à l'introduction du référendum dans les régimes représentatifs et parlementaires :

> À dire vrai, l'admission du référendum produirait même plus qu'un effet limitatif sur le parlementarisme : elle entraînerait une transformation radicale dans l'échelle hiérarchique des pouvoirs. Sans doute, le Parlement continuerait à représenter le peuple, tant qu'il délibère ; mais, une fois la loi votée par les Chambres, la volonté générale recouvrerait ses droits inaliénables, et la parole passerait au peuple, à supposer qu'il veuille la prendre. S'il la prenait, ce serait en souverain. La puissance populaire ne se bornerait donc pas à limiter celle du Parlement : elle la dominerait, de la même façon que le souverain domine toutes autorités fonctionnant sous sa suprématie[26].

Dicey relevait lui aussi que l'on ne pouvait écarter la solution référendaire sans remettre en cause les fondements mêmes de nos systèmes politiques contemporains. Il écrivait ainsi, dès 1889 :

---

[25] Le choix du Congrès pour réviser la Constitution préalablement à la ratification demeurait cependant, toujours dans cette perspective, discutable.

[26] R. Carré de Malberg, *art. cit.*, p. 18-19. Et il poursuit : « Peu importe, d'ailleurs, qu'en fait les demandes de référé au peuple doivent demeurer rares ou exceptionnelles : pas plus dans la démocratie que dans la monarchie, la qualité de souverain ne se reconnaît ou ne se mesure à la fréquence des interventions. Dès qu'il est constaté que le peuple est mis par la Constitution en possession de moyens qui lui permettent d'intervenir chaque fois qu'il le désire, notamment en ce qui concerne la législation, et qui, de plus, lui assurent, s'il intervient, la possibilité de faire prévaloir sa volonté, cela suffit pour que l'on doive affirmer que la Constitution l'a érigé en organe suprême, et même qu'elle le traite en souverain. »

> C'est une chose de dire que la masse des électeurs est incompétente pour se prononcer sur les détails juridiques, mais c'est autre chose que d'affirmer qu'ils sont incompétents pour se prononcer sur les grandes lignes politiques. Leur compétence sur ce point, qu'elle soit réelle ou supposée, constitue le fondement des gouvernements populaires modernes, et ce qui peut être dit/utilisé à l'encontre du référendum pourrait l'être aussi contre la démocratie elle-même[27].

Mais l'on peut également remarquer, comme le faisaient d'ailleurs les auteurs ici évoqués, que le référendum ne constitue qu'un mécanisme parmi d'autres visant à garantir le respect par les gouvernants de la volonté des gouvernés, et qu'il participe à ce titre de la responsabilité politique et électorale des gouvernants. Or le référendum est trop souvent présenté, dans le débat politique et constitutionnel contemporain, comme le remède susceptible de pallier la crise supposée de nos démocraties représentatives. Mais le choix d'un remède exige un juste diagnostic. Et l'on mériterait probablement de s'interroger tout autant, et peut-être prioritairement, sur la défaillance des mécanismes relevant de la responsabilité politique ou sur la représentativité de plus en plus incertaine des gouvernants en raison d'un abstentionnisme électoral grandissant. Est-il en effet si certain que le référendum exprimera, de la manière la plus solennelle et souveraine, la volonté d'un peuple « enfin »[28] acteur de sa destinée politique ? L'exemple récent du *Brexit*, et les divisions profondes qu'il semble avoir laissées dans la société britannique témoignent des difficultés inhérentes au référendum.

Il ne s'agit pas pour autant ici de contester la légitimité ou la pertinence des mécanismes référendaires dans les systèmes parlementaires. Il s'agit cependant de rappeler les questions qu'ils suscitent, dont on n'a cherché à montrer qu'elles ne sont pas nouvelles. Or force est de constater que le référendum a toujours été présenté et défendu comme correctif ou curatif des excès du parlementarisme, c'est-à-dire en préservant l'espoir de soigner le malade. Il ne saurait selon nous être le palliatif de nos systèmes représentatifs.

---

[27] A. V. Dicey, *op. cit*, p. 272-273 : « *It is, moreover, quite one thing to say that the mass of the electors are incompetent to pronounce on legal details and quite another to assert that they are incompetent to pronounce on general lines of policy. Their real or supposed competence in this respect is the essential basis of modern popular government, and what can be said against the referendum may be urged in the main against democracy itself.* »

[28] Puisque les zélateurs de la démocratie directe tendent trop souvent à ignorer le caractère démocratique de nos systèmes représentatifs.

Le concept d'État de droit dans la tradition juridique française[1]

Anne-Marie Le Pourhiet

Dans une approche strictement juridique, il serait possible d'affirmer lapidairement qu'il n'y a pas d'État de droit en France. Ce terme, en effet, n'appartient pas au vocabulaire normatif français, ni les textes essentiels ni la jurisprudence ne le mentionnent parmi les « normes » de référence. Les raisons de cette absence s'expliquent par des considérations historiques multiséculaires (I) de telle sorte que la notion d'État de droit reste de nos jours une référence doctrinale et politique incantatoire au contenu approximatif et surtout relatif (II).

I. Une tradition historique de « raison d'État »

Historiquement, l'État français ne s'est pas construit « par » ni « avec » le droit, mais a même cultivé un goût prononcé pour la « raison d'État » tendant à affranchir la puissance publique du respect des normes, et surtout du contrôle des juges. Cet affranchissement a concerné le pouvoir exécutif et son administration (A), mais aussi et plus longtemps le législateur lui-même » (B).

A. L'administration soustraite au droit commun

Sous l'Ancien Régime, les conflits entre la monarchie et les parlements sont fréquents et engendrent une méfiance solide et durable du pouvoir exécutif à l'égard des cours, suspectées de vouloir s'ériger en contre-pouvoirs. Agacés par l'opposition des parlements, les rois de France ont voulu éviter la sanction judiciaire de leurs actes. Louis XIII adopte, en février 1641, le fameux et fort énergique édit de Saint-Germain-en-Laye qui « *défend aux parlements et autres cours de justice de prendre à l'avenir connaissance des affaires d'État et d'administration* ». En 1667, l'article 2 de l'ordonnance civile de Louis XIV oblige encore les parlements à enregistrer « incessamment » les édits et ordonnances royaux[2].

---

[1] Ce texte est celui d'une contribution au colloque *L'État de droit – À la recherche d'un standard de contrôle*, Cour suprême de Pologne, Varsovie, 7-9 novembre 2022.

[2] V. J. Krynen, *L'État de justice, France, XIIIe-XXe siècle*, tome II, L'emprise contemporaine des juges, Paris, Gallimard, coll. « NRF », 2012, p. 40 et s.

Plus tard, les révolutionnaires français sont tout aussi méfiants à l'égard des cours composées d'aristocrates suspectés de constituer une force réactionnaire d'opposition aux réformes. Ils ont donc aussitôt confirmé, dans l'article 13 de la loi des 16 et 24 août 1790 sur l'organisation judiciaire, le principe de l'interdiction faite aux tribunaux de connaître du contentieux administratif : « Les fonctions judiciaires sont distinctes et demeureront toujours séparées des fonctions administratives. Les juges ne pourront, à peine de forfaiture, troubler, de quelque manière que ce soit, les opérations des corps administratifs, ni citer devant eux les administrateurs pour raison de leurs fonctions. »

Cette loi est confirmée avec force par le décret-loi du 16 fructidor an III (2 septembre 1795) qui affirme péremptoirement « Défenses itératives sont faites aux tribunaux de connaître des actes d'administration de quelque espèce qu'ils soient ». C'est ce que l'on appelle toujours en France le « principe de séparation des autorités administratives et judiciaires ». Dans une décision de 1987, le Conseil constitutionnel a indiqué que si ces deux textes n'ont pas en eux-mêmes valeur constitutionnelle ils fondent cependant une « conception française de la séparation des pouvoirs » qui serait donc devenue une sorte de coutume constitutionnelle[3].

La contestation des décisions administratives devait donc se faire, après la Révolution, par recours gracieux devant l'administration elle-même ou, le cas échéant, par recours hiérarchique au ministre intéressé. L'expression « théorie du ministre-juge » désigne ce système où l'administration est en réalité à la fois juge et partie. C'est donc davantage un système de concentration que de séparation.

La Constitution bonapartiste de l'an VIII (13 décembre 1799) met ensuite en place un organe spécial, le Conseil d'État, chargé, non seulement de conseiller l'exécutif, mais aussi de résoudre les litiges qui s'élèvent en matière administrative « sous la direction » des trois consuls puis de l'empereur, qui conservent donc la décision finale. Au niveau départemental, les Conseils de préfecture, placés auprès des préfets, font de même pour certains litiges spécifiques. Plus tard, la loi du 24 mai 1872 substitue, en matière administrative, la justice déléguée à la justice retenue, le Conseil d'État statuant désormais souverainement sur le contentieux administratif. Aujourd'hui, schématiquement l'ordre administratif comporte, en France, les tribunaux administratifs de premier ressort, les cours administratives d'appel et le Conseil d'État. Celui-ci intervient dans certains cas en premier et dernier ressort, dans d'autres en appel et pour le reste en cassation.

Mais le Conseil d'État a toutefois décidé que l'autorité publique devait non seulement relever d'un juge spécifique, mais aussi être soumise à un droit spécifique « exorbitant du droit commun » qu'il a développé lui-même, de

[3] CC n° 86-224 DC, 23 janvier 1987, *Conseil de la concurrence.*

façon prétorienne, dans sa jurisprudence. L'arrêt Blanco du 8 février 1873, fonde la spécificité du droit administratif français en des termes bien connus :

> Considérant que la responsabilité, qui peut incomber à l'État, pour les dommages causés aux particuliers par le fait des personnes qu'il emploie dans le service public, ne peut être régie par les principes qui sont établis dans le Code civil, pour les rapports de particulier à particulier ; que cette responsabilité n'est ni générale, ni absolue ; qu'elle a ses règles spéciales qui varient suivant les besoins du service et la nécessité de concilier les droits de l'État avec les droits privés.

Parallèlement le juge administratif développe son contrôle sur l'administration qu'il soumet au principe dit « de légalité », lequel suppose le respect non seulement de la loi au sens strict, mais aussi des règles et principes que le Conseil d'État dégage lui-même dans sa jurisprudence. La notion d'État de droit, que les juristes de la IIIe République empruntent parfois à leurs homologues allemands, se résume donc à ce « principe de légalité » de l'action administrative dont on voit bien qu'il se charge déjà d'une forte propension au gouvernement des juges puisque c'est le Conseil d'État lui-même qui forge les grandes règles de ce droit administratif dont il a affirmé la spécificité[4]. Le principe de légalité alors célébré par la doctrine sert moins à faire respecter la loi parlementaire qu'à permettre au juge administratif d'asseoir son propre pouvoir sur l'administration. À vrai dire, déjà nourrie d'antiparlementarisme, la doctrine juridique de la IIIe République française tend à préférer le couple « exécutif/juge » réputé plus efficace et rationnel que les assemblées politiques élues.

Toutefois, l'effectivité du contrôle des actes de l'exécutif et de son administration trouvait quand même sa limite dans le refus du juge de se prononcer sur la conformité des lois à la Constitution. En effet, beaucoup d'actes administratifs sont pris en exécution de textes législatifs de telle sorte que lorsqu'une décision de l'administration est inconstitutionnelle sur le fond c'est souvent parce que la loi qui l'a prévue l'est elle-même. Les tribunaux ordinaires ne voulant pas juger la loi vont, dès lors, s'abstenir de sanctionner la décision administrative contraire à la Constitution. Cette limite dénommée « écran législatif », puisque la loi inconstitutionnelle fait ainsi écran entre l'acte administratif et la Constitution, renvoie donc à la question essentielle et longtemps débattue en France du contrôle de constitutionnalité des lois elles-mêmes.

Le principe de la supériorité de la Constitution sur les lois ordinaires n'a pas vraiment fait débat. Il ne servirait à rien, en effet, d'écrire des Constitutions décrivant comment et par qui les lois doivent être adoptées et quelles sont éventuellement les limites et obligations qui gouvernent leur contenu, s'il était loisible au législateur de les ignorer à sa guise.

---

[4] M.-J. Redor, *De l'État légal à l'État de droit. L'évolution des concepts de la doctrine publicistes française (1879-1914)*, préf. J. Combacau, Paris–Aix-en-Provence, Economica-PUAM, 1992.

Cependant, face à ce principe, il en existe un autre qui a longtemps empêché la mise en place d'un contrôle juridictionnel des lois, c'est la souveraineté démocratique. La foi utopiste de Rousseau dans la loi, expression de la volonté générale, toujours droite et incapable d'errer, plaquée sur un système de souveraineté nationale et donc de gouvernement représentatif où la loi est l'œuvre des mandataires et non du peuple lui-même, aboutit en fait à consacrer une véritable souveraineté parlementaire. À cet obstacle démocratique s'est ajouté le fait que, contrairement aux États-Unis, les révolutionnaires français n'ont pas immédiatement séparé le pouvoir constituant du pouvoir constitué et donc sacralisé la constitution comme l'ont fait les Américains. Ceci explique que le contrôle de constitutionnalité des lois ait longtemps été refusé en France avant de s'institutionnaliser progressivement, non sans légitimes réticences.

B. L'immunité législative

La méfiance précédemment décrite des révolutionnaires à l'égard des cours succédait donc à celle des monarques qui s'étaient eux-mêmes heurtés aux remontrances et au refus d'enregistrer les ordonnances royales[5]. La loi des 16 et 24 août 1790 ne se borne donc pas à soustraire le contentieux administratif aux tribunaux, mais dispose aussi, dans l'article 10 de son titre II : « Les tribunaux ne pourront, ni directement ni indirectement prendre part à l'exercice du pouvoir législatif, ni empêcher ou suspendre l'exécution des décrets du corps législatif sanctionnés le Roi, à peine de forfaiture. » L'article 12 ajoute même : « Ils ne pourront point faire de règlements, mais ils s'adresseront au corps législatif toutes les fois qu'ils croiront nécessaire, soit d'interpréter une loi, soit d'en faire une nouvelle. » Les révolutionnaires reprennent ainsi exactement l'article 7 de l'ordonnance civile de Louis XIV qui obligeait les parlements à demander au Roi quelle était son « intention » lorsqu'elle ne ressortait pas clairement du texte législatif.

La Constitution de 1791 confirme encore que « les tribunaux ne peuvent ni s'immiscer dans l'exercice du pouvoir législatif ni suspendre l'exécution des lois » (titre III, article 3) tandis que l'article 127 du Code pénal de 1810 punit de dégradation civique les juges qui se seraient rendus coupables de cette « forfaiture ». Ainsi donc l'idée d'un contrôle juridictionnel des lois, pouvant conduire les juges à écarter l'application d'un texte législatif contraire à la Constitution, est d'emblée et fermement rejetée en France.

Certains révolutionnaires ont bien aperçu le risque d'ignorance de la Constitution par le législateur et notamment Sieyès qui, lors de l'élaboration de la Constitution de l'an III (1795), avait suggéré l'instauration d'un *jury constitutionnaire* à laquelle la nation confierait la tâche d'annuler tous les

[5] L'histoire du contrôle de constitutionnalité, *Les Cahiers du Conseil constitutionnel*, n° 28, 2010.

actes contraires à la Constitution[6]. Cette suggestion avait, à l'époque, été repoussée avec indignation et l'on s'était alors borné à miser, au sein du parlement, sur la sagesse et le contrepoids de la seconde chambre pour assurer la « garde constitutionnelle ».

Persévérant, le même Sieyès réussira cependant à obtenir, dans la Constitution de l'an VIII (1799), que le Sénat conservateur soit chargé, entre autres fonctions, de maintenir ou annuler tous les actes inconstitutionnels qui lui sont déférés par le Tribunat ou le gouvernement. Des dispositions identiques, mais plus détaillées ont aussi été introduites, plus tard, dans la Constitution de 1852 qui prévoyait, en outre, la saisine possible du Sénat par une pétition de citoyens. Toutefois, la subordination totale du Sénat au gouvernement, sous les deux empires, ne lui permettra pas de jouer son rôle de gardien de la Constitution.

Faute de concevoir la possibilité d'un contrôle juridictionnel de l'œuvre du législateur, c'est donc vers des organes de nature politique que se tournent les constituants français lorsqu'ils envisagent un contrôle de constitutionnalité des lois et il faudra attendre 1958 pour qu'ils parviennent à instaurer un système efficace. Néanmoins, le terme d'État de droit ne pénètre toujours pas les normes du droit public français et reste une référence doctrinale désormais politiquement instrumentalisée (II).

II. Une référence doctrinale et politique incantatoire

La Constitution française du 4 octobre 1958 a instauré, sur l'initiative du général de Gaulle et de son gouvernement, une Ve République de type césariste, plébiscitaire, qui ignore toujours la notion d'État de droit pour lui préférer clairement l'État tout court (A). Ce n'est qu'après la disparition du général de Gaulle que les juges français vont progressivement reprendre le contrôle du politique tandis que l'État de droit devient le mantra de la doctrine encouragée en cela par les institutions européennes qui en ont fait une véritable religion (B).

A. La Constitution de 1958 au service de l'État

La grande idée qui a guidé le fondateur de la Ve République et ses disciples c'est la restauration de l'État, notamment de son unité, de son autorité et de son efficacité, au service de la grandeur de la France. Jean Foyer, ancien ministre de la Justice du général de Gaulle, résume la hiérarchie des préoccupations gaulliennes par la réponse que lui aurait faite le Général : « Il y a d'abord la France, ensuite l'État, enfin, autant que les intérêts majeurs des deux sont sauvegardés, le droit[7] ». Le gaullisme « authentique » est

[6] M. Troper, « Sieyès et le jury constitutionnaire », *Mélanges Pierre Avril*, Paris, Montchrestien, 2001, p. 265.

[7] J. Foyer, *Sur les chemins du droit avec le Général – Mémoires de ma vie politique* – 1944-1998, Paris, Fayard, 2006, p. 65.

incontestablement césariste, bonapartiste, et la raison d'État y tient évidemment une place plus centrale que l'État de droit, référence totalement absente du discours des « pères fondateurs ». Une caractéristique du régime apparaît tout de suite dans le titre VIII de la nouvelle constitution qui écarte le terme de « pouvoir judiciaire » pour lui préférer celui de simple « autorité judiciaire ». C'est clair, la justice ne sera pas un pouvoir.

Dans sa présentation du projet de Constitution devant le Conseil d'État, Michel Debré affirmait que l'objet de la réforme constitutionnelle est « d'abord et avant tout d'essayer de reconstruire un pouvoir sans lequel il n'est ni État, ni démocratie, c'est-à-dire en ce qui nous concerne, ni France, ni République ». Il répond ainsi en écho au discours du général de Gaulle à Bayeux : « Toute notre Histoire, c'est l'alternance des immenses douleurs d'un peuple dispersé et des fécondes grandeurs d'une nation libre groupée sous l'égide d'un État fort. »

Cette restauration de l'autorité et de l'efficacité de l'État passe d'une part, par un renforcement très net du pouvoir exécutif et notamment du Président de la République, mais aussi par une rationalisation des compétences et des procédures parlementaires. Tout est conçu, dans la Constitution de 1958, pour maintenir le parlement dans sa cage constitutionnelle et permettre à l'exécutif de le domestiquer. En particulier, la création du Conseil constitutionnel n'obéit pas du tout à un souci libéral de protéger les libertés des citoyens, mais à la seule volonté du gouvernement d'assurer le respect par les chambres des règles de compétence et de procédure « verrouillées » imaginées par la nouvelle Constitution. Il est bien indiqué à plusieurs reprises durant les travaux préparatoires qu'il n'est pas question de permettre au Conseil constitutionnel de contrôler le contenu des lois par rapport aux droits et libertés mentionnés dans le préambule de la Constitution.

L'argument du risque de « gouvernement des juges » est brandi pour écarter tout contrôle possible du contenu des lois. Dans son discours de présentation de la Constitution, Michel Debré affirme clairement : « Il n'est ni dans l'esprit du régime parlementaire, ni dans la tradition française, de donner à la justice, c'est-à-dire à chaque justiciable, le droit d'examiner la valeur de la loi. » À plusieurs reprises l'on observe d'ailleurs que Debré associe le contrôle de constitutionnalité au régime présidentiel américain et l'exclut pour le régime parlementaire qu'il conçoit plutôt « à l'anglaise » avec un parlement souverain qui « peut tout faire sauf changer un homme en femme ».

Il en va d'ailleurs de même des décisions de l'exécutif à forte teneur politique et notamment de tous les actes que le gouvernement ou le chef de l'État ont adoptés dans le domaine de la loi durant la période de confusion des pouvoirs provoquée par la guerre d'Algérie. Le Conseil d'État, théoriquement compétent pour contrôler les décisions de l'exécutif, s'est incliné devant la « force de la loi » reconnue aux ordonnances transitoires du général de Gaulle ou s'est retranché derrière la notion d'« acte de gouvernement » pour décliner sa compétence. La seule fois où il a osé annuler une ordonnance prise sur la base d'une loi référendaire, il a déclenché la colère du Général de Gaulle qui a proposé aussitôt une réforme du Conseil d'État tout en faisant valider l'ordonnance par le parlement où son parti était devenu majoritaire.

Quant à l'éventualité d'une immixtion de juges européens dans les affaires intérieures de la France ou d'un contrôle quelconque des juges français sur la conformité des décisions politiques à des normes européennes, il n'en était tout simplement pas question.

Nul n'a réagi aux premières décisions de la Cour de justice des Communautés européennes affirmant la primauté du droit européen sur les normes nationales, d'autant que les juges français ont d'abord continué à appliquer le principe *lex posterior derogat priori* qui oblige, en cas de conflit, à appliquer la norme la plus récente et donc la loi française si elle est postérieure à la norme européenne qu'elle contredit.

Quant à la Convention européenne des droits de l'homme et des libertés fondamentales, l'ancien garde des Sceaux Jean Foyer raconte avoir rédigé une note à l'attention du général de Gaulle démontrant que sa ratification conduirait à coup sûr à la mise sous tutelle de la France par le gouvernement des juges. Au Conseil des ministres suivant, de Gaulle avait conclu en s'adressant à Foyer : « J'ai lu votre note. Vous m'avez convaincu. La convention ne sera pas ratifiée. La séance est levée[8]. »

En résumé la Ve République originelle, dans la plus pure tradition étatique française, refuse tout contrôle juridictionnel, tant des actes politiques de l'exécutif que du contenu des lois et, évidemment, toute primauté supranationale garantie par des juges européens ou nationaux. Tel est incontestablement l'esprit de nos institutions.

Cette préséance de la raison d'État sur un État de droit dont le mot n'est même pas prononcé sera résumée par le général de Gaulle dans la célèbre formule « En France, la Cour suprême c'est le peuple ». Mais une fois disparu le « père fondateur », les choses ont beaucoup changé.

B. La revanche des juges et l'instrumentalisation de la notion d'État de droit

Nombreux sont ceux qui attendaient la disparition du général de Gaulle pour reprendre le pouvoir, non seulement les politiciens du centre gauche et du centre droit favorables à la supranationalité européenne, mais aussi les corporations juridiques influencées par les conceptions anglo-saxonnes d'un « droit sans l'État » horizontal et globalisé.

[8] J. Foyer, *op. cit.*, p. 293 et s.

À peine la dépouille du général de Gaulle refroidie, se manifesta donc la revanche des juges, avec la complicité de ceux qui n'avaient jamais partagé l'attachement du gaullisme à l'indépendance de la France[9].

En 1971, le président du Sénat, le centriste Alain Poher, ouvre les hostilités en prenant prétexte d'une loi sur les associations pour offrir au Conseil constitutionnel l'occasion de son premier coup d'État. Le 16 juillet 1971, en effet, celui-ci s'empare spontanément du pouvoir de contrôler le contenu des lois qui lui sont déférées aux droits et libertés auxquels le préambule renvoie, se permettant ainsi de changer complètement son office en tournant désormais son canon contre la volonté majoritaire[10].

Le même Alain Poher profite ensuite de l'intérim du président Georges Pompidou pour ratifier en 1974 la Convention européenne des droits de l'homme. Puis c'est le Président centriste Valéry Giscard d'Estaing qui, la même année, donne sa bénédiction à la décision de 1971 en faisant adopter une révision constitutionnelle étendant le droit de saisine du Conseil constitutionnel à soixante députés ou soixante sénateurs, c'est-à-dire à l'opposition, permettant alors au Conseil de déployer largement le pouvoir conquis trois ans plus tôt.

En 1975, le Conseil constitutionnel affirme qu'il n'est pas compétent pour contrôler la conformité des lois au droit européen et international, mais invite les juges ordinaires, judiciaires et administratifs, à s'en charger dans les litiges qui leur sont soumis[11]. La Cour de Cassation se lance aussitôt dans le contrôle dit de « conventionnalité » des lois consistant à écarter l'application de dispositions législatives jugées contraires à une règle européenne ou internationale, même antérieure[12]. Le Conseil d'État la suit en 1989 dans l'arrêt *Nicolo*[13].

En juin 1980, la France ratifie le pacte de New York sur les droits civils et politiques dont la rédaction aurait dû susciter de fortes réserves du gouvernement français sur ses articles 18 (liberté de religion) et 27 (droits des minorités). Puis François Mitterrand ratifie encore en 1981 le protocole sur le droit de recours individuel à la Cour européenne des droits de l'homme qui permet à chacun de saisir la Cour après épuisement des voies de recours internes et, en 1983, il ratifie aussi le protocole sur les plaintes individuelles devant le Comité des droits de l'homme de l'ONU. Celui-ci n'est pas une juridiction, mais se comporte comme tel en rédigeant ses avis comme des arrêts. À partir de ce moment-là, tout est en place pour que le gouvernement

---

[9] A.-M. Le Pourhiet, « L'approche gaulliste du contrôle de constitutionnalité », *in* Ch. Boutin, B. Daugeron et F. Rouvillois (dir.), *Contre le gouvernement des juges ?*, Paris, Le Cerf, 2022, p. 227-240.

[10] CC n° 71-44 DC, 16 juillet 1971, *Liberté d'association*.

[11] CC n° 74-54 DC, 15 janvier 1975, *IVG*.

[12] Cass. mixte, 24 mai 1975, n°73-13.556, *Société des cafés Jacques Vabre*.

[13] CE Ass. 20 octobre 1989, *Nicolo*, n°108243.

des juges et des experts internationaux se diffuse dans l'appareil judiciaire et administratif français.

Le Conseil constitutionnel risquant alors d'être marginalisé par le droit européen, le président Nicolas Sarkozy lui offre en 2008 la révision constitutionnelle créant la procédure de la Question prioritaire de constitutionnalité (QPC) qui permet aux justiciables de contester eux-mêmes, devant le Conseil, une disposition législative dont ils prétendent qu'elle « porte atteinte à un droit ou une liberté que la Constitution garantit ». Enfin viennent s'ajouter encore deux nouveaux échelons.

D'une part, l'Union européenne se dote d'une Charte des droits fondamentaux annexée au traité de Lisbonne tout en adhérant elle-même à la Convention européenne des droits de l'homme, ce qui déclenche inévitablement une rivalité entre les deux juridictions européennes. D'autre part, le protocole n° 16 à la Convention européenne des droits de l'homme permet désormais aux juges nationaux de renvoyer à la Cour de Strasbourg les questions d'interprétation de la Convention qu'ils rencontrent. La Cour de cassation s'en est immédiatement servie en 2018 au sujet de la transcription à l'état civil des enfants issus de GPA (« mères porteuses ») frauduleusement réalisées à l'étranger.

Les juges et les experts, nationaux comme supranationaux, ont ainsi progressivement assis leur tutelle sur le législateur français dont la volonté est de plus en plus souvent censurée ou contrariée. Il faut cependant constater que les juges ne se sont pas emparés tout seuls de ces nouveaux pouvoirs puisque ce sont les assemblées politiques qui ont, soit créé, soit confirmé ces extensions du contrôle juridictionnel.

L'utilisation de l'expression « État de droit » a suivi cette évolution post-gaullienne du contrôle des juges et de la fédéralisation européenne. C'est très exactement après la décision du Conseil constitutionnel de 1971, acceptant de contrôler la conformité du contenu des lois aux droits et libertés du préambule de la Constitution, que l'usage de ce terme d'origine allemande a commencé à se répandre en France. Mais il reste cantonné à la doctrine juridique et au discours politique et médiatique, il n'apparaît pas dans les textes ni la jurisprudence. Il est fréquemment utilisé par les hauts magistrats lors des discours de rentrée solennelle des juridictions ou autres manifestations officielles, mais il ne fait pas partie du lexique juridique français. C'est uniquement parce que l'État de droit est désormais inscrit dans les valeurs de l'Union et que celle-ci en fait un usage intensif très médiatisé à l'égard de la Hongrie et de la Pologne, que l'on disserte aujourd'hui de cette notion qui, d'ailleurs, n'est pas inscrite non plus dans la Convention européenne des droits de l'homme qui parle seulement, dans son préambule, de « prééminence du droit », ce qui ne veut pas dire grand-chose.

Il existe sans nul doute un commun dénominateur sur le contenu de cette notion qui est tout simplement la hiérarchie des normes, c'est-à-dire le nécessaire respect par chaque niveau de décision publique de la norme supérieure. Cette hiérarchie des normes s'impose forcément dans un État démocratique fondé sur le suffrage universel où les normes sont rangées suivant leur légitimité démocratique. Une démocratie effective est donc obligatoirement un État de droit, mais un État de droit peut en revanche être monocratique ou aristocratique. Et c'est là que se situe le problème essentiel posé par les institutions européennes puisque celles-ci considèrent que le droit européen, initial ou dérivé, prime sur les normes internes, y compris constitutionnelles, tandis que les juridictions françaises ne l'entendent pas ainsi. Il y a donc, en France aussi, comme dans d'autres États membres, un désaccord avec les institutions européennes sur le sommet de la pyramide.

Le Conseil constitutionnel français a établi une clause de sauvegarde en posant que la transposition d'une directive ou le respect d'un règlement communautaire est une exigence constitutionnelle *sauf* s'ils heurtent des « règles ou principes inhérents à l'identité constitutionnelle de la France », en ajoutant quand même, en sous-réserve, « sauf à ce que le constituant y ait consenti », laissant donc de toute façon le dernier mot au pouvoir constituant[14]. Le Conseil d'État et la Cour de cassation jugent également que si le droit européen prime sur les lois françaises, la Constitution elle-même reste en revanche la norme supérieure dans l'ordre interne[15].

Nous ne sommes donc pas du tout à l'abri des accusations de violations de l'État de droit, d'autant qu'il y a, dans beaucoup d'éléments de l'identité constitutionnelle de la France, issue de la tradition précédemment décrite, de nombreuses zones de friction avec les conceptions européennes marquées par la culture anglo-saxonne globalisante.

Le statut et les pouvoirs du juge administratif français ne sont évidemment pas en conformité avec les prétendus standards européens, lesquels ont été inventés de toutes pièces par les institutions de Strasbourg. Il en va de même du statut du parquet français. Les disputes avec la Cour européenne des droits de l'homme n'ont pas manqué sur ces points. Les nominations au Conseil constitutionnel laissent évidemment à désirer. Ne serait-ce que sur l'indépendance, l'impartialité et surtout le pouvoir des juges, la France n'est pas et ne peut pas être, compte tenu de son histoire, de la lettre et de l'esprit de ses institutions, en adéquation avec les critères d'institutions appartenant à un autre modèle culturel.

En outre, dans la mesure où les institutions européennes mettent le respect de la primauté du droit européen dans l'État de droit, c'est en réalité toute violation d'une valeur, d'un principe ou d'une règle européenne quelle qu'en soit la nature, y compris de fond, qui devient une violation de l'État de droit.

---

[14] CC n° 2004-496 DC, 10 juin 2004, *Loi pour la confiance dans l'économie numérique* ; CC n° 2006-540 DC, *Loi relative aux droits d'auteur et droits voisins* ; CC n° 2010-605 DC, 12 mais 2010, *Loi relative à l'ouverture de la concurrence* ; CC n° 2021-940 QPC, 15 octobre 2021, *Société Air France*.

[15] CE Ass. 30 octobre 1998, *Sarran et Levacher*, n° 200-286 et 287 ; C. Cass., Ass. plén. 2 juin 2000, *Dlle Fraisse*, n° 99-60.274.

Or il y a bien d'autres éléments de l'identité constitutionnelle française qui entrent en conflit frontal avec les « valeurs » européennes, à commencer par notre conception du principe d'égalité et notre modèle républicain qui est rebelle aux conceptions anglo-saxonnes véhiculées par l'Union. Lorsque l'Union européenne et le Conseil de l'Europe affichent des femmes voilées dans leurs campagnes de communication, la République française est évidemment agressée dans ses conceptions laïques, tandis que les droits des minorités affichées dans les valeurs de l'article 2 de l'Union européenne heurtent de plein fouet le caractère unitaire, égalitaire et universaliste de l'État français qui ne reconnaît pas les droits des groupes ni les traitements préférentiels. Pour l'instant, le conflit frontal est évité par des accommodements de part et d'autre et, surtout, une jurisprudence constitutionnelle française bien moins exigeante que celle de l'Allemagne à l'égard du principe démocratique.

Il faut cependant admettre que les institutions européennes ont une conception à géométrie variable des valeurs de l'Union et que les procédures en manquement à l'État de droit sont essentiellement dirigées contre la Pologne et la Hongrie, tandis qu'elles épargnent étrangement d'autres pays qui ne sont pourtant pas plus respectueux des standards imposés. On a bien vu comment, après la décision de la Cour constitutionnelle allemande du 5 mai 2020, qui constituait pourtant un affront absolu à la jurisprudence de la Cour de justice de l'Union, la Commission a retiré sa procédure contre l'Allemagne en prétextant que le gouvernement allemand se serait engagé à ce que cette rébellion du juge constitutionnel ne se reproduise plus. Sauf à violer précisément l'État de droit allemand, on ne voit pourtant pas comment l'exécutif fédéral pourrait s'engager à ignorer les décisions de la Cour constitutionnelle. Pour ce qui est de la protection des fonds européens, il faut aussi admettre que des pays où la corruption et la dérive mafieuse sont systémiques semblent échapper étrangement à la conditionnalité d'« État de droit » curieusement concentrée sur deux États orientaux. Il y a clairement une inégalité de traitement entre les États membres.

La Constitution de chaque État est au sommet de la hiérarchie des normes, et le reste relève de l'agencement des pouvoirs propre à chaque régime politique souverain. Dans la Constitution française il n'y a, par exemple, pas de « pouvoir judiciaire », mais seulement une « autorité judiciaire ». C'est depuis toujours inscrit dans l'identité française qui n'a aucune raison de plier devant un standard européen uniforme.

La Commission et la Cour de justice font systématiquement l'impasse sur l'article 4 alinéa 2 du Traité sur l'Union européenne qui affirme sans ambiguïté :

> L'Union respecte l'égalité des États membres devant les traités ainsi que leur identité nationale, inhérente à leurs structures fondamentales politiques et constitutionnelles, y compris en ce qui concerne l'autonomie locale et régionale. Elle respecte les fonctions

essentielles de l'État, notamment celles qui ont pour objet d'assurer son intégrité territoriale, de maintenir l'ordre public et de sauvegarder la sécurité nationale.

Avant de donner des leçons de droit aux États membres, les institutions européennes seraient bien inspirées de commencer par respecter leurs traités institutifs.

LES INSTITUTIONS POLITIQUES DE LA FRANCE : LE DÉFI PERMANENT

Anne LEVADE

> Naturellement, les textes sont les textes et ils ne sont que cela. Que seront, demain, les mouvements du monde ? Que seront, demain, les forces politiques intérieures ? Nul ne peut avec assurance répondre à ces questions qui dominent notre destin. Notre tâche cependant doit être influencée par ce fait que ces mouvements seront profonds et brutaux, que ces forces politiques seront passionnées. Notre tâche doit également être influencée par cet autre fait que nous sommes déjà arrivés aux échéances de mille difficultés. Notre époque est celle du déséquilibre, de l'instabilité, des problèmes sans cesse remis en cause.
> Si nous ne voulons pas que la France dérive, si nous ne voulons pas que la France soit condamnée, une première condition est nécessaire : un pouvoir. Nous voulons donner un pouvoir à la République. (...)
> Notre ambition ne peut aller plus loin. Une Constitution ne peut rien faire d'autre que d'apporter des chances aux hommes politiques de bonne foi qui, pour la nation et la liberté, veulent un État, c'est-à-dire, avant toute autre chose, un gouvernement.

C'est en ces termes que, le 27 août 1958, Michel Debré concluait le discours par lequel il venait de présenter devant l'Assemblée générale du Conseil d'État le projet de Constitution qui allait établir la Ve République.

Si, soixante-cinq ans plus tard, le propos semble n'avoir guère pris de rides, le texte qu'il défendait a, presque sans discontinuer, été en butte à la critique.

En cause, l'atypisme des institutions politiques dont la France se trouvait ainsi dotée en même temps que la chronique récurrente de la mort annoncée d'un régime conçu sur mesure par et pour un homme et un temps qui, l'un et l'autre, inévitablement finiraient par appartenir au passé.

Le constat est d'évidence : la Ve République a fait — et continue à faire — couler beaucoup d'encre y compris très au-delà du cercle restreint des constitutionnalistes et tout, ou presque, a été dit et écrit sur la Constitution de 1958, y compris parfois, convenons-en, un peu n'importe quoi selon que l'auteur du propos était un thuriféraire ou un contempteur du régime.

Mais, plus surprenant peut-être, le temps n'a en rien atténué la vigueur du débat qui, depuis 1958, anime la doctrine constitutionnelle française et que l'on peine à entièrement expliquer.

Sans doute tient-elle d'abord à l'impossible qualification du régime qui, parce qu'il mêlait certaines des caractéristiques des modèles parlementaire et présidentiel, a d'emblée semblé contrevenir au bel ordonnancement du droit constitutionnel et suscité, en réaction, une déferlante de formules. En témoigne l'imagination dont surent faire preuve les auteurs pour rendre compte de l'originalité congénitale de la Ve République et la présenter, selon les époques, comme un régime « populaire de type nouveau » (R. Capitant), « semi-présidentiel » (M. Duverger), « présidentialiste » (J. Gicquel), « mixte à fonctionnement alternatif » (P. Pactet) ou « présidentialiste majoritaire » (G. Vedel). Les tentatives de caractérisation sont, depuis 1958, si nombreuses et mouvantes que nul ne pourrait prétendre en rendre compte de manière exhaustive ; elles présentent en revanche un point commun : l'accord sur le caractère inclassable ou *sui generis* du régime.

Ensuite, c'est aussi la capacité du régime à résister aux configurations politiques les plus diverses — et même les plus inattendues comme, en son temps, la cohabitation — qui, curieusement, a suscité la critique, certains reprochant au texte de la Constitution de ne pas rendre compte de la réalité ou à ceux qui nous ont gouvernés de ne pas respecter la lettre de la Constitution. Ils en ont conclu qu'il était indispensable que celle-ci soit mise en cohérence avec la réalité et, spécialement, lorsqu'il s'agit d'identifier le rôle de chacune des composantes du pouvoir exécutif.

Enfin, alors que le 4 octobre 2023, la Constitution de 1958 est devenue celle qui aura régi le plus durablement la France, il n'est pas rare d'entendre ou de lire que cet anniversaire serait la preuve supplémentaire et presque ultime de son obsolescence avérée, justifiant à lui seul qu'il faille désormais changer de régime afin de permettre à la France d'enfin renouer avec les canons institutionnels et politiques que les démocraties constitutionnelles ont en partage.

Pourtant, à rebours de la petite musique réformatrice, on peut aussi considérer que chacun de ces reproches est réversible et que, loin d'être périmée, la Ve République a, depuis 1958 et sans interruption, su relever les trois défis qui, par fonction, s'imposent aux constitutions : le défi de l'adaptation (I), celui de la stabilité (II) et, enfin, celui de la longévité (III).

I. Le défi de l'adaptation

Nul ne conteste — pas même ses détracteurs — que le régime mis en place en 1958 ait été sciemment conçu en réaction aux dysfonctionnements institutionnels que l'histoire constitutionnelle avait permis de révéler. En résulte un équilibre institutionnel — et en réalité un déséquilibre institutionnel structurel — qui présente d'indéniables spécificités et fait son atypisme.

De prime abord, la Ve République présente les caractéristiques d'un régime parlementaire puisqu'y sont prévus par la Constitution à la fois la responsabilité politique du Gouvernement et le droit de dissolution. Les procédures de l'une et de l'autre étant précisément organisées et détaillées, ce régime parlementaire s'analyse comme rationalisé. À ce stade du propos, la

Ve République demeure relativement banale et assez comparable aux régimes parlementaires voisins et contemporains.

Mais, en deuxième analyse, différentes dispositions témoignent de la volonté de mettre en place une « constitution orthopédique » (M. Prélot) destinée à corriger, par tout moyen juridique imaginable, les défauts, traumatismes et déformations de l'appareil institutionnel hérités des expériences constitutionnelles passées. Là est l'enjeu de la conception d'un modèle spécifique et spécialement adapté au cas français. En attestent, d'abord, des aménagements isolés : la désormais célébrissime procédure de l'article 49, alinéa 3, ou la compétence discrétionnaire du Président de la République pour dissoudre l'Assemblée. S'y ajoute, ensuite, l'ensemble des mécanismes dont l'objet est d'encadrer le Parlement de telle sorte qu'il soit empêché de constituer, comme par le passé, une menace permanente sur le gouvernement. On songe ici bien sûr à l'ensemble des règles qui contribuaient, dans la version initiale du texte constitutionnel, à entraver les mouvements du Parlement : suppression du droit de résolution, fixation par le seul Gouvernement de l'ordre du jour du Parlement, régime des sessions parlementaires et, la plus atypique de toutes sans doute, la définition matérielle du domaine de la loi entraînant pour le Parlement une interdiction constitutionnellement sanctionnée de se saisir d'une question n'entrant pas dans l'énumération figurant à l'article 34 de la Constitution. Enfin, outre l'institution d'un Conseil constitutionnel initialement cantonné à la fonction de « chien de garde de l'exécutif », l'échec de la IVe République pourtant déjà parlementaire et rationalisée a justifié que l'architecture constitutionnelle de la Ve République soit maintenue par une institution conçue pour en être la « clef de voûte » : le Président de la République.

C'est évidemment cette dernière spécificité qui, inévitablement, sème le trouble et interdit que le régime de 1958 pût être aisément catégorisé.

Fruit de l'histoire constitutionnelle antérieure en même temps qu'objet de révisions constitutionnelles à venir, la figure présidentielle imaginée en 1958 est la clef de compréhension du régime tout entier. Tout à la fois arbitre au long cours, seul à même d'en appeler directement au peuple en renvoyant les députés devant les électeurs ou en décidant qu'une loi ou une loi constitutionnelle mérite d'être adoptée directement par lui, il est aussi celui dont procède le Premier ministre et peut, lorsque les circonstances l'exigent, exercer l'ensemble des pouvoirs à titre exceptionnel. Décider, en 1962, que le Président de la République serait directement élu par le peuple a créé les conditions du présidentialisme que la réforme constitutionnelle de 2000 relative au quinquennat et, pour des raisons conjoncturelles, l'inversion du calendrier n'ont fait que conforter.

C'est donc bien une Constitution *ad hoc* que ses auteurs — que l'on appelle parfois ses « écrivains » — ont entendu rédiger en 1958.

Atypique lors de son élaboration et, pour ce motif déjà critiquable, la Constitution de 1958 le semble nécessairement plus encore à l'heure de la normalisation des textes constitutionnels. À nulle autre comparable, elle n'est pas davantage aisément exportable puisque conçue pour répondre à la situation et au tempérament français. Pour se référer une nouvelle fois à Michel Debré, sa vocation délibérée était d'assurer que le pays pût être gouverné.

Mais adapté à nos traumatismes passés, il n'était pas avéré que l'équilibre institutionnel propre à la Ve République serait adaptable à d'autres configurations politiques que celles qui avaient justifié son établissement. Le deuxième défi qu'il lui incombait de relever était donc celui de la stabilité institutionnelle, y compris indépendamment des alternances politiques inhérentes à un régime démocratique.

II. Le défi de la stabilité

Il ne fait guère de doute que l'intention première du constituant de 1958 était de rompre avec les décennies d'instabilité ministérielle qui avaient miné les Républiques précédentes. Deux chiffres suffisent à l'attester : 104 gouvernements se succèdent sous la IIIe République et 25 pendant les presque douze années d'application de la IVe.

Si la situation était particulièrement prégnante en France, on ne doit pas oublier que la préoccupation était partagée par la plupart des démocraties parlementaires d'après-guerre. C'est même l'exacte raison pour laquelle a été inventé le parlementarisme rationalisé : instaurer des procédures assurant que le gouvernement en place dispose des moyens de mener à bien son action tant qu'il n'existe pas une majorité alternative susceptible de donner naissance à un nouveau gouvernement.

Ici n'est pas lieu d'exposer en détail l'intégralité des procédures retenues par le constituant de 1958 et dont certaines ont déjà été évoquées. Elles visaient toutes à ramener par la contrainte constitutionnelle le Parlement à la raison en lui interdisant de paralyser l'action du Gouvernement ou de le placer en situation de n'avoir d'autre choix que de démissionner.

Quantitativement, le résultat est probant : seule une motion de censure a, en 1962, été adoptée, entraînant la démission du Gouvernement et, en soixante-cinq ans, la Ve République n'a connu que 25 Premiers ministres correspondant à 45 gouvernements, en comptant changements et remaniements.

Mais, surtout, au-delà de la stabilité ministérielle, l'histoire du régime témoigne de son adaptabilité aux circonstances politiques et l'« élasticité qui lui permet de retrouver sa forme après les tensions qui l'ont éprouvée » (P. Avril). À cette aune, plusieurs moments sont identifiables qui constituent autant de « chocs » auxquels bien peu auraient parié que l'équilibre institutionnel de 1958 pût résister.

On pense d'abord, bien sûr, à l'alternance politique de 1981 qui, si elle n'était pas imprévisible en soi dans un régime démocratique, conduisit à ce que fût élu Président de la République l'adversaire historique de la Ve République et du général de Gaulle. Pourtant, il apparut très vite que François Mitterrand, loin d'envisager l'abrogation ou même une réforme de la Constitution, entendait faire usage de l'ensemble des prérogatives qu'elle lui accordait en tant que chef de l'État, devenant ainsi peut-être même celui des Présidents de la Ve qui fut le plus fidèle à la conception gaullienne de la fonction présidentielle.

Même constat, ensuite, lorsque, en 1986 puis à deux reprises par la suite, le régime dut s'adapter à une situation politique que beaucoup jugeaient intenable : la cohabitation entre un Président de la République en cours de mandat et une majorité parlementaire politiquement opposée sur la base de laquelle un Premier ministre et un gouvernement devaient être nommés. Politiquement inhabituelle dans un régime marqué depuis 1962 par un fait majoritaire directement dérivé de l'élection présidentielle, la situation s'est révélée parfaitement gérable d'un point de vue institutionnel à partir du moment où chacune des institutions décidait de l'accepter et d'exercer ses fonctions en conséquence. Dès le lendemain des élections législatives du 16 mars 1986, François Mitterrand disait « mesure[r] l'importance du changement qu'implique dans notre démocratie, l'arrivée aux responsabilités d'une majorité politique dont les choix diffèrent, sur des points essentiels, de ceux du Président de la République ». Mais il rappelait aussi qu'il n'y avait « de réponse à cette question que dans le respect scrupuleux de nos institutions et dans la volonté commune de placer au-dessus de tout l'intérêt national ».

Nul doute que les auteurs de la Constitution de 1958 n'avaient à aucun moment imaginé qu'une telle situation pût se produire. Et assurément, la suite de la Ve République aurait été tout autre si François Mitterrand avait choisi, comme il le pouvait, soit de dissoudre l'Assemblée nouvellement élue, soit de démissionner. Mais qu'importe ! L'essentiel est bien que, strictement interprétée, la Constitution a permis que, en cohabitation comme en concordance des majorités, la France pût être gouvernée.

Adaptabilité, enfin, ou peut-être plus exactement retour aux conditions qui avaient justifié les spécificités de la Constitution en 1958, lorsque, l'année dernière et pour la première fois depuis la réforme du quinquennat, le Président de la République tout juste élu n'a « obtenu » qu'une majorité relative à l'issue des élections législatives.

C.Q.F.D. ! Dans chacune de ces configurations, la Constitution peut être mise en application selon des modalités qui garantissent que le pays soit gouverné ! Le défi de la stabilité ministérielle — et, plus largement, institutionnelle — est donc bien relevé.

C'est sans doute aussi ce qui permet à la Ve République de remporter, en outre, celui de la pérennité.

III. Le défi de la longévité

Il peut sembler surprenant de s'attacher à la longévité toute relative de la Ve République.

En effet, même si comparaison n'est pas raison, on admettra que ses soixante-cinq ans font pâle figure si l'on songe aux deux cent trente-six ans de la Constitution américaine ou aux Constitutions en vigueur en Italie ou en Allemagne depuis l'immédiat après-guerre. En revanche, à l'aune de notre histoire, elle apparaît plus remarquable tant l'itinéraire constitutionnel français, depuis 1791, a été mouvementé. La Constitution de 1958 est le quinzième texte constitutionnel en vigueur en France et sa cinquième expérience républicaine. Elle est surtout la seule à avoir été appliquée durablement et sans rupture pendant soixante-cinq ans.

On peut sans doute y voir la preuve qu'elle était manifestement, mieux que les précédentes, adaptée aux spécificités d'un État qui, plus que tout autre, a un tropisme constitutionnel avéré. La preuve aussi qu'elle a atteint l'objectif de stabilité que ses auteurs lui avaient assigné.

Mais, si la Ve République est pérenne, c'est peut-être surtout parce que, au fil des ans, le régime imaginé en 1958 a, en dépit des critiques qui lui sont faites, su remplir la mission qui lui incombe en démocratie : fixer le cadre d'exercice du pouvoir politique sans entraver la liberté de choix non plus que la capacité de gouverner.

C'est d'abord, bien sûr, le fruit d'une pratique qui a permis à la Ve République de « plus ou moins brillamment, triomphe[r] de toutes les épreuves auxquelles l'ont soumise l'histoire et les Français » (G. Carcassonne).

C'est, ensuite, la conséquence des vingt-quatre révisions constitutionnelles qu'elle a subies et qui lui ont permis de mener à bien des transformations que la maturité du régime exigeait. Tel est le cas des révisions qui, progressivement, ont permis la montée en puissance du contrôle de constitutionnalité ou de celles qui, avec un moindre succès, se sont essayées à libérer le Parlement du carcan qui, en 1958, lui avait été imposé. Bien que d'une autre nature, les révisions justifiées, à partir de 1992, par la participation de la France à la construction européenne ont également contribué à la pérennité d'un régime qui ne s'opposait pas à ce que l'État choisisse librement d'exercer en commun avec d'autres certaines compétences.

Mais enfin, alors qu'il est de nouveau question de remettre l'ouvrage constitutionnel sur le métier, il n'est pas inutile de rappeler que la longévité d'une Constitution est toujours tributaire de la liberté qu'elle laisse aux institutions. S'il peut être tentant, en réaction à une pratique ponctuellement insatisfaisante, de supprimer une prérogative ou d'introduire une norme impérative, le risque est grand que le remède soit pire que le mal et que, les révisions produisant rarement les effets escomptés, on crée les conditions d'une remise en cause du système dans son ensemble.

Si « les textes sont les textes et ils ne sont que cela », on ne saurait mieux dire qu'« une Constitution, c'est un esprit, des institutions et une pratique » !

LA CONSTITUTION DE 1958, SOIXANTE-CINQ APRÈS : ELLE DURE !

Didier MAUS

La Constitution du 4 octobre 1958 a dépassé, le 4 octobre 2023, ses soixante-cinq d'existence[1]. Elle devient ainsi le texte constitutionnel qui aura eu la plus longue vie depuis la Révolution. Le record jusqu'alors détenu par la « Constitution » de 1875 (1875-1940) va régresser d'un cran, mais gardera encore très longtemps cette deuxième place.

Certes la Constitution de la Ve République a été modifiée vingt-quatre fois, parfois de manière déterminante, par exemple à propos du mode d'élection du président de la République (1962) ou de la durée du mandat présidentiel (2000), mais il n'y a eu ni refonte totale[2] ni même renumérotation[3]. Seuls trente des quatre-vingt-douze articles d'origine n'ont subi aucune modification (dont les quatre articles 20 à 23 du titre III « Le Gouvernement »). Des articles ont été entièrement supprimés, par exemple à propos de l'ancienne Communauté africaine et malgache. Des articles ont été ajoutés, en particulier tout ce qui concerne la Communauté européenne, devenue l'Union européenne. Il a même été accolé aux deux textes historiques de la Déclaration de 1789 et du Préambule de 1946 une Charte de l'environnement (2005), ce qui complète d'autant les normes de référence du bloc de constitutionnalité et les « droits et libertés que la Constitution garantit » (article 61-1 introduit en 2008), formule qui fonde la question prioritaire de constitutionnalité (QPC).

Alors que les analystes du début des années soixante n'étaient guère optimistes sur les chances de survie de la nouvelle Constitution, une fois l'affaire algérienne réglée et le général de Gaulle renvoyé à Colombey-les-Deux-Églises, les soixante-cinq ans sont là pour infirmer les augures[4]. Alors pourquoi cette Ve République, à nouveau fortement critiquée dans la foulée

---

[1] Voir sur le site du Conseil constitutionnel les discours prononcés par Laurent Fabius, président du Conseil constitutionnel, et Emmanuel Macron, président de la République, lors de la cérémonie de cet anniversaire.

[2] Comme dans le cas de la Suisse en 1999 ou de la Finlande en 2000.

[3] Comme dans le cas de la Belgique en 1994.

[4] Dès 1961, Maurice Duverger publiait *La VIe République et le régime présidentiel* (Fayard). Voir C. Emeri, « Les déconvenues de la doctrine », *in* O. Duhamel et J.-L. Parodi (dir.), *La Constitution de la Cinquième République*, Paris, Presses de la FNSP, 1985.

des élections de 2022, est-elle toujours debout ? Telle est la question à laquelle il devient tentant de réfléchir.

I. Une constitution populaire

Aucun régime constitutionnel démocratique ne peut survivre s'il ne bénéficie pas d'un réel soutien populaire, en bref d'une légitimité. Au vu des critiques émises ces dernières années, certains pourraient douter d'une telle situation au bénéfice de la Ve République. Ils auraient tort.

Les fées ne se sont guère penchées sur le berceau de la IVe République. Même avec un fort taux de participation (80 %), le référendum du 5 mai 1946 débouche sur un résultat négatif : 52,82 % de « Non ». Après le compromis des partis de gouvernement, le référendum du 13 octobre 1946 enregistre une véritable tripartition de l'opinion publique : quasiment 33 % des électeurs oublient d'aller voter ; 46,7 % des votants expriment un « Non » ; il y a quand même un petit 52,25 % de votes favorables, mais la résignation l'emporte sur l'enthousiasme.

Par contraste, la naissance de la Ve République se présente nettement mieux. On peut, certes, se poser la question de savoir si les votes favorables du 28 septembre 1958 s'adressent à la Constitution ou à la personne et à l'action du général de Gaulle, mais peu importe. Les chiffres sont éloquents : la participation est de 80,63 % ; les votes « Oui » s'élèvent à 82,60 % des suffrages exprimés ; il ne reste qu'un faible 17,40 % pour les votes négatifs. D'un point de vue politique, la victoire de de Gaulle est totale. Les partis qui ont fait campagne pour le « Non » (Parti communiste, Union des forces démocratiques et quelques personnalités comme Pierre Mendès-France, François Mitterrand ou Pierre Poujade) sont loin du résultat du seul Parti communiste aux élections législatives de 1956 (25,9 %). Le paysage politique va être bouleversé. D'un point de vue mathématique, on remarque que quasiment deux Français sur trois ont voté en faveur du nouveau texte constitutionnel, un score sans appel. Il inspirera, quelques années plus tard, après sa défaite de 1981, l'ambition de Valéry Giscard d'Estaing de rassembler cet énorme bloc central autour de sa personne et de sa politique[5]. La démarche initiée par Emmanuel Macron à partir de 2017 peut aussi se situer dans le prolongement du résultat de 1958.

En tout cas, quelles que soient les interprétations et les arrière-pensées, la Constitution de la Ve République est portée par un vrai soutien populaire, donc une réelle légitimité. C'est cela qui va lui donner sa force et sa vitalité[6].

---

[5] V. Giscard d'Estaing, *Deux Français sur trois*, Paris, Flammarion, 1984

[6] *L'établissement de la Cinquième République - Le Référendum de septembre et les élections de novembre 1958* + Cartes, Cahiers de la fondation nationale des sciences politiques, n° 10, Paris, Armand Colin, 1960.

A. Une légitimité d'origine

Il ne suffit pas que la Constitution ait été populaire à son origine, encore faut-il qu'elle le soit demeurée. Nous ne disposons pas d'un indicateur aussi fiable que celui des résultats de 1958, mais la mise en perspective de divers résultats (référendums et élections présidentielles) ne dément pas cette approche. Lors du référendum du 28 octobre 1962, le plus crucial pour l'enracinement de la Ve République, la participation électorale est de 77 % (avec un résultat positif de 62,25 %). La participation est de 80 % le 27 avril 1969 ; le résultat négatif (52,41 %) entraîne la démission du général de Gaulle, mais n'altère pas la confiance dans la Ve République. La victoire de Georges Pompidou le 15 juin 1969 le confirme : 77,6 % de participation au premier tour de scrutin ; 58,2 % de votes favorables en faveur de l'héritier légitime. La défaite, parfaitement honorable, d'Alain Poher (41,8 %) sonne le glas de ceux qui espéraient une évolution vers un régime plus parlementaire. Pour parodier une formule d'Edgar Faure, « la présidentialisation est en marche, rien ne l'arrêtera[7] ». Les référendums ultérieurs ne connaîtront pas toujours le même succès populaire, mais lorsque l'enjeu est décisif, l'électorat répond « présent » : encore 70 % de votants le 20 septembre 1992 pour le Traité de Maastricht (et un faible « Oui » avec 51 %). Si l'abstention est de 70 % le 24 septembre 2000 à propos du quinquennat, l'explication est à rechercher dans l'incompréhension des électrices et électeurs face à une réforme dont nul ne parvient à saisir véritablement la portée. La participation retrouve un étiage de 69,4 % le 29 mai 2005 à propos du traité établissant une constitution pour l'Europe. Certes, le résultat est négatif (54,7 %), pour la deuxième fois sous la Ve République, mais l'instrument privilégié de la participation politique a rempli sa fonction : il y a eu un vrai et fort débat, débat d'autant moins polarisé que le Président Jacques Chirac n'avait pas lié son maintien en fonction aux résultats de la votation.

B. Une légitimité confirmée

La série des élections présidentielles, dont nul ne peut refuser le rôle primordial dans la vie politique, montre également un véritable attachement des électrices et des électeurs à cette consultation. Tous les sept ans d'abord, tous les cinq ans depuis la révision de 2000, la France entre dans un débat souvent passionné, à l'issue fréquemment incertaine. Les taux de participation, même s'ils connaissent une baisse, demeurent un indicateur de l'intérêt suscité par cette lutte singulière. Les chiffres des premiers tours sont les suivants : 1965, 84,7 % ; 1969, 77,6 % ; 1974, 84,2 % ; 1981, 81,1 % ; 1988, 81,4 % ; 1995, 78,4 % ; 2002, 71,6 % ; 2007, 83,8 % ; 2012, 79,1 % ;

---

[7] On prête à Edgar Faure, à propos de certains épisodes de la IVe République, la formule suivante : « L'immobilisme est en marche, rien ne l'arrêtera », sans que l'on parvienne à lui donner une date certaine.

2017, 77,8 % ; 2022, 73,7 %. La plus forte participation a été enregistrée au second tour de 1974 avec 87,3 %. Compte tenu de la désaffection croissante relevée par les sondages à l'égard de la vie politique, ces chiffres montrent que même en ces premières années du XXIe siècle, plus de sept Français sur dix se déplacent pour élire le président de la République.

C'est la comparaison avec les faibles, voire très faibles, taux de participation aux élections législatives, aux élections européennes et aux élections locales qui alimente le discours sur l'inadaptation des mécanismes de la Ve République à la démocratie d'aujourd'hui[8]. Pour ne considérer que la séquence ouverte par l'élection d'Emmanuel Macron en 2017, il faut bien admettre qu'il existe une désaffection pour ces élections. En 2017, le taux de participation aux élections législatives est de 48,7 % ; en 2022, il est de 47,5 %. Pour la première fois depuis 1958, le nombre des abstentionnistes est supérieur à celui des votants. Comment expliquer cet écart (29 % en 2017, 26 % en 2022) entre l'intérêt porté à l'élection présidentielle et le désintérêt, six semaines après, pour l'élection des députés ? Plusieurs explications sont avancées, dont celle relative à l'absence d'enjeu majoritaire des élections législatives. Les résultats de 2022 montrent pourtant le contraire. Comme l'ont souvent expliqué Guy Carcassonne et Olivier Duhamel, le système français est, en définitive, un système à quatre tours. Ce n'est qu'après le deuxième tour des élections législatives que l'on sait si le Président élu pourra s'appuyer sur une majorité parlementaire stable, cohérente et disciplinée.

La popularité des mécanismes originaux de la Ve République (référendum et élection présidentielle) s'oppose ainsi à une véritable crise existentielle des pratiques traditionnelles (élections législatives et locales). Ce regard donne le sentiment que la Ve République demeure ancrée sur des bases solides, mais que les techniques de la participation démocratique n'ont pas trouvé leur place dans le système très vertical issu de la Constitution de 1958.

Il arrive néanmoins qu'un certain désamour des institutions soit constaté. Sans accorder trop d'importance aux prises de position politiques qui, bien souvent, ne font que refléter un équilibre du moment ou servir d'arguments dans la lutte quotidienne, on relève certaines interrogations. Un sondage réalisé pour les soixante ans de la Ve République en 2018 est publié sous le titre « Soixante ans après, la Ve République inspire des sentiments mitigés aux Français[9] » : seuls 44 % des personnes interrogées expriment un réel attachement au « régime fondé par le général de Gaulle ». Il est probable que ce résultat ne s'est pas amélioré au cours du premier quinquennat de

---

[8] Le taux de participation est de 63,55 % pour les élections municipales de 2014. Il tombe à 44,66 % en 2020, mais il faut tenir compte de « l'effet Covid ». Pour les élections départementales et régionales qui ont lieu le même jour en 2021, la participation est 33,3 %. Quant aux élections européennes de 2019, elles n'ont mobilisé que 50,1 % des électeurs.

[9] *Le Figaro*, 3 octobre 2018. Voir également J. Jaffré, « La Ve est-elle une république des sondages ? », *Académie des sciences morales et politiques*, 15 octobre 2018.

M. Macron et que les résultats, pour le moins inhabituels, des élections du printemps 2022 y concourent.

II. Une constitution qui s'adapte

La doctrine constitutionnelle distingue entre les constitutions « rigides », dont la modification est difficile, et les constitutions « souples »[10], dont — au contraire — la modification est aisée. Il est délicat de classer la Constitution du 4 octobre 1958 par rapport à cette distinction. Elle est rigide dans la mesure où la procédure de révision est différente de la procédure législative de droit commun ; elle est souple dans la mesure où, en fonction des circonstances politiques, la révision peut être menée rapidement. On relève ainsi que le texte de 1958 a été modifié à vingt-quatre reprises et que dix-huit projets de révision émanant du président de la République ont échoué ou ont été abandonnés[11]. De plus, la pratique constitutionnelle a fait preuve d'une réelle souplesse, assurant ainsi son adaptation aux circonstances politiques et historiques.

A. Une constitution largement modifiée

Les vingt-quatre révisions intervenues entre 1960 et 2008 ont-elles véritablement modifié la structure de la Constitution et son équilibre des pouvoirs ? Certes, de très nombreux articles ont été réécrits, ajoutés, supprimés, mais la prépondérance présidentielle demeure encore plus présente qu'il y a soixante ans.

L'examen des révisions et projets de révision conduit à formuler quelques observations[12].

1) Il y a eu quarante-deux projets présidentiels. Seuls vingt-quatre ont franchi tous les obstacles. Cela signifie que le taux de réussite du Président n'a été que de 57 %, ce qui démontre que réviser la Constitution n'est pas une opération simple. Il faut un véritable consensus politique, quitte parfois à chercher des majorités transversales (comme pour la révision de 1992 à propos du traité de Maastricht).

2) La Constitution de 1958 comprenait un préambule, quinze titres, quatre-vingt-douze articles et deux textes anciens (Déclaration de 1789, Préambule de 1946). Depuis la révision du 23 juillet 2008, la Constitution comprend un préambule, dix-sept titres, cent neuf articles et trois textes liés au préambule (la Déclaration de 1789, le Préambule de 1946, et la Charte de l'environnement de 2004-2005). Il s'agit donc d'un texte qui a été « enrichi » au fil des années.

---

[10] V. Constantinesco et S. Pierré-Caps, *Droit constitutionnel*, Paris, PUF, coll. « Thémis », 2004, p. 182.

[11] Voir annexe.

[12] Les propositions de révision déposées par les députés et sénateurs et ayant fait l'objet au moins d'un vote positif dans l'une des deux assemblées mériterait également un regard, mais aucune n'a abouti.

3) Par rapport aux quatre-vingt-douze articles d'origine, seuls vingt-huit (soit moins d'un tiers) n'ont connu aucune modification. Les abrogations ont touché principalement les articles relatifs à la Communauté franco-africaine et malgache et les dispositions transitoires. Certains articles (par exemple les articles 6 et 7 ou l'article 39) ont été modifiés trois fois.

4) Les dispositions sur « les Communautés européennes et l'Union européenne », introduites en 1992, ont fait l'objet de multiples modifications, y compris l'introduction, en 2005, d'un titre XV relatif à l'Union européenne abrogé en 2008 sans qu'il y ait eu la moindre application. On constate ainsi que le projet communautaire de 1958, disparu en 1995, a été remplacé par la participation de la France à l'Union européenne. La Constitution porte aussi la marque des évolutions géopolitiques : la fin de la période coloniale et la construction européenne.

5) Un coup d'œil sur l'emplacement des articles modifiés fait surgir immédiatement une différence entre deux parties de la Constitution : une partie « haute » jusqu'à l'article 55 ; une partie « basse » ensuite. Le contraste est saisissant. La partie « haute », celle qui est directement relative à l'équilibre des pouvoirs, est relativement stable (à l'exception des articles 6 et 7) ; en revanche, la partie « basse » connaît de nombreuses transformations : Conseil constitutionnel, Conseil supérieur de la magistrature, responsabilité du président de la République et des membres du Gouvernement, Conseil économique et social (devenu environnemental), collectivités territoriales, sans parler de tout ce qui a trait à l'Union européenne. Vu sous cet angle, les révisions ont plus touché des modalités secondes de la Constitution que le cœur du pouvoir politique.

Il serait aisé de prolonger cette analyse, mais il importe de s'interroger sur les véritables novations apportées par les vingt-quatre révisions.

D'un point de vue politique, c'est-à-dire visant les conditions d'accession et d'exercice du pouvoir, il ne fait aucun doute que les révisions de 1962 (élection du président de la République au suffrage universel direct) et de 2000 (mandat présidentiel réduit de sept à cinq ans) constituent les plus marquantes. Elles ont bouleversé les conditions mêmes de la vie politique en attribuant à l'élection présidentielle une primauté absolue par rapport à toutes les autres consultations. Le temps historique n'est plus découpé, comme sous les Républiques précédentes, en fonction des élections législatives, mais sur la base des mandats présidentiels, quelle qu'en soit leur durée. Le raccourcissement du mandat en 2000, couplé avec les élections législatives dans la foulée, a produit une accélération du rythme politique. La France, de ce point de vue, se rapproche des autres démocraties européennes, avec une majorité qui, en toute logique, gouverne pendant cinq ans et soumet son bilan, celui du Président aussi bien que celui de l'Assemblée nationale, au jugement des électeurs. Comme l'avaient bien souligné Guy Carcassonne et Olivier Duhamel, il faut attendre le quatrième tour de scrutin (le deuxième tour des législatives) pour savoir qui va gouverner et avec quelle majorité. L'exemple de 2022 en est la preuve. Toutes les tentatives de rééquilibrage du rôle du Parlement se heurtent à cette équation politique : si le Président dispose d'une majorité stable, cohérente et homogène, alors peu importe le détail des règles de procédure.

D'un point de vue juridique, les révisions ont accompagné la montée en puissance du Conseil constitutionnel. Par rapport à 1958, y compris sans doute dans la pensée profonde des rédacteurs de la Constitution, le changement est total. Désormais, il existe en France un juge constitutionnel (toujours dénommé « Conseil » pour ne pas froisser le Conseil d'État) chargé de veiller au respect de la Constitution et à la garantie des libertés fondamentales. La décision du 16 juillet 1971 sur la liberté d'association a ouvert la voie à la réforme de 1974 : désormais, soixante députés ou sénateurs peuvent saisir le Conseil constitutionnel. Ils ne s'en priveront pas. La mise en place de la question prioritaire de constitutionnalité (QPC) par la révision du 23 juillet 2008 a donné la possibilité de faire examiner la constitutionnalité des lois en vigueur. Il s'agit d'une entorse considérable par rapport à la tradition française. La réforme a été un vrai succès. Elle permet de reconstruire l'ordre juridique national autour de sa norme fondamentale, la Constitution. Le nom de Louis Favoreu, décédé en 2004 avant la révision QPC, demeure lié à ce mouvement de constitutionnalisation du droit français[13].

Ces révisions, avec leurs succès et leurs échecs, ont-elles contribué à faire durer la Ve République ? Très probablement oui. En tout cas, il a été démontré que réviser la Constitution, même si ce n'est pas facile, n'est pas un tabou. Cela va dans le sens de l'enracinement.

C. Une pratique qui s'adapte

Dans sa célèbre conférence de presse du 31 janvier 1964, le général de Gaulle expliquait qu'une constitution « c'est un esprit, des institutions, une pratique ». L'esprit relève de l'analyse intellectuelle, les institutions de la description juridique, la pratique de la rencontre des institutions avec les circonstances du moment. Les soixante-cinq ans de Ve République n'ont pas été un long fleuve tranquille. Certes, aucune guerre internationale, comme entre 1914 et 1918, ni aucun effondrement du type de celui de 1940, ne sont intervenus, mais les circonstances ont été telles que la souplesse de la pratique constitutionnelle a permis de traverser bien des situations différentes, voire dramatiques. Quelques points de repère suffisent à expliciter ce jugement.

1. La présidence majoritaire

Les années de la présidence de Gaulle (1959-1969) ont été marquées par deux crises violentes : la deuxième partie de la guerre d'Algérie (1959-1962)

---

[13] Voir *Renouveau du droit constitutionnel. Mélanges en l'honneur de Louis Favoreu*, Paris, Dalloz, 2007, et L. Favoreu, *La Constitution et son juge*, Paris, Economica, 2014.

avec la semaine des barricades (janvier 1960) et le putsch des généraux à Alger (avril 1961) ; les « événements de mai 1968 ». Dans les deux cas, le recours à des mécanismes institutionnels prévus par la Constitution a permis de trouver une solution : recours à l'article 16 sur les pouvoirs exceptionnels en 1961 ou dissolution de l'Assemblée nationale en 1968. Certes, l'action personnelle du général de Gaulle ou du Premier ministre (Michel Debré ou Georges Pompidou) ne doit pas être oubliée, mais ils ont pu avoir recours, en plus des appels à l'opinion publique, à des solutions tirées de la pratique constitutionnelle. La panoplie des armes disponibles a permis de les combiner, voire de remplacer une solution vouée à l'échec (référendum de mai 1968) par le retour des députés devant leurs électeurs. Chacun peut regretter ou condamner l'utilisation de telle ou telle procédure (par exemple, l'utilisation trop longue de l'article 16 en 1961), mais la Constitution de 1958 avait été, en partie, rédigée pour des circonstances de crise. Elle a rempli son office.

De 1959 à 1981, les élections ont permis le maintien au pouvoir d'une majorité « gaullo-libérale ». La majorité a frôlé la défaite en 1967, mais c'est la crise de mai 1968 qui a mis fin prématurément à l'Assemblée nationale élue en mars 1967.

La perspective d'un véritable changement de majorité avec une probable victoire de la Gauche soit en 1974, soit en 1978, au-delà des considérations politiques pures, est attendue avec intérêt — et parfois inquiétude — par les observateurs. Comment François Mitterrand et ses soutiens, critiques souvent féroces du fonctionnement de la Ve République[14], vont-ils s'accommoder des institutions mises en place par de Gaulle ?

La réponse viendra très vite. La double victoire de François Mitterrand le 10 mai 1981 et des députés socialistes les 14 et 21 juin conduisent le nouveau président de la République à formuler, dans son message au Parlement du 8 juillet 1981, un constat, qui demeure à ce jour l'énoncé le plus explicite de la prépondérance présidentielle : « J'ai dit à plusieurs reprises que mes engagements constituaient la charte de l'action gouvernementale. J'ajouterai, puisque le suffrage universel s'est prononcé une deuxième fois, qu'ils sont devenus la charte de votre action législative…[15] » On ne peut être plus clair.

2. Les cohabitations

La perspective d'une victoire de l'alliance RPR-UDF lors des élections législatives de mars 1986 débouche sur de nombreuses interrogations relatives à la pratique d'une éventuelle cohabitation entre un Président de gauche et une majorité parlementaire et un gouvernement de droite. C'est au cours de cette « première » cohabitation (1986-1988) que les règles essentielles du partage des responsabilités vont être définies, le Président et le Premier ministre étant

---

[14] F. Mitterrand, *Le coup d'État permanent*, Paris, Plon, 1964.

[15] D. Maus, *Les grands textes de la pratique constitutionnelle de la Ve République*, Paris, La documentation Française, 1998, p. 129.

l'un et l'autre conscients du caractère périlleux de la situation, mais également de la nécessité de ne pas porter atteinte au « fonctionnement régulier des pouvoirs publics » et à « la continuité de l'État », pour reprendre les termes de l'article 5 de la Constitution. La pratique constitutionnelle s'infléchit évidemment en faveur de Jacques Chirac, Premier ministre, mais loin de rester inerte, François Mitterrand demeure un Président actif[16]. De plus, il sait qu'il sera candidat au renouvellement de son mandat en 1988.

Les deux périodes de cohabitation suivantes (1993-1995 avec Édouard Balladur, 1997-2002 avec Jacques Chirac à l'Élysée et Lionel Jospin à Matignon) demeureront marquées par les pratiques adoptées entre 1986-1988, par exemple pour l'ordre du jour du Conseil des ministres, les nominations ou la politique étrangère et de défense. Les circonstances ou la personnalité des protagonistes auront leur rôle à jouer, mais à aucun moment il n'y aura de blocage constitutionnel. Faut-il en attribuer le bénéfice à la sagesse des hommes ou à la plasticité de la Constitution ? Cette dernière n'a, en réalité, jamais été un obstacle à une pratique tenant compte des équilibres politiques, bien au contraire.

3. La présidence minoritaire

La situation issue du printemps 2022 constitue une vraie nouveauté par rapport aux soixante-quatre ans antérieurs. Avec seulement 248 (ou 250) députés, la majorité présidentielle est loin de la majorité absolue (289) de l'Assemblée nationale. C'est la première fois qu'après son élection ou sa réélection le président de la République ne bénéficie pas du soutien explicite et cohérent d'une majorité et, surtout, de la possibilité de faire appel à des renforts réguliers[17]. Il n'empêche que la vie parlementaire observée entre juillet 2022 et l'automne 2023 a permis de faire plusieurs constats :

1) Le morcellement de l'Assemblée nationale en dix groupes (trois dans la majorité, quatre dans l'opposition de gauche et trois d'opposition sans liens entre eux), avec certains d'entre eux très fortement contestataires, montre que même avec un scrutin majoritaire, l'éparpillement est possible.

2) Les procédures de l'article 49 (déclaration de politique générale, motion de censure, engagement de la responsabilité) ont fonctionné comme envisagé en 1958 : ce n'est pas au Gouvernement de faire la preuve de l'existence d'une majorité, c'est à une majorité négative de démontrer que le Gouvernement ne peut pas gouverner.

---

[16] D. Maus, « Approche constitutionnelle de la cohabitation », *in* G. Saunier (dir.), *Mitterrand, les années d'alternance*, Paris, Nouveau Monde éditions, 2019.

[17] Certes, à l'issue des élections législatives de 1988, il manquait quelques sièges au Parti socialiste pour atteindre la majorité, mais un habile jeu de bascule a permis, en général, de trouver des appuis complémentaires. Il n'empêche que le gouvernement Rocard a fait largement appel à la procédure de l'article 49, alinéa 3, et que la motion de censure déposée le 16 novembre 1990 n'a manqué que de cinq voix le seuil nécessaire pour renverser le gouvernement.

3) Le recours à la procédure de l'article 49, alinéa 3, ne doit pas être surestimé[18]. En l'absence d'une conjonction de tous les groupes d'opposition, le seuil des 289 suffrages ne peut être atteint. Lorsque le Premier ministre engage sa responsabilité sur le projet de loi de finances il est normal qu'il le fasse sur tous les votes successifs jusqu'à achèvement de la procédure parlementaire. Si la motion de censure de la gauche du 17 mars 2023 à propos de la réforme des retraites a recueilli 278 voix, il a manqué neuf voix pour renverser le gouvernement de Mme Borne.

4) L'instabilité de l'Assemblée nationale a automatiquement renforcé le rôle du Sénat, où la droite et le centre réunis disposent d'une confortable majorité. Le Gouvernement est ainsi obligé de tenir compte des positions sénatoriales. Il suffit de remarquer que la quasi-totalité des commissions mixtes paritaires parvient à adopter un texte de compromis pour constater qu'il existe une majorité gouvernementale composite constituée de la majorité du Sénat et de majorités de circonstance (en général avec le groupe LR) à l'Assemblée nationale. Le « dernier mot » de l'Assemblée nationale (article 45) n'est guère utilisé, sauf pour les textes financiers.

Il n'en demeure pas moins que l'animation (voire l'animation excessive) des débats parlementaires conduit aisément à poser la question du bon fonctionnement du système institutionnel. Comment un président de la République peut-il exercer ses pouvoirs, au sens de la Ve République, en l'absence d'une majorité disciplinée et fidèle à l'Assemblée nationale ? S'il existe une majorité alternative, la question est résolue par la pratique des cohabitations, mais tel n'est pas le cas de la législature issue des élections de 2022. Faut-il alors maintenir une forte primauté présidentielle au nom du mandat issu de l'élection présidentielle ou tenter, selon la logique du régime parlementaire, de constituer une majorité de coalition autour d'un autre programme ? Cela suppose qu'il existe dans l'Assemblée nationale des forces politiques disposées à entrer dans ce schéma et, surtout, que le Président renonce à sa domination habituelle.

*

* *

Il a pu être écrit que la IVe République était « la mal-aimée[19] ». Peut-on, à l'inverse, qualifier la Ve République de « bien-aimée » ? À lire les innombrables critiques qui, depuis l'origine, stigmatisent la Constitution de 1958 et suggèrent de passer rapidement à une VIe République, la tentation est forte de répondre par la négative[20]. La palme de l'innovation n'appartient donc

[18] Voir R. Lecourt, « L'origine mouvementée de l'article 49-3 », *France-Forum*, janvier-mars 1990.

[19] J. Barsalou, *La mal-aimée. Histoire de la IVe République*, Paris, Plon, 1964.

[20] M. Duverger, *La VIe République et le régime présidentiel*, Paris, Fayard, 1961.

ni à Jean-Luc Mélenchon (pour qui, d'ailleurs, un régime conventionnel serait préférable), ni au duo Arnaud Montebourg-Bastien François[21], même si l'objectif de « Réconcilier les Français avec la démocratie » est largement partagé.

Nous savons, depuis soixante-cinq ans, que le texte adopté par 80 % des suffrages exprimés le 28 septembre 1958 est riche de plusieurs interprétations. Pour les uns, il met en exergue le rôle du président de la République ; pour d'autres, il s'agit d'une forme modernisée du régime parlementaire. Il importe de revenir vers la célèbre citation de Georges Pompidou sur la comparaison entre la Constitution et les chiens corniauds : « Notre système, précisément parce qu'il est bâtard, est peut-être plus souple qu'un système logique. Les corniauds sont souvent plus intelligents que les chiens de race[22]. » La pratique semble avoir donné raison à celui qui a exercé la fonction présidentielle (1969-1974) le moins longtemps, mais sa longue familiarité avec la fonction de Premier ministre (1962-1968) n'est pas à oublier.

Par comparaison avec les périodes précédentes, la preuve a été faite que la Constitution de 1958, avec toutes ses révisions et ses insuffisances, a permis que la continuité de l'État et du pouvoir politique soit assurée de manière parfaite et que la garantie constitutionnelle des droits de l'homme devienne une réalité. C'est la combinaison de ces deux composantes qui lui a permis de durer. Mais « L'avenir n'est écrit nulle part[23] ».

Annexes

Les vingt-quatre révisions de la Constitution[24]

1. Loi constitutionnelle n° 60-525 du 4 juin 1960 modifiant les articles 85 et 86 (dispositions abrogées en 1995).
2. Loi n° 62-1292 du 6 novembre 1962 modifiant les articles 6 et 7.
3. Loi constitutionnelle n° 63-1327 du 30 décembre 1963 modifiant l'article 28.
4. Loi constitutionnelle n° 74-904 modifiant l'article 61.
5. Loi constitutionnelle n° 76-904 du 18 juin 1976 complétant l'article 7.
6. Loi constitutionnelle n° 92-554 du 25 juin 1992 modifiant les articles 2, 54 et 74 et insérant un nouveau titre « Des communautés européennes et de l'Union européenne ».
7. *(1993-1)* Loi constitutionnelle du 27 juillet 1993 modifiant les articles 65 et 68, insérant un nouveau titre « De la responsabilité pénale des membres du Gouvernement » et un nouvel article 93.

---

[21] A. Montebourg, B. François, *La Constitution de la 6e République. Réconcilier les Français avec la démocratie*, Paris, Odile Jacob, 2005.
[22] G. Pompidou, *Le nœud gordien*, Paris, Plon, 1974.
[23] M. Poniatowski, *L'avenir n'est écrit nulle part*, Paris, Albin Michel, 1978.
[24] Source : *Constitution française du 4 octobre 1958*, Paris, La documentation Française, 2016.

8. *(1993-2)* Loi constitutionnelle du 25 novembre 1993 ajoutant un nouvel article 53-1.
9. Loi constitutionnelle n° 95-880 du 4 août 1995 modifiant les articles 1er, 2, 11, 12, 26, 28, 48, 49, 51, 70 et 88 et abrogeant les dispositions relatives à la Communauté et les dispositions transitoires.
10. Loi constitutionnelle n° 96-138 du 22 février 1996 modifiant les articles 34 et 39 insérant un nouvel article 47-1.
11. Loi constitutionnelle n° 98-610 du 20 juillet 1998 rétablissant le titre XIII sous un nouvel intitulé « Dispositions transitoires relatives à la Nouvelle-Calédonie », ainsi que les articles 76 et 77 dans une nouvelle rédaction.
12. *(1999-1)* Loi constitutionnelle n° 99-49 du 25 janvier 1999 modifiant les articles 88-2 et 88-4.
13. *(1999-2)* Loi constitutionnelle n° 99-568 du 8 juillet 1999 insérant un nouvel article 53-2.
14. (*(1999-3)* Loi constitutionnelle n° 99-569 du 8 juillet 1999 modifiant les articles 3 et 4.
15. Loi constitutionnelle n° 2000-964 du 2 octobre 2000 modifiant l'article 6
16. *(2003-1)* Loi constitutionnelle n° 2003-267 du 25 mars 2003 complétant l'article 88-2.
17. *(2003-2)* Loi constitutionnelle n° 2003-276 du 28 mars 2003 modifiant les articles 1er, 7, 13, 34, 39, 60, 72, 73, 74 et insérant six nouveaux articles, 37-1, 72-1, 72-2, 72-3, 72-4 et 74-1.
18. *(2005-1)* Loi constitutionnelle n° 2005-205 du 1er mars 2005 modifiant les articles 60 et 88-1 et insérant un nouvel article 88-5.
19. *(2005-2)* Loi constitutionnelle n° 2005-205 du 1er mars 2005 modifiant le préambule [« Charte de l'environnement »] et l'article 34.
20. *(2007-1)* Loi constitutionnelle n° 2007-237 du 23 février 2007 modifiant l'article 77.
21. *(2007-2)* Loi constitutionnelle n° 2007-238 du 23 février 2007 modifiant le titre IX.
22. (2007-3) Loi constitutionnelle n° 2007-239 du 23 février 2007 insérant un nouvel article 66-1.
23. *(2008-1)* Loi constitutionnelle n° 2008-103 du 4 février 2008 modifiant l'article 88-1.
24 *(2008-2)* Loi constitutionnelle n° 2008-724 du 23 juillet 2008 modifiant les articles 1er, 3, 4, 6, 11, 13, 16, 17, 18, 21, 24, 25, 34, 38, 39, 41, 42, 43, 44, 45, 46, 47, 47-1, 48, 49, 51, 56, 62, 65, 69, 70, 71, 73, 74-1, 88-4 et 88-5, rétablissant l'article 87, insérant huit nouveaux articles 34-1, 47-2, 50-1, 51-1, 51-2, 61-1, 71-1 et 75-1 et un nouveau titre XI bis « Le défenseur des droits ».

Projets de révision ayant échoué

Ne sont recensés ici que les projets de révision présentés par le président de la République dans le cadre des articles 11 et 89 de la Constitution[25].

1. Le projet de loi relatif à la création de régions et à la rénovation du Sénat, annoncé par le général de Gaulle à Quimper le 2 février 1969, délibéré en Conseil des ministres le 2 avril et publié le lendemain au Journal officiel (décret n° 69-296 du 2 avril 1969) a été rejeté par référendum le 27 avril 1969.

2. Le projet de réduction de la durée du mandat présidentiel, annoncé par le président Pompidou dans son message au Parlement du 3 avril 1973, est délibéré en Conseil des ministres le 6 septembre, puis déposé le 10 septembre 1973 à l'Assemblée nationale (AN, n° 639, 5e législature). Celle-ci l'adopte le 16 octobre, par 270 voix contre 211, puis le Sénat, le 19 octobre, par 162 voix contre 112. Le Président Pompidou annonce le 24 octobre que, n'étant tenu par aucun délai, il n'envisage pas de saisir immédiatement le Congrès. Ce projet est sans objet depuis l'adoption de la loi constitutionnelle n° 2000-64 du 2 octobre 2000.

3. Le projet de révision de l'article 25 de la Constitution relatif aux conditions de la suppléance des parlementaires, afin de permettre aux anciens ministres de retrouver leur siège au Parlement, annoncé le 30 mai 1974 par le président Giscard d'Estaing dans un message au Parlement, est délibéré en Conseil des ministres le 21 septembre 1974 et déposé à l'Assemblée nationale le 27 septembre (AN, n° 1179, 5e législature). Adopté le 17 octobre, en troisième lecture, par l'Assemblée nationale (237 voix contre 223), puis par le Sénat (182 voix contre 95), le projet n'est pas inscrit à l'ordre du jour du Congrès qui est réuni le 21 octobre 1974 pour approuver l'extension de la saisine du Conseil constitutionnel (loi constitutionnelle n° 74-904 du 29 octobre 1974).

4. Le projet de révision de l'article 11 de la Constitution élargissant le domaine du référendum, annoncé par le Président Mitterrand dans une allocution radiotélévisée le 12 juillet 1984, est délibéré en Conseil des ministres le 19 juillet 1984 et déposé au Sénat le 24 juillet (Sénat, n° 480, 1983-1984). Le projet est rejeté par le Sénat le 8 août (207 voix contre 106), puis, après son adoption par l'Assemblée nationale le 23 août (324 voix contre 158), repoussé encore par le Sénat le 5 septembre (207 voix contre 104). Le Président constate alors l'échec de son projet.

5. Le projet de loi instituant un contrôle de constitutionnalité des lois par voie d'exception, annoncé par le Président Mitterrand dans son entretien télévisé du 14 juillet 1989, est délibéré en Conseil des ministres le 28 mars 1990 et déposé le 30 (AN, n° 1203, 9e législature). Adopté par l'Assemblée nationale le 25 avril 1990 par 306 voix contre 246, le projet est aussi adopté par le Sénat le 14 juin (228 voix contre 17), mais avec d'importantes

[25] Source : *Digithèque des matériaux juridiques et politiques*, université de Perpignan.

modifications. En seconde lecture, les 21 et 28 juin, les deux assemblées restent sur leurs positions. Les divergences paraissant insurmontables, la procédure est alors abandonnée.

6. Le projet de loi relatif à l'organisation des pouvoirs publics délibéré en Conseil des ministres le 10 mars 1993 et déposé au Sénat le 11 (Sénat, n° 232, 1992-1993) n'a pas été discuté par le Parlement à la suite des élections législatives qui ont entraîné un changement de majorité. Ce projet était déposé en même temps que le projet modifiant les titres VII, VIII, IX et X de la Constitution (Sénat, n° 231, 1992-1993) qui, repris par le gouvernement Balladur et profondément modifié par le Sénat, devait aboutir à la loi constitutionnelle 93-952 du 27 juillet 1993 ; il reprenait de nombreuses propositions formulées par le Comité consultatif pour la révision de la Constitution, sous la présidence du doyen Vedel, institué par le Président Mitterrand par décret 92-1247 du 2 décembre 1992, à la suite de sa déclaration du 9 novembre 1992.

7. Le projet de loi constitutionnelle relatif au Conseil supérieur de la magistrature, annoncé par la déclaration du Gouvernement du 15 janvier 1998 sur la réforme de la justice, faisait suite au rapport remis le 10 juillet 1997 par M. Pierre Truche, premier président de la Cour de cassation, qui avait dirigé les travaux de la Commission de réflexion sur la justice instituée par le Président Chirac. Délibéré en Conseil des ministres le 15 avril 1998 et déposé à l'Assemblée nationale (n° 835, 11e législature), il a été adopté par celle-ci le 3 juin (407 voix contre 47 et 21 abstentions), puis modifié par le Sénat, qui l'adopte le 24 juin par 213 voix contre 95. En deuxième lecture, l'Assemblée nationale, le 6 octobre, puis le Sénat le 18 novembre 1998 (213 voix contre 95) adoptent le projet modifié. Le président de la République convoque alors le Congrès pour le 24 janvier 2000, par décret du 3 novembre 1999, mais, devant les difficultés politiques, il annule cette réunion le 19 janvier 2000.

8. Le projet de loi constitutionnelle relatif à la Polynésie française et à la Nouvelle-Calédonie délibéré en Conseil des ministres et signé par le président Chirac le 26 mai 1999, puis déposé à l'Assemblée nationale (n° 1614, 11e législature) le 26 mai 1999, est adopté dans les mêmes termes le 10 juin par celle-ci et par le Sénat le 12 octobre 1999. Le président de la République, par décret du 3 novembre, convoque le Congrès pour le 24 janvier 2000 (le Congrès devant délibérer également sur le projet relatif au Conseil supérieur de la magistrature), puis, par décret du 19 janvier 2000, il annule cette convocation. Le projet est devenu sans objet à la suite de l'adoption de la loi organique n° 2004-192 du 27 février 2004 portant statut d'autonomie de la Polynésie française et de la loi constitutionnelle n° 2007-237 du 23 février 2007 concernant la Nouvelle-Calédonie.

9. Après avoir convoqué une conférence sur le déficit le 28 janvier 2010, le Président Sarkozy demande à un groupe de travail présidé par M. Michel Camdessus, gouverneur honoraire de la Banque de France, de « réfléchir à l'amélioration de la gouvernance budgétaire et aux conditions de réalisation

de l'objectif constitutionnel d'équilibre des finances publiques ». Le rapport du groupe de travail est remis le 25 juin 2010 au Premier ministre, avec une lettre de présentation qui résume les options proposées. Un projet de loi constitutionnelle relatif à l'équilibre des finances publiques, annoncé lors du Conseil des ministres du 2 février 2011, est présenté au Conseil des ministres du 16 mars et déposé le jour même à l'Assemblée nationale (n° 3253). Il est adopté, en première lecture, par l'Assemblée nationale le 10 mai (556 votants, 550 exprimés, 321 pour, 229 contre, puis modifié par le Sénat le 15 juin (339 votants, 331 exprimés, 179 pour, 152 contre) ; en deuxième lecture, il est adopté avec des modifications par l'Assemblée nationale le 28 juin, et par le Sénat, le 11 juillet [339 votants, 332 exprimés, 180 pour, 152 contre] ; en troisième lecture, il est adopté sans modification par l'Assemblée nationale le 13 juillet 2011 [vote à main levée, non enregistré]. Les conditions d'obtention de la majorité au Congrès ne paraissant pas remplies, le président de la République ajourne sa convocation. La défaite du Président Sarkozy à l'élection présidentielle de 2012 entraîne l'abandon du projet.

10. 11. 12. 13. Le président Hollande, lors de l'entretien télévisé du 14 juillet 2012, annonce que, conformément aux engagements qu'il a pris avant son élection à la présidence de la République, il engage une nouvelle réforme de la Constitution. À cet effet, une Commission de rénovation et de déontologie de la vie publique, présidée par l'ancien Premier ministre Lionel Jospin, est créée par le décret n° 2012-875 du 16 juillet 2012. Le 9 novembre 2012, le rapport de la Commission est remis au président de la République. Quatre projets de loi constitutionnelle sont alors présentés au Conseil des ministres du 13 mars 2013 et déposés à l'Assemblée nationale, relatifs à la démocratie sociale [n° 813], aux incompatibilités applicables à l'exercice de fonctions gouvernementales et à la composition du Conseil constitutionnel [n° 814], à la responsabilité juridictionnelle du président de la République et des membres du Gouvernement [n° 816], et portant réforme du Conseil supérieur de la magistrature [n° 815]. L'Assemblée nationale ne donne pas suite aux trois premiers projets. En revanche le projet portant réforme du Conseil supérieur de la magistrature est adopté par l'Assemblée nationale le 4 juin 2013 [525 votants, 303 pour et 222 contre], puis par le Sénat, le 4 juillet 2013, avec diverses modifications [346 votants, 206 exprimés, 185 pour, 21 contre]. Le projet ainsi révisé est adopté, en seconde lecture, par l'Assemblée nationale, le 26 avril 2016 [532 votants, 488 exprimés, 292 pour, 196 contre]. Les conditions d'obtention de la majorité au Congrès ne paraissant pas remplies, le président de la République ajourne alors sa convocation.

14. À la suite du rejet par le Sénat de la proposition de loi constitutionnelle de M. Le Roux, le Président Hollande fait adopter par le Conseil des ministres du 31 juillet 2015 un projet autorisant la ratification de la Charte européenne des langues régionales ou minoritaires, qui est déposé le même jour au Sénat

[n° 662]. Celui-ci, le 27 octobre suivant, adopte la question préalable [341 votants, 335 exprimés, 180 pour, 155 contre] qui interrompt le débat.

15. À la suite des attentats qui ont frappé le pays en 2015, et notamment le vendredi 13 novembre, le Président Hollande annonce au Parlement réuni en Congrès, dès le 16 novembre, son intention d'insérer l'état d'urgence dans la Constitution et de permettre la déchéance de nationalité pour les terroristes condamnés. À cet effet, un projet de loi constitutionnelle de protection de la Nation est présenté au Conseil des ministres du 23 décembre 2016 et déposé à l'Assemblée nationale le même jour. Il est adopté par celle-ci, le 10 février 2016 [567 votants, 516 exprimés, 317 pour, 199 contre], puis par le Sénat, le 22 mars 2016, avec de sérieuses modifications [348 votants, 337 exprimés, 176 pour, 161 contre]. Mais devant les polémiques provoquées par le projet, concernant notamment la déchéance de nationalité, le président de la République renonce à la révision.

16. Le Président Macron, au lendemain de son élection, souhaite « moderniser notre démocratie ». Un premier projet de loi constitutionnelle pour une démocratie plus représentative, responsable et efficace est présenté au Conseil des ministres du 9 mai 2018 et déposé à l'Assemblée nationale le même jour [n° 911]. La délibération de l'Assemblée nationale est interrompue par une affaire impliquant un chargé de mission de l'Élysée [M. Benalla], puis par le mouvement des « gilets jaunes » qui entraîne son abandon le 29 août 2019.

17. Un nouveau projet de loi constitutionnelle pour une démocratie plus représentative, responsable et efficace est adopté par le Conseil des ministres du 28 août 2019 et déposé à l'Assemblée nationale le lendemain [n° 2203]. Le Parlement ne l'examinera pas.

18. Le Président Macron choisit de ne retenir que la question de l'environnement pour son nouveau projet de loi constitutionnelle complétant l'article premier de la Constitution et relatif à la préservation de l'environnement, présenté au Conseil des ministres du 20 janvier 2021 et déposé à l'Assemblée nationale le même jour. Le projet est approuvé par l'Assemblée nationale le 16 mars 2021 [553 votants, 438 exprimés, 391 pour, 47 contre], puis par le Sénat, le 10 mai 2021, mais avec des modifications jugées essentielles. En seconde lecture, le 22 juin 2021, le texte est adopté par l'Assemblée nationale dans sa version initiale [470 votants, 435 exprimés, 331 pour, 104 contre]. Le Sénat, le 5 juillet modifie encore le texte [342 votants, 337 exprimés, 210 pour, 127 contre]. Le Premier ministre, M. Castex, annonce le 6 juillet à l'Assemblée nationale que le Gouvernement renonce à la révision.

Brèves observations sur une constante du droit constitutionnel institutionnel en Afrique noire francophone : les institutions politiques insolites

Carlos Odjaga

En Afrique noire francophone, il n'est plus à rappeler que la reproduction, plus ou moins fidèle, de la configuration institutionnelle de l'ancienne puissance coloniale qu'est la France découle de la grande influence de son droit constitutionnel. À juste titre, on a ainsi pu parler pendant longtemps d'un « mimétisme constitutionnel »[1] à partir des indépendances. Si depuis les années quatre-vingt-dix — période dite du *Renouveau démocratique* africain marquée principalement par la tenue des conférences nationales — il n'est plus question d'un mimétisme constitutionnel[2], il subsiste un mimétisme institutionnel, c'est-à-dire « [une importation] concrète ou diffuse, plus ou moins massive, de technologies institutionnelles externes, extirpées de leur environnement géniteur, arbitrairement reconstruites et modélisées, à travers les codes propres des exportateurs et importateurs et ayant vocation à s'insérer dans un autre environnement[3] », qui n'est pas sans poser la question de la raison d'être de certaines institutions constitutionnelles africaines. Cette question n'est pas nouvelle. En effet, elle est posée plus ou moins indirectement dans les travaux sur les constitutions africaines. Si des problématiques telles que l'ineffectivité[4] ou encore la crise[5] des constitutions africaines sont fréquemment soulignées, les organes instaurés par ces textes sont, eux aussi, d'une manière ou d'une autre, atteints par ces maux. Concrètement, ce mimétisme se traduit par l'existence, dans les États africains, des institutions de type occidental comme un président de la

---

[1] F. Dargent, « Les échecs du mimétisme constitutionnel Afrique noire francophone », *RDP*, 2017, p. 1347.

[2] On peut désormais estimer qu'il existe un patrimoine juridique universel dans lequel les Africains, comme d'autres peuples, puisent les règles et institutions nécessaires à l'organisation de l'État et à l'exercice du pouvoir.

[3] Y. Mény (dir.), *Les politiques du mimétisme institutionnel : la greffe et le rejet*, Paris, L'Harmattan, 1993, p. 113.

[4] B. Cissé, « L'ineffectivité de la Constitution au regard des accords politiques dans les pays d'Afrique noire francophone », *RDP*, 2020, p. 1639 et s.

[5] F. J. Aïvo, « La crise de normativité de la constitution en Afrique », *RDP*, 2012, p. 141-180.

République accompagné d'un vice-président et/ou d'un Premier ministre, un parlement (monocaméral ou bicaméral), des organes juridictionnels (Cour suprême, Conseil d'État, Cour des comptes, Cour de cassation, juridiction constitutionnelle…), des instances de concertation ou des autorités administratives indépendantes. Mais alors que certaines institutions, à l'instar du président de la République ou de la juridiction constitutionnelle, maximisent leurs attributions, quitte à devenir des sources d'inquiétude au regard du principe de la séparation des pouvoirs — entendu ici au sens large — d'autres s'inclinent, sont marginalisées ou ne parviennent simplement pas à se faire une véritable place au sein du jeu institutionnel.

Plus d'une soixantaine d'années après les indépendances, il est temps de faire le bilan des choix des constituants africains s'agissant des institutions. Cantonnant notre analyse aux institutions politiques prévues par la constitution dans l'espace francophone situé au sud du Sahara, c'est-à-dire aux anciennes colonies françaises, il nous faut préciser ce qu'il convient d'entendre par « institutions insolites ». Il s'agit d'institutions-organes ou « [d'organismes] sociaux créés par la volonté humaine de manière durable et unissant les hommes[6] », prévus dans une constitution, mais dont l'intérêt ou l'utilité reste à démontrer, et ce pour des raisons tenant tant à l'histoire, au(x) contexte(s) qu'aux évolutions politiques des États africains.

Ces quelques lignes sont donc l'occasion de revenir par ricochet sur « les cultures officieuses de la vie politique [africaine] »[7] peu propices à l'épanouissement de l'ensemble des institutions politiques africaines. Impuissantes dès leur création ou sclérosées aujourd'hui, traiter des institutions constitutionnelles insolites en Afrique noire francophone revient à appeler à une profonde réforme des organes concernés. Alors qu'en 1961 J.-L. Quermonne se refusait à « préjuger de [l']avenir[8] » des institutions politiques africaines, il est à présent possible de dresser un bilan de l'opiniâtreté du constituant africain dans la multiplication et le maintien de celles-ci. En effet, la réalité du jeu institutionnel continue de mettre en lumière des institutions impuissantes, passives, voire sur le déclin. Non seulement certains déséquilibres sont accentués entre les différentes institutions, mais surtout le maintien de certains organes constitutionnels est contraire au bon sens. Mais il y a lieu ici de faire une distinction entre les institutions sans poids, c'est-à-dire privées d'influence politique réelle sinon déterminante dans la définition et la conduite des affaires publiques, et celles dont l'intérêt reste toujours à démontrer : les institutions décoratives. Les premières (I) pâtissent alors principalement de l'omnipotence de la fonction présidentielle

---

[6] J. Cadart, *Institutions politiques et droit constitutionnel*, Paris, Economica, 3e éd., 1990, p. 40.

[7] L. Sindjoun, « Les pratiques sociales dans les régimes politiques africains en voie de démocratisation : hypothèses théoriques et empiriques sur la paraconstitution », *Revue canadienne de science politique*, vol. 40, n° 2, 2007, p. 466.

[8] J.-L. Quermonne, « Les nouvelles institutions politiques des États africains d'expression française », *Civilisations*, vol. 11 (1961), n° 2, p. 172.

et des éventuelles qualités personnelles de son titulaire, quand les secondes (II) révèlent surtout la recherche d'une apparente modernité de la part du constituant.

I. Des institutions privées d'influence politique

Au sein de la première catégorie s'inscrivent la vice-présidence de la République et la primature. Indubitablement, l'instauration d'une vice-présidence résulte de la présidentialisation des régimes, car le présidentialisme africain n'est pas autre chose qu'un régime qui « tend à combiner les mécanismes du régime présidentiel et ceux du régime parlementaire à l'effet de renforcer le statut du président de la République[9] ». Dans les États où le vice-président est nommé et n'est pas appelé à remplacer immédiatement le président définitivement empêché, il n'exerce aucun pouvoir sans être habilité par le magistrat suprême. Si on a pu relever, au Gabon, que le médiateur de la République était placé sous sa tutelle, il convient de faire remarquer que cette autre fonction est parfois laissée longtemps vacante[10] et que ses missions relèvent plus du symbole que d'un réel pouvoir de décision. On en vient donc rapidement au constat général de la superfluité de la vice-présidence. Mais qu'est-ce qui justifie son maintien ? Politiquement, il lui est trouvé plusieurs utilités. Comme ailleurs, il est bien évidemment question d'une fonction qui peut être attribuée à un ou une camarade politique ou être l'objet d'un est l'objet d'un *deal* pour contenter un ou plusieurs alliés politiques, voire pour débaucher un adversaire politique en lui offrant un poste qui n'a pour seul avantage qu'une plus grande visibilité, après la rémunération et les privilèges. Mais le choix du vice-président peut être aussi l'occasion de faire d'une pierre deux coups, en conciliant la personnalité du vice-président pressenti et d'autres considérations. Dans des États pluriethniques, nommer un vice-président issu d'un groupe ethnique plus ou moins important permet de donner de la visibilité à celui-ci, mais surtout de gagner sa sympathie. En lieu et place de l'ethnie, il peut également être question du genre ou d'une confession religieuse. L'idée étant toujours de donner l'impression qu'une autre couche de la société est représentée au sommet de l'État, ou plus précisément auprès du « vaisseau amiral[11] », fût-ce à une fonction sans réelle influence. Enfin, la vice-présidence peut servir à préparer un successeur. Nommé, rémunéré, doté de moyens humains et matériels importants, exerçant certains pouvoirs du chef de l'État sur délégation, la vice-présidence peut être assimilée à un stage

---

[9] S. Y. Lath, « La pérennisation du présidentialisme dans les États d'Afrique : Les repères d'un modèle africain de régime politique », F. J Aïvo (coor.), *La constitution béninoise du 11 décembre 1990 : un modèle pour l'Afrique ? Mélanges Maurice Ahanhanzo-Glélé*, Paris, L'Harmattan, p. 286.

[10] Ce fut le cas entre 2019 et 2022.

[11] F. Hourquebie, « Quel statut constitutionnel pour le chef de l'État africain ? Entre principes théoriques et pratique du pouvoir », *Afrique contemporaine*, n° 242, 2012, p. 73.

de préparation à la fonction suprême[12]. Malheureusement, ses quelques utilités politiques révèlent surtout une institution impuissante, superflue sur la scène politico-institutionnelle et dans le fonctionnement[13] de la machine étatique. La vice-présidence en Afrique noire francophone est toujours, pour reprendre John Adams[14], l'institution « la plus insignifiante jamais conçue par l'esprit humain[15] ».

S'agissant de la primature, et contrairement à la vice-présidence de la République qui n'en a jamais eu, elle est en perte d'influence. En effet, une vérité demeure : « il n'y a pas deux places dans la peau du léopard[16] ». Une autre manière de dire que le Premier ministre, au sein de l'exécutif, n'est que le « premier des ministres[17] ». Si la procédure de nomination du Premier ministre peut exceptionnellement[18] échapper au chef de l'État africain et justifier ainsi un rôle plus actif, on est généralement bien loin de l'époque où un Premier ministre exerçait une influence décisive au sein de l'État, c'est-à-dire « détermin [ait] et condui [sait] la politique de la Nation[19] », même s'il lui reste encore quelques attributions. Il conserve effectivement une certaine utilité dans bien des systèmes dans lesquels il exerce, en dehors des situations où le président est appelé à intervenir, un pouvoir réglementaire[20]. De plus, il prend parfois une part active dans la conduite des affaires publiques dans la mesure où le gouvernement, dont il est le chef, « détermine et conduit la politique de la Nation et dispose de l'Administration et de la force armée[21] »,

---

[12] En dehors de l'espace francophone, et plus précisément en Guinée équatoriale, le vice-président Teodoro Nguema Obiang Mangue en est une parfaite illustration. Fils du président en exercice, nommé vice-président de la République, il occupe cette fonction depuis 2016.

[13] On notera que le constituant béninois en a fait le « grand chancelier de l'ordre national », et qu'au Gabon, le médiateur de la République est placé sous sa tutelle. On s'éloigne ainsi quelque peu du rôle de *délégué* qui est traditionnellement le sien.

[14] Premier vice-président des États-Unis de 1789 à 1797.

[15] T. Walch (dir.), « Introduction », *At the President's Side: The Vice Presidency in the Twentieth Century*, University of Missouri Press, 1997, p. 1, cité par K. Prémont, « Un "modèle Biden" ? L'influence du vice-président au sein de l'administration Obama », *Politique américaine*, 30 (1), 2018, p. 105.

[16] Propos de Daniel Kanza, homme politique congolais et premier gouverneur noir de Kinshasa, rapporté par F. Perin, « La crise congolaise et les institutions politiques africaines », *Civilisations*, 11 (3), 1961, p. 285.

[17] S. Y. Lath, « La pérennisation du présidentialisme dans les États d'Afrique : les repères d'un modèle africain de régime politique », *La Constitution béninoise du 11 décembre 1990 : un modèle pour l'Afrique ? Mélanges Maurice Ahanhanzo-Glélé*, Paris, L'Harmattan, 2014, p. 298.

[18] En cas de cohabitation, au Niger, la Constitution prévoit que le Premier ministre soit choisi sur une liste de personnalités proposées par la majorité à l'Assemblée nationale.

[19] Article 26 de la Constitution sénégalaise du 20 août 1960.

[20] Tel est le cas au Cameroun, au Congo, au Congo-Brazzaville, au Gabon ou encore au Mali.

[21] Article 53 de la Constitution malienne.

quand, ailleurs, son rôle d'exécutant[22] de la volonté présidentielle ne fait aucun doute. À l'égard du pouvoir législatif, le Premier ministre africain conserve la possibilité d'engager la responsabilité du gouvernement autant sur un texte que sur sa politique générale. Et cela n'est pas sans attirer l'attention sur le maintien de ce mécanisme du régime parlementaire dans des systèmes où la politique de la Nation est définie par le président de la République, et non par le gouvernement. Comme autre fonction, qui soit dit en passant réduit à néant l'intérêt d'une vice-présidence de la République pourvue par voie de nomination, le Premier ministre est habilité à exercer les pouvoirs du chef de l'État sur délégation de ce dernier. Que le président soit empêché ou non, à l'étranger ou sur le territoire national, il peut déléguer certains de ces pouvoirs au chef du gouvernement, son autre « assistant-délégué[23] ». Au Niger, il est même précisé que le Premier ministre assure « l'intérim[24] » du président de la République lorsque celui-ci est absent du territoire, malade ou en congé. Ce qui est loin d'être le cas au Gabon où il est exclu du processus décisionnel en cas d'empêchement temporaire[25] du Président.

Dans les faits, il faut admettre que le Premier ministre n'est pas un personnage effacé. Il a le poids que le président de la République veut bien lui concéder ; car il conserve une certaine utilité dans la coordination de l'équipe gouvernementale et la mise en œuvre de la politique présidentielle. Premier interlocuteur des parlementaires, de l'administration et même des partenaires sociaux, il est un décideur politique de première instance pour des problématiques sur lesquelles le président ne souhaite pas se pencher dans l'immédiat. Il est un véritable animateur de la vie politique. Contrairement au vice-président, et dans plusieurs États, les attributions du Premier ministre lui permettent encore d'agir sans attendre une autorisation et sans être dans un contexte particulier (intérim). De nombreuses constitutions l'autorisent encore à présider des conseils interministériels ou de gouvernement[26], à procéder à des nominations, à saisir la juridiction constitutionnelle ou à déclencher la procédure d'urgence dans l'adoption de la loi de finances. Néanmoins, à l'heure de la (re)présidentialisation des régimes africains (Côte d'Ivoire, Sénégal[27],...), la primature est déjà dans certains États comme le Bénin, et sera peut-être bientôt dans d'autres, à ranger parmi ces institutions d'un autre

[22] Par exemple, l'article 81 du texte fondamental ivoirien dispose : « le gouvernement est chargé de la mise en œuvre de la politique de la Nation telle que définie par le président de la République. »

[23] R. Ngando Sandjè, « Le vice-président et le Premier ministre dans la Constitution gabonaise : duo ou duel ? », *RFDC*, 2021, p. e. 65.

[24] Article 56 alinéa 2. Voir également article 78 de la Constitution togolaise.

[25] Depuis 2021, dans pareille hypothèse, « un collège composé du président du Sénat, du président de l'Assemblée nationale et du ministre de la Défense exerce provisoirement les fonctions du président de la République ». Voir article 13 de la Constitution gabonaise issue de la révision du 11 janvier 2021.

[26] Article 82 de la Constitution camerounaise.

[27] Il faut préciser que la primature a été réinstaurée en décembre 2021.

temps et dont les missions peuvent être aisément remplies par un ministre parmi d'autres.

II. Des institutions *décoratives*

Viennent ensuite les *institutions décoratives*. Ces institutions, présentes en France et en Afrique noire francophone, laissent aujourd'hui sceptique quant à leurs rôles, et par conséquent leur intérêt, où elles ont été transplantées. Dépassées ou insuffisamment équipées pour pouvoir peser sur ou dans le processus de production normative (la loi), il s'agit principalement d'organes composés d'élus ou de personnalités nommées et ne représentant pas des personnes physiques. Sont ici visés la seconde chambre législative et le conseil économique et social.

La seconde composante du parlement ou chambre haute en Afrique noire francophone assure la représentation[28] des collectivités territoriales. Si en France, sous les présidences de F. Hollande et de E. Macron, le Sénat[29] a su jouer le rôle de véritable contre-pouvoir[30] politique en s'opposant vivement à certaines réformes, il en va autrement en Afrique noire francophone. Il est vrai que le bicamérisme était justifié au début des années quatre-vingt-dix dans les États africains. Dans une thèse[31] consacrée à ce sujet, K. Somali rappelle les vertus de l'introduction du bicamérisme. Au départ, c'est-à-dire au moment du *renouveau démocratique*, la création d'une seconde chambre traduit la volonté de mettre en œuvre une démocratie plus participative, laquelle passe par la prise en compte d'intérêts (ceux des collectivités) jusqu'ici oubliés. La création d'une seconde chambre avait aussi pour objectifs de « dissuader l'expression violente des crises politiques[32] » et de partager « le gâteau national[33] » avec les couches de la société exclues de la gestion des affaires publiques.

---

[28] B. Boumakani, critiquant la présentation qui est faite des secondes chambres en Afrique comme représentantes des collectivités, rappelle qu'il s'agit simplement d'un « principe constitutionnel de droit électoral » qui ne remet pas en cause celui de souveraineté nationale comme source de légitimité. V. B. Boumakani, « Le regain du bicamérisme dans les parlements en Afrique », *in L'amphithéâtre et le prétoire au service des droits de l'homme et de la démocratie. Mélanges en l'honneur du président Robert Dossou*, Paris, L'Harmattan, 2020, p. 297.

[29] L'institution sénatoriale ne souffre pas d'une remise en cause. Les critiques se concentrent surtout au niveau de sa représentativité. C'est d'ailleurs sur ce point que les Français, lors du grand débat national, ont attiré l'attention. V. synthèse « Démocratie et citoyenneté » du Grand débat national [https://granddebat.fr/media/default/0001/01/891b6912fec50ea30ef611b59290fe492213b8d6.pdf].

[30] On se souviendra de l'opposition de la chambre sur l'inscription dans la Constitution de la déchéance de la nationalité en 2016, ou sur la question de la prolongation du passe sanitaire.

[31] K. Somali, *Le Parlement dans le nouveau constitutionnalisme en Afrique. Essai d'analyse comparée à partir des exemples du Bénin, du Burkina Faso et du Togo*, th. Lille II, 2008, 491 pages.

[32] *Ibid.* p. 205.

[33] « C'est donc pour faire face à cette situation de confiscation des positions du pouvoir que le bicamérisme, qui offre inéluctablement plus de place à redistribuer dans la scène politique peut

Ainsi, la création de la chambre haute en Afrique s'inscrit dans une logique de modération, mais pour des motifs autres que l'équilibre des pouvoirs. Toute la question est alors de savoir si ces motifs, combien légitimes, sont toujours d'actualité. Comme on peut s'y attendre, ils le sont. Cela est en effectivement conforté par la nomination des sénateurs dans certains États ou la présence des membres de droit[34] ; le premier mécanisme pouvant servir à rééquilibrer le partage du « gâteau ». Les présidents ivoirien[35], malgache[36] et togolais[37] nomment ainsi le tiers des sénateurs. Si l'on excepte le cas malgache, les autres législations permettent de « caser » un nombre non négligeable de personnes sur des critères équivoques[38].

Mais la présence du Sénat convainc peu désormais. Si c'est naturellement dans le vote de la loi et le contrôle de l'action gouvernementale que l'on devrait lui trouver une utilité, rien ne semble indiquer que la seconde chambre excelle sur ces derniers points par rapport à la chambre basse. Qu'il s'agisse de la *bienfacture*[39] des lois ou du recours aux mécanismes du contrôle parlementaire, la valeur ajoutée du Sénat africain reste à démontrer. Nous laissons ici de côté l'initiative législative, car il ne s'agit pas d'une faculté reconnue à l'ensemble des secondes chambres[40]. La chambre basse semble être à même d'assurer, seule, les missions confiées au pouvoir législatif, et ce d'autant plus qu'elle est la seule à pouvoir déposer une motion de censure. Plusieurs États africains, avec de nombreuses collectivités infraétatiques, se

---

facilement se comprendre en Afrique. Mieux adapté à la complexité des États africains, il permet de réduire les écarts d'autrefois par l'instauration d'une "justice ethnique". En effet, les revendications politiques exprimées durant les décennies 90 dans certains pays de manière violente ont pris de manière électorale la forme d'une demande de participation accrue des populations à la gestion des leurs affaires, tout en prenant en compte leurs diverses particularités. Le bicamérisme participe ainsi à l'apaisement des tensions politiques, en dessinant une configuration de la chambre conforme aux spécificités des composantes ethniques de chaque État. » (*ibid.* p. 207).

34 Tel est le cas en République démocratique du Congo où les anciens présidents de la République sont membres de droit du Sénat.

35 Article 87 de la Constitution ivoirienne de 2016.

36 « Le Sénat représente les collectivités territoriales décentralisées et les organisations économiques et sociales. Il comprend, pour deux tiers, des membres élus en nombre égal pour chaque province, et pour un tiers, des membres nommés par le président de la République, pour partie, sur présentation des groupements les plus représentatifs issus des forces économiques sociales et culturelles et pour partie en raison de leur compétence particulière. » (article 81 de la Constitution de 2010).

37 Article 52 de la Constitution de 1992.

38 Par exemple, en Côte d'Ivoire, « un tiers des sénateurs est désigné par le président de la République parmi les Ivoiriens reconnus pour leur expertise et leur compétence avérées dans les domaines politique, administratif, économique, scientifique, culturel, sportif, professionnel et social ». Voir article 87 alinéa 2 (nous soulignons).

39 V. Petev, « Réflexions sur la postmodernité et les limites du législateur », *in* C.-A. Morand (dir.), *Légistique formelle et matérielle. Formal and material legistic*, Aix-en-Provence, PUAM, 1999, p. 307.

40 V. par exemple, l'article 83 de la Constitution togolaise.

passent[41] ou se sont longtemps passé[42] du bicamérisme. Cela démontre une fois de plus que la représentation des collectivités n'a jamais été la véritable fonction de cette chambre. Il est toujours et surtout question d'une institution budgétivore servant en réalité à assurer un train de vie confortable à des politiques de tous bords. Dans les systèmes pratiquant un bicamérisme inégalitaire, le Sénat africain peut être aisément supprimé. La mise en place d'une sorte de conférence d'élus locaux, représentant les intérêts des collectivités, serait une bien meilleure idée. Cette conférence pourrait ainsi être convoquée par les pouvoirs publics (président de la République, Premier ministre, président de la chambre basse…) lors de réformes touchant à la décentralisation. Mais, se souvenant de l'existence des régimes où le vice-président est nommé, d'aucuns s'empresseraient de souligner que le président de la chambre haute est parfois appelé à assurer l'intérim des fonctions présidentielles. Mais nous leur répondrions que le président de la chambre basse est à même de remplir cette tâche. Tel est le cas au Burundi.

Dans l'hypothèse où il serait question de réformer le Sénat africain, il faudrait donner à la logique de modération susmentionnée une autre dimension et faire ainsi de la seconde chambre un organe indispensable. Il s'agirait ici de se rappeler la fonction qu'attribuait Montesquieu à la chambre des nobles. Organe censé « tempérer[43] » la rigueur des lois, « *puissance réglante* [des éventuelles oppositions][44] » entre l'exécutif et la chambre basse, pour le penseur français, la chambre haute est un organe régulateur, c'est-à-dire une institution censée « favoriser le fonctionnement régulier du régime politique[45] ». Toutefois, dans le contexte africain, cette fonction revient à la juridiction constitutionnelle, quand le chef de l'État ne maximise pas ses rôles d'« arbitre[46] » ou de « garant[47] ». Mais sans en faire un énième régulateur, il se trouve ici le sens d'une réforme de la seconde chambre africaine, c'est-à-dire l'attribution de nouvelles compétences en lien ou non[48] avec la décentralisation. À défaut de l'instauration d'un bicamérisme égalitaire, plusieurs innovations peuvent être lancées. À ce propos, l'exemple gabonais mérite d'être évoqué ici. En effet, depuis une décision de la Cour confirmée

---

[41] Bénin, Niger, Togo ou Sénégal.

[42] Cas de la Côte d'Ivoire.

[43] « C'est donc la partie du corps législatif que nous venons de dire être, dans une autre occasion, un tribunal nécessaire, qui l'est encore dans celle-ci ; c'est à son autorité suprême à modérer la loi en faveur de la loi même, en prononçant moins rigoureusement qu'elle. » (*ibid.* p. 207).

[44] Montesquieu, *De l'Esprit des lois* (1777), Ligaran, 2015, p. 204.

[45] A. Braun, *Le pouvoir régulateur du régime politique. Étude d'une notion de droit constitutionnel institutionnel*, th. Nancy, 2019, p. 10.

[46] Voir par exemple les constitutions gabonaises (article 8) ou la Charte tchadienne de transition (article 37).

[47] Voir par exemple les constitutions béninoise (article 41), ivoirienne (article 54), nigérienne (article 46).

[48] Cela est déjà le cas. Dans bien de systèmes africains, les chambres hautes participent, par exemple, à la formation des collèges comme celui de la juridiction constitutionnelle.

par une révision constitutionnelle en date du 11 janvier 2021, une chambre parlementaire est habilitée à exercer l'entièreté[49] du pouvoir législatif si l'autre venait à ne pas être renouvelée dans les temps. Si dans une telle hypothèse, le Sénat gabonais ne peut, comme l'Assemblée nationale, renverser le gouvernement, il assure néanmoins la continuité d'un pouvoir. Comme réforme possible au niveau de l'Afrique noire francophone, il pourrait être envisagé de faire du Sénat un organe de conciliation entre le gouvernement et la chambre basse dans les cas où l'une de ces institutions songerait à dissoudre ou renverser l'autre. Comme autre piste de réforme, l'avis du Sénat pour certaines nominations n'est pas à exclure, et ce pour les grands acteurs (civils) de l'État au niveau local. Gouverneurs et/ou préfets, ces autorités déconcentrées sont les premières interlocutrices des élus locaux. Cet avis, rendu après audition des personnes pressenties ou non, pourrait ainsi donner au Sénat l'occasion de jouer un rôle assez original. Reste qu'en l'état, la chambre haute africaine est un décorum, mais elle est loin d'être la seule.

Elle est effectivement suivie d'une autre institution, laquelle n'échappera certainement pas à la prochaine révision constitutionnelle en France qui ira à son terme : le Conseil économique et social. Une institution secondaire détenant un véritable record de longévité, car elle est apparue dès les premières constitutions des anciennes colonies. Assemblée consultative, il est toujours trouvé en son sein des représentants de l'État[50], des syndicats[51], des groupements socioprofessionnels, des associations, des fédérations sportives ou encore des chefferies traditionnelles[52]. Y sont parfois représentées, comme au Gabon et au Niger[53], les confessions religieuses et les collectivités locales. Toutefois, son rôle d'organe consultatif permet déjà de prendre la mesure de son influence au sein des institutions constitutionnelles politiques. Quand il n'est pas mis en veille, comme cela est le cas de l'assemblée camerounaise[54], son influence est inexistante. Elle l'est d'autant plus que se multiplient des organes, comités ou plateformes concurrents. Estimant que leurs intérêts ne sont pas défendus au sein du conseil ou suffisamment entendus par les pouvoirs publics, il n'est pas rare que les organisations ou associations précitées entreprennent directement le dialogue avec le gouvernement, et elles sont même parfois conviées à des rencontres par ledit gouvernement. Ce cadre informel, loin de l'enceinte du CESE, semble ainsi devenir le plus pertinent

---

[49] Le constituant gabonais a exclu la révision constitutionnelle dans ce cas de figure.

[50] Voir article 109 de la Constitution gabonaise.

[51] Voir article 5 de la loi organique n° 92-010 du 16 juillet 1992 portant loi organique sur le Conseil économique et social.

[52] Voir article 4 de la loi organique 2011-40, modifiée par la loi 2012-042 sur le Conseil économique, social et culturel nigérien.

[53] *Ibid.*

[54] L'on s'accorde à dire que depuis 1986, et malgré une modification de la loi fixant ses attributions et son fonctionnement en 2017, le conseil n'exerce aucune de ses missions et a à sa tête la même personnalité (Luc Ayang, ancien Premier ministre).

pour exposer les vues d'une catégorie socioprofessionnelle, d'associations ou de personnes, discuter des réformes et donc trouver des compromis. Indirectement, cela revient à admettre que le Conseil économique et social est une institution dépassée, et les premiers responsables sont en effet les décideurs publics qui, cherchant à décider rapidement, privilégient et encouragent des consultations en circuit court et la mise en place d'instances informelles et éphémères de discussion. L'obsolescence de ce mécanisme du dialogue national n'est pas sans soulever la question de son coût. Parfois budgétivore elle aussi, les deniers publics investis dans son fonctionnement (rémunération, avantages accordés aux conseillers, moyens matériels et humains…) sont très au-dessus du rendement de l'institution. Des millions, voire des milliards, en devise locale pour quelques avis et la remise d'un rapport annuel quand cela est prévu par les textes. Prenons appui sur quelques-unes des dernières lois de finances pour s'en convaincre. En Côte d'Ivoire[55], le budget du Conseil était en nette hausse avec 5 396 744 390 milliards en 2021 contre 5 523 720 054 en 2022, quand, au Sénégal, il était de 7 milliards[56] en 2022. Au Cameroun, il est fixé à plus d'un milliard pour une institution léthargique depuis de nombreuses années. Le coût est très élevé par rapport au service rendu, et cela est malheureusement un constat général quand il est question des institutions africaines insolites. Cependant, il serait injuste d'attirer seulement l'attention sur le budget des conseils sans souligner que l'accroissement des moyens financiers est le résultat de certaines réformes censées renforcer les pouvoirs de l'institution, partant son rôle. En ce sens, il y a effectivement lieu de relever la création d'une voie de saisine du Conseil sur pétition[57] au Sénégal lors de sa réintroduction en 2012, ou l'allongement de la durée des sessions[58] du conseil au Gabon. En Côte d'Ivoire, on est aujourd'hui à quatre sessions de quarante-cinq jours. Il ressort de ce qui précède que le problème de nombreux conseils en Afrique noire francophone se situe plutôt au niveau du *leadership*. Avec les moyens mis à leur disposition et les pouvoirs reconnus à certains d'entre eux, il est difficile d'expliquer qu'une assemblée constitutionnelle se tienne autant en retrait de la sphère politique. Dépourvue d'un pouvoir de décision, elle n'en reste pas moins une institution stratégique qui, si ses attributions sont habilement exercées, peut acquérir plus de poids.

---

[55] V. Direction ivoirienne du budget, *Récapitulatif global de la Loi de finances n° 2021-898 du 21 décembre 2021 portant budget de l'État pour l'année 2022*, p. 3, [https://budget.gouv.ci/doc/loi/07%20ANNEXE%207%20-%20INSTITUTIONS%202022.pdf].

[56] V. https://sunubudget.sn/budget-par-institutions/.

[57] V. La loi organique sur le CESE, article 4.

[58] Jusqu'en 2018, la durée des sessions ordinaires du CESE était de quinze jours chacune. Or, depuis la révision de 2018, « [Il] se réunit chaque année de plein droit en deux (2) sessions ordinaires de vingt et un (21) jours chacune. La première session s'ouvre le troisième mardi de février et la seconde, le premier mardi de septembre » (article 108).

En définitive, ce n'est pas tant la création de ces institutions insolites qu'il faut regretter, mais plutôt le système au sein duquel elles prennent place. Alors que l'exercice du pouvoir politique tend à se déconcentrer sur le papier et accorder ainsi plus d'importance à ces autres acteurs, la logique inverse est suivie dans les faits. C'est la raison pour laquelle leur dissolution a moins été envisagée dans le cadre du présent propos. Selon nous, ce serait une solution radicale et de facilité.

RETOUR SUR LA NOTION DE « CONSTITUTION EUROPÉENNE »

Yves PETIT

Le Professeur Stéphane Pierré-Caps s'est interrogé durant sa carrière sur de nombreux concepts du droit constitutionnel appliqués à la construction européenne, notamment celui de « Constitution »[1]. S'interroger sur la nature juridique des traités constitutifs de l'actuelle Union européenne revient effectivement à aborder le droit constitutionnel européen ou, en d'autres termes, à s'intéresser aux aspects constitutionnels du droit de l'Union européenne[2]. Or, on doit constater sur ce point que la doctrine française a été longtemps en retrait, contrairement aux doctrines allemande ou anglo-saxonne. Pour les constitutionnalistes français, notamment pour le Professeur Louis Favoreu, la question de la nature constitutionnelle du droit communautaire ne se posait pas et l'idée même de constitutionnalisation du droit communautaire était inimaginable[3].

L'élément déclencheur du débat français sur la nature constitutionnelle des traités a été tout d'abord le traité de Maastricht, puis le projet de « Traité établissant une Constitution pour l'Europe » (TECE) élaboré par la Convention sur l'avenir de l'Europe qui, par enthousiasme et/ou par abus de langage, a été rapidement dénommé « Traité constitutionnel » ou carrément « Constitution européenne »[4], ce qui impliquait que l'Union disposât d'une constitution. Bien que ce débat puisse être considéré comme « récurrent[5] », il est indispensable de se demander si les traités constitutifs sont des traités ou

---

[1] V. not. S. Pierré-Caps, « Problématique de la Constitution européenne », *Civitas Europa*, n° 5, 2000, p. 125-142.

[2] V. not. *Annuaire de droit européen*, vol. VI, 2008, *Études : le droit constitutionnel européen : quel droit constitutionnel européen ?*, Bruxelles, Bruylant, 2011.

[3] L. Favoreu, « Quel(s) modèle(s) constitutionnel(s) » ?, *in* J.-F. Flauss (dir.), *Vers un droit constitutionnel européen ? Quel droit constitutionnel européen ?*, *RUDH*, 7 (11-12), 1995.

[4] On relèvera la remarque d'Hugues Dumont : « la doctrine contracte souvent cet intitulé (traité établissant une Constitution pour l'Europe) en parlant de "traité constitutionnel". En toute rigueur, cette présentation est inexacte : elle confond le véhicule, c'est-à-dire le traité, et l'objet véhiculé, une soi-disant "Constitution européenne" » : H. Dumont, « Présentation générale des changements induits par le traité de Lisbonne », *in* N. De Sadeleer et al. (dir.), *Les innovations du traité de Lisbonne. Incidences pour le praticien*, Bruxelles, Bruylant, 2011, p. 5.

[5] J.-P. Jacqué, « Traités ou constitution ? À propos d'un débat récurrent », *Annuaire de droit européen*, vol. VI , 2008, *op. cit.*, p. 3.

bien s'ils forment une constitution et, suite aux référendums négatifs français du 29 mai 2005 et néerlandais du 1er juin 2005, d'appréhender la tentative manquée de démarche constitutionnelle. Or, sans exagération, il n'est pas faux d'affirmer que depuis l'adoption du traité de Maastricht, l'Union européenne fait face à une crise de légitimité, car on lui reproche, régulièrement et parfois avec virulence, de ne pas suffisamment tenir compte de la volonté des peuples des États membres. De plus, l'idée de constitution européenne est synonyme de la volonté de transposer à la construction européenne le concept qui structure depuis plus de deux siècles les sociétés politiques. Présenter l'Union comme un corps politique, à l'intérieur duquel une communauté de citoyens possède la faculté de s'exprimer dans un espace politique pour décider d'un projet commun conduit à poser la « problématique de la constitution européenne[6] ».

Comme l'a affirmé la Cour constitutionnelle allemande dans sa décision du 30 juin 2009 relative au traité de Lisbonne, il n'existe pas de « peuple européen » souverain[7]. Il n'y a pas non plus de nation européenne et, pour cette raison, « le pouvoir constituant apparaît comme l'impensé de la construction européenne[8] ». Il est tout de même nécessaire de se pencher sur les questions de son existence et de son éventuelle localisation (I) et, ensuite, d'envisager successivement la présence d'une constitution aux sens matériel et formel (II) puis économique et politique (III).

I. Existence et localisation du pouvoir constituant au sein de l'Union européenne

Faire en sorte que l'Union européenne dispose d'une constitution est possible et nécessaire ; l'entreprise est cependant à la fois essentielle et difficile. Comme l'affirme le Professeur D. Rousseau, « l'Europe a surtout besoin d'une constitution. Pas seulement de cette loi "technique" qui distribue les compétences et règle les relations de pouvoir entre les institutions. Mais de ce texte qui expose les valeurs sur lesquelles les hommes décident, à un moment donné, de construire leur vie commune[9] ».

---

[6] S. Pierré-Caps, « Problématique de la constitution européenne », *op. cit.*

[7] « Le Parlement européen n'est pas (...), l'organe de représentation d'un peuple européen souverain » (§ 280). Pour un commentaire, v. not. Y. Petit, « L'architecture institutionnelle de l'Union européenne sous les Fourches Caudines de la Cour Constitutionnelle de Karlsruhe. Observations sur l'arrêt *Lisbonne* du 30 juin 2009, *Politeia*, n° 22, 2012, p. 231-258.

[8] E. Maulin, « Le pouvoir constituant dans l'Union européenne », *Droits*, n° 45, 2007, p. 73 ; « Révision d'un traité ou émergence d'un pouvoir constituant ? La procédure d'adoption et de révision de la constitution européenne », *in* O. Beaud et al. (dir.), *L'Europe en voie de constitution. Pour un bilan critique des travaux de la Convention*, Bruxelles, Bruylant, 2004, p. 289 et s.

[9] D. Rousseau, « Pour une constitution européenne », *Le Débat*, n° 108-2000, p. 54.

Cette volonté de donner à l'Union européenne une constitution se heurte tout d'abord à un « faux obstacle : le lien constitution/État »[10], voire Constitution/État-nation. Plusieurs raisons justifient un détachement du concept de constitution de celui d'État, afin de rechercher un sens allant de pair avec l'idée de constitution européenne. Non seulement les réalités du droit international l'imposent, mais, à l'époque contemporaine, le lien qui doit être mis en avant n'est plus entre constitution et État, mais entre constitution et société ou pouvoir politiques[11]. Il est donc possible d'étendre la notion de constitution à la nouvelle forme d'organisation politique que constitue l'Union européenne.

Un second obstacle, beaucoup plus dirimant, découle de la théorie du pouvoir constituant, telle que l'a énoncée Sieyès dans son ouvrage *Qu'est-ce que le Tiers-État ?*. Cette théorie, qui est certainement la plus décisive de son œuvre, peut être présentée en affirmant qu'une constitution suppose avant tout un pouvoir constituant, exercé par représentation. Or, établir un lien entre le pouvoir constituant et le processus d'intégration européenne s'apparente *a priori* à une aporie. Pour cette raison, une partie de la doctrine conclut à l'impossibilité d'un pouvoir constituant européen[12]. En effet, « l'expression "pouvoir constituant européen" semble receler une contradiction indépassable, dans la mesure où elle associe une notion forgée dans le cadre de l'État à l'Union européenne, entité dépourvue de la qualité étatique[13] ». De plus, selon le schéma constitutionnel classique, soit un acte de fondation créant une société nouvelle, soit un acte marquant une rupture avec l'ordre ancien — la Révolution française de 1789 en étant un exemple type — doit se produire. Le pouvoir constituant possède effectivement une « spontanéité créatrice », car, la nation, « exerçant la plus grande, la plus importante de ses prérogatives doit être libre de toute contrainte (…)[14] ». Par conséquent, dans ces conditions, il semble bien que l'existence d'un pouvoir constituant européen dépende de l'adoption par un *Demos* européen d'un acte fondant un ordre juridique nouveau. À l'évidence, il n'existe pas à l'heure actuelle de « peuple européen » en mesure d'y procéder.

Si un peuple européen, qui n'existe pas, ne peut s'incarner en un pouvoir constituant et exprimer librement la volonté du souverain, il est unanimement admis qu'il existe des peuples européens et il devient alors possible d'affirmer

---

[10] *Ibid.*, p. 55.

[11] V. Michel et A. Bouveresse, « La notion de constitution », *in* V. Constantinesco, Y. Gautier et V. Michel, *Le traité établissant une Constitution pour l'Europe. Analyses & commentaires*, Strasbourg, Presses universitaires de Strasbourg, 2005, p. 51 et s.

[12] V. not. S. Pierré-Caps, « Problématique de la constitution européenne », *op. cit.* ; E. Maulin, « Le pouvoir constituant dans l'Union européenne », *op. cit.*

[13] G. Marti, « Le pouvoir constituant européen », *Civitas Europa*, n° 23, 2009, p. 7 ; *Le pouvoir constituant européen*, Bruxelles, Bruylant, coll. « Droit de l'Union européenne – Thèses », 2011, 803 p.

[14] P. Bastid, *L'idée de constitution*, Paris, Economica, 1985.

que les peuples européens disposent du pouvoir constituant européen. La constitution européenne peut alors trouver sa source dans les pouvoirs constituants nationaux et il est possible d'envisager une « co-gestion nationale du pouvoir constituant européen[15] ». Cette manière de voir est en quelque sorte celle de la Cour constitutionnelle allemande. Depuis sa décision du 12 octobre 1993 sur le traité de Maastricht, elle considère que le fondement de la légitimité est double au sein de l'UE. Celle-ci procède principalement des parlements nationaux et accessoirement, quoique de manière croissante, du Parlement européen qui assure une légitimation complémentaire. Dans sa décision relative au traité de Lisbonne, elle affirme ainsi que « la légitimité conférée par l'intermédiaire des Parlements et des gouvernements nationaux est en principe suffisante et elle est complétée et étayée par le Parlement européen élu au suffrage universel direct », qui en sa qualité d'« organe de représentation des peuples élus directement par les citoyens de l'Union constitue une source supplémentaire et autonome de légitimité démocratique[16] ».

Indiscutablement, la Cour opte pour une conception classique de la démocratie, car, selon elle, « tout pouvoir d'État émane du peuple. Cela est inévitable. La démocratie est fondée par un peuple et sur un peuple dans un État, dans le contexte présent dans un État membre. C'est la seule possibilité de concevoir la démocratie[17] ». À la lumière de cette position, on comprend mieux l'absence d'évocation et l'évitement du recours au pouvoir constituant européen durant la période précédant le traité de Maastricht : les fondateurs de la construction européenne craignaient que l'acceptation d'un pouvoir constituant européen entraîne l'Union européenne vers une dérive étatique et la disparition corrélative de ses États membres.

Finalement, les concepts de Constitution et de peuple doivent être reformatés avant d'être appréhendés dans le système juridique de l'Union. En retenant une acception large, entendue prioritairement dans son sens matériel (V. *infra*), une constitution peut être fondée sur un traité international et s'appliquer en dehors du cadre étatique, et s'il est possible qu'une constitution puisse reposer sur un acte consensuel, il est parfaitement admissible qu'une telle norme trouve son origine dans un contrat conclu entre différents peuples. L'acte fondateur d'une Fédération, qualifié de pacte constitutionnel ou pacte fédératif, repose sur cette hypothèse. Cette nouvelle forme politique, qui doit beaucoup au Professeur Olivier Beaud[18], qui la présente comme une « union

[15] S. Pierré-Caps, « Problématique de la constitution européenne », *op. cit.*, p. 131 et s. Éric Maulin affirme quant à lui l'existence d'un « contre-pouvoir constituant des peuples européens » (E. Maulin, « Le pouvoir constituant dans l'Union européenne », *op. cit.*, p. 82).

[16] Décision du 30 juin 2009, § 262 et 271 ; voir Y. Petit, « L'architecture institutionnelle de l'Union européenne sous les fourches caudines de la Cour constitutionnelle de Karlsruhe. Observations sur l'arrêt Lisbonne du 30 juin 2009 », *op. cit.*

[17] Franz C. Mayer, « Rashomon à Karlsruhe », *RTDE*, 2010, p. 88.

[18] O. Beaud, *Théorie de la Fédération*, Paris, PUF, coll. « Léviathan », 2009, 447 p.

politique d'entités politiques[19] », peut alors servir à mieux saisir la forme originale d'organisation politique qu'est l'Union européenne. Sous cet angle d'analyse, le pacte fédératif apparaît non pas comme étant l'acte constituant du peuple de la Fédération, entité politique propre, mais comme celui des peuples des États, agissant de manière concertée pour donner un fondement juridique à cette forme particulière d'association politique. Elle permet ainsi de créer selon la formule de l'article 1er TUE « une union sans cesse plus étroite entre les peuples de l'Europe », ce qui constitue le principal objectif de la construction européenne depuis ses origines.

II. Constitution matérielle/Constitution formelle

En droit constitutionnel, il est d'usage de différencier la constitution au sens matériel du terme et au sens formel. Dans sa signification matérielle, le terme « constitution » s'attache à l'objet et au contenu des règles constitutionnelles ; le point de vue formel concerne le mode d'expression de ces règles constitutionnelles. Ainsi, dans son sens matériel, la constitution « désignera toutes les règles quel que soit le statut des textes qui les contiennent, et qui ont un contenu constitutionnel, c'est-à-dire qui aménagent les pouvoirs publics de l'État, énoncent et garantissent des droits des citoyens. Ces règles peuvent se trouver en conséquence dans d'autres textes que la constitution écrite, dans la loi, par exemple ; leur contenu suffit à les faire considérer comme matériellement constitutionnels. L'intérêt de la notion est de montrer que les règles matériellement constitutionnelles débordent le champ des règles contenues dans le texte appelé constitution ». Au sens formel, la constitution « désignera toute règle qui se trouve dans son texte, même si elle n'a aucun rapport ni avec les droits énoncés et garantis, ni avec l'organisation des pouvoirs publics. Une règle peut ainsi être formellement constitutionnelle sans l'être matériellement[20] ».

En retenant une approche matérielle, il est tout à fait possible d'affirmer que les traités européens sont matériellement constitutionnels, même s'ils demeurent formellement des traités, du fait de leur mode d'adoption par une conférence intergouvernementale. L'origine conventionnelle des traités européens ne permet pas de leur retirer tout caractère constitutionnel. Le caractère constitutionnel du traité CECA, par voie de conséquence des traités fondateurs, a été mis en relief dès 1956 par l'Avocat général Lagrange qui a affirmé que « le traité dont la Cour a pour mission d'assurer l'application, s'il a bien été conclu dans la forme des traités internationaux et s'il en est un incontestablement, n'en constitue pas moins, du point de vue matériel, la charte de la Communauté, les règles de droit qui s'en dégagent constituant le

---

[19] O. Beaud, « La Fédération entre l'État et l'empire », *in* B. Théret (dir.), *L'État, la finance et le social*, Paris, La Découverte, 1995, p. 285.

[20] V. Constantinesco, S. Pierré-Caps, *Droit constitutionnel*, Paris, PUF, coll. « Thémis Droit public », 5e éd., 2011, p. 199, n° 224.

droit interne de cette Communauté[21] ». Ainsi, il est aisé d'être sur la même longueur d'onde que le Professeur Jean-Paul Jacqué : il estime que si l'on n'accorde pas un caractère déterminant au mode d'adoption, le contenu constitutionnel des traités européens s'impose[22]. Il devient alors possible de dépasser la vision stato-centriste habituellement mise en avant.

La dimension constitutionnelle des traités européens s'inscrit également dans la question plus générale du caractère constitutionnel des traités institutifs d'organisations internationales[23]. Les Professeurs P.-M. Dupuy et Y. Kerbrat n'hésitent pas à présenter la question de la « bivalence de l'acte constitutif » d'une organisation internationale dans les termes suivants :

> L'acte constitutif est à la fois un *accord de volontés* conclu entre États souverains et, aux sens à la fois formel et matériel où on l'entend en droit public interne, une *constitution*, déterminant les droits et obligations des États liés entre eux de même qu'aux organes institués, dont il précise les pouvoirs. Les États sont ainsi, du fait de l'acte constitutif, parties à une convention, et *membres* d'une organisation[24].

Cette double nature avait déjà été mise en évidence par Riccardo Monaco, qui avait considéré que

> si le traité institutionnel d'une organisation internationale est bien un traité international, fondé en tant que tels sur la volonté des contractants, et donc soumis, au moment de sa formation, à leur volonté (…) il est par ailleurs destiné à devenir une constitution, c'est-à-dire l'acte de fondation de l'organisation auquel elle se rattache tout au long de son existence. On pourrait dire, par conséquent, que l'acte institutif revêt la forme d'un pacte, mais possède la substance de la constitution : né sur la base d'une convention, il dépasse, avec le temps, son origine formelle, jusqu'à devenir une constitution de durée déterminée dont le développement déborde le cadre à l'intérieur duquel elle avait été initialement conçue[25].

Si l'on distingue entre la constitution au sens matériel strict et la constitution au sens matériel large, il faut cependant prendre garde et se demander ce que l'on gagne « à qualifier les règles statutaires de tous les ordres juridiques existants de constitutionnelles ? Rien : élargi à ce point, le concept de constitution perd tout son intérêt, puisqu'il ne sert plus de critère propre à distinguer les catégories d'ordres juridiques[26] ». Il faut tout de même

---

[21] Concl. M. Lagrange sous CJCE, 16 juillet 1956, *Fédéchar*, aff. 8/55, *Rec*. 1955-1956, p. 263 ; v. égal. J. Boulouis, Le droit communautaire dans ses rapports avec le droit international général, *RCADI*, IV, 235, 1992, p. 23 et s.

[22] J.-P. Jacqué, « Traités ou constitution ? À propos d'un débat récurrent », *op. cit.*, p. 9.

[23] Voir G. Guillermin, « Quelques réflexions sur la notion de constitution européenne », *in Mélanges en hommage à Guy Isaac. 50 ans de droit communautaire*, Toulouse, Presses de l'Université des sciences sociales de Toulouse, 2005, p. 528.

[24] P.-M. Dupuy, Y. Kerbrat, *Droit international public*, Paris, Dalloz, 9e éd., 2008, n° 139.

[25] R. Monaco, « Le caractère constitutionnel des actes institutifs des organisations internationales », *Mélanges offerts à C. Rousseau*, Paris, Pedone, 1974, p. 154.

[26] Au sens matériel strict, une constitution se définit comme « un ensemble de règles ayant pour objet — pour "matière" — l'organisation, le fonctionnement et les compétences des organes supérieurs d'un Etat, d'une part, et les droits fondamentaux des individus et des groupes, d'autre part. (…). Cependant, il arrive que le terme soit utilisé en un sens matériel large qui rompt avec

reconnaître que les traités européens sont « des traités qui échappent à l'application du droit des traités[27] », cette exclusion des règles du droit international constituant une manifestation de leur caractère formellement constitutionnel.

La dimension formellement constitutionnelle des traités européens réside cependant avant tout dans le fait qu'ils représentent la norme suprême de l'ordre juridique de l'Union. Parmi les dispositions qui aménagent leur valeur hiérarchique supérieure au sein de cet ordre juridique par rapport aux autres sources, il faut signaler la distinction admise par tous entre le droit primaire ou originaire et le droit dérivé. Le recours en annulation de l'article 263 TFUE permet d'ailleurs d'obtenir l'invalidation d'une norme de droit dérivé qui serait en contradiction avec les traités constitutifs. De même, le contrôle préventif de compatibilité des traités conclus par l'Union avec les traités européens de l'article 218-11 TFUE et l'existence de procédures de révisions spécifiques — que le traité de Lisbonne a d'ailleurs multipliées à l'article 48 TUE — renforce cette idée de hiérarchie entre le droit primaire et le droit dérivé.

Il est cependant encore nécessaire d'admettre que ni l'absence d'application du droit international, ni la valeur hiérarchique supérieure ou suprême des traités ne peuvent justifier l'affirmation selon laquelle les traités européens sont devenus une véritable constitution au plan formel, car il semble encore tout à fait légitime de « penser que l'achèvement du processus de constitutionnalisation est conditionné par le passage obligé par la sanction des peuples européens, qui serait l'acte fondateur incontestable d'une constitution européenne à part entière[28] ». L'adoption d'une constitution européenne dans la forme constitutionnelle est certainement à ce prix.

III. Constitution économique/Constitution politique

En s'appuyant sur la finalité économique de la CEE, la doctrine allemande est la première à s'être interrogée sur l'existence d'une constitution économique de la Communauté. L.-J. Constantinesco l'a défini de la manière suivante :

> La constitution économique n'est pas un ensemble de normes constitutionnelles, mais un complexe de normes juridiques déterminant et régissant le déroulement du processus économique. Au sens matériel, la constitution économique est donc l'ensemble des normes établissant les structures précisant les facteurs économiques, leurs fonctions et

---

cette association. La constitution désigne alors tout statut qui s'interpose entre un pouvoir quelconque et ceux qui l'exercent, empêchant les seconds de s'approprier le premier. Tout pouvoir institutionnalisé et donc tout ordre juridique possèdent, par définition, une constitution ainsi comprise (...) », H. Dumont, « La question de l'Etat européen du point de vue d'un constitutionnaliste », *Droit et Société*, n° 53, 2003, p. 52-53.

[27] J.-P. Jacqué, « Traités ou constitution ? À propos d'un débat récurrent », *op. cit.*, p. 7.

[28] D. Simon, *Le système juridique communautaire*, Paris, PUF, coll. « Droit fondamental », 3e éd., 2001, p. 75, n° 48.

spécifient les règles, régissant le déroulement du processus économique qu'il soit ou non contenu dans un document constitutionnel[29].

Ce concept de constitution économique, qui recoupe partiellement l'approche matérielle ou substantielle de la constitution, permet de mettre en exergue la vision économique présente dans le traité CEE, ainsi que les principes et les règles qui vont la servir. On assiste ainsi à l'institutionnalisation ou à l'« officialisation d'une idée de droit[30] » ou d'une « idée d'œuvre », au sens où l'entendait Hauriou[31]. Ce concept d'« idée de droit », intiment lié à la notion de constitution, a été systématisé par Burdeau, qui considérait comme « une erreur de ne voir dans la constitution qu'un élément formel, les procédures relatives au mécanisme gouvernemental, et de négliger l'élément de fond à savoir l'idée de droit sous-jacente aux divers mécanismes constitutionnels[32] ». Les quatre libertés à la base du marché commun, actuellement du marché intérieur, ainsi que les politiques communes, forment le cœur et le moteur de cette constitution économique, moteur au service d'une intégration toujours plus poussée des États membres et de leurs peuples.

La constitution économique possède une « fonction structurante[33] » de l'ensemble de l'ordre juridique communautaire. Elle peut à cet égard jouer un rôle déterminant dans l'interprétation du droit de l'Union. À titre d'illustration, le principe de cohésion économique et sociale[34] n'a pas été considéré comme un principe général du droit communautaire, mais il possède un rôle déterminant dans l'interprétation du droit dans le domaine économique et social, en sa qualité de principe structurel de l'ordre juridique communautaire, et permet d'offrir une vision complète de l'intégration européenne[35].

L'« idée de droit » qui est à la base de l'ensemble de l'édifice européen n'est pas seulement économique, mais également politique. C'est un truisme de le rappeler, mais la paix est déterminante dans l'esprit des Pères fondateurs

---

[29] L.-J. Constantinesco, « La constitution économique de la CEE », *RTD*, 1977, p. 244 ; sur cette question, v. not. J.-P. Jacqué, « La constitution de la Communauté européenne », *op. cit.*, p. 404.

[30] D. Rousseau, « Une résurrection : la notion de constitution », *RDP*, 1990, p. 5.

[31] M. Hauriou, *Aux sources du droit : le pouvoir, l'ordre et la liberté*, Caen, Centre de philosophie politique et juridique, 1986, 191 p.

[32] G. Burdeau, *Traité de science politique*, t. IV, *Le statut du pouvoir dans l'Etat*, Paris, LGDJ, 1984, p. 99.

[33] D. Simon, *Le système juridique communautaire*, *op. cit.*, n° 56.

[34] Depuis l'entrée en vigueur du traité de Lisbonne, l'Union « promeut la cohésion économique, sociale et territoriale, et la solidarité entre les États membres » (article 3-3 TUE ; v. égal. articles 174 à 178 TFUE).

[35] CJCE, 23 novembre 1989, *République portugaise c/Conseil*, aff. C-149/96, *Rec.* I-8395, *Europe*, janvier 2000, Comm. F. Berrod, n° 10 ; Y. Petit, « la cohésion économique et sociale : objectif ou politique de la Communauté et de l'Union européennes ? », *in* S. Leclerc (dir.), *L'Europe et les régions : quinze ans de cohésion économique et sociale*, Bruxelles, Bruylant, 2003, p. 139 et s.

comme l'exprime la première phrase de la Déclaration Schuman du 9 mai 1950 : « la paix mondiale ne saurait être sauvegardée sans des efforts créateurs à la mesure des dangers qui la menacent ». Un « axiome fondateur[36] » du système communautaire est également à rechercher dans le concept de « droit de l'intégration » mis en évidence par Pierre Pescatore, l'intégration apparaissant comme l'« idée d'œuvre commune » de la construction européenne[37]. En fin de compte, l'idée de droit à la base de la construction européenne telle qu'elle ressort de la substance des traités consiste à vouloir intégrer dans un même ensemble politique les États et les peuples, en recourant à une construction d'essence fédéraliste.

La double nature de cette « idée de droit » a été longtemps occultée par la vocation purement économique de la Communauté. La prise en compte de valeurs de nature plus politique remonte à plusieurs textes importants : le document sur l'identité européenne adopté par la conférence des chefs d'État et de gouvernement de Copenhague du 14 décembre 1973 ; la déclaration solennelle sur l'Union européenne adoptée lors du Conseil européen de Stuttgart du 19 juin 1983 ; le préambule de l'Acte unique européen[38]. Les cinq valeurs essentielles qui s'en dégagent sont le respect de la diversité culturelle, le règne de la loi, la justice sociale, le respect des droits de l'homme et le principe de démocratie.

L'évolution de la construction européenne se caractérise par un approfondissement des valeurs que l'Union partage avec ses États membres et qui inspirent son action. Le préambule du TUE en évoque un certain nombre. La Charte des droits fondamentaux de l'UE les décline et son préambule affirme que « l'Union se fonde sur des valeurs indivisibles et universelles de dignité humaine, de liberté, d'égalité et de solidarité ; elle repose sur le principe de la démocratie et le principe de l'État de droit ». Dans des termes identiques à ceux de l'article I-2 du TECE, l'article 2 TUE[39] énonce les valeurs sur lesquelles l'Union est fondée et que les États membres doivent respecter et promouvoir. La contestation de ces valeurs — notamment de l'État de droit — par des États membres illibéraux, comme la Pologne ou la Hongrie, fait ressortir d'autant plus leur caractère fondamental. Il en va de même de la remise en cause du triptyque constituant en quelque sorte les bases

[36] D. Simon, *Le système juridique communautaire*, *op. cit.*, n° 51.

[37] P. Pescatore, *Le droit de l'intégration. Émergence d'un phénomène nouveau dans les relations internationales selon l'expérience des Communautés européennes*, réimpression de l'ouvrage publié chez Sijthoof Leiden, Bruxelles, Bruylant, 2005, p. 41.

[38] Sur ces éléments, voir J.-P. Jacqué, « La constitution de la Communauté européenne », *op. cit.*, p. 405-406.

[39] L'article 2 TUE complète l'ex-article 6-1 TUE : « L'Union est fondée sur les valeurs de respect de la dignité humaine, de liberté, de démocratie, d'égalité, de l'Etat de droit, ainsi que de respect des droits de l'homme, y compris des droits des personnes appartenant à des minorités. Ces valeurs sont communes aux Etats membres dans une société caractérisée par le pluralisme, la non-discrimination, la tolérance, la justice, la solidarité et l'égalité entre les femmes et les hommes. »

constitutionnelles du droit de l'Union européenne : l'effet direct, la primauté et le renvoi préjudiciel.

*

* *

Au terme de cette brève analyse, comme l'a exprimé P. Pescatore[40], il est logique de conclure que ces valeurs communes acceptées par les États membres leur fournissent un objectif, une idée d'ordre et sont à l'origine de l'intégration et de la supranationalité. Elles forment un des éléments du « patrimoine constitutionnel européen », du « toit commun[41] » dont l'Union a besoin.

---

[40] P. Pescatore, *Le droit de l'intégration*, p. 50.

[41] D. Rousseau, « Pour une constitution européenne », *op. cit.*, p. 54 et 59.

Constitution chinoise et droits de l'homme

Norbert Rouland

C'est un honneur pour moi d'écrire ce texte pour mon collègue Stéphane Pierré-Caps. Un honneur, mais aussi un témoignage d'amitié. Nous nous sommes connus il y a longtemps, et en septembre 1993, avions participé à Budapest à un colloque sur les minorités. Par suite, en 1996, nous avons écrit un manuel de *Droit des minorités et des peuples autochtones*, en compagnie de Jacques Pomarède, qui avait rédigé une partie sur l'approche historique du droit des minorités et des peuples autochtones. Stéphane Pierré-Caps s'était chargé du droit des minorités, à la fois en France, en droit international et en droit européen. Moi-même avais rédigé la troisième partie, consacrée aux droits des peuples autochtones[1]. Une première en France.

Par la suite, en 2004, cet ouvrage a été traduit en portugais et publié par *Edidoria Universidade* de Brasilia, au Brésil. Parallèlement, le regretté Jacques Bourdon m'avait confié à l'Institut d'études politiques d'Aix-en-Provence un cours sur le droit des minorités.

Le thème n'était pas en odeur de sainteté à la Faculté de droit de la même ville, dont le doyen de l'époque, hostile à l'anthropologie juridique, ne voulait pas entendre parler.

Plus tard, j'ai noué beaucoup de liens avec des collègues brésiliens et publié un petit livre consacré à une série de conférences que j'ai faites au Brésil en 2017[2], en cours de publication au Brésil. J'y abordais le problème des droits de l'homme, dans un chapitre intitulé *Les droits de l'homme sont-ils une illusion ?*

J'ai toujours regretté que les juristes français de mon époque ne soient pas assez tournés vers les expériences étrangères.

Cela n'a pas été le cas du Professeur Stéphane Pierré-Caps, qui, en 2010, a publié un ouvrage sur les droits constitutionnels étrangers[3].

Il consacrait plusieurs pages à la Chine, en pleine expansion économique, et dont on pouvait croire qu'elle allait s'ouvrir à la démocratie et à l'État de droit.

---

[1] Cf. N. Rouland, S. Pierré-Caps, J. Poumarède (dir.), *Droit des minorités et des peuples autochtones*, Paris, PUF, 1996.

[2] Cf. N. Rouland, *Retour du Brésil - Impressions d'un juriste anthropologue français*, Paris, L'Harmattan, 2018.

[3] Cf. S. Pierré-Caps, *Droits constitutionnels étrangers*, Paris, PUF, 2010.

À la suite de la destitution du dernier empereur, Sun Ya Tsen établit la première République chinoise. La Constitution provisoire du 1er juin 1931 était inspirée des expériences occidentales, notamment française et russe. Elle voulait remédier à une trop grande instabilité constitutionnelle. Parallèlement, on importa des codes européens en Chine, qui demeurèrent lettre morte : les Chinois continuèrent à suivre leurs coutumes, comme ils le font encore actuellement, notamment en ce qui concerne la préférence des garçons par rapport aux filles, comparées à de l'eau versée dans le sable. En effet, une fille quitte ses parents alors qu'un fils continue, en principe, à s'en occuper.

Comme le note bien le professeur Stéphane Pierré-Caps, cette Constitution ajoute à l'exécutif, le législatif et le judiciaire, les pouvoirs d'examen et de contrôle, dérivés de la tradition confucéenne. Par ailleurs, elle prévoyait l'octroi du droit de vote, de référendum et de rappel aux citoyens chinois, mais seulement lorsqu'ils se seront montrés capables de se gouverner, une importante restriction.

Le Parti communiste arrive au pouvoir en 1949. La Constitution de 1954 est la première à être adoptée, mais Mao lui-même, qui avait participé à sa rédaction, déclarait qu'il ne s'en souvenait pas et que pour gouverner, il fallait plutôt utiliser les mouvements de masse que les lois et les Constitutions. Celle de 1978 est un texte de transition qui caractérise la période de gouvernement de Deng Xiaoping. Il y aura ensuite en 1982 l'actuelle Constitution, amendée à plusieurs reprises. La Chine y est définie comme un État unitaire multinational, avec 56 minorités nationales, que nous nommerions plutôt peuples autochtones. La Chine veut ainsi éviter d'être éventuellement liée par des instruments internationaux concernant les peuples autochtones. Elle rejette aussi le fédéralisme, considéré comme synonyme de séparatisme, ainsi que le note bien le professeur Stéphane Pierré-Caps. Ces minorités nationales disposent, en principe, d'un statut d'autonomie.

I. Qu'en est-il des droits de l'Homme ?

L'amendement de 2004 à l'article 33 édicte : « L'État respecte et protège les droits de l'homme. » Ce qui nous intéressera plus loin. On notera à titre comparatif que la Constitution vietnamienne de 1992 accorde une place relativement importante aux droits de l'homme.

Moi-même suis allé plusieurs fois en Chine à la fin du siècle précédent. J'y avais prononcé une série de conférences sur les droits de l'homme qui avaient été bien accueillies. À mon retour à Aix, j'avais publié un article sur la doctrine chinoise des droits de l'homme[4].

Depuis, le temps a passé, et je reviens d'un voyage en Chine d'un mois, de Shanghai au Yunnan, en octobre-novembre 2023 ; mon manuel d'A*nthropologie juridique* vient d'y être publié. Les Chinois ne connaissent

[4] Cf. N. Rouland, « La doctrine juridique chinoise et les droits de l'Homme », *Revue universelle des droits de l'Homme*, 10 (1-2), 1998, p. 1-26.

l'anthropologie juridique que par les auteurs nord-américains, qui y sont traduits. Mais ils ignorent la recherche européenne en ce sens. Comme je le dis bien souvent, les traductions sont essentielles dans un monde globalisé.

Par ailleurs, je viens aussi de publier un essai sur la Chine : *Ciels au-delà du ciel. La Chine et les Chinois : croiser nos regards*, Paris, Pacifica, 2022. J'y consacre des chapitres aux problèmes de la démocratie et des droits de l'homme en Chine.

Il semble qu'il y ait des constantes dans les problématiques des droits de l'Homme[5].

En 1952, Claude Lévi-Strauss, que j'ai un peu connu et qui n'estimait guère les juristes (il avait fait des études de droit dont il avait un piètre souvenir), publiait sous l'égide de l'UNESCO un petit livre, intitulé : *Race et histoire*. Il y écrivait :

> Les grandes Déclarations des droits de l'homme ont, elles aussi, cette force et cette faiblesse d'énoncer un idéal trop souvent oublieux du fait que l'homme ne réalise pas sa nature dans une humanité abstraite, mais dans des cultures traditionnelles où les changements les plus révolutionnaires laissent subsister des pans entiers et s'expliquent eux-mêmes en fonction d'une situation strictement définie dans le temps et dans l'espace. Pris entre la double tentation de condamner des expériences qui le heurtent affectivement, et des différences qu'il ne comprend pas intellectuellement, l'homme moderne s'est livré à cent spéculations philosophiques et sociologiques pour établir de vains compromis entre ces pôles contradictoires, et rendre compte de la diversité des cultures tout en cherchant à supprimer ce qu'elle conserve pour lui de scandaleux et de choquant[6].

Trois quarts de siècle plus tard, nous sommes toujours dans ce dilemme. Le nœud gordien n'a pas été tranché. Mireille Delmas Marty, récemment disparue, a écrit que mieux valait harmoniser qu'unifier. Elle s'était beaucoup intéressée à la Chine.

Procédons d'abord à un rappel historique.

II. Les antécédents des droits de l'Homme en Chine

On pense souvent, bien à tort, que les idées de démocratie et de droits de l'homme n'ont été connues en Chine qu'en 1989. En réalité, elles sont apparues chez plusieurs auteurs chinois dès la fin du XIXe siècle.

Kang You Wei (1858-1927) a le premier ressuscité le concept de droits de l'homme. Selon lui, il existe des droits universels tels que la liberté et l'égalité ; à ce titre il critique les mariages arrangés qui seront condamnés par le parti communiste chinois quand il prendra le pouvoir, mais subsisteront sous d'autres formes plus contemporaines. Yan Fou (1852-1922) compare de façon critique la conception du temps chez les Chinois et les Occidentaux. Pour lui, les Chinois ont adopté une conception cyclique de l'histoire

---

[5] Cf. N. Rouland, « Les droits de l'homme sont-ils mortels ? », *Droit et cultures*, n° 74, 2017, p. 199-218.

[6] Cl. Lévi-Strauss, *Race et Histoire*, UNESCO, 1952, Paris, Denoël, rééd. 1987, p. 23.

aboutissant au conservatisme, alors que les Occidentaux croient au progrès. Tan Sitong (1865-1898), prend modèle sur la Révolution française de 1789. Il préconise une révolution par la violence pour abolir le régime impérial. Il se dit en faveur de l'égalité et de l'autonomie de l'individu. Ces idées seront reprises par Sun Ya Tsen et, en partie, par les Gardes rouges pendant la Révolution culturelle. Pendant cette dernière un des slogans de Mao était la *Grande Démocratie* : liberté d'expression, liberté de rédaction de *dazibao*, *etc.* En réalité, cette démocratie directe tourna vite à l'anarchie.

Liang Qichao (1873-1929) compare de façon critique les Chinois et les Occidentaux. Chez les premiers, le peuple est réduit à la condition d'esclave, alors que chez les seconds, il est citoyen. Adepte des philosophes français et tout particulièrement de Jean-Jacques Rousseau, il préconise un gouvernement démocratique, seul à même d'établir un État de droit. Pour la première fois, l'idée de droits de l'homme est liée avec celle de la loi, ou d'État de droit. Après le renversement du régime impérial, de 1929 à 1932, l'école littéraire du Croissant, fondée en 1923 à Beijing par Liang Qichao, insiste sur la nécessité d'une protection juridique des droits de l'homme, au moment où la Chine était déchirée par des conflits internes.

Quelques décennies plus tard, la Déclaration universelle des droits de l'homme est adoptée le 10 décembre 1948 à Paris. Donc, une année avant la prise du pouvoir dans la totalité de la Chine par le parti communiste. La Chine non communiste a apporté une contribution à cette Déclaration. En effet, elle était membre de plein droit de l'alliance victorieuse dans le second conflit mondial. Le ministère des affaires étrangères installé à Nankin a envoyé des représentants pour participer aux travaux préparatoires.

Les trois personnalités chinoises qui ont participé à la rédaction sont Zhang Pen Chun (1892-1957), Wu Jingxiong (1899-1986) et Luo Zhongzhu. Tous ont été formés dans des universités occidentales, et les références aux traditions chinoises sont relativement peu fréquentes. On peut résumer comme suit l'apport de Zhang. D'un côté, comme les membres non occidentaux de la Commission de préparation de la Déclaration, il fait partie de ceux qui ont rappelé avec le plus d'insistance l'existence de spécificités culturelles de vastes pans de l'humanité que l'histoire des siècles récents avait maintenus aux marges d'un ordre mondial dominé par l'Occident. Il a proclamé que la Déclaration ne saurait être universelle si ces cultures ne pouvaient s'y reconnaître. Mais d'un autre côté, au cours des débats, de manière qu'on puisse parvenir un texte final, il a presque toujours recommandé de gommer les spécificités culturelles et de se concentrer sur des principes acceptables par tous.

Le ton va changer à partir de la création de la République populaire de Chine en 1949.

III. Le Parti communiste chinois, les droits de l'homme et la démocratie

Marx les avait critiqués comme étant un produit de la société bourgeoise, écrivant que les droits de l'homme sont ceux de l'individu égoïste.

Pour Mao, il n'y a pas de droits de l'homme, il n'y a de droits de l'individu qu'en fonction de sa classe sociale. Il précise :

> Y a-t-il quelque chose que l'on puisse qualifier de nature humaine ? Oui, bien sûr. Mais il s'agit seulement d'une nature humaine concrète, pas d'une nature humaine dans l'abstrait. Dans une société de classe, il y a tout bonnement une nature humaine de classe et non pas une nature humaine qui transcenderait les divisions de classe[7].

Parallèlement, il faut citer l'évolution du Parti communiste chinois quant à la démocratie. Pour Mao, elle n'est qu'un complément de la notion léniniste de centralisme démocratique. Il emploie le terme de démocratie dans deux sens très différents. De 1920 à 1940, il insiste fréquemment sur la nécessité de la démocratie à l'intérieur du parti et de l'armée. Par exemple, les officiers ne doivent pas frapper et injurier les soldats. L'autre signification du terme démocratie est celle d'une forme particulière de système politique. Entre 1920 et 1930, Mao la qualifie de démocratie bourgeoise, ce qui ne veut pas dire qu'il la conteste. Conformément au schéma marxiste, il pense que la démocratie est une phase transitoire mais nécessaire avant l'instauration de la Révolution socialiste fondée sur le pouvoir des paysans. En 1945, il affirme : « Les droits du peuple à la libre expression et à la libre publication, les droits de réunion, d'association, la liberté de pensée et de croyance et la liberté de disposer de son corps sont les libertés les plus importantes. » L'année précédente, Zhou en Lai avait dit prudemment : « Ce que nous prônons, c'est une réunification fondée sur la démocratie, la seule authentique. Si elle est fondée sur la dictature d'un parti unique, sur une tyrannie militaire, c'est une fausse réunification. »

D'octobre 1949 à décembre 1952, on parle officiellement de « *Nouvelle démocratie* ».

Huit « partis démocratiques » sont autorisés à participer au gouvernement. En septembre 1949 la Conférence politique consultative du peuple chinois adopte un Programme commun : la propriété privée et de nombreuses libertés sont garanties ; les élections pour désigner les représentants du peuple se feront au suffrage universel ; il n'est question ni de dictature du prolétariat, ni de l'idéologie marxiste-léniniste. Mais en 1953, Mao décrète la transition vers le socialisme et jette au panier ce Programme commun. Face à la contestation issue du mouvement des 100 Fleurs, il écrit que la démocratie n'est qu'un moyen, une méthode, et non pas une fin :

---

[7] Cit. par W. Zhou, « The study of human rights in the People's Repubic of China », *in* James T. H. Tang, *Human rights and international relations in the Asia Pacific*, Pinter, London and New York, 1995, p. 86-87.

> À l'époque de la révolution démocratique, nous avons utilisé la « Grande démocratie occidentale » pour nous opposer à l'impérialisme, au féodalisme et au capitalisme bureaucratique. Aujourd'hui, nous utilisons la méthode démocratique pour résoudre différentes contradictions au sein du peuple.

En pratique, tous les opposants au parti communiste qui avaient déclaré imprudemment leurs opinions vont être sévèrement réprimés. Ensuite ce sera la Révolution culturelle, où, comme je l'ai écrit plus haut, sera pratiquée une forme bien particulière de démocratie.

Après la mort de Mao, une autre époque commence.

La Constitution chinoise de 1984 rappelle que la Chine féodale s'est transformée en République chinoise. Mais les libertés sont dirigées et ne doivent s'exercer que dans la mesure où elles se conforment aux principes inscrits dans le préambule de la Constitution : la direction du parti communiste, le marxisme-léninisme, la pensée de Mao Dze Dong, la dictature démocratique populaire, la voie socialiste.

Après la mort de Mao un certain nombre de documents fait expressément référence aux droits de l'homme.

C'est ainsi que le *Manifeste des droits de l'homme en Chine*, œuvre de la Ligue chinoise des droits de l'homme, fondée en 1979, affirmait que le développement des forces productives ne pouvait s'accomplir que simultanément à celui des libertés individuelles, notamment la liberté d'expression. Ce document exigeait le droit de critiquer les décisions du parti communiste et celles de l'État. Il recommandait d'accorder aux minorités nationales une autonomie réelle.

La Déclaration chinoise des droits de l'homme, rédigée par un certain nombre d'intellectuels à la suite de mouvements étudiants, demandait quant à elle la protection des libertés individuelles par l'État, la possibilité pour toute personne de protester publiquement ou en association contre des décisions politiques. Elle affirmait que tous les hommes naissaient libres et égaux.

Tout ceci annonçait les grandes manifestations étudiantes de 1989.

Après les événements de *Tian an Men* en 1989, l'expression « Droits de l'homme » réapparaît pour la première fois officiellement dans la publication par le Conseil des affaires d'État en 1991 d'un livre blanc intitulé *Droits de l'homme en Chine* :

> Le gouvernement chinois apprécie hautement la Déclaration universelle des droits de l'homme et estime qu'en tant que premier document international concernant les droits de l'homme, elle a jeté le fondement de la pratique des droits de l'homme dans le domaine international.

Mais il ajoute :

> L'évolution de la situation des droits de l'homme dépend cependant des conditions historiques, sociales, économiques et culturelles des divers pays, de grandes différences historiques, de celles des régimes politiques, des traditions culturelles et des niveaux de développement économique entre les pays.

Ce sera la position constante du parti communiste en matière de droits de l'homme, jusqu'à nos jours.

Moi-même en 1997 ai prononcé à Beijing plusieurs conférences sur la notion de droits de l'homme qui ont été bien accueillies par le public.

La Constitution chinoise a été révisée plusieurs fois. Une révision particulièrement importante a eu lieu en 2004. L'article 33 affirme que « L'État respecte et protège les droits de l'homme ». Comment le comprendre ? Cette révision pourrait signifier que la Chine a finalement accepté l'universalité des droits de l'homme après s'être orientée vers une conception asiatique ou chinoise. De plus, la notion de droits de l'homme pourrait désormais être interprétée comme incluant non seulement les droits fondamentaux, tels qu'ils sont définis dans le chapitre deux de la Constitution, mais aussi ceux contenus dans deux Pactes internationaux relatifs aux droits de l'homme dont la Chine est signataire sans les avoir ratifiés : le Pacte international relatif aux droits politiques et civils, signé en 1998 ; le Pacte international relatif aux droits économiques et sociaux et culturels, signé en 1997.

En décembre 2008, plus de 300 intellectuels, cadres du parti Députés et citoyens, signent un manifeste pour une Chine démocratique. Ce texte porte le nom de Charte 08, en référence à la Charte 77, que des intellectuels tchécoslovaques avaient rédigée en 1977 pour s'opposer au régime communiste soviétique. Les signataires veulent savoir si la Chine va poursuivre sa modernisation en reconnaissant les valeurs universelles, et mettre en place un régime démocratique. Ils préconisent la disparition du système du parti unique. Ils ne seront pas entendus.

En 2022, le *Quotidien du peuple* publie plusieurs articles concernant les droits de l'homme. Il cite plusieurs violations des droits de l'homme commises aux États-Unis : bien entendu l'extermination des Indiens, mais aussi des manifestations de racisme beaucoup plus contemporaines. Un article du 20 mai reprend la position officielle du gouvernement chinois, et affirme notamment, ce qui n'est pas faux :

> La Chine a organisé et mis en œuvre la plus grande et la plus forte bataille contre la pauvreté de l'histoire de l'humanité, a résolu de façon historique le problème de la pauvreté absolue qui tourmentait la nation chinoise depuis des milliers d'années et a jeté des bases matérielles plus solides pour le développement des droits de l'homme.

Il continue :

> Les droits de l'homme sont historiques, spécifiques et réalistes. On ne peut pas parler des droits de l'homme isolément des conditions sociales et politiques, et des traditions historiques et culturelles des différents pays. (…) Les droits de l'homme peuvent être utilisés comme un outil politique pour s'immiscer dans les affaires intérieures d'autres pays.

Il est incontestable qu'à la mort de Mao, la Chine était un pays extrêmement pauvre et ravagé par les luttes internes de la Révolution culturelle. Les successeurs de Mao ont permis un développement économique sans précédent, la fin de la pauvreté, la quasi-disparition de l'analphabétisme (3 % d'analphabètes en Chine à l'heure actuelle), la constitution de classes moyennes et les voyages à l'étranger de nombreux Chinois jusqu'au début de la pandémie de Covid. La Chine n'est pas l'Union soviétique, qui enfermait ses habitants dans des frontières hermétiques. De plus, les dirigeants chinois font régner l'ordre dans la société : une femme qui sort la nuit dans les grandes villes chinoises risque moins d'être agressée que dans beaucoup de capitales occidentales. Elle n'est pas forcée de porter le voile, comme dans un certain nombre de pays musulmans alliés de l'Occident.

Par ailleurs, la Chine a raison de dire que souvent en matière de droits de l'homme et de démocratie il y a deux poids, deux mesures. Les États-Unis n'ont jamais songé à monter de coalitions contre la Corée du Nord, où se commettent des crimes abominables contre les droits de l'homme. On n'a jamais dit qu'il fallait envoyer Bush junior devant le tribunal de La Haye à la suite des invasions occidentales au Moyen-Orient.

Comme disait Robespierre, personne n'aime les missionnaires armés. Il est donc vrai que malheureusement, souvent les droits de l'homme sont instrumentalisés dans la vie internationale et sont en quelque sorte le cache-sexe de motivations beaucoup moins avouables.

Ajoutons que même si cela nous étonne, une grande majorité de Chinois pense que la Chine est une démocratie, comme l'écrit Jean Pierre Cabestan, un auteur qu'on ne peut pas soupçonner de complaisance envers la Chine[8]. Au milieu des années 2000, 84 % des Chinois estimaient que leur pays était déjà démocratique, et 66 % pensaient que leur démocratie allait continuer de s'approfondir. Les données régulièrement publiées par *l'Asian Barometer Survey*, un programme de recherches comparatives sur les pays asiatiques établi par l'*Academia Sinica* de Taïwan, vont dans le même sens. En 2016, soit plusieurs années après l'arrivée de Xi Jinping au pouvoir, 63 % des Chinois soutenaient leur système politique. On peut penser que les Chinois s'autocensurent par peur de la répression. Mais plusieurs études ont montré que les sondés sont bien moins peureux qu'on ne peut le supposer. Jean-Pierre Cabestan fait aussi remarquer qu'avant la pandémie du Covid, beaucoup de Chinois voyageaient et étaient bien informés des avantages et des inconvénients de la démocratie libérale.

Les intellectuels chinois débattent beaucoup de la démocratie[9]. Ils pensent en général que la démocratie est un bon régime, mais qu'il faudra longtemps avant que la Chine y accède. On peut d'ailleurs retourner l'argument officiel suivant lequel il faut d'abord assurer la survie économique avant de penser

[8] Cf. J.-P. Casbestan, *Demain la Chine : Démocratie ou dictature*, Paris, Gallimard, 2018, p. 100-117.

[9] Cf. E. Frenkiel, *Parler politique en Chine : Les intellectuels chinois pour ou contre la démocratie*, Paris, PUF, 2014.

aux droits de l'homme individuel. Justement, une grande réussite du parti communiste chinois est d'avoir sorti la grande majorité des Chinois de la pauvreté. On peut donc se demander combien de temps encore il faudra attendre avant de passer à la démocratie politique.

Il est également vrai qu'il faut tenir compte de la sociologie particulière de la Chine. Elle comporte encore 47 % de paysans sur une population totale de près d'un milliard et demi d'individus[10]. La moitié environ de ces paysans est constituée de migrants[11], c'est-à-dire des individus qui quittent leur village en espérant pouvoir mieux gagner leur vie en ville et aider leurs familles. Ils partent d'abord avec l'idée de retourner dans leur village, mais beaucoup finissent par essayer de s'installer définitivement en ville, où ils constituent un sous-prolétariat. Pour les femmes, quitter la campagne, c'est aussi se libérer du carcan familial et de la contrainte des mariages arrangés.

Il reste que pour beaucoup de ruraux, les concepts tels que démocratie, ou droits de l'homme sont obscurs. Ce que ne manquent pas de rappeler les urbains, qui considèrent en général les paysans comme une population arriérée, peu fiable, et même criminogène quand il s'agit des migrants. L'accession à la démocratie supposerait donc que soit atteint un certain niveau d'éducation. Le débat n'est pas nouveau : on trouvait déjà chez Platon cet argument contre la démocratie athénienne.

IV. L'anthropologie chinoise

Mais plus profondément, on peut en effet se demander ce que signifient les droits de l'homme pour des populations qui n'en ont jamais entendu parler. Lors de la préparation de la Déclaration universelle de 1948, on avait consulté l'Association américaine des anthropologues. Elle s'était déclarée hostile à la proclamation de principes universels, au nom de la diversité des cultures[12]. Une déclaration prémonitoire de celle de 1952 de Claude Lévi-Strauss.

Depuis, les positions ont évolué. Les anthropologues pensent qu'avant de proclamer des principes universels, il serait bon de faire des enquêtes sur le terrain pour savoir ce que pourrait signifier l'idée de droits de l'homme suivant le groupe de populations auquel on appartient : urbains, paysans, hommes, femmes, etc. Ils essaient de comprendre comment de grandes inégalités comme celle entre les femmes et les hommes sont apparues pour mieux pouvoir y remédier. De même pour des coutumes telles que l'excision ou l'infanticide des petites filles.

---

[10] Cf. Ch. Guidi et W. Chuntao, *Les paysans chinois aujourd'hui. Trois années d'enquête au cœur de la Chine*, Paris, Bourin Éditeur, 2007.

[11] Cf. Ch. Froissart, *La Chine et ses migrants. La conquête d'une citoyenneté*, Presses universitaires de Rennes, 2013.

[12] Cf. N. Rouland, « L'universalité des droits de l'homme : une approche anthropologique », *The Conversation*, 15 avril 2021.

Il existe maintenant une anthropologie de la Chine faite par les Chinois[13]. Dans le dernier chapitre de mon essai sur la Chine[14], j'ai essayé d'en retracer les grandes lignes. Les Chinois se sont d'abord attachés à décrire les coutumes de leurs minorités nationales. Même si cela peut nous étonner, il existe par exemple en Chine une discipline qui s'appelle « tibétologie »[15].

Au milieu du siècle précédent, le fondateur de l'anthropologie chinoise est Fei Xiaotong, qui avait effectué de nombreux séjours sur le terrain parmi les paysans chinois. La démarche est assez semblable à celle de l'ethnologie européenne qui s'est d'abord développée dans nos anciennes colonies[16]. À cette différence que pour la Chine, les minorités nationales sont à l'intérieur de son propre territoire. Souvent, comme dans le cas des *Moso*, une minorité du Yunnan, les ethnologues constataient des divergences profondes des coutumes locales par rapport au reste de la population chinoise[17]. Les *Moso* étaient et demeurent une société matristique, alors que les *Han* sont patriarcaux[18]. Par la suite l'anthropologie chinoise s'est tournée vers l'étude des *Han*, c'est-à-dire la majorité de la population chinoise.

Le même mouvement s'est produit en Occident. Cette nouvelle anthropologie a commencé il y a soixante-dix ans dans un village du Lubéron, près d'Aix-en-Provence. Laurence Wylie, un Américain, vient s'installer avec sa famille à Roussillon, devenu aujourd'hui une localité très touristique. Il observe la vie locale, fait apprendre le provençal à ses enfants. Il étudie le jeu de boules, les manuels de classe, la belote avec le notaire, à la manière d'un ethnologue observant des cérémonies bantoues. Mais la publication de son livre provoque l'incompréhension des villageois qui n'apprécient guère que les affaires du village soient portées à la connaissance du grand public[19]. Ensuite, des sociologues s'intéresseront à d'autres groupes de la population, notamment les riches[20].

*

* *

---

[13] *La nouvelle anthropologie chinoise, Cargo, Revue internationale d'anthropologie culturelle et sociale*, Centre d'anthropologie culturelle de l'Université Paris Descartes, 2018.

[14] Cf. N. Rouland, *Ciels au-delà du Ciel, op. cit.*, chapitre IX : La société chinoise et l'autre – L'anthropologie chinoise, 347, 395.

[15] Il existe également de nombreux centres consacrés à l'étude des droits de l'homme dans les universités chinoises, ainsi que des revues consacrées aux droits de l'homme : par exemple le *Journal of Human Rights* de la Southwest University of Political and Science Law.

[16] Cf. *Aux racines de la société chinoise. Fei Xiaotong*, Paris, Presses de l'Inalco, 2021.

[17] Cf. C. Hua, *Une société sans père ni mari. Les Na de Chine*, Paris, PUF, 1997.

[18] Cf. N. Rouland, « Les sociétés matristiques chinoises. Un cas de pluralisme juridique », *Rev. Fac Direito UFMG*, Belo Horizonte, Brésil, janvier 2021, p. 329-372 ; « Les Moso, cette minorité chinoise qui fait la part belle aux femmes », *The Conversation*, 7 février 2021.

[19] Cf. L. Wylie, *Un village du Vaucluse*, Paris, Gallimard, 1968.

[20] Cf. M. Pinçon-Charlot, *La chasse à courre, ses rites et ses enjeux*, Paris, Payot, 1993 ; *Dans les beaux quartiers*, Paris, Le Seuil, 1998 ; *Grandes fortunes, dynasties familiales et formes de richesse en France*, Paris, Payot, 2016.

Tout ceci montre qu'avant de légiférer il faut étudier les populations auxquelles on va essayer d'appliquer la loi, sinon celle-ci demeurera lettre morte.

La tâche des juristes n'est pas pour autant inutile. Cela d'autant plus qu'il existe depuis quelques décennies un droit pénal international[21] et des jurisprudences de différents tribunaux qui permettent de clarifier des concepts tels que le génocide, les crimes contre l'humanité, *etc.*

Mais trop souvent les juristes ont tendance à penser que tout peut se résoudre par l'énoncé de textes. La réalité est différente. Et c'est cette réalité dont les anthropologues essaient de rendre compte.

Quant aux historiens du droit, une grande leçon de leur discipline est que les textes ne peuvent s'appliquer et perdurer que s'ils sont interprétés de manières différentes à travers le temps. Le droit romain n'aurait jamais survécu aussi longtemps s'il n'avait pas été profondément réinterprété par les juristes médiévaux, parfois à contresens.

Les Chinois font de même à propos de Confucius, vilipendé par Mao et aujourd'hui à l'honneur. Certains auteurs chinois en font même un précurseur des droits de l'homme, ce qui l'aurait certainement beaucoup étonné.

Pour moi, l'étude des droits de l'homme ne peut résulter que de rapports dialectiques entre la réalité sociale et la volonté du législateur.

Dans cet esprit, il convient d'écouter les arguments de la Chine, quitte, ensuite, à les discuter.

[21] Cf. D. Rebut, *Droit pénal international*, Paris, Dalloz, 2015.

TROISIÈME PARTIE

VARIA

MÉTAMORPHOSES DU POLITIQUE. LA MULTIPLICATION DES GROUPES PARLEMENTAIRES À L'ASSEMBLÉE NATIONALE SOUS LA V^E^ RÉPUBLIQUE

Étienne CRIQUI

Alors que depuis 1958, l'Assemblée nationale avait toujours compté entre quatre et six groupes parlementaires, la 15e législature qui s'ouvre en juillet 2017, après l'élection d'Emmanuel Macron, en recense sept : LREM (314 députés) ; LR (100) ; MoDem (47) ; UDI (35) ; Socialiste (31) ; LFI (17) ; GDR (Gauche démocrate et républicaine, 16). Mais neuf à la fin de la législature, à l'été 2022, avec l'adjonction des groupes Libertés et Territoires (créé en octobre 2018 avec 17 députés) et Agir ensemble (constitué en mai 2020 autour de 16 députés). Après la réélection d'Emmanuel Macron, la 16e législature qui s'ouvre à l'été 2022 donne à voir une Assemblée nationale encore plus fragmentée avec 10 groupes parlementaires : Renaissance (170 députés) ; RN (89) ; LFI (75) ; LR (62) ; MoDem (51) ; Socialiste (31) ; Horizons (30) ; Écologiste (23) ; GDR (22) ; LIOT (Libertés, Indépendants, Outre-mer, Territoires, 20).

Une telle inflation de groupes mérite qu'on s'y arrête. La diminution progressive du seuil pour constituer un groupe ainsi que l'apparition de groupes dits « techniques » y ont contribué, mais l'explication majeure tient à l'éclatement du système partisan ayant entraîné l'effritement puis la disparition de la bipolarisation.

Depuis 1910 et une résolution de la Chambre des députés, les groupes politiques font partie du quotidien du fonctionnement du Parlement en France. Ils ont été consacrés constitutionnellement par la Constitution du 27 octobre 1946 et font partie intégrante de la Ve République, même si la Constitution du 4 octobre 1958 ne les mentionne pas encore expressément. Le nombre de députés pour constituer un groupe est alors fixé à 30. Ce seuil sera remis en cause après les élections législatives de juin 1988 consécutives à la dissolution ayant suivi la réélection de François Mitterrand. Seuls en effet quatre groupes (Socialiste, RPR, UDF et les centristes de l'UDC) disposent de plus de 30 députés et se constituent en groupes parlementaires. Ce qui n'est pas le cas des communistes, au nombre de seulement 25, alors contraints de siéger parmi les non-inscrits. L'Assemblée adopte alors, le 15 juillet 1988, une modification de son règlement abaissant le seuil de constitution des groupes à 20 députés, permettant ainsi de sauver le groupe communiste. La deuxième baisse intervient en 2009, à l'initiative de Nicolas Sarkozy, et ramène le seuil à 15 députés. Il s'agissait alors, pour le président de la République, d'honorer une promesse faite notamment à certains parlementaires de l'opposition (les radicaux de gauche de Jean-Michel Baylet et quelques écologistes) en contrepartie de leur soutien à la révision constitutionnelle de 2008. L'effet est immédiat ou presque : alors que l'on ne dénombrait que quatre groupes durant la 13e législature (2007-2012), on en compte six au début de la 14e législature (2012-2017), dont trois rassemblent moins de 20 députés : le groupe écologiste (17 députés), qui disparaît en 2016 suite au départ vers le groupe socialiste des écologistes progouvernementaux ; le groupe Radical, républicain, démocrate et progressiste (RRDP, 18 députés, radicaux de gauche pour l'essentiel) et le groupe de la Gauche démocrate et républicaine (GDR, 15 députés, majoritairement élus sous l'étiquette du Front de gauche, en fait principalement communistes, ainsi que cinq élus ultramarins). C'est encore plus saisissant lors de la 15e législature (2017-2022) où se constituent en début de législature sept groupes, dont deux (LFI et GDR) de moins de 20 députés, mais neuf en fin de législature, dont cinq comptent alors moins de 20 députés, avec l'apparition des groupes Libertés et Territoires (17 députés) en octobre 2018 et Agir ensemble (16 députés) en mai 2020. La constitution de ce groupe, composé majoritairement de députés UDI, ayant réduit de moitié le groupe UDI, qui de 35 passe alors à 19 députés. Encore faut-il noter que de mai à octobre 2020, l'Assemblée nationale a même compté 10 groupes quand s'est créé le groupe Écologie, démocratie, solidarité (17 députés) composé principalement de « macronistes » de gauche, tels Cédric Villani, Mathieu Orphelin ou Aurélien Taché, et de quelques écologistes. Groupe éphémère néanmoins, compte tenu du départ de trois députés à l'automne 2020 conduisant à la dissolution du groupe qui était alors repassé en dessous du seuil de 15.

La multiplication des groupes à l'Assemblée nationale tient aussi à l'apparition de groupes techniques, appelés aussi parfois groupes « fourre-tout ». Traditionnellement les groupes parlementaires ont toujours rassemblé des élus, si ce n'est membres du même parti politique, du moins ayant une grande proximité politique, formalisée d'ailleurs dans la signature d'une déclaration politique commune qui trouve son origine à la Chambre des députés en 1932 et qui est rendue obligatoire par l'alinéa 2 de l'article 19 du règlement de l'Assemblée nationale. Ce règlement dispose d'ailleurs au 1er alinéa de ce même article 19 : « Les députés peuvent se grouper par affinités politiques. » Malgré tout, l'Assemblée nationale a toujours toléré ces groupes techniques ou « fourre-tout ». Ce qui n'est pas le cas du Parlement européen. En effet, sa Commission des affaires constitutionnelles vérifie pour chaque groupe la réalité des affinités politiques des députés qui le composent et a ainsi refusé, après les élections européennes de 1999, la constitution, à l'initiative de Jean-Marie Le Pen et du FN et de quelques députés plutôt marqués à gauche, du groupe technique des députés indépendants (appelé précisément TDI) au motif de la très grande diversité des opinions politiques des membres qui le composaient. Décision qui fut confirmée par le Tribunal de première instance des Communautés européennes. Le premier groupe « fourre-tout » fait son apparition sous la Ve République en 1993 (10e législature) sous le nom de « République et Liberté ». Il regroupe 23 députés et embrasse tout le spectre politique de Jean-Pierre Chevènement et Georges Sarre pour le Mouvement des Citoyens (MDC) jusqu'à Jean-Pierre Soisson et même le très conservateur Jean Royer, ancien ministre et maire de Tours, élu président du groupe, en passant par des radicaux de gauche du PRG (Bernard Tapie, Christiane Taubira…), des socialistes en rupture de ban, des élus d'Outre-mer, des centristes, tel Jean-Louis Borloo… Ce groupe ne résistera pas à l'alternance de 1997, mais certains de ses membres se retrouveront, au cours de la 11e législature, sur les bancs du groupe Radical, Citoyen et Verts (RCV), plus homogène politiquement, mais qualifié néanmoins de groupe technique, dans la mesure où il associait trois partis politiques différents : PRG, MDC et Les Verts, sans compter quelques dissidents socialistes. Ces groupes techniques se sont multipliés depuis l'élection d'Emmanuel Macron et la 15e législature (2017-2022), avec, de mai à octobre 2020, le groupe EDS (Écologie, Démocratie, Solidarité) qui, nous l'avons dit, rassemblait des « marcheurs » de gauche, en rupture de ban avec LRM, et quelques écologistes, et surtout le groupe Libertés et Territoires (LT) qui se constitue en 2018 à partir de « non-inscrits » et de marginaux des partis traditionnels, désireux de profiter des facilités et du temps de parole offerts aux groupes politiques et d'avoir ainsi plus de visibilité. Le caractère hétéroclite du groupe tient déjà à sa composition qui associe cinq élus du Mouvement Radical (qui fédérait alors radicaux de gauche et de droite), trois nationalistes corses, trois divers gauche, issus du PS, auxquels s'ajoutent deux membres du Nouveau Centre, un UDI, un divers-droite, et un divers écologiste ! Mais la diversité du groupe est confirmée par ses votes, notamment en juin 2019, après le discours de politique générale d'Édouard Philippe, où deux membres votent la confiance, huit la refusent et huit s'abstiennent, ou encore un an plus tard, en juillet 2020, lors du vote de confiance au nouveau Premier ministre Jean Castex, quand le groupe se divise entre votes contre (10) et abstentions (7). En 2022, avec la nouvelle législature, le groupe LT devient le groupe LIOT (« Libertés, indépendants, outre-mer et territoires »), qui se déclare groupe d'opposition (ce qu'il était déjà, dans la précédente législature, depuis juillet 2020) et dont la composition est toujours aussi éclectique avec un président, Bertrand Pancher, membre du parti radical, six centristes (UDI pour la plupart), quatre dissidents socialistes, trois nationalistes corses, trois élus ultra-marins inclassables, deux divers gauche de Guadeloupe et un régionaliste breton. Bref, un inventaire à la Prévert ! Le groupe LIOT illustre parfaitement, de ce point de vue, la pratique italienne du « *trasformismo* », le transformisme, qui conduit des parlementaires à changer soudainement de positions, souvent par opportunité politique, et partant à rejoindre un autre groupe ou à former un nouveau groupe associant des minoritaires ou des marginaux des grands partis de droite et de gauche.

Cela dit ce sont bien les mutations du système partisan, avec notamment la disparition progressive de la bipolarisation et la crise des partis politiques, qui expliquent la multiplication des groupes parlementaires à l'Assemblée nationale sous la Ve République.

Les élections de novembre 1958 qui marquent le début de la Ve République se déroulent au scrutin uninominal majoritaire à deux tours. La configuration des forces politiques ne se différencie guère de celle des élections du 2 janvier 1956, si ce n'est l'apparition victorieuse du parti gaulliste UNR-UDT (206 sièges) et la quasi-disparition du « Mouvement Poujade ». Mais les autres forces politiques de la IVe (PCF, SFIO, MRP, radicaux, RGR, Indépendants-paysans du CNIP…) sont toujours bien présentes. La logique du système majoritaire à deux tours, combinée à l'isolement de certaines forces politiques, notamment le PCF, préserve l'Assemblée de l'émiettement traditionnel de la IVe République. Ainsi seuls six groupes sont officiellement constitués : UNR, CNIP, MRP, SFIO, Entente démocratique (qui regroupe le parti radical, le Centre républicain et l'UDSR), auxquels s'ajoute un groupe composé des élus d'Algérie, appelé Unité de la République en 1959, puis Regroupement national pour l'unité de la République (RNUR) en 1960 et qui disparaîtra avec l'indépendance de l'Algérie en juillet 1962. Mais le PCF, isolé, sans alliance et victime du mode de scrutin majoritaire, n'est pas en mesure, avec seulement 10 députés et bien qu'arrivé en tête du premier tour, avec près de 19 % des voix, de constituer un groupe. Groupe qu'il retrouve, avec 41 élus, lors de la deuxième législature, après les élections de novembre 1962 qui marquent néanmoins un tournant avec l'apparition du fait majoritaire. En effet, la plupart des formations politiques ne se présentent plus, à la différence de 1958, en ordre dispersé, mais se sont organisées, soit dans l'Association pour la Ve République, soit en face dans le « Cartel des non », constitué à la suite du référendum d'octobre 1962 sur l'élection du président de la République au suffrage universel direct. Mais faute d'alliance véritable, le CNIP est laminé et n'est plus en mesure de constituer un groupe autonome. Seuls les dissidents conduits par Valéry Giscard d'Estaing et ralliés au pouvoir gaulliste peuvent former un groupe, les Républicains indépendants (RI). La législature compte toujours six groupes, mais la simplification du paysage politique est patente. Elle va se poursuivre lors des deux législatures suivantes (1967-1968 et 1968-1973) qui ne comptent plus que cinq groupes, deux pour la majorité (UDR et RI) trois pour l'opposition (PC, Fédération de la Gauche démocrate et Socialiste, FGDS — qui reprend le nom de Socialiste en 1969 — et le groupe centriste, Progrès et démocratie moderne, PDM). La cinquième législature (1973-1978), va compter brièvement six groupes, compte tenu de l'éclatement (provisoire) du groupe PDM en deux, avec un groupe dans l'opposition (les

Réformateurs et Démocrates sociaux) et un dans la majorité (l'Union centriste). Mais l'élection de Valéry Giscard d'Estaing en 1974 va redistribuer les cartes : les Réformateurs de Jean-Jacques Servan-Schreiber qui ont très majoritairement soutenu VGE au second tour intègrent la majorité, ce qui permet au groupe centriste de se reconstituer sous le nom de « Réformateurs, Centristes et Démocrates sociaux ». Le duel entre François Mitterrand et Valéry Giscard d'Estaing a achevé la bipolarisation du système politique, confortée par la création de l'UDF le 1er février 1978, à l'instigation de Jean Lecanuet et de Jean-Jacques Servan-Schreiber, dans la perspective des élections législatives du mois de mars. C'est la concrétisation du « quadrille bipolaire » évoqué par Maurice Duverger deux ans plus tôt (*Le Monde*, 27 janvier 1976), organisé en deux coalitions de deux partis : UDF et RPR à droite, PS et PC à gauche. La bipolarisation va structurer la vie politique française jusqu'en 2017 et l'élection d'Emmanuel Macron et va évoluer progressivement, en tout cas à l'Assemblée nationale, vers un quasi-bipartisme. Le déclin du PC, amorcé au tournant des années 1980, va conduire à l'hégémonie du PS à gauche, alors que l'UMP, créée en avril 2002, à l'initiative de Jacques Chirac, entre les deux tours de l'élection présidentielle et dans la perspective des élections législatives, rassemble le centre et la droite dans une seule formation et dans un seul groupe à l'Assemblée. Ainsi, dans la 12e législature (2002-2007), comme dans la 13e (2007-2012), on ne dénombre que quatre groupes parlementaires à l'Assemblée nationale, dont deux (UMP et Socialiste) regroupant environ 90 % des députés. Les dissidents de l'UDF (sous l'appellation Nouveau Centre en 2007) et le PC se partagent les miettes. Cela dit, des forces politiques nouvelles ont émergé à partir des années 1980 et ont fini par lézarder le bipartisme, si ce n'est la bipolarisation. Ainsi le Front national (FN), créé en 1972 et présidé par Jean-Marie Le Pen, réalise une percée aux élections européennes de 1984 (11 % des voix) et fait son entrée au Palais Bourbon en 1986 avec un groupe de 35 députés, compte tenu de l'application de la représentation proportionnelle voulue par François Mitterrand. Certes, jusqu'en 2022, avec le rétablissement du scrutin majoritaire à l'initiative de Jacques Chirac en 1987, le FN, devenu Rassemblement national (RN) en 2018, ne sera plus en mesure de constituer un groupe à l'Assemblée nationale, ses rares députés siégeant chez les non-inscrits (huit en 2017 dans la 15e législature). Les écologistes (Les Verts, parti créé en 1984, devenu Europe-Écologie-Les Verts [EELV] en 2010) après avoir percé, eux aussi, d'abord aux élections européennes de 1989 (10,6 % des suffrages pour la liste conduite par Antoine Waechter) vont petit à petit conquérir des positions à l'Assemblée nationale, sans pour autant être en mesure, à eux seuls, de constituer un groupe autonome. C'est l'abaissement du seuil à 15 députés en 2009 qui leur permettra de constituer enfin un groupe parlementaire en 2012, et seulement jusqu'en 2016, date du départ des écologistes progouvernementaux qui rejoignent alors le groupe socialiste. Ainsi la 14e législature qui s'ouvre en 2012, après la victoire de François

Hollande, compte six groupes parlementaires, même si les deux plus importants, SRC (295 députés) et LR (196), regroupent 85 % des députés. L'élection d'Emmanuel Macron en 2017, avec un parti créé de toutes pièces peu auparavant, La République en Marche (LREM), qui se dit de droite et de gauche ou ni de gauche, ni de droite, porte un coup fatal à la bipolarisation du système politique.

L'émergence de La République en Marche (devenue « Renaissance » en 2022) s'inscrit aussi dans une crise des partis politiques, qu'elle a contribué à aggraver. L'élimination au premier tour de l'élection présidentielle de 2 017 du candidat LR, François Fillon, ainsi que celle du candidat socialiste Benoît Hamon, pourtant soutenu par EELV, ont considérablement affaibli les deux partis dominants du système politique. Mais le succès d'Emmanuel Macron et le raz de marée des candidats LREM aux élections législatives ont accentué la crise des deux anciens partis de gouvernement, affaiblis par de nombreuses défections de personnalités séduites par le président de la République. Cela dit, le nouveau parti « attrape tout », n'a pas réussi à absorber le MoDem de François Bayrou, pourtant positionné depuis longtemps dans cet espace central, qui conserve donc un groupe autonome à l'Assemblée, pas plus que les centristes de l'UDI, qui forment un groupe d'opposition, mais « constructive », d'où la dénomination du groupe (35 députés) : « Les Constructifs : républicains, UDI et indépendants ». Mais à la suite de la création, en novembre 2017, du parti « Agir » qui rassemble des élus de droite ou du centre droit ralliés à la majorité, le groupe s'intitule « UDI, Agir et indépendants ». Ce qui n'empêche pas les tensions entre ceux qui soutiennent la majorité et ceux qui restent dans l'opposition, de sorte qu'en mai 2020 la scission est consommée par la création d'un nouveau groupe « Agir ensemble », autour d'anciens élus LREM proches d'Édouard Philippe et des députés « Agir ». Alors que la législature avait commencé avec sept groupes, elle va en compter 10 en mai 2020, compte tenu de la création de « Libertés et Territoires » en octobre 2018, autour de députés de centre gauche et de centre droit, groupe « minoritaire » devenant groupe d'« opposition » en 2020, et de « Écologie, démocratie et solidarité » (EDS) en mai 2020, qui regroupe principalement des « macronistes » de gauche. La nébuleuse centriste n'a donc pas réussi à se fédérer au sein de La République en Marche, à tel point que le groupe LREM, fort de 314 députés au début de la législature n'en compte plus que 268 à la fin (soit 15 % de pertes, un record sous la Ve République). La création d'« Horizons » par Édouard Philippe en octobre 2021, va encore obscurcir le paysage politique au centre droit, l'ancien Premier ministre exigeant son propre groupe (30 députés) à l'Assemblée en 2022. Les élections législatives de 2022 sont marquées par un échec de la majorité soutenant Emmanuel Macron, éclatée donc en trois partis principaux (auxquels s'ajoutent quatre micropartis), mais fédérée au premier tour sous le label « Ensemble citoyens », sans que pour autant elle n'obtienne la majorité absolue des sièges. Pour la première fois depuis 2 002 et l'inversion du calendrier électoral, le président de la République ne dispose pas d'une majorité au Palais Bourbon. Mais surtout pour la première fois depuis 1962 (voire depuis le début de la Ve République), l'Assemblée nationale apparaît presque ingouvernable. En effet l'opposition plurielle et minoritaire de la 15e législature, incarnée principalement par LR (100 députés) et plus marginalement par la gauche, 64 élus, mais répartis en trois groupes (Socialiste, LFI et GDR), se transforme en 2022 dans la 16e législature en une opposition majoritaire, mais beaucoup plus éclatée. D'une part le RN obtient un succès sans précédent et devient le premier groupe d'opposition avec 89 députés, mais d'autre part la gauche unie dès le premier tour dans la « Nouvelle union populaire, écologique et sociale » (NUPES) réussit à faire élire 151 députés répartis en quatre groupes (LFI, Socialiste, Écologiste et GDR), auxquels s'ajoutent deux autres groupes d'opposition : LR (62 députés) et LIOT (20). Soit 10 groupes parlementaires, avec Renaissance (ex-LREM), le groupe majoritaire, deux groupes « minoritaires » (MoDem et Horizons) et pas moins de sept groupes d'opposition !

Ce paysage en forme de mosaïque traduit bien la faiblesse des partis politiques français et en particulier de La République en Marche, devenue Renaissance, mouvement « gazeux » plus que parti (comme LFI d'ailleurs), sans cohésion idéologique et longtemps sans véritables adhérents, si ce n'est par un « clic » sur internet, tourné autour de son leader devenu président de la République, au point d'en reprendre le nom dans son sigle initial. Comme le déclarait Gilles Le Gendre, député Renaissance de Paris : « De notre côté nous avons échoué à réunir nos forces : on se retrouve avec un mouvement balkanisé entre Renaissance, Horizons et le MoDem sans compter les sous-chapelles afférentes[1]. » Mais la révision constitutionnelle de 2008 a aussi contribué à la multiplication des groupes en permettant au règlement des assemblées de renforcer les droits et prérogatives des groupes, notamment minoritaires. Ainsi l'article 51-1 de la Constitution dispose : « Le règlement de chaque assemblée détermine les droits des groupes parlementaires constitués en son sein. Il reconnaît des droits spécifiques aux groupes d'opposition de l'assemblée intéressée ainsi qu'aux groupes minoritaires ». Outre le fait que les moyens dont disposent les groupes (moyens financiers, moyens en personnel, temps de parole…) sont aujourd'hui conséquents et constituent une forme d'incitation à faire bande à part et à s'assurer une indéniable visibilité, l'apparition de « groupes minoritaires » a pu renforcer les tendances centrifuges. C'est surtout pour s'assurer le soutien des groupes charnières « Union centriste » et « Rassemblement démocratique et social européen » du Sénat lors de la révision constitutionnelle que la notion de groupe « minoritaire » a été introduite dans la Constitution et définie à l'article 19, alinéa 4 du règlement de l'Assemblée nationale qui dispose : « Sont considérés comme groupes minoritaires ceux qui ne sont pas déclarés

[1] *Le Monde*, 14 décembre 2022, p. 12.

d'opposition, à l'exception de celui d'entre eux qui compte l'effectif le plus élevé. » Les groupes minoritaires (Horizons et MoDem dans l'Assemblée nationale actuelle) sont le produit de la fin de la bipolarisation et du multipartisme actuel, mais contribuent aussi à renforcer l'éclatement du système partisan. En effet ces groupes, comme ceux qui se déclarent d'opposition, bénéficient d'une « niche » parlementaire, avec une journée par mois réservée à un ordre du jour fixé par eux, de même qu'ils peuvent obtenir, une fois par session ordinaire, la création d'une commission d'enquête. Comme l'écrit Priscilla Monge :

> Alors que la Ve République s'est appliquée à institutionnaliser une majorité nette et constante, il semble que l'on assiste désormais à un retour en arrière légitimé sur le plan juridique par la reconnaissance constitutionnelle des groupes minoritaires… [qui] aura incontestablement constitué un tremplin juridique vers la multipolarisation politique[2].

Consolidation des droits et du pouvoir des groupes parlementaires, fin de la bipolarisation et éclatement du système des partis, tout a concouru à la multiplication des groupes parlementaires à l'Assemblée nationale.

---

[2] P. Monge, « Les groupes minoritaires de l'article 51-1 de la Constitution : de l'artifice juridique à la réalité politique d'un contre-pouvoir », *RFDC*, n° 103, 2015, p. 631.

ÉTATS DÉMOCRATIQUES ET PRÉSERVATION DE LA PAIX : LES DÉMOCRATIES (SE) FONT-ELLES LA GUERRE ?

Mélanie DUBUY

Le thème et l'approche choisis dans cet article mobilisent des connaissances issues du droit international public, du droit constitutionnel, de la science politique comme l'exige l'étude du droit international de la paix[1]. L'approche choisie est ainsi résolument pluridisciplinaire tant l'étude de la paix brouille les partitions académiques du point de vue matériel à l'image de la curiosité et l'ouverture intellectuelles du dédicataire de ces lignes[2]. Le droit international de la paix séduira-t-il le constitutionnaliste ? Trois remarques s'imposent d'emblée.

Il est tout d'abord difficile d'appréhender la paix dans toute sa complexité. Il existe de nombreuses définitions de la paix tant philosophiques que juridiques. La paix peut être interne, internationale, négative, positive, ce qui fait sa richesse par l'approche pluridisciplinaire proposée. La paix négative peut être définie comme l'absence de guerre. Condamnant le recours à la force armée et prônant le règlement pacifique des différends, elle correspond à la prévention de la guerre et de la violence armée[3]. La paix positive plus complexe correspond à une coopération entre les peuples et les États[4] et la réunion de plusieurs éléments : la justice sociale (dignité humaine), le respect des droits de l'homme, l'éradication des facteurs de violence structurelle entraînant la pauvreté (répartition des richesses de manière inéquitable,

---

[1] C. Bailliet, « Untraditional approaches to law: teaching the international law of peace », *Santa Clara journal of international law*, 2014, p. 1-27. Pour une présentation complète du concept de paix et de son histoire, D. Cortright, *Peace. A History of movements and ideas*, CUP, 2008. Pour une étude complète de la guerre et de son droit, v. A. Clapham, Oxford University press, Clarendon Law Series, 2021. J. Lindley-French, Y. Boyer (ed.), *The Oxford Handbook of War*, OUP, 2014. B. Brice, « Paix démocratique/paix libérale », *in* B. Durieux, J.-B. Jeangène Vilmer, F. Ramel (dir.), *Dictionnaire de la guerre et de la paix*, Paris, PUF, 2017, p. 979-984.

[2] Une appétence pour le droit international public toujours revendiquée par le Pr. Pierré-Caps, v. not. « Le peuple à l'interface du droit constitutionnel et du droit international », *Civitas Europa,* 2014, n° 32, Internationalisation des constitutions et consentement du peuple, p. 5-20.

[3] C. Bailliet, « Introduction », *in* C. Bailliet, K. Mujezinovic Larsen (ed)., *Promoting peace through international law*, OUP, 2015, p. 2 s.

[4] C. Bailliet, « Introduction: researching international law and peace », *Research Handbook on international law and peace*, Edward Elgar publishing, 2020, p. 1-28, p. 5.

exclusion…)[5]. Ce sont des éléments que l'on retrouve dans les États démocratiques[6] qui se caractérisent par la liberté de l'individu, les droits politiques et un ensemble d'institutions avec un gouvernement représentatif et une séparation des pouvoirs[7]. La Charte des Nations unies a intégré ce concept de paix positive dans son Préambule où les États membres se sont engagés à pratiquer la tolérance afin de vivre en paix, à s'unir pour maintenir la paix et la sécurité internationales, à s'assurer que la force armée ne soit utilisée que pour satisfaire des buts communs, que l'organisation serve le bien-être des peuples[8].

Ensuite, la question de l'éradication de la guerre n'est pas l'apanage du droit international public. Dans la période post-seconde guerre mondiale, le droit international et le droit constitutionnel se sont rejoints dans cette entreprise d'éradication de la violence armée. Ce mouvement d'adoption de « *peace constitutions* » a permis au droit constitutionnel de rattraper son retard sur celui initié par le droit international de mise de la guerre hors-la-loi lancé depuis le Pacte de la SDN de 1919[9]. Certains États se sont dotés d'une Constitution[10] par lesquelles ils renonçaient à faire la guerre et à se doter d'une armée[11] ou encore dénonçaient la guerre comme un instrument d'agression contre les libertés des autres peuples[12]. Une culture de la paix a pu alors être promue dans ces Constitutions[13]. Comme le relève A. Tadjdini, ces « *peace constitutions* » peuvent adopter une approche externe et négative de la paix[14].

---

[5] La dichotomie paix négative/positive a été théorisée par le politiste J. Galtung *in* « Violence, peace, and peace research », *Journal of Peace research*, 1969, p. 167-191.

[6] O. Richmond, *Peace. A very short introduction*, OUP, 2014, p. 10.

[7] V. D. Battistella, J. Cornut, E. Baranets, *Théorie des relations internationales*, Paris, Presses de Science po, 2019, p. 612 : « Il s'agit d'une démocratie consolidée, mature, existant depuis un certain temps car seul le temps permet d'enraciner la culture du compromis, qui tout autant sinon plus même que les contraintes institutionnelles, permet de dégager l'attente pacifique réciproque entre démocraties. »

[8] Articulation du Préambule et des articles 1 § 1, 2, 3 de la Charte NU, selon l'analyse présentée par C. Bailliet, *Research handbook, op. cit.*, p. 11.

[9] R. Kolb, « Regards croisés vers la Société des nations : de la SDN à l'ONU en matière de maintien de la paix », *Conflits, sécurité et coopération,* Liber amicorum Victor-Yves Ghebali, Bruxelles, Bruylant. 2007, p. 383-427. C. Bailliet, *Research handbook, op. cit.*, p. 10 ; R. Kolb, *Jus contra bellum. Le droit international relatif au maintien de la paix*, Bâle-Bruxelles, Helbing et Lichtenhahn-Bruylant, 2ᵉ éd., 2009. R. Kolb, *The international law on the maintenance of peace*, Cheltenham, Edward Elgar publishing, 2019, sp. p. 12, sur l'influence des régimes politiques sur la paix.

[10] Des « *Peace constitutions* » qui se démarquent des Constitutions traditionnelles de la fin du XVIIIᵉ et XIXᵉ siècles en ce qu'elles ne reprennent pas deux traits classiques : la régulation des pouvoirs de guerre et l'armée, A. Tadjdini « The constitutional dimension of peace », *Research handbook on international law of peace*, p. 493-514, p. 500 s., donnant une liste détaillée des particularités de toutes les constitutions citées dans cet article.

[11] Article 9 Constitution du Japon, 1947, avec deux éléments déterminants pour la préservation de la paix : la renonciation à la guerre et l'abolition d'une armée étatique.

[12] Constitution de l'Italie, 1948, article 11. Constitution de la Corée du Sud, 1988, article 5 § 1.

[13] Constitution de la Bolivie, 2009, article 10 (1) ; Constitution du Cambodge, 1993, article 53.

[14] A. Tadjdini, *op. cit.*, p. 501.

Des constitutions peuvent également adopter une conception positive de la paix en liant la protection des droits de l'homme à la préservation de la paix pour le développement d'une société et des peuples de manière générale[15].

Enfin, les conditions nécessaires à l'aménagement de la paix perpétuelle avaient été pensées bien avant la phase d'*outlawry of war* du début du XXe siècle. C'est ainsi que dans *Vers la Paix perpétuelle*, Kant identifie six lois devant être appliquées comme une recette pour obtenir la paix perpétuelle[16]. Il s'agit de comportements étatiques qui, s'ils sont pratiqués, empêcheraient la paix. Mais le respect de ces préconditions ne garantira pas à lui seul la paix perpétuelle[17]. Tout d'abord, les traités de paix qui mettent fin aux hostilités doivent être permanents. Ensuite, les États qui sont des sociétés d'hommes ne doivent pas être acquis par d'autres États. Les armées ne doivent pas être constituées et maintenues de manière permanente parce qu'elles impliquent une course aux armements. Les dettes nationales devraient être remboursées, car elles sont très souvent contractées pour faire la guerre. Une ingérence dans les affaires intérieures des États est interdite, car elle représente une violation des droits fondamentaux des peuples indépendants. Enfin, Kant interdit les pratiques déshonorables pendant la guerre (emploi d'assassins, d'empoisonneurs...). L'influence kantienne sur la conception de la paix à la mode onusienne est évidente. À ces six articles préliminaires, il ajoute trois articles définitifs offrant les conditions positives d'une paix. La première exigence est celle selon laquelle la Constitution doit être républicaine, c'est-à-dire une Constitution pour laquelle tous les citoyens sont égaux et libres. La deuxième exigence consiste dans la constitution d'une fédération d'États libres. Enfin, une Constitution cosmopolite permettrait la mise en place de relations mutuelles pacifiques. Pour Kant, le succès de cette paix perpétuelle dépend à la fois d'efforts concédés par les États entre eux et à l'intérieur des frontières de l'État. La paix est un projet politico-juridique à construire[18]. Aussi, avec Kant, la constitution doit être conforme au droit civique des peuples (*jus civitatis*) ; dois être basée sur le droit international des États dans leurs relations mutuelles (*jus gentium*) ; doit être conforme au droit cosmopolite dans la mesure où « hommes et États qui sont engagés dans des rapports d'influence extérieure réciproque, doivent être considérés comme des citoyens d'un État universel des hommes (*jus cosmopoliticum*) »[19]. Selon A. Tadjdini, la conception de la paix chez Kant mobilise ainsi des éléments internes, externes, négatifs (non-intervention, respect des traités de paix) et positifs (adoption d'une constitution libérale)[20].

---

[15] Constitution du Japon, 1946, préambule.

[16] Kant, *Vers la paix perpétuelle*, Paris, GF Flammarion, 1991, VIII, 343 s., p. 75.

[17] Pour une présentation détaillée v. J. Rauber « The United Nations – a Kantian dream come true ? », *Hanse Law Review*, 2009, p. 49-76, p. 53 s. A. Tadjdini, *op. cit.*, p. 496 s.

[18] Kant, *op. cit.*, « L'état de paix doit donc être institué », VIII, p. 349, p. 83.

[19] *Ibid, note*. A. Tadjini, *op. cit.*, p. 495.

[20] A. Tadjdini, *ibid.*, p. 497.

Il existe ainsi des liens très forts entre la paix positive et la démocratie[21] comme il existe une corrélation entre la prospérité économique de ces États et la paix et la sécurité internationales[22]. La démocratie contribue à créer les conditions nécessaires pour obtenir une paix positive. Mais est-ce que les États démocratiques sont une garantie systématique contre la guerre ? Si la théorie libérale de la paix démocratique repose sur l'idée selon laquelle les démocraties sont naturellement pacifiques entre elles (I), plusieurs facteurs propres aux structures et aux valeurs démocratiques l'expliquant (II), elle est néanmoins à nuancer par la réalité des guerres démocratiques (III).

I. La théorie libérale de la paix démocratique

L'idée générale lancée par Kant, largement reprise par une branche doctrinale en science politique (*Kantian liberalism*, notamment par M. Doyle[23]), appelée théorie de la paix démocratique (*DPT*) repose sur le postulat selon lequel les États démocratiques ne se font pas la guerre entre eux[24]. La démocratie encourage l'établissement de relations pacifiques entre les États ayant une propension à projeter à l'extérieur les règles démocratiques. Des Républiques (au sens moderne de démocraties représentatives[25]) ne se feraient pas la guerre parce que les citoyens de ces États devraient supporter les effets et le coût de la guerre (conséquences humaines et financières de la guerre). À l'inverse, les dictateurs eux n'auraient pas à supporter le coût de la guerre refusant de rendre des comptes à leur population :

---

[21] V. Institute of Economics and Peace, rapport 2022, https://www.economicsandpeace.org/wp-content/uploads/2022/01/PPR-2022-web.pdf. Le rapport montre que les États qui sont des régimes pleinement démocratiques connaissent le plus haut niveau de paix positive à la différence des régimes autoritaires qui ont les conditions de paix les plus faibles. Le rapport est fondé sur l'étude politique des structures de l'État : séparation des pouvoirs, effectivité des juridictions…, p. 30. V. Service de recherche du Parlement européen, Paix et sécurité en 2022https://www.europarl.europa.eu/RegData/etudes/STUD/2022/733605/EPRS_STU(2022)733605_FR.pdf.

[22] Positive peace index 2020, p. 25, PPR-2020web.pdf (visionofhumanity.org): « *Positive peace can often act as a driver of economic prosperity while economic prosperity also acts as a driver of peace.* »

[23] M. Doyle, « Kant, liberal legacies and foreign affairs », *Philosophy and public affairs*, 1983 *in Liberal peace*, *Selected essays*, Londres, Routledge, 2012, p. 13 et s. S. Simpson, « Making liberal use of Kant? Democratic peace theory and Perpetual Peace », *International relations*, 2019, p. 109-128.

[24] Plusieurs approches ont été identifiées : la monadique, à l'échelle de l'État seul, selon laquelle l'État démocratique ne fait pas la guerre à tous les autres États du système ; la dyadique dans une relation interétatique, une paire d'États démocratiques donc, selon laquelle ceux-ci ne se font pas la guerre entre eux et la systémique selon laquelle plus il y a d'États démocratiques dans une région ou dans un système politique et plus il y aura de relations pacifiques dans cette zone ou ce système. V. D. Reiter, « Democratic peace theory », *Oxford bibliographies in political science*, 2019, https://www.oxfordbibliographies.com/view/document/obo-97801997562 23/obo-9780199756223-0014.xml.

[25] D. Battistella *et al.,* p. 598, n° 18.

> Quand on exige l'assentiment des citoyens pour décider si une guerre doit avoir lieu ou non, il n'y a rien de plus naturel que, étant donné qu'il leur faudrait décider de supporter toutes les horreurs de la guerre, [...] ils réfléchissent beaucoup avant de commencer un jeu si néfaste ; par contre, dans une Constitution où le sujet n'est pas citoyen [...] c'est la chose la plus aisée du monde, parce que le chef n'est pas un associé dans l'État, mais le propriétaire de l'État, que la guerre n'inflige pas la moindre perte à ses banquets, chasses, châteaux de plaisance, fêtes de cour [...][26].

C'est une théorie qui a été largement étudiée en science politique[27], les auteurs s'interrogeant sur le lien de causalité (« *nexus* ») entre l'absence de guerre et la démocratie et la guerre et les États non démocratiques.

Plusieurs clés ont été données pour expliquer cette propension des démocraties à ne pas se faire la guerre.

II. Les facteurs expliquant l'absence de guerre entre États démocratiques

Parmi les multiples arguments invoqués, on trouvera ceux liés à « l'hypothèse institutionnelle[28] » selon laquelle les institutions politiques démocratiques alimentent la paix entre les démocraties. Les *leaders* politiques sont élus, doivent rendre des comptes au peuple et sont contrôlés politiquement. Ils savent qu'ils seront exclus du pouvoir s'ils s'engagent dans des guerres coûteuses, ce que ne craignent pas les dictateurs. D. Reiter identifie plusieurs variantes reposant sur cette clé institutionnelle : une variante liée à l'audience publique, le dirigeant se lançant dans une guerre puis reculant risquant de perdre sa crédibilité auprès de son peuple[29]. Une autre repose sur la mobilisation intense des économies des États démocratiques durant la guerre qui les pousse à renoncer à s'engager dans la guerre. Une troisième repose sur l'idée selon laquelle la séparation des pouvoirs, la diffusion du pouvoir va ralentir la propension des États à s'engager dans la guerre. L'exécutif déclarant la guerre devra peut-être obtenir l'accord du Parlement en motivant ce recours à la guerre[30].

---

[26] Kant, VIII, 351, p. 85-86.

[27] Lire l'analyse très complète *in* D. Battistella *et al*, *op. cit.*, p. 566 et s.

[28] D. Reiter, « Is democracy a cause of peace », *Oxford Research Encyclopedias, Politics*, p. 3. « The structural account » selon K. Placek, « The democratic peace theory », e-international relations, p. 1.

[29] D. Reiter, *loc. cit.*

[30] C'est le cas par exemple aux États-Unis en application du *War Power Resolution* 1973, v. not. B. Finucane, « Ukraine and War Powers: A Legal Explainer », https://www.justsecurity.org/80438/ukraine-and-war-powers-a-legal-explainer ; L. Klein, « Les War Powers en droit constitutionnel américain. État des lieux et perspectives », *Jus politicum*, 2019, p. 259-288. En France, l'article 35 de la Constitution de 1958 prévoit que « la déclaration de guerre est autorisée par le Parlement », mais le contrôle du Parlement se fait en réalité *a posteriori*. L'exécutif a l'obligation de prévenir le Parlement trois jours après le lancement d'une opération (OPEX), ce qui donne lieu à débat, et demandera au Parlement l'autorisation de prolonger cette mission au bout de 4 mois d'intervention. V. R. Leblond-Masson, « Le Parlement et la décision de guerre : retour sur l'article 35 de la Constitution », *RFDC*, 2015, p. 839-861. Pour le

La deuxième série d'arguments est relative à la culture de la paix[31]. Dans le volet interne, les États démocratiques vont offrir des modes juridictionnels de règlement des différends, la possibilité d'élections, la liberté d'expression[32]. Dans les relations interétatiques, cette culture de la paix se retrouve dans le recours à des modes pacifiques de règlement des différends (juridictionnels et diplomatiques comme la négociation, la médiation) et l'invocation des fondements du droit international. À l'inverse, les dictatures vont recourir à la violence et la contrainte pour régler leurs différends et le non-respect du droit international dans leurs relations avec les autres États (agression armée)[33]. Les États démocratiques vont former une communauté d'États soumis au respect du droit international en trouvant des solutions diplomatiques à un différend. La Russie n'aurait certainement pas mené une agression contre l'Ukraine en février 2022 si elle avait été une démocratie[34]. Les citoyens de ces États démocratiques sont encore éclairés par une information libre et ne voudront pas la guerre.

Les deux explications institutionnelles et normatives peuvent s'alimenter sans être exclusives l'une de l'autre. Une explication structurelle par l'appartenance à des organisations internationales qui créent des communautés sécuritaires (Union européenne, OTAN…) est une autre explication.

L'école réaliste a largement contesté la pertinence de la théorie de la paix démocratique en faisant valoir que d'autres facteurs expliquaient la paix. Dans les relations internationales, caractérisées par une violence brute, les États démocratiques poursuivent surtout des intérêts communs[35]. L'absence de

---

Royaume-Uni, v. J. Strong, « The war powers of the British parliament: What has been established and what remains unclear? » *The British Journal of Politics and International Relations*, 2018, p. 19-34, expliquant qu'une convention constitutionnelle s'est développée selon laquelle les gouvernements devraient permettre à la *House of commons* d'opposer son *veto* à certaines interventions militaires. Le parlement britannique s'était opposé en 2013 à une intervention armée en Syrie. V. encore, A. L. Chaumette, « Constitution », *in Dictionnaire du droit de la guerre et de la paix*, *op. cit.* p. 290-296.

[31] B. Sejdiu, « What Kant preaches to the UN: democratic peace theory and "preventing the scourge of war" », *International scientific journal on European perspectives*, 2018, p. 65-84, p. 68, retenant les « institutional constraints » et les « normative factors ». Pour K. Placek, il s'agit de l'explication normative, *op. cit.*, p. 2. M. Doyle retient une explication normative, une institutionnelle qu'on retrouve chez B. Russett, v. D. Battistella *et al*, *op. cit.* p. 604 s.

[32] B. Sejdiu, *op. cit.*, p. 69.

[33] En février 2022, V. Poutine a invoqué de nombreux fondements du droit international pour justifier le recours à la force armée contre l'Ukraine mais ils étaient largement en décalage avec la réalité.

[34] P. Formosa, « Guide to the classics: Immanuel Kant's Toward Perpetual Peace and its relevance to the war in Ukraine », *The conversation*, 2022. M. Dupont, « We are at risk of a new cold war between democracies and autocracies », interview de M. Doyle, *Le Monde*, 20 mai 2022. OECD, « Disinformation and Russia's war of aggression against Ukraine: Threats and governance responses », *Policy responses: Ukraine. Tackling the policy challenges*, nov. 3, 2022.

[35] D. Reiter, « Is Democracy a Cause of Peace? », *op. cit.*, p. 3.

guerre pendant la guerre froide entre États démocratiques s'est encore expliquée selon ces auteurs par une lutte commune contre la menace communiste (États du nord de l'Amérique, ouest de l'Europe, démocraties du sud pacifique, Asie de l'Est)[36]. La paix démocratique entre États démocratiques s'explique ainsi par les alliances politiques instituées durant cette période, la dissuasion nucléaire, et la bipolarité[37]. La deuxième série d'arguments alimentée par l'école réaliste est concentrée sur les facteurs économiques plutôt que politiques. Les auteurs réalistes vont considérer que la paix sera davantage due au commerce et à l'implantation d'un marché global plutôt qu'à la démocratie. La guerre devient alors inutile, dépassée[38].

Les facteurs institutionnels, normatifs, structurels sont une clé pour comprendre la paix entre démocraties, mais ne sont pas une garantie de paix perpétuelle et ils peuvent même se retourner contre elle. Invoquant certaines justifications (légitime défense, intervention à des fins humanitaires, préservation des droits de l'homme...), ces démocraties se lanceront alors dans des campagnes guerrières au nom de la promotion de leurs valeurs.

III. La nuance : le recours à la force armée par les États démocratiques

La théorie de la paix démocratique a fait l'objet de critiques en science politique. Si la paix apporte la démocratie, il n'est pas certain que la démocratie apporte à l'inverse systématiquement la paix. À l'échelle nationale, celle de l'État, il n'est pas certain qu'un État démocratique soit une garantie contre la guerre. Les États-Unis ont ainsi mené des conflits armés internationaux pendant deux décennies depuis les attentats du 11 septembre 2001, intervenant en Afghanistan en 2001 en invoquant la légitime défense jusqu'à la chute des taliban et en menant une intervention armée de grande ampleur en Irak qui s'est soldée par la chute du dictateur S. Hussein. L'idéal de promotion de la démocratie a ainsi animé les États-Unis de Wilson à Clinton, G.-W. Bush, Obama, Biden, mais pas systématiquement par une intervention visant un changement de régime. Bush Jr, au moment de l'intervention armée en Irak en 2003, proclamait sa confiance dans le système démocratique parce que « les démocraties ne partent pas en guerre avec les autres démocraties[39] ». Les interventions prodémocratiques qui ont été

---

[36] D. Reiter, *op. cit.*, p. 7.

[37] B. Sedjiu, *op. cit.*, p. 71.

[38] Dans la théorie de la « McDonald's Peace » de Th. Friedman, les États dotés de restaurants McDonald ne se sont jamais fait la guerre. La Russie qui comptait des restaurants McDonald renommés depuis le printemps 2022 a pourtant fait la guerre à l'Ukraine où on trouve McDonald. V. not. R. Clark, « Russia and the death of the Golden Arches theory », 16 may 2022, https://www.spectator.co.uk/article/the-death-of-the-golden-arches-theory.

[39] President and Prime Minister Blair Discussed Iraq, Middle East, november 12, 2004, « I've got great faith in democracies to promote peace. And that's why I'm such a strong believer that the way forward in the Middle East, the broader Middle East, is to promote democracy ». President and Prime Minister Blair Discussed Iraq, Middle East (archives.gov).

justifiées par la théorie de la paix démocratique ont largement montré leurs limites, les conséquences de l'intervention armée qui devait apaiser en apportant la démocratie étant dévastatrices pour les structures et l'identité du pays[40]. L'Irak fut ainsi rapidement plongée dans une guerre civile et l'émergence du terrorisme après l'intervention de la Coalition[41].

D'autres États démocratiques ont eu recours à la force armée comme le Royaume-Uni, la France, l'Allemagne, la Belgique, les Pays-Bas, l'Italie, l'Espagne, l'Australie… mais jamais contre des démocraties. Il s'agissait de stopper un massacre au Kosovo en 1999, empêcher la menace de prolifération d'armes de destruction massive, protéger la population civile en Libye en 2011, réagir à l'usage d'armes chimiques contre leur propre population par les autorités syriennes après 2013. Face à des régimes dictatoriaux, ces États démocratiques qui ne partagent pas les mêmes valeurs choisiront un autre langage, celui de la force armée[42]. L'État démocratique ne voudrait pas que sa culture du compromis se retourne contre lui.

Paix et démocratie sont intimement liées. Mais la démocratie ne nous préserve pas de la guerre de manière systématique et la guerre par les démocraties complétera inéluctablement la paix démocratique. Présentée comme une chance de paix, la démocratie ne doit néanmoins pas être imposée par la force dans le cadre de « croisades » tant les renversements de régime opérés par une intervention armée extérieure ne sont pas autorisés par le droit international[43]. Les plus grands succès sont venus et viendront des organisations internationales qui, dans leurs opérations de reconstruction de l'État, assurent la promotion du modèle démocratique.

---

[40] V. A. Geiss, W. Wagner, « What We Are Fighting For: Democracies' Justifications of Using Armed Force since the End of the Cold War », *in* L. Brock, H. Simon (ed.), *The Justification of War and International Order: From Past to Present*, Oxford, Oxford University Press, 2021, chap. 16. M. Manan, « The Democratic Peace Theory and Its Problems », *Jurnal Ilmiah Hubungan Internasional*, 10 (2), 2015, p. 190. S. Braden, G. Anderson « Promoting democracy won't necessarily produce peace », *International Journal on World Peace*, 2005, p. 3-12.

[41] M. Dubuy, « L'impact de l'intervention américaine de 2003 sur le vouloir-vivre ensemble irakien », *in* Ch. Bouriau, A. Moine et M. Rota (dir.), *Le vivre ensemble saisi par le droit*, Paris, Pedone, 2021, p. 197-212.

[42] C. Daase, « Democratic Peace - Democratic War: Three Reasons Why Democracies Are War-prone », *in* A. Geis, L. Brock, H. Mueller (ed), *Democratic Wars: Looking at the Dark Side of Democratic Peace*, Palgrave, McMillan, 2016.

[43] D. Wippman « Pro-Democratic Intervention », M. Weller (ed.), *The Oxford Handbook of the Use of Force in International Law*, 2002, p. 797-815.

Être ou ne pas être « constitutionnaliste » sous la Ve République : le cas de Roger Pinto

Benjamin Fargeaud

Roger Pinto, constitutionnaliste ? Voici un qualificatif qui n'est pas naturellement attaché à un auteur aujourd'hui surtout célèbre pour ses réalisations dans le domaine du droit international, que l'on songe ici à ses publications académiques ou à ses interventions en tant que conseil dans différents contentieux internationaux. Pourtant, l'œuvre de Roger Pinto excède de beaucoup les limites du droit international et européen. Comme le souligne Pierre Avril dans l'hommage rendu à celui qui fut son directeur de thèse, Pinto « ignorait les barrières qui isolent les disciplines juridiques[1] ». Cette formule, qui peut sonner parfois de manière un peu convenue, s'applique incontestablement à un homme qui a su entretenir, durant l'ensemble de sa carrière, une vision large du droit et embrasser la plupart des disciplines du droit public interne et international. Au-delà même de l'unité du droit, Roger Pinto croyait d'ailleurs en l'unité des sciences sociales. L'étude du droit comprise comme une science devait mener, selon lui, à une sociologie du droit partie intégrante des sciences sociales. Là encore, il ne s'agissait pas d'une affirmation gratuite, mais d'une profession de foi étayée qui forme la trame de l'introduction substantielle du cours de droit constitutionnel qu'il professait à Lille après la Seconde Guerre mondiale[2]. Si Pinto entretient une vision large du droit, il n'en demeure pas moins que le droit constitutionnel forme une part importante de son œuvre — ce qui établit un premier point commun avec le destinataire de ces Mélanges. *A contrario*, un autre point distingue nettement ces deux auteurs, à savoir le désintérêt marqué du premier pour la Ve République. Si Roger Pinto a été incontestablement un constitutionnaliste, il n'a pas été un constitutionnaliste sous la Ve République.

I. Roger Pinto, constitutionnaliste engagé sous la IVe République

Roger Pinto est un constitutionnaliste à part entière au sens où il a étudié, enseigné, dirigé des thèses et publié une part notable de son œuvre en droit

[1] P. Avril, « *In memoriam*. Roger Pinto (1901-2005) », *RFDC*, n° 65, 2006, p. 221.
[2] R. Pinto, *Éléments de droit constitutionnel*, Lille, Morel et Corduant, 2e éd, 1952, « Introduction générale », p. 9-110.

constitutionnel. Il revient à Cyril Brami le mérite d'avoir remis en lumière l'apport des premiers écrits de cet auteur[3], à commencer par sa thèse de doctorat publiée en 1933 et consacrée aux opinions dissidentes à la Cour suprême des États-Unis[4]. Le titre — *Des juges qui ne gouvernent pas* — peut interpeller le lecteur contemporain. Pinto y présente la manière dont les juges de la Cour suprême ont renoncé à un contrôle de constitutionnalité interventionniste dans le domaine économique et social, laissant ici les mains libres aux autres pouvoirs publics. C'est en ce sens que, selon Pinto, les juges d'alors « ne gouvernent pas » aux États-Unis. Ce constat s'accompagne toutefois d'une justification bienveillante de l'intervention du juge en ce qui concerne la défense des droits et libertés (pourvu que ce soit en dehors de la sphère économique)[5]. L'intérêt de Pinto pour le droit constitutionnel américain ne s'est pas démenti par la suite, l'auteur consacrant des études substantielles aux évolutions du système constitutionnel des États-Unis[6]. L'ensemble de ces études a permis à Pinto d'acquérir tout à la fois une excellente connaissance de la jurisprudence de la Cour suprême et une haute idée de ce qu'est le contrôle de constitutionnalité.

Affecté en Indochine après le concours d'agrégation, Pinto a l'occasion de s'intéresser à l'évolution institutionnelle des territoires de l'ancien Empire colonial[7]. Ses travaux témoignent déjà du souci de voir étendue autant que possible l'application des droits et libertés que le Préambule de 1946 entend garantir. Par la suite, il n'abandonne pas ces sujets[8] qui annoncent son intérêt à venir pour les transformations institutionnelles dans l'ordre international et son engagement pour la défense des droits individuels. Le retour en métropole est toutefois l'occasion de s'intéresser plus spécifiquement au droit constitutionnel français, matière qu'il enseigne à Lille. De cet enseignement naît un manuel, les *Éléments de droit constitutionnel*, qui connaissent deux éditions, en 1948 puis 1952. L'ouvrage, aujourd'hui aussi rare que méconnu, présente un intérêt majeur tout à la fois pour sa riche introduction consacrée à la détermination de la place de la science du droit parmi les sciences sociales

---

[3] C. Brami, *Des juges qui ne gouvernent pas. Retour sur les idées constitutionnelles de Roger Pinto*, Paris, L'Harmattan, coll. « Logiques juridiques », 2005, 226 p.

[4] R. Pinto, *Des juges qui ne gouvernent pas : opinions dissidentes à la Cour suprême des États-Unis (1900-1933)*, Paris, Librairie du Recueil Sirey, 1933, 294 p.

[5] V. Cyril Brami, *op. cit.*, p. 138 et s.

[6] R. Pinto, *La Cour suprême et le New Deal, Paris, Librairie du Recueil Sirey*, 1938, 266 p. ; R. Pinto, *La crise de l'État aux États-Unis*, Paris, LGDJ, 1951, 248 p ; R. Pinto et P. Juillard, *Jurisprudence constitutionnelle de la Cour suprême des États-Unis (1961-1963)*, Paris, PUF, coll. « Travaux et recherche de la Faculté de droit et des sciences économiques de Paris », série « droit public », n° 4, 1965, 239 p.

[7] R. Pinto, *L'évolution gouvernementale de l'Indochine française*, Paris, Sirey, 1946, 201 p.

[8] R. Pinto, « Le gouvernement de l'empire colonial britannique depuis la guerre », *Recueil Penant*, 1948, Doctrine, p. 85-112 ; R. Pinto, « Vietnam 1949 : le problème constitutionnel », *Politique étrangère*, n° 1, 1950, p. 45-56 ; R. Pinto, « La France et les États d'Indochine devant les accords de Genève », *RFSP*, 1955, p. 63-91.

et pour les développements consacrés aux principes et à la pratique constitutionnelle de la IVe République. Ce manuel s'accompagne de la publication de différents articles en droit constitutionnel dans lesquels Roger Pinto affronte à armes égales les grands constitutionnalistes de son temps comme René Capitant[9]. Il faut enfin ajouter à tout cela que l'auteur a, par la suite, encadré des thèses en droit constitutionnel telles que celle de Pierre Avril[10] ou encore celle de Patrick Juillard[11].

L'ensemble de ces contributions forme, au cours des années 1950, une œuvre de valeur et une œuvre engagée. Une œuvre de valeur, car Roger Pinto est un constitutionnaliste talentueux qui livre un regard original sur la IVe République. Le professeur de droit se distingue ainsi, à bien des égards, des analyses de ses collègues. Éclairé par son étude de la Cour suprême américaine, Roger Pinto entretient une trop haute idée de la justice constitutionnelle pour accepter de voir dans le comité constitutionnel mis en place par la Constitution de 1946 un organe chargé du contrôle de conformité des lois à la constitution. Dans ses *Éléments*, Pinto traite ainsi du comité non pas dans le chapitre consacré au contrôle de constitutionnalité (ou plutôt à son absence), mais dans le chapitre consacré à la révision de la Constitution[12]. De la même manière, l'auteur met en exergue l'importance de ce qu'il appelle la « législation gouvernementale[13] », c'est-à-dire la faculté croissante pour le gouvernement, via des actes réglementaires, de produire des règles à portée générale et impersonnelle. Cette approche, qui se démarque là encore de ses collègues, a l'intérêt de mettre l'accent sur l'importance, dès la IVe République, du rôle du pouvoir exécutif comme créateur de règles de droit[14]. Enfin, il serait encore possible d'évoquer ses développements consacrés au fédéralisme, à l'occasion desquels l'auteur prend le parti de soutenir qu'il n'y a pas de différence de nature entre fédéralisme et décentralisation[15].

L'apport de Roger Pinto au droit constitutionnel n'est pas qu'une œuvre de valeur, c'est également une œuvre engagée. À l'inverse de nombre de ses collègues, Roger Pinto n'est pas un adversaire de la IVe République. L'analyse qu'il livre des principes fondamentaux du régime laisse au contraire apparaître les espoirs placés dans un régime instaurant une démocratie sociale

---

9 R. Pinto, « La loi du 17 août 1948 tendant au redressement économique et financier », *RDP*, 1948, p. 517-545.

10 P. Avril, *L'évolution politique et constitutionnelle de la Ve République*, Paris, LGDJ, 1964, 398 p.

11 P. Juillard, *La politique d'auto-limitation de la Cour Suprême des États-Unis ou une technique méconnue du gouvernement des juges : le refus de juger*, th. droit, Paris, 1966, 541 p.

12 R. Pinto, *Éléments de droit constitutionnel*, *op. cit.*, p. 513-515.

13 *Ibid.*, p. 532 et s.

14 Évolution mise en lumière par des travaux récents, v. notamment É. Quinart, *L'émancipation du pouvoir règlementaire (1914-1958)*, Paris, Dalloz, coll. « Bibliothèque constitutionnelle et parlementaire », 2021, 600 p.

15 R. Pinto, *Éléments de droit constitutionnel*, *op. cit.*, p. 196.

fondée sur les partis politiques[16]. Son engagement dans les controverses constitutionnelles qui rythment la IVe République témoigne également de sa conception traditionnelle du régime parlementaire. En républicain des plus classiques, Pinto rejette la reconnaissance de tout pouvoir personnel, notamment en ce qui concerne le chef de l'État. Il considère ainsi avec méfiance la tentation de ses collègues d'ériger le président de la République en « gardien de la Constitution » garant de la sauvegarde du régime dans des temps d'instabilité politique prononcée. Contre ceux qui voient dans l'activisme du président Vincent Auriol l'affirmation d'un président de la République appelé à jouer un rôle politique actif[17], Pinto s'en tient à une lecture orthodoxe de la Constitution. Si la « magistrature d'influence » du président peut amener ce dernier à apparaître comme un « gardien de la Constitution », cette affirmation demeure largement platonique dans la mesure où « la Constitution, qu'on l'approuve ou qu'on le regrette, ne reconnaît au président de la République aucun pouvoir propre[18] ». Dans un ordre d'idées semblables, Pinto juge sévèrement les tentatives de Vincent Auriol de s'émanciper du contreseing du président du Conseil pour certains actes liés à la présidence de l'Union française. Là encore, étranger à toute tentation de livrer une interprétation extensive des compétences présidentielles, le professeur de droit s'en tient à une position stricte : en régime parlementaire, comme en dispose la Constitution, l'ensemble des actes du chef de l'État doivent être contresignés[19]. Cet engagement contre tout pouvoir qui ne serait pas responsable devant le Parlement inscrit Roger Pinto dans un courant « républicain de gauche », ce que confirme son engagement auprès de Pierre Mendès-France. Le professeur de droit publie ainsi plusieurs articles dans les *Cahiers de la République*, vitrine intellectuelle d'un courant mendésiste qui souhaite réformer la IVe République sans pour autant la sacrifier. Il n'hésite pas non plus à intervenir dans *Le Monde* pour défendre la politique suivie par Mendès-France au sujet de la Communauté européenne de défense[20].

L'ensemble de ces écrits dessine ainsi les contours d'une œuvre lucide et engagée. La véritable originalité de Roger Pinto repose toutefois dans le fait qu'il a été l'un des rares constitutionnalistes de son temps à prendre la IVe République et son droit constitutionnel au sérieux. Alors que nombre de ses collègues se sont illustrés par leur opposition au régime, Pinto livre l'une des analyses les plus rigoureuses des institutions et s'en est toujours tenu à la défense d'un républicanisme classique. Ce qui peut apparaître banal est en réalité singulier, si l'on songe au fait que ses collègues sont alors, soit engagés

---

[16] *Ibid.*, p. 542 et s.

[17] Sur ce point, v. B. Fargeaud, *La doctrine constitutionnelle sous la IVe République*, Paris, Dalloz, coll. « Bibliothèque constitutionnelle et parlementaire », 2020, p. 177 et s.

[18] R. Pinto, *Éléments de droit constitutionnel*, *op. cit.*, p. 471.

[19] *Ibid.*, p. 469.

[20] R. Pinto, « Réflexion d'un juriste sur la Communauté européenne de défense », *Le Monde*, 23 août 1954.

du côté gaulliste (c'est le cas de René Capitant et de Marcel Prélot), soit occupés à imaginer des alternatives institutionnelles au régime parlementaire (c'est la quête de Maurice Duverger et de Georges Vedel à la recherche d'un régime « présidentiel » dans les années 1956-1957). Sans surprise, Roger Pinto ne pouvait qu'être inquiet des événements de mai 1958 et de leurs conséquences.

II. Roger Pinto, désengagé du droit constitutionnel sous la Ve République

Après 1958, Roger Pinto semble se désengager du droit constitutionnel. À vrai dire, cette évolution débute quelques années auparavant. Son arrivée en 1955 à la Faculté de droit de Paris s'accompagne en effet d'une réorientation de son enseignement puisqu'il y assure des cours de droit international public et d'institutions internationales. L'auteur investit alors un domaine qu'il n'a plus quitté par la suite. On ne saurait pour autant écrire qu'il s'agit là d'une véritable rupture : Pinto a toujours témoigné d'une approche large du droit et son intérêt pour la construction des institutions internationales et régionales s'inscrit dans la continuité de son intérêt pour l'évolution de la structure institutionnelle de l'ancien Empire colonial et l'accession à l'indépendance de ses différentes composantes. En revanche, si Roger Pinto s'intéresse encore de loin en loin à la jurisprudence de la Cour suprême américaine sur des sujets tels que la peine de mort ou l'interruption volontaire de grossesse[21], il semble se désintéresser du droit constitutionnel français. Son apport en la matière se limite en effet, hormis l'encadrement de thèses, à quelques écrits d'intervention principalement consacrés à la critique du Conseil constitutionnel et de sa jurisprudence[22].

Il n'est évidemment pas question ici de prétendre connaître les raisons personnelles et professionnelles, profondes ou contingentes, qui ont pu amener Roger Pinto à réaliser ces choix. Il demeure cependant frappant de constater que l'auteur s'éloigne du droit constitutionnel au moment même où la Ve République entre en scène. Cette évolution n'est d'ailleurs pas propre à l'auteur, puisque plusieurs de ses collègues ont suivi des trajectoires comparables : Georges Vedel comme Charles Eisenmann semblent alors délaisser le droit constitutionnel pour se consacrer au droit administratif tandis que Maurice Duverger, sans abandonner la discipline, place ses espoirs dans la science politique. Il faut reconnaître que le nouveau régime n'avait pas grand-chose pour occuper ou séduire les constitutionnalistes en général et Roger Pinto en particulier. Dans les pages des *Cahiers de la République*, ce

[21] R. Pinto, « La mort devant la Cour suprême. Peine capitale et avortement », *Pouvoirs*, n° 59, 1991, p. 101-114 ; R. Pinto, « La Cour suprême et l'avortement », *RDP*, 1993, p. 905-938.
[22] R. Pinto, « Le contrôle de constitutionnalité des lois et la Constitution », *in* R. Pinto, *Au service du droit*, *op.cit.*, p. 85-86 ; R. Pinto, « Les excès du Conseil constitutionnel », *Le Monde*, 25 janvier 2001.

dernier dénonce une tentative de dépouiller l'Assemblée nationale de son pouvoir législatif[23]. Il dénonce également une rationalisation artificielle du parlementarisme vouée à l'échec dans la mesure où elle ne saurait pallier l'absence de majorité parlementaire[24]. Il dénonce enfin les formes plébiscitaires prises par l'adoption du nouveau texte constitutionnel. Trop démocrate pour condamner le référendum comme outil constitutionnel en tant que tel, Pinto dénie néanmoins toute dimension démocratique au référendum du 28 septembre 1958 dans la mesure où ce dernier soumet au corps électoral un texte long, technique et peu clair qui ne permet pas aux électeurs d'établir un vote réfléchi et d'exprimer une volonté claire, *a fortiori* quand la seule alternative semble le coup d'État[25]. En fin de compte, la révision de 1958 n'est à ses yeux qu'une illusion de réforme destinée à camoufler l'émergence du pouvoir personnel et la suite des événements n'a pu que le renforcer dans sa critique de la « démocratie césarienne[26] ». Ce n'est pas un hasard si Roger Pinto est le directeur de thèse de Pierre Avril, avec lequel il partage le fait d'avoir évolué dans les cercles mendésistes et d'être très critique du « principat » du général de Gaulle. Par ses conditions d'établissement et la logique institutionnelle qui l'anime, la Ve République ne saurait jamais atteindre la « légitimité démocratique » qu'elle recherche puisque « la souveraineté du corps des citoyens exclut celle d'un "guide" du peuple quel qu'il soit[27] ». L'évolution ultérieure du régime, sa normalisation et son acceptation par la gauche politique n'ont pas pour autant amené Pinto à revenir au droit constitutionnel. Les *Éléments de droit constitutionnel* n'ont ainsi jamais connu de réédition, ce qui est aisé à comprendre tant le droit constitutionnel positif s'était éloigné des conceptions exposées dans l'ouvrage. L'ouvrage est ainsi demeuré un témoignage historique aussi rare qu'éclairant. Absence d'envie ou absence de nécessité, Roger Pinto n'est jamais véritablement revenu au droit constitutionnel.

Comment ne pas le comprendre ? Au fond, la condition de « constitutionnaliste » sous la Ve République n'est-elle pas exagérément pénible ? Entre autres motifs, parce que cela implique d'enseigner et de prendre au sérieux un régime politique dont le déséquilibre patent des pouvoirs n'a guère évolué depuis 1958. Cela implique également de s'accommoder de curiosités multiples. Un Président irresponsable politiquement, mais qui concentre l'essentiel du pouvoir décisionnaire. Une justice constitutionnelle qui joue désormais un rôle de premier plan, mais qui relève toujours, en ce qui concerne son organisation et son fonctionnement, du bricolage institutionnel. Un Parlement tout à la fois constamment débordé,

---

[23] R. Pinto, « La révision constitutionnelle », *Les Cahiers de la République*, n° 12, 1958, p. 87-90.
[24] *Idem*.
[25] R. Pinto, « Référendum et démocratie », *Les Cahiers de la République*, n° 15, 1958, p. 14-18.
[26] R. Pinto, « La logique juridique des régimes politiques », *Le Monde*, 5 juillet 1960.
[27] R. Pinto, « Préface », *in* P. Avril, *op. cit.*, p. II.

mais soigneusement tenu sous tutelle et à la marge des prises de décision essentielles. Il faut ajouter à ce tableau que, en ce qui concerne ses caractéristiques essentielles, le régime n'a guère changé en l'espace de soixante-cinq ans[28]. La moindre évolution institutionnelle semble vouée à prendre un temps infiniment long comme en témoignent les multiples serpents de mer que sont la fin des membres de droit au sein du Conseil constitutionnel, l'évolution du mode de scrutin ou encore la pertinence de l'existence de la Cour de justice de la République. Pire encore, les débats semblent parfois se répéter inlassablement : le septennat a été abandonné au profit du quinquennat, jusqu'à ce que les effets du quinquennat entraînent la résurrection du débat relatif au septennat. Il n'est pas loin d'en aller de même pour l'élection du président de la République au suffrage universel direct. Non seulement le régime est lassant, mais en plus les débats à son sujet se répètent incessamment, tandis que bien des points essentiels sont passés sous silence. Pour prendre un thème tenant à cœur à Roger Pinto, le Conseil constitutionnel ne lui apparaîtrait sans doute guère différent de celui qu'il a connu et critiqué. La question prioritaire de constitutionnalité a certes démultiplié le contentieux et entraîné une formalisation des procédures suivies devant le Conseil. Pour autant, il s'en faut de beaucoup que les critiques formulées hier aient perdu aujourd'hui leur actualité. Si les particuliers disposent désormais d'une voie d'accès au Conseil constitutionnel, les débats relatifs à la composition du Conseil demeurent. Surtout, la motivation de ses décisions est toujours un problème, ce que Roger Pinto avait identifié dès les premières décisions de l'institution : « Le Conseil constitutionnel n'énonce aucun critère d'interprétation des règles constitutionnelles. Il ne démontre pas, comme l'office du juge l'exige. Il affirme tel un oracle[29]. »

Dans ces conditions, quelle place pour les constitutionnalistes sous la Ve République ? Ces derniers ont un temps trompé l'ennui en alimentant le débat autour de l'option possible, après 1958, entre un « vrai » régime présidentiel et un « vrai » régime parlementaire. Puisque le régime tel qu'il était s'est inscrit dans la durée, il a fallu trouver autre chose. C'est alors le développement de la jurisprudence du Conseil constitutionnel qui a fourni, à partir des années soixante-dix, un objet d'étude inespéré pour des professeurs désœuvrés. Le rôle croissant de cette jurisprudence a ainsi pu animer le débat entre constitutionnalistes pendant plusieurs décennies, que ce soit pour se féliciter de l'apparition d'un « véritable » droit constitutionnel ou pour s'inquiéter des conséquences d'une réduction du droit constitutionnel à l'expression de cette jurisprudence dont la qualité, à bien des égards, laisse à désirer — faut-il préciser ici que l'auteur auquel ces Mélanges sont dédiés s'est illustré au sein de ce second courant ? Là encore, tout cela n'a eu qu'un temps, le développement de la jurisprudence du Conseil dans l'ensemble des

[28] G. Carcassonne, « Immuable Ve République », *Pouvoirs*, n° 126, 2008, p. 27-35.

[29] R. Pinto, « Le contrôle de la constitutionnalité des lois et la Constitution de 1958 », *op. cit.*

branches du droit ayant atténué la spécificité du contentieux constitutionnel et donné à l'ensemble des disciplines juridiques l'occasion de s'en emparer. Il faut donc trouver encore autre chose pour tromper l'ennui. La succession des missions, comités et autres groupes de réflexion peut sans doute divertir quelque temps et valoriser les heureux élus appelés à y prendre part. La faiblesse du résultat, rapporté aux volumes des réflexions produites, doit néanmoins être de nature à entretenir au bout d'un moment une certaine lassitude. Heureusement, à en juger par l'orientation des publications récentes, il demeure une voie ouverte et intellectuellement fertile : le droit comparé, qui semble aujourd'hui offrir une nouvelle perspective aux constitutionnalistes lassés de la Ve République ou désireux de s'inscrire dans des perspectives plus larges — après tout, comme le défendait Charles Eisenmann, le droit constitutionnel comparé ne serait-il pas la véritable science du droit constitutionnel[30] ? Voici une piste que Roger Pinto n'aurait vraisemblablement pas écartée eu égard à l'intérêt qu'il a porté au droit comparé tout au long de sa carrière. On peut également penser que Stéphane Pierré-Caps serait du même avis, eu égard à l'importante partie de son œuvre consacrée à cet aspect du droit constitutionnel. Peut-être était-ce là son secret pour échapper à la lassitude du constitutionnaliste.

[30] Ch. Eisenmann, *Cours de droit constitutionnel comparé 1950-1951*, Paris, Les cours de droit, 1951, p. 12.

LA RECONNAISSANCE DE LA PERSONNALITÉ JURIDIQUE DES ENTITÉS NATURELLES EN DROIT COMPARÉ

Jean FOUGEROUSE

La crise environnementale qui touche notamment le climat, la gestion des ressources et les pollutions des espaces naturels conduit naturellement à interroger nombre de certitudes, de constructions et de comportements sociaux. Le droit n'échappe pas à cette réflexion et logiquement en est même le produit et/ou le vecteur. Il connaît une évolution que l'on peut qualifier de décentrement anthropologique. Il passe progressivement d'une conception fondée sur la centralité de l'humain (et donc une nature au service de l'humain, dans la tradition occidentale rationaliste) à une conception prenant en compte la valeur intrinsèque de la nature qui peut aller jusqu'à une vision biocentrique.

Ce mouvement est net à partir des années soixante-dix dans le droit international (Convention de Berne de 1979, Convention de Rio de 1992...) et apparaît dans le droit des États dans la première décennie des années deux mille (Constitution de l'Équateur de 2008, loi sur la terre mère de 2010 en Bolivie). Ce rééquilibrage en faveur de la nature se manifeste notamment lorsque les États trouvent un terreau favorable à de telles approches de la nature (présence de peuples autochtones, animisme...).

C'est dans ce contexte qui touche l'ensemble des pays du monde, certes de manière différenciée, que certains pays ont reconnu la personnalité juridique d'entités naturelles. Ces innovations constituent souvent une hybridation entre des concepts[1] (autochtones et occidentaux) : les peuples autochtones ont toujours conçu l'humain et la nature dans un lien d'interdépendance alors que le rationalisme occidental a opéré une distinction entre humains et nature et un rapport de domination des uns sur l'autre. Il s'agit donc de repenser les relations de l'homme à son environnement[2].

---

[1] P. Brunet, « Les droits de la nature et la personnalité juridique des entités naturelles en Nouvelle-Zélande : un commun qui s'ignore ? », *Giornale di storia Costituzionale*, 2019, p. 48.

[2] M. Delmas-Marty, *Vers une communauté de valeurs*, Paris, Seuil, 2011, p. 273. Dans ce sens, M. Serres (*Le contrat naturel*, Paris, François Bourin, 1990) a défendu l'idée d'un nouveau « contrat naturel », prolongement du « contrat social » et visant la réconciliation homme nature ; dans le même sens, B. Latour (« Esquisse du parlement des choses », *Écologie politique*, 1994, p. 97-107) a milité en faveur d'un parlement des choses. Sur le plan juridique, M.-A. Hermite

Le chemin ayant conduit à ces reconnaissances de personnalité juridique d'entités naturelles a été ouvert dans les années soixante-dix dans le cadre de la contestation d'aménagements d'espaces naturels aux États-Unis, qui ont donné lieu à une proposition de donner des droits à la nature[3]. Ces droits ont été depuis définis comme ceux qui « appellent à la reconnaissance du fait que la nature a des droits que les humains sont moralement tenus de respecter et de protéger[4] ». Ils sont « de plus en plus considérés comme un complément approprié aux efforts traditionnels de protection de l'environnement[5] ».

La reconnaissance de la personnalité juridique à des éléments naturels s'intègre dans ce mouvement, même s'il n'est qu'une technique juridique[6] et vise a minima à « rééquilibrer les rapports entre êtres humains et entités naturelles[7] ». La COP 15 a d'ailleurs conclu ses travaux en indiquant que

> La nature incarne différents concepts pour différentes personnes, notamment la biodiversité, les écosystèmes, la Terre nourricière et les systèmes de vie. Les contributions de la nature aux personnes incarnent également différents concepts, tels que les biens et services des écosystèmes et les dons de la nature. Tant la nature que les contributions de la nature à l'homme sont essentielles à l'existence humaine et à une bonne qualité de vie, notamment le bien-être humain, la vie en harmonie avec la nature, le bien-être en équilibre et en harmonie avec la Terre nourricière. Le cadre reconnaît et considère ces divers systèmes de valeurs et concepts, y compris, pour les pays qui les reconnaissent, les droits de la nature et les droits de la Terre nourricière, comme faisant partie intégrante de la réussite de sa mise en œuvre… Le cadre reconnaît les rôles et contributions importants des peuples autochtones et des communautés locales en tant que gardiens de la biodiversité[8].

Face à un phénomène complexe et mondialisé, il s'agira ici d'apporter la contribution du droit comparé à partir de la situation de huit États principalement concernés à l'heure actuelle par cette reconnaissance : l'Équateur, la Colombie, la Bolivie, l'Espagne, l'Inde, le Bangladesh, la Nouvelle-Zélande et le Canada. Il s'avère que cette reconnaissance de la personnalité juridique à des entités naturelles soulève autant de questions qu'elle ne tente d'en résoudre. Ainsi, on peut constater d'une part

---

et J.-P. Marguénaud ont défendu dans leurs nombreux écrits la possibilité et la nécessité d'une extension de la personnalité juridique aux non-humains.

[3] C. Stone, *Les arbres doivent-ils pouvoir plaider ?*, Paris, Éd. Le passager clandestin, 2017.

[4] D. Boyd, *The rights of nature: a legal revolution that could save the word*, ECW Press, 2017, p. 219.

[5] A. Putzer, T. Lambooy, R. Jeurissen, E. Kim, « Putting the rights of nature on the map. A quantitative analysis of rights of nature initiatives across the world », *Journal of Maps*, 2022, p. 89.

[6] M.-A. Hermitte, Quel type de personnalité juridique pour les entités naturelles ?, *in* J.-P. Marguénaud, *Les droits des êtres humains…*, précité, p. 102.

[7] S. Nadaud, « Le renouvellement des rapports entre les êtres humains et entités naturelles », *in* J.-P. Marguénaud, *Droit des êtres humains et droits des autres entités : une nouvelle frontière*, Paris, Mare et Martin, 2022, p. 278.

[8] *Cadre mondial de la biodiversité de Kunming à Montréal*, adopté lors de la COP 15 (décembre 2022).

l'hétérogénéité des modalités de la reconnaissance des entités naturelles et d'autre part que la portée de cette reconnaissance est encore en construction.

I. L'hétérogénéité des modalités de reconnaissance des entités naturelles

Dans un contexte très diversifié d'un pays à l'autre, la crise environnementale combinée à des spécificités nationales a donc conduit plusieurs pays à reconnaître la personnalité juridique à la nature ou à des entités naturelles. Ainsi, « l'impensable d'hier est devenu réalité[9] ». Bien que cette reconnaissance se diffuse à travers le monde, puisque plus de 400 initiatives pour établir des droits au profit de la nature ont été répertoriées dans 39 pays[10], elle n'est encore pas généralisée et dépend largement d'un contexte national tant sur le plan normatif que culturel. Ainsi, la présence de traditions religieuses et/ou de peuples autochtones favorise manifestement la reconnaissance de la personnalité juridique. Sur le plan juridique on peut faire émerger trois principales modalités de reconnaissance, selon qu'elle est issue de la constitution, de la loi ou de la jurisprudence.

A. La reconnaissance de la personnalité par la Constitution

Si d'autres pays ont reconnu la nature ou des éléments naturels comme sujets de droit, l'Équateur est le seul à l'avoir fait dans sa constitution[11], puisque le projet de Constitution chilienne a été rejeté par référendum en 2022[12]. Ainsi, le préambule de la Constitution équatorienne célèbre « la nature, Pacha Mama, dont nous faisons partie et qui est vitale pour notre existence », l'article 10 précisant que « la nature jouit des droits reconnus par la Constitution » et les articles 71 à 74 détaillant la notion de nature et les droits qui y sont attachés[13].

---

[9] P. Brunet, « L'écologie des juges. La personnalité juridique des entités naturelles (Nouvelle-Zélande, Inde et Colombie) » *in* M.-A. Cohendet (dir.), *Droit constitutionnel de l'environnement ; regards croisés*, Paris, Mare et Martin, 2021, p. 303-325, 2021 ; halshs-03181978, p. 2.

[10] A. Putzer, T. Lambooy, R. Jeurissen, E. Kim, « Putting the rights of nature on the map… » précité, p. 89.

[11] A. Martínez-Moscoso, « Los derechos de la naturaleza en la jurisprudencia de la Corte Constitucional écuatoriana. Reconocimiento y evolución histórica », *Díkaion*, 2023, p. e32117.

[12] « La nature est titulaire des droits reconnus dans la présente Constitution et qui lui sont applicables » (article 18), et « La nature a le droit de voir son existence respectée et protégée, de régénérer, de maintenir et de rétablir ses fonctions et ses équilibres dynamiques, y compris les cycles naturels, les écosystèmes et la biodiversité. L'État doit garantir et promouvoir les droits de la nature » (article 103) ; les articles 120 à 150 détaillant ces droits et leur exercice, un défenseur de la nature étant prévu (*Propuesta de Constitucion politica de la republica de Chile*, 2022). Le nouveau projet de Constitution qui sera soumis à référendum en novembre 2023 revient à un environnement plus anthropocentré et la nature n'y est plus consacrée comme sujet de droits (*Anteproyecto de constitucion politica de la republica de Chile*, juin 2023).

[13] « La nature, ou Pacha Mama, où la vie se reproduit et s'accomplit, a droit au respect total de son existence, au maintien et à la régénération de ses cycles de vie, de sa structure, de ses fonctions et de ses processus évolutifs. Toute personne, communauté, peuple ou nationalité

Le juge constitutionnel a confirmé que le texte constitutionnel reconnaît la personnalité juridique de la nature :

> Les droits de la nature constituent l'une des innovations les plus intéressantes et les plus pertinentes de la Constitution actuelle, car elle s'éloigne de la conception traditionnelle « nature-objet » qui considère la nature comme propriété et concentre sa protection exclusivement à travers le droit des personnes à jouir d'un environnement naturel sain, pour céder la place à une notion qui reconnaît des droits à la nature. La nouveauté consiste alors dans le changement de paradigme sur la base duquel la nature, en tant qu'être vivant, est considérée comme un sujet détenteur de droits. En ce sens, il est important de souligner que la Constitution de la République consacre une double dimension de la nature et de l'environnement en général, en la concevant non seulement sous le paradigme traditionnel de l'objet de la loi, mais aussi comme un sujet indépendant avec des droits spécifiques ou propres… Cela reflète, dans la relation juridique nature-humanité, une vision biocentrique dans laquelle la nature est priorisée par opposition à la conception anthropocentrique classique dans laquelle l'être humain est le centre et la mesure de toutes choses où la nature était considérée comme un simple fournisseur de ressources[14].

Le juge précise d'ailleurs que

> La nature n'est pas une entité abstraite, une simple catégorie conceptuelle ou un simple énoncé juridique. Ce n'est pas non plus un objet inerte ou insensible… c'est un sujet complexe qui doit être compris d'un point de vue systémique. La nature est constituée d'un ensemble interdépendant et indivisible d'éléments biotiques et abiotiques (écosystèmes). La nature est une communauté de vie. Tous les éléments qui le composent, y compris l'espèce humaine sont liés et ont une fonction ou un rôle[15].

---

peut exiger de l'autorité publique la réalisation des droits de la nature. Dans l'application et l'interprétation de ces droits, il convient d'observer les principes établis dans la Constitution, le cas échéant. L'État encourage les personnes physiques et morales et les collectivités à protéger la nature et promeut le respect de tous les éléments qui composent un écosystème » (article 71) ; « La nature a droit à la restauration. Cette restauration est indépendante de l'obligation de l'État et des personnes physiques ou morales d'indemniser les individus et les groupes qui dépendent des systèmes naturels affectés. Dans les cas d'impacts environnementaux graves ou permanents, y compris ceux causés par l'exploitation des ressources naturelles non renouvelables, l'État met en place les mécanismes les plus efficaces pour parvenir à la restauration et adopte les mesures appropriées pour éliminer ou atténuer les conséquences dommageables pour l'environnement » (article 72) ; « l'État met en œuvre des mesures de précaution et de restriction pour les activités susceptibles d'entraîner l'extinction d'espèces, la destruction d'écosystèmes ou l'altération permanente des cycles naturels. Est interdite l'introduction d'organismes et de matières organiques et inorganiques susceptibles d'altérer de façon permanente les cycles naturels » (article 73) ; « les individus, les communautés, les peuples et les nationalités ont le droit de bénéficier de l'environnement et des ressources naturelles des richesses naturelles qui leur permettent de bien vivre. Les services environnementaux ne sont pas susceptibles d'appropriation ; leur production, leur fourniture, leur utilisation et leur exploitation sont réglementées par l'État. » (article 74).

[14] Décision n° 166-15-SEP-CC du 20 mai 2015.

[15] Décision n° 22-18-IN/21 du 8 septembre 2021.

B. La reconnaissance par la loi

Ailleurs, la reconnaissance de la personnalité juridique de la nature s'est réalisée par l'outil législatif. C'est notamment le cas de la Nouvelle-Zélande, de la Bolivie et de l'Espagne.

En Nouvelle-Zélande, le fleuve Whanganui s'est vu attribuer la personnalité juridique par la loi du 20 mars 2017[16]. Cette loi prend en compte des revendications et la cosmologie maories. Une nouvelle personne juridique spécifique nommée Te Awa Tupua est définie « comme un tout vivant indivisible comprenant le fleuve Whanganui des montagnes jusqu'à la mer, y compris ses affluents et l'ensemble de ses éléments physiques et métaphysiques ». Le parc Te Urewera s'est vu aussi reconnaître en 2014 la personnalité juridique en raison de la signification spirituelle de ce territoire pour les Tūhoe[17].

En Bolivie, la Constitution fait une référence à la Terre Mère et à PachaMama dans son préambule, mais c'est la « Loi des droits de la Terre mère » qui consacre celle-ci en tant qu'« un sujet collectif d'intérêt public[18] ».

En Espagne, la « loi pour la reconnaissance de la personnalité juridique à la lagune de la Mar Menor et à son bassin » a été adoptée le 30 septembre 2022. Issue d'une initiative législative populaire[19], elle s'intègre dans le mouvement d'« écologisation des droits de l'homme[20] ». La justification de cette loi est bien résumée dans son préambule :

> Les raisons pour lesquelles cette loi est approuvée sont au nombre de deux : d'une part, la grave crise socioenvironnementale, écologique et humanitaire qui affecte le Mar Menor et les habitants de ses communautés côtières ; d'autre part, l'inadéquation du système de protection juridique actuel, malgré les importantes mesures et instruments réglementaires mis en place au cours des vingt-cinq dernières années… Pour toutes ces raisons, le moment est venu de faire un saut qualitatif et d'adopter un nouveau modèle juridico-politique, en phase avec l'avant-garde juridique internationale et le mouvement mondial pour la reconnaissance des droits de la nature.

---

[16] « *Te Awa Tupua* est un tout indivisible et vivant, comprenant le fleuve Whanganui des montagnes à la mer, intégrant tous ses éléments physiques et métaphysiques » et « Te Awa Tupua est une personne morale et possède tous les droits, pouvoirs, devoirs et responsabilités d'une personne morale » (articles 12 et 14 du *Te Awa Tupua (Whanganui River Claims Settlement) Act 2017* du 20 mars 2017) ; T. Deleuil, « « Je coule donc je suis » : la reconnaissance des droits du fleuve Whanganui par le droit néozélandais ? », *Revue juridique de l'environnement*, 2020, p. 437-445.

[17] C. Iorns Mallaganes, « Nature as an Ancestor : Two Examples of Legal Personality for Nature in New Zealand », *VertigO - la revue électronique en sciences de l'environnement* (Online), Hors-série 22 | septembre 2015.

[18] Article 5 de la loi n° 71 du 21 décembre 2010.

[19] Justifiée par l'inefficacité du système en vigueur et la volonté des citoyens d'obtenir une meilleure protection (E. Salazar Ortuño, T. Vicente Giménez, « La iniciativa legislativa popular para el reconocimiento de personalidad jurídica y derechos propios al Mar Menor y su cuenca », *Revista Catalana de Dret Ambiental*, 13 (1), 2022).

[20] T. Vicente Giménez, E. Salazar Ortuño, « Los derechos de la naturaleza y la ciudadanía : el caso del Mar Menor », *Revista Murciana de Antropología*, n° 29, 2022, p. 19.

Le but de la loi est donc « d'accorder la personnalité juridique à l'écosystème lagunaire de la Mar Menor, pour pouvoir le doter, en tant que sujet de droit, d'une charte de droits propres, basée sur sa valeur écologique intrinsèque et la solidarité intergénérationnelle, garantissant ainsi sa protection pour les générations futures ». Ce qui conduit à reconnaître à la lagune la qualité de « sujet indissociablement biologique, environnemental, culturel et spirituel ». Le préambule fonde cette reconnaissance sur les « droits bioculturels » car « accorder des droits à l'entité naturelle de la Mar Menor renforce et étend les droits des personnes qui vivent dans la zone lagunaire et qui sont menacées par la dégradation écologique » et sur l'interprétation de l'article 45 de la Constitution par la Cour suprême[21] selon laquelle « la nature en tant qu'écosystème… permet le développement de la personne », « l'être humain étant partie intégrante de la nature et non destiné à la dominer pour la mettre exclusivement à son service ». La loi adopte ainsi une « interprétation écocentrique » du système juridique, justifiant que « la catégorie de sujet de droit » soit « étendue aux entités naturelles, sur la base des preuves fournies par les sciences de la vie et du système terrestre ».

C. La reconnaissance par les juges

Les juges ont été particulièrement actifs pour reconnaître la personnalité juridique des entités naturelles. Il n'est certes pas surprenant que le premier juge à avoir assuré cette reconnaissance est un juge équatorien[22]. Toutefois, l'intervention des juges dans plusieurs pays intervient dans des contextes et sur des bases souvent différentes, mais souvent inspirée de dispositifs normatifs adoptés ailleurs, notamment la loi de 2017 en Nouvelle-Zélande. Ces constructions jurisprudentielles variées qui ne constituent pas un « modèle transnational »[23], procèdent souvent à une reconnaissance de fleuves.

Ainsi, en Colombie, la Cour constitutionnelle a estimé que le « fleuve Atrato, son bassin, ses affluents doivent être reconnus comme une entité sujet de droits à la protection, la conservation, le maintien et la restauration à la charge de l'État et des communautés ethniques[24] ». La Cour suprême de Colombie a procédé de son côté à la reconnaissance de la personnalité juridique à l'Amazonie colombienne[25]. Le juge colombien se fonde pour cela sur ses propres interprétations extensives précédentes des normes constitutionnelles en matière environnementale qui avaient établi l'impératif

[21] Arrêt de la 2e chambre de la Cour suprême, du 30 novembre 1990, n° 3851/1990.

[22] Cour provinciale de Loja, décision du 30 mars 2011 (reconnaissance de la personnalité du fleuve Vilcabamba).

[23] P. Brunet, « L'écologie des juges… », p. 8.

[24] Cour constitutionnelle colombienne, décision T. 622-16 du 10 novembre 2016.

[25] Cour suprême de justice de Colombie STC n° 04360-2018 du 4 avril 2018, F. Laffaille, « Le juge, l'humain et l'Amazonie. Le constitutionnalisme écocentrique de la Cour suprême de Colombie (5 avril 2018) », *Revue juridique de l'environnement*, 2018, p. 549-563.

de protection de la nature en tant que telle[26] et se réclame des droits bioculturels[27].

En Inde, la Haute cour d'Uttarakhand a reconnu la personnalité juridique à deux fleuves (le Gange et la Yamuna)[28] puis aux glaciers qui en constituent la source (Gangotri et Yamunotri) et aux écosystèmes des fleuves précédents[29], précisant que ces entités devaient être considérées comme « des entités vivantes investies de tous les droits, devoirs et responsabilités attenants à une personne vivante et ce afin de les préserver et les conserver ». En l'absence de disposition explicite de la Constitution ou de lois, le juge s'est fondé sur deux jurisprudences de la Cour suprême : celle qui avait déjà reconnu la personnalité juridique à des entités non humaines[30] et celle procédant à une interprétation extensive des articles 48 et 51 de la Constitution indienne (obligation de l'État de protéger l'environnement). La Haute cour procédant ainsi à une « lecture écocentrique d'inspiration religieuse[31] ».

Au Bangladesh, la Cour suprême s'est prononcée en 2019[32] en consacrant la personnalité juridique du fleuve Turag et de tous les fleuves du Bangladesh en se fondant sur le *public trust doctrine*[33] selon laquelle l'État a la garde (et non forcément la propriété) de ressources naturelles dans l'intérêt et pour l'usage public et le droit à un environnement sain[34]. La Cour s'est inspirée du précédent de la Haute cour indienne sans cependant poser une base écoreligieuse, mais davantage en s'inscrivant dans le mouvement mondial de

[26] Décisions T-411 du 17 juin 1992, T-080 2015 du 20 février 2015, C-449/15 du 16 juillet 2015, T-606/15 du 21 septembre 2015.

[27] Ces droits défendus notamment par S. K. Bavikatte (*Stewarding the Earth: Rethinking Property and the Emergence of Biocultural Rights*, Delhi, Oxford University Press, 2014), « résultent de la fusion des droits à l'autodétermination reconnus aux peuples autochtones comme groupes et de la recherche des moyens de protéger la biodiversité » (P. Brunet, « L'écologie des juges... », p. 10).

[28] High Court of Uttarakhand, *Mohd Salim v State of Uttarakhand*, Writ Petition, n° 116 of 2015, 20 mars 2017.

[29] High Court of Uttarakhand, Writ Petition, n° 140 of 2015, 30 mars 2017.

[30] Les idoles (Cour suprême, arrêt du 20 mars 2000, *Shriomani Gurudwara Prabandhak Committee, Amritsar v. Shri Som Nath Dass*).

[31] P. Brunet, « L'écologie des juges... », p. 14.

[32] *Human Rights and Peace for Bangladesh and others v Secretary of the Ministry of Shipping and others*, Writ Petition n°13989 de 2016, jugement rendu le 3 février 2019.

[33] J. L. Sax, « The Public Trust Doctrine in Natural Resource Law: Effective Judicial Intervention », *Michigan law review*, 1970, vol. 68, n° 3, p. 473-566. On trouve trace de cette doctrine dans l'article 21 de la Constitution bangladaise : « Il est du devoir de tout citoyen d'observer la Constitution et les lois, de maintenir la discipline, d'accomplir les devoirs publics et de protéger les biens publics. Toute personne au service de la République a le devoir de s'efforcer à tout moment de servir le peuple. »

[34] L'article 18 A de la Constitution précise que « L'État s'efforce de protéger et d'améliorer l'environnement et de préserver et sauvegarder les ressources naturelles, la biodiversité, les zones humides, les forêts et la vie sauvage pour les citoyens présents et futurs ».

reconnaissance de la nature comme personne juridique, notamment en « plaçant l'humain au sein de la nature, plutôt que séparé d'elle[35] ».

Notons pour compléter ce tableau des modalités de reconnaissance de la personnalité juridique des entités naturelles que celle-ci est parfois le fait d'initiatives locales. Ainsi, au Québec, la rivière Magpie ou *Muteshekau Shipu*[36], a vu sa personnalité juridique reconnue par une résolution adoptée sous la forme d'une déclaration le 23 février 2021 par le Conseil Innu, l'Autorité régionale de Minganie, la Société pour la nature et les parcs du Québec et l'association eaux-vives de Minganie. Le texte adopté par la municipalité régionale de comté de Minganie du 16 février 2021[37] établit en effet « la reconnaissance de la personnalité juridique et des droits de la rivière Magpie ». La résolution adoptée par la province s'appuie aussi sur les lois en vigueur (compétence provinciale, loi sur l'environnement…) et le droit à un environnement sain proclamé par la Charte québécoise des droits de la personne sans pour autant lever l'incertitude juridique sur la valeur et même le sort de cette résolution puisque la répartition des compétences entre les différents niveaux de pouvoir dans le domaine de l'eau est incertaine au Canada. Il n'y a pas eu pour l'instant de réaction des autres autorités à la reconnaissance, alors que normalement la prise de décision dans les domaines concernant les autochtones nécessite des négociations et des consultations entre gouvernement fédéral et ces peuples autochtones[38].

Si la diversité marque les modalités de reconnaissance de la personnalité juridique des entités naturelles, la portée de cette reconnaissance fait apparaître largement un processus encore en construction.

II. La portée encore en construction de la reconnaissance de la personnalité des entités naturelles

Une fois la reconnaissance acquise au profit des entités naturelles, il reste à établir de nombreuses questions souvent complexes et ouvertes : quel périmètre donner à cette reconnaissance ? Quels droits attachés à la nature ? Comment les entités naturelles sont-elles représentées ? Comment concilier ?

A. La variété des entités concernées par la reconnaissance

La reconnaissance de la personnalité juridique au profit d'entités naturelles pose en premier lieu la question de la délimitation du périmètre de la « nature »

---

[35] M. S. Islam, E. O'Donnell, « Legal rights for the Turag: rivers as living entities in Bangladesh », *Asia Pacific Journal of Environmental Law*, 2020, vol. 23, n°2, p. 166.

[36] « La rivière où l'eau passe entre des falaises rocheuses carrées » en langue innu, une des onze premières nations du Canada.

[37] Procès-verbal de la MRC de Minganie, p. 5904-5910 (http://mrc.minganie.org/wp-content/uploads/2021/03/16-f%C3%A9vrier-2021.pdf).

[38] R. Mason, M. Chalupovitsch, « Les droits de la nature : les initiatives canadiennes et étrangères visant à accorder des droits juridiques aux rivières », *Notes de la colline*, 2021.

concernée. On relève deux cas de figure, le premier est celui d'une reconnaissance générale de la nature, le second est celui d'une reconnaissance particulière d'éléments naturels spécifiques.

La reconnaissance générale de la nature comme personne juridique ne se trouve qu'en Équateur et en Bolivie. Ainsi, s'appuyant sur les considérations biocentriques de la Charte fondamentale, la Cour constitutionnelle équatorienne affirme que

> La nature… est un sujet complexe qui doit être compris d'un point de vue systémique. La nature est constituée d'un ensemble interdépendant et indivisible d'éléments biotiques et abiotiques (écosystèmes). La nature est une communauté de vie. Tous les éléments qui le composent, y compris l'espèce humaine sont liés et ont une fonction ou un rôle[39].

De plus, « La Cour estime que la reconnaissance de la nature en tant que sujet de droits énoncés dans la Constitution, en termes généraux et abstraits, n'exige pas des reconnaissances spécifiques pour promouvoir et protéger la nature et chacun des éléments qui la composent[40] ». De même en Bolivie, la loi sur la Terre mère précise qu'elle est un sujet de droit collectif décrit comme des « communautés complexes et dynamiques de plantes, d'animaux, de micro-organismes et d'autres êtres et de leur environnement, où les communautés humaines et le reste de la nature interagissent en tant qu'unité fonctionnelle[41] » et que « La Terre mère et toutes ses composantes… sont titulaires de tous les droits inhérents reconnus dans la présente loi[42] ».

Plus généralement, les reconnaissances portent sur des éléments naturels précis. La Cour constitutionnelle équatorienne indique d'ailleurs que la reconnaissance générale, bien que n'impliquant pas une reconnaissance spécifique de chaque élément naturel, n'exclut pas une telle identification particulière pour établir les droits en jeu et déterminer la portée exacte à donner aux droits de cet élément particulier[43]. De sorte que la nature est alors un tout et chaque élément qui compose ce tout[44]. Ainsi, plusieurs éléments ont été identifiés par le juge constitutionnel équatorien : l'écosystème de la mangrove a été reconnu comme élément de la nature et sujet de droits[45] ; les fleuves et, en particulier, le fleuve Aquepi[46], de même le fleuve Monjas[47] ; des

[39] Décision n° 22-18-IN/21 du 8 septembre 2021.
[40] Décision n° 1185-20-JP/21 du 15 décembre 2021.
[41] Article 4 de la loi n° 74 du 21 décembre 2010.
[42] Article 5 de la loi n° 74 du 21 décembre 2010.
[43] Cette reconnaissance juridictionnelle d'un élément en particulier n'est pas un préalable à l'exercice de ses droits et permet seulement de préciser les droits en cause (nom, emplacement, histoire, cycle de vie, structure, fonctions, évolution, dommages éventuels et les obligations notamment de l'État découlant des droits et la façon de réparer des dommages), décision n° 1185-20-JP/21 du 15 décembre 2021.
[44] A. Martínez-Moscoso, « Los derechos… précité, p. e 32117.
[45] Décision n° 22-18-IN/21 du 8 septembre 2021.
[46] Décision n° 1185-20-JP/21 du 15 décembre 2021.
[47] Décision n° 2167-21-EP du 19 janvier 2022.

forêts, et en particulier la Forêt des Cèdres[48] ; les animaux, en particulier les animaux sauvages, sont titulaires de droit de la nature (droit à la vie) en prenant en compte les interactions entre les espèces et leurs besoins spécifiques[49]. Ailleurs, on retrouve ces grandes catégories : forêt (Nouvelle-Zélande, Colombie) ; rivière (Nouvelle-Zélande, Inde, Bangladesh, Colombie, Québec) auxquelles s'ajoutent des écosystèmes (lagune en Espagne).

B. La représentation des entités naturelles

Dès lors que des entités naturelles se voient conférer la personnalité juridique, se pose l'épineuse question de la représentation de ces entités puisque « la nature n'existe pas : c'est un concept qui, pour exister, a besoin de représentants et donc de personnes humaines susceptibles de lui donner consistance[50] ».

La solution adoptée par les différents États s'appuie généralement sur l'idée d'un consortium de gardiens apte à représenter et/ou à protéger l'entité naturelle. Cette aptitude est généralement fondée sur un lien de proximité ou de responsabilité. De sorte que ce groupe rassemble habituellement des personnes physiques ou morales qui ont un lien particulier avec cette entité naturelle (peuple autochtone, autorités chargées de l'environnement, riverains, scientifiques…). Dans ce cadre, la composition de ces consortiums reste variable. Les précurseurs de cette solution sont la Colombie et la Nouvelle-Zélande, dont les modèles ont été imités par l'Espagne et le Québec, la construction jurisprudentielle en Inde et au Bangladesh s'en distingue cependant.

Ainsi, en Nouvelle-Zélande, la loi de 2017 a créé plusieurs institutions assurant la fonction de gardiens du fleuve Whanganui (*Te Awa Tupua*) : *Te Pou Tupua* (constitué d'un représentant des tribus maoris et d'un représentant du gouvernement) est le « visage humain de *Te Awa Tupua* » et a le pouvoir « d'agir au nom de *Te Awa Tupua*[51] » et *Te Karewao* est un organe de conseil[52] et *Te Kopuka* est un organe comprenant des « représentants de personnes et d'organisations ayant des intérêts dans la rivière Whanganui[53] ». Dans le même sens, en Colombie, la Cour a ordonné que soit constituée une

---

[48] Décision n° 1149-19-JP/21 du 10 novembre 2021.
[49] Décision n° 523-20-JH du 27 janvier 2022.
[50] P. Brunet, « Les droits de la nature et la personnalité… » précité, p. 42.
[51] Articles 18 et 19 du *Te Awa Tupua (Whanganui River Claims Settlement) Act 2017* du 20 mars 2017.
[52] Article 27 du *Te Awa Tupua (Whanganui River Claims Settlement) Act 2017* du 20 mars 2017.
[53] Article 29 du *Te Awa Tupua (Whanganui River Claims Settlement) Act 2017* du 20 mars 2017.

« commission des gardiens du fleuve[54] » désignés l'un par les communautés indigènes locales et l'autre par le gouvernement, assistés de conseillers.

Ce modèle a été importé au Québec : « en tant qu'entité vivante possédant des droits fondamentaux, la rivière Magpie sera représentée par des Gardiens nommés par la MRC (municipalité régionale de comté) de Minganie et la Première Nation des Innus de Ekuanitshit, ayant le droit d'agir au nom des droits et des intérêts de la rivière et de veiller à ses droits fondamentaux[55] ». Les Gardiens pourront entreprendre des actions légales au nom de la rivière, réclamer des réparations, mais développeront leur mission en collaboration avec le service d'aménagement et de développement de la MRC.

De même, en Espagne, la loi de 2022 relative à la lagune de Mar Menor a mis en place un comité de représentants des personnes publiques et des habitants, un comité de surveillance « gardiens » (représentant les communes riveraines et les secteurs socio-économiques) et un comité scientifique qui auront pour tâche de gérer la lagune Mar Menor, mais sans être habilités spécifiquement à représenter celle-ci.

En revanche, en Inde, si les fleuves Gange et Yamuna sont considérés comme des mineurs auxquels le juge assigne des gardiens, ces derniers sont des autorités publiques de l'État d'Uttarakhand[56]. Toutefois, concernant l'écosystème des glaciers, on retrouve le système des gardiens, mais ceux-ci associent alors les représentants des populations locales[57]. Quant au Bangladesh, la Cour suprême a désigné un gardien légal (personne *in loco parentis*) à la rivière (la Commission nationale de conservation des rivières[58]) pour pallier la mauvaise gestion précédente du fleuve[59]. Mais ce gardien n'inclut pas les populations riveraines ou les personnes ayant leurs intérêts liés à la rivière. La différence d'organisation entre les rivières en Inde et au Bangladesh et l'ensemble des autres solutions est certainement à trouver dans l'importance des populations impliquées par ces fleuves[60].

Dans certains pays aucun représentant n'est désigné au sens strict, mais de nombreuses personnes physiques ou morales sont alors aptes à défendre les droits conférés aux entités naturelles. C'est notamment le cas en Équateur où « Toute personne, communauté, peuple ou nationalité peut exiger de l'autorité publique la réalisation des droits de la nature[61] » de sorte que « tous les citoyens ont la légitimité active de représenter la nature lorsque ses droits sont

---

54 Cour constitutionnelle colombienne, décision T. 622-16 du 10 novembre 2016.

55 Résolution de la municipalité régionale de comté de Minganie du 16 février 2021, p. 5908.

56 High Court of Uttarakhand, *Mohd Salim v State of Uttarakhand*, Writ Petition, n°116 of 2015, 20 mars 2017

57 High Court of Uttarakhand, Writ Petition, n° 140 of 2015, 30 mars 2017.

58 *Human Rights and Peace for Bangladesh and others v Secretary of the Ministry of Shipping and others*, Writ Petition n°13989 de 2016, jugement rendu le 3 février 2019.

59 M. S. Islam, E. O'donnell, « Legal rights for the Turag: rivers as living entities in Bangladesh », *Asia Pacific Journal of Environmental Law*, 2020, vol. 23, n°2, p. 176.

60 P. Brunet, « L'écologie des juges… » précité, p. 15.

61 Article 74 de la Constitution.

violés[62] » ce qui a permis à la Cour constitutionnelle d'admettre, au nom de l'effet utile à donner à la Constitution[63], l'action du ministère de l'Environnement contre une personne privée[64], d'un maire et d'un procureur contre l'État[65], d'une association de défense de la nature[66]. La loi bolivienne de 2010 ouvre aussi une *actio popularis* pour défendre les droits de la nature[67] à laquelle s'ajoute la prévision d'un défenseur de la Terre mère,[68] mais dont les fonctions de représentation et d'action en justice sont encore floues.

Quand bien même des consortiums de gardiens sont mis en place, l'aptitude à défendre les droits de l'entité naturelle peut être confiée à « toute personne physique ou morale » : c'est le cas avec la loi de 2022 en Espagne où les frais de justice seront pris en charge si le requérant gagne le procès[69].

C. La reconnaissance des droits de la nature

Les droits reconnus aux éléments naturels sont liés directement à l'objectif poursuivi par la reconnaissance de la personnalité. Deux cas de figure se présentent, soit une reconnaissance de droits calquée sur un statut existant (cas particulier), soit une reconnaissance de droits spécifiques (cas général). Ainsi, en Inde, le juge n'a pas établi une liste de droits, mais a copié un ensemble de droits, puisque rivières, glaciers et écosystèmes attenants sont reconnus comme des « personnes juridiques, des personnes artificielles, ayant le statut de personne juridique, avec tous les droits, devoirs et responsabilités dont jouissent les personnes vivantes, et ce afin de les préserver et les conserver[70] ».

Mais dans la plupart des cas, la reconnaissance des droits est spécifique aux éléments naturels. Il s'agit logiquement de droits permettant aux éléments naturels de « fonctionner » normalement et visent souvent au maintien ou au rétablissement de cette normalité. On trouve ainsi des droits formant un socle minimal : « le droit d'exister, le droit de maintenir ses cycles vitaux, le droit à la régénération, le droit d'être libre de toute altération structurelle, et le droit d'être reliée aux autres parties du système Terre[71] ».

Tout d'abord, l'entité naturelle a un droit d'exister[72]. On retrouve ce droit sous des formes très similaires dans les reconnaissances textuelles (Équateur[73],

---

[62] Cour constitutionnelle, décision n° 166-2015 du 20 mai 2015.
[63] Cour constitutionnelle, décision n° 523-20-JH du 27 janvier 2022.
[64] Cour constitutionnelle, décision n° 166-2015 du 20 mai 2015.
[65] Cour constitutionnelle, décision n° 1149-19-JP/21 du 10 novembre 2021.
[66] Cour constitutionnelle, décision n° 22-18-IN/21 du 8 septembre 2021.
[67] Article 6 de la loi n° 71 du 21 décembre 2010.
[68] Article 10 de la loi n° 71 du 21 décembre 2010.
[69] Article 6 de la loi n° 19 du 30 septembre 2022.
[70] High Court of Uttarakhand, Writ Petition, n°140 of 2015, 30 mars 2017.
[71] F. Flipo, « Pour des droits de la nature », *Mouvements*, 2012, n° 2, p. 123.
[72] Cour constitutionnelle équatorienne, décision n° 1185-20-JP/21 du 15 décembre 2021.
[73] Article 71 de la Constitution.

Espagne[74], Québec[75]...) ; souvent de manière plus implicite dans les reconnaissances opérées par les juges. Ce droit se décline en un « droit de remplir les fonctions essentielles au sein de son écosystème » (Québec[76]).

On trouve ensuite des droits formant des interdictions d'agir : le droit au respect des cycles naturels (Québec[77], Espagne[78]) ; le droit d'être préservé/protégé (Québec[79], Espagne[80]), éviter notamment les pollutions (Québec[81]) ; respecter la nature (Équateur[82]). Mais certains droits constituent des obligations d'agir : entretenir, régénérer « les cycles de vie, la structure, les fonctions et les processus évolutifs » (Équateur[83]) ou droit au maintien de l'intégrité et de la biodiversité naturelle (Québec[84]), à la régénération (Québec[85]) ou à la conservation (Espagne[86], Québec[87]) ; nécessité pour les autorités publiques de conduire des politiques publiques de sensibilisation des études, de mettre en œuvre des mesures de protection (Espagne[88]).

Par ailleurs, la nature se voit consacrer un droit à réparation (Québec[89], Équateur[90], Espagne[91]) des dommages subis qui s'accompagne parfois d'une obligation de prendre des mesures pour éviter que les dommages constatés ne

---

74 « La Mar Menor est régie par un ordre naturel ou une loi écologique qui lui permet d'exister comme écosystème lagunaire et comme écosystème terrestre dans son bassin. Le droit d'exister implique le respect de cette loi écologique, pour assurer l'équilibre et la capacité de régulation de l'écosystème face au déséquilibre provoqué par les pressions anthropiques provenant en grande partie du bassin versant » (article 2 de loi n° 19 du 30 septembre 2022).

75 La rivière Magpie se voit reconnaître « le droit de vivre, d'exister et de couler ». Résolution de la municipalité régionale de comté de Minganie du 16 février 2021, p. 5908.

76 Résolution de la municipalité régionale de comté de Minganie du 16 février 2021, p. 5908.

77 *Idem.*

78 Article 2 de la loi n° 19 du 30 septembre 2022.

79 Résolution de la municipalité régionale de comté de Minganie du 16 février 2021, p. 5908.

80 « Le droit à la protection implique de limiter, d'arrêter et de ne pas autoriser les activités qui présentent un risque ou des dommages à l'écosystème » (article 2 de la loi n° 19 du 30 septembre 2022).

81 Résolution de la municipalité régionale de comté de Minganie du 16 février 2021, p. 5908.

82 Cour constitutionnelle, décision n° 1185-20-JP/21 du 15 décembre 2021.

83 Cour constitutionnelle, décision n° 218-15 du 9 juillet 2015.

84 La rivière Magpie a un « droit de maintenir son intégrité » (résolution de la municipalité régionale de comté de Minganie du 16 février 2021, p. 5908).

85 Résolution de la municipalité régionale de comté de Minganie du 16 février 2021, p. 5908.

86 « Le droit à la conservation nécessite des actions visant à préserver les espèces et les habitats terrestres et marins et la gestion des espaces naturels protégés associés » (article 2 de la loi n° 19 du 30 septembre 2022).

87 Résolution de la municipalité régionale de comté de Minganie du 16 février 2021, p. 5908.

88 En Espagne avec l'article 7 de la loi n° 19 du 30 septembre 2022.

89 « Les Gardiens... seront habilités à entreprendre des actions légales au nom de la rivière Magpie, à réclamer une réparation pour un préjudice subi par la rivière et à recevoir une compensation pour le propre bénéfice de la rivière » (résolution de la municipalité régionale de comté de Minganie du 16 février 2021, p. 5908).

90 Article 72 de la Constitution.

91 Article 4 de la loi n° 19 du 30 septembre 2022.

se reproduisent (Équateur[92]) et d'un droit à restauration[93] (Espagne[94], Québec[95]) consistant en une obligation de remise en état antérieur au dommage « dans la mesure du possible » (Équateur[96]) qui peut prendre par exemple la forme de l'obligation de réaliser des travaux de stabilisation du lit d'une rivière ou d'adopter des réglementations encadrant les usages de la rivière[97].

Enfin ces droits sont complétés explicitement ou implicitement par la reconnaissance d'un droit d'agir en justice (Québec[98], Nouvelle-Zélande[99], Espagne[100]).

Toutefois, ces droits ne se limitent pas forcément à cette liste : d'autres droits peuvent être inférés des principes généraux dont ils sont issus, notamment la valeur intrinsèque de la nature, en fonction des éléments de la nature concernés[101].

En outre, la consécration de droits au profit d'une entité naturelle n'est pas sans soulever la question classique de la conciliation des droits entre eux avec la particularité de procéder à un équilibre non pas entre humains, mais entre deux personnes dont les intérêts pourraient être potentiellement très distants.

Si certains pensent que cette conciliation est inévitable, mais gérable par les juges[102], puisqu'elle correspond à un exercice rodé, des textes semblent établir une supériorité des droits de la nature sur les droits des personnes. En effet, la loi de 2010 en Bolivie précise ainsi d'une part que « Tous les Boliviens et Boliviennes, en tant que membres de la communauté des êtres qui composent la Terre Mère, exercent les droits établis dans la présente loi, d'une manière qui soit compatible avec leurs droits individuels et collectifs »,

---

[92] La Cour constitutionnelle (décision n° 2167-21-EP du 19 janvier 2022) s'appuie pour cela sur la jurisprudence de la Cour interaméricaine des droits de l'homme (CIDH, arrêt *Pacheco Teruel c. Honduras* du 27 avril 2012).

[93] High Court of Uttarakhand, *Mohd Salim v State of Uttarakhand*, Writ Petition, n°116 of 2015, 20 mars 2017.

[94] « Le droit à la restauration nécessite, une fois les dommages survenus, des actions de réparation dans la lagune et son bassin versant, qui rétablissent la dynamique et la résilience naturelles, ainsi que les services écosystémiques associés » (article 2 de la loi n° 19 du 30 septembre 2022).

[95] Résolution de la municipalité régionale de comté de Minganie du 16 février 2021, p. 5908.

[96] « La restauration doit viser à faire en sorte que le système naturel bénéficie à nouveau de conditions permettant son développement correct par rapport à ses cycles de vie, sa structure, ses fonctions et ses processus évolutifs », l'État ayant l'obligation de mettre en place des « mécanismes efficaces permettant le rétablissement des zones naturelles dégradées » (Cour constitutionnelle décision 166-2015 du 20 mai 2015).

[97] Cour constitutionnelle équatorienne, décision n° 2167-21-EP du 19 janvier 2022, relative au fleuve Monjas.

[98] Résolution de la municipalité régionale de comté de Minganie du 16 février 2021, p. 5908.

[99] Article 17 du *Te Awa Tupua (Whanganui River Claims Settlement) Act 2017* du 20 mars 2017.

[100] Article 6 de la loi n° 19 du 30 septembre 2022

[101] Décision n° 523-20-JH du 27 janvier 2022.

[102] S. Nadaud, « Le renouvellement… » précité, p. 282.

mais d'autre part que « L'exercice des droits individuels est limité par l'exercice des droits collectifs dans les systèmes de vie de la Terre mère. Dans les systèmes de vie de la Terre mère, tout conflit entre les droits doit être résolu de manière à ne pas affecter de façon irréversible la fonctionnalité des systèmes vivants[103] ».

La position de la Cour constitutionnelle de l'Équateur est sur ce point intéressante à prendre en compte. Ainsi, le juge remarque d'abord que « les droits de la nature englobent nécessairement le droit de l'humanité à l'existence en tant qu'espèce[104] » (ce qui est rassurant). Il indique aussi que les droits de la nature ne sont pas absolus et donc par exemple que la reconnaissance des droits de la mangrove n'implique pas l'interdiction de toute activité économique, mais proscrit par exemple la monoculture qui dégrade cet écosystème[105]. Plus largement, le juge constitutionnel rappelle la nécessaire conciliation entre humains et nature, qui impose : que les peuples, communautés et nationalités vivant sur les territoires naturels soient consultés préalablement au renouvellement d'une mesure de protection de la forêt[106] ; que le système économique ne devienne pas un « processus prédateur », mais participe « à l'existence, au maintien et à la régénération des éléments » de la nature[107] ou encore que les activités légitimes de l'homme sur la nature soient encadrées[108] et ainsi que l'usage de l'eau par l'homme ne doit pas être abusif pour respecter la structure du fleuve et sa capacité à contribuer à la vie humaine[109].

Finalement, notre étude montre que la reconnaissance de la personnalité juridique à des entités naturelles correspond à un mouvement global qui touche principalement des pays rencontrant à la fois des difficultés majeures dans le domaine de l'environnement, des problèmes de gestion des ressources naturelles et qui comptent des peuples autochtones. On voit bien que cette reconnaissance puise sa légitimité à la fois dans le contexte de la crise climatique et dans un contexte culturel favorable à la personnification des entités naturelles. Cependant il s'agit d'une construction juridique humaine

---

[103] Article 6 de la loi n° 71 du 21 décembre 2010.
[104] Décision n° 1149-19-JP/21 du 10 novembre 2021.
[105] Décision n° 22-18-IN/21 du 8 septembre 2021.
[106] Décision n° 20-12-IN du 1er juillet 2020.
[107] Décision n° 218-15 du 9 juillet 2015
[108] « L'être humain est conditionné biologiquement pour se nourrir d'autres organismes », son droit à l'existence doit être interprété dans le cadre des interactions biologiques et des relations entre espèces, de sorte que « lorsqu'un prédateur tue sa proie conformément à la chaîne alimentaire, le droit à la vie d'un animal n'est pas violé de manière illégitime » (décision n° 523-20-JH du 27 janvier 2022) : la pêche, la chasse, la cueillette, la sylviculture sont des activités légitimes traduisant l'interaction de l'homme avec les autres espèces, de même que la domestication d'animaux a permis d'assurer son bien-être. Mais ces activités doivent être encadrées pour respecter le droit garanti à l'article 74 de la Constitution.
[109] Décision n° 1185-20-JP/21 du 15 décembre 2021.

qui soulève certainement quelques difficultés, auxquelles les juges semblent trouver des issues au fur et à mesure des litiges qu'ils règlent. Il « reste cependant la question de savoir si la création de nouvelles fictions juridiques en faveur de certaines entités naturelles augmente réellement leur degré de protection de l'environnement ou, au contraire, s'il s'agit d'un fétichisme juridique[110] ». Si la question est posée de manière rude et sans grande considération pour les cosmogonies alternatives, elle a le mérite de poser le doigt sur l'efficacité des dispositifs mis en place et notamment l'amélioration de la protection des écosystèmes, quand bien même la reconnaissance de la personnalité juridique répond aussi à d'autres considérations.

De manière plus générale, on a relevé l'hétérogénéité des constructions juridiques permettant la reconnaissance de la personnalité juridique aux entités naturelles, mais aussi la possibilité que certaines de ces constructions soient remises en cause à terme. En effet, si des bases juridiques solides sont par exemple présentes en Équateur, avec un texte constitutionnel robuste et une Cour constitutionnelle très impliquée, on peut s'interroger sur la fragilité de certaines constructions juridiques. Tel est le cas par exemple de la loi de 2022 en Espagne, qui a créé une situation inédite et génère un imbroglio juridique[111] que le Tribunal constitutionnel aura à résoudre[112] car la loi est moins en lien direct avec la Constitution que dans le cas équatorien ou colombien, sans liens avec une population autochtone (malgré la dimension culturelle invoquée) et transfère des compétences de gestion d'un territoire à d'autres personnes que celles mises en place par la Constitution et les lois.

D'ailleurs, en admettant que l'édifice juridique soit solide, il est facile de relever certaines inerties dans l'application des dispositifs : le défenseur de la Terre mère institué en Bolivie par la loi de 2010[113] n'est toujours pas en place faute de loi d'application encore adoptée en 2023 ; la décision de la Cour suprême de 2018 n'a pas empêché la poursuite de la déforestation de la forêt amazonienne en Colombie après ; la reconnaissance de la rivière Magpie ne la garantit pas contre la mise en œuvre de projets industriels…

Il n'en demeure pas moins que la reconnaissance de la personnalité juridique à des entités naturelles constitue une contribution du droit à l'effort pour maintenir les conditions de la vie sur terre et en particulier celles des humains.

---

[110] M.- C. Fuchs, « Los derechos de la naturalezza llegan a Europa – Luces y sombras dela caso del Mar menor en España », https://agendaestadodederecho.com/los-derechos-de-la-naturaleza-llegan-a-europa.

[111] B. Lozano Cutanda, « La declaracion del Mar menor y su cuenca como persona juridica : un « embrollo juridico » », *Diario La Ley*, 2022, n° 10163, p. 4.

[112] Un recours en inconstitutionnalité a été déposé par les parlementaires de Vox auprès du Tribunal constitutionnel (recours n° 8583-22 publié au *BOE* du 16 février 2023).

[113] Article 10 de la loi n° 71 du 21 décembre 2010.

Pour une discipline juridique féconde

Lauréline Fontaine

Le droit est un fait social, une institution humaine. Mais le prendre comme une donnée brute présente des difficultés, car il est un objet malléable et dépendant des groupes dans lesquels il se déploie. Aujourd'hui, il est saisi par le politique, dont l'activité est de faire et défaire les normes juridiques. Et, parce qu'il est perçu comme un enjeu de société, il fait aussi l'objet d'attentions particulières de la part de différents groupes sociaux. C'est ainsi que s'il existe des autorités bien identifiées de production du droit, il a été montré depuis longtemps qu'une pluralité d'acteurs entre, institutionnellement ou fortuitement, dans le processus de fabrication et d'application de la norme, qui participe donc du fait social. Récemment par exemple, l'action de lobbying à destination du Conseil constitutionnel a été mise en lumière par les médias comme une problématique du fonctionnement de l'institution[1]. Mais le silence gardé jusqu'alors par des observateurs spécialisés et informés de cette pratique interroge la fonction de la discipline juridique, qui estime donc pouvoir « parler sur » le fonctionnement et la jurisprudence du Conseil constitutionnel en taisant un phénomène qui de toute évidence devrait être inclus au titre de leur compréhension. Qu'est-ce qui relève de l'objet de la discipline juridique et qu'est-ce qui n'en relève pas ? À quoi et jusqu'où s'étend sa capacité critique[2] ?

Il existe une tension permanente traversant la réflexion des juristes sur leur discipline, entre positionnement académique et positionnement politique, entre posture épistémologique et inadéquation euristique. Beaucoup a été dit sur ce qui ferait le spécifique de la discipline juridique, sur ce qui constituerait son objet et sur ses méthodes d'analyse, sans que, entre juristes, on puisse trouver toujours un accord sur ces questions. Mais il est un fait que, dans l'espace intellectuel, on demande la plupart du temps aux juristes d'être des « diseurs de lois », c'est-à-dire de fournir une explication technique à des situations sociales, économiques, politiques, à partir des normes existantes. Est supposé, dans le même temps, que le juriste ne porte ainsi pas de « jugement » sur ce dont il parle. Il peut et doit ainsi rapporter ce qu'un texte

[1] Voir par exemple M. Mathieu, « Dans les coulisses du Conseil constitutionnel, cible des lobbies », *Mediapart,* 12 octobre 2015. Voir aussi L. Fontaine, *La Constitution maltraitée. Anatomie du Conseil constitutionnel*, Paris, Amsterdam, 2023 (chapitre 6).

[2] Voir J. Caillosse, *Introduire au droit*, Paris, Montchrestien, coll. « Clefs », 1993, p. 18.

« dit ». Mais l'appréciation de ce que le texte « veut dire » emporte le plus souvent une forme d'illégitimité du propos du juriste qui ne se cantonnerait pas au strict énoncé du texte. Il connaîtrait bien les lois, mais ne pourrait pas vraiment les penser autrement que comme un technicien dont la mission est de décrire comment ça marche, mais ni pour quoi ni avec quels effets.

Au sein de la cité, le juriste apparaît donc bien plus comme l'un de ses ouvriers que comme l'un de ses penseurs et artisans. Dans un ouvrage consacré à Claude Lévi-Strauss paru en 2022, on compte quarante-deux contributions d'intellectuels autour de son œuvre et de sa pensée, parmi lesquels ne figure aucun juriste. Ce n'est pourtant pas faute pour Claude Lévi-Strauss d'avoir contribué à l'analyse de phénomènes juridiques : sa thèse de doctorat était consacrée aux *Structures élémentaires de la parenté*[3] et il note par exemple le rôle de l'écriture dans la fonction du droit comme système de domination dans *Tristes tropiques*[4]. D'une manière générale, la sociologie s'affiche comme la mieux placée pour dire ce que sont les juristes, et la philosophie pour dire ce qu'est le droit. Le succès de certains travaux en atteste[5], tout comme on peut noter que la catégorie « droit » n'existe en général pas dans les librairies, mais seulement dans les grandes enseignes de distribution de livres.

La « place » laissée aux autres disciplines pour parler du droit et des juristes ne peut pas être traitée comme une vulgaire question corporatiste, même si elle n'y est pas forcément étrangère. L'absence structurelle des juristes dans le débat intellectuel et social est la conséquence d'une forme d'accord des uns et des autres sur ce qu'il convient de faire : l'autocantonnement des juristes à une apparition technicienne dans l'espace social et intellectuel présente pour eux l'avantage d'une forme de monopole de leur compétence. Et, dans le même temps, il procure aux autres disciplines l'avantage de disposer d'un champ plus large de recherche. Il en est ainsi parce que des obstacles présentés comme difficilement surmontables se dressent sur le chemin d'une manière féconde de penser le droit comme institution humaine. Et, à dire vrai, ce sont bien des considérations liées à l'humain et à la Société qui sont à l'origine de cette manière de connaître « scientifiquement » le droit, qui le coupe, *in fine*, de ces mêmes considérations.

La difficile insertion du juriste dans une logique critique peut en effet d'abord s'apprécier au regard de ce qu'elle est le résultat des postulats des régimes politiques modernes qui sont adoptés et véhiculés par la plupart des juristes, mais aussi à certains égards par une partie des membres des autres

---

[3] C. Lévi-Strauss, *Les structures élémentaires de la parenté* (1948), Paris, éd. de l'EHESS, 2017.

[4] C. Lévi-Strauss, *Tristes tropiques*, Paris, Plon, 1955, p. 343-344.

[5] Voir par ex. B. Latour, *La fabrique du droit. Une ethnographie du Conseil d'État*, Paris, La découverte, 2002 ; D. Schnapper, *Une sociologue au Conseil constitutionnel*, Paris, Gallimard, 2011 ; J. Habermas, *Droit et démocratie. Entre faits et normes*, Paris, Gallimard, 1997 ; J. Derrida, *Force de loi*, Paris, Galilée, 1994.

disciplines : faute d'un accord possible entre tous les membres du corps politique et social sur les valeurs et les normes de régulation, il fallait postuler l'existence d'une autorité, *seule légitime* pour le faire. Cette légitimité a été acquise de manière décisive à partir de l'idée que le droit pouvait constituer un instrument alternatif à la force brutale et arbitraire et ainsi être envisagé comme une ressource objective de l'action. L'adossement à la volonté générale (en suivant l'article 6 de la *Déclaration des droits de l'homme* de 1789), médiatisée par la Représentation nationale élue démocratiquement, est venu renforcer symboliquement les assises de la légitimité du droit. Celui-ci est donc apparu, à un moment donné de l'histoire, comme le moyen le *moins contestable* d'organiser la paix sociale. Il s'en est suivi une faiblesse structurelle de la fonction critique de la discipline qui se donne pour objet l'étude du droit. Puisque le droit est un « mieux » par rapport à la force, sa critique est de nature à porter atteinte à ce qui est seul considéré comme un mode de régulation objectif, c'est-à-dire valant pour tous dans un espace donné, faisant ainsi communauté. En ce sens, le juriste critique peut constituer un paradoxe, qu'il peine toujours à résoudre. Cela est très visible s'agissant de l'activité de connaissance et de commentaire des décisions de justice, dont le droit lui-même fixe les limites. Formuler des jugements sur le contenu des décisions de justice constitue l'essentiel de cette activité, qui consiste à indiquer ici que les arguments ne sont pas cohérents, ou ailleurs qu'ils sont mal énoncés. Mais il ne peut s'agir de dire que, en elle-même, la décision de justice n'est pas légitime ou que le juge qui l'a rendue selon des procédures établies n'était pas légitime à le faire[6]. Le principe selon lequel la justice et les juges sont une garantie de l'appareil des droits et libertés des personnes est tel que, comme institutions, ils ne peuvent encourir la critique. C'est d'ailleurs exactement ainsi que l'a entendu le nouveau premier Président de la Cour de cassation française, Christophe Soulard, lors de son discours d'installation le 18 juillet 2022, disant que « le sort de chacune des institutions de la République est lié à celui des autres » et, qu'ainsi, « Tout discours qui sape la légitimité de l'une affaiblit les autres ». À bon entendeur. La critique se trouve réduite à des aspects de technique, et en tous les cas coincée entre la logique de légitimation du système et celle de la contestation du système, qu'il s'agirait d'accepter en l'état ou de rejeter en bloc.

Historiquement, et sans doute paradoxalement si on suit Jack Goody[7], l'écriture du droit est également venue limiter le travail critique puisque, écrit, le droit paraît immédiatement « donné » au juriste. La connaissance du droit considérée en tant qu'ensemble d'énoncés formels n'est donc pas considérée

---

[6] L'article 434-25 du code pénal indique à l'alinéa 1er que « Le fait de chercher à jeter le discrédit, publiquement par actes, paroles, écrits ou images de toute nature, sur un acte ou une décision juridictionnelle, dans des conditions de nature à porter atteinte à l'autorité de la justice ou à son indépendance est puni de six mois d'emprisonnement et de 7 500 euros d'amende ».

[7] J. Goody, *La raison graphique. La domestication de la pensée sauvage*, trad. J. Bazin et A. Bensa, Paris, éd. de Minuit, 1979.

comme celle de la justice ou de la société, et ne permet donc pas de penser en termes de justice et de valeurs sociales. Il ne s'agit pas ou plus de chercher vraiment d'où vient le droit, et quels en sont les effets, pour ne plus se limiter qu'à un examen presque chirurgical du droit à l'état de *produit*. Le phénomène contemporain et souvent dénoncé de l'inflation normative tend aussi à noyer et à réduire la discipline juridique à un simple, mais laborieux travail d'ordonnancement, dénué de toute fonction euristique. Alors que le chercheur est censé dire quelque chose de plus sur son objet, par rapport à ce qu'il se donne immédiatement à voir, le juriste limite son expertise à l'explicitation de données purement autoréférentielles.

Pas étonnant alors que l'activité de connaissance du droit soit encore si souvent associée au pouvoir. Les liens qui unissent les juristes au pouvoir sont antiques, même si ces liens ne sont pas toujours synonymes de subordination. Il peut en tous les cas apparaître que les juristes-légistes ont trop souvent accepté leur environnement politique et social et les prescriptions dont ils apparaissent comme les instruments. La société n'a jamais vraiment rompu avec l'image des légistes médiévaux qui ont fait évoluer le pouvoir politique et en ont fait un pouvoir laïc, émancipé de l'Église. Les juristes sont peu révolutionnaires en ce sens que, si Révolution il y a, ils n'en sont pas les instigateurs, mais des accompagnateurs avertis. Lorsque la dimension « bourgeoise » du droit a été mise en avant à partir du XIXe siècle[8], acte a été pris de ce que les juristes, connaisseurs de ce droit « bourgeois », étaient nécessairement les moins à même d'évaluer la socialité du droit. Et de fait, avec les grands mouvements de codification du droit au XIXe siècle, la tradition du juriste « enfermé » dans les codes, dans le prolongement des légistes médiévaux et de la rédaction des coutumes qui avait permis de centraliser le pouvoir d'État, a continué de les exclure d'un débat sur les constructions et les évolutions sociétales. Enfin, au XXe siècle, les régimes fasciste et nazi ont mis au jour que le politique pouvait donner au droit un contenu qui en ruinait le sens, et que la posture faussement neutre des juristes pouvait en faire des complices implicites, quand ils ne se déclaraient pas explicitement comme tels.

Car au fait que l'histoire du rôle sociétal et bienfaiteur du droit véhiculée majoritairement par les juristes et que l'écriture du droit aient constitué des obstacles à la fonction critique de la connaissance du droit, s'est ajoutée une posture de neutralité affichée par la science du droit vis-à-vis de son objet qui a aussi pour effet de limiter la potentialité critique de l'étude du droit. Au moment où, contrariant l'idée d'une opposition irréductible entre la force brutale et arbitraire et le droit, était mis en lumière que le droit était un puissant instrument contre les libertés et qui permettait d'asseoir des régimes d'oppression, il convenait sans aucun doute d'en repenser les différents aspects, formels et matériels. Mais cette « chance » — en réalité une nécessité

[8] À partir notamment des analyses de K. Marx ou de F. Lassalle.

éthique — ne fut pas saisie. La période précédente, à la fin du XIXe siècle et au début du XXe siècle, n'avait pourtant pas été hostile à une étude sociale du droit, voire, avait connu de « grands » juristes s'y essayant[9] : Léon Duguit, Maurice Hauriou, Louis Josserand ou François Gény, pour ne citer qu'eux, ont ainsi alimenté et articulé leur doctrine à la nouvelle discipline sociologique, en ouvrant leurs perspectives à la sociologie, l'économie ou la philosophie[10]. À la recherche du « social » à la fin du XIXe siècle et au début du XXe siècle, les juristes se sont pourtant enlisés dans un positivisme formel et commode[11], alors que, à un moment difficile de l'histoire du droit, ils auraient au contraire dû encourager une recherche juridique libre, sociale et engagée.

Mais, dans la constitution du droit comme objet de science, les événements épistémologiques dans les sciences d'alors et les enjeux académiques de la constitution des disciplines scientifiques ont pris le pas sur ses enjeux éthiques et sociétaux. Les tournants positivistes et empiristes des sciences sociales ont eu une influence certaine sur les modalités d'appréhension du droit par les juristes et sur la constitution d'une nouvelle « science juridique »[12]. À partir du moment où l'on a admis que le droit positif, comme produit de la volonté humaine, n'était pas équivalent à la justice envisagée idéellement, on a séparé les réflexions entre droit et justice.

La discipline juridique majoritaire et positiviste, théoricienne ou non, a fait le choix de délimiter son objet en y incluant et excluant ce qu'il considère comme le définissant, *choisissant délibérément d'ignorer* la dimension sociale, politique et économique des normes. Le discours positiviste pourrait schématiquement se résumer ainsi : la discipline juridique prend les faits pour ce qu'ils sont, des faits, et les normes pour ce qu'elles sont, des normes. Elle ne met pas sur le même plan le discours descriptif et le discours prescriptif, et elle s'en tient pour l'essentiel à un discours descriptif sur les normes, en s'autorisant à recourir à une forme de logique pour émettre des jugements sur la régularité d'une norme. En cantonnant la définition du droit à un ensemble

[9] Voir mon ouvrage, *Qu'est-ce qu'un « grand » juriste ? Essai sur la pensée juridique contemporaine*, Paris, Lextenso, 2012.

[10] Voir l'ouvrage particulièrement intéressant coordonné par D. Deroussin, *Le renouvellement des sciences sociales et juridiques sous la IIIe République. La Faculté de droit de Lyon, actes du colloque des 4 et 5 février 2004, la Faculté de droit de Lyon et le renouveau de la science juridique sous la IIIe République*, Paris, éd. La mémoire du droit, 2007.

[11] Voir par ex. R. M. Kiesow, *Conseiller le législateur. Les débats sur la fabrique de la loi en Allemagne (1860-2010)*, Paris, Société de législation comparée, 2014.

[12] Même si, dans la littérature intellectuelle et scientifique, quand on se réfère par exemple au fameux Cercle de Vienne, mouvement philosophique des années 1920 et 1930 à l'origine de l'empirisme logique, pratiquement aucun juriste n'est cité : le sont le plus souvent le physicien philosophe et fondateur du mouvement M. Schlick, le philosophe R. Carnap, le mathématicien logicien K. Gödel ou le sociologue O. Neurath. Mais pratiquement jamais le juriste H. Kelsen, dont le nom aujourd'hui n'est étranger à aucun étudiant en droit dès sa première année d'étude (tandis que l'un de ses élèves, Kaufmann, se trouve parfois cité).

d'énonciation de règles, obligatoires de surcroît, et en assignant à la science de les décrire, la discipline juridique a fait de ses porteurs de simples employés du droit. Le pouvoir politique lui-même crée les conditions de cette posture et favorise la poursuite d'un tel objectif, en encourageant de manière directe ou indirecte les savoirs dits « spécialisés », et donc « professionnels »[13].

Ce serait donc ascientifique, c'est-à-dire un péché mortel en terme disciplinaire, que d'inclure la dimension sociale et sociétale du droit, là où, en l'excluant, la fonction tout à la fois euristique et critique de la science est mise sous cloche. Alors que l'intérêt de la science est de se donner un objet qu'elle pourra ainsi rendre intelligible pour le plus grand nombre, la discipline juridique tend à réduire le droit à une abstraction faite d'un labyrinthe de règles et de procédures, dont la connaissance ne rend pas le monde plus intelligible, voire brouille une saine lecture de ce phénomène social. Les lieux privilégiés d'enseignement du droit — les facultés de droit —, très souvent murés dans la technique[14], semblent se plier à la dictature d'une pratique du droit qui ne fait somme toute qu'entretenir une amnésie générale à propos de la signification sociale et éthique de chacune des règles de droit.

L'appel fréquent à Montesquieu par les juristes, alors qu'il est souvent considéré comme un philosophe et parfois un précurseur de la sociologie politique et non comme un juriste est, de ce point de vue, intéressant. Dans *De l'Esprit des lois*, il pose le caractère relatif des lois par rapport à leur objet. Il n'y aurait donc pas de lois bonnes en soi, mais des lois qui conviennent mieux à certaines populations qu'à d'autres, à certains climats plutôt qu'à d'autres, à certains objectifs plutôt qu'à d'autres. Une loi bonne dans un régime à vocation aristocratique sera mauvaise dans un régime à vocation démocratique, et inversement. Ce processus implique de penser que les énoncés normatifs ne peuvent pas être considérés pour eux-mêmes. L'attirance des juristes pour ce raisonnement est réelle, mais elle paraît toujours rester au stade de la référence à un autre, non-juriste, qui le constate, sans avoir de conséquences sur la recherche juridique, dont les modalités tendent à rendre impossible un éclairage approfondi des effets des mécanismes juridiques dans l'organisation sociale. Le problème est qu'il faudrait toujours compter sur « les autres » pour dire quelque chose sur le droit qui soit fécond. André-Jean Arnaud résume parfaitement cette attitude : « les savants non-juristes, lorsqu'ils s'occupent de Droit », contribuent aussi « à

---

[13] C'est le sens pris aussi par les fameuses « écoles 42 » dont le principe est de former à la technique des emplois sans inclure aucun enseignement qui ne porterait pas spécifiquement sur la technique. En bref il s'agit de ne pas penser et se contenter d'« apprendre le code » (https://42.fr/), mais sous une forme séduisante puisqu'il s'agirait en fait de « casser les codes » (même site).

[14] Voir A. Supiot, « Grandeur et petitesse des professeurs de droit », *Les Cahiers du droit*, 42 (3), septembre 2001, p. 605-606.

orienter la science vers un courant dominant[15] ». Et de citer Emmanuel Kant, Victor Cousin, Saint-Simon, Auguste Comte, John Stuart Mill, Karl Marx et Friedrich Engels, Herbert Spencer, etc. On se souvient aussi que Cesare Beccaria était en fait économiste et que Luther, théologien, a contribué à la construction d'un nouveau droit public. Les emprunts d'une discipline à la réflexion menée dans d'autres disciplines font partie d'un processus intellectuel heureux, qu'il faut d'ailleurs revendiquer comme nécessaire, comme lorsque la *Revue du droit public* consacre un numéro spécial à l'apport de Jurgen Habermas au droit constitutionnel[16]. Mais, précisément, à lire Jurgen Habermas, on voit aussi que la technique du droit lui manque. Les deux versions du droit qui résultent de la séparation méthodologique des disciplines, celle des juristes et celles des autres, ne peuvent pas être considérées comme complémentaires. La dualité bien entretenue de l'analyse du droit a des effets sur la compréhension des interactions entre les normes et le corps social, qui restent, pour une grande part, encore largement ignorées. Bien sûr, maîtriser la technique du droit est fondamental pour comprendre ce qu'« on » fait avec le droit. Mais comprendre ce qu'on fait avec et par le droit dépasse sa technique. Le credo d'un bon objet de recherche sur le droit serait plutôt, *l'un pas sans l'autre*, et donc, pas l'un séparé de l'autre.

À regarder ce qui se dit et ce qui se fait, il n'en va pas du tout ainsi. La fonction critique est limitée à une appréciation sur les énoncés normatifs à partir d'autres énoncés normatifs seulement, énoncés le plus souvent envisagés eux-mêmes en référence à d'autres énoncés. En bref, le droit ferait système sans qu'y intervienne aucune espèce de questions sociales, économiques, philosophiques ou éthiques. Si c'est le cas, on peut se demander ce que la connaissance du droit considérée de cette manière apporte à la connaissance de l'humain et de la Société, si ce n'est de pouvoir dire qu'il existe un système qui fonctionne en complète autonomie ? *Pas l'un sans l'autre*. Le technicien du droit fiscal qui comprend à quoi, dans la réalité matérielle, correspondent des énoncés formant dispositif fiscal, ne peut s'arrêter à cette compréhension sans simultanément valider les effets de ce dispositif, même à son corps défendant. Et si celui qui ne saisit pas tous les aspects matériels du dispositif en question en dit quand même quelque chose sur le plan de ce qu'il représente sociétalement, il est possible que son analyse ne soit que partiellement juste. Le résultat est que le droit « fait » des choses sans que ça puisse être dit, faute d'être analysé de manière féconde. En faisant comme si « connaître » une règle de droit n'avait pas de rapport nécessaire avec l'idée de justice ou avec la réalité du rapport social qu'elle contribue à instaurer ou qu'elle prend en compte, le juriste ne véhicule pas une image

---

[15] A.-J. Arnaud, *Les juristes face à la société, du XIXe siècle à nos jours*, Paris, PUF, coll. « Sup », 1975, p. 8. V. aussi Ph. Malaurie, *Anthologie de la pensée juridique*, Paris, Dalloz, 2000 ; O. Cayla et J.-L. Halpérin, *Dictionnaire des grandes œuvres juridiques*, Paris, Dalloz, 2008.

[16] « Jurgen Habermas et le droit », *RDP*, 2007, p. 1534.

neutre du droit, mais une image fausse. Le renvoi à des études non juridiques ne suffit pas.

L'étau dans lequel la science juridique évolue[17] ne se donne pas nécessairement comme tel. Tout est bon pour avoir l'air de sortir des frontières rigides de cette discipline, qui affiche ainsi un intérêt pour tout type de sujets : la bande dessinée, la littérature, le rock, le foot, l'opéra, le beau, la croissance, le marché, l'espace, etc. Mais cet intérêt — vital — pour ce qui paraît être l'extériorité du droit, n'apporte pas plus à la connaissance du droit la plupart du temps. Et si, de temps à autre, les juristes revendiquent aussi d'avoir des idées sur les choses, ils assurent aussi, le plus souvent, que ça n'a pas d'impact sur leur travail scientifique. Cette posture donne d'ailleurs parfois lieu à des torsions de principe qui tendent à décrédibiliser le discours des juristes qui auraient des idées.[18]

L'exemple de ce qu'une manière monofocale d'observer et de parler du droit appauvrit la compréhension du monde est patent à propos du droit comparé. La potentialité critique du droit comparé est pourtant forte, puisqu'il s'agit d'identifier comment le droit se déploie différemment ici et là et ce qu'il convient de retirer de cette observation. Autrement dit, le principe même du droit comparé invite à aller au-delà de l'habitude du cantonnement au seul constat de l'énoncé des règles. Mais hélas, le droit comparé est le plus souvent réduit à une opération de collecte des règles étrangères : colliger plutôt qu'analyser. Autrement dit, le droit comparé n'est pas souvent une explicitation de ce que les groupes humains font ou entendent faire avec le droit, mais le plus souvent l'exposition d'institutions et d'énoncés formels retenus au titre de ce que le comparatiste entend par droit. Si bien qu'il serait plus exact de dire, comme l'a fait Stéphane Pierré-Caps, qu'il s'agit en réalité d'exposer un ou des droits « étrangers »[19], l'exposé n'étant pas assimilable à de la comparaison, même s'il peut utilement servir cette comparaison.

*

* *

Le droit est résolument une manière pour le groupe humain de dire la société qu'il souhaite : défini ainsi, ce qu'il parvient à faire et par quels

---

[17] En suivant Ph. Jestaz, la conception du métier de juriste comme *libre de penser les normes à sa guise,* semble en partie appartenir au passé, même s'il ne faut pas imaginer un « âge d'or » du juriste, dans « Déclin de la doctrine ? », *Droits*, n° 20, 1994, p. 90-91.

[18] Ainsi que l'avait illustré l'opposition entre deux groupes de juristes au moment de l'adoption de la loi sur le mariage pour tous entre ceux qui se disaient ouvertement contre (Lettre ouverte de 170 professeurs de droit envoyée le 15 mars 2013 au Sénat) et ceux qui leur demandaient de se taire (Mariage pour tous : juristes, taisons-nous ! par E. Millard, P. Brunet, S. Hennette-Vauchez, V. Champeil-Desplats, publié en mars 2013 sur le site raison-publique.fr, un texte qui ne figure plus aujourd'hui sur le site), quitte pour les mêmes à prendre la parole sur d'autres sujets.

[19] S. Pierré-Caps, *Droits constitutionnels étrangers*, Paris, PUF, 2010.

moyens relève de l'observation connaissante. À partir du moment où l'énoncé des règles de droit n'a pas d'autre vocation que d'avoir des effets sociétaux, limiter leur connaissance à des effets de technique est tout simplement stérile. C'est la raison pour laquelle l'appréhension de la technicité du droit est nécessaire à la compréhension du phénomène social qu'est le droit, mais seulement en tant qu'elle doit avoir cette visée. Car comprendre comment ça marche techniquement peut être étranger à la compréhension de pourquoi et avec quels effets sociétaux, et donc étranger à la compréhension du droit en tant qu'il est une manière pour un groupe humain de se situer dans le monde naturel des choses.

Observer et parler du droit sans se cantonner à de la technique juridique, ce n'est pas ou pas seulement avoir des idées, et notamment des idées politiques. Les juristes peuvent avoir des idées, des opinions politiques même, et ne pas les taire. Mais ce qui compte vraiment est d'intégrer au cœur du travail de l'observation du droit une interrogation constante sur les fins et les moyens du droit observé, qui donne tout son sens à la disposition d'un savoir spécifique. Encore faut-il que les juristes le reconnaissent, et, partant, le fassent savoir.

REMARQUES SUR LA CONSTITUTIONNALISATION DES BRANCHES DU DROIT. À PROPOS DU DROIT D'EXERCER UN RECOURS JURIDICTIONNEL EFFECTIF[1]

Bernard LUISIN

La reconnaissance d'une valeur constitutionnelle à une notion ou à un principe représente une consécration, surtout dans un État comme la France qui a placé la Constitution au sommet de son ordre juridique, quelles que soient les sources formelles de celui-ci (CE 30 octobre 1998, *Sarran et Levacher* ; C. cass. 2 juin 2000, *Fraisse* ; C. const. 19 novembre 2004, *Traité établissant une Constitution pour l'Europe*).

Cette promotion, et c'est là son principal intérêt, met en principe la norme en cause à l'abri des velléités du législateur. On sait que ce changement de statut normatif a pris une ampleur insoupçonnée avec ce que l'on appelle la constitutionnalisation des branches du droit, phénomène apparu il y a une trentaine d'années. La protection qui en résulte a été grandement renforcée par la possibilité offerte aux justiciables de soutenir qu'une disposition législative, applicable lors d'une instance en cours, porte atteinte à un droit ou à une liberté garantis par la Constitution. On sait aussi que cette procédure, dite question prioritaire de constitutionnalité (QPC), apparue avec la révision constitutionnelle du 23 juillet 2008, connaît un franc succès depuis son entrée en vigueur le 1er mars 2010.

En matière de protection des droits et libertés, le progrès est incontestable et il n'est pas dans notre intention de le nier. Mais encore faut-il, pour en apprécier l'exacte portée, quitter les abstractions rassurantes et prendre ainsi le risque, en affrontant la réalité, de compromettre la vision idyllique de cette consécration. Le juriste a trop tendance à admirer l'architecture de la pyramide en oubliant de visiter le rez-de-chaussée occupé par le justiciable[2].

---

[1] En écho à un séjour effectué avec le professeur Pierré-Caps en 1996 à Dijon à l'occasion du IIIe Congrès de l'Association française des constitutionnalistes. Un atelier avait pour thème « la constitutionnalisation des branches du droit ». Ses actes ont été publiés, sous la direction de B. Mathieu et M. Verpeaux, *La constitutionnalisation des branches du droit*, Paris, Economica, coll. « Droit public positif », « Travaux de l'Association française des constitutionnalistes », 1999.

[2] On peut faire le même constat à propos de la notion d'État de droit qui a fait l'objet d'études considérables sans jamais qu'apparaisse, dans bon nombre d'entre elles, la figure du justiciable.

Un doute surgit d'emblée, lié au fait qu'accorder à une notion ou à un principe une valeur constitutionnelle est bien souvent un signe de sa fragilité. À titre d'exemple, si l'usage de la langue française n'était pas de nos jours autant menacé dans notre société, il ne serait pas venu à l'idée du constituant d'inscrire dans la norme suprême « La langue de la République est le français » (article 2, alinéa 1, issu de la révision constitutionnelle du 25 juin 1992). Il en va de même de la clarté et de l'intelligibilité de la loi, objectif à valeur constitutionnelle, au demeurant non invocable à l'appui d'une QPC, qui souligne l'un des fléaux de la pratique législative actuelle, « la complexité des textes et le labyrinthe des procédures » (Médiateur de la République, Rapport d'activité pour 2006).

Eu égard à l'ancienneté de sa reconnaissance au rang des normes juridiques suprêmes, le droit d'exercer un recours juridictionnel effectif ne semble pas s'exposer à ce genre de suspicion. Et cette antériorité a l'avantage de donner le recul nécessaire pour apprécier, en ce domaine, l'imprégnation de l'ordre juridique par la Constitution. Cette imprégnation, manifestation la plus significative de la constitutionnalisation des branches du droit[3], sera examinée ici en droit public, s'agissant des recours relevant des juridictions soumises au Code de justice administrative (CJA).

Une précision s'impose, qui n'est pas propre au contentieux administratif, et qui justifie la structure des développements qui suivent : si l'effectivité d'un recours suppose l'existence du droit d'accès au juge, ce dernier peut être reconnu sans que le recours soit pour autant effectif. Il y a donc lieu de distinguer ces deux droits pour mesurer utilement la portée de la constitutionnalisation du droit d'exercer un recours juridictionnel effectif.

I. Le droit au juge

Droit d'agir en justice, droit au recours, droit au juge, ce sont là quelques-unes des expressions traduisant la possibilité, qui doit être ouverte à toute personne, de faire valoir ses prétentions devant une juridiction.

Quels sont les effets de la constitutionnalisation de ce droit sur le contentieux administratif ? On examinera cette question au regard des sources du droit au juge et des restrictions qui lui sont apportées.

A. Les sources

1. La jurisprudence du Conseil constitutionnel

Le droit au juge découle de l'article 16 de la Déclaration des droits de l'homme et du citoyen de 1789 en tant qu'exigence nécessaire à « la garantie des droits ». Le Conseil constitutionnel s'y réfère systématiquement lorsqu'il

[3] L. Favoreu, « La constitutionnalisation du droit », *Mélanges en hommage à Roland Drago*, Paris, Economica, 1996, p. 25 et s. (article reproduit dans l'ouvrage *La constitutionnalisation des branches du droit*, *op. cit.*, p. 181 et s.).

se prononce sur le point de savoir si une disposition législative porte ou non atteinte au droit d'exercer des recours. Est dès lors contraire à la Constitution, une disposition qui « a pour effet de priver de tout droit au recours devant le juge de l'excès de pouvoir la personne qui entend contester la légalité d'un acte pris en application d'une délibération… » (C. const. 9 avril 1996, n° 96-373 DC). Il en va de même d'une loi de validation ayant pour effet « d'interdire tout contrôle juridictionnel de l'acte validé quelle que soit l'illégalité invoquée par les requérants » (C. const. 21 décembre 1999, n° 99-422 DC).

Inutile de multiplier les exemples. Chacun doit pouvoir agir en justice contre une décision lui faisant grief en disposant « d'une voie de recours appropriée » (C. const. 28 juillet 1989, n° 89-261 DC). Le droit constitutionnel au juge est donc nettement affirmé. Mais quelle est son incidence sur le contentieux administratif ?

La circonstance que le juge administratif se soit approprié les formulations du Conseil constitutionnel telles que « le principe à valeur constitutionnelle du droit d'exercer un recours juridictionnel » (CE 29 juillet 1998, *Syndicat des avocats de France*, *Leb*., p. 313) n'est pas en soi significative pour le fond du droit. En revanche, évoquer le droit au juge élevé au rang constitutionnel suscite immédiatement des interrogations quant à ses effets sur les deux catégories d'actes qui bénéficient traditionnellement d'une immunité de juridiction : les actes de gouvernement et les mesures d'ordre intérieur. Or le périmètre de ces deux notions a été constamment rétréci depuis quarante ans alors que leur justification théorique (l'acte mixte pour l'une, les conséquences minimes sur la situation juridique de leurs destinataires pour l'autre) est demeurée inchangée. On pourrait donc estimer que cette évolution jurisprudentielle résulte de la constitutionnalisation du droit au juge et que la norme constitutionnelle s'est ainsi propagée dans la jurisprudence du Conseil d'État.

Une telle conclusion est toutefois hâtive et repose assurément sur une erreur de perspective dès que l'on considère l'état du droit antérieur à la constitutionnalisation du droit au juge.

2. Les sources antérieures

En 1950, dans un arrêt d'assemblée (*Ministre de l'Agriculture, c./Dame Lamotte*, *Leb*., p. 110), le Conseil d'État a jugé que le recours pour excès de pouvoir « est ouvert même sans texte contre tout acte administratif ». L'affirmation de ce principe était d'autant plus remarquable que la loi dont il était fait application en l'espèce, énonçait que l'acte litigieux « ne peut faire l'objet d'aucun recours administratif ou judiciaire ». Et cette disposition, pourtant sans équivoque, fut interprétée comme n'ayant pas exclu le recours pour excès de pouvoir.

Certes, le droit au juge était affirmé dans un domaine limité au contentieux de l'annulation. Mais bien avant sa reconnaissance par le Conseil constitutionnel, il n'était pas rare que des commissaires du gouvernement invoquent plus largement « le droit d'agir en justice » au soutien de leurs conclusions.

Par ailleurs, et en 1950 également, le droit au juge a obtenu une consécration dans la Convention européenne des droits de l'Homme et des libertés fondamentales. Deux articles le garantissent expressément s'agissant, d'une part, « des contestations sur les droits et obligations de caractère civil » et « de toute accusation en matière pénale » (article 6 § 1) et, d'autre part, de la violation des « droits et libertés reconnus dans la présente Convention » (article 13), stipulations ayant fait l'objet d'une interprétation particulièrement extensive par la Cour européenne des droits de l'Homme (CEDH).

L'influence de la Convention apparaît notamment à propos du recul de la notion de mesure d'ordre intérieur évoqué plus haut. Dans ses conclusions sur les arrêts *Hardouin* et *Marie* (CE Ass., 17 février 1995, *Leb*., p. 82 et 85) relatifs aux sanctions infligées aux militaires et aux détenus, le commissaire du gouvernement Patrick Frydman invoquait, parmi ses arguments qui ont convaincu le Conseil d'État de déclarer les recours recevables et donc d'opérer un revirement de jurisprudence, « un facteur juridique qui n'est d'ailleurs pas sans lien avec cette évolution plus générale du droit des mesures d'ordre intérieur : (…) les obligations, résultant de certains engagements souscrits par la France et, tout particulièrement, de la Convention européenne de sauvegarde des droits de l'homme et des libertés fondamentales du 4 novembre 1950 ».

Quant à la théorie des actes de gouvernement, malgré la réduction drastique de son champ d'application, elle a été sérieusement mise à mal, sous l'angle de l'immunité juridictionnelle qui en découle, par un arrêt de la Cour européenne du 14 septembre 2022 (n° 24384/19).

Il n'est pas nécessaire de rappeler en outre la reconnaissance du droit au juge au niveau communautaire, en tant que principe général du droit (CJCE 15 mai 1986, *Marguerite Johnston*, aff. 222/84) pour constater que ce droit était présent et protégé par l'ordre juridique avant sa constitutionnalisation. À cet égard, il ne faut pas se méprendre sur la portée de la formulation habituelle du Conseil d'État selon laquelle l'auteur de l'acte contesté « n'a pas méconnu le principe à valeur constitutionnelle du droit pour les personnes intéressées d'exercer un recours effectif devant une juridiction, rappelé par les stipulations de la Convention européenne des droits de l'homme et des libertés fondamentales » (par ex. : CE Sect., 22 avril 2005, *Magerand*, *Leb*. p. 158). Un tel énoncé pourrait faire croire que la constitutionnalisation du droit au juge a précédé sa reconnaissance par la Convention européenne qui ne ferait que le rappel d'un principe préexistant dans la Constitution. C'est le constat inverse qui s'impose.

B. Un droit limité

La possibilité de faire trancher tout litige par une juridiction n'est pas illimitée. Il a toujours existé (et dans quelque ordre juridique que ce soit) des conditions qui doivent être impérativement respectées faute de quoi se fermeront les portes du prétoire. Pour autant, des conditions trop rigoureuses sont de nature à porter atteinte au droit de former un recours. La régulation de l'accès au juge doit donc être contrôlée bien au-delà de l'hypothèse, devenue rare, où le déni de justice résulte ouvertement de l'interdiction d'exercer un recours. Par ailleurs, il faut également évoquer la possibilité, récemment offerte au juge régulièrement saisi, d'éloigner le justiciable en l'incitant à emprunter des voies de dérivation.

1. La régulation de l'accès au juge

De nombreuses règles encadrent l'accès au juge : recours administratif préalable, ministère d'avocat obligatoire, formalisme de la requête, intérêt à agir, délais de recours, etc. Le chemin est fortement balisé et n'autorise aucun écart au risque de rendre la requête irrecevable.

Ces exigences procédurales ne manquent pas de justifications. Elles sont notamment nécessaires pour renforcer la sécurité juridique, éviter l'engorgement des tribunaux et permettre au juge d'exercer correctement son office. Toutefois, des exigences trop strictes peuvent avoir pour effet de compromettre l'examen des affaires. Il y a donc un équilibre à trouver pour éviter que le droit au juge ne soit illusoire, étant vidé de son contenu par des conditions de recevabilité excessivement contraignantes.

Le Conseil constitutionnel admet des restrictions à l'accès aux tribunaux dès lors que, fondées sur des objectifs légitimes, elles ne portent pas d'atteintes substantielles au droit d'exercer des recours. Le contentieux de l'urbanisme lui a fourni plusieurs occasions de se prononcer sur l'équilibre recherché. Cela tient au fait que dans nul autre domaine, le législateur ne s'est autant ingénié, depuis une loi du 9 février 1994, à multiplier les obstacles procéduraux. Les dispositions de la loi du 27 janvier 2017, prévoyant la caducité de la requête introductive d'instance, sont ainsi déclarées contraires à la Constitution parce qu'elles « portent au droit à un recours juridictionnel effectif une atteinte disproportionnée au regard de l'objectif d'intérêt général poursuivi » (C. const. 19 avril 2019, n° 2019-777 QPC).

Il ne faudrait pourtant pas exagérer les vertus de la constitutionnalisation du droit au juge en matière d'urbanisme, car, dans la plupart des cas, il cède face au motif d'intérêt général avancé par le législateur. C'est ainsi que les restrictions apportées à la recevabilité des recours des associations (article L. 600-1-1, Code urb.) sont justifiées par « le risque d'insécurité juridique » (C. const. 17 juin 2011, n° 2011-138 QPC). De même, si le législateur peut apporter aux actions en responsabilité « des exclusions ou des limitations à condition qu'il n'en résulte pas une atteinte disproportionnée aux droits des victimes d'actes fautifs ainsi qu'au droit à un recours juridictionnel effectif», l'article L. 480-13 du code de l'urbanisme ayant un tel objet répond à un objectif d'intérêt général, «réduire l'incertitude juridique pesant sur les projets de construction et prévenir les recours abusifs susceptibles de décourager les investissements» (C. const. 10 novembre 2017, n° 2017-672 QPC).

Le juge peut pourtant condamner le plaideur téméraire à une amende pour recours abusif dont le montant maximum (10 000 euros) n'a pas « pour effet de restreindre le droit reconnu à toute personne de soumettre sa cause à une juridiction» (CE 13 février 2019, *Syndicat de la juridiction administrative et autres*, *AJDA* 2019, p. 365). Et le juge administratif, saisi d'un recours traduisant un comportement abusif, peut aussi condamner l'auteur du recours à verser des dommages et intérêts au bénéficiaire du permis contesté (article L. 600-7, code urb.). Malgré les pouvoirs dont la juridiction dispose pour sanctionner les abus de certains requérants, le droit au juge s'accommode donc de nombreuses restrictions en droit de l'urbanisme. Encore faut-il y ajouter l'une des plus remarquables, qui concerne l'intérêt pour agir, défini de manière très rigoureuse pour les particuliers (article L. 600-1-2 Code urb.).

Si l'on examine la régulation de l'accès au juge au-delà du contentieux de l'urbanisme, on constate que la protection du droit au juge par le Conseil constitutionnel est très limitée. C'est la conséquence de ce que les restrictions qui sont apportées à ce droit viennent de contraintes procédurales dont l'énoncé relève, pour l'essentiel, du pouvoir réglementaire. Il suffit, pour s'en convaincre, de consulter le Code de justice administrative. Aucune disposition législative ne figure dans le livre IV consacré à l'introduction de l'instance. Il en va de même pour le livre VI relatif à l'instruction.

C'est donc le Conseil d'État qui, saisi de recours contre les décrets modifiant la procédure administrative contentieuse, peut faire respecter le droit constitutionnel au juge en le confrontant directement à la Constitution (parce qu'aucune loi ne fait écran) et en sollicitant (mais c'est un contrôle de conventionnalité) les stipulations (article 6 § 1, article 13) de la Convention européenne des droits de l'Homme.

Or aucune modification du CJA ne peut voir le jour sans l'aval du Conseil d'État quand ce dernier n'est pas directement à l'origine (ce qui est le cas le plus fréquent) de l'innovation procédurale. La constitutionnalisation du droit au juge ne risque donc pas d'avoir beaucoup d'impact sur sa jurisprudence qui elle-même, au demeurant, crée des obstacles supplémentaires (par ex. : CE Ass., 13 juillet 2016, *Czabaj*, *Leb*., p. 340). C'est ainsi que depuis plus de vingt ans, tout ce qui a été imaginé pour restreindre l'accès au prétoire a pu être mis en œuvre sans encombre.

L'évolution ne peut dès lors provenir que du risque de condamnation par la CEDH. Certes, la Cour considère que « le droit d'accès aux tribunaux n'est pas absolu» et admet, par suite, «des limitations» à condition que la réglementation adoptée par l'État ne porte pas d'atteinte substantielle à ce droit (CEDH, 28 mai 1985). Mais la Cour européenne est beaucoup moins formaliste que le juge administratif français s'agissant des obligations prescrites à peine d'irrecevabilité (par ex. : CEDH 26 juillet 2007, n° 35787/03 ; CEDH 16 mars 2017, n° 22756/09). Sa jurisprudence explique sans doute que le Conseil d'État, contrairement au tribunal administratif et à la Cour administrative d'appel précédemment saisis, ait fait preuve de souplesse à propos de la transmission des pièces par Télérecours (CE Sect., 5 octobre 2018, n° 418233, *AJDA* 2018, p. 1935), suivant en cela son rapporteur public pour qui « la jurisprudence de la Cour européenne des droits de l'Homme fournit une boussole utile »[4] lorsqu'il faut concilier les règles encadrant l'accès aux tribunaux avec l'article 6 § 1 de la Convention.

De ce point de vue également, la constitutionnalisation du droit au juge n'a en rien modifié le contenu de ce droit.

2. L'affaiblissement du droit au juge

Les conditions de recevabilité des actions en justice étant respectées, tout litige doit pouvoir être soumis à une juridiction qui se prononcera sur l'éventuel bien-fondé des prétentions du requérant. C'est un des rôles essentiels de l'État, un pouvoir régalien qui ne peut être délégué sans porter atteinte à l'essence même de l'État.

Certes de nombreux litiges trouvent une issue par d'autres voies. En laissant de côté le renoncement teinté de résignation (situation pourtant de loin la plus fréquente), par ignorance, peur du langage, des délais, du coût des procédures, il existe des modes de règlement amiable des différends tels que la conciliation ou la transaction qui sont d'une grande utilité et sont depuis longtemps pratiqués. Toute personne peut donc renoncer à exercer un recours en estimant que d'autres voies lui offriront une solution plus conforme à ses intérêts.

Mais à partir du moment où le justiciable saisit un tribunal, c'est pour obtenir un traitement juridictionnel de son litige selon les règles de droit applicables. Or un procédé, apparu avec la loi du 18 novembre 2016 dite « de modernisation de la justice du XXIe siècle », autorise le juge à l'en détourner. Ce nouveau mode de règlement alternatif des litiges, appelé médiation, est défini par l'article L. 213-1 du CJA comme « tout processus structuré, quelle qu'en soit la dénomination, par lequel deux ou plusieurs parties tentent de parvenir à un accord en vue de la résolution amiable de leurs différends, avec l'aide d'un tiers, le médiateur, choisi par elles ou désigné, avec leur accord, par la juridiction ».

Ne sont pas en cause, ici, l'extension du périmètre des recours administratifs préalables obligatoires qui ne font, au pire, que retarder la saisine du juge, ni la médiation organisée à l'initiative des parties, qui est une

---

[4] V. Daumas, concl. CE sect., 5 oct. 2018, n° 418233, disponibles sur *Arianeweb*.

forme plus élaborée de conciliation, au demeurant prévue « en dehors de toute procédure juridictionnelle » (article L. 213-5 CJA). Ce qui est en cause, c'est la médiation à l'initiative du juge saisi d'un litige et confiée à une personne extérieure à la juridiction (article L. 213-7 et s. CJA). En ce cas, le juge choisit de ne pas juger.

On peut concevoir l'utilité de ce procédé à propos de certains litiges, pour lesquels il est parfois difficile d'établir la réalité des faits notamment en matière contractuelle ou dans la fonction publique, là où de nombreux différends sont d'ordre relationnel et donnent peu de prise au droit. Mais la médiation va bien au-delà. Le juge peut l'ordonner quelle que soit la nature du litige, c'est-à-dire même en matière d'excès de pouvoir. On voit ainsi le juge administratif, saisi par exemple d'un recours en annulation contre un permis de construire, proposer aux parties (requérant, auteur de l'acte et son bénéficiaire) de trouver un règlement par la voie de la médiation. Rappelons à cet égard que la première forme de médiation, prévue par une ordonnance du 16 novembre 2011 dans le domaine très limité des différends transfrontaliers, excluait « ceux qui concernent la mise en œuvre par l'une des parties de prérogatives de puissance publique » (ancien article L. 771-3 CJA).

Aucune limite aujourd'hui ; les questions de pure légalité peuvent être réglées en dehors des tribunaux et à l'initiative du juge. Le procédé est au surplus encouragé par le Conseil d'État qui adresse aux chefs de juridictions des objectifs chiffrés (tel pourcentage de médiations prescrites sur le nombre d'affaires enregistrées). L'intérêt de cette pratique n'est pas douteux : désengorger les tribunaux avec, en arrière-plan, des économies budgétaires ; d'autant plus que, dans la plupart des cas, ce sont les parties qui doivent rémunérer le médiateur[5].

Cet effacement du juge[6] est certes tempéré par l'obligation d'obtenir l'accord des parties et par l'article R 213-8 du CJA qui proclame solennellement, comme pour sauver les apparences : « En aucun cas la médiation ne dessaisit le juge ». Il n'en demeure pas moins qu'elle se déroule en dehors de la juridiction et des règles de droit applicables aux litiges.

Cette pratique, consistant à externaliser l'activité juridictionnelle, était absolument inconcevable il y a encore vingt ans. Elle est l'un des signes, au-delà de l'affaiblissement du droit au juge, du recul de l'État.

II. Le droit à l'effectivité du recours

Ce n'est plus l'accès au juge qui est en cause, mais le droit du requérant, recevable en son action, à ce que ses prétentions soient effectivement

[5] On doit ici chasser de son esprit tout parallèle, qui serait forcément hasardeux, avec le système des épices que pratiquait la justice de l'Ancien Régime…

[6] Le phénomène n'est pas limité au contentieux administratif. Voir par ex. : S. Pellé, « L'effacement du juge en matière pénale : inexorable évolution ou véritable mutation de notre justice pénale ? », *Dalloz*, 2020, n° 26, p. 1476.

examinées et légitimées par le jugement au cas où elles seraient fondées. Ce droit se situe dans le prolongement du précédent et rejaillit sur lui pour lui donner une portée utile. En effet, le droit au juge n'est pas une fin en soi. Il faut que le recours puisse produire des résultats tangibles, quitte à être rejeté au fond, faute de quoi le droit au juge est une façade, une illusion. Les deux droits sont donc intimement liés et sont d'ailleurs exprimés dans une même formule ce qui leur confère un statut juridique identique. À cet égard, la même question se pose : quels sont les effets de la constitutionnalisation du droit à l'effectivité du recours sur le contentieux administratif ? Il faut, pour y répondre, examiner l'évolution du contrôle juridictionnel au cours des trente dernières années puis s'interroger sur le couple « effectivité-sécurité » qui est au cœur de cette évolution.

A. L'évolution du contrôle juridictionnel

On se bornera à rappeler les grandes tendances de cette évolution, car les détails suscités par la variété des contentieux exigeraient d'exposer d'infinies nuances. Il y a toutefois un contentieux qu'il faut évoquer séparément, c'est celui de l'urbanisme, tant il est devenu spécifique par rapport au contentieux général où s'applique le régime de droit commun.

1. Le contentieux général

Les deux grands domaines du contentieux (la responsabilité, la légalité) ont connu des évolutions contrastées.

En matière de responsabilité, le renforcement de l'effectivité des recours a incontestablement progressé. À l'époque, pas si lointaine, où l'on achevait nos études à la Faculté de droit, on apprenait encore que l'Administration avait commis une faute, qu'un lien de causalité unissait cette faute au préjudice subi par la victime, mais que celle-ci n'obtiendrait aucune réparation de son préjudice parce que cette faute, commise dans certains secteurs de l'activité administrative, n'était pas d'une gravité suffisante.

Aujourd'hui, la faute lourde a quasiment disparu. Une faute simple suffit quand le Conseil d'État ne fait pas brusquement basculer le régime juridique jusqu'alors pratiqué dans celui de la responsabilité sans faute : actes médicaux (1992), SAMU (1997), sauvetage en mer (1998), lutte contre les incendies (1998), fonction juridictionnelle (2002), police générale (2003), police spéciale (2006), fonction législative (2007), navigation aérienne (2010), perquisitions administratives dans le cadre de l'état d'urgence (2016)… l'exigence d'une faute lourde n'est maintenue que pour le contrôle administratif de l'État sur les collectivités territoriales et à l'égard des victimes d'actes de terrorisme à raison des carences des services de renseignement dans la surveillance d'individus dangereux (CE 18 juillet 2018, *Mme Monnet*, *AJDA* 2018, p. 1915, concl. Laurence Marion).

Doit-on attribuer cette évolution à la constitutionnalisation du droit à l'effectivité des recours ? Il n'y est, en tout cas, jamais fait référence dans les arrêts. Tout juste peut-on noter quelques incidentes dans les conclusions des rapporteurs publics qui semblent, au demeurant, beaucoup plus préoccupés par la jurisprudence de la CEDH tant il est évident que l'exigence d'une faute lourde est incompatible avec le droit à l'effectivité des recours garanti par la Convention.

La responsabilité de la puissance publique ne doit pas être subordonnée à des exigences telles, que l'indemnisation de la victime est impossible dans la plupart des cas. La CEDH va même au-delà en condamnant l'interprétation trop formaliste d'une règle légitime (la déchéance quadriennale) ayant « eu pour effet de rendre ineffectif le recours en indemnisation » (CEDH 3 novembre 2022, *Loste c./France*, n° 59227/12, *AJDA* 2022, p. 2149). Dans cette affaire, la constitutionnalisation du droit à l'effectivité du recours n'avait donc en rien modifié l'interprétation habituelle, par les juridictions administratives, d'une règle faisant obstacle à l'indemnisation.

Mais c'est dans le contentieux de la légalité que la constitutionnalisation de ce droit a eu encore moins d'impact. L'effectivité des recours n'y a pas progressé. Elle a au contraire régressé.

On aurait tort, toutefois, de négliger certaines avancées jurisprudentielles ou d'en sous-estimer la portée sur l'effectivité des recours. Le contrôle de proportionnalité des sanctions disciplinaires, le basculement du contrôle des sanctions administratives dans le plein contentieux, les nouveaux référés et particulièrement le référé-suspension (article L. 521-1, CJA), procédure incomparablement plus efficace que celle du sursis à exécution sont là, parmi d'autres, pour démontrer que juge et législateur ne sont pas restés indifférents aux attentes des justiciables.

Il n'en reste pas moins que toute une série de règles jurisprudentielles est venue altérer l'effectivité des recours pour mettre les actes administratifs à l'abri d'une annulation. L'Administration peut ainsi invoquer en cours d'instance, de nouveaux motifs pour justifier la décision contestée (CE Sect., 6 février 2004, *Hallal*, *AJDA* 2004, p. 436) ; les vices de forme et de procédure affectant le déroulement d'une procédure administrative n'entachent plus forcément la légalité d'un acte (CE Ass., 23 décembre 2011, *Danthony et autres*, *Leb.*, p. 650) ; ces mêmes vices ne peuvent plus être utilement invoqués contre la décision refusant d'abroger un acte réglementaire ou par voie d'exception, dans le cadre d'un recours en annulation d'un acte individuel (CE Ass., 18 mai 2018, *Fédération des finances et affaires économiques de la CFDT*, n° 414583, *AJDA* 2018, p. 1211) ; même inopérance lorsque ces vices sont invoqués dans le cadre d'une question préjudicielle posée par le juge judiciaire (CE 24 février 2020, n° 431255) ; dérogations au principe de l'effet rétroactif des annulations contentieuses (CE Ass, 11 mai 2004, *Assoc. AC !*, *Leb.*, p. 197) ; possibilité, pour l'administration, de régulariser de manière rétroactive certaines décisions après leur annulation (CE Sect., 1er juillet 2016, *Commune d'Emerainville*, *AJDA* 2016, p. 1863). À ce panorama, très incomplet, vient s'ajouter le désistement réputé implicite du requérant. C'est le sort qui lui est réservé par l'article R 612-5-2 CJA s'il s'abstient d'écrire à la juridiction qu'il maintient son recours en annulation après rejet de son référé-suspension.

2. Le contentieux de l'urbanisme

Les dispositions relatives à ce contentieux, et cela en souligne la spécificité, figurent dans le code de l'urbanisme et non dans le code de justice administrative. En examinant son régime juridique, on atteint les profondeurs, celles de la dégénérescence du droit à l'effectivité des recours. Loi ENL du 13 juillet 2006, Ordonnance du 18 juillet 2013, loi ALUR du 24 mars 2014, loi Pinel du 18 juin 2014, loi ELAN du 23 novembre 2018, c'est, depuis la loi Bosson du 9 février 1994, un empilement de textes destinés à ruiner l'effectivité des recours. Les promoteurs de ces réformes (dont la liste qui précède n'est pas exhaustive) ne s'en cachent pas : il s'agit de faire échec aux recours et par conséquent à ceux d'entre eux qui aboutiraient à l'annulation des autorisations d'urbanisme illégales. À l'arsenal mis en place pour limiter l'accès aux juges (cf. supra) sont venues s'ajouter de multiples dispositions qui compromettent l'effectivité des recours : restrictions apportées à l'exception d'illégalité, irrecevabilité de certains moyens, cristallisation des moyens deux mois après la communication du premier mémoire en défense, régularisation possible des autorisations individuelles et des documents réglementaires illégaux.

Ce travail de sape du législateur, accentué par le pouvoir réglementaire, n'a été entravé ni par le Conseil constitutionnel (mis à part l'article L. 600-13 du Code de l'urbanisme, issu de la loi du 27 janvier 2017 : C. const. 19 avril 2019, précité) ni par le Conseil d'État qui rejette systématiquement les recours contre les décrets réformant le contentieux de l'urbanisme (en dernier lieu, s'agissant du décret n° 2018-617 du 17 juillet 2018 : CE 3 juillet 2020, *Conseil national des barreaux*, n° 424293).

On peut ainsi se demander, avec Fernand Bouyssou, « si le recours contre les autorisations d'urbanisme n'est pas devenu purement théorique ». La réponse ne fait guère de doute pour l'auteur : les dernières réformes du contentieux de l'urbanisme ont abouti à « une simple illusion de contrôle de la légalité, accompagnée de la transformation du rôle du juge » (*AJDA* 2019, p. 961).

On assiste, depuis la constitutionnalisation du droit d'exercer un recours juridictionnel effectif, à un déclin sans précédent de ce droit, particulièrement dans le contentieux de l'urbanisme, où il est quasiment anéanti. Force est donc de constater que la constitutionnalisation n'a absolument rien apporté à la protection de ce droit, le Conseil constitutionnel ayant avalisé toutes les restrictions imaginées par le législateur et le Conseil d'État, celles ajoutées par le pouvoir réglementaire.

B. Effectivité et sécurité

C'est au nom de la sécurité juridique que sont justifiées les atteintes à l'effectivité des recours. Cette préoccupation n'a pourtant jamais été absente de l'ordre juridique. Mais la conciliation traditionnellement pratiquée avec la légalité (l'effectivité des recours étant le moyen de la faire prévaloir) a cédé la place à la hiérarchisation au profit de la sécurité juridique.

1. La prise en considération de la sécurité juridique

Principe général du droit pour le juge administratif, invoquée le plus souvent comme un motif d'intérêt général par le juge constitutionnel, la sécurité juridique est la justification constante de toutes les entorses faites aujourd'hui à l'effectivité des recours. Elle n'a pas toujours eu ce rôle écrasant, cette image négative. Bien au contraire, car elle est la finalité de multiples dispositions législatives et fonde de nombreuses solutions jurisprudentielles. On pourrait dire, sans excès, qu'un système juridique n'a pas de finalité plus légitime que celle d'assurer la sécurité dans les rapports sociaux et s'agissant du droit public, dans les rapports entre l'individu et la puissance publique.

Avant la constitutionnalisation du droit à l'effectivité des recours, l'opposition légalité-sécurité était mise au premier plan, toute avancée de l'une se traduisant par un recul de l'autre. Il faut toutefois remarquer que cette opposition est sommaire et en réalité souvent trompeuse, car le respect de la légalité limite l'arbitraire et participe à la sécurité. Le terme de sécurité était très rarement employé. Il prenait le visage des droits acquis, de la non-rétroactivité, des droits de la défense, etc. ... Il fallait trouver le juste équilibre.

Quand, par exemple, le décret du 11 janvier 1965 fixe à deux mois le délai de recours contentieux en matière administrative, cela signifie que l'on choisit la légalité au détriment de la sécurité pendant deux mois et qu'au-delà, on préfère l'illégalité éventuelle à l'insécurité. La conciliation est opérée entre ces valeurs contradictoires par un équilibre qui recèle une part d'arbitraire. Pourquoi deux mois et pas trois ? Pourquoi un délai de principe de quatre mois pour abroger ou retirer une décision créatrice de droit ? On peut poser ces questions qui auront des réponses toujours discutables. Mais le problème n'est pas là, car le choix qui a été fait, certes critiquable, a le mérite d'être clair, mesuré et d'être en cela tout entier porteur de sécurité. Aujourd'hui, l'opposition demeure, même si le terme d'effectivité a remplacé celui de légalité.

Pendant plus d'un siècle, l'effectivité des recours a été patiemment renforcée pour protéger la légalité, mais ce mouvement ininterrompu ne pouvait qu'aboutir à rompre l'équilibre. À cet égard, la sécurité juridique a été de plus en plus compromise par un formalisme excessif, une sacralisation néfaste des formes et des procédures conduisant, au nom de l'État de droit, à sacrifier le fond du droit (ses valeurs, ses principes). Il ne faudrait donc pas considérer l'intérêt renouvelé en faveur de la sécurité juridique comme une dérive malsaine. Il faut au contraire saluer certaines évolutions jurisprudentielles telles que l'arrêt *Danthony* qui redonnent son véritable sens au formalisme. Mais le curseur a été déplacé trop loin de l'effectivité des recours. La sécurité juridique justifie trop facilement les atteintes qui lui sont portées depuis trente ans. Cette évolution, très perceptible dans le contentieux de l'annulation et tout particulièrement dans le contentieux de l'urbanisme, gagne désormais le plein contentieux (les contrats, le droit de l'environnement).

Il y a là un paradoxe étonnant puisqu'un principe (la sécurité juridique), auquel une valeur constitutionnelle n'a jamais été reconnue, prévaut quasiment toujours sur le droit d'exercer un recours juridictionnel effectif qui lui, a été constitutionnalisé. C'est dire si la constitutionnalisation de ce droit n'a en rien transformé les dispositions légales et réglementaires qui le mettent en œuvre. Et cela confirme la pertinence de l'observation du doyen Vedel : « Le tissu juridique réel qui est notre droit vécu… ne vient pas du sommet, mais remonte le cas échéant au sommet[7]. »

2. Un déséquilibre irréversible

Est-ce que, par un mouvement de balancier inverse, le droit d'exercer un recours juridictionnel effectif pourrait retrouver une portée pratique conforme au statut constitutionnel qui est le sien ?

Il faudrait, pour cela, que la sécurité soit restaurée dans l'ordre juridique et cette perspective paraît actuellement irréaliste. En effet, les causes de l'insécurité sont connues et dénoncées de tous côtés. C'est d'abord la prolifération des normes. Inutile d'en donner des exemples tant l'accord est unanime parmi les juristes, les institutions publiques et privées, les acteurs politiques et les citoyens. Tous font le même constat. Il faut néanmoins relever que ceux-là mêmes qui déplorent l'invasion normative contribuent généralement à l'alimenter. Le phénomène n'est donc pas près de s'atténuer. Il y a ensuite la complexité des normes due notamment à leur enchevêtrement et à leur rédaction parfois défectueuse. Mais la complexité est en grande partie inévitable parce qu'elle est le reflet de la société. Au demeurant, elle n'est pas insurmontable : la jurisprudence éclaire les zones obscures, on se familiarise avec les réglementations, on finit par les maîtriser. Mais à peine s'y est-on habitué que la norme est modifiée, remplacée, fissurée par des législations périphériques incontrôlées. La complexité ressurgit avec son cortège d'incertitudes et de tâtonnements. Comme l'écrivait si justement Eugène

---

[7] *La constitutionnalisation des branches du droit*, *op. cit.*, p. 16.

Pierre, à la fin du XIXe siècle, à propos du règlement de la Chambre des députés : « Un règlement imparfait, mais bien connu d'une Assemblée vaut mieux qu'un règlement sans cesse corrigé »[8].

La cause la plus profonde de l'insécurité juridique est là, c'est l'instabilité chronique de la norme. Pour y faire face et dissimuler ses conséquences négatives, deux moyens sont employés. Le premier, d'ordre politique, consiste à adopter des textes (encore des textes) qui font leur promotion par des intitulés rassurants : loi renforçant l'autonomie, portant modernisation, simplification… On brandit un étendard qui n'est rien d'autre qu'un affichage publicitaire permettant d'écouler de mauvais produits. Le second, d'ordre juridique, procède d'un constat inavoué aux conséquences inéluctables : comme on ne parvient pas à maîtriser l'inflation législative et réglementaire, il faut nécessairement, pour assurer un minimum de sécurité juridique, affaiblir le contrôle juridictionnel, par l'effacement du juge et des restrictions, toujours plus nombreuses, à l'effectivité des recours.

La constitutionnalisation du droit d'exercer un recours juridictionnel effectif en tant que phénomène conduisant à imprégner l'ordre juridique, est une vision rationnelle au sens de la logique formelle et sans doute intellectuellement confortable. Elle n'en procède pas moins d'une construction imaginaire. Cette vision repose sur une fiction kelsenienne complètement étrangère à la réalité et c'est d'ailleurs en ignorant la réalité qu'elle trouve son moyen d'exister dans le discours juridique.

Plus d'un demi-siècle d'amitié sans le moindre nuage avec le dédicataire de ces lignes nous autorise à dire que le spécialiste du droit constitutionnel à qui l'on rend hommage aujourd'hui n'est pas de ceux qui sont enclins à ignorer la réalité.

---

[8] E. Pierre, *De la procédure parlementaire*, Paris, Maison Quantin, 1887, p. 26.

À LA RECHERCHE DE SOLUTIONS AUX CONFLITS ENTRE LES IDENTITÉS NATIONALES ET LES RÈGLES ET PRINCIPES EUROPÉENS : LE RÔLE DES PARLEMENTS NATIONAUX

Bertrand MATHIEU

La Constitution française s'est progressivement adaptée à la construction européenne. Dans un premier mouvement, elle a pris en compte la participation de la France à l'Union européenne en en faisant ainsi une règle constitutionnelle. Plus précisément, cette participation est opérée dans le cadre fixé par le traité de Lisbonne de 2007 (article 88-1C).

Alors que la participation de la France aux décisions prises dans le cadre de l'Union européenne renforce considérablement le rôle du pouvoir dit exécutif, des dispositions constitutionnelles visent à institutionnaliser le rôle du Parlement français. Ce dernier peut intervenir en aval sur les projets et les propositions d'actes de l'Union européenne qui lui sont obligatoirement transmis, en se prononçant le cas échéant par des résolutions (article 88-4). L'élargissement de l'Union peut faire intervenir le parlement dans les conditions propres à une révision de la Constitution (article 88-5). Le parlement peut également s'opposer à la modification des règles d'adoption d'actes de l'Union européenne sous certaines conditions (article 88-7).

Une des modalités d'intervention du parlement doit être mise en exergue. Elle permet à l'Assemblée nationale ou au Sénat d'émettre un avis motivé sur la conformité d'un projet d'acte européen au principe de subsidiarité. Cet avis est transmis aux présidents du Conseil, de la Commission et du Parlement européens. Les assemblées peuvent, dans ce cadre, saisir, par l'intermédiaire du gouvernement, la Cour de justice de l'Union européenne si elles estiment que le principe de subsidiarité n'est pas respecté. Le recours est de droit à la demande de soixante députés ou de soixante sénateurs (article 88-7).

Alors que les premières dispositions citées visent à associer les assemblées parlementaires à certaines décisions prises par la France, cette dernière disposition s'inscrit dans une logique un peu différente, elle vise à donner au Parlement un outil d'intervention en cas de conflit entre la France et l'Union européenne en matière de répartition des compétences. Elle n'a cependant pas connu une grande postérité.

Cette brève analyse a pour objet de relever que les conflits entre les États et l'Union européenne, en ce qui concerne tant le respect des principes relevant de l'identité nationale que la répartition des compétences, ont tendance à se multiplier et que, dans ce contexte, il convient de réfléchir à des mécanismes de résolution des conflits. Le présupposé qui servira sur ce point de ligne directrice est que le dernier mot dans la résolution de ces conflits potentiels doit être laissé au pouvoir politique, ce qui relève d'une exigence démocratique.

I. L'identification des conflits potentiels ou avérés entre les États et l'Union européenne

Les crises qui touchent les relations entre les droits nationaux et le droit de l'Union européenne confrontent une intégration européenne toujours plus poussée au respect de la souveraineté et des identités constitutionnelles nationales.

*A. L'***imperium** *de valeurs consensuelles et largement indéterminées*

L'article 2 du Traité de Lisbonne renvoie à des valeurs de l'Union, exprimées de manière très générale et qui vont contribuer à étendre les compétences de l'Union et son intervention dans des domaines liés à la souveraineté des États. Parmi ces valeurs : le respect de la dignité humaine, la liberté, la démocratie, l'égalité, l'État de droit, le respect des droits de l'homme, y compris les droits des personnes appartenant à des minorités, le pluralisme, la non-discrimination, la tolérance, la justice, la solidarité et l'égalité entre les femmes et les hommes.

Si nominalement ces valeurs font l'objet d'un large consensus, il est évident qu'elles peuvent renvoyer à des contenus très différents.

Si l'on prend l'exemple de l'État de droit[1], ce concept est en réalité un redoutable instrument d'assimilation. Si le respect de l'État de droit, qui implique essentiellement le respect de l'individu et sa protection contre l'arbitraire, relève réellement du patrimoine commun européen, il peut être utilisé pour imposer des conceptions idéologiques, par exemple, sur la place à reconnaître aux identités sexuelles, ou des systèmes institutionnels. Ainsi, la séparation des pouvoirs peut être conçue comme impliquant l'indépendance des juges ou l'autonomie du pouvoir judiciaire, ce qui n'est pas la même chose.

Or, le concept d'État de droit, comme celui de non-discrimination, dont la portée peut être sans limites, est en réalité défini par le juge européen. Il est permis de considérer que dans un système démocratique, il n'appartient pas au juge de définir la substance de ces concepts, mais tout au plus de faire

---

[1] Cf. B. Mathieu, *Le droit contre la démocratie ?*, Paris, Lextenso, 2017.

respecter les exigences fondamentales qui en relèvent, telles que définies par les États, le cas échéant sous forme conventionnelle.

De ce point de vue, les conflits entre certains États et les structures européennes, notamment juridictionnelles, ne portent généralement pas sur la reconnaissance des valeurs inscrites dans le Traité, mais sur le sens qu'il convient de leur donner.

*B. La diversité des résistances nationales à l'*imperium *des jurisprudences européennes*

Les résistances des juridictions nationales au droit de l'Union européenne ont emprunté plusieurs formes juridiques. On ne prendra que quelques exemples récents, dont la diversité et la multiplication rendent compte de l'importance du problème.

La question polonaise est, de ce point de vue, emblématique. Alors que la Cour européenne des droits de l'homme (22 juillet 2021, affaire 43447/19) a jugé que la juridiction polonaise chargée d'appliquer le droit européen n'était pas un tribunal établi par la loi au sens de la Convention européenne (article 6, droit à un procès équitable), et à la suite d'une jurisprudence de la CJUE visant à protéger l'indépendance des juridictions nationales (par exemple 7 février 2019, C-49/18), le Tribunal constitutionnel polonais, dans une décision 7 octobre 2021, a jugé certaines dispositions du traité sur l'Union incompatibles avec la Constitution polonaise, notamment les dispositions de l'article 1er alinéas 1 et 2 en lien avec celles de l'article 4 en tant qu'elles obligent une autorité nationale, ou lui permettent, de ne pas appliquer une disposition de la Constitution. Le Tribunal conteste le fait que l'intégration se réalise, notamment, par l'interprétation du droit de l'Union par la CJUE.

La Cour constitutionnelle allemande s'est déclarée compétente pour décider qu'une institution européenne avait statué au-delà des compétences que lui reconnaît le droit de l'Union (BverfG 29 avril 2021, 2 BvR 1651/15, 2BvR 2006/15).

Le Conseil constitutionnel français, comme d'autres juridictions constitutionnelles, notamment italienne et espagnole sous des formes un peu différentes, a réservé l'application des textes de droit dérivé européen lorsqu'étaient en cause des principes inhérents à l'identité constitutionnelle. Cependant, faute de détermination constitutionnelle de ces principes, le juge constitutionnel français en a fait une application particulièrement modeste en considérant que relevait de tels principes l'interdiction de déléguer l'exercice de la force publique à des personnes privées (15 octobre 2021, n° 2021-940 QPC).

Le Conseil d'État français a jugé, s'agissant de l'application d'une directive dite « vie privée et communication électronique », qu'il pouvait ne pas appliquer une disposition de droit dérivé lorsqu'elle heurtait une exigence constitutionnelle ne bénéficiant pas en droit de l'Union d'une protection équivalente à celle garantie dans l'ordre juridique national, en l'espèce des exigences liées à la sécurité nationale (CE, 21 avril 2021, n° 393099).

II. Surmonter la quadrature du cercle pour concilier l'effectivité du droit européen et le respect des identités nationales

C'est au constituant de fixer les valeurs identitaires, et au juge national de les faire respecter. C'est au traité de fixer les valeurs communes, et aux juges européens de les faire respecter. La question est alors bien évidemment de savoir comment articuler la protection de ces deux identités.

Aujourd'hui, ces rapports sont essentiellement régulés par les juges, ce qui conduit ces derniers à intervenir largement dans les compétences des organes politiques.

Admettre la supériorité inconditionnelle du droit de l'Union européenne, le cas échéant telle qu'interprétée par la jurisprudence de la Cour de justice de l'Union européenne, ou, au contraire, la prévalence, tout aussi inconditionnelle, des règles constitutionnelles nationales, ne peut conduire qu'à une impasse.

Les rapports de systèmes étant aujourd'hui essentiellement régulés par les juges, et cette régulation conduisant, par un effet d'induction sur les juridictions nationales, à privilégier le rôle du juge européen et donc de l'identité européenne au détriment des identités nationales, il convient de rechercher les conditions d'un nouvel équilibre. En effet, sauf à s'inscrire dans une logique fédérale, il est difficile d'admettre que le juge européen soit, en dernier ressort, juge du caractère identitaire national.

Dans le cadre limité de cette intervention, je retiendrai deux axes qui constituent seulement des pistes de réflexion :

A. Redéfinir l'articulation des compétences nationales et des compétences européennes

Cette définition doit être l'œuvre des politiques.

Il s'agit en fait de déterminer clairement ce qui doit relever des compétences confiées à des structures européennes et les compétences et pouvoirs qui doivent rester entre les mains des États. Pour ce faire, il convient de distinguer ce qui relève de l'identité européenne, qui justifie l'association d'un certain nombre d'États, et ce qui relève de l'identité nationale.

La réflexion doit s'engager dans deux directions.

D'abord, définir plus précisément les compétences nationales et les compétences européennes. Il s'agit en fait d'engager une réflexion sur ce que les États entendent réellement mettre en commun.

D'autre part, admettre que l'affirmation d'un principe identitaire constitue une réserve à une absolue prévalence des ordres européens sur l'ordre national, prévalence qui est fixée par les traités et ne vaut que parce qu'elle est acceptée par les Constitutions nationales. Face à des dispositions assez générales inscrites dans la Convention européenne, c'est aux constituants nationaux d'inscrire dans le texte fondamental les principes ou les domaines qui relèvent de leur identité nationale. Il peut en être ainsi de la conception de la famille, et plus encore du contrôle des frontières. De ce point de vue, il pourrait être possible de décider que, sans préjudice du droit constitutionnel d'asile, la France décide souverainement des conditions d'accès des étrangers au territoire national.

Le respect de ces principes doit alors s'imposer au juge national et constituer une limite à l'intervention du juge européen. En revanche, une formule générale visant à la reconnaissance de l'existence de principes consubstantiels à l'identité nationale n'atteint pas son objectif, car elle laisse aux juges nationaux et supranationaux le soin de donner un contenu à ces principes.

B. Passer d'une obligation de soumission à une obligation de dialogue constructif

Un conflit du type de celui qui a opposé frontalement le tribunal constitutionnel polonais et, dans une moindre mesure, le tribunal constitutionnel allemand à la Cour de justice de l'Union européenne, témoigne à la fois de l'impasse que constitue l'exigence d'un seul rapport vertical entre juridiction européenne et juridictions nationales et de la nécessité de trouver un mode de résolution des conflits. On peut ainsi imaginer que, s'agissant des rapports entre juridictions, les juridictions nationales puissent réinterroger les juridictions européennes lorsqu'un conflit se produit ou est susceptible de naître. On pourrait également imaginer la création d'un organe de conciliation au fonctionnement souple, sorte de tribunal des conflits. En cas de non-résolution des conflits ou, et j'insiste sur ce point, dans l'hypothèse où la solution du conflit se heurterait, selon l'État concerné, à un principe fondamental reconnu par l'ordre constitutionnel, il conviendrait de rendre aux autorités politiques le pouvoir du dernier mot en la matière. En effet, si les juges peuvent aider à trouver des solutions à la résolution des conflits, il ne leur appartient pas de se substituer aux responsables politiques, intervenant dans l'exercice du pouvoir souverain ou dans le cadre de négociations dans les instances *ad hoc*. C'est dans ce cadre que l'intervention du parlement national pourrait trouver toute sa place. Il conviendrait alors de revivifier et d'élargir les dispositions de l'article 88-7 de la Constitution en permettant au Parlement, soit d'être associé à une démarche gouvernementale, soit d'agir de sa propre initiative pour participer à la résolution des conflits.

Par exemple, il pourrait être prévu qu'en cas de recours par les parlementaires à la Cour de justice de l'Union européenne, ou en cas d'opposition parlementaire à une modification de règles d'adoption d'actes de l'Union, le président de la République puisse être tenu de saisir le Conseil européen de la question. Il s'agit de renforcer le dialogue politique entre Union européenne et gouvernements nationaux et de ne pas en réserver l'exclusivité à la juridiction européenne.

Il ne s'agit que d'une esquisse, encore très approximative, mais le point essentiel que je voudrais souligner est que cette résolution des conflits est une prérogative essentiellement politique, elle implique donc la participation des parlements nationaux. *Mutatis mutandis*, une réflexion de cette nature devrait également s'engager vis-à-vis de la jurisprudence, particulièrement constructive, de la Cour européenne des droits de l'homme. Dans un système démocratique, le dernier mot ne peut être laissé à un dialogue des juges.

BRÈVES RÉFLEXIONS SUR LES FEMMES DANS L'ESPACE PUBLIC

Johanna NOËL

Alors que de nombreux chercheurs en sciences sociales se sont saisis de la question de la place des femmes dans l'espace public[1], les juristes n'y ont pas porté un intérêt manifeste. Pourtant, la question paraît actuelle et pertinente : l'espace public est-il réellement public ? À l'heure où il n'est plus question de savoir si les citoyennes détiennent (sur le papier) les mêmes droits que les citoyens en France, la question se pose en termes différents : les citoyennes utilisent-elles leurs droits comme le font les citoyens dans l'espace censé être celui de tous ? La multiplication récente des arrêtés municipaux qui prévoient l'extinction de l'éclairage public (souvent entre minuit et cinq heures du matin) interpelle : en luttant contre la pollution lumineuse et en souhaitant prendre une part active à la transition énergétique, la politique de certaines villes ne conduit-elle pas à la majoration du sentiment d'insécurité des femmes et par ricochet à leur renonciation partielle de leur liberté d'aller et de venir ? Ces décisions sont prises par des maires, autorités compétentes selon les articles L.2212-1 et L.2212-2 du Code général des collectivités territoriales pour garantir la sécurité et la tranquillité publiques sur leur territoire. En France, seulement 20 % des maires sont des femmes[2], chiffre qui explique sûrement cette prise de position qui oublie que la ville durable doit aussi être une ville inclusive[3], une ville où la mixité ne s'arrête pas à la tombée de la nuit.

Que ce soit la démocratie athénienne ou pendant la période du siècle des Lumières (deux périodes régulièrement présentées comme des modèles quant

---

[1] V. notamment les travaux réalisés par les géographes, par exemple, les travaux de Jacqueline Coutras qui font partie des premières réflexions en France sur les liens entre le monde urbain et le genre : J. Coutras, *Crise urbaine et espaces sexués*, Paris, Armand Colin, 1996 ; C. Luxembourg et C. Noûs, « Les espaces publics sont-ils neutres ? Lecture spatiale des rapports sociaux de genre, lecture genrée des rapports sociaux-spatiaux », *Dynamiques régionales*, n° 3, 2021, p. 12 et s.

[2] V. Rapport, INSEE, *Femme et hommes. L'égalité en questions*, 2022, p. 30-31, disponible sur : https://www.insee.fr/ (consulté le 3 mai 2023).

[3] V. par ex., O. Ortega (dir.), Fabriquer la ville durable : mise en œuvre technique, juridique et financière, Le Moniteur, 2020 ; Y. Raibaud, « Sans égalité, pas de ville durable », *La Revue du projet*, n° 52, 2015, p. 40.

à l'avènement des droits et du savoir) : la femme est exclue[4]. La citoyenne n'existe pas. La citoyenneté patriarcale en France a perduré pendant une large partie du XXe siècle, portant les premiers coups à un mythe si ancré : en 1944, les femmes obtiennent le droit de vote et sont éligibles aux élections politiques, et en 1970, la notion de « chef de famille » s'efface au profit de l'autorité parentale. Or, les citoyennes ont commencé à (ré-)investir l'espace public lorsqu'elles sont entrées de manière autonome et massive dans le monde du travail également dans les années soixante-dix, l'espace public devenant cette voie de communication entre plusieurs espaces, l'espace privé et l'espace professionnel. Rappelons à ce titre que c'est la loi du 13 juillet 1965 qui a permis à la femme de travailler sans avoir à demander le consentement de son mari[5].

S'opposant à l'espace privé, l'espace public est défini comme le « lieu de la participation de tous les citoyens[6] ». Souvent associé à Habermas[7], l'espace public renvoie traditionnellement à différents éléments[8] : c'est la rue, les places, mais d'une manière générale c'est un terme polysémique qualifiant tous les lieux où le public est admis, où le public est représenté, où le débat public se tient dans un État démocratique. En ce sens, l'espace public est « l'espace du bien commun, les personnes y sont à égalité[9] » afin de disposer de leurs droits. Or c'est l'accès à cette égalité dans l'espace public qui nous semble problématique.

Cela part d'un constat : l'espace public est genré (I). Comme a pu l'écrire Yves Raibaud, « la ville est faite par et pour les hommes[10] ». Autrement dit, l'espace public présenté comme un espace neutre est une idée à déconstruire

[4] V. M. Coulomb-Gully et V. Julliard, « Femme publique » *Publictionnaire. Dictionnaire encyclopédique et critique des publics*, 2017, disponible sur : http://publictionnaire.huma-num.fr/notice/femme-publique.

[5] V. loi n° 65-570, 13 juillet 1965, portant réforme des régimes matrimoniaux, *JORF* du 14 juillet 1965, p. 6044. Cette loi modifie les articles 223 et 224 du Code civil : l'article 223 du Code civil dispose : « la femme a le droit d'exercer une profession sans le consentement de son mari, et elle peut toujours, pour les besoins de cette profession, aliéner et obliger seule ses biens personnels en pleine propriété ». Et l'article 224 du Code civil indique désormais que « chacun des époux perçoit ses gains et salaires et peut en disposer librement après s'être acquitté des charges du mariage ».

[6] S. Pierré-Caps, « Généalogie de la participation de tous aux affaires communes », *RDP*, 2009, p. 151.

[7] V. J. Habermas, *L'espace public. Archéologie de la publicité comme dimension constitutive de la société bourgeoise* (1962), trad. M. B. de Launay, Paris, Payot, 1993.

[8] L. Ballarini, « Espace public », *Publictionnaire Dictionnaire encyclopédique et critique des publics,* 2015. Disponible sur : http://publictionnaire.huma-num.fr/notice/espace-public.

[9] Rapport EFUS - Forum européen pour la sécurité urbaine, *L'approche différenciée par sexe est-elle pertinente en matière de sécurité urbaine ?*, Colloque de Francfort, février 2000, disponible en ligne.

[10] Y. Raibaud, *La ville faite par et pour les hommes. Dans l'espace urbain, une mixité en trompe l'œil,* Paris, Belin, 2015.

pour nous permettre de le reconstruire : l'espace public doit devenir l'assise d'un pouvoir démotique égalitaire (II).

I. Dénoncer l'espace public comme un espace genré

C'est en lisant l'ouvrage *Présentes* de la journaliste Lauren Bastide que nous nous sommes prêtée à un exercice : celui de compter, « parce que compter, c'est identifier les représentations ; or les représentations modèlent la société[11] ». À titre d'exemple, combien de rues à Nancy portent un nom de femmes ? Les résultats sont évocateurs : 6 %[12]. Bien que supérieur à la moyenne nationale (5 %), ce chiffre étonne et amène à une réflexion sur la présence ne serait-ce que symbolique des femmes dans l'espace public. Ce chiffre traduit une absence, reflet d'un espace public genré dans lequel les femmes « sont invisibilisées [… et] silenciées[13] ». Or, « la rue, en plus de ses fonctions de circulation et de socialisation, possède le pouvoir de susciter l'identification collective en se chargeant de valeurs et de symboles[14] ». Dans le même ordre idée, combien de femmes sont enterrées au Panthéon ? Sur 81 « panthéonisés », on compte 6 femmes (la dernière étant Joséphine Baker en 2021[15]). Rappelons que la première femme qui a reçu cet honneur — Sophie Berthelot — l'a été, car elle était « la femme de Maurice Berthelot ». Combien de femmes ont occupé les lieux des plus hauts sommets de l'État ? Aucune présidente de la République, seulement deux femmes Premières ministres depuis 1958 et, depuis juin 2022, la présidence de l'Assemblée nationale est, pour la première fois, assurée par une femme (Yaël Braun-Pivet). De plus, malgré l'instauration de la parité[16], les femmes demeurent numériquement sous-représentées dans les instances de décision, ces lieux de débat public. 51 % des Français sont des femmes, mais en 2023, il y a seulement 35 % de sénatrices, 37 % de députées, 30 % de femmes ministres, 3 femmes au Conseil constitutionnel, 21 % de présidentes d'Université, et environ 30 % de préfètes.

---

[11] L. Bastide, *Présentes*, Paris, Points, 2020, p. 12. Nous recommandons également la lecture de son ouvrage *Futures. Comment le féminisme peut sauver le monde*, Paris, Allary éd., 2022.

[12] V. « Savez-vous combien Nancy compte de rues aux noms de femmes ? », *L'Est Républicain*, 8 mars 2020. À noter, une allée Gisèle Halimi a été inaugurée, le 8 mars 2021, Place Carnot à Nancy.

[13] L. Bastide, *op. cit.*, p. 13.

[14] S. Paquin, « Compte-rendu de l'ouvrage de J. Coutras : Crise urbaine et espaces sexués », *Recherches féministes* n° 101997, p. 219.

[15] V. le billet de F. Rolin, « Faisons un peu de droit public avec Joséphine Baker », *Dalloz étudiants*, 6 décembre 2021.

[16] V. not., loi n° 2000-493, 6 juin 2000, tendant à favoriser l'égal accès des femmes et des hommes aux mandats électoraux et aux fonctions électives, *JORF*, 7 juin 200, p. 8560 ; loi n° 2003-697, 30 juillet 2003, portant réforme de l'élection des sénateurs, *JORF*, 31 juillet 2003 p. 13017 (modifie une loi de 2000, et sera modifiée par la loi n° 2013-702 du 2 août 2013) ; loi constitutionnelle n° 2008-724, 23 juillet 2008, de modernisation des institutions de la Ve République, *JORF*, 24 juillet 2008.

Contraste avec cette absence, une présence, celles des inégalités de genre dans l'espace public qui s'expriment d'une double manière.

En premier lieu, l'espace public semble autorisé à être un lieu où les femmes sont représentées par des stéréotypes sexistes. On pense à cet égard à l'affaire de la *Commune de Dannemarie*[17] : pour l'année de la femme (thématique choisie en 2017 par la commune), cette dernière décide de disposer cent vingt-cinq panneaux dans l'espace public d'accessoires « féminins » ainsi que des silhouettes de femmes dans différentes positions et moments de vie. Alors que le tribunal administratif de Strasbourg avait fait droit à la requête de l'association « Les Effronté-e-s » (référé liberté) en estimant que ces panneaux véhiculaient des stéréotypes dégradants pour les femmes et portaient donc atteinte à la loi du 4 août 2014 pour l'égalité réelle entre les femmes et les hommes[18], le Conseil d'État a annulé l'ordonnance du juge des référés. Il reconnaît que ces panneaux dévalorisent l'image des femmes, qu'ils témoignent « d'un goût douteux voire comme présentant un caractère suggestif inutilement provocateur[19] », mais ne portent pas une atteinte manifestement grave et illégale à une liberté fondamentale, et en particulier à la dignité humaine. Comme l'indique Florence Crouzatier-Durand, « le respect de l'image des femmes n'entre pas dans la notion d'ordre public et les éventuelles restrictions au principe d'égalité entre les femmes et les hommes ne peuvent jamais fonder l'exercice du pouvoir de police[20] ». Le Conseil d'État a donc jugé que l'arrêté municipal du maire était légal et que ces panneaux pouvaient rester dans l'espace public.

En second lieu, « les inégalités de genre s'expriment particulièrement dans les violences sexuelles et sexistes dont sont victimes les femmes dans la rue et les transports[21] ». Il serait irénique de voir dans l'espace public qu'un lieu de partage et de cohésion, il s'agit également d'un lieu de tension, un lieu où existent nécessairement des rapports de pouvoir. Selon un sondage Ipsos datant de 2019, plus de 80 % des femmes ont déjà été victimes de harcèlement dans des lieux publics[22]. La loi du 3 août 2018 renforçant la lutte contre les

---

[17] TA Strasbourg, 9 août 2017, req. n° 1703922 ; CE, ord., 1er septembre 2017, *Commune de Dannemarie*, req. n° 413607.

[18] V. not. art. 1er de la loi n° 2012-873 du 4 août 2014 pour l'égalité réelle entre les femmes et les hommes, *JORF* n° 0179 du 5 août 2014 : « L'État et les collectivités territoriales, ainsi que leurs établissements publics, mettent en œuvre une politique pour l'égalité entre les femmes et les hommes selon une approche intégrée. Ils veillent à l'évaluation de l'ensemble de leurs actions. La politique pour l'égalité entre les femmes et les hommes comporte notamment [...] 3° Des actions destinées à prévenir et à lutter contre les stéréotypes sexistes. »

[19] CE, ord., 1er sept. 2017, *Commune de Dannemarie*, req. n° 413607.

[20] F. Crouzatier-Durand, « La place des femmes au sein de l'ordre public dans la jurisprudence administrative », *in* B. Faure, M. Le Roux et M. Long (dir.), *Les collectivités territoriales et les femmes*, Paris, Berger-Levrault, 2022, p. 156.

[21] A. Hildalgo, « Préface », *Guide référentiel Genre et espace public*, ville de Paris, 2016, p. 3.

[22] Sondage disponible en ligne sur le site Statistiques - Stand Up (standup-international.com). V. également, A. Lebugle, « L'équipe de l'enquête virage. Les violences dans les espaces

violences sexuelles et sexistes, menée par Marlène Schiappa, a voulu réprimer ce harcèlement de rue par la création d'une nouvelle infraction, celle de l'outrage sexiste. Le baromètre du harcèlement de rue (2022) dévoile qu'en quatre ans près de 5 000 infractions ont été enregistrées[23]. Condamner ces pratiques revient aussi à rappeler que personne n'est en droit de s'approprier l'espace public ; la liberté de circulation et le droit à la sécurité de tous ne peuvent être altérés au profit d'une « liberté d'importuner » de certains[24]. « Le harcèlement est un symptôme de l'inégalité, une manifestation du sexisme qui affecte le droit à la sécurité et limite l'occupation de l'espace public par les femmes et leurs déplacements en son sein, ainsi c'est la question du "droit à la ville" pour les femmes qui est en jeu[25]. » C'est en ce sens que l'espace public mérite d'être entièrement repensé afin de devenir l'assise d'un pouvoir démotique égalitaire.

II. Reconstruire l'espace public comme l'assise d'un pouvoir démotique égalitaire

Il ne s'agit pas strictement de construire une citoyenneté au féminin[26], mais de discuter du rôle des villes et par extension de l'État en tant qu'acteurs concernés par l'inclusion de tous et donc des femmes dans l'espace citoyen. En ce sens, en 2015, les États membres de l'ONU ont, lors de l'Agenda 2030, participé à la consécration de dix-sept objectifs de développement durable (ODD) ayant pour but de promouvoir une nouvelle vision du monde et de la société. L'ODD n° 11 pose le principe suivant : « faire en sorte que les villes et les établissements humains soient ouverts à tous, sûrs, résilients et durables ». Ce dernier mérite d'être lu en interdépendance avec l'ODD n° 5 qui vise à réduire les inégalités entre les sexes et à autonomiser toutes les femmes et les filles en luttant contre les discriminations. Les villes apparaissent donc en première ligne pour mener des actions favorisant la lutte contre les constructions sociales des rôles sexués et mener des actions contre les violences faites aux femmes. Une minorité d'entre elles a par exemple signé la Charte européenne pour l'égalité des femmes et des hommes dans la vie locale[27].

publics touchent surtout les jeunes femmes dans les grandes villes », *Populations et Société*, n° 550, 2017, p. 1.

23 V. Ministère de l'Intérieur, *Baromètre du harcèlement de rue*, 2022, disponible sur : https://www.interieur.gouv.fr/ (consulté le 13 mars 2023).

24 Sur cette expression, v. Tribune d'un collectif de 100 femmes, « Nous défendons une liberté d'importuner, indispensable à la liberté sexuelle », *Le Monde*, 9 janvier 2018.

25 *Guide référentiel 2 de la Ville de Paris, Genre et espace public*, 2021, p. 34.

26 G. Maganaro Favaretto, « Une citoyenneté au féminin : problèmes et perspectives », *Sujet et Citoyen*, PUAM, 2004, p. 421-431.

27 *Charte européenne pour l'égalité des femmes et des hommes dans la vie locale*, 2006. En 2023, la Charte a été signé par 335 entités françaises (dont 254 communes).

Encore en 2023, une grande majorité de femmes adopte des stratégies souvent inconscientes et intériorisées afin de réussir à se mouvoir sereinement dans l'espace public : planification de sa mobilité, autorestriction dans sa manière de se vêtir pour ne pas attirer l'attention, choix de préférer le chemin le plus éclairé et le plus rassurant au détriment du chemin le plus court. Autant de stratégies d'anticipation, d'invisibilisation et d'évitement qui en réalité « perpétuent d'une certaine manière les rapports sociaux de sexe dans l'espace public puisqu'elles s'inscrivent plutôt dans une forme de résilience que dans le rejet des injonctions masculines[28] ». En effet, ces comportements traduisent une autocensure des femmes qui entretient l'idée qu'elles ne sont pas légitimes dans l'espace dit public. Mais, alors comment les femmes peuvent-elles se réapproprier l'espace public ? C'est en prenant en considération le concept de démocratie participative que les femmes vont pouvoir, nous semble-t-il, prétendre — à l'instar de chaque citoyen — à un « droit à la ville » (à son accès, à ses ressources, à ses décisions), expression d'Henri Lefebvre[29]. C'est d'une manière plus large toute la problématique de la troisième vague du féminisme centrée sur la question de l'*empowerment*[30] — ce pouvoir d'agir continuellement des femmes afin d'être reconnues, de prendre la parole sans être discrédité en raison de leur sexe. Elles vont alors devoir réinvestir physiquement et financièrement l'espace public.

D'une part, les femmes vont devoir réinvestir physiquement l'espace public et le processus des marches exploratoires nous semble une illustration particulièrement pertinente à prendre au sérieux. Nées dans les années quatre-vingt-dix au Canada, les marches exploratoires[31] sont présentées comme des stratégies tentant de dépasser le stéréotype hétéronormé de la femme comme individu vulnérable devant jouer le jeu du prédateur pour accéder à l'espace public. Ces marches s'effectuent en plusieurs temps : des entretiens pour laisser la parole aux femmes en tant qu'usagères de l'espace public (cartographies des lieux où l'insécurité et le sentiment d'insécurité des femmes sont importants), puis la réalisation de marches par un groupe de femmes (de jour comme de nuit), enfin des préconisations aux autorités politiques afin de rendre l'espace adapté à tous. S'appuyant sur une expérience concrète du quotidien des femmes, les marches exploratoires permettent alors la production d'un contre-discours par lequel les femmes reprennent leur liberté d'expression en formulant leurs besoins et retrouvent par ricochet

---

[28] R. Cardelli, « Les déplacements des femmes dans l'espace public : ressources et stratégies », *Dynamiques régionales*, n°12, 2021, p. 102.

[29] V. H. Lefebvre, *Le droit à la ville* (1968), Paris, Economica, 3e éd., 2009 ; J.-B. Auby, *Droit de la ville. Du fonctionnement juridique des villes au droit à la ville*, Paris, LexisNexis, 2e éd., 2016.

[30] V. not., M.-H. Bacqué et C. Biewener, « L'*empowerment*, un nouveau vocabulaire pour parler de participation ? », *Idées économiques et sociales*, n° 173, 2013, p. 25.

[31] V. not., Secrétaire général du comité interministériel des villes, *Guide méthodologique des marches exploratoires*, éd. Civ, 2012.

l'exercice de leur liberté de se mouvoir grâce aux politiques mises en place. Pourtant, en France, elles sont encore largement marginalisées alors qu'elles pourraient être de véritables instruments de diagnostic local. Les raisons sont multiples comme l'indique Marylène Lieber dans sa thèse, bien qu'une semble prédominer : les marches exploratoires portent atteinte en France à l'idée d'universalisme. Cette démarche est considérée comme trop communautaire, trop féministe : en effet, « l'élément qui a le plus dérangé dans le concept initial de ces marches est la place accordée aux femmes et la peur d'exclusion des hommes[32] ». C'est alors toute la question culturelle et sociale qui est à retravailler.

D'autre part, une réflexion nous semble aujourd'hui nécessaire sur la mise en place d'une budgétisation sensible au genre (BSG)[33] pour les communes. Depuis la loi du 4 août 2014 relative à l'égalité réelle entre les femmes et les hommes, les maires des communes de plus de 20 000 habitants doivent présenter un rapport sur la situation en matière d'égalité entre les femmes et les hommes préalablement aux débats sur le projet de budget[34]. Il s'agit d'une première étape traduisant une volonté de prendre en compte l'égalité femmes-hommes, même si celle-ci semble insuffisante. Elle n'implique pas toujours des changements concrets sur le budget. Or le budget d'une ville n'est jamais neutre, il exprime des choix politiques révélant certaines priorités sociales : la rénovation d'un stade de football, la création d'un *skate park* ou d'une halte-garderie. Il faut alors les analyser, et les réformer si le budget traduit des inégalités. Les constats doivent devenir des outils de diagnostic, préalables à une réelle politique locale intégrant le genre. Appliquer la BSG conduit à s'interroger sur la politique menée (et notamment les bénéficiaires de l'argent public alloué) afin de savoir si elle permet de réduire ou de renforcer les inégalités entre les hommes et les femmes : comment les subventions sont-elles réparties entre les sexes ? Quels sont les critères d'obtention d'une subvention, sont-ils « neutres » ? Qui sont les usagers des nouvelles installations dans l'espace public ? La BSG ne signifie donc pas de créer des budgets spécialement pour les femmes, mais d'analyser la distribution de l'argent public : c'est un « outil de transparence et d'allocation équitable de l'argent public[35] ».

---

[32] M. Lieber, *Genre, violences et espaces publics. La vulnérabilité des femmes en question*, Paris, Presses de Sciences-Po, 2008, p. 184.

[33] Sur cette question, v. le rapport très instructif réalisé par le centre Hubertine Auclert, *La budgétisation sensible au genre*, 2015, disponible en ligne ; Conseil de l'Europe, *L'égalité dans les budgets : pour une mise en œuvre pratique*, 2009.

[34] V. article 61 de la loi n° 2012-873 du 4 août 2014 pour l'égalité réelle entre les femmes et les hommes (prévu à l'article L. 2311-1-2 du Code général des collectivités territoriales). Cette obligation s'applique également au Conseil départemental (depuis 2016) et au Conseil régional (depuis 2017).

[35] M. Lieber, *op. cit.*

Si les collectivités territoriales françaises ne semblent pas encore à l'aise pour appliquer l'égalité femmes-hommes au volet financier de leurs politiques publiques[36], d'autres villes européennes se sont largement emparées de la question. Vienne en est une illustration, car depuis 2006, son budget intègre officiellement la problématique de l'égalité des sexes : ainsi, les critères des subventions ont été analysés et repensés, ou encore les cimetières ont été rénovés en prenant en compte que le public visiteur était majoritairement des femmes âgées. Si les recours d'Hubertine Auclert dans les années 1880 pour obtenir le droit de vote semblent désuets au regard de leur objet, certaines de ses remarques semblent encore manifestement d'actualité :

> [...] je laisse aux hommes qui s'arrogent le privilège de gouverner, d'ordonner, de s'attribuer les budgets, le privilège de payer les impôts qu'ils votent et répartissent à leur gré.
> Puisque je n'ai pas le droit de contrôler l'emploi de mon argent, je ne veux plus en donner. Je ne veux pas être, par ma complaisance, complice de la vaste exploitation que l'autocratie masculine se croit le droit d'exercer à l'égard des femmes. Je n'ai pas de droits, donc je n'ai pas de charges ; je ne vote pas, je ne paye pas[37].

Les femmes votent désormais, sont éligibles, mais manifestement les budgets demeurent genrés. La budgétisation sensible au genre permet de contribuer à l'émergence d'une démocratie participative égalitaire ; en ce sens, on voit également de plus en plus de villes mettre en place un budget participatif permettant alors aux femmes comme aux hommes d'identifier leurs besoins et les soumettre à leurs concitoyens.

*

* *

Sans aucun doute, le XXe siècle aura bouleversé la vie des femmes en leur octroyant un véritable statut de citoyenne. Le droit a largement contribué à cette révolution alors qu'il avait été également l'instrument de leur oppression. Mais ce statut, comment l'exercent-elle ? Sont-elles réellement les égales des hommes dans l'espace public ? L'espace public demeure genré. Gageons alors que le XXIe siècle sera celui de la lutte pour une démocratie participative égalitaire. Les inégalités qui persistent sont moins visibles et dès lors plus difficiles à transformer : des outils existent (marches exploratoires, budgétisation sensible au genre), mais la question demeure ouverte : les villes françaises vont-elles réussir à se les approprier ?

---

[36] Quelques exceptions sont à noter comme la ville de Lyon qui est en phase de diagnostic sur les subventions versées : v. *La budgétisation sensible au genre, Présentation de la démarche appliquée à la ville de Lyon 2021-2026*, disponible sur : https://www.lyon.fr/.

[37] H. Auclert, *Le droit de vote des femmes*, 1908.

UN RÉPERTOIRE DES ÉTATS, UN SUJET POUR UN THÉSARD AMBITIEUX SOUHAITANT UNE NOTORIÉTÉ RAPIDE

Antoine PANTÉLIS

Le droit constitutionnel est une branche relativement nouvelle du droit et de la science juridique. L'organisation constitutionnelle de l'État est d'abord une innovation anglaise à la suite de la Glorieuse Révolution de 1688. Puis, iront dans le même sens la Révolution américaine de 1776, la Grande Révolution française de 1789, comme la Révolution grecque de 1821. Produit de révolutions, le terme Constitution démarre avec une très forte charge idéologique et signifie que le régime doit garantir la liberté politique et individuelle, c'est-à-dire la démocratie libérale. Ce contenu de la Constitution, matérielle et formelle, est corroboré par l'idéologie dominante démocratique consolidée par les Révolutions de 1830 et de 1848. Il est indéniable que la démocratie est approfondie et rénovée par la victoire des Alliés après la Seconde Guerre mondiale et spécialement par le Procès de Nuremberg, pierre angulaire de l'ordre juridique international, qui est depuis sous l'égide des Nations Unies. Ainsi on peut comprendre la fameuse analyse de Georges Vedel dans son manuel de *Droit constitutionnel* de 1949 où ce penseur du droit public admet que « l'idéal démocratique est profondément un dans son inspiration et cette inspiration est unique, c'est la liberté » ; mais « elle est double dans son expression ». À la démocratie classique s'oppose la démocratie marxiste. Si le dépassement de cette opposition a pu paraître souhaitable, la démocratie classique en est sortie vainqueur. L'évolution depuis 1949 semble avoir donné raison au Doyen Vedel, mais l'histoire ne s'arrête jamais.

Néanmoins le phénomène étatique précède le mouvement constitutionnel qui en est une phase très raffinée. En général, on considère que l'État apparaît à la Renaissance et c'est Machiavel qui fait le premier usage de ce terme, dans *Le Prince* en 1515, après avoir examiné les principautés italiennes de son époque.

Mais qu'est-ce que l'État surtout pour les juristes ? Selon la théorie classique de G. Jellinek et P. Laband, l'État est la personne morale disposant d'un pouvoir autonome, au sein de laquelle a été organisé un peuple installé de manière permanente dans un territoire déterminé. Pour qu'il y ait État, les quatre éléments de la définition doivent être réunis. Parmi eux, seule l'organisation en personne morale est juridique. Les trois autres — le peuple, le territoire et le pouvoir autonome — sont réels. Parmi les nombreuses autres théories de l'État, il faut en noter deux autres qui enrichissent la réflexion. Selon la théorie pure du droit de Hans Kelsen, l'État s'identifie à l'ensemble des normes de droit en vigueur chez un peuple, c'est-à-dire à un ordre juridique. Selon la théorie positiviste de Léon Duguit, l'État naît lorsque, dans un groupe social, les plus forts imposent leur volonté aux plus faibles. Ainsi le groupe se différencie-t-il entre les gouvernants et les gouvernés. Ces trois théories fécondent la pensée juridique et impliquent qu'il n'est pas indispensable que l'État ait une Constitution, d'où la distinction entre Constitution matérielle et Constitution formelle. Actuellement, toute l'humanité vit dans des États. Les vieux États d'Europe occidentale, qui ont engendré le droit constitutionnel, et les États nouveaux, qui furent des colonies du Tiers-Monde, ne diffèrent pas en essence, mais en degré d'évolution.

Les principales sources d'inspiration pour la pensée juridique, sinon pour la pensée tout simplement, sont au nombre de deux : l'histoire du droit et le droit comparé qu'expriment les maximes universelles « *Nihil sub sole novum* » et « *Lex multiplex, universa curiositas, jus unum* ». Dans ce contexte, on doit reconnaître que même les États qui ont forgé le droit constitutionnel classique, gloire par excellence de la civilisation moderne, étaient d'abord autoritaires, puis ont eu un parlement et enfin sont devenus démocratiques. Les grands pays, dans leurs parcours historiques, étaient accompagnés par des pays qui ont joué aussi leur rôle dans le mouvement constitutionnel, parfois en copiant des institutions constitutionnelles traditionnelles, parfois en les adaptant à leurs tempéraments nationaux, parfois en créant des institutions originales. Plusieurs de ces États, d'habitude petits et parfois plus grands, ont eu une vie courte — mais pas toujours — et de nos jours sont souvent oubliés même par des professeurs de renom. La conséquence en est que des institutions originales, des dispositions utiles, des inventions de droit public qui ont toutes existé doivent être réinventées, ce qui fait qu'elles rencontrent parfois une méfiance avant leur acceptation, qui sinon serait moins difficile.

L'étude du droit des États qui n'ont pas été des modèles démocratiques ou qui étaient carrément autoritaires, sinon totalitaires, pendant toute leur vie ou pendant une phase de celle-ci offre une perspective féconde. Grâce à l'étude du contraire, nous approfondissons davantage le droit de la démocratie.

Antisthène (444-365 av. J.-C.), le fondateur de l'école cynique — une école philosophique qui persiste depuis vingt-cinq siècles parce qu'elle n'hésite pas à préférer les vérités amères aux conventions sociales ! —, prêchait que la connaissance des terminologies est le commencement du savoir (ou de la sagesse, car en grec il y a un seul mot — *sophia* — pour les deux notions, considérées comme identiques) : *Ἀρχὴ σοφίας ὀνομάτων ἐπίσκεψις*. Très souvent on ne peut promouvoir la science qu'à la condition d'être cynique, et ce n'est pas du tout mauvais. L'étymologie, d'où il faut commencer toute réflexion, nous impose d'entamer l'étude du droit public dans le cadre de la *res publica* au sens le plus large de ce terme. Le droit public n'existe que dans un État. Le droit constitutionnel fournit la charpente des réglementations. Il n'entre pas dans les détails. Il est la partie la plus fondamentale du droit public positif au sein de chaque État. Les autres branches du droit public interne présupposent le droit constitutionnel et en sont le prolongement. Dans la mesure où le droit constitutionnel a pour objet le pouvoir étatique, il donne une image panoramique de l'État.

On voit donc que pour commencer un examen des droits constitutionnels du passé, pour exploiter ces mines aurifères, il faut préciser les champs des fouilles et déterminer ce que sont les États. Un répertoire des États, c'est-à-dire un « Inventaire méthodique (liste, table, recueil) où les matières sont classées dans un ordre qui permet de les retrouver facilement » (*le Petit Robert*), montrera aux juristes, jeunes ou moins jeunes, le cadre exact dans lequel ils doivent localiser leurs efforts. Cet instrument de travail fera date, car il engendrera de nombreuses études élargissant les horizons du droit constitutionnel classique et moderne et approfondissant de manière précise les solutions aux problèmes pratiques qui se posent.

Une telle thèse, c'est-à-dire une monographie, en d'autres termes une « Étude complète et détaillée qui se propose d'épuiser un sujet précis relativement restreint » (*Le Petit Robert*, toujours lui !), doit éviter le bavardage. Tout livre verbeux fatigue et éloigne les lecteurs. Le répertoire des États doit se contenter de les situer dans le temps et dans l'espace, peut-être en y ajoutant quelques informations rudimentaires à propos de leurs régimes politiques successifs. Il va de soi qu'il faut éviter la juxtaposition, diviser la matière rationnellement et en tirer des conclusions. Le répertoire sera une synthèse d'histoire du droit et de droit comparé. J'ai failli l'omettre : le plan doit être en deux parties !

De quelle date cette recherche doit-elle commencer ? Du temps de Machiavel, ce serait âpre, sinon pédant, car au début il y avait peu d'États dignes de ce nom. Le thésard peut commencer soit par la paix de Westphalie en 1648 soit par la Révolution française de 1789 : c'est à ces deux dates que certains posent la fin du Moyen Âge ou le début de la modernité. La fin de la période étudiée coïncidera avec le dépôt de la thèse. L'ONU compte aujourd'hui 193 États membres.

La reconnaissance internationale n'est pas un élément nécessaire de l'État. Par exemple, la Grèce existait depuis le déclenchement de la Révolution en 1821, mais la reconnaissance internationale n'est venue qu'avec le Protocole de Londres de 1830 par lequel les grandes puissances de l'époque — la Grande-Bretagne, la France et la Russie — reconnaissent la Grèce comme État indépendant, ce qui représente un exploit diplomatique de Kapodistrias. Notons, pour être juste, que le premier pays qui a internationalement reconnu la Grèce est Haïti.

Faut-il inclure dans l'étude les États fédérés ? La réponse est positive, car la souveraineté, c'est-à-dire le pouvoir étatique entier et parfait, n'est pas, elle non plus, un élément indispensable de l'État. Chaque État des États-Unis d'Amérique dispose de son propre *State Constitutional Law*, tout comme les cantons suisses ou les États fédérés (les Länder) de la République Fédérale allemande. Quant aux États fédérés qui se trouvent dans de plus grands États fédérés (par exemple en URSS), c'est à l'auteur de décider s'il est utile de les inclure dans sa recherche.

Pour les mêmes raisons, il faut y ajouter les protectorats du temps de la colonisation (comme la Tunisie ou le Maroc) ou, entre les deux Guerres mondiales ou après, les États sous mandat de la Société des Nations (comme l'Irak, 1920-1932) ou les États sous tutelle internationale des Nations unies (comme la Somalie italienne). De même ne sont pas exclus de l'étude les États marionnettes du temps du IIIe Reich.

Les changements de frontières n'intéressent pas une telle étude. Des exemples en sont le sort de l'Alsace-Lorraine ou les changements de frontières après les deux Guerres balkaniques en 1912-1913.

Donnons quelques exemples d'États dont l'existence est aujourd'hui quasiment oubliée. Ce sont les États des membres de la famille de Napoléon Bonaparte — ainsi que l'île d'Elbe ! —, la Grande Colombie (1819-1831) de Simon Bolivar, les Républiques boers, la Mandchourie (ou Mandchoukouo) avec Pu Yi, le dernier empereur chinois, la Tuva (ou Tannu Tuva) pendant l'entre-deux-guerres, le Tibet bouddhiste, le royaume de Sikkim annexé à l'Inde en 1975 et tant d'autres. Il y avait cinq États grecs qui n'existent plus, à savoir les Îles ioniennes, qui formaient le premier État grec moderne de 1800 jusqu'à son incorporation à la Grèce en 1864, la principauté de Samos (1834-1912), la République crétoise (1898-1912), les éphémères Républiques d'Icarie (1912) et d'Épire (du nord, 1914).

Un répertoire fiable des États comme sujet de thèse trouvera-t-il bientôt son auteur ambitieux ? Rien n'empêche un professeur visionnaire de le proposer à l'un de ses élèves s'il le considère comme apte à faire face à un tel défi. Ce professeur doit être à même de diriger cette thèse. Tant l'un que l'autre devra faire preuve d'une curiosité encyclopédique innée, plus rare qu'un dévouement à la scène juridique. Aussi s'inspirer *mutatis mutandis* du tableau périodique des éléments de Mendeleïev enrichirait-il la pensée. Est-ce trop en demander de nos jours ?

Avec une telle brillante thèse, le jeune docteur deviendra sans tarder professeur. Ce sera à lui de trouver, à son tour, des élèves qui sortiront de l'hexagone et rédigeront des thèses sur le droit public, voire constitutionnel, des États du Répertoire de leur maître. Aristote avait étudié, certes avec la main-d'œuvre de ses élèves, les régimes politiques de 158 Cités-États. De cette collection n'a été sauvée que *La République des Athéniens*, retrouvée en Égypte en 1891. Quel universitaire, ou même un simple écolier, ne serait pas heureux d'un pareil retour vers Aristote ?

Figures du revirement de jurisprudence en droit administratif

Laurent Seurot

Durant ses enseignements, le Professeur Pierré-Caps insistait souvent sur l'importance de développer notre esprit critique et notamment sur la nécessité de ne pas se laisser abuser par les mots. Qu'est-ce que la « démocratie » ? la « nation » ? le « peuple » ? Telles sont, parmi d'autres, quelques questions auxquelles nous, ses étudiants, étions invités à réfléchir pendant ses cours de droit constitutionnel. Pour lui rendre hommage, j'ai voulu me livrer à cet exercice consistant à éprouver, derrière la puissance des mots, la réalité des choses. Et s'il est une expression que, depuis la première année, tout étudiant en droit entend et utilise presque quotidiennement, au point qu'elle en devient parfaitement familière sinon tristement banale, c'est bien celle de « revirement de jurisprudence ».

Cette expression a des mérites pédagogiques évidents. Elle aide l'étudiant dans ses révisions : le revirement de jurisprudence, quelles que soient les matières (civil, pénal, administratif, etc.) et la question précise, lui sert de marqueur ; c'est l'arrêt à retenir, celui qui marque la rupture entre un avant et un après. Pour l'enseignant, le revirement de jurisprudence est un élément narratif dont il ne saurait se passer : en amphi, une fois la question posée, il examine la réponse initialement donnée ; puis, après avoir dit tout le mal qu'il convenait d'en penser, vint, enfin, le revirement, avec ses faits, ses prolongements, etc.

L'expression « revirement de jurisprudence » cache cependant des réalités hétérogènes, à propos desquelles on aimerait dire quelques mots. On souhaiterait plus précisément mettre l'accent sur la diversité des *modalités* (I) et des *motifs* (II) des revirements.

On laissera donc de côté les questions posées par les *conséquences* des revirements, notamment deux. D'une part, celle de leur *rétroactivité*, de ses conséquences parfois préjudiciables pour les justiciables et des outils dont s'est doté le juge administratif, après d'autres, pour y pallier, notamment la possibilité de moduler dans le temps leurs effets[1]. D'autre part, celle du *devoir de connaissance* des professionnels du droit, notaires et avocats, qui interroge sur la possibilité d'engager leur responsabilité professionnelle en raison de

[1] CE, ass., 16 juillet 2007, n° 291545, *Sté Tropic Travaux Signalisation*, *Rec.* p. 360.

l'ignorance d'un revirement de jurisprudence. Sur cette question, on se contentera de rappeler l'état du droit : s'ils ont l'obligation de mettre en garde leurs clients sur l'incertitude de la jurisprudence[2] et celle de connaître les revirements de jurisprudence réalisés au moment de leur intervention[3], ils n'ont pas l'obligation de les deviner, du moins lorsqu'ils sont imprévisibles[4].

I. Modalités du revirement

La vision que l'on peut avoir du revirement de jurisprudence lorsqu'on le découvre en première année de droit est un peu caricaturale : c'est celle d'une rupture brutale entre un avant, où le juge disait « blanc », et un après, où il dit « noir »[5]. Lorsqu'on regarde le revirement d'un peu loin, c'est effectivement ce que l'on voit. Lorsqu'on y regarde de plus près, les choses sont un peu différentes et il apparaît, le plus souvent, avec tout ce que la formule a d'oxymorique, que le revirement est progressif. Cette « prudence jurisprudentielle » s'explique par la considération qu'il vaut mieux avoir bien réfléchi avant de procéder à un revirement, sur lequel il sera de toute évidence difficile de revenir dans l'immédiat : les « re-revirements[6] » sont inhabituels[7], la coutume voulant « que les formations de jugement ne reviennent pas sur une jurisprudence précédente avant qu'un certain délai ne se soit écoulé[8] ».

On se bornera, au sujet des modalités du revirement, à formuler une série d'observations.

A. Première observation : dans la mesure où le revirement de jurisprudence désigne un changement dans la manière de juger, il intéresse nécessairement le fond du droit. Il apparaît cependant que certaines décisions, présentées comme des revirements par le Conseil d'État lui-même (au moyen d'une note de rapprochement commencée par un « Ab. jur. » dans l'analyse au *Recueil*), ne modifient pas vraiment le fond du droit, lequel avait déjà largement évolué. Autrement dit, certains revirements apparaissent plus *formels* que *substantiels*, comme concluant une séquence jurisprudentielle plutôt que comme en inaugurant une nouvelle. On vise plus précisément les hypothèses

---

2 Civ. 1re, 7 mars 2006, *Bull. civ.* I, n° 136 ; *RTD civ.*, 2006, p. 580, obs. P.-Y. Gautier.

3 Civ. 1re, 15 octobre 1985, *Bull. civ.* I, n° 257.

4 Civ. 1re, 25 novembre 1997, *Bull. civ.* I, n° 328 ; *RTD civ.*, 1998, p. 210, obs. N. Molfessis.

5 Ph. Malaurie et P. Morvan, *Introduction au droit*, Paris, LGDJ, coll. « Droit civil », 6e éd., 2016, n° 396.

6 L. Usunier et P. Deumier, « Le re-revirement de jurisprudence, source tumultueuse du droit », *RTD civ.*, 2018, p. 353.

7 V. cependant, récemment, CE, 16 novembre 2022, n° 462720, qui revient sur CE, 6 juin 2018, n° 405608.

8 O. Fouquet, *RTD com.*, 2008, p. 642. Comme le dit le rapporteur public Charles Touboul, « il n'est pas dans vos habitudes de rouvrir la discussion sur votre jurisprudence à si brève échéance, tout du moins, lorsqu'aucun événement majeur ne l'impose » (concl. sur CE, sect., 15 février 2019, n° 416590).

dans lesquelles le juge avait déjà, mais sans le dire explicitement, fait évoluer sa manière de juger et où, lorsqu'il considère que le moment est opportun, il décide de procéder officiellement au revirement, c'est-à-dire de le faire apparaître explicitement dans sa décision.

Ce genre de revirements ne peut pas concerner ce que les grammairiens appellent les interrogations « totales », celles auxquelles il n'est possible de répondre que par oui ou par non. Ainsi, à la question de savoir si un acte constitue ou non une mesure d'ordre intérieur, la réponse est soit oui soit non, et elle apparaît clairement à la lecture de la décision : le recours est recevable ou il ne l'est pas. En revanche, s'agissant des interrogations « partielles », où la réponse est ouverte, l'évolution peut se faire progressivement. Il en va ainsi, par exemple, lorsque le juge décide de passer d'un contrôle restreint à un contrôle normal de la qualification juridique des faits[9] ou lorsqu'il décide d'abandonner l'exigence d'une faute lourde : pendant un moment, il peut continuer, formellement, d'exiger une erreur manifeste d'appréciation ou une faute lourde, tout en se contentant, progressivement, d'une erreur de moins en moins manifeste ou d'une faute de moins en moins lourde. Dans ces décisions de transition, l'observateur attentif, qui s'intéresse à l'opération de qualification juridique des faits, pourra percevoir une évolution ; mais, formellement, la décision ne trahira pas le changement en train de se produire.

B. Le revirement de jurisprudence se fait parfois, c'est la deuxième remarque, par *effet de domino* : le juge fait d'abord évoluer la réponse à la même question, mais posée à propos d'un objet différent. Cette première évolution, à la condition qu'elle donne des résultats satisfaisants, va servir d'argument pour faire évoluer la position dans d'autres domaines. Les exemples sont nombreux : réduction du champ des mesures d'ordre intérieur, de la catégorie des actes de gouvernement, abandon progressif de l'exigence d'une faute lourde, etc.

C. Une variante du revirement par effet de domino est ce qu'on pourrait appeler le revirement *par encerclement* : une première évolution va concerner le domaine dans lequel elle est la moins discutable, et ainsi de suite, jusqu'à finalement isoler la cible, c'est-à-dire le domaine dans lequel la question était la plus débattue. Reprenons l'exemple de l'abandon du contrôle restreint au profit du contrôle normal sur le choix de la sanction infligée à l'agent public. Avant la décision *Dahan*[10], le pas du contrôle normal avait été franchi pour

---

[9] On renvoie, pour une illustration, à notre étude sur la décision *Dahan* : « De la difficulté de mesurer les effets de certains revirements de jurisprudence. Réflexions à partir de l'arrêt *Dahan* », *AJDA*, 2021, p. 1060.

[10] CE, ass., 13 novembre 2013, n° 347704, *Rec.* p. 279.

les magistrats[11], les maires[12], les conseillers de prud'hommes[13] et, même si l'on s'éloigne encore un peu plus de la fonction publique, pour les sportifs convaincus de dopage[14]. Ces décisions avaient conduit à isoler la sanction infligée à l'agent public comme le dernier domaine répressif où le juge refusait d'exercer un contrôle normal[15]. D'où une sorte d'inversion de la charge de la preuve : c'était aux défenseurs du *statu quo* de montrer qu'il était justifié, et non aux partisans du changement de convaincre de son bien-fondé.

D. Enfin, on appellera revirement *en escabeau* celui composé d'au moins deux décisions : une première qui introduit une exception et une deuxième qui fait de l'exception le principe. Autrement dit, un premier revirement, partiel, est opéré ; puis un second vient en généraliser la portée. L'exemple qui vient le plus facilement à l'esprit est celui donné par les décisions *Sté Tropic Travaux Signalisation*[16] et *Département de Tarn-et-Garonne*[17]. Car la première n'avait ouvert la possibilité d'exercer un recours de plein contentieux contre le contrat administratif qu'au profit des « concurrents évincés », ce qui entraînait toute une série d'exclusions, relativement aux contrats concernés, dont l'identification n'avait du reste pas été aisée. Sept ans plus tard, dans la seconde, le Conseil d'État consacre la proposition qu'avait formulée le commissaire du gouvernement dans ses conclusions sur la première : ouvrir l'accès au prétoire à tous les tiers justifiant d'un droit lésé[18].

II. Motifs du revirement

Les évolutions jurisprudentielles sont, dans n'importe quel système juridique, indispensables. Raison pour laquelle il ne saurait y avoir de droit acquis à une jurisprudence constante, ainsi que le rappelle la Cour de Strasbourg[19]. Cette dernière n'en impose pas moins que les revirements reposent sur des *motifs*[20]. Est un peu différente, quoique liée, la question de la *motivation*, c'est-à-dire de la nécessité de faire apparaître formellement les justifications du revirement[21]. On notera que, de ce point de vue, la Cour de Strasbourg impose aux revirements une obligation de motivation renforcée :

---

[11] CE, 27 mai 2009, *Hontang*, *Rec.* p. 207.
[12] CE, 2 mars 2010, *Dalongeville*, *Rec.* p. 65.
[13] CE, 20 mai 2011, *Lecat*, *Rec.* T. p. 1100.
[14] CE, 2 mars 2010, *Fédération française d'athlétisme*, *Rec.* T. p. 925.
[15] Pas tout à fait le dernier : la sanction infligée au détenu, qui résistait jusque-là (CE, 20 mai 2011, n° 326084, *Letona Biteri*, *Rec.* p. 246), a été peu après absorbée par le contrôle normal (CE, 1er juin 2015, n° 380449, *Boromée*, *Rec.* p. 185).
[16] CE, ass., 16 juillet 2007, n° 291545, *Société Tropic Travaux Signalisation*, *Rec.* p. 360.
[17] CE, ass., 4 avril 2014, n° 358994, *Département de Tarn-et-Garonne*, *Rec.* p. 70.
[18] D. Casas, *RFDA*, 2007, p. 696.
[19] CEDH, 18 décembre 2008, *UNEDIC c/France*, n° 20153/04, § 74.
[20] CEDH, gr. ch., 22 mai 2012, *Scoppola c/Italie*, n° 126/05, § 94.
[21] V. récemment C. Pros-Phalippon, « La motivation des revirements de jurisprudence du juge administratif : quel bilan dresser aujourd'hui ? », *RFDA*, 2022, p. 815.

« lorsqu'il y a une jurisprudence établie sur la question en jeu, la juridiction suprême a l'obligation de donner des *raisons substantielles* pour expliquer son revirement de jurisprudence[22] ». On distinguera, dans les développements qui suivent, les motifs qui tiennent à la règle elle-même (A) des motifs qui lui sont extérieurs et qui tiennent à son environnement normatif (B).

Signalons néanmoins que ces deux points n'épuisent pas la question des motifs des revirements et ne couvrent en particulier pas ce que Philippe Malaurie et Patrick Morvan appellent le revirement « d'opportunité », celui « commandé non par des raisons juridiques, mais par un motif pragmatique, tel que la volonté de réduire l'engorgement de la Cour ou de provoquer l'intervention du législateur[23] ». Ils donnent l'exemple de l'arrêt *Desmares*[24], en matière de responsabilité du fait des choses, fruit de l'impatience de la Cour de cassation devant le retard pris par la réforme du droit des accidents de la circulation : en aggravant la responsabilité de l'auteur du dommage, l'arrêt eut pour effet — et pour objet — d'inciter le législateur à hâter son travail[25].

A. Motifs tenant à la règle elle-même

La cause du revirement peut résider dans l'insatisfaction de la réponse donnée par le juge, réponse qu'il convient donc de faire évoluer. Convaincre du revirement suppose alors de faire « le procès de la jurisprudence existante[26] ».

1. Le revirement peut, d'abord, se justifier par des raisons qui tiennent au caractère *inéquitable* de la solution antérieure. On illustrera cette hypothèse à partir de la décision *Moya-Caville*, par laquelle le Conseil d'État a abandonné la règle du forfait de pension dans le cadre de l'indemnisation du fonctionnaire victime d'un accident de service[27]. Les chroniqueurs du Conseil d'État à l'*AJDA* notent ainsi que le Conseil d'État a pris acte des « très nombreuses critiques qui s'étaient élevées à l'encontre du caractère inéquitable du forfait de pension ». Cette règle, qui était « initialement [c'est-à-dire au début du XXe siècle] raisonnable et avantageuse », est devenue « inadaptée et inéquitable », en faisant notamment obstacle à ce que l'agent obtienne réparation des souffrances physiques ou morales.

---

[22] CEDH, 14 janvier 2010, *Atanasovski c/ ex-République yougoslave de Macédoine*, n° 36815/03.
[23] Ph. Malaurie et P. Morvan, *op. cit.*, n° 397.
[24] Civ. 2e, 21 juillet 1982.
[25] V. J.-L. Aubert, « L'arrêt *Desmares* : une provocation à quelles réformes ? », *D.* 1983, chron. 1.
[26] L. Coutron, « Revirement et normativité de la jurisprudence », *in* E. Carpano (dir.), *Le revirement de jurisprudence en droit européen*, Bruxelles, Bruylant, 2012, p. 72.
[27] CE, ass., 4 juillet 2003, *Moya-Caville*, *Rec.* p. 323.

2. Au caractère inéquitable de cette jurisprudence s'ajoutait le motif tiré de ses conséquences pratiques *incohérentes*. Ainsi, et pour reprendre la démonstration du commissaire du gouvernement Didier Chauvaux, il était plus avantageux pour un fonctionnaire de l'État d'avoir un accident de trajet sur une route départementale que sur une route nationale : dans le premier cas en effet, la collectivité publique responsable de la chaussée n'étant pas la même que celle qui emploie l'agent, le forfait de pension ne s'appliquait pas et l'agent accidenté pouvait obtenir, en plus de sa pension d'invalidité, une indemnité de la part du département ; dans le second, le dommage étant causé par la collectivité publique dont dépend l'agent, le forfait de pension s'appliquait dans toute sa rigueur.

Un exemple récent de revirement motivé par le constat d'une incohérence est donné par un avis contentieux du Conseil d'État à propos des conséquences à tirer de la méconnaissance des délais de préavis préalablement au licenciement d'un agent contractuel. Le Conseil d'État avait estimé en 2007 que cette méconnaissance entraînait l'annulation totale de la décision de licenciement[28]. Revenant sur cette jurisprudence, il estime désormais que le non-respect du délai de préavis n'est pas de nature à entraîner son annulation totale, mais la rend seulement illégale en tant qu'elle prend effet avant l'expiration du délai de préavis applicable[29]. L'incohérence de la solution de 2007 avait été bien relevée par le rapporteur public Damien Botteghi dans ses conclusions sur une décision de 2013 : « Il est très étrange d'annuler sèchement le licenciement, ce qui doit en théorie conduire à la réintégration de l'agent, alors que le principe même du licenciement n'est pas remis en cause[30]. »

3. Souvent, enfin, le revirement est justifié par un souci de *simplification*. Un bon exemple est donné par la décision *Sté Tropic Travaux Signalisation* précitée. L'impossibilité pour les tiers de saisir jusque-là le juge du contrat était compensée, en partie, par la possibilité qui leur était offerte de déférer au juge de l'excès de pouvoir les actes détachables de la signature. Et, avec beaucoup d'abnégation, un tiers au contrat pouvait obtenir du juge qu'il ordonne à la collectivité d'y mettre fin. Cependant, la procédure ressemblait pour le requérant à un parcours du combattant : comme le souligna le commissaire du gouvernement Didier Casas dans ses conclusions, le système était inutilement complexe, largement artificiel et révélait en réalité une forme d'épuisement de la théorie des actes détachables[31].

---

[28] CE, 14 mai 2007, n° 273244, *Caussade*, *Rec.* T.

[29] CE, 4 février 2022, n° 457135, *Rec.* ; *AJFP*, 2022, p. 241.

[30] CE, 6 février 2013, n° 347622, *Mme Chirion*, *Rec.* T.

[31] D. Casas, concl. préc.

B. Motifs tenant à l'évolution de l'environnement normatif

Ici, c'est le contexte normatif qui a évolué et qui rend problématique le maintien de la règle jusqu'alors adoptée. Certains auteurs contestent l'usage de l'expression « revirement de jurisprudence » au motif que, dans les hypothèses dont il s'agit, le changement de jurisprudence est « contraint » — il « s'impose[32] » — alors que le revirement implique un acte volontaire, une évolution « imputable » au juge[33].

Il est possible de ne pas partager totalement ce point de vue. Certes, il est des cas dans lesquels l'évolution du cadre normatif oblige le juge à renoncer à sa jurisprudence et à en adopter une autre, qui lui est imposée. Mais ces cas ne sont sans doute pas très nombreux. En effet, souvent, le changement du contexte normatif, s'il empêche le maintien de la jurisprudence actuelle parce qu'il la contredit, n'impose pas pour autant le sens de la nouvelle. Il est même des cas dans lesquels l'évolution du cadre normatif invite seulement à reposer la question, sans forcément empêcher le maintien de la jurisprudence actuelle. Sans compter, enfin, que le juge garde, dans une certaine mesure au moins, le choix du moment du revirement, comme l'illustre bien l'arrêt *Nicolo*[34], intervenu quatorze ans après l'invitation envoyée par le Conseil constitutionnel[35], à laquelle la Cour de cassation avait quant à elle répondu rapidement[36]. Pour ces raisons, il me semble un peu excessif d'exclure par principe de la catégorie « revirement » toutes les évolutions jurisprudentielles qui font suite à un changement textuel : on ne peut vraiment exclure que celles qui sont commandées par ce changement et dont le sens est déterminé par lui. On signalera néanmoins que le *Centre de recherches et de diffusion juridiques* du Conseil d'État, dans les hypothèses où le changement de jurisprudence fait suite à une évolution du cadre normatif, n'utilise pas la note de rapprochement « *Ab. jur.* », réservée aux revirements à législation constante, mais la suivante : « Comp., sous l'empire du droit antérieur ».

1. Le cas le plus simple est le revirement consécutif à une *modification du texte à interpréter*. On prendra comme illustration une décision du Conseil d'État à propos des conditions d'attribution de la bonification dite « bénéfices

---

[32] G. Leroy, *La pratique du précédent en droit français : étude à partir des avis de l'avocat général à la Cour de cassation et des conclusions du rapporteur public au Conseil d'État*, thèse, Aix-Marseille, 2021, n° 238 et s.

[33] N. Molfessis, « Les revirements de jurisprudence », *in* N. Molfessis (dir.), *La Cour de cassation et l'élaboration du droit*, Paris, Economica, 2004, p. 142-143, n° 12 : « Le véritable revirement de jurisprudence, celui qui doit pouvoir être imputé à la jurisprudence, suppose un changement de solution jurisprudentielle à législation constante. » ; G. Leroy, thèse préc. n° 93 et 241.

[34] CE, ass., 20 octobre 1989, *Nicolo*, *Rec.* p. 190.

[35] Cons. const., 15 janvier 1975, déc. n° 74-54 DC.

[36] Cass., ch. mixte, 24 mai 1975, *Jacques Vabre*, n° 73-13.556.

de campagne[37] ». Il devait déterminer quels sont les militaires qui ont droit, dans le cadre de la liquidation de leur pension de retraite, à cette bonification en raison des services qu'ils ont accomplis outre-mer. C'est un peu compliqué à expliquer, mais, dans une décision *Géran* de 2013[38], il avait pris position en considérant que cette bonification était limitée aux militaires dont les parents avaient été de passage dans les régions en cause. Cette interprétation était étroitement liée à la présence, dans le texte alors applicable, du syntagme « de père et de mère tous deux Européens ». Une fois ces mots supprimés à la suite d'une modification du texte, il n'était plus possible de comprendre la condition imposant d'être de passage dans les régions en cause et de ne pas y être définitivement fixé comme s'appliquant aux parents des militaires : elle ne pouvait plus désormais se comprendre que comme s'appliquant aux militaires eux-mêmes. La modification du texte imposait donc de renoncer à l'interprétation antérieure. Mais elle ne commandait pas tout à fait la nouvelle. Ce dont témoignent les divergences entre le tribunal et le Conseil d'État : alors que, pour le tribunal, la bonification devait désormais être refusée au militaire qui, à l'issue de son affectation dans un des territoires mentionnés, décide de s'y installer définitivement, pour le Conseil d'État, le texte devait au contraire être interprété comme visant la fixation définitive dans un territoire d'outre-mer avant l'affectation dans ledit territoire, et non à l'issue.

2. Le changement peut concerner, plus globalement, le *contexte normatif* dans lequel la norme jurisprudentielle prend place. On prendra une illustration récente, qui a vu le Conseil d'État revenir sur sa jurisprudence antérieure et décider que l'intervention du rapporteur public dans le procès administratif constitue une garantie fondamentale pour l'exercice des libertés publiques au sens de l'article 34 de la Constitution, ce qui implique qu'il ne peut y être dérogé que par la loi[39]. Ce revirement de jurisprudence, qui montre l'importance ainsi reconnue aux conclusions prononcées par les rapporteurs publics dans le procès administratif, s'explique en partie par le changement de contexte normatif et, notamment, par la consécration du rôle du rapporteur public par le titre préliminaire du Code de justice administrative.

Dans le même genre, un certain nombre de revirements s'expliquent par la volonté du juge administratif de coller à la jurisprudence judiciaire sur des questions communes au droit administratif et au droit privé et dont rien ne justifie qu'il leur soit apporté des réponses différentes. Ainsi de la qualification d'accident de service de l'accident survenu alors que le fonctionnaire était en mission. En 1988, le juge administratif, conformément à la jurisprudence de la Cour de cassation, s'était opposé à ranger dans la catégorie des accidents de service les accidents survenus en mission, mais à

[37] CE, 12 février 2020, n° 416965, *Rec.* T

[38] CE, 13 novembre 2013, n° 349767, *Rec.* T.

[39] CE, 12 mai 2022, n° 444994, *Rec.* T., Dr. adm., 2022, comm. 42, note G. Pressé.

l'occasion d'un acte de la vie courante[40]. Transposant le revirement de la Cour de cassation intervenu en 2001[41], le Conseil d'État a admis en 2004 que tout accident survenu lorsqu'un fonctionnaire est en mission constitue en principe un accident de service, même s'il est survenu à l'occasion d'un acte de la vie courante[42].

3. Il se peut aussi que le revirement soit décidé pour *anticiper une modification à venir du contexte normatif*, modification qui condamnera à brève échéance la solution actuelle. Que l'on songe à la jurisprudence relative à la possibilité d'ordonner qu'il soit sursis à l'exécution d'une décision de rejet[43], revenant en 2000 sur la jurisprudence antérieure de 1970 qui la lui refusait[44]. La loi du 30 juin 2000 avait introduit dans le Code de justice administrative un « référé-suspension » sur le fondement duquel le juge des référés pouvait désormais ordonner la suspension de l'exécution d'une décision administrative, même de rejet. Seulement, elle n'entrait en vigueur que le 1er janvier 2001. Le Conseil d'État, sans attendre, a préféré abandonner la jurisprudence *Amoros* sur le fondement des textes alors applicables, en anticipant l'entrée en vigueur du Code de justice administrative. On comprend le souci pédagogique qui a animé le Conseil d'État, qui a souhaité, à l'intention de l'ensemble de la juridiction administrative, préciser, dans la perspective de l'application du Code de justice administrative, les modalités de mise en œuvre et la portée du sursis d'une décision de rejet.

Épinal, le 12 décembre 2022.

---

[40] CE, 30 septembre 1988, n° 70069, *Bonmartin*, *Rec.* p. 320.
[41] Cass. soc., 19 juillet 2001, n° 99-20.603, *Salomon c/CPAM Lyon*.
[42] CE, 3 décembre 2004, n° 260786, *Quinio*, *Rec.* p. 448.
[43] CE, sect., 20 décembre 2000, *Ouatah*, n° 206745, *Rec.* p. 643.
[44] CE, ass., 23 janvier 1970, *Amoros*, *Rec.* p. 51.

L'UKRAINE (2014-2022)
ET LE DROIT INTERNATIONAL

Batyah SIERPINSKI

Trouver un article en phase avec les thèmes de « *Constitution, États et peuples* » est toujours intéressant, que l'on soit constitutionnaliste ou internationaliste. C'est encore plus satisfaisant lorsqu'il s'agit d'honorer un ami qui a hésité entre ces deux branches du droit public pour finalement devenir un brillant constitutionnaliste. En conséquence, voici quelques réflexions d'une internationaliste, sur un thème brûlant, celui de l'Ukraine et du droit international. Sujet qui passionne autant — on peut l'imaginer — le récipiendaire constitutionnaliste de ce texte que l'internationaliste qui le rédige. Ces réflexions s'imposent d'autant plus qu'il faut se rappeler que le droit international public contemporain est censé assurer la « paix et la sécurité internationales » par le biais de normes de la Charte des Nations unies[1].

On ne peut rester indifférent à la situation particulière de l'Ukraine victime d'une double intervention militaire de la Russie déjà en 2014 mais plus particulièrement encore en 2022. Aborder la question de l'Ukraine et du droit international peut se faire en s'interrogeant sur d'éventuelles « manipulations » de différentes normes du droit international public par l'État russe (I) et sur les conséquences qu'elles entraîneraient pour la société internationale (II).

---

[1] Sans développer toutes les normes en ce sens de la Charte des Nations Unies, voyons un extrait explicite à cet égard du Préambule (nous soulignons) :
« Nous, peuples des Nations Unies, résolus à <u>préserver les générations futures du fléau de la guerre</u> qui deux fois en l'espace d'une vie humaine a infligé à l'humanité d'indicibles souffrances, à proclamer à nouveau notre foi dans les droits fondamentaux de l'homme, dans la dignité et la valeur de la personne humaine, dans l'égalité de droits des hommes et des femmes, ainsi que des nations, grandes et petites, à créer les conditions nécessaires au maintien de la justice et du respect des obligations nées des traités et autres sources du droit international, à favoriser le progrès social et instaurer de meilleures conditions de vie dans une liberté plus grande, et à ses fins
« - à pratiquer la tolérance, à vivre en paix l'un avec l'autre dans un esprit de bon voisinage,
« - à unir nos forces pour <u>maintenir la paix et la sécurité internationales</u>,
« - à accepter des principes et instituer des <u>méthodes garantissant qu'il ne sera pas fait usage de la force des armes, sauf dans l'intérêt commun</u>,
« - à recourir aux institutions internationales pour favoriser le progrès économique et social de tous les peuples (…). »

I. « Manipulations » de normes de droit international

Peut-on utiliser le terme « manipulation » concernant l'utilisation particulière, pour ne pas dire perverse, de normes de droit international par la Russie dans les crises qu'elle a enclenchées en Ukraine en 2014 et 2022 ? Ce vocabulaire critique peut-il effectivement être utilisé quand certaines normes sont évoquées par les autorités d'un État pour justifier des actes qui « malmènent » ce même droit ? Il semble bien qu'on peut faire une telle analyse des arguments russes concernant ces deux crises. À cet effet, rappelons les contextes politico-juridiques existants entre la Russie et l'Ukraine[2] que ce soit en 2014 (A) et en 2022 (B) où, dans les deux cas, il y a eu « manipulations » de normes de droit international.

A. Manipulations dans la crise de 2014 avec annexion de la Crimée

Pour aborder la première crise, il faut rappeler les relations politiques conflictuelles entre Moscou et Kiev depuis 2013. Lorsque l'Ukraine est dirigée par un gouvernement en phase avec la Russie, ces relations sont tout à fait sereines. Ce qui a été, plus ou moins, le cas sous la présidence de Viktor Ianoukovitch qui est arrivé au pouvoir en 2010. Après des rapports peu encourageants avec Moscou[3], ce dernier se retourne pourtant vers la Russie en refusant, le 21 novembre 2013, de signer un accord d'association proposé par l'Union européenne et discuté par les deux entités depuis 2007[4]. À la suite de

---

[2] Notons que les relations entre la Russie et l'Ukraine sont complexes depuis longtemps et que les deux crises en question prennent la suite de nombreuses autres. En ce sens, cf. J. Lévesque, « Ukraine-Russie : une histoire commune et conflictuelle, des avenirs incertains », *The Conversation*, 9 mars 2022 : https://theconversation.com/ukraine-russie-une-histoire-commune-et-conflictuelle-des-avenirs-incertains-178275.

[3] D. Fean, (traduit de l'anglais [Grande-Bretagne] par Gregory Danel) « Ianoukovitch et la politique étrangère ukrainienne : retour à l'équilibre ? », *Politique étrangère*, n° 2, 2010, p. 413-426, notamment p. 414 : « Les relations russo-ukrainiennes ont atteint le nadir durant la présidence de Viktor Iouchtchenko (2005-2010), les conflits entre les deux pays ayant été résumés par Dmitri Medvedev dans une lettre adressée en août 2009 à son homologue ukrainien. Parmi les griefs : le soutien à la Géorgie en 2008, les ventes d'armes au régime de Mikheil Saakachvili, les conflits sur le gaz de 2006 et 2009, les interférences dans les opérations de la flotte de la mer Noire basée en Crimée, les attaques sur l'usage du russe en Ukraine, "l'héroïsation" de collaborateurs nazis, etc. Cette lettre n'a probablement pas influencé le résultat du vote en janvier 2010 — V. Iouchtchenko n'était crédité que de 5 % dans les sondages —, mais elle a fixé l'agenda des relations russo-ukrainiennes et souligné les sujets essentiels pour Moscou. »

[4] Cf. « L'Ukraine renonce à s'associer avec l'UE, (…) », *Le Monde*, 21 novembre 2013.
Extrait 1 : « Kiev a renoncé jeudi 21 novembre à l'accord d'association proposé par l'UE, une semaine avant sa signature prévue et longuement attendue. À la place, l'Ukraine propose la création d'une commission tripartite incluant Moscou et l'UE sur le commerce (…). »
Extrait 2 : « La perspective de l'accord avait fait l'objet ces derniers temps d'une intense lutte d'influence entre l'UE et la Russie. Le conseiller économique du Kremlin, Sergueï Glaziev, avait fait miroiter la semaine dernière une coopération économique se chiffrant en "dizaines de milliards de dollars" si Kiev renonçait à s'associer à l'Union européenne, et menacé de renoncer aux importations de produits ukrainiens dans le cas contraire. »

ce refus, la population de l'Ukraine est partagée entre un rapprochement avec « l'Est » ou avec « l'Ouest », au sens politique de ces termes. En effet, schématiquement, on peut dire que la population ukrainienne s'oppose entre les proeuropéens, partisans de l'accord d'association européen et les prorusses, partisans d'une proposition russe d'union douanière[5].

À Kiev et dans d'autres villes du pays, des manifestations pour ou contre l'accord d'Association européen deviennent de plus en plus violentes[6]. Ces « manifestations d'envergure [sont] dirigées contre le président Viktor Ianoukovytch[7] » qui va être destitué, le 22 février 2014, par un vote, au Parlement, à l'unanimité. Suite à ce vote, le président ukrainien se retire[8] et de nouvelles élections sont organisées en mai[9].

L'analyse de la violence, qui s'est développée à cette période entre prorusses et proeuropéens, est envisagée, de manière très contradictoire, tant par la Russie que par les Occidentaux, comme le constate des médias européens. Par exemple, le journal *Le Monde* du 18 février 2014, présente bien ce double désaccord en envisageant, d'une part, la position de l'UE :

> « [t]rès préoccupée » par « l'inquiétante escalade » de la violence à Kiev, la haute représentante de l'Union européenne pour les affaires étrangères, Catherine Ashton, a exhorté, mardi 18 février, « les autorités ukrainiennes à s'attaquer aux racines de la crise »[10] ;

Cf. également le site https://www.touteleurope.eu/l-ue-dans-le-monde/guerre-en-ukraine-chronologie-des-evenements, « Guerre en Ukraine : chronologie des événements » (mis à jour le 03.10.2022).

[5] Dans l'opposition UE-Russie, cf. J. Vercueil, « L'Union Économique eurasiatique au prisme de la Russie », *Géoéconomie*, 2014, p. 167-188, en particulier p. 171 : « La politique européenne de voisinage, qui lance en direction du sud-Caucase et de l'Europe orientale des propositions de rapprochement institutionnel, heurte l'influence historique de la Russie dans la région. Celle-ci réagit en réactivant le projet d'union économique eurasiatique (UEE). (...) Le projet progresse en 2010-11 avec la création d'une union douanière entre la Russie, la Biélorussie et le Kazakhstan. Sa transformation en un Espace économique commun est fixée à 2012 et un terme à peine plus lointain (2015) est fixé pour le lancement de l'UEE. La Kirghizie, le Tadjikistan, l'Arménie, mais aussi l'Ukraine et la Moldavie sont invitées à participer à ce mouvement. » (souligné par nous)

[6] Par exemple, *Libération*, 24 novembre 2013, « Violents incidents en marge d'une manifestation pro-européenne à Kiev » ; *Le Monde*, 25 novembre 2013, « En Ukraine, les partisans d'un accord avec l'UE descendent dans les rues après l'annonce du refus du gouvernement de signer l'accord d'intégration avec l'Union européenne, des milliers de personnes ont manifesté à Kiev, mais aussi Dniepropetrovsk, Odessa, Donetsk. »

[7] Il est reproché au Président Ianoukovitch d'avoir envoyé l'armée contre les manifestants, cf. https://perspective.usherbrooke.ca/bilan/servlet/BMEve/1221.

[8] Cf. « "Je suis le président légitime de l'Ukraine". S'exprimant depuis la Russie, V. Ianoukovitch, l'ex-président ukrainien accuse "des néonazis" d'avoir pris le pouvoir et assure n'avoir jamais "donné l'ordre de tirer sur les manifestants" », *Le Monde*, 28 février 2014.

[9] Élection qui donne la victoire à Petro Porochenko qui fait un mandat complet jusqu'aux nouvelles élections du 31 mars 2019, où il se représente mais est battu par un nouveau candidat en politique : Volodymyr Zelensky.

[10] Dans ce même article du *Monde*, du 18 février 2014, la position de l'UE est approuvée tant par la France que par l'Allemagne et les États-Unis : « À ces voix européennes s'est jointe celle

et, d'autre part, celle de la Russie :

> Première réaction côté russe depuis l'annonce des morts dans les violences, le chef de la commission des affaires étrangères de la Douma (chambre basse du Parlement), a accusé les Occidentaux d'être responsables du fait que l'Ukraine soit au bord de la « guerre civile ». Pour la Russie, ces violences sont avant tout la « conséquence directe de la connivence de responsables politiques occidentaux et des structures européennes qui ont fermé les yeux (…) sur les actions agressives de forces radicales »[11].

Le 18 mars 2014, dans un discours devant la Douma, précédant l'intégration de la Crimée et la ville de Sébastopol à la Russie, le président Poutine considère que la situation en Ukraine correspond à un véritable coup d'État à propos duquel il affirme que :

> Ceux qui se sont opposés au coup d'État ont été immédiatement menacés de répression. Bien entendu, la première ligne a été la Crimée, la Crimée russophone. Face à ces événements, les habitants de Crimée et de Sébastopol se sont tournés vers la Russie pour qu'elle les aide à défendre leurs droits et leurs vies et à empêcher la propagation des événements qui se déroulaient et sont toujours en cours à Kiev, Donetsk, Kharkov et dans d'autres villes ukrainiennes[12].

Il relève plus particulièrement la responsabilité de l'Occident, surtout des États-Unis, dans la situation de l'Ukraine à cette période. Il estime que :

> Nos partenaires occidentaux, menés par les États-Unis d'Amérique, préfèrent ne pas être guidés par le droit international dans leurs politiques concrètes, mais par la force des armes. Ils en sont venus à croire en leur exclusivité et à leur exceptionnalisme, à croire qu'ils peuvent décider eux-mêmes ce que doivent être les destinées du monde, à croire qu'ils sont les seuls à être toujours dans leur bon droit[13].

Le président russe fonde son analyse sur des exemples passés qu'il analyse comme des violations du droit international public par des États occidentaux, menés par les États-Unis. Il donne comme exemple des opérations armées faites par ces derniers, sans l'autorisation du Conseil de sécurité ; il énumère le cas du Kosovo, région retirée à la Serbie en 1999, le cas de l'Afghanistan envahi par les États-Unis en 2001[14], puis les deux interventions en 2011 en Irak et en Libye[15].

Pour le Président Poutine, s'agissant de la Crimée de 2014 :

---

de la Maison Blanche, qui exhorte Viktor Ianoukovitch à mettre fin à l'escalade de violence meurtrière et à renouer le dialogue avec l'opposition, prévenant que le recours à la force ne "résoudra[it] pas la crise" ».

[11] *Idem.*

[12] Pour consulter ce discours cf. dans *L'Esprit du temps-Outre-Terre*, n° 41, 2014, p. 278-291 (notamment p. 283), ou sur : https://www.cairn.info/revue-outre-terre2-2014-4-page-278.htm

[13] *Idem.*, p. 285.

[14] Tout en oubliant l'intervention précédente de la Russie de décembre 1979 à février 1989, demandée, semble-t-il, par des autorités afghanes : « Après l'élimination du président Taraki, que remplace Hazifullah Amin, l'URSS, qui dit répondre à une demande de Kaboul, intervient en faisant traverser la frontière afghane à ses troupes en décembre 1979 » ; cf. https://perspective.usherbrooke.ca/bilan/servlet/BMEve/129.

[15] Cf. note 12, p. 285.

> Des millions de Russes et de russophones vivent en Ukraine et continueront à y vivre. La Russie défendra toujours leurs intérêts par des moyens politiques, diplomatiques et juridiques. (…) Résidents de Crimée et de la municipalité de Sébastopol, la Russie tout entière a admiré votre courage, votre dignité et votre bravoure. (…) C'est vous qui avez décidé de l'avenir de la Crimée. (…) C'est lors de tournants historiques tels que ceux-ci qu'une nation démontre sa maturité et sa force d'esprit. Le peuple russe a démontré sa maturité et sa force par son soutien uni en faveur de **ses compatriotes**[16].

En d'autres termes, pour les autorités russes, les événements qui se sont déroulés en Crimée et à Sébastopol, en 2014, correspondent à un coup d'État, inspirés par les Occidentaux, alors que leur propre intervention se justifie par les liens particuliers qui unissent la Russie avec cette partie de l'Ukraine mais aussi par la nécessité de protéger une population en danger, tout comme l'Occident l'a fait pour le Kosovo en 1999. C'est ainsi que le président Poutine justifie l'annexion de la Crimée, suivie de son intégration à la Russie.

Face à cette situation, le Conseil de sécurité, ayant « la responsabilité principale du maintien de la paix et de la sécurité internationales[17] », s'est réuni pour discuter des événements en Crimée et se prononcer sur un projet de résolution entrepris par les États-Unis[18]. Ce projet de résolution a été proposé pour rejeter l'organisation d'un référendum devant permettre de rattacher la Crimée et la ville de Sébastopol à la Russie, laquelle en a vraisemblablement été l'initiatrice. Le représentant russe, en tant que membre permanent du Conseil de sécurité, a utilisé le veto pour empêcher l'adoption de cette résolution[19]. Pourtant ce projet de résolution ne faisait que rappeler des règles essentielles de la Charte des Nations unies comme la souveraineté de l'Ukraine, son indépendance, son intégrité territoriale à l'intérieur de ses frontières internationalement reconnues[20]. Suite au blocage du Conseil de

---

[16] *Idem*, p. 289. Gras ajouté pour montrer toute l'ambiguïté de cette affirmation.

[17] Cf. article 24 § 1 de la Charte des Nations unies.

[18] CS/11319, 15 mars 2014, « Le vote négatif de la Fédération de Russie fait obstacle à l'appel des autres membres du Conseil pour dénoncer la validité du référendum du 16 mars en Crimée » : https://press.un.org/fr/2014/CS11319.doc.htm.

[19] Pour l'utilisation du veto, cf. l'article 27 § 3 de la Charte des Nations unies ; cf. également *Le Monde* du 16 mars 2014 « le référendum, organisé en dix jours par des autorités régionales mises au pouvoir par l'armée occupante russe, est rejeté par l'ensemble de la communauté internationale. Samedi, au Conseil de sécurité de l'ONU, la Chine s'est abstenue de voter une résolution occidentale dénonçant ce référendum, laissant la Russie s'y opposer seule ».

[20] Cf. https://press.un.org/fr/2014/CS11319.doc.htm : « Le Conseil de sécurité n'a pas pu adopter, ce matin, le projet de résolution dénonçant la validité du référendum sur le rattachement de la Crimée à la Fédération de Russie, qui aura lieu demain, 16 mars, en raison du vote négatif exprimé par la Fédération de Russie. À l'exception de la Chine qui s'est abstenue lors du vote, les 13 autres membres du Conseil ont appuyé le texte.

« Selon les termes de ce projet de résolution, initié par les États-Unis, le Conseil de sécurité aurait notamment déclaré que ce référendum "ne saurait avoir de validité et ne saurait servir de fondement à quelque modification que ce soit du statut de la Crimée". Il aurait également demandé à tous les États, aux organisations internationales et aux institutions spécialisées de "s'abstenir de toute action ou de tout contact susceptibles d'être interprétés comme valant reconnaissance à une telle modification de statut".

sécurité, l'AG a été saisi de la question par l'Ukraine et d'autres États, opposés à l'annexion de la Crimée. Dans le cadre d'un débat plus général sur la « Prévention des conflits armés », l'AG adopte la résolution portant sur l'annexion de la Crimée. Cette résolution est intitulée « Intégrité territoriale de l'Ukraine[21] ». Comme toute résolution de l'Assemblée générale, elle n'a pas force obligatoire et notons qu'elle et a été adoptée par 100 voix pour, 11 contre et 58 abstentions[22]. Ce vote montre les difficultés des 193 États membres de l'ONU à trouver une approche partagée de l'annexion de la Crimée. Il est difficile de se prononcer sur les motivations du résultat de ce vote. S'agit-il de choix juridiques ou politiques ? Il faut aussi constater l'éclatement de la doctrine de langue française, qui est, elle aussi partagée, entre la légalité de l'intervention russe en Crimée et/ou son illégalité[23].

B. Intervention russe en Ukraine en 2022

En dépit de sanctions adoptées, en particulier par les Occidentaux, suite à l'annexion de la Crimée[24], le Président Poutine a vraisemblablement dû estimer que l'Occident n'a pas vraiment réagi d'où la mise en pratique d'une « opération spéciale » de la Russie, en Ukraine, en février 2022.

À la veille de l'intervention militaire de la Russie, le 21 février 2022, dans un discours télévisé, le Président Poutine annonce que la Russie **reconnaît les territoires qui veulent leur indépendance** vis-à-vis de l'Ukraine, Donetsk et

---

« Le Conseil de sécurité aurait aussi exhorté toutes les parties à rechercher immédiatement un règlement pacifique à ce différend par le dialogue politique direct et à participer pleinement aux efforts internationaux de médiation.

« À l'issue du vote, la représentante des États-Unis, Mme Samantha Power, a déclaré que le rejet de ce texte par la Fédération de Russie marquait un "moment triste et terrible". Le projet de résolution, a-t-elle fait observer, n'aurait pas dû être controversé car il se limitait à invoquer des principes consacrés dans la Charte des Nations Unies, en particulier le respect de l'intégrité territoriale. »

[21] Pour les débats précédents l'adoption de cette résolution, le texte de la résolution et le vote cf. le document A/68/PV.80 dans https://www.un.org/fr/ga/68/resolutions.shtml.

[22] A/68/262, 27 mars 2014 ; pour le résultat du vote cf. https://digitallibrary.un.org/record/767565?ln=fr.

[23] Pour la légalité, cf. C. Santulli, « La crise ukrainienne : position du problème », *RGDIP*, 118 (4), 2014, p. 799-820, notamment p. 802-803 ; cf. également Marcelo Kohen, *Le Temps*, 12 mars 2014, « L'Ukraine et le respect du droit international », https://www.letemps.ch/opinions/lukraine-respect-droit-international.

Pour l'illégalité, cf. J. Ancelin, « La Fédération de Russie pratique-t-elle le lawfare ? Quelques observations illustrées du conflit opposant la Fédération de Russie et l'Ukraine à propos de la situation en Crimée », *Annuaire français de relations internationales*, 2021, p. 511-522 ; Th. Christakis, « Les conflits de sécession en Crimée et dans l'Est de l'Ukraine et le droit international », *Journal du Droit International*, n° 3, 2014, p. 23-48.

[24] Exemple de l'Union européenne en 2014, https://www.consilium.europa.eu/fr/policies/sanctions/restrictive-measures-against-russia-over-ukraine/history-restrictive-measures-against-russia-over-ukraine. Cf. également à l'ONU l'adoption d'une résolution de l'AGNU, mais sans sanction effective, cf. *Le Monde*, 27 mars 2014.

Lougansk[25]. Il a également « signé dans la foulée des accords “d'amitié et d'entraide” avec ces territoires[26] ». Dans ce même discours, il menace les autorités ukrainiennes « accusées de s'en prendre aux Russes et russophones du pays, les accusant une fois encore d'orchestrer “un génocide qui touche quatre millions de personnes”[27] ». Il considère que l'Occident met en danger la Russie[28].

Ces différents arguments de génocide, droit des peuples à disposer d'eux-mêmes, appel à l'aide des indépendantistes ukrainiens — nouvellement reconnus — et mise en danger de la sécurité de la Russie sont repris à l'identique dans son discours du 24 février[29], soit le jour même du déclenchement de son attaque en Ukraine. Il y accuse, à nouveau, l'Occident de violer continuellement le droit international depuis la fin de la Guerre froide[30] et de pousser à la « nazification » de l'Ukraine[31]. Ce dernier et nouvel argument tend à vouloir assimiler la guerre actuelle à celle de 1945[32] pour justifier son « opération militaire spéciale », équivalent ainsi à une guerre de libération ...

Cette opération a entraîné une réunion d'urgence du Conseil de Sécurité pour adopter un projet de résolution devant la condamner, en « [r]éaffirmant

---

25 Gras ajouté pour noter qu'il s'agit d'une reconnaissance, au sens du droit international ; en ce sens, notamment, cf. J. Verhoeven, « La reconnaissance internationale, déclin ou renouveau ? », *AFDI*, 1993, vol. 39, p. 7-40.

26 Cf. *France 24*, 21 février 2022 (https://www.france24.com/fr/europe/20220221-vladimir-poutine-reconnait-l-independance-des-separatistes-prorusses-en-ukraine).

27 *Idem*.

28 *Idem* : « [Il] a dénoncé une fois de plus les élargissements successifs de l'Otan, que Moscou considère comme une menace. Et selon lui, l'entrée de l'Ukraine dans l'Alliance atlantique serait “une question de temps”, aggravant encore le danger qui pèse sur la Russie, car les États-Unis pourraient déployer des armes offensives en territoire ukrainien. »

29 Cf. https://www.revuepolitique.fr/intervention-du-president-poutine-24-fevrier-2022.

30 *Idem* : « D'une manière générale, il semble que presque partout, dans de nombreuses régions du monde, là où l'Occident vient établir son ordre, il y laisse des blessures sanglantes, non cicatrisantes, les plaies du terrorisme international et de l'extrémisme. Tous les exemples ci-dessus sont les plus flagrants, mais loin d'être les seuls exemples de mépris du droit international ».

31 *Idem* : « Les principaux pays de l'OTAN, afin d'atteindre leurs propres objectifs, soutiennent en Ukraine les ultra-nationalistes et les néonazis, qui, à leur tour, ne pardonneront jamais aux habitants de Crimée et de Sébastopol leur libre choix de se réunifier à la Russie. »

32 *Idem* : « L'issue de la Seconde Guerre mondiale est sacrée, tout comme les sacrifices consentis par notre peuple sur l'autel de la victoire sur le nazisme. Mais cela ne contredit pas les hautes valeurs des droits de l'homme et des libertés, fondées sur les réalités des décennies d'après-guerre. Elle n'annule pas non plus le droit des nations à l'autodétermination consacré par l'article premier de la Charte des Nations unies. Permettez-moi de vous rappeler que ni lors de la fondation de l'URSS ni après la Seconde Guerre mondiale, personne n'a jamais demandé aux habitants des territoires qui constituent l'actuelle Ukraine la manière dont ils voulaient organiser leur vie. Notre politique est fondée sur la liberté, la liberté de choix pour chacun de déterminer son propre avenir et celui de ses enfants. Et nous pensons qu'il est important que tous les peuples vivant sur le territoire de l'Ukraine actuelle, tous ceux qui le souhaitent, puissent exercer ce droit — le droit de choisir. »

son attachement à la souveraineté, l'indépendance, l'unité et l'intégrité territoriale de l'Ukraine à l'intérieur de ses frontières internationalement reconnues[33] ». Ce projet de résolution « [d]éplore dans les termes les plus énergiques l'agression commise par la Fédération de Russie contre l'Ukraine en violation du paragraphe 4 de l'Article 2 de la Charte des Nations Unies[34] ». Ce texte, présenté par les États-Unis, l'Albanie et près de quatre-vingts États[35], n'a pu être adopté du fait du veto de la Russie. Le résultat du vote concernant cette résolution est le suivant : « 11 votes pour, 1 vote contre (Russie) et trois abstentions (Chine, Inde et Émirats arabes unis)[36] ».

La protection que la Russie affirme avoir apportée dans une partie de l'Ukraine, depuis février 2022, est plus que discutable car selon un décompte du Bureau du Haut-Commissaire aux Droits de l'Homme, « *Total civilian casualties from 24 February 2022 to 2 January 2023 ; From 24 February 2022 to 2 January 2023, OHCHR recorded 17,994 civilian casualties in Ukrain: 6,919 killed and 11,075 injured*[37] ». Qui plus est, « [q]uelque 61 % des victimes se comptent dans les provinces de Donetsk et de Louhansk, dans l'est du pays[38] ». Ce constat tend à montrer que la Russie, ou du moins V. Poutine, ne tient plus à respecter un certain nombre d'obligations de la Charte des Nations unies qui organisent les relations internationales depuis 1945.

II. Conséquences de ces crises pour la société internationale

Toute situation de violence qui est contraire aux normes de droit international, entraîne nécessairement des répercussions, que ce soit en matière de paix et de sécurité internationales (A) ou du fonctionnement de l'ONU (B).

A. Conséquences en matière de paix et de sécurité internationales

Comme dans d'autres cas d'emploi de la force — en dépit de son interdiction –, la paix et la sécurité internationales sont particulièrement mises à mal depuis l'invasion de l'Ukraine commencée en février 2022. À cet égard, deux aspects spécifiques à cette dernière crise posent problème pour la société internationale : l'emploi du concept de génocide et la violation de l'article 2 § 4 de la Charte des Nations unies.

---

33 Cf. S/2022/155 25 février 2022, § 1.

34 *Idem* § 2 et cf. également https://news.un.org/fr/story/2022/02/1115192.

35 ONU, Conseil de sécurité : S/PV.8979, 25 février 2022, (pp. 2-19) dont la liste des nombreux États (+ de 80) participant à la présentation de ce projet de résolutions, p. 2.

36 *Idem*, p. 7.

37 https://www.ohchr.org/en/news/2023/01/ukraine-civilian-casualty-update-3-january-2023.

38 Point de presse quotidien du Bureau du Porte-parole du Secrétaire général de l'ONU : 25 octobre 2022, https://press.un.org/fr/2022/dbf221025.doc.htm.

Un premier problème juridique se pose manifestement dans l'invasion de l'Ukraine qui est celui de la violation de l'interdiction de l'emploi de la force par un État contre un autre État ; cet emploi est pourtant prohibé par l'article 2 § 4 de la Charte des Nations Unies. Ce n'est pas la première fois — loin de là — que la force armée est utilisée en violation de la Charte mais son usage, justifié par différents arguments, comme réagir à un génocide, aider des personnes en danger, « dénazifier » un État ou même protéger la Russie des États qui cherchent à lui nuire, tend à mettre de plus en plus en cause l'interdiction de l'emploi de la force. Hors, cette norme a été voulue par les États créateurs de la Charte à la sortie de la Seconde Guerre mondiale. Elle est désormais considérée comme une norme coutumière[39]. Peut-on imaginer l'affaiblissement ou la fin d'une telle norme qui a pourtant permis, jusqu'à présent, d'empêcher que n'advienne une nouvelle guerre mondiale ?

Le deuxième problème juridique est relatif à l'utilisation du concept de génocide par la Russie pour justifier son « opération spéciale ». Comme noté précédemment, le président Poutine s'appuie sur un soi-disant génocide perpétré par les autorités en place en Ukraine depuis 2014 contre des Ukrainiens russophones, voire des Russes, vivant dans certaines régions d'Ukraine. On retrouve cet argument dans les deux discours officiels du président Poutine du 21 et 24 février 2022 dans lesquels il accuse les autorités ukrainiennes « d'orchestrer un génocide qui touche quatre millions de personnes[40] ». Si les représentants russes au Conseil de sécurité ont eu la sagesse de ne pas utiliser le terme de génocide pour motiver officiellement l'action militaire de 2022 en Ukraine, il n'est pas possible de ne pas tenir compte de cet argument russe. C'est d'ailleurs sur ce fondement que

> l'Ukraine a déposé au Greffe de la Cour [internationale de justice], le 26 février 2022, une requête introductive d'instance contre la Fédération de Russie qui a trait à un différend entre l'Ukraine et la Fédération de Russie concernant l'interprétation, l'application et l'exécution de la convention de 1948 pour la prévention et la répression du crime de génocide (...)[41].

Cette saisine montre bien l'importance que l'utilisation de ce concept peut avoir en matière de paix et de sécurité. L'Ukraine demande à la Cour de refuser une telle justification qui a été donnée par la Russie au motif qu'il s'agit « d'une allégation mensongère de génocide » et elle lui présente également une demande en indication de mesures conservatoires pour faire cesser l'opération menée sur son territoire. Dans l'analyse de l'affaire en cause, la CIJ note que « (...) depuis 2014, divers organes de l'État et hauts représentants russes ont évoqué, dans des déclarations officielles, la commission d'actes de génocide par l'Ukraine dans les régions de Louhansk

---

[39] S. Sur, « La Charte des Nations Unies interdit elle le recours à la force armée ? », *AFRI*, 2015, https://www.afri-ct.org/2015/la-charte-des-nations-unies ; cf. également E. Tourme-Jouannet, *Le droit international*, Paris, PUF, coll. « Que sais-je ? », 2022, p. 89-90.

[40] Cf. *supra* note 28 et 29.

[41] Cf. https://www.icj-cij.org/public/files/case-related/182/182-20220227-PRE-01-00-FR.pdf.

et de Donetsk[42] ». Elle rappelle également que les représentants russes à l'ONU se sont appuyés sur un autre fondement pour justifier l'opération spéciale, à savoir, le droit de légitime défense de l'article 51[43]de la Charte, tout en rappelant « que la Fédération de Russie devait mettre fin "au génocide" perpétré contre des millions de personnes et qu'elle traduirait en justice les auteurs des nombreux crimes sanglants perpétrés contre des civils, dont des citoyens russes[44] ». La Cour a suivi l'Ukraine quant à sa compétence dans cette affaire et à sa demande d'indication de mesures conservatoires[45]. Reste à connaître — ultérieurement[46] — son analyse de l'utilisation particulière du concept de génocide par la Russie dans cette affaire.

Outre ces deux problèmes juridiques, qu'en est-il des conséquences des crises ukrainiennes quant au fonctionnement du Conseil de sécurité de l'ONU ?

B. Mise en cause du fonctionnement du Conseil de sécurité de l'ONU ?

Peut-on affirmer que la guerre, menée en Ukraine par la Russie, met en cause le fonctionnement de l'ONU ? Il est manifeste que cette organisation, comme dans d'autres guerres depuis 1945, ne réussit ni à empêcher son déclenchement ni même à l'arrêter. En effet, comme vu précédemment, les normes de droit international créés par la Charte des Nations Unies pour le maintien de la paix et de la sécurité internationales ne sont-elles plus à même de remplir leurs fonctions ? Existe-t-il une particularité de cette guerre quant au fonctionnement du Conseil de sécurité de l'ONU ?

Notons, tout d'abord, que cette guerre est le fait direct d'un membre permanent des Nations Unies, qui en tant que tel possède un droit de véto sur les décisions adoptées à cet égard par le Conseil de sécurité. Rappelons à ce sujet qu'avec la conjonction des articles 23 et 27 § 3[47] de la Charte des Nations

---

[42] Cf. CIJ - Allégations de génocide au titre de la convention pour la prévention et la répression du crime de génocide (Ukraine c. Fédération de Russie) - Ordonnance 16 mars 2022, § 37.

[43] Cf. E. Tourme-Jouannet, *op. cit.*, p. 89 : « (...) la Russie a invoqué de façon abusive l'article 51 pour agresser militairement le territoire ukrainien et se faire passer comme État agressé alors qu'elle est l'État agresser ».

[44] Cf. note 42, *idem*, § 39.

[45] *Idem*, notamment § 48 pour la compétence et § 78 à 83 pour les mesures conservatoires.

[46] Lorsque la CIJ abordera le fond de l'affaire. Pour confirmer l'importance du concept de génocide dans cette affaire, cf. le nombre conséquent d'États ayant fait une déclaration d'intervention auprès de la CIJ dans ce différend : https://www.icj-cij.org/fr/affaire/182/intervention.

[47] Charte des Nations Unies (...), Chapitre V Conseil de sécurité :

« Article 23 : COMPOSITION

Le Conseil de sécurité se compose de quinze Membres de l'Organisation. La République de Chine, la France, l'Union des Républiques socialistes soviétiques, le Royaume-Uni de Grande-Bretagne et d'Irlande du Nord, et les États-Unis d'Amérique sont membres permanents du Conseil de sécurité. Dix autres Membres de l'Organisation sont élus, à titre de membres non permanents du Conseil de sécurité, par l'Assemblée générale qui tient spécialement compte, en premier lieu, de la contribution des Membres de l'Organisation au maintien de la paix et de la

Unies, seuls les membres permanents du Conseil de sécurité peuvent utiliser un veto[48] s'agissant de certaines prises de décision. Entre 1948 et la période actuelle — y compris pendant la guerre froide — le droit de veto des membres permanents a été largement utilisé[49] sans toutefois que son usage ne fasse, jusqu'à maintenant, craindre une nouvelle guerre mondiale. L'utilisation du veto par un membre permanent du Conseil de sécurité qui déclenche lui-même une guerre dans un autre État tend à être particulièrement dangereux quant au respect de l'interdiction de l'emploi de la force[50].

N'est-ce pas la raison pour laquelle une réforme de ce droit de veto [51] est envisagée désormais de manière très pragmatique par l'Assemblée générale[52] ? En effet, en avril 2022, « [p]renant la parole au nom des 83 pays

---

sécurité internationales et aux autres fins de l'Organisation, et aussi d'une répartition géographique équitable.

« Les membres non permanents du Conseil de sécurité sont élus pour une période de deux ans. Lors de la première élection des membres non permanents après que le nombre des membres du Conseil de sécurité aura été porté de onze à quinze, deux des quatre membres supplémentaires seront élus pour une période d'un an. Les membres sortants ne sont pas immédiatement rééligibles.

« Chaque membre du Conseil de sécurité a un représentant au Conseil. »

Article 27 : VOTE

« Chaque membre du Conseil de sécurité dispose d'une voix.

« Les décisions du Conseil de sécurité sur des questions de procédure sont prises par un vote affirmatif de neuf membres.

« Les décisions du Conseil de sécurité sur toutes autres questions sont prises par un vote affirmatif de neuf de ses membres dans lequel sont comprises les voix de tous les membres permanents, étant entendu que, dans les décisions prises aux termes du Chapitre VI et du paragraphe 3 de l'Article 52, une partie à un différend s'abstient de voter. » (nous soulignons).

[48] Cf. article 27, § 3 souligné ci-dessus.

[49] Cf. Conseil de sécurité - Liste des vétos (ordre chronologique inverse) [de 2022 à 1948] dans : https://research.un.org/fr/docs/sc/quick ; *Manuel du Conseil de sécurité de l'ONU (2021) - Guide de l'utilisateur aux pratiques et aux procédures*, 128 p. ; cf. notamment p. 22 où se trouve un « Bref historique des cinq vetos permanents »

[50] Comme le note la professeure E. Tourme-Jouannet (note 45, p. 89-90) à propos de l'emploi de la force : « on constate que l'interdiction de l'article 2 § 4 se heurte à un manque patent d'effectivité et d'efficacité et que les palliatifs prévus au chapitre VII et à l'article 2 § 3 montrent très clairement leurs limites face à la volonté réitérée de certains États de les contourner. Cette ineffectivité n'est pas totale, et elle ne remet pas en question l'existence même de la règle d'interdiction du recours à la force comme règle conventionnelle et coutumière s'imposant à l'ensemble des États (affaire des activités armées militaires et paramilitaires au Nicaragua et contre celui-ci, CIJ, arrêt du 27 juin 1986), comme en témoigne l'opposition mondiale extrêmement forte face à l'invasion du territoire ukrainien par la fédération de Russie. »

[51] Dès 2013, « une initiative pour encadrer le droit de veto » a été proposé conjointement par la France et le Mexique, mais qui est restée sans suite, cf. https://mx.ambafrance.org/La-France-et-le-Mexique-proposent.

[52] Depuis quelques années déjà la volonté d'une telle réforme a été envisagée, à une condition très précise, notamment par certains membres permanents du Conseil de sécurité dont la France : « Proposé en 2013 par le président de la République, l'encadrement du recours au veto consisterait pour les cinq membres permanents du Conseil de sécurité (Chine, États-Unis, France, Royaume-Uni et Russie) à s'engager volontairement et collectivement à ne pas recourir au veto lorsqu'une situation d'atrocité de masse est constatée » cf.

qui ont coparrainé [une] résolution, l'Ambassadeur du Liechtenstein auprès des Nations Unies, Christian Wenaweser, a présenté le projet intitulé "Mandat permanent pour un débat de l'Assemblée générale lorsqu'un veto est opposé au Conseil de sécurité"[53] ». Cette intervention de l'Assemblée générale permettra-t-elle de calmer l'atmosphère de guerre enclenchée par l'intervention russe en Ukraine en 2022 ou le monde va-t-il connaître une nouvelle guerre armée ou froide d'un nouveau genre ?

En effet, si l'on reprend les arguments russes relatifs à son « opération spéciale » en Ukraine, la responsabilité de son développement revient essentiellement à l'OTAN comme le martèle le Président Poutine dans ses discours du 21 et 24 février 2022[54]. Depuis ces prises de position, la Russie, par le biais de son président, cherche à s'allier avec les États qui seraient opposés à l'Occident que ce soit la Chine, l'Iran et des États africains[55].

L'avenir du droit de veto des membres permanents du Conseil de sécurité et même celui de la société internationale en général, est des plus incertain dans le contexte actuel.

*

* *

---

https://www.diplomatie.gouv.fr/fr/politique-etrangere-de-la-france/la-france-et-les-nations-unies/pourquoi-la-Fran ce-veut-encadrer-le-recours-au-veto-au-conseil-de-securite-des.

[53] Cette résolution a été adopté sans vote et sa présentation sur le site de l'ONU se termine ainsi : « Le texte adopté est une résolution « simple, juridiquement solide et politiquement significative », qui fera la lumière sur l'utilisation du veto à l'avenir et permettra la contribution de tous les États membres, a conclu l'ambassadeur » cf. https://news.un.org/fr/story/2022/04/1118942.

[54] Discours du 21 février 2022 (note 26) : « (…) le maître du Kremlin a dénoncé une fois de plus les élargissements successifs de l'Otan, que Moscou considère comme une menace. Et selon lui, l'entrée de l'Ukraine dans l'Alliance atlantique serait "une question de temps", aggravant encore le danger qui pèse sur la Russie, car les États-Unis pourraient déployer des armes offensives en territoire ukrainien. Il a répété aussi ses exigences à l'égard de l'Occident : la fin de la politique d'élargissement de l'Otan, l'absence de déploiement militaire menaçant la Russie et le retrait des infrastructures militaires de l'Alliance d'Europe de l'Est. Celles-ci ont été rejetées. »

Discours du 24 février 2022 (note 29) : « La poursuite de l'expansion de l'infrastructure de l'Alliance de l'Atlantique Nord et l'aménagement militaire du territoire de l'Ukraine sont inacceptables pour nous. Le problème, bien sûr, n'est pas l'organisation de l'OTAN elle-même — elle n'est qu'un instrument de la politique étrangère américaine. Le problème, c'est que sur les territoires qui nous sont adjacents — je tiens à le préciser, nos territoires historiques — se crée une "anti-Russie" ennemie, placée sous un contrôle extérieur total, qui est intensivement colonisée par les forces armées des pays de l'OTAN et qui est gavée des armes les plus modernes. » Le président Poutine continue à tenir ce même discours depuis ces dates.

[55] Pour une présentation journalistique de ce constat, cf. https://www.bfmtv.com/international/cuba-coree-du-nord-syrie-ces-pays-qui-soutiennent-encore-la-russie-de-poutine_AV-2022 10060320.html.

La conséquence de l'ensemble de ces analyses pose, à court ou long terme, le problème de la paix qui suit inévitablement la fin d'une guerre. À cet égard, notons la position peu encourageante mais très intéressante de Nicole Gnesotto[56], selon qui

> [p]our qu'elle soit durable, la paix doit être juste, c'est une condition nécessaire, même si elle n'est pas suffisante. Ce n'est pas une question de ressenti, de partage équivalent des territoires, etc. La paix juste, c'est une paix où le droit international s'est appliqué : le droit de la guerre, la recherche des criminels de guerre, la punition des génocides et des crimes contre les civils, et tout ce qui relève de la Cour pénale internationale. C'est une paix où la justice a défini clairement qui était l'agresseur et qui était la victime, où les responsabilités individuelles des auteurs des crimes ont été déterminées et où ils ont été punis (...) une paix juste et durable sur le plan des sociétés ne se décrète pas par le droit mais se construit petit à petit par des processus de réconciliation[57].

Seul l'avenir nous permettra de savoir ce qu'il en est de la fin de cette guerre... et d'une paix éventuelle.

14 janvier 2023.

[56] Vice-présidente de l'Institut Jacques Delors.
[57] Cf. également Marc Semo, « La difficile quête de la paix juste », *Le Monde*, 14 janvier 2023, p. 24-25, qui cite, à ce sujet, de nombreux auteurs, juristes, philosophes ou autres.

DESAFÍOS ACTUALES EN ESPAÑA AL PRINCIPIO CONSTITUCIONAL DE LAICIDAD, DESDE UNA PERSPECTIVA ECONÓMICA: *CAESARIS CAESARI, DEI DEO*[1]

Alejandro TORRES GUTIÉRREZ

I. Lo que la teoría constitucional afirma[2]

Una de las cuestiones que quedaron sin resolver en la Constitución Española de 1931, (y que más contribuyeron al fracaso del esperanzador experimento democrático de la II República Española), fue la denominada *cuestión religiosa*. El constituyente español de 1978, sabedor de este estrepitoso error histórico, fue especialmente cauto a la hora de redactar el artículo 16 de la Constitución vigente, y aprendiendo de los errores del pasado, (algo verdaderamente meritorio en nuestra historia constitucional), deliberadamente huyó de toda tentación *maximalista*, como la contemplada en el artículo 26 de la Constitución republicana de 1931, consistente en la previsión de disolución de ciertas congregaciones religiosas, o la prohibición a estas del ejercicio de la enseñanza.

---

[1] Escribimos estas líneas desde la admiración y el agradecimiento hacia el Profesor S. Pierré-Caps, por su dilatada carrera universitaria, y la bonhomía que ha marcado su carácter y su forma de ser, así como desde el grato recuerdo de la estrecha cooperación académica entre la Universidad de Nancy-2, (actualmente, Universidad de Lorena), y la Universidad Pública de Navarra, de la mano de los Profesores S. Pierré-Caps y A. P. Calvo, durante tantos años, que se ha perpetuado hasta nuestros días, y del que dan prueba la Revista *Civitas Europa*, el *Fonds d'ouvrage Ibérique de droit public Alberto Perez-Calvo*, con que cuenta el IRENEE, inaugurado el 17 de octubre de 2013, o los intercambios de alumnos en el marco del Programa Erasmus, y de los que se han beneficiado tantos estudiantes de ambas instituciones. Nos corresponde ahora a quienes continuamos a ambos lados de los Pirineos, proseguir con dicha cooperación académica, que tantos frutos ha dado, durante este provechoso *viaje en común*. Y es que como decía el pensador portugués E. Lourenço, *mais importante que o destino es a viagem*, un viaje que todavía continúa, y que aún debe de poder dar muchos resultados positivos.

[2] Estudio realizado en el marco del Proyecto "Estatuto Jurídico de las Confesiones Religiosas sin Acuerdo de Cooperación en España - Legal Statute of Religious Groups without Cooperation Agreement in Spain". Referencia: PID2020-114825GB-I00, del que son IPs los Profesores A. T. Gutiérrez y Ó. C. Angón. Financiado por MCIN/ AEI/10.13039/501100011033, en el marco de la Convocatoria de Proyectos I+D+i - Modalidades «Retos Investigación» y «Generación de Conocimiento» 2019-2020.

Por todo ello, el constituyente acabó reconociendo la no discriminación por motivos religiosos, (artículo 14), y optó por una fórmula *poco original* y *muy ambigua*, la contemplada en el artículo 16.3, en que se afirma que *ninguna confesión tendrá carácter estatal*, directamente inspirada en el artículo 137.1 de la Constitución de Weimar de 1919, (*Es besteht keine Staatskirche*)[3], al cual se remite expresamente el artículo 140 de la Ley Fundamental de Bonn de 1949, la actual Constitución alemana.

La ambigüedad de la *poco autóctona* fórmula empleada, (y que tantos problemas ha *resuelto*, o si se prefiere: *evitado*, lo cual es mucho mejor), nos llevará a tener que reflexionar sobre qué es lo que quiso decir nuestro constituyente, cuando plasmó por escrito el principio constitucional de laicidad,[4] nota propia de todo Estado *laico*, y que en ningún momento puede ser confundido con un modelo *laicista*, por la sencilla razón de que el nuestro no lo es. De hecho, ambas soluciones, tanto los Estados *laicos*, como los *laicistas*, parten de la idea de *separación* entre ambos polos, (Iglesia y Estado), diferenciándose en que mientras que los primeros son *neutrales*, frente al fenómeno religioso, los segundos sin embargo no lo son, al mostrar una actitud *hostil*.

El principio de laicidad desarrollaría una función ambivalente, *positiva*, por un lado, al garantizar la libertad religiosa por parte de los poderes públicos, permitiendo el ejercicio *inmune a toda coacción de los poderes públicos, de todas aquellas actividades que constituyen manifestaciones o expresiones del fenómeno religioso*,[5] y *negativa*, por otro, que operaría como límite a la cooperación estatal con las confesiones religiosas. Tanto el Estado, como las confesiones religiosas, deben respetar su mutua independencia dentro de sus propios asuntos, no cabiendo imponer los valores religiosos en la vida política,

---

[3] Que se puede traducir literalmente al castellano por: *No hay ninguna Iglesia de Estado*, algo ajeno por cierto a nuestra tradición histórica, que nunca se caracterizó por ser un sistema de *Iglesia de Estado*, sino de *Estado Confesional*.

[4] A. Castro Jover, "Laicidad y actividad positiva de los poderes públicos", en: *RGDCDEE*, 3, Iustel, Madrid, 2003, p. 1-32. J. Ferrer Ortiz, "Laicidad del Estado y cooperación con las confesiones", en: *ADEE*, Vol. III, 1987, p. 237-248. D. Llamazares Fernández*Derecho de la libertad de conciencia*, Vol. I, 2.ª ed. ed. Civitas, Madrid 2002 p. 314 y ss. D. Llamazares Fernández,*Derecho de la Libertad de Conciencia I. Libertad de conciencia y laicidad*, Civitas, Madrid, 2007, p. 305 y ss. M. Moreno Antón, "Los principios informadores del Derecho Eclesiástico", en: *Curso de Derecho Eclesiástico del Estado*, Tirant lo Blanch, Valencia, 1997, p. 64-81. L. Prieto Sanchís, "Principios constitucionales del Derecho Eclesiástico español", en: I. C. Ibán, L. Prieto Sanchís, y A. Motilla De La Calle, *Curso de Derecho Eclesiástico*, Facultad de Derecho Universidad Complutense, Madrid, 1991, p. 173-215. G. Suárez Pertierra, "La recuperación del modelo constitucional. La cuestión religiosa a los veinticinco años de la Constitución", en *Laicidad y libertades*, n. 2, 2002, p.313-348. P. J. y J. Ferrer Ortiz, "Principios informadores del Derecho eclesiástico español", en: R. Navarro-Valls. (Coord.), *Derecho eclesiástico del Estado español*, 3.ª ed., EUNSA, Pamplona 1993, p. 165-226.

[5] Fundamento Jurídico 4° de la STC 46/2001, de 15 de febrero.

sin atenerse al procedimiento de discusión que permite el acceso de cualquier tipo de valores en el ámbito público[6].

II. Un sistema de *simetría variable*, derivado del *prosaico* desarrollo constitucional por parte del legislador ordinario: *iguales*, pero *no tanto*

A pesar del reconocimiento del principio constitucional de igualdad y no discriminación por motivos religiosos, *de facto*, la labor del legislador ordinario se ha caracterizado por el diseño de 5 modelos diferentes, con los siguientes *escalones*:

1) La Iglesia Católica, con un privilegiado sistema de Acuerdos, suscritos en 1976 y 1979, equiparados a Tratados Internacionales, a los que se aplica el principio de *pacta sunt servanda*, propio del Derecho Internacional. Así se blinda su financiación directa con cargo a fondos públicos mediante la Asignación Tributaria en el IRPF, por los que obtuvo 301 millones de euros en el ejercicio de 2019, y 297 millones en el de 2020, últimos de los que tenemos datos.[7]

2) Evangélicos, judíos y musulmanes, cuyos Acuerdos son meras leyes ordinarias, pudiendo ser modificados por una Ley ulterior, y que, entre otras cosas no tienen acceso a la Asignación Tributaria.

3) Mormones, Testigos de Jehová, budistas y ortodoxos, que han obtenido reconocimiento de su *notorio arraigo* en España, respectivamente, en 2003, 2006, 2007 y 2010, y están en expectativa de poder firmar un Acuerdo de Cooperación con el Estado, aunque no parece que haya ninguna voluntad política de ello, por lo que equivale a *tener un tío en Alcalá*, (es decir, a no tener *nada*).

4) Las confesiones meramente inscritas en el Registro de Entidades Religiosas, (algo que sólo conlleva su reconocimiento de personalidad jurídica como tales, pero no otorga derechos adicionales).

5) El resto de confesiones religiosas, que no han podido acceder al Registro. Algunas, por cierto, sólo lo consiguieron tras una ardua batalla ante los tribunales, como ocurrió con la Iglesia de la Cienciología.

Estamos ante una *mediterránea* interpretación de los principios de neutralidad, igualdad y no discriminación, cuyas consecuencias siguen produciendo un cierto *rubor*, casi medio siglo después de la entrada en vigor de la Constitución.

---

[6] A. Castro Jover, "Laicidad y actividad positiva de los poderes públicos", *RGDCDEE*, 3, Iustel, Madrid, 2003, p. 1-32. M. J. Roca "Laicidad del Estado y garantías en el ejercicio de la libertad: Dos caras de la misma moneda", *El Cronista del Estado Social y Democrático de Derecho*, Vol. 3, Marzo de 2009, p. 50 y 51.

[7] www.transparenciaconferenciaepiscopal.es/procedimiento.html.

III. Las *inconsistencias* del modelo: Financiación con fondos públicos de *algunas* confesiones

A. Financiación directa

1. El caso de la Iglesia Católica

El compromiso de su financiación pública ya se recoge en la Constitución de 1837, tras la desamortización de Mendizábal. En 1850-51, la dotación a la Iglesia representó más del 12% de los Presupuestos del Estado. Generosidad explicable en vísperas del Concordato de 1851, un verdadero *pacto de canallas*, por el que la Santa Sede reconoce la legitimidad de Isabel II frente a su tío Carlos, renunciando a reivindicar los bienes desamortizados, a costa de consagrar el compromiso de dotación económica directa a la Iglesia, que lastra los Presupuestos con esta partida *improductiva*, que muy bien pudiera haberse dedicado a la financiación de la incipiente red de ferrocarril, o el sistema educativo, lo que hubiera evitado heredar el desastroso trazado ferroviario decimonónico, cuyas consecuencias llegan hasta nuestros días, o liderar las tasas de analfabetismo europeas a principios del siglo XX.

Desaprovechada la oportunidad de oro de poner fin a este problema, (pues el artículo 26 de la Constitución de la II República, preveía la extinción de esta partida en el plazo de 2 años), tras la Guerra Civil se retoma la dotación de culto y clero, que en el artículo XX.3 del Concordato de 1953, se declara exenta de todo *impuesto o contribución*, al igual que el *ejercicio del ministerio sacerdotal* -católico-, para sorpresa de la doctrina de la época, que con *exquisita contención*, (por el *riesgo* -o al menos *temor*- de una abrupta interrupción de la carrera académica), manifestó su *perplejidad*, ante un privilegio incompatible con los principios de capacidad económica, y de generalidad en la contribución al sostenimiento de los gastos, de todo sistema tributario moderno.[8]

El compromiso de la Iglesia, recogido en el artículo 2.5 del Acuerdo de Asuntos Económicos de 1979, en el que esta declaró *su propósito de lograr por sí misma los recursos suficientes para la atención de sus necesidades,* duerme desde entonces el *sueño de los justos*, sin que ninguno de los partidos políticos situados a la izquierda del espectro parlamentario, haya hecho nada por eliminarlo, mientras han estado en el poder. El PSOE, por cierto, ha tenido durante varias legislaturas cómodas mayorías absolutas, y Podemos, integrado en el Gobierno de coalición durante la última legislatura, ha hecho justamente lo contrario de lo que hubieran esperado sus votantes. Y es que *una cosa es predicar, y otra dar trigo*, por lo que al asumirse responsabilidades gubernativas, se pueden poner de manifiesto la existencia de contradicciones internas, entre la *teoría* programática, y la *práctica* de los hechos.

---

[8] M. Sebastián, "El Concordato y la Hacienda Estatal", *El Concordato de 1953*, Madrid, Gráficas González, 1956, p. 274 -276.

El sistema de dotación presupuestaria se prolonga en democracia hasta 1988, fecha en que se introduce un modelo de Asignación Tributaria, que en realidad es de dotación encubierta, hasta el 31 de diciembre de 2006, pues las sucesivas Leyes de PGE venían a incluir una cláusula que elevaba a definitivas las cantidades entregadas *a cuenta*, por encima de las efectivamente recaudadas, (en algún ejercicio la diferencia entre la cantidad percibida por la Iglesia y lo recaudado por el Estado en virtud de las declaraciones, llegó a ser de 41.520.363 euros, como ocurrió en 1988).[9]

Las Leyes de Presupuestos llegaron incluso a garantizar a la Iglesia Católica unos ingresos mínimos superiores a las cantidades recaudadas con la Ley 54/1999, de 29 de diciembre, de Presupuestos Generales del Estado para el año 2000, respecto a los años 2000 a 2002, algo que se reitera en la Ley de PGE para el año 2003, en lo tocante a los años 2003, 2004 y 2005, y la Ley de PGE de 2006, en relación a ese año.

La *guinda* del *pastel*, la pondrá una curiosa *Nota de Prensa* conjunta de la Nunciatura y el Ministerio de Exteriores, de 26 de diciembre de 2006, mediante la que tuvimos noticia de un Intercambio de Notas entre ambas partes, en que la Iglesia renunciaba a la *exención* del IVA[10] (cifrada en unos 30 millones de euros anuales), incompatible con la normativa de la Unión Europea, (a la que España se había incorporado en 1986, hacía más de 20 años), a cambio de un incremento del porcentaje en el IRPF del 0,5239%, al 0,7%, pasando de recaudar 144 millones de euros en 2006, a más de 242 millones en 2007. Este problema se perpetúa hasta hoy, pues la Iglesia percibió 301 millones de euros en 2019, y 297 millones en 2020.

2. Las Confesiones con Acuerdo, (evangélicos, judíos y musulmanes), y las demás

La Ley de Presupuestos para 2005, previó que, con carácter *temporal*, sic, (en ocasiones en España es más difícil de lo que parece, establecer la diferencia entre *temporal*, e *indefinido*), las confesiones con *arraigo*, pudieran percibir financiación por medio de la Fundación -pública- Pluralismo y Convivencia, (aunque conviene matizar que, en la práctica, lo han sido casi exclusivamente aquellas con *Acuerdo*). Unas partidas cuantitativamente inferiores, a las percibidas por la Iglesia, que han fluctuado según las circunstancias económicas, y que inicialmente estaban previstas sólo para ser destinadas a proyectos que contribuyan a una mejor *integración social y cultural* de estas minorías en España.

---

[9] A. Torres Gutiérrez, "La Asignación Tributaria y la Auto-Financiación de las Confesiones Religiosas en España", *RGDCDEE*, 13, Iustel, Madrid, 2007, p. 14.

[10] *Sic*, sin embargo, en el tenor literal de los artículos III y IV del Acuerdo se habla de supuestos de *no sujeción* y de *exención*.

Para complicar el escenario, el Real Decreto 1158/2021, de 28 de diciembre[11], regula la concesión directa de subvenciones a las confesiones minoritarias con Acuerdo por importe de 1.179.623 euros, que quedan distribuidas a favor de la FEREDE, -evangélicos-, (526.780,35 euros), FCJE, -judíos- (210.712,14 euros), y CIE, -musulmanes- (433.130,51 euros)[12], y que presenta una serie de problemas, desde la perspectiva de 2 principios constitucionales:

1) La del principio de laicidad del Estado, pues justifica dichas ayudas por motivos de *interés público y social*, dando la sensación de inducir a una confusión entre fines y funciones públicas, y religiosas, que expresamente se encuentra vedada en la interpretación del artículo 16.3 CE, hecha por el Tribunal Constitucional en el Fundamento Jurídico 4° de la Sentencia 340/1993, de 16 de noviembre, al ir dirigidas, a título de ejemplo, (y sin ánimo de ser exhaustivos), a la retribución del personal contratado por las Federaciones de las Confesiones beneficiarias, los gastos de funcionamiento ordinario y mantenimiento de dichas entidades, la celebración de jornadas, congresos, reuniones, acciones formativas, asambleas estatutarias, alquileres y equipos, la producción edición y distribución de material divulgativo y publicaciones específicas de la entidad, las dietas y gastos de viaje de los miembros de sus órganos de gobierno, las colaboraciones esporádicas de profesionales, la contratación de servicios profesionales de asesoría contable, jurídica, laboral, financiera, auditoría externa, y los gastos de inversión y alquileres, (incluidos los gastos de reforma o reparación de edificios), y la adquisición de equipos, (artículo 5.3 del Real Decreto 1158/2021). A lo que hay que añadir la financiación de las actividades de formación de ministros de culto y profesores de enseñanza religiosa, (artículo 3.2.d. del Real Decreto 1158/2021), como si se tratase de un servicio público *sui generis*. Algo incompatible con el artículo 16.3 de la Constitución.

2) La del principio de igualdad y no discriminación por motivos religiosos, pues sólo incluye a las 3 Federaciones de confesiones con Acuerdo de Cooperación, dejando fuera tanto a las confesiones que sólo cuentan con declaración de *notorio arraigo*, como a las meramente inscritas.

Otro interrogante es, si al tratarse de subvenciones *con carácter excepcional*, sic, (artículo 1 del Real Decreto 1158/2021), las mismas van a tener, o no, reiteración en el futuro. Si son *excepcionales*, pudiera esperarse que no se vuelvan a conceder, por lo que cabría preguntarse si el Estado va a mantener la financiación exclusiva a la Iglesia Católica mediante la Asignación Tributaria. Las *demás* confesiones, (las que no tienen Acuerdo), a día de hoy, no perciben financiación pública directa de este tipo.

---

[11] *BOE* de 29 de diciembre de 2021.

[12] Artículo 4 del Real Decreto 1158/2021, de 28 de diciembre.

B. Financiación indirecta: Régimen de beneficios fiscales.

Solo las confesiones con Acuerdo se benefician de la deducción de las donaciones en el Impuesto de la Renta de las Personas Físicas, (IRPF), y el Impuesto de Sociedades, en virtud de la Disposición Final 2ª del Real Decreto Ley 17/2020, de 5 de mayo,[13] (que dio una nueva redacción al artículo 19.1 de la Ley 49/2002, de 23 de diciembre, con efectos desde el 1 de enero de 2020), y al 11.6 de la Ley 14/2021, de 11 de octubre de 2021[14]:

DEDUCCIÓN DE DONACIONES EN EL IRPF

Importes y porcentajes a los que dan derecho a deducción	
Importe	Porcentaje de deducción
150 primeros euros	80%
Resto, a partir de 150 euros	35%
Donativos plurianuales: Si en los dos períodos impositivos inmediatos anteriores se hubieran realizado donativos, donaciones o aportaciones con derecho a deducción en favor de una misma entidad por importe igual o superior, en cada uno de ellos, al del período impositivo anterior	40%
Límites	
Las donaciones no deben superar el 10% de la Base Imponible del ejercicio que da derecho a la deducción	

[13] *BOE* de 6 de mayo de 2020.

[14] *BOE* de 12 de octubre de 2021.

DEDUCCIÓN DE DONACIONES EN EL IMPUESTO SOBRE SOCIEDADES

Importes y porcentajes a los que dan derecho a deducción	
Concepto	Porcentaje de deducción
Donativos anuales ordinarios	35%
Donativos plurianuales: Si en los dos períodos impositivos inmediatos anteriores se hubieran realizado donativos, donaciones o aportaciones con derecho a deducción en favor de una misma entidad por importe igual o superior, en cada uno de ellos, al del período impositivo anterior	40%
Límites	
Las donaciones no deben superar el 10% de la Base Imponible del ejercicio que da derecho a la deducción	
Cantidades no deducidas	
Las cantidades correspondientes al período impositivo, no deducidas, podrán aplicarse en las liquidaciones de los períodos impositivos que concluyan en los 10 años inmediatos y sucesivos	

Además, las confesiones con Acuerdo gozan de un amplio catálogo de rentas exentas en el Impuesto de Sociedades, (como por ejemplo las procedentes del patrimonio mobiliario e inmobiliario: dividendos y participaciones en beneficios de sociedades, intereses, cánones y alquileres, -art. 6 de la Ley 49/2002-, o las obtenidas en el ejercicio de las explotaciones económicas exentas a que se refiere el artículo 7 de la Ley 49/2002), aplicándose un tipo híper reducido del 10%, a las rentas no exentas. Un catálogo tan amplio, de privilegios fiscales que puede distorsionar la libre competencia, y constituir verdaderas ayudas de Estado prohibidas por la legislación comunitaria.

A ello hay que sumar los privilegios fiscales en el Impuesto de Bienes Inmueble, recogidos en los artículos IV del Acuerdo de Asuntos Económicos de 1979, entre el Estado y la Iglesia Católica, y los respectivos artículos 11 de las Leyes 24, 25 y 26/1992, que incluye además de los templos, a las viviendas de los ministros de culto,[15] (un régimen fiscal privilegiado al que no tiene acceso la inmensa mayoría de los funcionarios públicos, en un país en el que *ninguna confesión tendrá carácter estatal*), y huertos y jardines, de su propiedad, inmuebles estos últimos donde no alcanzamos a poder ver el punto de conexión con el ejercicio del derecho de libertad religiosa, y que sólo es

[15] El Acuerdo con los judíos guarda un significativo silencio en este punto.

explicable por la desidia de un legislador que ha dejado vigente un privilegio que data de 1845, cuando el Estado era confesional.

La cuestión no deja de ser especialmente *sangrante* si tenemos en cuenta que las Confesiones sin Acuerdo, no se benefician de la exención en el IBI, es decir, ¿Por qué razón debe pagar este tributo una Catedral Ortodoxa Rumana, un Salón del Reino, un templo budista o hindú, cuando no lo hace un templo católico, evangélico, judío o musulmán? Estamos ante inmuebles de idéntica naturaleza, que están dedicados al ejercicio de un derecho fundamental.

Esta reflexión se extiende a los privilegios igualmente reconocidos en otro tipo de tributos, como el Impuesto sobre Transmisiones Patrimoniales y Actos Jurídicos Documentados, y el Impuesto sobre el Incremento del Valor de los Terrenos, (sólo a favor de las Confesiones con Acuerdo), o el Impuesto sobre Construcciones Instalaciones y Obras. Este último beneficio, por cierto, únicamente se reconoce a la Iglesia Católica, y respecto al mismo, el Tribunal de Justicia de la Unión Europea en su Sentencia de 27 de junio de 2017, señaló que, una congregación religiosa católica, puede ser considera *empresa* en cuanto ejerza una *actividad económica,* (lo que incluiría ofrecer cualquier bien o servicio en un mercado determinado), con independencia que se haga sin ánimo de lucro, si se compite con otros operadores con ánimo de lucro, a cambio de una remuneración, algo que habría que entender que sucede en el caso de cursos de enseñanza financiados esencialmente con fondos privados, como ocurre con la enseñanza preescolar, extraescolar y postobligatoria. Habría una *ventaja económica selectiva*, al aliviar las cargas que normalmente recaen sobre una empresa, como sería una exención en el Impuesto sobre Construcciones, Instalaciones y Obras, (ICIO), otorgada por el Estado, o mediante fondos estatales. Esta ayuda puede afectar a los intercambios comerciales, pues, aunque la empresa no participa en intercambios con otros estados, la ayuda dificulta el que empresas terceros países puedan establecerse en España, distorsionando la competencia al liberar a una empresa de parte de sus costes, haciendo más atractiva su prestación de servicios, siempre que se supere los 200.000 euros en ayudas en un período de 3 años.

Las confesiones con Acuerdo están exentas del pago de contribuciones especiales, (un tipo de tributo cuyo hecho imponible consiste en la obtención por el sujeto pasivo de un beneficio, o de un aumento de valor de sus bienes, como consecuencia de la realización de obras públicas, o del establecimiento o ampliación de servicios públicos). Entendemos que, al existir un beneficio individualizable, estas confesiones deberían estar sujetas y no exentas a su pago.

Conclusiones

A pesar de la clara redacción de los postulados constitucionales, por los que *ninguna confesión tendrá carácter estatal*, lo que la realidad *esconde* es muy distinto, un sistema con diferentes *varas de medir*, y con fuerte reminiscencias de nuestro tradicional modelo confesional.

Urge optar por un modelo de derecho común, que no discrimine entre confesiones de *primera*, (con acuerdo), y de *segunda*, (todas las demás). Prueba de ello es el esquizofrénico modelo que se aplica a las Iglesias Ortodoxas, pues dos de ellas, (muy minoritarias, por cierto), el Patriarcado Ecuménico de Constantinopla, (y con él, el Arzobispado Ortodoxo Griego de España y Portugal), y la Iglesia Ortodoxa Serbia, al gozar de *hospitalidad jurídica* en la Federación Evangélica, (es decir, tienen *voz*, pero no *voto*, en la toma de decisiones), disfrutan de los mismos beneficios que las confesiones con Acuerdo, dejándose fuera de los mismos a las principales comunidades ortodoxas del país, como son la Iglesia Ortodoxa Rumana, Búlgara, Ucraniana o Rusa[16].

¿A quién corresponde la financiación de las confesiones religiosas en un Estado laico? Sin duda a los fieles, nunca al Estado. Analizando el caso de la Iglesia Católica, veremos que en números redondos viene percibiendo unos 300 millones de euros anuales en los últimos ejercicios, pues bien, si dividimos esta cifra entre los aproximadamente 10 millones de ciudadanos católicos practicantes, veremos que les correspondería un pago de 30 euros al año *per cápita*, (es decir, 60 céntimos por semana, o misa dominical), lo que no supone un oneroso desembolso, máxime cuando en un 80% es deducible en el IRPF, por lo que si restamos el beneficio fiscal, el *esfuerzo* neto, sería de 6 euros al año, (12 céntimos por misa dominical).

Para ello habría que superar dos escollos previos, el de la tradicional *tacañería* de los católicos españoles, de la que hablase William J. Callahan,[17] y la *mala memoria* de nuestra clase política, a la hora de hacer exigible el compromiso asumido en el artículo 2.5 del Acuerdo de Asuntos Económicos de 1979 por parte de la Iglesia Católica, de *lograr por sí misma los recursos suficientes para la atención de sus necesidades*. Una *amnesia selectiva*, especialmente llamativa cuando determinados partidos de la izquierda del arco parlamentario, (pongamos por ejemplo el PSOE y Podemos), ocupan los sillones del Consejo de Ministros, y a la que no resulta fácil encontrar una explicación. Un lector *malintencionado* lo achacaría al posible miedo a perder las elecciones, pues *espantaría* al votante católico.

A ello habría que sumar la necesidad de revisar un catálogo de privilegios fiscales, heredado de un Estado confesional, y en el que las exenciones en el Impuesto de Bienes Inmuebles a favor de las viviendas de determinados ministros de culto, así como a los huertos y jardines de las confesiones sin

[16] En 2020, había censados en España: 667.478 ciudadanos rumanos, 122.375 búlgaros, 106.987 ucranianos, a los que habría que sumar 82.788 rusos, 20.824 georgianos, 18.584 moldavos, 5.099 griegos, y 3.902 serbios. Ciudadanos todos ellos procedentes de países donde la Iglesia Ortodoxa es la mayoritaria.

[17] https://elpais.com/diario/2003/01/11/babelia/1042244228_850215.html.

Acuerdo, constituye un ejemplo paradigmático de lo primero que habría que revisar, y declarar sujeto y no exento.

Del mismo modo sería conveniente revisar las rentas exentas en el Impuesto sobre Sociedades, y el tipo híper reducido del 10%, y a exención en el pago de contribuciones especiales de las Confesiones con Acuerdo, o las exenciones en el ICIO a favor de la Iglesia Católica, pues en el fondo estamos en muchos casos ante verdaderas ayudas de Estado, incompatibles con la legislación de la Unión Europea.

Y una vez depurado el modelo de exenciones fiscales, convendría que se adoptara un modelo de derecho común, que fuera de aplicación a todas las confesiones inscritas, porque *no por ser más*, se debería de *tener más derechos*. Esto es especialmente perentorio, en el caso del régimen fiscal de los lugares de culto, en relación con el Impuesto de Bienes Inmuebles, o el de Transmisiones Patrimoniales.

Para todo ello sería necesario realizar un sereno análisis previo de la equidad de nuestro sistema tributario, donde la presión fiscal en determinados tributos como el Impuesto de la Renta de las Personas Físicas, o del Impuesto de Sucesiones, (tanto entre familiares en línea recta, como entre colaterales y ajenos, en que llega a tener connotaciones verdaderamente *confiscatorias*), así como de lo que *eufemísticamente* podríamos denominar: "el *coste oculto* de la *cara amable del Estado*".

A tiempo estamos.

L'État comme rupture. La lecture discontinuiste de Norberto Bobbio

Alexandre VIALA

L'État est, à ce jour, la forme la plus achevée d'organisation du pouvoir politique dans les sociétés humaines. Adoptant une démarche réaliste, le juriste Léon Duguit ne voyait aucune différence de nature entre l'État, les sociétés patriarcales, les Cités antiques, et les seigneuries de l'âge féodal. Aux yeux du doyen de Bordeaux, la distinction entre ces diverses formes de la domination de l'homme sur ses semblables ne s'apprécierait qu'en termes de degré, l'État n'étant que le stade le plus perfectionné de cet invariant anthropologique qu'est la subordination des gouvernés aux gouvernants. Particulièrement sophistiqué, caractérisé par une répartition rigoureuse des tâches entre les organes de commandement et ceux d'exécution, le modèle étatique est le fruit d'un lent processus de centralisation du pouvoir. Le pouvoir politique, affranchi de toute tutelle impériale ou religieuse, devient alors monopolisé par des organes dont la fonction relève exclusivement de la sphère publique et dont la volonté s'impose unilatéralement à une population sédentarisée dans les limites d'un territoire déterminé. Cette addition de critères qui concourent à la définition de l'État ne se serait pas réalisée du jour au lendemain, mais découlerait d'une sédimentation historique qui a abouti à un état de centralisation temporelle du pouvoir à l'échelle de chaque nation. Dans cette perspective, l'État ne serait qu'une étape de développement du politique.

Cette lecture emprunte une démarche empirique. Elle avance la thèse de la continuité entre la *polis* grecque, la *civitas* romaine, la société féodale et le modèle westphalien des grands États territoriaux par le simple constat d'une réalité dont elle admet l'immutabilité — le rapport de force entre gouvernants et gouvernés — et à laquelle elle concède des variations lexicales imputables à l'évolution du contexte historique dans lequel s'inscrit cette réalité. Une telle approche supporte la concurrence d'une autre thèse, idéaliste et non moins pertinente, qui met l'accent sur l'identité conceptuelle que renferme le mot « État ». Le *mot* renverrait en effet à une *chose* totalement étrangère aux formes de sociétés politiques qui l'ont précédée : une réalité non plus imposée à, mais construite par l'homme. La structure particulièrement centralisée de la chose « État » serait la marque d'un tel artificialisme qui reposerait sur une représentation du monde totalement allogène à celle que léguèrent les Anciens à tout l'Occident médiéval. C'est celle de la modernité. L'émergence de l'État sur la scène internationale ne serait pas simplement l'aboutissement naturel d'un processus déjà entamé sous l'Antiquité et relayé au Haut Moyen Âge. Il s'agirait plus profondément d'une rupture paradigmatique. Les critères de l'État, « figure moderne de la politique[1] », en feraient un modèle reposant sur des schèmes méconnus des Anciens. Reprenons-les : à la faveur de l'affranchissement du pouvoir par rapport aux tutelles religieuses et impériales s'ébauche le concept d'autonomie en lieu et place de celui d'hétéronomie qui a tant irrigué la philosophie aristotélicienne et thomiste ; derrière le processus de concentration du pouvoir au profit d'organes centraux, se laisse entrevoir le principe d'unité qui s'inscrit en faux contre le pluralisme juridique dont était marqué l'âge féodal ; avec l'exclusivité régalienne des fonctions qu'occupent de tels organes centraux se profile la séparation de l'*imperium* d'avec le *dominium*[2] qui ne correspond à rien d'autre qu'à l'institutionnalisation du pouvoir et à l'émancipation moderne du droit et du politique par rapport au déterminisme économique et aux hiérarchies naturelles, autonomisation qu'une lecture marxiste exigera plus tard de revisiter. Cette interprétation discontinuiste, privilégiée par Norberto Bobbio dans ses travaux[3], permet alors de définir l'État de façon négative. Associé à des auteurs représentatifs de la *via moderna* parmi lesquels se distinguent Machiavel, Jean Bodin ou Thomas Hobbes, le modèle étatique s'affirme contre deux régimes repoussoirs illustratifs du monde prémoderne : le modèle impérial (I) et le modèle féodal (II).

I. Une rupture contre le modèle impérial

Ni le mot ni la chose « État » ne peuvent encore éclore à la chute de l'Empire romain d'Occident, en 476 après J.-C., lorsque le continent européen est jalonné d'une multitude de royaumes barbares parmi lesquels se juxtaposent notamment les royaumes franc, germanique, burgonde ou wisigoth. Devant cette mosaïque de foyers particuliers du pouvoir qui ont eu raison de l'antique prétention des Romains à l'universalité, deux géants politiques vont tenter de restaurer celle-ci en se présentant comme ses dignes continuateurs. Il s'agit du Saint-Empire romain germanique et du Saint-Siège, deux entités contre lesquelles la figure de l'État s'affirmera plus tard.

La première s'étend sur un vaste territoire dessiné par la dynastie carolingienne et repris en main, à la suite du traité de Verdun en 843, par

[1] S. Goyard-Fabre, *L'Etat, figure moderne de la politique*, Paris, Armand Colin, coll. « Cursus-Philosophie », 1999.
[2] B. Kriegel, *Philosophie de la République*, Paris, Plon, 1998, p. 77 et s.
[3] Pour une présentation des deux thèses antagonistes de la continuité et de la discontinuité entre le modèle étatique et les anciennes formes de société politique, voir Norberto Bobbio, « État, pouvoir et gouvernement », *in L'État et la démocratie internationale*, édition établie par Mario Telo, traduction de Nicola Giovannini, Paul Magnette, Jean Vogel, Paris, Éd. Complexe, 2002, p. 205-210.

l'empereur germanique Otton. L'Empereur qui se regarde comme le digne héritier de ses prédécesseurs de la Rome antique, eux-mêmes plus anciens que le Pape, se considère comme le souverain le plus puissant en raison du caractère universel de l'*auctoritas* dont il est investi, la *potestas* des monarques n'étant officiellement qu'une simple délégation de pouvoir. Le second géant est le Pape, chef de la chrétienté d'Occident, qui revendique sa toute-puissance en la fondant sur plusieurs éléments. Tout d'abord, face à l'extrême fragmentation de la société médiévale, qui n'est pas encore clairement divisée en États-nations et dont les frontières restent très souples, l'Église chrétienne constitue un ferment d'universalisme et d'unité. Cette fonction fédératrice fait partie des arguments majeurs qu'utilise l'évêque de Rome pour justifier son droit d'investir et de déposer les monarques qu'il considère dès lors comme ses obligés. Un événement historique bien précis, l'affaire des États pontificaux, est à l'origine de ce pouvoir d'onction et d'investiture dont l'exercice est de nature à alimenter l'inféodation des monarques temporels au pouvoir spirituel. À la fin du VIIIe siècle après J.-C., les Lombards menaçaient d'envahir des territoires dont la limite atteignait les alentours de Rome. Bien que ces terres relevassent de l'Empereur romain d'Orient et parce que celui-ci s'en désintéressait, Pépin Le Bref, qui était en quête de légitimité après avoir ravi le pouvoir aux Mérovingiens, décida de les défendre pour les céder au Pape. C'est en reconnaissance de cette généreuse victoire militaire que Sa Sainteté, flanquée dorénavant de ses États pontificaux, accorda l'investiture à celui qui inaugura le règne de la dynastie carolingienne. Un tel schéma en vertu duquel les princes temporels procèdent du Saint-Siège, s'alimentera d'une interprétation éminemment subjective, par les papes successifs, de l'œuvre de Saint-Augustin qui distingue la cité céleste de la cité terrestre : l'augustinisme politique postulera la perfection et la supériorité de la première sur la seconde, ouvrant ainsi la voie à la théocratie pontificale.

Mais à partir du XIIe siècle où la féodalité entre en crise à la faveur d'un processus de concentration monarchique de la puissance publique[4], les rois de France vont entreprendre une politique active à l'encontre de ces deux tutelles impériales et finiront par vaincre aussi bien l'hégémonie du Saint-Empire que celle du Saint-Siège. Face au premier, le retournement de situation s'opérera sans grande difficulté, car, théoriquement supérieur aux royaumes qui relèvent de son ressort territorial, l'Empereur n'est rien d'autre qu'un monarque élu par ses pairs et même, à l'époque de la grandeur de Charles Quint, son autorité *(auctoritas)* cédera beaucoup de terrain, en termes d'effectivité, à la puissance grandissante *(potestas)* de ces derniers. On assistera à une inclination historique réduisant bientôt l'Empire à une simple coquille vide bien avant que Napoléon Ier n'achève de le démanteler en 1806. L'émancipation monarchique par rapport à la tutelle religieuse de Rome trouve son illustration

---

4 J. Ellul, *Histoire des institutions*, t. IV, Paris, PUF, coll. « Thémis », 8e éd, 1984.

dans une série d'événements historiques marquants. Le premier signe de rébellion apparaît lors du règne du roi Philippe Auguste (1165-1223) qui refuse d'obéir à plusieurs injonctions du Pontife, celui-ci lui reprochant notamment d'avoir confisqué à son vassal, le roi d'Angleterre Jean Sans-Terre, un certain nombre de fiefs. La résistance et l'hermétisme du monarque français face aux sommations du Saint-Siège lui vaudront l'agression d'une coalition militaire fomentée par son vassal et l'empereur Otton, tous deux incarnant l'alliance objective entre le système féodal et l'univers impérial. Se soldant par la fameuse bataille de Bouvines (1214), la coalition butera sur la victoire de Philippe Auguste dont le fait d'armes symbolise la naissance du sentiment national français. La seconde manifestation du réveil monarchique contre la théocratie pontificale est imputable aux efforts de Philippe IV Le Bel opposé au Pape Boniface VIII. Pour financer la guerre contre l'Angleterre, le roi prélève sur l'Église une contribution extraordinaire sans en référer au Saint-Siège. Le Souverain pontife menace alors Philippe Le Bel d'excommunication. Soutenu par ses États généraux, celui-ci dépêche ses agents auprès du Pape pour obtenir un compromis qui n'aboutira pas. La rencontre se conclura par la célèbre gifle infligée à Agnani par Guillaume de Nogaret au Saint-Père qui se retrouvera emprisonné et auquel succéderont jusqu'en 1376 les fameux papes d'Avignon. Par-delà cette série d'explications strictement événementielles, on assiste au cours des siècles à venir, à travers cette rébellion monarchique dont pâtit l'Église de Rome, à une affirmation et une autonomisation de l'État par rapport à toute référence métaphysique, morale et religieuse[5].

II. Une rupture contre le modèle féodal

L'ordre féodal, irréductible à toute idée d'État, s'impose après l'effondrement de l'Empire carolingien, au lendemain de la signature du traité de Verdun (843). Consacrée par le traité, la division de l'Empire en trois parts réparties entre les trois héritiers de Louis Le Pieux, fils de Charlemagne, est révélatrice de l'entrée dans la féodalité : la succession au pouvoir entraînant en effet une division du territoire calquée sur les règles de la patrimonialité et les principes de l'héritage, il est clair que la notion de souveraineté étatique n'est pas encore admise. Sur fond de patrimonialisation du pouvoir, la féodalité est aussi un ensemble de lois et de coutumes qui régissent l'ordre politique en consacrant la prédominance d'une classe de guerriers et l'établissement de liens de dépendance interpersonnels. Le vassal est protégé par son suzerain parce que celui-ci l'a vaincu par la force et doit alors accepter sa domination et son pouvoir. La puissance publique est donc personnalisée, disséminée et privatisée. Dès lors, loin de ce à quoi peut renvoyer l'idée même d'État, on assiste à l'existence d'une pluralité d'ordres juridiques et

[5] N. Machiavel, *Le Prince*, 1513.

juridictionnels. Les tribunaux se répartissent en catégories de justiciables. Il y a par exemple une justice des pairs pour les seigneurs, des tribunaux ecclésiastiques pour les membres du clergé, des juridictions de municipalités pour les bourgeois des villes. Cet éparpillement du tissu juridique, étranger à la notion étatique d'unité, entraîne une certaine confusion des genres. Si le personnel ecclésiastique, en matière de nominations, reste sous l'emprise des laïcs jusqu'à la réforme grégorienne, il n'en demeure pas moins que les abbés et les évêques possèdent des titres seigneuriaux et exercent les mêmes pouvoirs que les seigneurs. Dans cet écheveau juridique, le roi ne se distingue pas vraiment des représentants de l'aristocratie dans son rôle de dépositaire de la puissance publique, faute d'en détenir le monopole. Parce que l'ordre médiéval est fortement hiérarchisé faute d'être unitaire, seul son rang de suzeraineté fait du monarque une personne différente des autres : il n'est rien d'autre que le plus élevé des suzerains au sein de la pyramide féodale. En somme, tandis que la souveraineté, critère majeur de définition de l'État, se caractérisera par la notion de monopolisation de la création du droit et de la détention légitime de la force, l'âge féodal est encore celui où la puissance publique demeure partagée.

Cet éparpillement de la prérogative de puissance publique se double d'une autre confusion : celle où se mêlent l'*imperium* et le *dominium*, mariage par lequel le propriétaire terrien détient sur ses sujets des droits régaliens. La gouverne des hommes reste entre les mains des possédants dans un contexte où un tel amalgame n'est pas seulement factuel — comme le relèveront plus tard les marxistes dans leur critique des démocraties bourgeoises du XIXe siècle — mais se trouve bel et bien consacré par le droit. Le partage de l'empire carolingien entre les descendants de Charlemagne est le signe éclatant de cette appropriation privée de la puissance publique. Le modèle féodal consacre « la puissance en propriété » pour reprendre une formule du légiste Loyseau[6], l'amalgame entre les relations publiques et les rapports individuels, entre les liens humains et les rapports entre les choses. Il s'agit d'un âge encore prémoderne, teinté d'hétéronomie, dans lequel le droit, non seulement inféodé au pouvoir spirituel, se trouve sous la dépendance des faits économiques et des hiérarchies naturelles. Le droit et le politique sont arrimés aux choses. Comme le montre Blandine Kriegel, « les personnes sont traitées comme des biens, le pouvoir est exercé comme on use du droit de propriété[7] ». Dans la perspective présentée plus haut qui met l'accent sur un changement de paradigme entre les formes prémodernes de sociétés politiques et l'État, on admet que celui-ci n'apparaît qu'au moment où l'*imperium* s'émancipe du *dominium* par le biais d'un processus d'institutionnalisation du pouvoir qui met un terme à la féodalité. On parle d'État souverain lorsque la puissance publique cesse d'être privatisée et divisée pour devenir institutionnalisée et

[6] Ch. Loyseau, *Œuvres*, éd. Claude Joly, 1606, *Traité des seigneuries*, chap. II.
[7] B. Kriegel, *Philosophie de la République*, *op. cit.*, p. 78.

unitaire. Séparé du droit privé et des « choses » économiques, le droit de l'État va alors s'inscrire dans une perspective non plus réaliste, mais idéaliste ou artificialiste : autonome, il sera même conçu par les théoriciens du droit naturel moderne comme le fruit d'un contrat social. L'invention de l'État est aussi la préfiguration du libéralisme dans la mesure où cette démarche volontariste, qui consiste à arracher le droit aux faits, prendra la forme, chemin faisant, d'une démarcation entre la sphère privée et la sphère publique.

Historiquement, le déclin de la féodalité commence aux XIIe et XIIIe siècles sous l'impulsion du Roi. Celui-ci utilise d'abord les armes mêmes du système féodal pour trouver le moyen d'en sortir : en devenant par la guerre privée, le suzerain de tous les seigneurs, il prend le titre de « souverain fieffeux[8] » et ce faisant, agrandit le royaume par le jeu des combinaisons et des combats féodaux. Mais à ce stade, le monarque n'est pas encore vraiment sorti de la logique du système féodal, car son rayonnement de premier des suzerains n'est que le fruit de la force et de l'intimidation, principaux ressorts de ce système. Le processus ne s'emballe sérieusement que lorsqu'à la même époque, l'expansion du royaume se réalise à la faveur d'un travail de régulation accompli par le monarque. Celui-ci défère en effet à son arbitrage un nombre croissant de litiges entre les seigneurs et crée, pour ce faire, les Parlements. Il se forge alors une doctrine de la souveraineté qui rivalise avec la conception seigneuriale du droit et de la justice. C'est ainsi que pour les doctrinaires de la souveraineté, la puissance n'est plus une propriété, mais devient un office, une fonction publique. Définitivement détachée du droit privé et des principes de la domanialité, l'activité qui consiste à orienter la conduite des hommes au sein de la société est non seulement concentrée autour d'un même pôle qui deviendra le centre névralgique de l'État, mais revêt aussi — et l'essentiel réside dans cette mutation — les caractères de l'anonymat et de l'impersonnalité. La puissance publique est un privilège qui n'appartient plus à personne. Elle est l'État et son exercice n'est que le fait de ses agents. Citant Pufendorf pour qui « les hommes ne sont pas des choses, ils ne se possèdent que par institutions[9] », Blandine Kriegel résume bien ce processus d'institutionnalisation et d'objectivation de la puissance publique qui marque à la fois le déclin de la féodalité et l'aurore du modèle étatique, en soulignant qu'en « contrepoint de la seigneurie servitude, l'État souverain est exalté comme une politique de l'affranchissement[10] ».

*

* *

---

[8] B. Kriegel, *Les chemins de l'État*, Paris, Calmann-Lévy, 1986.

[9] Pufendorf, *Droit de la nature et des gens*, trad. Barbeyrac, Amsterdam, 1706, p. 4.

[10] B. Kriegel, *Philosophie de la République*, *op. cit.*, p. 81.

Selon cette lecture qui privilégie la discontinuité entre deux modèles, l'État est donc la forme moderne du lien social et politique qui sonne le glas d'un monde qui, de l'Antiquité au haut Moyen Âge, ignorait la distinction public-privé, arrimait le gouvernement des hommes à une référence cosmothéologique, métaphysique ou religieuse et cultivait la confusion sur fond de pluralisme juridique et d'émiettement de ce qu'il était encore impropre d'appeler la souveraineté. Le XVIe siècle est celui où se réunissent définitivement tous les attributs génétiques du modèle étatique en totale opposition avec ce qui caractérise le monde ancien : séparation entre le droit de l'État et le droit de propriété, autonomie du politique, unité et simplicité des structures du pouvoir[11]. Ce nouveau contexte, profondément ancré dans la culture humaniste du XVIe siècle, entretenu par le rationalisme des Lumières au XVIIIe siècle, alimentera pleinement les réformes imputables à la Révolution française qui consolideront les bases de l'État unitaire dont le XIXe siècle et une grande partie du XXe siècle consacrent le rayonnement : toute-puissance de l'État garantie par un législateur réputé infaillible et apparition du mythe de la rationalité de la loi, laïcisation définitive des formes de pouvoir, relative relégation des corps intermédiaires, méfiance à l'égard des juges auxquels reste attachée la réputation d'être déterminés par des réflexes inhérents à la lointaine aristocratie judiciaire. Alexis de Tocqueville a démontré à merveille la continuité qui s'instaura entre l'Ancien Régime marqué par l'activisme et l'absolutisme des monarques capétiens et la Révolution française qui n'a fait qu'assurer le relais, à travers l'action des jacobins, d'un effort de centralisation entamée avant elle[12]. Cette lecture continuiste du relais entre l'Ancien Régime et l'ordre démocratique moderne, proposée par Tocqueville au XIXe siècle, n'a pu que nourrir de façon fort naturelle la lecture discontinuiste entreprise par Bobbio un siècle plus tard pour présenter les conditions d'apparition de l'État sous les traits d'une rupture paradigmatique par rapport au monde prémoderne.

---

[11] L'œuvre de référence qui symbolise l'époque de l'éclosion de la figure de l'Etat flanquée de son concept de souveraineté est l'ouvrage de Jean Bodin, *Les Six livres de la République*, 1576.
[12] Alexis de Tocqueville, *L'Ancien Régime et la Révolution* (1856), Paris, Gallimard, 1952.

Structures éditoriales du groupe L'Harmattan

L'Harmattan Italie
Via degli Artisti, 15
10124 Torino
harmattan.italia@gmail.com

L'Harmattan Hongrie
Kossuth l. u. 14-16.
1053 Budapest
harmattan@harmattan.hu

L'Harmattan Sénégal
10 VDN en face Mermoz
BP 45034 Dakar-Fann
senharmattan@gmail.com

L'Harmattan Cameroun
TSINGA/FECAFOOT
BP 11486 Yaoundé
inkoukam@gmail.com

L'Harmattan Burkina Faso
Achille Somé – tengnule@hotmail.fr

L'Harmattan Guinée
Almamya, rue KA 028 OKB Agency
BP 3470 Conakry
harmattanguinee@yahoo.fr

L'Harmattan RDC
185, avenue Nyangwe
Commune de Lingwala – Kinshasa
matangilamusadila@yahoo.fr

L'Harmattan Congo
219, avenue Nelson Mandela
BP 2874 Brazzaville
harmattan.congo@yahoo.fr

L'Harmattan Mali
ACI 2000 - Immeuble Mgr Jean Marie Cisse
Bureau 10
BP 145 Bamako-Mali
mali@harmattan.fr

L'Harmattan Togo
Djidjole – Lomé
Maison Amela
face EPP BATOME
ddamela@aol.com

L'Harmattan Côte d'Ivoire
Résidence Karl – Cité des Arts
Abidjan-Cocody
03 BP 1588 Abidjan
espace_harmattan.ci@hotmail.fr

Nos librairies en France

Librairie internationale
16, rue des Écoles
75005 Paris
librairie.internationale@harmattan.fr
01 40 46 79 11
www.librairieharmattan.com

Librairie des savoirs
21, rue des Écoles
75005 Paris
librairie.sh@harmattan.fr
01 46 34 13 71
www.librairieharmattansh.com

Librairie Le Lucernaire
53, rue Notre-Dame-des-Champs
75006 Paris
librairie@lucernaire.fr
01 42 22 67 13

www.ingramcontent.com/pod-product-compliance
Lightning Source LLC
LaVergne TN
LVHW011223061026
849535LV00001BA/160
9782336431826